はしがき

本書『ＪＲ気動車客車編成表2023』では、ＪＲ各社に所属する機関車、気動車(ディーゼルカー・ハイブリッド車両・電気式)、客車、貨車、バスといった電車以外の車両について、2023(令和5)年4月1日現在の編成、配置両数、在籍両数などをまとめています。

ＪＲ東日本が保有するＢＲＴ(バス高速輸送システム)のバス車両についても引続き配置表、動向を収録しています。

◇ＪＲ北海道

ＪＲ北海道はキハ261系8両、電気式気動車H100形8両を増備しました。キハ261系は「北斗」用で、この投入により、キハ281系は「北斗」での定期運転を消滅、廃車が始まっています。一方、キハ283系は、2023年3月18日改正から、「オホーツク」「大雪」にて営業運転を再開、国鉄時代から北海道の特急用車両として親しまれてきたキハ183系は、営業運転終了となりました。キハ283系は、グリーン車が廃車となったため、基本は3両編成の短編成です。H100形は富良野線に投入、キハ150形の全列車が置換えとなったため、この車両の第二の活躍場所が気になるところです。このH100形では、石北線、富良野線、釧網線、花咲線のラッピング車両が登場したことも話題で、キハ283系も同様に先頭部に石北線走行エリアのラッピングが施されており、写真撮影時等に頭に入れると、より鉄道が楽しめるかと思います。

◇ＪＲ東日本

ＪＲ東日本は、新製車両はなく、捻出された秋田地区のキハ40・48系やホッパ貨車の廃車が進んでいます。またＥＦ5861は鉄道博物館で常設展示されました。このほか、一番の話題は、組織変更により東京支社は首都圏本部、仙台支社は東北本部と変わったほか、秋田支社配属の車両は東北本部に、長野支社配属の車両が首都圏本部管轄に、新津運輸区、長岡車両センターの車両は新潟車両センターに、一ノ関運輸区、八戸運輸区の車両も盛岡車両センターの一ノ関派出所、八戸派出所と変わったことです。

◇ＪＲ東海

ＪＲ東海は、HC85系を一挙に50両新製、「ひだ」定期列車のすべてがこの新型車両になっています。編成はグリーン車付きの4両編成のほか、グリーン車なしの2両、4両編成で、多客増結では10両編成の長大編成も運転となるようです。形式から「キハ」が消えて「クモハ」となった車両のこれからの活躍が楽しみです。一方、この投入を受けて、キハ85系は一挙に51両が廃車となり、キロハ84形は形式消滅しています。

◇ＪＲ西日本

ＪＲ西日本も新製車両はありませんでした。廃車では、湖西線や北陸本線を中心に活躍してきたＥＦ81形が全車廃車となったほか、展望車マイテ49形は京都鉄道博物館での保存に、検測車オヤ31形はえちごトキめき鉄道に譲渡、保存となったほか、キハ47形、ホッパ貨車ホキ800形等が廃車となりました。また組織変更にて、福知山電車区は吹田総合車両所福知山支所に、岡山気動車区は下関総合車両所岡山気動車支所と変わったほか、広島支社、岡山支社、米子支社の車両は中国統括本部配属となっています。

◇ＪＲ四国

ＪＲ四国はキハ185系「伊予灘ものがたり」の登場により、キロ47形「伊予灘ものがたり」は廃車となりました。

◇ＪＲ九州

ＪＲ九州は、2022年9月23日、西九州新幹線武雄温泉～長崎間開業を受けて、長崎本線江北(元・肥前山口)～長崎間は上下分離方式と経営形態が変わったほか、肥前浜～長崎間は非電化区間となっています。このためＹＣ1系4両の増備のほかに、キハ47形が熊本、鹿児島地区から転入、運転となっています。廃車はキハ66・67系、キハ40・47形です。

末尾ながら、ご協力を賜りましたＪＲ各社各位には厚く御礼申し上げます。

2023年5月　ジェー・アール・アール

●各形式・車両の運転区間や充当列車の詳細は、『普通列車編成両数表』『列車編成席番表』の最新刊を参照

●表紙写真：ＪＲ西日本津山線の観光列車「SAKU美SAKU楽」。岡山デスティネーションキャンペーンの開催にあわせて2022年7月に登場した観光列車。岡山の食の魅力が詰まった特性弁当やスイーツなどが楽しめる。2022.6.17　岡山気動車区
●裏表紙写真：ＪＲ貨物が製作した電気式ディーゼル機関車DD200形。DE10形やDE11形の後継機で、非電化区間の貨物牽引や構内入れ換えなどに活躍している。写真はその試作車である901号機。2017.7.5　新鶴見機関区

目　次

ＪＲの船舶 154

ＪＲ年表　2022(令和04)年度 155

形式別・番号別分類表 182

ＪＲ車両 編成表

2023（令和5）年4月1日現在

気動車特急編成表

北海道旅客鉄道　－1

北斗 1号	1D	函館	6:02発	→	9:50着	札幌
3号	3D	函館	7:37発	→	11:28着	札幌
5号	6005D	函館	9:00発	→	12:49着	札幌
7号	7D	函館	10:05発	→	13:52着	札幌
9号	9D	函館	10:45発	→	14:38着	札幌
11号	11D	函館	12:15発	→	16:04着	札幌
13号	13D	函館	13:31発	→	17:30着	札幌
15号	15D	函館	15:01発	→	18:47着	札幌
17号	17D	函館	16:40発	→	20:35着	札幌
19号	19D	函館	17:52発	→	21:37着	札幌
21号	21D	函館	18:48発	→	22:41着	札幌
北斗 2号	2D	札幌	6:00発	→	9:33着	函館
4号	4D	札幌	6:52発	→	10:38着	函館
6号	6D	札幌	8:43発	→	12:34着	函館
8号	8D	札幌	9:38発	→	13:35着	函館
10号	10D	札幌	10:57発	→	14:41着	函館
12号	12D	札幌	12:09発	→	16:08着	函館
14号	6014D	札幌	13:27発	→	17:13着	函館
16号	16D	札幌	14:38発	→	18:26着	函館
18号	18D	札幌	15:30発	→	19:24着	函館
20号	20D	札幌	16:51発	→	20:39着	函館
22号	22D	札幌	18:47発	→	22:31着	函館

〔函ハコ〕
▽基本編成

←⑤	④	3	2	1→	
キハ261	キハ260	キハ260	キハ260	キロ261	
1207	1207	1309	1107	1107	4D～11D～20D
1208	1208	1310	1108	1108	6D～13D～22D
1209	1209	1311	1109	1109	9D～18D
1210	1210	1312	1110	1110	8D～21D
1211	1211	1313	1111	1111	3D～12D～17D
1212	1212	1314	1112	1112	1D～10D～15D
1213	1213	1315	1113	1113	6005D～6014D～19D
1214	1214	1316	1114	1114	2D～7D～16D

【参考】

←⑥	⑤	4	3	2	1→	
キハ261	キハ260	キハ260	キハ260	キハ260	キロ261	
1225	1225	1409	1331	1107	1107	3/4 6D

【参考】
キハ261系　配置表まとめた編成表
函館運輸所

←8	7	6	5	4	3	2	1→
キハ261	キハ260	キハ260	キハ260	キハ260	キハ260	キハ260	キロ261
1207	1207	1401	1309	1310	1311	1107	1107
1208	1208	1402	1312	1313	1314	1108	1108
1209	1209	1403	1315	1316	1317	1109	1109
1210	1210	1404	1318	1319	1320	1110	1110
1211	1211	1405	1321	1322	1323	1111	1111
1212	1212	1406	1324	1325	1326	1112	1112
1213	1213	1407	1327	1328	1329	1113	1113
1214	1214	1408	1330	1331	1332	1114	1114
1215	1215	1409	1333	1334	1335	1115	1115
1224	1224					1124	1124
1225	1225					1125	1125

おおぞら 1号　4001Ｄ　札幌　　6：48発 → 10：57着　釧路
　　　　 3号　4003Ｄ　札幌　　8：52発 → 13：20着　釧路
　　　　 5号　4005Ｄ　札幌　 11：50発 → 15：51着　釧路
　　　　 7号　4007Ｄ　札幌　 14：17発 → 18：39着　釧路
　　　　 9号　4009Ｄ　札幌　 17：26発 → 21：50着　釧路
　　　　11号　4011Ｄ　札幌　 19：39発 → 23：53着　釧路
おおぞら 2号　4002Ｄ　釧路　　6：27発 → 10：47着　札幌
　　　　 4号　4004Ｄ　釧路　　8：19発 → 12：23着　札幌
　　　　 6号　4006Ｄ　釧路　 11：23発 → 15：38着　札幌
　　　　 8号　4008Ｄ　釧路　 13：42発 → 18：03着　札幌
　　　　10号　4010Ｄ　釧路　 16：12発 → 20：28着　札幌
　　　　12号　4012Ｄ　釧路　 19：00発 → 22：59着　札幌

← ④	③	2	1 →
キハ 261	キハ 260	キハ 260	キロ 261
1216	1216	1116	1116
1217	1217	1117	1117

〔札サウ〕
▽ 基本編成表

4003Ｄ～4008Ｄ～4011Ｄ
4002Ｄ～4005Ｄ～4010Ｄ

← ④	③	2	1 →
キハ 261	キハ 260	キハ 260	キロ 261
1219	1219	1119	1119
1220	1220	1120	1120

〔釧クシ〕
▽ 基本編成表

4004Ｄ～4007Ｄ～4012Ｄ
4001Ｄ～4006Ｄ～4009Ｄ

とかち 1号　31Ｄ　札幌　　7：58発 → 10：39着　帯広
　　　 3号　33Ｄ　札幌　 10：33発 → 13：12着　帯広
　　　 5号　35Ｄ　札幌　 15：51発 → 18：36着　帯広
　　　 7号　37Ｄ　札幌　 18：40発 → 21：21着　帯広
　　　 9号　39Ｄ　札幌　 21：06発 → 23：48着　帯広
とかち 2号　32Ｄ　帯広　　6：45発 → 　9：34着　札幌
　　　 4号　34Ｄ　帯広　　8：42発 → 11：36着　札幌
　　　 6号　36Ｄ　帯広　 11：08発 → 14：04着　札幌
　　　 8号　38Ｄ　帯広　 13：35発 → 16：23着　札幌
　　　10号　40Ｄ　帯広　 19：22発 → 22：15着　札幌

← ④	3	2	1 →
キハ 261	キハ 260	キハ 260	キロ 261
1201	1201	1101	1101
1202	1202	1102	1102
1203	1203	1103	1103

〔札サウ〕
▽基本編成表

31Ｄ～36Ｄ～37Ｄ
32Ｄ～33Ｄ～38Ｄ～39Ｄ
34Ｄ～35Ｄ～40Ｄ

【参考】
キハ261系　配置表まとめた編成表
札幌運転所

← 5	4	3	2	1 →
キハ 261	キハ 260	キハ 260	キハ 260	キロ 261
1201	1201	1301	1101	1101
1202	1202	1302	1102	1102
1203	1203	1303	1103	1103
1204	1204	1304	1104	1104
1205	1205	1305	1105	1105
1206	1206	1306	1106	1106
		1307		
		1308		
1216	1216	1336	1116	1116
1217	1217	1337	1117	1117
1218	1218	1338	1118	1118

釧路運輸車両所

1219	1219	1339	1119	1119
1220	1220	1340	1120	1120
1221	1221	1341	1121	1121
		1342		
		1343		
1222	1222	1344	1122	1122
1223	1223	1345	1123	1123

宗谷	51D	札幌	7：30発 → 12：42着	稚内
宗谷	52D	稚内	17：44発 → 22：56着	札幌

サロベツ 1号	61D	旭川	13：35発 → 17：25着	稚内
3号	6063D	旭川	20：06発 → 23：47着	稚内
サロベツ 2号	62D	稚内	6：36発 → 10：19着	旭川
4号	6064D	稚内	13：01発 → 16：49着	旭川

← ④	3	2	1 →
キハ 261	キハ 260	キハ 260	キロハ 261
101	101	201	201
102	102	202	202

▽基本編成表
51D ～ 6064D ～ 6063D
62D ～ 61D ～ 52D

オホーツク 1号	71D	札幌	6：56発 → 12：12着	網走
3号	73D	札幌	17：30発 → 22：56着	網走
オホーツク 2号	72D	網走	5：57発 → 11：16着	札幌
4号	74D	網走	17：26発 → 22：51着	札幌

大雪 1号	6081D	旭川	12：41発 → 16：34着	網走
3号	6083D	旭川	17：07発 → 20：44着	網走
大雪 2号	6082D	網走	8：05発 → 11：43着	旭川
4号	6084D	稚内	12：37発 → 16：18着	旭川

← ③	2	1 →
キハ 283	キハ 282	キハ 283
11	4	12
13	5	14
15	6	16

▽基本編成表　3号車は半室自由席
71D ～ 6084D ～ 6083D
6082D ～ 6081D ～ 74D
72D ～ 73D

【参考】
キハ283系　配置表でまとめた編成表

←				→
キハ 283	キハ 282	キハ 282	キハ 282	キハ 283
11	2005	108	4	12
13	2006	109	5	14
15	2007	110	6	16
18	2008	111	7	17
	2009		8	19
			9	20
				21

▽キハ283　車両の向きは旧「おおぞら」時代をベースに掲載

石北線　283系　先頭部沿線自治体ラッピング

	先頭部 運転席側	先頭部 助士席側	施工月日
キハ283-11	上川町	旭川市	23.03.17
キハ283-12	美幌町	北見市	23.02.28
キハ283-13	遠軽町	北見市	23.03.02
キハ283-14	大空町	網走市	23.02.27
キハ283-15	旭川市	網走市	22.12.28
キハ283-16	網走市	旭川市	23.01.18
キハ283-17	上川町	大空町	23.02.27
キハ283-18	大空町	美幌町	23.02.28
キハ283-19	美幌町	遠軽町	23.01.27
キハ283-20	遠軽町	上川町	23.01.23
キハ283-21	★	北見市	23.02.24

★=特別デザイン
施行は苗穂工場

東海旅客鉄道 －1

ひだ	1号	21Ｄ	名古屋	7:43発 → 10:16着	高山
	15号	35Ｄ	名古屋	16:03発 → 18:45着	高山
	17号	37Ｄ	名古屋	18:12発→ 20:31着	高山
	19号	39Ｄ	名古屋	20:17発→ 22:49着	高山
ひだ	2号	22Ｄ	高山	6:46発 → 9:12着	名古屋
	4号	24Ｄ	高山	8:00発 → 10:34着	名古屋
	10号	30Ｄ	高山	12:35発 → 15:04着	名古屋
	12号	32Ｄ	飛騨古川	13:13発 → 16:09着	名古屋

←6	5 →←④	3	2	1 →	
クモハ 85	クモハ 85	クモハ 85	モハ 84	モハ 84	クモロ 85
105	205	4	4	104	4	21Ｄ
105	205	3	3	103	3	30Ｄ
104	204	6	6	106	6	32Ｄ

←④	3	2	1 →	
クモハ 85	モハ 84	モハ 84	クモロ 85	
5	5	105	5	35Ｄ
6	6	106	6	37Ｄ
3	3	103	3	39Ｄ
2	2	102	2	22Ｄ
5	5	105	5	24Ｄ

▽5～6号車は増結車

ひだ	9号	29Ｄ	名古屋	11:43発 → 16:43着	富山
ひだ	18号	38Ｄ	高山	16:33発 → 19:06着	名古屋

←8	7	6	5 →←④	3	2	1 →	
クモハ 85	モハ 84	モハ 84	クモハ 85	クモハ 85	モハ 84	モハ 84	クモロ 85
10	10	110	302	2	2	102	2	29Ｄ
9	9	109	301	8	8	108	8	30Ｄ

▽7～8号車増結にて、通常5～6号車の2両編成のところ4両編成を充当

ひだ	3号	1023Ｄ	名古屋	8:43発 → 12:32着	富山
	7号	1027Ｄ	名古屋	10:48発 → 14:47着	高山
	11号	1031Ｄ	名古屋	12:48発 → 16:43着	富山
	13号	1033Ｄ	名古屋	14:48発→ 18:54着	富山
ひだ	6号	1026Ｄ	富山	7:58発 → 12:04着	名古屋
	8号	1028Ｄ	富山	9:54発 → 14:04着	名古屋
	14号	1034Ｄ	富山	13:02発 → 17:04着	名古屋
	20号	1040Ｄ	富山	17:14発 → 21:03着	名古屋

←10	⑨	8	7 →←④	3	2	1 →	
クモハ 85	モハ 84	モハ 84	クモハ 85	クモハ 85	モハ 84	モハ 84	クモロ 85
11	11	111	303	3	3	103	3	1023Ｄ
11	11	111	303	1	1	101	1	1034Ｄ

←10	⑨ →←④	3	2	1 →	
クモハ 85	クモハ 85	クモハ 85	モハ 84	モハ 84	クモロ 85
101	201	1	1	101	1	1027Ｄ
103	203	8	8	108	8	1031Ｄ
102	202	4	4	104	4	1033Ｄ
103	203	8	8	108	8	1026Ｄ
102	202	4	4	104	4	1028Ｄ
102	202	4	4	104	4	1040Ｄ

▽ 9・10号車、7～10号車は名古屋～高山間連結
▽7～8号車増結にて、通常9～10号車の2両編成のところ4両編成を充当

【参考】
HC85系 基本編成表

	クモハ 85	モハ 84	モハ 84	クモロ 85
D 1	1	1	101	1
D 2	2	2	102	2
D 3	3	3	103	3
D 4	4	4	104	4
D 5	5	5	105	5
D 6	6	6	106	6
D 7	7	7	107	7
D 8	8	8	108	8

	クモハ 85	クモハ 85
D101	101	201
D102	102	202
D103	103	203
D104	104	204
D105	105	205

	クモハ 85	モハ 84	モハ 84	クモハ 85
D201	9	9	109	301
D202	10	10	110	302
D203	11	11	111	303

東海旅客鉄道 －2

南紀	1号	3001D	名古屋 8：02発 → 11：56着 紀伊勝浦(伊勢鉄道経由)	
	3号	3003D	名古屋 10：01発 → 13：58着 紀伊勝浦(伊勢鉄道経由)	
	5号	3005D	名古屋 12：58発 → 16：43着 紀伊勝浦(伊勢鉄道経由)	
	7号	3007D	名古屋 19：45発 → 23：14着 新宮 (伊勢鉄道経由)	
南紀	2号	3002D	新宮 6：20発 → 9：42着 名古屋(伊勢鉄道経由)	
	4号	3004D	紀伊勝浦 8：55発 → 12：41着 名古屋(伊勢鉄道経由)	
	6号	3006D	紀伊勝浦 12：22発 → 16：10着 名古屋(伊勢鉄道経由)	
	8号	3008D	紀伊勝浦 17：11発 → 20：49着 名古屋(伊勢鉄道経由)	

〔海ナコ〕

← ①	2 →	3 →	
キハ 85	キハ 85	キハ 85	▽1両増結
11	1103	204	3001D
13	1106	205	3002D
13	1106	205	3003D
14	1112	1110	3004D
14	1112	1110	3005D
11	1103	204	3006D
11	1103	204	3007D
14	1112	1110	3008D

ひだ②

ひだ	5号	1025D	名古屋 9:39発 → 12:35着 飛騨古川
	25号	2025D	大阪 7:58発 → 12:14着 高山
ひだ	16号	36D	高山 15:34発 → 18:06着 名古屋
	36号	2036D	高山 15:34発 → 19:50着 大阪

← ⑧	7	6	5 → ← 4	3	2	① →	
クモハ 85	モハ 84	モハ 84	クモロ 85	クモハ 85	モハ 84	モハ 84	クモハ 85
2	2	102	2	10	10	110	302

36D＋2036D

← 10	9 → ← ⑧	7	6	5 → ← 4	3	2	① →		
クモハ 85	クモハ 85	クモハ 85	モハ 84	モハ 84	クモロ 85	クモハ 85	モハ 84	モハ 84	クモハ 85
104	204	6	6	106	6	11	11	111	303

25D＋2025D

▽1～4号車は大阪～高山間、
　5～10号車は名古屋～高山・飛騨古川間、岐阜～高山間併結運転
▽3～4号車(通常は2両編成)、9～10号車は増結車

はまかぜ 1号	1D	大阪	9：38発	→	13：09着	浜坂	
3号	3D	大阪	12：23発	→	15：32着	香住	
5号	5D	大阪	18：04発	→	22：31着	鳥取	
はまかぜ 2号	2D	鳥取	6：00発	→	10：01着	大阪	
4号	4D	浜坂	13：30発	→	17：05着	大阪	
6号	6D	香住	16：52発	→	20：05着	大阪	▽ 途中、姫路にて進行方向が変わる

〔近キト〕

← ①	2	3 →
キハ 189	キハ 188	キハ 189

〔近キト〕
▽ 増結編成

← ①	2	3 → ← 4	5	6 →	
キハ 189	キハ 188	キハ 189	キハ 189	キハ 188	キハ 189
1005	5	5	1003	3	3	1D～ 4D～ 5D
1007	7	7	1006	6	6	2D～ 3D～ 6D

【参考】

キハ189系　基本編成表

←姫路　　　　　　　香住・鳥取、大阪→

	キハ 189	キハ 188	キハ 189
H 1	1001	1	1
H 2	1002	2	2
H 3	1003	3	3
H 4	1004	4	4
H 5	1005	5	5
H 6	1006	6	6
H 7	1007	7	7

スーパーはくと 1号	51D	京都	7:06発	→	10:44着	倉吉
3号	53D	京都	8:50発	→	12:30着	倉吉
5号	55D	京都	10:54発	→	14:21着	倉吉
7号	57D	京都	12:54発	→	16:21着	倉吉
9号	7059D	京都	14:54発	→	17:52着	鳥取
11号	61D	京都	16:56発	→	20:29着	倉吉
13号	63D	京都	19:35発	→	22:44着	鳥取
スーパーはくと 2号	52D	倉吉	6:04発	→	9:53着	京都
4号	54D	倉吉	8:12発	→	11:47着	京都
6号	7056D	倉吉	10:13発	→	13:48着	京都
8号	58D	倉吉	12:19発	→	15:48着	京都
10号	60D	倉吉	14:24発	→	17:48着	京都
12号	62D	倉吉	16:22発	→	20:06着	京都
14号	64D	鳥取	18:40発	→	21:37着	京都

← ①	②	3	4	5 →	
7010	7030	7040	7050	7000	
7015	7034	7048	7051	7001	52D～55D～62D
7011	7035	7045	7053	7021	53D～60D～63D
7012	7036	7046	7052	7005	7056D～7059D～64D
7013	7032	7043	7056	7004	51D～58D～61D
7014	7037	7047	7055	7002	54D～57D

← ①	②	増2	3	4	5 →
7010	7030	7040	7040	7050	7000

▽ 1両増結

西日本旅客鉄道　－2

スーパーいなば 1号	2072D〜	71D	岡山	6：46発	→	8：36着	鳥取
3号	2074D〜	73D	岡山	9：13発	→	11：04着	鳥取
5号	2076D〜	75D	岡山	11：05発	→	12：53着	鳥取
7号	2078D〜	77D	岡山	13：43発	→	15：32着	鳥取
9号	2080D〜	79D	岡山	17：24発	→	19：17着	鳥取
11号	2082D〜	81D	岡山	19：46発	→	21：31着	鳥取
スーパーいなば 2号	72D〜2071D		鳥取	7：00発	→	8：57着	岡山
4号	74D〜2073D		鳥取	10：02発	→	11：48着	岡山
6号	76D〜2075D		鳥取	14：00発	→	15：45着	岡山
8号	78D〜2077D		鳥取	16：20発	→	18：11着	岡山
10号	80D〜2079D		鳥取	18：57発	→	20：48着	岡山
12号	82D〜2081D		鳥取	20：35発	→	22：22着	岡山

←岡山・鳥取方

← 1	②→
キハ187	キハ187
503	1503
502	1502
501	1501

〔中トウ〕

▽ 途中、上郡にて進行方向が変わる

72D〜2071D〜2076D〜75D〜
2074D〜73D〜76D〜2075D〜2080D〜79D〜82D〜2081D
2072D〜71D〜

← 1	← 2	③→
キハ187	キハ187	キハ187
504	501	1501

〔中トウ〕

▽ 1両増結

〜74D〜2073D〜2078D〜77D〜78D〜2077D〜2082D〜81D

← 1	2→	③→
キハ187	キハ187	キハ187
503	1503	1504

〔中トウ〕

▽ 1両増結

〜80D〜2079D

【参考】

キハ187系　基本編成表

←岡山、鳥取　　　　　　上郡→

	キハ187	キハ187
S001	501	1501
S002	502	1502
S003	503	1503
S004	504	1504

←新山口・益田　　　　　米子・鳥取→

	キハ187	キハ187
R001	1	1001
R002	2	1002
R003	3	1003
R004	4	1004
R005	5	1005
R006	6	1006
R007	7	1007
R011	11	1011
R012	12	1012

スーパーおき　1号　3001Ｄ　米子　　6：00発 → 10：19着　新山口（山口線経由）
　　　　　　　3号　3003Ｄ　鳥取　　9：08発 → 14：21着　新山口（山口線経由）
　　　　　　　5号　3005Ｄ　鳥取　13：46発 → 19：13着　新山口（山口線経由）
スーパーおき　2号　3002Ｄ　新山口　8：33発 → 12：44着　米子　（山口線経由）
　　　　　　　4号　3004Ｄ　新山口　13：20発 → 18：36着　鳥取　（山口線経由）
　　　　　　　6号　3006Ｄ　新山口　16：21発 → 20：40着　米子　（山口線経由）

← 1	② →
キハ 187	キハ 187
3	1003
4	1004

〔中トウ〕
～ 3005Ｄ
3002Ｄ

← 1	2 →	③ →
キハ 187	キハ 187	キハ 187
12	1012	1001

▽ 1 両増結
～ 3003Ｄ ～ 3006Ｄ

← 1	← 2	③ →
キハ 187	キハ 187	キハ 187
1	11	1011

▽ 1 両増結
3001Ｄ ～ 3004Ｄ ～

スーパーまつかぜ　1号　2001Ｄ　鳥取　　7：04発 → 10：54着　益田
　　　　　　　　　3号　2003Ｄ　鳥取　　8：23発 →　9：30着　米子
　　　　　　　　　5号　2005Ｄ　鳥取　11：40発 → 15：17着　益田
　　　　　　　　　7号　2007Ｄ　鳥取　15：09発 → 19：08着　益田
　　　　　　　　　9号　2009Ｄ　鳥取　17：40発 → 21：30着　益田
　　　　　　　　　11号　2011Ｄ　鳥取　18：53発 → 19：57着　米子
　　　　　　　　　13号　2013Ｄ　鳥取　21：02発 → 22：10着　米子
スーパーまつかぜ　2号　2002Ｄ　米子　　6：58発 →　8：03着　鳥取
　　　　　　　　　4号　2004Ｄ　益田　　5：36発 →　9：31着　鳥取
　　　　　　　　　6号　2006Ｄ　益田　　6：55発 → 10：58着　鳥取
　　　　　　　　　8号　2008Ｄ　米子　12：48発 → 13：53着　鳥取
　　　　　　　　　10号　2010Ｄ　益田　12：20発 → 15：52着　鳥取
　　　　　　　　　12号　2012Ｄ　益田　16：08発 → 19：50着　鳥取
　　　　　　　　　14号　2014Ｄ　米子　20：47発 → 21：47着　鳥取

← 1	② →
キハ 187	キハ 187
11	1011
6	1006
7	1007
2	1002
3	1003

〔中トウ〕
～ 2014Ｄ
2001Ｄ ～ 2010Ｄ ～ 2009Ｄ
～ 2003Ｄ ～ 2008Ｄ ～ 2007Ｄ
2006Ｄ ～

← 1	2 →	③ →
キハ 187	キハ 187	キハ 187

▽ 1 両増結

← 1	← 2	③ →
キハ 187	キハ 187	キハ 187
1	11	1011

▽ 1 両増結
～ 2011Ｄ ～

← 1	2 →	← ③	④ →
キハ 187	キハ 187	キハ 187	キハ 187
2	1002	12	1012

2002Ｄ ～

　　　　　　　　　　　▽　1号車は下り方先頭車

宇和海	1号	1051D	松山	5：48発 → 7：10着	宇和島
	9号	1059D	松山	10：18発 → 11：40着	宇和島
	15号	1065D	松山	13：24発 → 14：47着	宇和島
	21号	1071D	松山	16：30発 → 17：50着	宇和島
	27号	1077D	松山	19：36発 → 20：58着	宇和島
宇和海	6号	1056D	宇和島	7：38発 → 9：06着	松山
	8号	1058D	宇和島	8：40発 → 10：10着	松山
	14号	1064D	宇和島	11：50発 → 13：19着	松山
	20号	1070D	宇和島	14：56発 → 16：19着	松山
	26号	1076D	宇和島	18：08発 → 19：28着	松山
	32号	1082D	宇和島	21：16発 → 22：45着	松山

〔四マツ〕
▽　1号車は半室自由席

←　1	②	③→	
2450	2500	2400	
2459	2551	2425	1051D～1056D　　1065D～1070D　1071D～1076D～1077D～1082D　【松51】
2463	2522	2424	～1058D～1059D～1064D　【松52】

宇和海 3号 1053D 松山 6：47発 → 8：13着 宇和海

←①	②	③→	④→	
2450	2500	2400	2400	
2463	2522	2424	2426	1053D～　【松52】【松59】

宇和海	5号	1055D	松山	8：10発 → 9：30着	宇和島
	7号	1057D	松山	9：07発 → 10：30着	宇和島
	11号	1061D	松山	11：27発 → 12：47着	宇和島
	13号	1063D	松山	12：24発 → 13：50着	宇和島
	17号	1067D	松山	14：28発 → 15：51着	宇和島
	19号	1069D	松山	15：27発 → 16：49着	宇和島
	23号	1073D	松山	17：28発 → 18：55着	宇和島
	29号	1079D	松山	20：45発 → 22：05着	宇和島
宇和海	10号	1060D	宇和島	9：55発 → 11：20着	松山
	12号	1062D	宇和島	10：45発 → 12：14着	松山
	16号	1066D	宇和島	12：55発 → 14：16着	松山
	18号	1068D	宇和島	13：59発 → 15：20着	松山
	22号	1072D	宇和島	16：02発 → 17：25着	松山
	28号	1078D	宇和島	19：08発 → 20：32着	松山

▽＿線はアンパンマン列車(紫色)

←①	②→	
2150	2100	
2152	2117	～1055D～1060D～1061D～1066D～1067D～1072D～　【松54】
2460	2428	～1057D～1062D～1063D～1068D～1069D～　【松55】
2462	2427	～1073D～1078D～1079D　【松56】

宇和海	31号	1081D	松山	22：00発 → 23：19着	宇和島
宇和海	4号	1054D	宇和島	6：35発 → 8：02着	松山

←①	②→←③		④→	⑤→	
2150	2100	2450	2400	2400	
2152	2117	2460	2428	2426	～1081D　【松54】【松55】【松59】
2152	2117	2462	2427	2429	1054D～　【松54】【松56】【松60】

▽6号車は半室指定席

宇和海	25号	1075D	松山	18：43発 → 20：10着	宇和島
宇和海	2号	1052D	宇和島	5：27発 → 6：54着	松山
	24号	1074D	宇和島	17：08発 → 18：34着	松山
	30号	1080D	宇和島	20：17発 → 21：37着	松山

←①	②→	③→	
2450	2400	2400	
2460	2428	2426	～1074D～1075D～1080D～　【松55】【松59】

←①	←②	③→	
2450	2450	2400	
2460	2428	2429	1052D～　【松55】【松60】

　　　　　　　　　▽　1号車は下り方先頭車

南風	1号	31D	岡山	7：08発	→	9：39着 高知
	3号	33D	岡山	8：52発	→	11：30着 高知
	5号	35D	岡山	10：05発	→	12：29着 高知
	7号	37D	岡山	11：05発	→	13：41着 高知
	9号	39D	岡山	12：05発	→	14：42着 高知
	11号	41D	岡山	13：05発	→	15：39着 高知
	13号	43D	岡山	14：05発	→	16：39着 高知
	15号	45D	岡山	15：05発	→	17：41着 高知
	17号	47D	岡山	16：05発	→	18：48着 高知
	19号	49D	岡山	17：05発	→	19：43着 高知
	21号	51D	岡山	18：05発	→	20：50着 高知
	23号	53D	岡山	19：05発	→	21：44着 高知
	25号	55D	岡山	20：05発	→	22：47着 高知
	27号	57D	岡山	21：39発	→	0：06着 高知
南風	2号	32D	高知	6：00発	→	8：38着 岡山
	4号	34D	高知	7：00発	→	9：38着 岡山
	6号	36D	高知	8：01発	→	10：33着 岡山
	8号	38D	高知	9：13発	→	11：40着 岡山
	10号	40D	高知	10：13発	→	12：40着 岡山
	12号	42D	高知	11：13発	→	13：40着 岡山
	14号	44D	高知	12：13発	→	14：41着 岡山
	16号	46D	高知	13：13発	→	15：41着 岡山
	18号	48D	高知	14：13発	→	16：41着 岡山
	20号	50D	高知	15：13発	→	17：41着 岡山
	22号	52D	高知	16：13発	→	18：47着 岡山
	24号	54D	高知	17：13発	→	19：41着 岡山
	26号	56D	高知	18：36発	→	21：11着 岡山
	28号	58D	高知	19：31発	→	21：57着 岡山

← 1	← 2	③ →		
G				
2800	2750	2700		
2804	2752	2702	32D～33D～44D～45D～56D～57D	【知 1】［アンパンマン列車］
2803	2751	2703	36D～37D～48D～49D	【知 2】［アンパンマン列車］
2806	2753	2712	34D～35D～46D～47D～58D	【知11】
2807	2754	2713	31D～42D～43D～54D～55D	【知12】
2802	2763	2710	38D～39D～50D～51D～	【知13】
2805	2762	2711	～40D～41D～52D～53D	【知14】

▽「南風」1・21・4・28号は、宇多津～高知間「しまんと」3・7・4・6号を併結運転
▽「南風」7・23・6・22号は、岡山～宇多津間「うずしお」13・29・6・22号を併結運転

▽　Gは半室グリーン車

四国旅客鉄道　－3

しまんと	1号	2001D	高松	6:04発	→	10:04着	中村
	3号	2003D	高松	7:23発	→	9:39着	高知
	5号	2005D	高松	8:25発	→	10:37着	高知
	7号	2007D	高松	18:27発	→	20:50着	高知
しまんと	2号	2002D	高知	4:51発	→	7:02着	高松
	4号	2004D	高知	7:00発	→	9:21着	高松
	6号	2006D	高知	19:31発	→	21:42着	高松
	8号	2008D	高知	20:34発	→	23:46着	高松

← 1	② →		
2750	2700		
2765	2707	〜2007D	【高21】
2756	2705	2004D〜	【高22】
2759	2708	〜2005D〜　　〜2008D	【高23】
2766	2706	2001D〜　　〜2006D	【高24】
2780	2730	2002D〜2003D〜	【知21】

▽「しまんと」3・7・4・6号は高松〜宇多津間、「南風」1・21・4・28号と併結

| あしずり | 15号 | 2085D | 高知 | 21:23発 | → | 23:08着 | 中村（窪川から土佐くろしお鉄道） |
| あしずり | 2号 | 2072D | 中村 | 6:08発 | → | 7:58着 | 高知（窪川まで土佐くろしお鉄道） |

← 1	← ②	③ →	
G			
2800	2750	2700	▽「あしずり」2号の1号車普通車は平日に限り自由席
2802	2763	2710	〜2085D 【知13】
2805	2762	2711	2072D〜 【知14】

あしずり	1号	2071D	高知	9:53発	→	11:32着	中村（窪川から土佐くろしお鉄道）
	3号	2073D	高知	11:42発	→	13:24着	中村（窪川から土佐くろしお鉄道）
	5号	2075D	高知	13:49発	→	15:31着	中村（窪川から土佐くろしお鉄道）
	7号	2077D	高知	15:43発	→	17:27着	中村（窪川から土佐くろしお鉄道）
	9号	2079D	高知	17:10発	→	19:17着	宿毛（窪川から土佐くろしお鉄道）
	11号	2081D	高知	18:55発	→	20:47着	中村（窪川から土佐くろしお鉄道）
	13号	2083D	高知	19:53発	→	21:45着	中村（窪川から土佐くろしお鉄道）
あしずり	4号	2074D	中村	7:00発	→	9:04着	高知（窪川まで土佐くろしお鉄道）
	6号	2076D	宿毛	9:05発	→	11:06着	高知（窪川まで土佐くろしお鉄道）
	8号	2078D	中村	11:11発	→	13:02着	高知（窪川まで土佐くろしお鉄道）
	10号	2080D	中村	13:24発	→	15:04着	高知（窪川まで土佐くろしお鉄道）
	12号	2082D	中村	15:10発	→	17:00着	高知（窪川まで土佐くろしお鉄道）
	14号	2084D	中村	16:48発	→	18:34着	高知（窪川まで土佐くろしお鉄道）
	16号	2086D	中村	17:45発	→	19:28着	高知（窪川まで土佐くろしお鉄道）
	18号	2088D	宿毛	19:26発	→	21:39着	高知（窪川から土佐くろしお鉄道）

← 1	② →		
2750	2700		
2766	2706	〜2078D〜	【高24】
2780	2730	〜2073D〜2082D〜2079D〜2088D	【知21】

← 1	② →		
2150	2100		
2156	2121	2076D〜2075D〜2084D〜2081D	【知41】
2155	2123	2074D〜2071D〜2080D〜2077D〜2086D〜2083D	【知42】

四国旅客鉄道 －4　　　　　▽「うずしお」は 1号車は徳島、岡山寄り

うずしお　1号　3001D　高松　6：10発 →　7：30着　徳島
　　　　　11号　3011D　高松 11：10発 → 12：16着　徳島
　　　　　17号　3017D　高松 14：10発 → 15：16着　徳島
　　　　　23号　3023D　高松 17：15発 → 18：22着　徳島
うずしお　8号　3008D　徳島　9：23発 → 10：30着　高松
　　　　　14号　3014D　徳島 12：23発 → 13：31着　高松
　　　　　20号　3020D　徳島 15：23発 → 16：30着　高松
　　　　　26号　3026D　徳島 18：30発 → 19：37着　高松

← 1	② →
2650	2600

〔四カマ〕
▽1号車は半室自由席

2652　2602　　3001D ～ 3008D ～ 3011D ～ 3014D ～ 3017D ～ 3020D ～ 3023D ～ 3026D　【高 1】

うずしお　5号　3005D　高松　8：24発 →　9：36着　徳島
　　　　　15号　3015D　高松 13：10発 → 14：16着　徳島
　　　　　21号　3021D　高松 16：10発 → 17：17着　徳島
　　　　　27号　3027D　高松 19：17発 → 20：27着　徳島
　　　　　33号　3033D　高松 22：22発 → 23：34着　徳島
うずしお12号　3012D　徳島 11：23発 → 12：35着　高松
　　　　　18号　3018D　徳島 14：23発 → 15：30着　高松
　　　　　24号　3024D　徳島 17：28発 → 18：32着　高松
　　　　　30号　3030D　徳島 20：35発 → 21：40着　高松

← 1	② →
2750	2700

〔四カマ〕
▽1号車は半室自由席

2765　2705　　～ 3005D ～ 3012D ～　　　　　　　　　　　　　　　【高21】
2758　2715　　～ 3015D ～ 3018D ～ 3021D ～ 3024D ～ 3027D ～ 3030D ～ 3033D　【高26】

うずしお　7号　3007D　高松　9：10発 → 10：16着　徳島
　　　　　25号　3025D　高松 18：13発 → 19：23着　徳島
　　　　　31号　3031D　高松 21：21発 → 22：38着　徳島
うずしお10号　3010D　徳島 10：23発 → 11：34着　高松
　　　　　28号　3028D　徳島 19：32発 → 20：39着　高松

← 1	← ②	③ →
2750	2750	2700

2764　2758　2715　　～ 3007D ～ 3010D　　　　　　　　　　　　　【高31】【高26】

← 1	② →	③ →
2750	2700	2700

2755　2716　2709　　～ 3025D ～ 3028D ～ 3031D　　　　　　　　　【高25】【高32】

うずしお　4号　3004D　徳島　6：59発 →　8：13着　高松

← 1	② →	③ → ← ④	⑤
2750	2750	2700	2750	2700

2764　2758　2715　2765　2707　　　　　3004D ～　　　　　　　【高32】【高26】【高21】

うずしお19号　3019D　高松 15：10発 → 16：18着　徳島
　　　　　29号　5029D　岡山 19：05発 → 21：16着　徳島（岡山～宇多津間、「南風」23号と併結）
うずしお　2号　3002D　徳島　5：41発 →　6：54着　高松
　　　　　22号　5022D　徳島 16：45発 → 18：47着　岡山（宇多津～岡山間、「南風」22号と併結）

← 1	② →
2750	2700

〔四カマ〕
▽1号車は半室自由席
▽「南風」と併結列車は6～7号車として運転

2756　2705　　～ 3019D ～ 5022D ～ 5029D　　　　　　　　　　　【高22】
2759　2708　　3002D　　　　　　　　　　　　　　　　　　　　　　【高23】

うずしお　3号　3003D　高松　7：05発 →　8：15着　徳島
　　　　　13号　5013D　岡山 11：05発 → 13：04着　徳島（岡山～宇多津間、「南風」7号と併結）
うずしお　6号　5006D　徳島　8：23発 → 10：33着　岡山（宇多津～岡山間、「南風」6号と併結）
　　　　　16号　3016D　徳島 13：23発 → 14：30着　高松

← 1	② →	③ →
2750	2700	2700

〔四カマ〕
▽1号車は半室自由席
▽「南風」と併結列車は6～8号車として運転

2755　2716　2709　　3003D ～ 5006D ～ 5013D ～ 3016D　　　　　【高25】【高32】

四国旅客鉄道　－5

うずしお　9号　3009D　高松 10：08発 → 11：22着 徳島
うずしお 32号　3032D　徳島 22：02発 → 23：20着 高松

← 1	②→
キハ 185	キハ 185
9	17
11	12

3009D～　　【高71】

～3032D　【高75】

剣山　 1号　4001D　徳島　　　 6：46発 →　8：10着 阿波池田
　　　 3号　4003D　徳島　　　 9：00発 → 10：15着 阿波池田
　　　 5号　4005D　徳島　　　12：00発 → 13：17着 阿波池田
　　　 7号　4007D　徳島　　　18：00発 → 19：17着 阿波池田
　　　 9号　4009D　徳島　　　19：00発 → 20：21着 阿波池田
　　　11号　4011D　徳島　　　20：15発 → 21：34着 阿波池田
剣山　 2号　4002D　阿波池田　 6：46発 →　8：02着 徳島
　　　 4号　4004D　阿波池田　 8：32発 →　9：47着 徳島
　　　 6号　4006D　阿波池田　11：30発 → 12：45着 徳島
　　　 8号　4008D　阿波池田　14：30発 → 15：44着 徳島
　　　10号　4010D　阿波池田　19：49発 → 21：05着 徳島

← 1	②→
キハ 185	キハ 185
9	17
1018	22
1017	19
11	12

〔四カマ〕
▽ 1号車は一部自由席。　9・11・13号・12号は全車自由席

～4005D～4008D　　　　　　　　　　【高71】
～4011D　　　　　　　　　　　　　　【高72】
～4003D～4006D～4009D　　　　　　【高73】
4001D～4004D～4007D～4010D～　　【高75】

← ①	②→	← ③	④→
キハ 185	キハ 185	キハ 185	キハ 185
1017	19	1014	18

4002D～　　　　　　　　　　　　　　【高73】【高74】

むろと　1号　5051D　徳島 19：33発 → 20：51着 牟岐
むろと　2号　5052D　牟岐　 7：00発 →　8：18着 徳島

← 1	②→
キハ 185	キハ 185
9	17
1018	22

〔四カマ〕
▽ 1号車は一部自由席。　2号は全車自由席

～5051D　　　　　　　　　　　　　　【高71】
5052D～　　　　　　　　　　　　　　【高72】

九州旅客鉄道　－1

ゆふ	1号	81D	博多	7：43発 → 11：04着	別府
	3号	83D	博多	12：13発 → 15：43着	別府
	5号	85D	博多	18：30発 → 21：39着	大分
ゆふ	2号	82D	大分	8：20発 → 11：20着	博多
	4号	84D	別府	13：13発 → 16：31着	博多
	6号	86D	別府	18：09発 → 21：33着	博多

← 1　　②　→　〔分オイ〕

キハ185	キハ185

← 1　2　3　4→　⑤→

キハ185	キハ186	キハ186	キハ185	キハ185
8	3	6	3	15

▽３両増結
81D～84D～85D

← 1　2　3→　4→　⑤→

キハ185	キハ186	キハ185	キハ185	キハ185
16	7	1001	1011	7

82D～83D～86D

ゆふいんの森	1号	7001D	博多	9：17発 → 11：31着	由布院
	5号	7005D	博多	14：38発 → 16：50着	由布院
ゆふいんの森	2号	7002D	由布院	12：01発 → 14：19着	博多
	6号	7006D	由布院	17：11発 → 19：28着	博多

← 1　2　3　4　5　→　〔本チク〕

キハ72	キハ72	キハ72	キサハ72	キハ72
1	2	3	4	5

▽ 臨時列車
7001D～7002D～7005D～7006D

| ゆふいんの森 | 3号 | 8003D | 博多 | 10：11発 → 13：27着 | 別府 |
| ゆふいんの森 | 4号 | 8004D | 別府 | 14：43発 → 18：10着 | 博多 |

← 1　2　3　4　→　〔本チク〕

キハ71	キハ70	キハ70	キハ71
2	1	2	1

▽ 臨時列車
7003D～7004D

A列車で行こう	1号	8031D	熊本	10：21発 → 11：11着	三角
	3号	8033D	熊本	12：16発 → 13：09着	三角
	5号	8035D	熊本	14：51発 → 15：41着	三角
A列車で行こう	2号	8032D	三角	11：17発 → 11：56着	熊本
	4号	8034D	三角	13：59発 → 14：42着	熊本
	6号	8036D	三角	16：33発 → 17：12着	熊本

← 1　2　→　〔熊クマ〕

キハ185	キハ185
4	1012

▽ 臨時列車
8031D～8032D～8033D～8034D～8035D～8036D

いさぶろう	1号	1091D	熊本	8：31発 → 11：30着	吉松	［人吉～吉松間普通列車］
	3号	1293D	人吉	13：14発 → 14：33着	吉松	［普通列車］
しんぺい	2号	1292D	吉松	11：41発 → 12：58着	人吉	［普通列車］
	4号	1094D	吉松	15：15発 → 18：18着	熊本	［吉松～人吉間普通列車］

← 1　2　→　〔熊クマ〕

キハ47	キハ47
8159	9082

▽2020.07 熊本豪雨にて肥薩線被災、運休中
▽ ２号車は一部自由席
1091D～1092D～1093D～1094D

九州旅客鉄道　－2

九州横断特急　81号　8081D　熊本　 9：11発　→　12：37着　別府　［運転日注意］
　　　　　　　 3号　1073D　熊本　15：05発　→　17：57着　別府
九州横断特急　 2号　1072D　別府　 8：07発　→　11：22着　熊本
　　　　　　　84号　8084D　別府　15：06発　→　18：30着　熊本　［運転日注意］

```
←1   ②→          〔分オイ〕
┌────┬────┐
│キハ │キハ │
│185 │185 │
└────┴────┘
 10   1008
```
1072D～　　　～1073D
8081D～8084D

あそぼーい！　8091D　熊本　 9：11発　→　12：37着　別府　［運転日注意］
あそぼーい！　8092D　別府　15：06発　→　18：30着　熊本　［運転日注意］

```
←1    2    3    4→       〔熊クマ〕
┌────┬────┬────┬────┐
│キハ │キハ │キハ │キハ │   ▽ 臨時列車
│183 │182 │182 │183 │
└────┴────┴────┴────┘
1001 1001 1002 1002      8091D～8092D
```

あそ　3号　1063D　熊本　11：45発　→　13：08着　宮地
あそ　4号　1064D　宮地　13：32発　→　14：46着　熊本

```
←1   ②→          〔分オイ〕
┌────┬────┐
│キハ │キハ │
│185 │185 │
└────┴────┘
 10   1008           ～1063D～1064D～
```

やませみ　かわせみ　8061D　熊本　10：32発　→　12：09着　宮地
やませみ　かわせみ　8062D　宮地　15：47発　→　17：08着　熊本

```
←1    2→          〔熊クマ〕
┌────┬────┐
│キハ │キハ │
│ 47 │ 47 │
└────┴────┘
8087  9051          8061D～8062D
```

指宿のたまて箱　1号　3071D　鹿児島中央　 9：56発　→　10：47着　指宿
　　　　　　　　3号　3073D　鹿児島中央　11：56発　→　12：48着　指宿
　　　　　　　　5号　3075D　鹿児島中央　13：56発　→　14：49着　指宿
指宿のたまて箱　2号　3072D　指宿　　　　10：56発　→　11：48着　鹿児島中央
　　　　　　　　4号　3074D　指宿　　　　12：57発　→　13：48着　鹿児島中央
　　　　　　　　6号　3076D　指宿　　　　15：07発　→　16：00着　鹿児島中央

```
←1    2 →←3 →       〔鹿カコ〕
┌────┬────┬────┐
│キハ │キハ │キハ │   ▽ 臨時列車
│ 47 │ 47 │140 │   ▽ 2両編成にて運転の日もある
└────┴────┴────┘
8060 9079 2066      3071D～3072D～3073D～3074D～3075D～3076D
```

海幸山幸　1号　8051D　宮崎　10：13発　→　11：45着　南郷
　　　　　3号　8053D　宮崎　13：53発　→　15：23着　南郷
海幸山幸　2号　8052D　南郷　11：52発　→　13：27着　宮崎
　　　　　4号　8054D　南郷　15：30発　→　16：51着　宮崎

```
←1    2 →         〔宮ミサ〕
┌────┬────┐
│キハ │キハ │   ▽ 臨時列車
│125 │125 │   ▽ 2号車は一部自由席
└────┴────┘
 401  402          8051D～8052D～8053D～8054D
```

クルージングトレイン編成表

DC

TWILIGHT EXPRESS 瑞風

	1	2	3	4	5	6	7	8	9	10
	キイテ	キサイネ	キサイネ	キサイネ	キラ	キシ	キサイネ	キサイネ	キサイネ	キイテ
	87	86	86	86	86	86	86	86	86	87
TM001	2	101	301	401	1	1	501	201	1	1

▽ 2017(H29).06.17から営業運転を開始
▽ 1・10号車は展望車、5号車はラウンジカー、6号車は食堂車にてほかは客室
　このうち2・3・8・9号車はロイヤルツイン[各3室]
　4号車はロイヤルツイン(ユニバーサル対応)[1室]とロイヤルシングル[2室]、
　7号車はザ・スイート[2室]の構成

PC

カシオペア

	1	2	3	4	5	6	7	8	9	10	11	12
	スロネフ	スロネ	マシ	スロネ	スロネ	スロネ	スロネ	スロネ	スロネ	スロネ	スロネ	カハフ
	E26	E26	E26	E27	E27	E27	E27	E27	E27	E27	E27	E26
	1	1	1	101	402	302	202	1	401	301	201	1

▽ 1999(H11).07.16 上野~札幌間運転開始
▽ 2016(H28).03.21 上野着にて、上野~札幌間での運行終了
　　以降はクルージングトレインとして運転日を決めて運転

ななつ星in九州

		1	2	3	4	5	6	7
DF		マイ	マシフ	マイネ	マイネ	マイネ	マイネ	マイネフ
200		77	77	77	77	77	77	77
		7000	7001	7002	7003	7004	7005	7006	7007

▽ 2013.10.15運行開始
▽ 牽引機は3泊4日コースの火曜日　博多発を表示
　　1泊2日コース出発日の土曜日は7号車方に牽引機連結
▽ 機関車の新製月日は2013.07.12
　客車の新製月日は2013.08.15
▽ 1号車=ラウンジカー、2号車=ダイニングカー
　3～6号車=スイート、7号車=DXスイート
▽ 各部屋の定員2名、編成定員は28名

リゾートトレイン編成表　客車篇

▽〔 〕は 定員、【 】は フリースペース

東日本旅客鉄道

サロン エクスプレス 東京
東オク　1983.08　大宮工場

1	2	3	4	5	6	7
スロフ14 701	オ ロ14 701	オ ロ14 702	オ ロ14 703	オ ロ14 704	オ ロ14 705	スロフ14 702
展望【7】〔23〕	〔30〕	〔30〕	〔30〕	〔30〕	〔30〕	【10】スナック展望
	オ ハ14 133	オ ハ14 137	オ ハ14 171	オ ハ14 172	オ ハ14 175	オ ハ14 57
パノラマコンパートメント	コンパートメント	コンパートメント	コンパートメント	コンパートメント	コンパートメント	パノラマラウンジ

▽ 1997(平成09)年03月、オロ14 702のほかお座敷改造。愛称も「ゆとり」と変更。オロ14 702 は 上沼垂へ転出

スーパーエクスプレス レインボー
東オク　1987.03　大宮工場

1	2	3	4	5	6	7
スロフ14 705	オ ロ14 714	オ ロ14 713	オ ロ12 715	オ ロ14 712	オ ロ14 711	スロフ14 706
展望【8】〔27〕	〔28〕	〔27〕	【30】	〔27〕	〔28〕	〔27〕【 8】展望
スハフ14 55	オ ハ14 194	オ ハ14 193	オ ハ12 371	オ ハ14 192	オ ハ14 191	スハフ14 56
パノラマグリーンカー	グリーンカー	コンパートメントカー	イベントカー	コンパートメントカー	グリーンカー	パノラマグリーンカー

▽ 2001(平成13)年07月02日廃車

なごやか　【和式】
東オク　1981.03　大宮工場

1 〔32〕	2 〔32〕	3 〔32〕	4 〔32〕	5 〔32〕	6 〔32〕
スロフ12 803	オ ロ12 805	オ ロ12 806	オ ロ12 807	オ ロ12 808	スロフ12 804
(相模)	(武蔵)	(安房)	(上野)	(下野)	(常陸)
スハフ12 8	オ ハ12 226	オ ハ12 243	オ ハ12 20	オ ハ12 19	スハフ12 11

▽ それぞれの愛称は、関東地方の旧国名からつけられている。1997(平成09)年07月17日 廃車

江戸　【和式】
東オク　1986.01　大宮工場

展 1 〔32〕	2 〔40〕	3 〔40〕	4 〔40〕	5 〔40〕	6〔32〕展
スロフ12 825	オ ロ12 849	オ ロ12 850	オ ロ12 851	オ ロ12 852	スロフ12 826
(鳥越)	(湯島)	(深川)	(花川戸)	(向島)	(柴又)
スハフ12 124	オ ハ12 323	オ ハ12 335	オ ハ12 336	オ ハ12 324	スハフ12 123

▽ それぞれの愛称は、江戸情緒がつたわる町の名からつけられている。2000(平成12)年10月09日廃車

くつろぎ　【和式】
高タカ　1983.06　幡生工場

1 〔28〕	2 〔36〕	3 〔36〕	4 〔36〕	5 〔36〕	6 〔28〕
スロフ12 822	オ ロ12 841	オ ロ12 842	オ ロ12 843	オ ロ12 844	スロフ12 821
(赤城)	(榛名)	(妙義)	(浅間)	(秩父)	(男体)
スハフ12 109	オ ハ12 170	オ ハ12 175	オ ハ12 176	オ ハ12 177	スハフ12 108

▽ それぞれの愛称は、高崎周辺で親しまれている山からつけられている。1987.04塗色変更。1999(平成11)年11月08日廃車

やすらぎ　【和式】
高タカ　1986.04　大宮工場

展 1 〔28〕	2 〔36〕	3 〔36〕	4 〔36〕	5 〔36〕	6〔28〕展
スロフ12 827	オ ロ12 853	オ ロ12 854	オ ロ12 855	オ ロ12 856	スロフ12 828
(神流)	(荒川)	(利根)	(吾妻)	(渡良瀬)	(碓氷)
スハフ12 130	オ ハ12 319	オ ハ12 320	オ ハ12 321	オ ハ12 322	スハフ12 131

▽ それぞれの愛称は、高崎周辺を流れる川の名からつけられている。2001(平成13)年05月01日廃車

オリエント サルーン　【和式】
仙セン　1987.01　郡山・大宮

展【 1 〔28〕	2 〔38〕	3 〔-〕	4 〔38〕	5 〔38〕	6 〔28〕展
スロフ12 829	オ ロ12 857	オ ロ12 858	オ ロ12 859	オ ロ12 860	スロフ12 830
スハフ12 119	オ ハ12 126	オ ハ12 127	オ ハ12 128	オ ハ12 129	スハフ12 117

▽ 1・6 号車は大宮工場施工。2000(平成12)年11月17日廃車

ふれあい みちのく　【和式】
盛アオ　1986.07　土崎・郡山

展 1 〔24〕	2 〔46〕	3 〔46〕	4 〔46〕	5 〔46〕	6 〔24〕展
スロフ12 823	オ ロ12 845	オ ロ12 846	オ ロ12 847	オ ロ12 848	スロフ12 824
(八甲田)	(十和田)	(三陸)	(奥入瀬)	(岩手)	(八幡平)
スハフ12 120	オ ハ12 332	オ ハ12 331	オ ハ12 318	オ ハ12 317	スハフ12 121

▽ 東北北部の観光地にちなんでつけられている。2002(平成14)年10月～11月廃車

【和式】
新カヌ　1981.09　大宮工場

1 〔40〕	2 〔40〕	3 〔40〕	5 〔40〕	6 〔40〕	7 〔40〕
スハフ12 805	オ ハ12 809	オ ハ12 810	オ ハ12 811	オ ハ12 812	スハフ12 806
(妙高)	(米山)	(八海)	(弥彦)	(飯豊)	(月山)
スハフ12 70	オ ハ12 236	オ ハ12 235	オ ハ12 237	オ ハ12 238	スハフ12 48

▽ それぞれの愛称は、新潟県で親しまれている山からつけられている。1988.08～09 塗色変更。2001(平成13).01.15　普通車化

〔 サロン佐渡 〕
新カヌ　1985.04　大宮工場

オ ハ12 706 【25】
オ ハ12 36

▽ 新潟支社お座敷客車 4号車に組み込んで走る。1988.08.30 塗色変更
▽ 2001.01.15 普通車化。2001(平成13)年04月03日廃車(和式客車を含め)

浪漫　【和式】
長ナノ　1995.11　長野総合車両所

展 1	2	3	4	5	6 展
スロフ14 801	オ ロ14 801	オ ロ14 802	オ ロ14 803	オ ロ14 804	スロフ14 802
〔33〕	〔32〕	〔32〕	〔26〕	〔32〕	〔33〕
スハフ14 17	オ ハ14 64	オ ハ14 61	オ ハ14 65	オ ハ14 57	スハフ14 18

▽ 展望室付。1995(平成07)年11月15日 落成。平成19年03月08日廃車

ゆとり
東オク　1997.03　大宮工場

展 1	2	3	4	5	6 展
スロフ14 701	オ ロ14 701	オ ロ14 703	オ ロ14 704	オ ロ14 705	スロフ14 702
〔24〕	〔28〕	〔28〕	〔28〕	〔28〕	〔24〕

▽ 1997(平成09)年03月、「サロンエクスプレス東京」からお座敷改造。車号変更はなし。
▽ 2008(平成20)年10月05日までに 1・6号車を除いて廃車

SLばんえつ物語
新ニイ

1	2	3	4	5	6	7
スハフ12 101 展望室	オ ハ12 313 〔88〕	オ ハ12 314 〔52〕	オ ハ121701 展望車 スハフ12 160	オ ハ12 316 〔88〕	オ ハ12 315 〔88〕	スロフ12 102 G〔30〕+展望室 スハフ12 102

▽ 1999(平成11)年04月、運転開始

SL銀河
盛モリ

1	2	3	4
キ ハ142 701 〔32〕 [キハ142 201]	キサハ144 702 〔62〕 [キサハ144 103]	キサハ144 701 〔64〕 [キサハ144 101]	キ ハ143 701 〔18〕 [キハ143 155]

▽ 2014(平成26)年04月12日、運転開始
▽ [ ] 内は旧車号(元JR北海道の車両を譲受)

SLぐんま みなかみ
12系　高クン

1	2	3	4	5
スハフ12 161 〔80〕	オ ハ12 366 〔88〕	オ ハ12 367 〔88〕	オ ハ12 369 〔88〕	スハフ12 162 〔80〕

▽ 基本編成を表示

旧型客車
高クン

1	2	3	4	5	6
オハニ36 11 〔48〕	オ ハ472246 〔88〕	オ ハ472261 〔88〕	スハフ422234 〔80〕	オ ハ472266 〔88〕	スハフ322357 〔80〕

▽ 基本編成を表示

高クン

1	2	3	4
オハニ36 11 〔48〕	オ ハ472246 〔88〕	オ ハ472261 〔88〕	スハフ422234 〔80〕

▽ 4両編成(基本)を表示

高クン

1	2	3
スハフ422173 〔80〕	オ ハ472266 〔88〕	スハフ322357 〔80〕

▽ 3両編成(基本)を表示

東海旅客鉄道
ユーロライナー
海ナコ
1985.09　名古屋工場

1	2	3	4	5	6	7
スロフ12 701 展望 〔30〕 スハフ12 15	オ ロ12 701 〔30〕 オ ハ12 147	オ ロ12 702 〔30〕 オ ハ12 148	オ ロ12 703 スナック【17】 オ ハ12 157	オ ロ12 704 〔30〕 オ ハ12 150	オ ロ12 705 〔30〕 オ ハ12 186	スロフ12 702 〔30〕 展望 スハフ12 22

▽ 2005(平成17)年06～07月、廃車

いこい 【和式】
海ナコ
1982.03　名古屋工場

1 〔44〕	2 〔46〕	3 〔46〕	4 〔46〕	5 〔46〕	6 〔44〕
スロフ12 811 (豊川) スハフ12 19	オ ロ12 821 (天竜川) オ ハ12 66	オ ロ12 822 (大井川) オ ハ12 67	オ ロ12 823 (安倍川) オ ハ12 185	オ ロ12 824 (富士川) オ ハ12 187	スロフ12 812 (狩野川) スハフ12 20

▽ 1007(平成09)年03月、廃車。それぞれの愛称は、静岡県をながれる川の名前からつけられていた。

【和式】
海ナコ
1983.03　名古屋工場

1 〔44〕	2 〔46〕	3 〔46〕	4 〔46〕	5 〔46〕	6 〔44〕
スロフ12 915 (近江) スハフ12 29	オ ロ12 829 (飛騨) オ ハ12 251	オ ロ12 830 (美濃) オ ハ12 312	オ ロ12 831 (伊勢) オ ハ12 192	オ ロ12 832 (尾張) オ ハ12 287	スロフ12 916 (三河) スハフ12 89

▽ 1999(平成11)年10月、廃車。それぞれの愛称は、名古屋周辺にちなむ旧国名からつけられていた。展望車付

西日本旅客鉄道

ＳＬやまぐち
中クチ
2017.06.06 新潟
トランシス

1	2	3	4	5
オロテ35 4001 〔23〕 新製	スハ35 4001 〔64〕 新製	ナハ35 4001 〔40〕 新製	オハ35 4001 〔72〕 新製	スハテ35 4001 〔46〕 新製

▽ 2017(平成29)年09月02日、運転開始

サロンカー　なにわ
近ミハ
1983.09 高砂工場

1	2	3	4	5	6	7
スロフ14 703 展望スナック〔20〕 スハフ14 31	オ ロ14 706 〔39〕 オ ハ14 177	オ ロ14 707 〔39〕 オ ハ14 178	オ ロ14 708 〔39〕 オ ハ14 179	オ ロ14 709 〔39〕 オ ハ14 170	オ ロ14 710 〔39〕 オ ハ14 180	スロフ14 704 〔24＋12〕展望 スハフ14 52

▽ 1994(平成06)年05月10日 リニューアル工事

あすか【和式】
大ミハ
1987.10～11 鷹取工場

1	2	3	4	5	6	7
マロフ12 851 展望 〔24〕 スハフ12 132	オ ロ12 851 〔28〕 オ ハ12 348	オ ロ12 852 〔28〕 オ ハ12 337	オ ロ14 851 イベントカー スナック オハネ14 3	オ ロ12 853 〔28〕 オ ハ12 339	オ ロ12 854 〔28〕 オ ハ12 340	マロフ12 852 〔24〕 展望 スハフ12 127

▽ 2017(平成29)年度、廃車消滅

いきいき　【和式】
サロン　きのくに
大ミハ
1981.05 高砂工場

1 〔28〕	2 〔32〕	3 〔32〕	4 〔－〕	5 〔32〕	6 〔28〕
スロフ12 807 (伊勢) スハフ12 1	オ ロ12 813 (伊賀) オ ハ12 1	オ ロ12 815 (河内) オ ハ12 3	オ ロ12 814 イベントカー(大和) オ ハ12 2	オ ロ12 816 (和泉) オ ハ12 4	スロフ12 808 (紀伊) スハフ12 2

▽ 1989(平成元)年09～10月,グレードアップ改造。各車の愛称はなくなっている。2007(平成19).11.05 廃車

【和式】
金サワ
1982.03 松任工場

1 〔44〕	2 〔46〕	3 〔46〕	4 〔46〕	5 〔46〕	6 〔44〕
スロフ12 813 (若狭) スハフ12 9	オ ロ12 825 (越前) オ ハ12 62	オ ロ12 826 (加賀) オ ハ12 63	オ ロ12 827 (能登) オ ハ12 64	オ ロ12 828 (越中) オ ハ12 65	スロフ12 814 (越後) スハフ12 10

▽ それぞれの愛称は、北陸地方の旧国名からつけられている。1987(昭和62)年12月27日 塗色変更
▽ 1993(平成05)年12月25日 「わくわく団らん」とリニューアル改造。ただし 1・3号車は未改造。2007(平成19).03.09までに廃車

わくわく団らん【和式】
金サワ
1993.12 松任工場

1	2	3	4 →	5	6
スロフ12 814 展望 〔24〕 スハフ12 9	オ ロ12 825 〔32〕 オ ハ12 62	オ ロ12 827 〔32〕 オ ハ12 64	マロフ12 853 (イベントカー) スハフ12 105	オ ロ12 828 〔32〕 オ ハ12 65	オロフ12 801 〔24〕 展望 オ ハ12 1002

▽ 2007(平成19)年03月09日廃車

ユウユウサロン岡山
岡オカ
1985.11 幡生車両所

1	2	3	4	5	6
スロフ12 703 展望 〔24〕 スハフ12 28	オ ロ12 707 〔30〕 オ ハ12 160	オ ロ12 708 〔30〕 オ ハ12 211	オ ロ12 709 〔24〕 オ ハ12 51	オ ロ12 710 〔30〕 オ ハ12 106	スロフ12 704 展望 スハフ12 53

▽ 1994(平成06)年01月05日 リニューアル改造。ゆうゆうサロンから改称。2011(平成23)年10月31日廃車

旅路【和式】
広ヒロ
1981.07 幡生工場

1 〔44〕	2 〔46〕	3 〔46〕	4 〔46〕	5 〔46〕	6 〔44〕
スロフ12 809 (はまゆう) スハフ12 41	オ ロ12 817 (きんもくせい) オ ハ12 81	オ ロ12 818 (さくら) オ ハ12 82	オ ロ12 819 (さるびあ) オ ハ12 83	オ ロ12 820 (きょうちくとう) オ ハ12 145	スロフ12 810 (さつき) スハフ12 55

▽ 1987(昭和62)年03月 車体塗色変更　▽ 1994(平成06)年09月 リニューアル工事。2008(平成20).01.18 廃車

ホリデーパル(簡易個室)
広セキ
1984.04～06 幡生工場

1	2	3	4	5	6	7
ナハネ20 701 〔54〕 ナハネ20 325	ナハネ20 702 〔54〕 ナハネ20 328	ナハネ20 703 〔54〕 ナハネ20 326	オ ハ14 701 サロンカー オ シ14 1	ナハネ20 704 〔54〕 ナハネ20 327	ナハネ20 705 〔54〕 ナハネ20 329	ナハネフ22701 〔48〕 ナハネフ2221

▽ 1997(平成09)年03月31日 廃車

ＳＬ「やまぐち」
広コリ
1988.07.16 幡生車両所

1	2	3	4	5	
オハフ13 701 展望風車〔56〕 オハフ13 59	オ ハ12 701 欧風 〔80〕 オ ハ12 227	オ ハ12 702 昭和風 〔80〕 オ ハ12 230	スハフ12 702 明治風 〔72〕 スハフ12 68	オ ハ12 703 大正風 〔72〕 オ ハ12 229	▽ 5号車は、 密閉式展望車

▽ 2017(平成29)年10月27日、廃車消滅

奥出雲おろち
中トウ
1998.03.27 後藤総車

1	2		
スハフ13 801 〔64〕 スハフ12 148	スハフ12 801 トロッコ〔64〕 スハフ123001	D E 152558	←備後落合 木次→

〔参考〕 嵯峨野観光鉄道　嵯峨野観光線

←トロッコ亀岡
トロッコ列車

トロッコ嵯峨→

1	2	3	4	5	
Ｓ Ｋ 200-1 〔60〕 オトキ27541	Ｓ Ｋ 100-2 〔64〕 オトキ28266	Ｓ Ｋ 100-11 〔64〕 オトキ28360	Ｓ Ｋ 100-1 〔64〕 オトキ28370	Ｓ Ｋ 300-1 〔62〕	D E 101104

四国旅客鉄道

アイランド　エクスプレス　四国

1987.03　多度津車両所

1	2	3	4	5
オロフ50　1 展望　〔21〕 オハフ502376	オ　ロ50　1 〔33〕 オ　ハ502249	オロフ50　3 〔20〕 オハフ502378	オ　ロ50　2 〔33〕 オ　ハ502250	オロフ50　2 〔21〕　展望 オハフ502377

▽　1999(平成11)年07月、廃車

ムーンライト高知
ムーンライト松山

1988.05　多度津車両所

1	2	3	4	5	6
スロフ12　6 2&1　〔33〕 スハフ12　6	オ　ロ12　5 2&1　〔33〕 オ　ハ12　5	オ　ロ12　6 カーペット〔20〕 オ　ハ12　6	オ　ロ12　9 カーペット〔20〕 オ　ハ12　9	オ　ロ12　10 2&1　〔33〕 オ　ハ12　10	スロフ12　3 2&1　〔33〕 スハフ12　3

〔便宜上〕

▽　2010(平成22)年04月までに廃車

九州旅客鉄道

ＳＬ人吉

熊クマ
1988.08.20　鹿児島車両所

1	2	3
オハフ50　702 展望　〔40〕 オハフ50　40	オ　ハ50　701 カウンター〔48〕 オ　ハ50　75	オハフ50　701 〔44〕　展望 オハフ50　39

▽　2009(平成21)年03月、「あそＢＯＹ」から改造

ななつ星in九州

分オイ

1	2	3	4	5	6	7
マイ77　7001 ラウンジカー	マシフ777002 ダイニングカー	マイネ777003 〔6〕	マイネ777004 〔6〕	マイネ777005 〔6〕	マイネ777006 〔6〕	マイネフ777007 〔4〕

▽　2013(平成25)年10月、運転開始。機関車はＤＦ200-7000が牽引

北海道旅客鉄道

ノロッコ

釧クシ
1998.06.14
五稜郭車両所＋苗穂工場

DE101660

釧路→

	1	2	3	4
DE101660	オ　ハ510　1 〔69〕 オハフ51　57	オハテフ510　1 トロッコ〔66〕 オハフ51　56	オハテフ500　51 トロッコ〔60〕 オハフ505008	オクハテ510　1 トロッコ〔74〕 オハフ51　4

▽　3号車は、2004(平成16)年06月、増結改造

富良野・美瑛ノロッコ

旭アサ
1999.05.29　苗穂工場

DE151534

美瑛→

	1	2	3
DE151534	オハテフ510　51 トロッコ〔50〕 オハフ51　29	オハテフ510　2 トロッコ〔70〕 オハフ51　28	オクハテ510　2 トロッコ〔74〕 オハフ51　58

▽　2号車は、オハテフ510の入った編成にて表示

リゾートトレイン編成表　気動車篇

北海道旅客鉄道

はまなす 編成

札ナホ
2020.07.29 川重

1	2	3	4	5
キハ261-5101 〔26〕	キハ260-5101 〔44〕	キハ260-5301 〔52〕	キハ260-5201 〔52〕	キハ261-5201 〔52〕

▽2020(令和02)年10月17日、営業開始

ラベンダー 編成

札ナホ
2021.02.12 川重

1	2	3	4	5
キハ261-5102 〔26〕	キハ260-5102 〔44〕	キハ260-5302 〔52〕	キハ260-5202 〔52〕	キハ261-5202 〔52〕

▽2021(令和03)年05月08日、営業開始

アルファ コンチネンタル エクスプレス

札ナホ
1985.12　苗穂工場

4	3	2	1
キ ハ59　2 展望　〔52〕 キ ハ56 209	キ ハ29　1 〔52〕 キ ロ26 201	キ ハ59 101 キ ハ56 212	キ ハ59　1 〔52〕 展望 キ ハ56 201

▽ 2号車は、1986(昭和61).11改造。6.4現在 2号車なしの 3両編成にて運転
▽1994(平成06)年10月23日 にて 営業運転終了。1995(平成07)年10月10日、廃車

フラノ エクスプレス

札ナホ
1986.12　苗穂工場

4	3	2	1
キ ハ84　2 展望　〔44〕 キ ハ80 165	キ ハ83　1 〔52〕 キ ハ82 109	キ ハ80 501 〔28〕 キ ハ82 110	キ ハ84　1 〔44〕　展望 キ ハ80 164

▽ 2号車は、昭和62年03月 改造
▽1998(平成10)年11月01日 にて 営業運転終了。2004(平成16)年09月27日、廃車

トマム サホロ エクスプレス

札ナホ
1987.12　苗穂工場

5	4	3	2	1
キ ハ84 102 展望　〔44〕 キ ハ80 166	キ ハ83 101 〔52〕 キ ハ82 86	キ シ80 501 【30】 キ ハ80 29	キ ハ83 102 〔48〕 キ ハ82 87	キ ハ84 101 〔44〕　展望 キ ハ80 160

▽ 3号車は、1988(昭和63)年03月 改造。　4号車は、1988(昭和63)年05月 改造
▽1999(平成11)年06月23日「マウント・レイク大沼号」へ一部車両を改造
▽2004(平成16)年03月24日　キハ83 102、廃車。2007(平成19)年06月06日　キシ80 501、廃車

マウント・レイク 大沼

函ハコ
1987.12　苗穂工場

3	2	1
キ ハ84 102 展望　〔44〕 キ ハ80 166	キ ハ83 101 〔28〕 キ ハ82 86	キ ハ84 101 〔44〕　展望 キ ハ80 160

▽1999(平成11)年06月 改造。 2号車は客室改造、定員変更。1・3号車は車体塗色のみ変更
▽2002(平成14)年10月14日「トマム サホロ エクスプレス」色に戻って、営業運転を終了
▽2004(平成16)年03月24日　廃車

ニセコ エクスプレス

札ナホ
1988.12.12　苗穂工場

1	2	3
キハ183-5002 〔48〕 新製	キハ182-5001 〔56〕 新製	キハ183-5001 〔48〕 新製

▽自社苗穂工場による新製車
▽2017(平成29)年12月28日、廃車消滅

クリスタル エクスプレス トマム・サホロ

札ナホ
1988.12.08　苗穂工場

4	3	2	1
キハ183-5102 〔44〕 新製	キハ182-5101 〔56〕 新製	キサロハ182-5101 〔40〕 新製	キハ183-5101 〔44〕 新製

▽自社苗穂工場による新製車。 2号車は1990(平成02)年12月14日 新製
▽2019(令和01)年11月30日 廃車

ノースレインボー エクスプレス

札ナホ
1992.07.10　苗穂工場

5	4	3	2	1
キハ183-5201 〔47〕 ピンク　新製	キハ182-5201 〔60〕 オレンジ　新製	キサハ182-5201 〔36〕 ライトグリーン 新製	キハ182-5251 〔60〕 ブルー　新製	キハ183-5202 〔47〕 ラベンダー　新製

▽自社苗穂工場による新製車。 2・3号車は1992(平成04)年12月11日 新製。色表示は帯のカラー色

くつろぎ 【和式】

札ナホ
1973.04　苗穂工場

← 3	← 4	5
キ ロ29　2 摩周　〔44〕 キ ハ27 123	キ ロ29　3 サロマ　〔44〕 キ ハ27 124	キ ロ59　2 洞爺　〔44〕 キ ハ56 135

▽道内の観光地にちなんだ愛称がつけられている。 5号車は1984(昭和59)年04月 改造。平成09年度 廃車

くつろぎ 【和式】

1973.04　苗穂工場

← 1 旭アサ	2 旭アサ →
キ ロ59　1 大沼　〔44〕 キ ハ56 134	キ ロ29　1 支笏　〔44〕 キ ハ27 122

▽道内の観光地にちなんだ愛称がつけられている。 1号車は1984(昭和59)年04月 改造(五稜郭車両センター)
▽1999(平成11)年03月24日 廃車

東日本旅客鉄道

おばこ

	1	2	3
秋アキ	キ ハ59 501	キ ハ29 501	キ ハ59 502
	ねぶた〔40〕	かまくら〔40〕	かんとう〔40〕
1984.01 土崎工場	キ ハ58 622	キ ハ282389	キ ハ58 759

▽奥州路の祭にちなんだ愛称がつけられている。
▽愛称は1991(平成03)年03月(車体塗色一新)から「こまち」となったが、秋田新幹線に愛称を譲り「おばこ」と変更
▽1999(平成11)年07月、普通車化。2006(平成18)年03月01日 廃車

リゾートしらかみ

	1	2	3	←秋田・川部
秋アキ	キ ハ48 533	キ ハ481543	キ ハ48 540	
1997.03 土崎工場	〔40〕	〔32〕	〔40〕	弘前・東能代→

▽1997(平成09)年04月01日から営業運転開始
▽2003(平成15)年03月、「橅」編成登場により、「青池」編成の愛称が加わる。
▽2006(平成18)年03月、旧 2号車は「くまげら」編成へ。3両編成となる。
▽2010(平成22)年12月、新「青池」編成登場により、中間車は「橅」編成に移動
　　　現在は、2両編成の「クルージングトレイン」編成として使用。キハ481543は2020(令和02)年09月01日廃車

リゾートしらかみ
「橅」編成

	1	2	3	←秋田・川部
秋アキ	キ ハ48 701	キ ハ481701	キ ハ48 702	
	〔39〕	〔32〕	〔40〕	弘前・東能代→
2003.03 土崎工場	キ ハ40 506	キ ハ40 507	キ ハ40 510	

▽2003(平成15)年04月01日から営業運転開始　▽2010(平成22)年12月、4両化。編成は28頁を参照

リゾートしらかみ
「くまげら」編成

	1	2	3	←秋田・川部
秋アキ	キ ハ48 703	キ ハ481521	キ ハ48 704	
	〔39〕	〔32〕	〔40〕	弘前・東能代→
2006.03 秋田総合 車両センター	キ ハ40 520		キ ハ40 515	

▽2006(平成10)年03月18日から営業運転開始　▽2010(平成22)年12月、4両化。編成は28頁を参照

こがね

	1	2	3
仙ココ	キ ハ59 510	キ ハ29 506	キ ハ59 511
	展望〔27〕	〔30〕	〔27〕展望
1989.10 郡山工場	キ ハ581038	キ ハ282505	キ ハ581039

▽2000(平成12)年03月、グリーン車から普通車へ改造
▽2003(平成15)年、「グラシア」から改造。2011(平成23)年07月21日廃車

エーデルワイス

	1	2	3
盛モリ	キ ハ58 744	キ ハ282509	キ ハ58 619
1988.10 土崎工場	〔44〕	〔44〕	〔44〕 〔便宜上〕

▽2号車は、1989(昭和64)年01月 改造。2002(平成14)年11月01日廃車

Kenji
（ケンジ）

	1	2	3
盛モリ	キ ハ581505	キ ハ282010	キ ハ58 650
1992.03 土崎工場	〔48〕	〔32〕	〔52〕

▽1992(平成04)年03月11日 改造(2・3号車は「アルカディア」から)
▽「ぐるっとさんりくトレイン」号にておもに活躍。2018(平成30)年00月20日廃車

ふるさと

	← 1	2 →	3
仙ココ	キ ハ482501	キ ハ482502	キ ハ402501
	華〔36〕	風〔36〕	月〔28〕
1995.* 郡山工場	キ ハ48 534	キ ハ48 548	キ ハ402138

▽1995(平成07)年02 ~ 03月 改造。2000(平成12)年、小牛田区へ転属。愛称は「漫遊」から「ふるさと」へ
▽2003(平成15)年04月、グリーン車を普通車化　▽2016(平成28)年09月07日廃車

きらきらみちのく

	← 1	2	3 →
盛ハヘ	キ ハ481506	キ ハ481534	キ ハ481505
2002.06 土崎工場	〔35〕	〔55〕	〔34〕

▽2002(平成14)年07月05日から営業運転開始
▽2011(平成23)年度、「リゾートうみねこ」編成と編成名を変更。2020年度、廃車

←仙台・小牛田　　　　　　　　　　　　　　　　　　新庄→
リゾートみのり

	1	2	3
仙ココ	キ ハ48 550	キ ハ48 549	キ ハ48 546
2008.09 郡山総合 車両センター	展望〔34〕	〔36〕	〔34〕展望

▽2008(平成20)年10月01日から営業運転開始。2020(令和02)年09月01日廃車

東日本旅客鉄道

リゾートしらかみ「くまげら」編成
北アキ
2006.03 秋田総合
車両センター

←秋田・川部
弘前・東能代→

	1	2	3	4
	キ ハ48 703 〔39〕	キ ハ481521 〔32〕	キ ハ481503 〔40〕	キ ハ48 704 〔40〕
	キ ハ40 520			キ ハ40 515

▽2010(平成22)年12月、4両化(太字が増結車両=2010.10.22改造)

リゾートしらかみ「青池」編成
[密連] 北アキ
2010.09.21 東急車輌

←秋田・川部
弘前・東能代→

	1	2	3	4
	HB-E301-1 展望 〔34〕 新製	HB-E300 -101〔36〕 新製	HB-E300-1 〔40〕 新製	HB-E302-1 〔44〕 展望 新製

▽2010(平成22)年12月04日から営業運転開始

リゾートしらかみ「橅」編成
[密連] 北アキ
2016.06.06 総合車両
製作所

←秋田・川部
弘前・東能代→

	1	2	3	4
	HB-E301-5 展望 〔34〕 新製	HB-E300-105 〔36〕 新製	HB-E300-5 〔40〕 新製	HB-E302-5 〔44〕 展望 新製

▽2016(平成28)年07月16日、営業運転開始

あきたクルーズ号
秋アキ
2003.03 土崎工場

←秋田
秋田港→

	1	2	3	4
	キ ハ48 701 〔39〕	キ ハ481701 〔32〕	キ ハ481543 〔32〕	キ ハ48 702 〔40〕
	キ ハ40 506	キ ハ40 507		キ ハ40 510

▽2010(平成22)年12月、4両化(太字が増結車両) ▽ハイブリッド橅登場にて運休
▽2018(平成30)年4月18日、「あきたクルーズ号」として運転開始。
元リゾートしらかみ「橅」編成。2020(令和02)年09月01日廃車

海里
新ニイ
2019.08.13 新潟トランシス

←酒田
新潟→

	1	2	3	4
	HB-E301-6 〔30〕	HB-E300-106〔32〕	HB-E300-6 〔-〕 イベント	HB-E302-6 〔24〕

▽2019(令和01)年10月05日、営業運転開始

リゾートビューふるさと
[密連] 都ナノ
2010.06.09 東急車輌

←松本
南小谷・長野→

	1	2
	HB-E302-2 展望 〔44〕 新製	HB-E301-2 〔34〕 展望 新製

▽2010(平成22)年10月02日から営業運転開始

リゾートあすなろ
[密連]
盛モリ
2010.09.17 東急車輌

←新青森・野辺地
青森・大湊→

	1	2
	HB-E302-3 展望 〔44〕 新製	HB-E301-3 〔34〕 展望 新製

▽2010(平成22)年12月04日から営業運転開始

POKÉMON with YOU トレイン
[密連] 盛モリ
2012.12. 郡山総合車両
センター

←気仙沼
一ノ関→

	1	2
	キ ハ100-1 〔46〕	キ ハ100-3 プレイルーム

▽2012(平成24)年12月22日から営業運転開始

リゾートあすなろ
[密連]
盛モリ
2010.09.17 東急車輌

	1	2
	HB-E302-4 展望 〔44〕 新製	HB-E301-4 〔34〕 展望 新製

▽2010(平成22)年12月04日から営業運転開始

TOHOKU EMOTION
[密連] 盛モリ
2013.09.26 郡山総合車両
センター

←八戸
久慈→

	1	2	3
	キ ハ110-701 〔28〕	キクシ112-701 〔-〕	キハ111-701 〔20〕
	キ ハ110-105	キ ハ112-2	キ ハ111-2

▽2013(平成25)年10月19日から営業運転開始

越乃Shu*Kura
新ニイ
2014.04.26 郡山総合
車両センター

←高田・十日町
長岡→

	1	2	3
	キ ハ48 558 〔34〕	キ ハ481542 〔-〕	キ ハ40 552 〔36〕

▽2014(平成26)年05月02日から営業運転開始

HIGH RAIL 1375
[密連] 都コミ
2017.06.15 長野総合
車両センター

	1	2
	キ ハ112-711 〔29〕	キ ハ103-711 〔21〕
	[キハ110-108]	[キハ100-29]

▽2017(平成29)年07月01日、営業運転開始

西日本旅客鉄道

ゴールデンエクスプレス アストル
金マツ / 松任工場 / 1988.03

1	2	3
キ ロ65 551	キ ロ29 552	キ ロ651551
展望 〔36〕	〔20〕	〔36〕 展望
キ ハ65 78	キ ハ282049	キ ハ65 514

▽ 2号車は、1987(昭和62)年12月 改造(多目的車両)。1997(平成09)年12月10日 2号車はキロ29 554(キロ282511改造)へ
▽キロ29 552 は 1998(平成10)年06月01日 廃車　▽キロ65 は 2007(平成19)年03月09日 廃車

セイシェル
福トカ / 後藤工場 / 1989.10.23

1	2	3
キ ロ59 555	キサロ59 501	キ ロ59 554
〔36〕	〔20〕	〔36〕
キ ハ581119	スハフ12 701	キ ハ581111

▽ 2号車は、12系客車「いこい」から改造。2005(平成17)年03月31日、廃車

エーデル丹後
京キト / 鷹取工場 / 1988.07.07

1	2
キ ハ65 601	キ ハ651601
展望 〔56〕	〔64〕 展望
キ ハ65 511	キ ハ65 512

▽ 2010(平成22)年03月31日 廃車

エーデル鳥取
京キト / 後藤車両所 / 1989.03.04

1	2	増	3	4
キ ハ65 701	キ ハ651711	キ ハ65 721	キ ハ65 711	キ ハ651701
展望 〔56〕	〔68〕	〔56〕	〔56〕	〔64〕 展望
キ ハ65 79	キ ハ65 10	キ ハ65 501	キ ハ65 516	キ ハ65 86

▽ 1号車は1989(平成元)年02月27日 鷹取工場改造。キハ65721は2004.04.16、キハ65701・1701は2010(平成22).03.31廃車
▽ 増号車は便宜上組成。2or3車としても使用

エーデル北近畿
京キト / 後藤車両所 / 1990.03.

← 1	2	増	増 →	3	4
キ ハ65 801	キ ハ651811	キ ハ65 812	キ ハ651812	キ ハ65 811	キ ハ651801
展望 〔56〕	〔68〕	〔56〕	〔68〕	〔56〕	〔64〕 展望
キ ハ65 1	キ ハ65 9	キ ハ65 5	キ ハ65 76	キ ハ65 82	キ ハ65 6

▽編成は便宜上。1999(平成11)年10月02日改正から急行「だいせん」にて活躍。2004(平成16)年11月11日、廃車

リゾート＆シュプール
京キト / 後藤車両所 / 1989.12

1	2	3	4
キ ハ65 611	キ ハ651611	キ ハ65 612	キ ハ651612
〔56〕	〔68〕	〔56〕	〔68〕
キ ハ65 81	キ ハ65 85	キ ハ65 515	

▽ 3・4 号車は1990(平成02)年09月03日　キハ65 712・1712から改造。2010(平成22)年10月10日、廃車

ふれあい SUN-IN
米トウ / 後藤工場 / 1986.03

1	2	3
キ ロ59 505	キ ロ29 503	キ ロ59 506
〔36〕	〔36〕	〔36〕
キ ハ581123	キ ハ283006	キ ハ581126

▽ キロ59505は2008(平成20)年11月17日 廃車、あと2両は2007(平成19)年07月06日廃車

ほのぼの SUN-IN
米トウ / 後藤車両所 / 1987.10

1	2
キ ロ59 551	キ ロ29 551
〔36〕	〔36〕
キ ハ581129	キ ハ282453

▽ 2010(平成22)年03月31日 廃車

ふれあい パル
広クチ / 幡生車両所 / 1986.03

1	2
キ ロ59 507	キ ロ29 504
〔36〕	〔36〕
キ ハ581134	キ ハ282431

▽2007(平成19)年11月09日 廃車

フェスタ
広ヒロ / 幡生車両所 / 1988.07.18

1	2	3
キ ロ59 553	キ ロ29 553	キ ロ59 552
展望 〔44〕	ミニシアター カウンター	〔44〕 展望
キ ハ58 135	キ ハ282056	キ ハ58 295

▽パクッと開く顔が特徴。2001(平成13)年11月11日、ラストラン。2003(平成15)年07月25日 廃車

瀬戸内マリンビュー
広ヒロ / 下関総合車両所 / 2005.09.20

1	2
キ ハ477002	キ ハ477001
〔35〕	〔20〕
キ ハ472011	キ ハ473002

▽2005(平成17)年10月01日から営業運転開始

⇒

et SETO ra
中ヒロ / 下関総合車両所 改造 / 2020.07.31

	1	2
←宮島口	キ ロ477002	キ ロ477001
	〔20〕	〔20〕
尾道→	[キハ477002]	[キハ477001]

▽2020(令和02)年10月04日、営業運転開始

○○のはなし
中セキ / 下関総合車両所 / 2007.06.23 / 2017.07.13

1	2
キ ハ477003	キ ハ477004
〔44〕	〔76〕
キ ハ471107	キ ハ47 46

▽2007(平成19)年07月01日から営業運転開始
▽2017(平成29)年08月05日、「○○のはなし」営業運転開始

▽「ゆぅトピア」は、1995(平成07)年03月31日 廃車
「ビバ・ウェスト」は、1999(平成11)年03月31日 廃車

あめつち

中トウ
2018.04.24
後藤総合車両所　改造

←出雲市　　　鳥取→

1	2
キ　ロ477006	キ　ロ477005
〔29〕	〔30〕
[キハ472010]	[キハ473016]

▽2018(平成30)年07月01日、運転開始

四国旅客鉄道

←琴平・高松　　　岡山→
瀬戸大橋アンパンマントロッコ
四カマ

1	2
キクハ32 502	キロ185-26
〔48〕	〔48〕

▽2015(平成27)年03月06日　1号車はグリーン車化

←阿波池田　　　徳島→
藍よしのがわトロッコ
四カマ

1	2
キクハ32 501	キハ185-20
〔61〕	〔60〕

←八幡浜　　　松山→
伊予灘ものがたり
四マツ
2022.02.21 多度津工場

1	2	3
キロ185-1401	キロ186-1402	キロ185-1403
〔27〕	〔23〕	〔8〕
[キハ185-3113]	[キロ186-8]	[キハ185-23]

▽2022(令和04)年04月02日、営業開始

←八幡浜　　　松山→
伊予灘ものがたり
四マツ
2014.07.01 多度津工場

1	2
キ　ロ471401	キロ471402
〔25〕	〔25〕

▽2014(平成26)年07月26日から営業運転開始
▽2021(令和03)年12月27日ラストラン
▽2022(令和04)年06月30日　廃車

←大歩危　　　多度津→
四国まんなか　千年ものがたり
四カマ
2017.01.16 多度津工場

1	2	3
キ　ロ185-1001	キ　ロ186-1002	キ　ロ185-1003
〔32〕	〔62〕	〔64〕
[キハ185-14]	[キロ186-4]	[キハ185-3102]

▽2017(平成29)04月01日、運転開始

←窪川　　　高知→
志国土佐時代の　夜明けのものがたり
四コチ
2020.02.25 改造
多度津工場

1	2
キロ185-1867	キロ185-1867
〔28〕	〔19〕
[キハ185-1015]	[キハ185-25]

▽2020(令和02)年04月18日、営業運転開始(当初計画)

九州旅客鉄道

←熊本　　　別府→
あそぼーい！
[双頭] 熊クマ
1988.02.22　富士重工

4	3	2	1
キハ183-1002	キハ182-1002	キハ182-1001	キハ183-1001
展望 〔28〕	〔68〕	〔58〕	〔36〕 展望
新製	新製	新製	新製

▽電車と力行協調運転車。2号車は 1989.04新製、3号車は鹿児島車両所製造
▽1992(平成04)年07月10日　小倉工場にてオランダ村特急より改造。定員変更などの客室改造、車体塗色変更など実施
▽1999(平成11)年02月23日　小倉工場にてゆふいんの森Ⅱより改造
▽2000(平成12)年12月21日から車両の向きを反対にして営業開始
▽2003(平成15)年03月15日改正にて「シーボルト」廃止。2004(平成16)年03月13日、「ゆふＤＸ」として営業開始
▽2011(平成23)年01月10日にて営業運転を終了、
　　2011(平成23)年05月、「あそぼーい！」に改造。06月04日から営業運転開始(現在、別府〜阿蘇間にて運転)
▽2020(令和02).08.08　豊肥本線が、熊本地震被災からの全線復旧に合わせ　特急「九州横断特急」(熊本〜別府間)に充当開始

新　ゆふいんの森
[密連] 本チク
1999.02.10　小倉工場

←由布院　　　博多→

1	2	3	4	5
キ　ハ72　1	キ　ハ72　2	キ　ハ72　3	キサハ72　4	キ　ハ72　5
展望 〔60〕	〔60〕	〔34〕	〔60〕	〔60〕 展望
新製	新製	新製	新製	新製

▽1999(平成11)年03月13日 から営業運転開始. 4号車は2015(平成27)年07月増備

ゆふいんの森
本チク
1989.02.28　小倉工場

←別府　　　博多→

1	2	3	4
キ　ハ71　2	キ　ハ70　1	キ　ハ70　2	キ　ハ71　1
展望 〔52〕	〔48〕	〔48〕	〔52〕 展望
キ　ハ65　19	キ　ハ58 490	キ　ハ58 436	キ　ハ65　51

▽ 3号車は1990(平成02)年04月26日 増備

はやとの風	1	2	3		←鹿児島中央
鹿カコ	キ　ハ478092	キハ147-1045	キハ140-2066		
2004.02.20　小倉工場	〔31〕	〔36〕	〔32〕		吉松→

▽2004(平成16)年03月13日　から営業運転開始
▽2006(平成18)年01月20日　キハ478092(キハ4792)増備
▽2012(平成24)年春から、キハ140-2066は「指宿のたまて箱」の増結用と変更
▽2022(令和04)年09月16日「ふたつ星」に改造

いさぶろう しんぺい	3	2	1		←熊本
熊クマ	キハ140-2125	キハ47　9082	キ　ハ478159		
2004.03.10　小倉工場	〔40〕	〔55〕	〔46〕		人吉・吉松→

▽2004(平成16)年03月13日　から営業運転開始
▽2004(平成16)年10月06日　キハ479082増備、2009(平成21)年07月14日　キハ478159増備
▽2017(平成29)年03月04日　組成変更　▽2022(令和04)年09月16日　キハ140-2125「ふたつ星」に改造

かわせみ　やませみ	2	1		←熊本
熊クマ	キハ47　9051	キハ47　8087		
2017.03.01 小倉総合	〔34〕	〔38〕		人吉→
車両センター	▽2017(平成29)年03月04日、運転開始			

海幸山幸	1	2		←南郷
鹿ミサ	キハ125-401	キハ125-402		
	〔21〕	〔31〕		宮崎→
2009.09.30　小倉工場	旧高千穂鉄道	旧高千穂鉄道		

▽2009(平成21)年10月10日　から営業運転開始

指宿のたまて箱	1	2	3		←指宿
鹿カコ	キ　ハ478060	キ　ハ479079	キハ140-2066		
	〔31〕	〔29〕	〔32〕		鹿児島中央→
2011.02.18　小倉工場		キ　ハ471079			

▽2011(平成23)年03月13日　から営業運転開始
▽2012(平成24)年03月24日　から3両編成にて運転開始（3号車は旧「はやての風」）

A列車で行こう	1	2		←三角
熊クマ	キハ185-　4	キハ185-1012		
2012.10.04 小倉総合	〔28〕	〔56〕		熊本→
車両センター	▽2012(平成24)年10月08日　から営業運転開始			

或る列車	1	2		←長崎・(大分)
崎サキ	キロシ479176	キロシ473505		
	〔22〕	〔16〕		(日田)・佐世保→

▽2015(平成27)年10月、運転開始

ふたつ星4047	1	2	3		
崎サキ	キハ47-4047	キシ140-4047	キハ147-4047		
	〔39〕	〔ラウンジ〕	〔48〕		
2022.00.16 小倉総車	［キ　ハ478092］	［キハ40-2125］	［キハ147-1045］		

▽2022(令和04)年09月23日、営業開始
▽1・3号車は元「はやとの風」、2号車は元「いさぶろう/しんぺい」

アクアエクスプレス	←　3	←　2	1　→		
熊クマ	キ　ハ287001	キ　ハ587003	キ　ハ587004		
	〔45〕	〔51〕	〔40〕		
1988.07.28　小倉工場	キ　ハ282445	キ　ハ58 702	キ　ハ58 723		

▽1993(平成05)年03月18日　から急行「くまがわ」へ転用
▽「くまがわ」にて、1・3号車などの2両編成でおもに運転（2号車は1998[平成10]年03月26日　廃車）
▽2000(平成12)年03月11日改正にて「くまがわ」での営業運転終了。2001(平成13)年度にて全車廃車

らくだ	←　1	←　2	3　→		
鹿カコ	キ　ハ282420	キ　ハ283015	キ　ハ581131		
	〔64〕	〔64〕	〔64〕		
1986.03　鹿児島車両所					

▽新幹線用転換シート（1号車＝1984年改造）、特急用回転シート
▽1997(平成09)年04月01日　現在は普通車(近郊化)。各車両はそれぞれ普通用に変更
▽2002(平成14)年03月22日、キハ282420を残して2両は廃車。キハ282420も2007(平成19).06.18廃車

「ゆ～とぴあ」キハ58 140　　　　　は1993(平成05)年11月17日　廃車
「BUNBUN」、「ふれあいGO」は 1994(平成06)年12月19日　廃車
「ジョイフルトレイン」、「サルーンエクスプレス」は 1994(平成06)年03月25日　廃車
「しらぬい」は 1995(平成07)年03月24日　廃車

31

気動車 基本編成一覧

北海道旅客鉄道

キハ201系　←江別・札幌　函館本線　倶知安→

[密連]

札ナホ	キハ 201	キハ 201	キハ 201	
	101	201	301	96.12.27富士重
	102	202	302	97.01.21富士重
	103	203	303	97.02.03富士重
	104	204	304	97.02.07富士重

キハ143系　←室蘭　室蘭本線・千歳線　苫小牧・札幌→

札トマ	キハ 143	キハ 143	
	151	101	94.08.24(オハフ5132)・94.08.27(オハフ5136)改造
	152	102	94.08.28(オハフ5115)・94.09.01(オハフ5141)改造
	153	103	94.10.28(オハフ5135)・94.10.25(オハフ5124)改造
	154	104	94.10.29(オハフ5120)・95.01.31(オハフ5134)改造

札トマ	キハ 143	キハ 143	
	156	157	95.07.21(オハフ5139)・95.08.03(オハフ5160)改造

▽50系51形客車から改造

キハ150形

旭アサ	キハ 150	
	1	93.02.26富士重
	2	93.02.26富士重
	3	93.02.26富士重
	4	93.02.26富士重
	5	93.02.26富士重
	6	93.02.26富士重
	7	93.02.26富士重
	8	93.05.14富士重
	9	93.05.14富士重
	10	93.05.14富士重
	11	95.01.31富士重
	12	95.01.31富士重
	13	95.02.01富士重
	14	95.02.01富士重
	15	95.02.02富士重
	16	95.02.02富士重
	17	95.02.02富士重

富良野線ほか

札トマ	キハ 150	室蘭本線
	101	93.05.14富士重
	102	93.05.14富士重
	103	93.05.14富士重
	104	93.05.21富士重
	105	93.05.21富士重
	106	93.05.21富士重
	107	93.05.21富士重
	108	93.05.21富士重
	109	93.05.21富士重
	110	93.05.21富士重

▽　H100形

所属区	運用区間
札ナホ	函館本線長万部〜小樽〜札幌間
旭アサ	宗谷本線旭川〜名寄間
	石北本線旭川〜上川間、富良野線
札トマ	室蘭本線長万部・室蘭〜苫小牧〜岩見沢間
釧クシ	根室本線新得〜釧路間

[　]内はその地域のラッピング名

キヤ291形　除雪用

	キヤ 291	
	1	旭アサ 21.01.22新潟

H100形

[密連]

	H100		
	1	札ナホ	18.02.19川重
	2	札ナホ	18.02.19川重
	3	札ナホ	19.09.24川重
	4	札ナホ	19.09.24川重
	5	札ナホ	19.09.27川重
	6	札ナホ	19.09.27川重
	7	札ナホ	19.09.26川重
	8	札ナホ	19.09.26川重
	9	札ナホ	20.01.15川重
	10	札ナホ	20.01.15川重
	11	札ナホ	20.01.17川重
	12	札ナホ	20.01.17川重
	13	札ナホ	20.01.20川重
	14	札ナホ	20.01.20川重
	15	札ナホ	20.01.22川重
	16	旭アサ	20.06.26川重
	17	旭アサ	20.06.26川重
	18	旭アサ	20.06.26川重
	19	旭アサ	20.06.26川重
	20	旭アサ	20.06.15川重
	21	旭アサ	20.06.15川重
	22	旭アサ	20.06.15川重
	23	旭アサ	20.06.15川重
	24	旭アサ	20.06.15川重
	25	旭アサ	20.06.15川重
	26	旭アサ	20.06.15川重
	27	旭アサ	20.06.15川重
	28	札トマ	20.09.28川重
	29	札トマ	20.09.28川重
	30	札トマ	20.09.28川重
	31	札トマ	20.09.28川重
	32	札トマ	20.09.29川重
	33	札トマ	20.09.29川重
	34	札トマ	20.09.29川重
	35	札トマ	20.09.29川重
	36	札トマ	20.09.30川重
	37	札トマ	20.09.30川重
	38	札トマ	20.09.30川重
	39	札トマ	20.09.30川重
	40	札トマ	21.02.16川重
	41	札トマ	21.02.16川重
	42	札トマ	21.02.16川重
	43	札トマ	21.02.25川重
	44	札トマ	21.02.25川重
	45	札トマ	21.02.25川重
	46	釧クシ	21.07.07川重
	47	釧クシ	21.07.07川重
	48	釧クシ	21.07.07川重
	49	釧クシ	21.07.07川重
	50	釧クシ	21.07.08川重
	51	釧クシ	21.07.08川重
	52	釧クシ	21.07.08川重
	53	釧クシ	21.07.08川重
	54	釧クシ	21.07.09川重
	55	釧クシ	21.07.09川重
	56	釧クシ	21.07.09川重
	57	釧クシ	21.07.09川重
	58	釧クシ	21.11.16川車
	59	釧クシ	21.11.16川車
	60	釧クシ	21.11.16川車
	61	釧クシ	21.11.16川車
	62	釧クシ	21.11.17川車
	63	釧クシ	21.11.17川車
	64	釧クシ	21.11.17川車
	65	釧クシ	21.11.17川車
	66	釧クシ	21.11.18川車
	67	釧クシ	21.11.18川車
	68	旭アサ	21.11.18川車
	69	旭アサ	21.11.18川車
	70	旭アサ	22.01.13川車
	71	旭アサ	22.01.13川車
	72	旭アサ	22.01.13川車
	73	旭アサ	22.01.17川車
	74	旭アサ	22.01.17川車
	75	旭アサ	22.01.17川車

H100　2022年度増備車

	H100			
	76	旭アサ	22.08.02川車	
	77	旭アサ	22.08.02川車	
	78	旭アサ	22.08.02川車	
	79	旭アサ	22.08.02川車	
	80	旭アサ	22.08.01川車	[石北線]
	81	旭アサ	22.08.01川車	[富良野線]
	82	釧クシ	22.08.01川車	[釧網線]
	83	釧クシ	22.08.01川車	[花咲線]

東日本旅客鉄道 －1

HB-E210系	←仙台	仙石東北ライン	石巻→
	←仙台	東北本線	小牛田→

[密連] 北ココ	HB- E211■	HB- E212	
	1	1	15.01.16JT横浜
	2	2	15.01.16JT横浜
	3	3	15.02.13JT横浜
	4	4	15.02.13JT横浜
	5	5	15.03.06JT横浜
	6	6	15.03.06JT横浜
	7	7	15.03.17JT横浜
	8	8	15.03.17JT横浜

キハE200形	←小諸	小海線	小淵沢→

[密連] 都コミ	キハ E200■	
	1	07.04.11東急
	2	07.04.11東急
	3	07.04.11東急

GV-E400系	←新潟	磐越西線	会津若松→
	←新潟	米坂線	米沢→

[密連] 新ニイ	GV E400■			GV E401■	GV E402	
	1	18.01.16川重		1	1	18.01.16川重
	2	19.05.21川重		2	2	19.05.21川重
	3	19.09.04川重		3	3	19.09.06川重
	4	19.12.11川重		4	4	19.09.04川重
	5	20.01.07川重		5	5	19.12.13川重
	6	20.01.21川重		6	6	19.12.11川重
	7	20.02.04川重		7	7	20.01.13川重
	8	20.02.25川重		8	8	20.01.07川重
				9	9	20.01.23川重
				10	10	20.01.21川重
				11	11	20.02.06川重
				12	12	20.02.04川重
				13	13	20.02.27川重
				14	14	20.02.25川重
				15	15	20.03.24川重
				16	16	20.03.24川重

	←秋田	奥羽本線	東能代→
	←東能代、弘前	五能線	川部→
	←三厩	津軽線	青森→

[密連] 北アキ	GV E400■			GV E401■	GV E402	
	9	20.07.23川重		17	17	20.07.23川重
	10	20.09.10川重		18	18	20.11.26川重
	11	20.11.26川重		19	19	20.12.16川重
	12	20.11.26川重		20	20	21.01.26川重
	13	20.12.16川重		21	21	21.02.25川重
	14	20.12.16川重		22	22	21.04.07川重
	15	21.01.26川重				
	16	21.01.26川重				
	17	21.02.25川重				
	18	21.02.25川重				
	19	21.04.07川重				

▽米坂線 坂町～今泉間、
　津軽線 蟹田～三厩間は運転見合わせ中

▽本項では、基本編成を組むローカル用気動車、事業用気動車を中心にまとめている
▽■印は、トイレ設備

▽[密連]は密着連結器搭載の車両。表示なしは小型密着連結器を装備
　密着連結器搭載車両のブレーキ方式は電気指令式を採用
　この項に掲載以外で密着連結器装備の車両は、特急用の
　　2700系・2600系・2000系・キハ283系・キハ281系・キハ261系・キハ189系・キハ187系・
　　ＨＣ85系
▽[双頭]は、密着連結器、自動連結器(小型密着連結器を含む)装備車と連結できる車両

東日本旅客鉄道　－2

キハE130系　←水戸　水郡線　　　　　　　　　　　常陸太田・郡山→

[密連] 水スイ

キハE131	キハE132		キハE130	
1	1	07.02.01新潟	1	06.12.05新潟
2	2	07.02.01新潟	2	06.12.05新潟
3	3	07.02.01新潟	3	06.12.05新潟
4	4	07.02.19新潟	4	06.12.27新潟
5	5	07.02.19新潟	5	06.12.27新潟
6	6	07.02.19新潟	6	06.12.27新潟
7	7	07.04.11新潟	7	06.12.27新潟
8	8	07.07.09東急	8	07.01.17新潟
9	9	07.07.19東急	9	07.01.17新潟
10	10	07.08.29新潟	10	07.01.17新潟
11	11	07.08.29新潟	11	07.01.17新潟
12	12	07.08.30新潟	12	07.01.17新潟
13	13	07.08.30新潟	13	07.08.29新潟

キハE130系　←久慈　八戸線　　　　　　　　　八戸→

[密連] 盛モリ

キハE130	キハE131	キハE132	
501	501	501	17.08.21新潟
502	502	502	17.09.26新潟
503	503	503	17.10.02新潟
504	504	504	18.02.26新潟
505	505	505	18.03.07新潟
506	506	506	18.03.13新潟

▽2023.03.18　盛岡車両センター八戸派出所と組織変更

キハE130系　←上総亀山　久留里線　　　　　木更津→

[密連] 千マリ

キハE130	
101	12.08.27新潟
102	12.08.27新潟
103	12.08.27新潟
104	12.10.24新潟
105	12.10.24新潟
106	12.10.24新潟
107	12.10.30新潟
108	12.10.30新潟
109	12.10.30新潟
110	12.10.30新潟

キハE120系　←小出　只見線　　　　　会津若松→

[密連] 北コリ

キハE120	
1	08.05.29新潟
2	08.05.29新潟
3	08.05.29新潟
4	08.05.29新潟
5	08.05.30新潟
6	08.05.30新潟
7	08.05.30新潟
8	08.05.30新潟

キハ110系　←高崎　八高線　　　　　　　　高麗川→

[密連] 高クン

キハ111	キハ112		キハ110	
204	204	95.12.12新潟	207	93.02.08新潟
205	205	95.12.12新潟	208	93.02.08新潟
206	206	96.02.06新潟	209	93.02.04富士重
207	207	96.03.04富士重	210	93.02.04富士重
208	208	96.03.04富士重	218	93.09.22富士重
209	209	96.03.04富士重	219	93.09.22富士重
			220	93.09.22富士重
			221	96.02.06新潟
			222	96.03.06富士重

キハ110系　←郡山　磐越東線　　　　　　　いわき→

[密連] 北コリ

キハ111	キハ112		キハ110	
101	101	91.02.12新潟	101	91.02.12新潟
102	102	91.03.04新潟	102	91.02.12新潟
103	103	91.03.04新潟		
104	104	91.03.04新潟		
105	105	91.03.12新潟		
106	106	91.03.12新潟		
107	107	91.03.12新潟		
108	108	91.03.12新潟		

キハ110　只見線	
214	93.09.14新潟
223	95.12.18富士重(301)
224	95.12.18富士重(302)

キハ110系　←新庄　陸羽東線　　　　　　　小牛田→
[密連]　←酒田　陸羽西線　　　　　　　新庄→

北ココ

キハ111	キハ112		キハ110	
213	213	98.10.20富士重	237	98.10.20富士重
214	214	98.10.20富士重	238	98.11.10新潟
215	215	98.10.20富士重	239	98.11.10新潟
216	216	98.11.10新潟	240	99.11.11新潟
217	217	98.11.10新潟	241	99.11.11新潟
218	218	99.10.25富士重	242	99.10.23富士重
219	219	99.10.25富士重	243	99.11.12新潟
220	220	99.11.11新潟	244	99.11.12新潟
221	221	99.10.26富士重	245	99.11.12新潟

キハ110系　←小牛田　東北本線　　　　　　　仙台→
[密連]　←女川・柳津　石巻線・気仙沼線　　　小牛田→

北ココ

キハ111	キハ112		キハ110	
113	113	92.02.15富士重	103	91.02.12新潟
151	151	94.09.27富士重	104	91.02.12新潟
			106	91.06.21富士重
			107	91.07.12富士重
			123	91.09.25新潟
			124	91.09.25新潟
			125	91.09.25新潟
			126	91.09.25新潟
			127	91.09.25新潟

キハ110系　←盛岡　東北本線　　　　　　　花巻→
　　　　　［密連］　←釜石　釜石線　　　　　　　花巻→

盛モリ

キハ111	キハ112	
1	1	91.03.30新潟
3	3	91.03.30新潟

キハ110	
1	90.01.25富士重
2	90.02.28富士重
3	90.02.28富士重
4	91.03.08富士重
5	91.03.08富士重

キハ110系　←十和田南　花輪線　　　大館、盛岡→
　　　　　［密連］　←宮古　山田線　　　　　　盛岡→

盛モリ

キハ111	キハ112	
112	112	92.02.15富士重
114	114	92.02.22富士重
115	115	92.02.22富士重
116	116	92.02.22富士重
117	117	92.02.27富士重
118	118	92.02.27富士重
119	119	92.02.27富士重
120	120	92.02.27富士重
121	121	92.02.27富士重
152	152	94.09.27富士重

キハ110	
118	91.08.19富士重
122	91.08.26富士重
128	91.09.25新潟
129	91.12.25新潟
130	91.12.25新潟
131	91.12.25新潟
133	92.01.21富士重
134	92.01.21富士重
136	92.01.21富士重
137	92.01.21富士重
138	92.01.21富士重
139	92.01.21富士重

キハ110系　←酒田　羽越本線　　　　　　　新津→
　　　　　［密連］　←新潟・新津　磐越西線　　会津若松→

新ニイ

キハ111	キハ112	
201	201	93.10.13新潟
202	202	93.10.13新潟
203	203	93.10.13新潟

▽キハ110-214・223・224は2022年度、
　只見線（郡山総合車両センター）に移動（＊）
▽2023.03.18　新津運輸区から新潟車両センター
　に配置変更

	キハ110		
	135	92.01.21富士重	
	201	93.02.09新潟	
	202	93.02.09新潟	
	203	93.02.09新潟	
	204	93.02.05富士重	
	205	93.02.05富士重	
	206	93.02.05富士重	
	211	93.09.14新潟	
	212	93.09.14新潟	
	213	93.09.14新潟	
＊	214	93.09.14新潟	
	215	93.10.13新潟	
	216	93.10.13新潟	
	217	93.10.13新潟	
＊	223	95.12.18富士重	301→97.11.17
＊	224	95.12.18富士重	302→97.12.03

キハ110系　←長岡・越後川口　飯山線　　　長野→

都ナノ

［密連］ キハ111	キハ112		
210	210	96.02.16富士重	301→97.06.26
211	211	96.01.17新潟	302→97.08.30
212	212	96.01.17新潟	303→97.09.26

キハ110		
おいこっと 235	96.02.16新潟	313→97.08.01
おいこっと 236	96.02.16新潟	314→97.08.01

キハ110		
225	95.12.18富士重	303→97.05.31
226	95.12.25富士重	304→97.05.31
227	95.12.25富士重	305→97.05.31
228	95.12.25富士重	306→97.06.26
229	96.02.16富士重	307→97.07.09
230	96.02.16富士重	308→97.07.09
231	96.02.15新潟	309→97.07.09
232	96.02.15新潟	310→97.08.01
233	96.02.15新潟	311→97.08.01
234	96.02.16富士重	312→97.10.08

キハ110系　←小諸　小海線　　　　　　小淵沢→

都コミ

［密連］ キハ111	キハ112	
109	109	91.12.18新潟
110	110	91.12.18新潟
111	111	91.12.18新潟

キハ110	
109	91.07.12富士重
110	91.07.12富士重
111	91.07.19富士重
112	91.07.19富士重
113	91.07.19富士重
114	91.07.19富士重
115	91.08.19富士重
116	91.08.19富士重
117	91.08.19富士重
118	91.08.19富士重
119	91.08.26富士重
120	91.08.26富士重
121	91.08.26富士重

▽キハ100- 1 ～ 8・31 ～ 37・39 ～ 46は
　盛岡車両センター一ノ関派出所
　キハ100-20・21・201 ～ 205は
　盛岡車両センター八戸派出所　配置

キハ100形

キハ100	北上線・大船渡線・釜石線	
1	盛モリ	90.01.27新潟
2	盛モリ	90.01.27新潟
3	盛モリ	90.02.23富士重
4	盛モリ	90.02.23富士重
5	盛モリ	91.03.12富士重
6	盛モリ	91.03.12富士重
7	盛モリ	91.03.12富士重
8	盛モリ	91.03.12富士重
10	盛モリ	91.06.14富士重
11	盛モリ	91.06.14富士重
13	盛モリ	91.07.05富士重
14	盛モリ	91.07.05富士重
15	盛モリ	91.07.05富士重
16	盛モリ	91.07.05富士重
17	盛モリ	91.07.05富士重
18	盛モリ	91.07.05富士重
19	盛モリ	91.07.26富士重
20	盛モリ	91.07.26富士重
21	盛モリ	91.07.26富士重
22	盛モリ	91.07.26富士重
23	盛モリ	91.07.26富士重
24	盛モリ	91.07.26富士重
25	盛モリ	91.08.02富士重
26	盛モリ	91.08.02富士重
27	盛モリ	91.08.02富士重
28	盛モリ	91.08.02富士重
31	盛モリ	91.08.29新潟
32	盛モリ	91.08.29新潟
33	盛モリ	91.08.29新潟
34	盛モリ	91.08.29新潟
35	盛モリ	91.09.14新潟
36	盛モリ	91.09.14新潟
37	盛モリ	91.09.14新潟
39	盛モリ	91.10.17新潟
40	盛モリ	91.10.17新潟
41	盛モリ	91.10.17新潟
42	盛モリ	91.10.17新潟
43	盛モリ	91.10.30新潟
44	盛モリ	91.10.30新潟
45	盛モリ	91.10.30新潟
46	盛モリ	91.10.30新潟

キハ100	大湊線	
201	盛モリ	93.09.20新潟
202	盛モリ	93.09.20新潟
203	盛モリ	93.09.20新潟
204	盛モリ	93.09.21新潟
205	盛モリ	93.09.21新潟

キハ101形

キハ101	左沢線	
1	幹カタ	93.10.04新潟
2	幹カタ	93.10.04新潟
3	幹カタ	93.10.04新潟
4	幹カタ	93.10.05新潟
5	幹カタ	93.10.05新潟
6	幹カタ	93.10.05新潟
7	幹カタ	94.09.21新潟
8	幹カタ	94.09.21新潟
9	幹カタ	94.09.21新潟
10	幹カタ	94.09.21新潟
11	幹カタ	94.09.21新潟
12	幹カタ	97.02.04新潟
13	幹カタ	97.02.04新潟

キヤE193系　←　　　　→

キヤ193	キヤ192	キクヤ193	
			電気・軌道
北アキ 1	1	1	02.07.03新潟

キヤE195系

	キヤ E195	キサヤ E194	キヤ E194	キヤ E194	キヤ E194	キサヤ E194	キヤ E194	キヤ E194	キヤ E194	キサヤ E194	キヤ E195		レール輸送
LT 1	1	1	1	2	201	201	301	101	102	101	101	都オク	18.01.23日車
LT 2	2	2	3	4	202	202	302	103	104	102	102	都オク	21.02.17日車
LT 3	3	3	5	6	203	203	303	105	106	103	103	都オク	21.03.05日車
LT 4	4	4	7	8	204	204	304	107	108	104	104	北ココ	21.09.18日車

キヤE195系

	キヤ E195	キヤ E195		レール輸送
ST 1	1001	1101	都オク	17.11.29日車
ST 2	1002	1102	北ココ	20.05.08日車
ST 3	1003	1103	北ココ	20.05.08日車
ST 4	1004	1104	北ココ	20.06.02日車
ST 5	1005	1105	北ココ	20.06.02日車
ST 6	1006	1106	北ココ	20.06.02日車
ST 7	1007	1107	北ココ	20.06.02日車
ST 8	1008	1108	都オク	20.10.15日車
ST 9	1009	1109	都オク	20.09.30日車
ST10	1010	1110	都オク	20.09.30日車
ST11	1011	1111	都オク	20.09.30日車
ST12	1012	1112	都オク	20.09.30日車
ST13	1013	1113	都オク	20.09.30日車
ST14	1014	1114	都オク	20.11.04日車
ST15	1015	1115	都オク	20.11.04日車
ST16	1016	1116	都オク	20.11.04日車
ST17	1017	1117	都オク	20.11.04日車
ST18	1018	1118	都オク	20.12.03日車
ST19	1019	1119	都オク	20.12.03日車
ST20	1020	1120	都オク	20.12.03日車
ST21	1021	1121	都オク	20.12.03日車
ST22	1022	1122	都オク	21.01.14日車
ST23	1023	1123	都オク	21.01.14日車

ＧＶ－Ｅ197系

GV E197	GV E196	GV E196	GV E196	GV E196	GV E197		砕石輸送
1	1	2	3	4	2	高クン	21.01.25新潟トランシス

東海旅客鉄道　－1

キハ25系　　←猪谷・多治見　　高山本線・太多線　　岐阜→

〔密連〕 海ミオ	キハ25 ■	キハ25	
	1	101	10.11.10日車
	2	102	10.11.10日車
	3	103	11.02.23日車
	4	104	11.02.23日車
	5	105	11.02.23日車
	1001	1101	14.09.03日車
	1002	1102	14.09.03日車
	1003	1103	14.09.03日車
	1004	1104	14.11.05日車
	1005	1105	14.11.05日車
	1006	1106	14.11.05日車
	1007	1107	15.02.05日車
	1008	1108	15.02.05日車
海ナコ	1009	1109	15.05.13日車
海ナコ	1010	1110	15.05.13日車
海ナコ	1011	1111	15.05.13日車
海ナコ	1012	1112	15.06.10日車

←鳥羽　　参宮線・伊勢鉄道・関西本線　　名古屋→

海ナコ	キハ25 ■	キハ25	
	1501	1601	15.06.10日車
	1502	1602	15.06.10日車
	1503	1603	15.07.08日車
	1504	1604	15.07.08日車
	1505	1605	15.07.08日車
	1506	1606	15.10.07日車
	1507	1607	15.10.07日車
	1508	1608	15.10.07日車
	1509	1609	15.11.11日車
	1510	1610	15.11.11日車
	1511	1611	15.11.11日車
	1512	1612	16.01.13日車
	1513	1613	16.01.13日車
	1514	1614	16.01.13日車

キハ75系　　←鳥羽　　参宮線・伊勢鉄道・関西本線　　名古屋→

〔密連〕 海ナコ	キハ75	キハ75	
	1	101	93.06.21日車
	2	102	93.06.21日車
	3	103	93.06.21日車
	4	104	93.07.22日車
	5	105	93.07.22日車
	6	106	93.07.22日車
	201	301	99.02.08日車
	202	302	99.02.08日車

←猪谷・多治見　　高山本線・太多線　　岐阜→

海ミオ	キハ75 ■	キハ75		
	203	303	99.02.08日車	15.04.03→1203・1303
	204	304	99.02.08日車	15.05.14→1204・1304
	205	305	99.02.16日車	15.06.26→1205・1305
	206	306	99.02.16日車	15.02.10→3206・3306
	207	307	99.02.16日車	15.03.21→3207・3307
	208	308	99.02.16日車	15.02.26→3208・3308
	401	501	99.02.16日車	15.04.02→3401・3501
	402	502	99.03.23日車	15.04.30→3402・3502
	403	503	99.03.23日車	15.04.30→3403・3503
	404	504	99.03.23日車	15.06.01→3404・3504
	405	505	99.03.23日車	15.06.26→3405・3505
	406	506	99.03.23日車	15.04.02→3406・3506

【参考】

HC85系　　←名古屋・富山　　東海道・高山本線　　岐阜→

〔密連〕	4	3	2	1	
海ナコ	クモハ85	モハ84	モハ84	クモロ85	
D 1	1	1	101	1	19.12.05日車
D 2	2	2	102	2	22.04.22日車
D 3	3	3	103	3	22.04.22日車
D 4	4	4	104	4	22.05.27日車
D 5	5	5	105	5	22.06.10日車
D 6	6	6	106	6	22.07.08日車
D 7	7	7	107	7	22.09.16日車
D 8	8	8	108	8	22.10.14日車

	クモハ85	クモハ85	
D 101	101	201	22.05.27日車
D 102	102	202	22.06.10日車
D 103	103	203	22.10.14日車
D 104	104	204	22.12.09日車
D 105	105	205	22.12.09日車

	クモハ85	モハ84	モハ84	クモハ85	
D 201	9	9	109	301	23.01.20日車
D 202	10	10	110	302	23.01.20日車
D 203	11	11	111	303	23.02.10日車

キハ11　　←松阪　　名松線　　伊勢奥津→

〔密連〕 海ナコ	キハ11	
	303	99.03.26日車
	304	99.03.26日車
	305	99.03.26日車
	306	99.03.26日車

▽キハ11 は 在籍車のみ掲載

キヤ95系　　←　　　　　　　　→

海ナコ	キヤ95	キサヤ95	キヤ95	電気・軌道
DR 1	1	1	101	96.09.20日車
DR 2	2	2	102	05.04.26日車

東海旅客鉄道　－2

キヤ97系　←　　　　→　　　レール輸送

海ナコ	キヤ97	キヤ97	
R 1	1	101	07.12.13日車
R 2	2	102	07.12.19日車
R 3	3	103	07.12.26日車
R 4	4	104	07.12.26日車

←　　　　　　　　　　　　　　　→

海ミオ	キヤ97	キサヤ96	キヤ96	キヤ96	キヤ96	キサヤ96	キサヤ96	キサヤ96	キヤ96	キヤ96	キヤ96	キサヤ96	キヤ96	
R 101	201	1	1	2	3	2	3	4	4	5	6	6	202	08.03.27日車

西日本旅客鉄道

キハ127系　←上月　姫新線　　　　　姫路→

[密連]　近ヨヘ

キハ127	キハ127			キハ122	
1	1001	08.09.30新潟		1	08.09.30新潟
2	1002	08.11.28新潟		2	08.12.19新潟
3	1003	08.11.28新潟		3	09.01.23新潟
4	1004	08.11.28新潟		4	09.01.23新潟
5	1005	08.12.19新潟		5	09.01.23新潟
6	1006	08.12.19新潟		6	09.01.23新潟
				7	09.01.23新潟

キハ126系　←益田　山陰本線　　　　　鳥取→

[密連]　中トウ

キハ126	キハ126			キハ121	
1	1001	00.10.06新潟		1	03.05.08新潟
2	1002	01.02.20新潟		2	03.05.08新潟
3	1003	01.03.21新潟		3	03.05.08新潟
4	1004	01.04.02新潟		4	03.05.08新潟
5	1005	01.04.02新潟		5	03.07.15新潟
11	1011	03.07.15新潟		6	03.07.15新潟
12	1012	03.08.05新潟		7	03.07.15新潟
13	1013	03.08.05新潟		8	03.07.15新潟
14	1014	03.08.05新潟		9	03.07.15新潟
15	1015	03.08.05新潟			

キヤ141系　←　　　　　　　　→

電気・軌道　近キト

キヤ141	キクヤ141	
1	1	06.02.04新潟
2	2	06.02.17新潟

キヤ143系　←　　　　　　　　→

除雪用

キヤ143		
1	敦賀	14.02.27新潟
2	敦賀	14.03.18新潟
3	豊岡	16.10.19新潟
4	後藤	16.11.01新潟
5	敦賀	16.11.14新潟
6	豊岡	17.02.07新潟
7	後藤	17.02.13新潟
8	後藤	17.03.15新潟
9	敦賀	17.03.21新潟

DEC741系　←　　　　　　　　→

電気・軌道　近キト

DEC741	DEC741	
E001	1	101	21.11.02近車

電気式

キハ120形

キハ120			
1	中イモ	93.03.29新潟
2	中イモ	93.03.29新潟
3	中イモ	93.03.29新潟
4	中イモ	93.03.29新潟
5	中イモ	93.03.29新潟
6	中ヒロ	93.03.29新潟
7	近カメ	93.06.16新潟
8	近カメ	93.06.16新潟
9	中クチ	93.06.16新潟
10	中クチ	93.06.16新潟
11	近カメ	93.06.16新潟
12	近カメ	93.06.16新潟
13	近カメ	93.06.29新潟
14	近カメ	93.06.29新潟
15	近カメ	93.06.29新潟
16	近カメ	93.06.29新潟
17	中ヒロ	93.06.29新潟
18	中クチ	93.06.29新潟
19	中クチ	93.06.29新潟
20	中クチ	93.08.26ＧＴ
21	中ヒロ	93.10.15ＧＴ
22	金トヤ	93.10.25ＧＴ

キハ120		
201	金ツル	92.03.31新潟
202	金ツル	92.03.31新潟
203	金ツル	92.03.31新潟
204	金ツル	92.07.17新潟
205	金ツル	92.07.17新潟
206	中イモ	92.07.17新潟
207	中イモ	92.03.31新潟
208	中イモ	92.03.31新潟

ＤＥＣ700

[密連]　中クチ

DEC700		
1		21.07.26川重

キハ120		
301	近カメ	94.03.25新潟
302	近カメ	94.03.25新潟
303	近カメ	94.03.25新潟
304	近カメ	94.03.25新潟
305	近カメ	94.03.25新潟
306	近カメ	94.04.20新潟
307	中ハタ	94.03.25新潟
308	中ハタ	94.03.25新潟
309	中ハタ	94.04.20新潟
310	中ハタ	94.04.20新潟
311	中ハタ	94.04.20新潟
312	中ハタ	94.04.20新潟
313	中ハタ	94.04.20新潟
314	中ハタ	94.05.20新潟
315	中ハタ	94.05.20新潟
316	中ハタ	94.05.20新潟
317	中ハタ	94.09.13ＧＴ
318	金トヤ	94.10.05ＧＴ
319	中ハタ	94.11.24ＧＴ
320	中ヒロ	94.12.09ＧＴ
321	中ハタ	95.02.14ＧＴ
322	中ヒロ	95.03.31ＧＴ
323	中クチ	95.03.31ＧＴ
324	中ヒロ	95.03.27新潟
325	中クチ	95.03.27新潟
326	中ヒロ	95.03.27新潟
327	中ヒロ	95.03.27新潟
328	中オカ	95.06.29ＧＴ
329	金トヤ	95.08.25ＧＴ
330	中オカ	95.08.29ＧＴ
331	金トヤ	95.10.05ＧＴ
332	中ヒロ	95.10.05新潟
333	中ヒロ	95.10.05新潟
334	中オカ	95.10.05新潟
335	中オカ	95.10.05新潟
336	中オカ	95.10.05新潟
337	中オカ	95.10.28ＧＴ
338	中オカ	95.12.01ＧＴ
339	中オカ	96.01.10ＧＴ
340	中オカ	96.02.02ＧＴ
341	金トヤ	96.03.06ＧＴ
342	中オカ	96.03.05新潟
343	中オカ	96.03.05新潟
344	金トヤ	96.01.23新潟
345	金トヤ	96.01.23新潟
346	金トヤ	96.01.23新潟
347	金トヤ	96.03.05新潟
348	金トヤ	96.03.05新潟
349	金トヤ	96.03.05新潟
350	金トヤ	96.03.05新潟
351	金トヤ	96.03.05新潟
352	金トヤ	96.03.05新潟
353	中オカ	96.07.31ＧＴ
354	金トヤ	96.08.22ＧＴ
355	中オカ	96.09.06ＧＴ
356	中オカ	96.10.09ＧＴ
357	中ハタ	96.08.27新潟
358		96.08.27新潟
359	中オカ	96.08.27新潟

▽キハ120-358 は 2020.03.19廃車

四国旅客鉄道
1000形

1000■				
1001	四コチ	90.01.12新潟		
1002	四トク	90.01.12新潟		
1003	四トク	90.01.12新潟		
1004	四トク	90.01.12新潟		
1005	四トク	90.01.12新潟		
1006	四トク	90.01.12新潟		
1007	四トク	90.01.12新潟		
1008	四トク	90.01.12新潟		
1009	四トク	90.03.09新潟		
1010	四コチ	90.03.09新潟		
1011	四コチ	90.03.09新潟		
1012	四コチ	90.03.09新潟		
1013	四コチ	90.03.09新潟		
1014	四コチ	90.03.09新潟		
1015	四コチ	90.03.09新潟		
1016	四コチ	90.03.09新潟		
1017	四コチ	90.03.09新潟		
1018	四コチ	90.03.09新潟		
1019	四コチ	90.03.09新潟		
1020	四コチ	90.03.09新潟		
1021	四コチ	90.03.09新潟		
1022	四コチ	90.03.09新潟		
1023	四コチ	90.03.09新潟		
1024	四コチ	90.03.09新潟		
1025	四コチ	90.03.09新潟		
1026	四コチ	90.03.09新潟		
1027	四コチ	90.03.09新潟		
1028	四コチ	90.03.09新潟		
1029		92.02.04新潟	08.08.02→1229	四トク
1030		92.02.04新潟	08.08.02→1230	四トク
1031		92.02.04新潟	08.06.04→1231	四トク
1032		92.02.04新潟	08.09.06→1232	四トク
1033	四コチ	92.02.04新潟		
1034	四コチ	92.02.04新潟		
1035		92.02.04新潟	08.09.06→1235	四トク
1036	四コチ	92.02.24新潟		
1037	四コチ	92.02.24新潟		
1038	四コチ	92.02.24新潟		
1039	四コチ	92.02.24新潟		
1040	四コチ	92.02.24新潟		
1041	四コチ	92.02.24新潟		
1042	四コチ	92.03.02新潟		
1043	四コチ	92.03.02新潟		
1044		92.03.02新潟	08.10.04→1244	四トク
1045		92.03.02新潟	08.09.06→1245	四トク
1046		92.03.02新潟	08.07.05→1246	四トク
1047		92.03.02新潟	08.07.05→1247	四トク
1048		92.03.02新潟	08.08.02→1248	四トク
1049		95.03.25新潟	08.07.05→1249	四トク
1050		95.03.25新潟	08.06.04→1250	四トク
1051		97.03.18新潟	08.10.04→1251	四トク
1052		97.03.18新潟	08.06.04→1252	四トク
1053		97.03.18新潟	08.10.18→1253	四トク
1054		97.03.18新潟	08.09.06→1254	四トク
1055		97.03.18新潟	08.07.05→1255	四トク
1056		97.03.18新潟	08.06.01→1256	四トク

1500形

1500■		
1501	四トク	06.06.01新潟
1502	四トク	06.06.01新潟
1503	四トク	06.06.01新潟
1504	四トク	06.06.01新潟
1505	四トク	06.06.01新潟
1506	四トク	06.06.01新潟
1507	四トク	06.06.01新潟
1508	四トク	06.06.01新潟
1509	四トク	08.04.06新潟
1510	四トク	08.04.06新潟
1511	四トク	08.04.06新潟
1512	四トク	08.04.06新潟
1513	四トク	08.04.06新潟
1514	四トク	08.04.06新潟
1515	四トク	08.04.06新潟

1500■		
1551	四トク	09.01.26新潟
1552	四トク	10.01.16新潟
1553	四トク	10.01.16新潟
1554	四トク	10.01.16新潟
1555	四トク	10.01.16新潟
1556	四トク	10.01.16新潟
1557	四トク	10.01.16新潟
1558	四トク	11.01.15新潟
1559	四トク	11.01.15新潟
1560	四トク	11.01.15新潟
1561	四トク	11.01.15新潟
1562	四トク	11.01.15新潟
1563	四トク	11.01.15新潟
1564	四トク	12.01.14近車
1565	四トク	12.01.14近車
1566	四トク	13.01.18近車
1567	四トク	13.01.18近車
1568	四トク	14.02.01近車
1569	四トク	14.02.01近車

九州旅客鉄道

キハ200系 ←大分 久大本線 / ←大分 豊肥本線

分オイ	キハ200	キハ200	
	1	1001	91.01.28新潟
	552	1552	91.01.28新潟
	[2	1002]	21. 下期改造
	3	1003	91.01.28日車
	554	1554	91.08.17新潟
	[4	1004]	21.09.29改造
	5	1005	91.08.17新潟
	11	1011	94.02.23新潟
		5011	04.03.02新潟
	12	1012	94.02.23新潟
	103	1103	97.03.09新潟
	104	1104	97.03.09新潟
	105	1105	97.03.09新潟

▽キハ200-1011 2003.04.04廃車

久留米→ / 豊後竹田→

キハ200	
201	06.06.29日車
202	06.06.29日車
203	06.06.29日車
204	06.06.29日車
205	06.07.13日車
210	09.08.28日車
211	09.08.28日車
212	09.08.28日車

キハ200	
1101	97.03.08新潟

キハ200	
1501	97.07.11日車
1502	97.07.11日車
1503	97.07.11日車
1504	97.07.11日車

キハ200系 ←熊本 豊肥本線 / ←熊本 三角線

宮地→ / 三角→

熊クマ	キハ200	キハ200	
	13	1013	94.02.24新潟
	14	1014	94.01.31日車
	101	1101	97.02.25日車
	102	1102	97.02.25日車

キハ220	
206	06.07.13日車
207	06.07.14日車
208	06.07.14日車
209	06.07.14日車
1102	97.03.08新潟

キハ200系 ←山川・指宿 指宿枕崎線 鹿児島中央→

鹿カコ	キハ200	キハ200	
	556	1556	91.10.03ＫＫ
	[6	1006]	14.03.17改造
	7	1007	92.04.25新潟
		5007	94.03.28新潟
	8	1008	92.04.26新潟
	559	1559	92.04.27新潟
	[9	1009]	17.12.20改造
	560	1560	92.06.19日車
	[10	1010]	16.03.11改造
	565	1565	94.01.31日車
	[15	1015]	17.10.23改造
	501	1501	97.07.13日車
	502	1502	97.07.13日車
	503	1503	97.07.13日車

▽キハ200-1007 1993.08.19廃車

キハ66・67形 ←長崎 長崎本線・大村線 佐世保→

崎サキ	キハ66	キハ67	
	1	1	
	3	3	
	12	12	▽運用離脱
	110	110	

ＹＣ１系 ←佐世保 大村線・長崎本線 長崎→

[密連] 崎サキ	ＹＣ1	ＹＣ1	
	1001	1	量産先行 18.06.03川重

[密連] 崎サキ	ＹＣ1	ＹＣ1	量産=固定編成
	1101	101	20.02.26川重
	1102		20.05.22九州
	1103		20.05.22九州
	1104		20.06.09九州
	1105		20.06.09九州
	1106	102	22.01.19九州

[密連] 崎サキ	ＹＣ1	ＹＣ1	量産=固定編成
	1201	201	20.02.26川重
	1202	202	20.02.26川重
	1203	203	20.05.22九州
	1204	204	20.05.22九州
	1205	205	20.06.09九州
	1206	206	20.06.09九州
	1207	207	20.12.11九州
	1208	208	20.12.11九州
	1209	209	20.12.11九州
	1210	210	21.03.26九州
	1211	211	21.03.26九州
	1212	212	21.03.26九州
	1213	213	21.04.09九州
	1214	214	21.04.09九州
	1215	215	21.04.09九州
	1216	216	22.01.09九州
	1217	217	22.01.09九州
	1218	218	22.03.08九州
	1219	219	22.03.08九州
	1220	220	22.05.17九州
	1221	221	22.05.17九州

▽九州はＪＲ九州エンジニアリング

キハ125形

キハ125		
1	分オイ	93.01.20新潟
2	本カラ	93.01.20新潟
3	本カラ	93.01.21新潟
4	本カラ	93.01.21新潟
5	本カラ	93.01.22新潟
6	本カラ	93.01.22新潟
7	本カラ	93.01.23新潟
8	本カラ	93.01.25新潟
9	分オイ	93.01.25新潟
10	分オイ	93.01.26新潟
111	分オイ	93.01.26新潟
12	分オイ	93.12.07新潟
113	分オイ	93.12.07新潟
114	分オイ	93.12.08新潟
15	分オイ	93.12.08新潟
16	分オイ	93.12.09新潟
17	分オイ	93.12.09新潟
18	分オイ	93.12.10新潟
19	分オイ	93.12.10新潟
20	分オイ	93.12.11新潟
21	分オイ	93.12.11新潟
122	分オイ	94.02.21新潟
23	分オイ	94.02.21新潟
24	分オイ	94.02.22新潟
25	分オイ	94.02.22新潟

▽100代は2014年度、客室改良工事により改番

JR車両 配置表

2023（令和5）年4月1日現在

この配置表では、機関車、気動車、客車、貨車の順に各形式車号を、配置区所ごとにまとめている。
掲載は、JR北海道、JR東日本、JR東海、JR西日本、JR四国、JR九州、JR貨物の順。

各形式ごとに用途、運用を示して、どの線区へ出向けば目的の車両に会えるかなどを、できる
だけ詳しく掲載したほか、冷房、ワンマン車、トイレの有無などについても記載している。

なお、JR貨物の情報は、『2023 貨物時刻表』（公益社団法人 鉄道貨物協会 発行）に掲載の「機
関車配置表」に基づいた資料をもとに編集している。

北海道旅客鉄道

ディーゼル機関車　22両
3両　釧路支社

釧路運輸車両所　〔釧〕

用途	運　用	形　式	番　号	両数	系計
臨時		ＤＥ10	1660　1661　〔ノロッコ色〕(2)		
			1690　〔一般色〕(1)	3	3

16両　旭川支社

旭川運転所　〔旭〕

用途	運　用	形　式	番　号	両数
入換用	旭川地区	ＤＥ10	1691　1692　1715　1742	4
除雪用 入換用		ＤＥ15	1509　1542　1543　1545　1546　〈複線用〉(5)	8
			1533　1534　1535　〔ノロッコ色〕〈複線用〉(3)	
			2511　2514　2515　2521　〈単線用〉	4

▽2003.09.01　旭川運転所は、旭川駅構内から、宗谷本線新旭川〜永山間のＪＲ貨物北旭川駅隣接へ移転
▽THE ROYAL EXPRESS色　ＤＥ151542=20.05.01、ＤＥ151545=20.05.28

3両　函館支社

函館運輸所　〔函〕

用途	運　用	形　式	番　号	両数
事業用		ＤＥ10	1737　1738　1739　〔双頭連結器装備〕	3

蒸気機関車　2両
1両　釧路支社

釧路運輸車両所　〔釧〕

用途	運　用	形　式	番　号	両数	系計
臨時		Ｃ11	171	1	1

▽C11 207は旭川運転所配置。現在は東武鉄道に貸出中

北海道旅客鉄道

47両　本社(直轄)

札幌運転所　〔札＝札サウ〕

用途	運　用	形　式	番　号	両数	系計
特急	おおぞら とかち	キハ261	1201　1202　1203　1204　1205　1206　1216　1217　1218　〔Mc〕〈トイレなし〉	9	
		キロ261	1101　1102　1103　1104　1105　1106　1116　1117　1118　〔Mcs〕〈トイレなし〉	9	
		キハ260	1101　1102　1103　1104　1105　1106　1116　1117　1118　〔M_1=身〕(9)		
			1201　1202　1203　1204　1205　1206　1216　1217　1218　〔M_2〕(9)		
			1301　1302　1303　1304　1305　1306　1307　1308　1336　1337 1338　〔M_3〕(11)	29	47

苗穂運転所　〔苗＝札ナホ〕

用途	運用	形式	番号										両数	系計
特急	宗谷 サロベツ	キロハ261	201	202	203							〈トイレなし〉	3	
		キハ261	101	102	103	104						〈トイレなし〉	4	
		キハ260	101	102	103	104						〔車イス対応〕(4)		
			201	202	203							(3)	7	14
臨時	はまなす編成	キハ261	5101									〈トイレなし〉(1)		
			5201									〈トイレなし〉(1)	2	
		キハ260	5101									〔M₁=身〕(1)		
			5201									〔M₂〕(1)		
			5301									〔M₃〕(1)	3	5
臨時	ラベンダー編成	キハ261	5102									〈トイレなし〉(1)		
			5202									〈トイレなし〉(1)	2	
		キハ260	5102									〔M₁=身〕(1)		
			5202									〔M₂〕(1)		
			5302									〔M₃〕(1)	3	5
特急	オホーツク 大雪	キハ283	11	13	18								11	
			12	14	15	16	17	19	20	21		〔Mc〕		
		キハ282	4	5	6	7	8					〔M1=身〕(5)		
			108	109	110	111						〔ミニラウンジ〕〔M₂〕(4)		
			2005	2006	2007	2008	2009					〔ミニラウンジ〕〔M₂c〕(5)	14	25
		キロ182	7551	7552	7553							〔ＨＥＴ〕〔機器取替〕	3	
		キハ183	8564	8565	8566							〔ＨＥＴ〕〔機器取替〕(3)		
			9561	9562								〔ＨＥＴ／両〕〔機器取替〕(2)		
			4558	4559								〔ＨＥＴ／両〕(2)	7	
		キハ182	7551	7554	7557	7561						〔ＨＥＴ〕〔機器取替〕	4	14
		キロ182	504	505									2	
		キハ182	508										1	3
		キハ183	1503									〔旧サロベツ〕〔貫通形250PS-新〕〈トイレ設備〉(1)		
			1555									〔貫通型250PS-新〕(1)	2	
		キハ182	502									〔旧サロベツ〕〈トイレ洋式〉(1)	1	3
臨時	『ノースレインボー エクスプレス』	キハ183	5201	5202									2	
		キハ182	5201									(1)		
			5251									(1)	2	
		キサハ182	5201										1	5
普通	函館本線 長万部～札幌	H100	1	2	3	4	5	6	7	8	9 10			
			11	12	13	14	15					〔電気式〕〈トイレ〉〈冷房〉	15	15
普通	函館本線 倶知安～江別	キハ201	101	102	103	104						〔Mc₁〕〈冷房〉(4)		
			201	202	203	204						〔M〕〈冷房〉〈トイレ〉(4)		
			301	302	303	304						〔Mc₂〕〈冷房〉(4)	12	12
普通	函館本線 札幌～旭川	キハ40	301	302	303	304						〔330PS〕〔3列座席〕〈冷房〉(4)		
			331	336								〔330PS〕〔ロングシート〕〈冷房〉(2)		
			1701									〈延命工事〉【ワンマン】(1)		
			1790									「山明」〈延命工事〉【ワンマン】(1)		
			1816	1818	1821							〈延命工事〉【ワンマン】〔3列座席〕(3)	11	11

▽車号太斜字は、グレードアップ指定席の普通車

苫小牧運転所 〔苫＝札トマ〕　　　　　　　　　　　　　　　　　　　　44両　本社（直轄）

用途	運用	形式	番号	両数	系計
普通	室蘭本線 長万部・室蘭～ 苫小牧	H100	28　29　30　31　32　33　34　35　36　37 38　39　40　41　42　43　44　45 〔電気式〕〈トイレ〉〈冷房〉	18	18
普通	室蘭本線　等	キハ150	101　102　103　104　105　106　107　108　109　110 〔室蘭本線〕【ワンマン】	10	10
普通	室蘭本線 千歳線 室蘭～苫小牧～札幌	キハ143	101　102　103　　　　　　　　　〈トイレなし〉〈冷房〉(3) 104　　　　　　〈保全工事〉〈トイレなし〉〈冷房〉(1) 151　152　153　　　　　　　　　　〈トイレ〉〈冷房〉(3) 154　156　157　〈保全工事〉〈トイレ〉〈冷房〉(3)	10	10
普通	室蘭本線 石勝線 　千歳～新夕張 函館本線 　岩見沢～滝川 日高本線	キハ40	1706　1763　1780(花の恵み)　1783　1785　1786 〈延命工事〉【ワンマン】(6)	6	6

釧路運輸車両所 〔釧＝釧クシ〕　　　　　　　　　　　　　　　　　　　　65両　釧路支社

用途	運用	形式	番号	両数	系計
特急	おおぞら	キハ261	1219　1220　1221　1222　1223　〈トイレなし〉	5	
		キロ261	1119　1120　1121　1122　1123　〈トイレなし〉	5	
		キハ260	1119　1120　1121　1122　1123　〔M1=身〕(5) 1219　1220　1221　1222　1223　〔M2〕(5) 1339　1340　1341　1342　1343　1344　1345　〔M3〕(7)	17	27
普通	根室本線新得～釧路	H100	46　47　48　49　50　51　52　53　54　55 56　57　58　59　60　61　62　63　64　65 66　67　82(釧網線)　83(花咲線) 〔電気式〕〈トイレ〉〈冷房〉	24	24
普通	根室本線釧路～根室 釧網本線	キハ54	507　508　514　515　516　517　518　519　521　522 523　524　525　526 〔座席改良〕〈トイレ洋式〉〔台車取替〕【ワンマン】	14	14

▽キハ54508＋キハ54507(←網走方)は「流氷物語号」に使用。
　キハ54507は白、キハ54508は青色

旭川運転所 〔旭＝旭アサ〕　　　　　　　　　　　　　　　　　　　　　　89両　旭川支社

用途	運用	形式	番号	両数	系計
普通	宗谷本線 石北本線 富良野線	H100	16　17　18　19　20　21　22　23　24　25 26　27　68　69　70　71　72　73　74　75 76　77　78　79　80(石北線)　81(富良野線) 〔電気式〕〈トイレ〉〈冷房〉	26	26
快速 普通	特快「きたみ」 宗谷本線 石北本線 留萌本線	キハ54	501　502　503　504　505　506　509　510　511　512 513 〔座席改良〕〈トイレ洋式〉〔台車取替〕【ワンマン】(11) 527　528　529 〔転換式〕〈トイレ洋式〉〔台車取替〕【ワンマン】(3)	14	14
普通	函館本線深川～旭川 根室本線 　滝川～東鹿越間	キハ150	1　2　3　4　5　6　7　8　9　10 11　12　13　14　15　16　17 〈冷房〉【ワンマン】	17	17
	留萌本線 宗谷本線 石北本線 釧網本線	キハ40	1707　1714　1715　1716　1722　1723　1724　1725　1727　1735 1736　1740　1744　1745　1747　1749　1751　1755　1758　1759 1761　1766　1774　1775　1778　1779　1784　1787　1797 1720(流水の恵み)　〈延命工事〉【ワンマン】(30) 1791　「紫水」〈延命工事〉【ワンマン】(1)	31	31
事業用	除雪用	キヤ291	1	1	1

▽キハ54の座席改良車には、車体中央部に座席配置が向かう固定式リクライニングシート車と
　転換式シートの車と2種類に分類される

函館運輸所　〔函ハコ〕　　　　　　　　　　　　　　　　　　　　　　　　　　　　　　　　　　　　**１１０両　函館支社**

用途	運用	形式	番号										両数	系計
特急	北斗	キハ261	1207	1208	1209	1210	1211	1212	1213	1214	1215	1224		
			1125								〔Mc〕〈トイレなし〉		11	
		キロ261	1107	1108	1109	1110	1111	1112	1113	1114	1115	1124		
			1125								〔Mcs〕〈トイレなし〉		11	
		キハ260	1107	1108	1109	1110	1111	1112	1113	1114	1115	1124		
			1125								〔M1=身〕(11)			
			1207	1208	1209	1210	1211	1212	1213	1214	1215	1224		
			1125								〔M2〕(11)			
			1309	1310	1311	1312	1313	1314	1315	1316	1317	1318		
			1319	1320	1321	1322	1323	1324	1325	1326	1327	1328		
			1329	1330	1331	1332	1333	1334	1335			〔M3〕(27)		
			1401	1402	1403	1404	1405	1406	1407	1408	1409	〔M4〕(9)	58	80
		キロ280	2	3	4								3	
		キハ281	1	2	3	5	6					(5)		
			901									(1)	6	
		キハ280	1	2	3							(3)		
			105	109	110					〈トイレなし〉(3)			6	15
普通	函館本線 函館～長万部	キハ40	1704	1705	1762	1767	1771	1792						
			1800	1801	1806	1809(海の恵み)	1811	〈延命工事〉【ワンマン】(11)						
			1803	1804	1805	1813								
							〈延命工事〉【ワンマン】〔3列座席〕(4)						15	15

▽2002.03.18　函館運転所は函館車掌所と統合、函館運輸所に区所名変更

▽車号太斜字は、グレードアップ指定席の普通車

北海道旅客鉄道

客車　**13**両

札幌運転所　〔札サウ〕
1両　本社（直轄）

用途	運用	形式	番号	両数	系計
事業用		マヤ35	1　（新型高速軌道試験車）	1	1

釧路運輸車両所　〔釧クシ〕
9両　釧路支社

用途	運用	形式	番号	両数	系計
臨時	「ノロッコ号」	オハ510	1	1	
		オハテフ500	51	1	
		オハテフ510	1	1	
		オクハテ510	1	1	4
臨時	SL列車	オハ14	519　　526	2	
		スハフ14	505　　507	2	4
臨時	SL列車	スハシ44	1	1	1

旭川運転所　〔旭アサ〕
3両　旭川支社

用途	運用	形式	番号	両数	系計
臨時	「富良野・美瑛ノロッコ号」	オハテフ510	2　　51	2	
		オクハテ510	2	1	3

東日本旅客鉄道

電気機関車　**２８両**
１１両　首都圏本部

尾久車両センター　〔尾〕

用途	運　用	形　式	番　号		両数
臨時		ＥＦ81	80　　　81【赤13号】　　　98		
				〈ATS-P装備〉〈冷房〉【北斗星色】(3)	
			139	〔双頭連結器〕〈冷房〉〈ＡＴＳ-Ｐ装備〉(1)	
			95	〈ATS-P装備〉〈冷房〉【レインボー色】(1)	5
臨時		ＥＦ65	1102　　1103　　1104　　1106　　1115		
				〈ATS-P装備〉〈冷房〉〈ＰＳ22装備〉	5
		ＥＦ58	61　(鉄道博物館)		
				〈ATS-P装備〉【茶色】	1

ぐんま車両センター　〔群〕

３両　高崎支社

用途	運　用	形　式	番　号		両数
臨時		ＥＦ65	501	〈ATS-P装備〉	1
臨時		ＥＦ64	1001	〈ATS-P装備〉17.10.190M=標準色(1)	
			1053	〈ATS-P装備〉(1)	2

仙台車両センター　〔仙〕

３両　東北本部

用途	運　用	形　式	番　号		両数
臨時		ＥＤ75	757　　758　　759		
				〈ＰＳ103Ａパンタグラフ改造〉	3

秋田総合車両センター　南秋田センター　〔秋〕

３両　東北本部

用途	運　用	形　式	番　号		両数	系計
臨時		ＥＦ81	136			
				〔双頭連結器装備〕〈ＡＴＳ-Ｐ装備〉	1	1
臨時		ＥＤ75	777			
				(1)		
			767	〈ＰＳ103Ａパンタグラフ改造〉(1)	2	2

新潟車両センター　〔新潟〕

８両　新潟支社

用途	運　用	形　式	番　号		両数
臨時		ＥＦ81	134　　140　　141		
				〔双頭連結器装備〕〈ATS-P装備〉(3)	
			97	〈ＡＴＳ-Ｐ装備〉〈冷房〉【赤13号】(1)	4
臨時		ＥＦ64	1051		
				〈ATS-P装備〉(1)	
			1030　　1031　　1032		
				〔双頭連結器装備〕〈ATS-P装備〉(3)	4

▽区所名変更＝2004(H16).04.01
　高崎運転所→高崎車両センター
　仙台電車区→仙台車両センター
　青森運転所→青森車両センター
　南秋田運転所→秋田車両センター
　長岡運転区→長岡車両センター
　長野総合車両所→長野総合車両センター
▽区所名変更＝2005(H17).12.10
　高崎車両センター→高崎車両センター高崎支所
▽区所名称変更＝2021(R03).04.01
　秋田車両センター→秋田総合車両センター南秋田センター
▽区所名称変更＝2022(R04).03.12
　高崎車両センター高崎支所→ぐんま車両センター
▽区所名称変更＝2022(R04).04.01
　田端運転所→尾久車両センター(検修部門)
▽組織変更＝2022(R04).10.01
　東京支社は首都圏本部に
　仙台支社は東北本部に
　秋田支社の車両は東北本部に
▽区所名称変更＝2023(R05).03.18
　長岡車両センター→新潟車両センター　移動(長岡車両センターは新潟車両センターに統合)

ぐんま車両センター　〔群〕

用途	運用	形式	番号	両数	系計
臨時		ＤＤ51	842　　895		
			〈ＡＴＳ−Ｐ装備〉〈ＳＧなし〉	2	2
入換用 臨時	尾久ほか 東京圏エリア 高崎地区など	ＤＥ10	1571　　1603　　1604　　1654　　1685　　1697　　1704　　1752		
			〈ＡＴＳ−Ｐ装備〉〈ＳＧなし〉(8)		
			1705		
			【茶色】〈ＡＴＳ−Ｐ装備〉〈ＳＧなし〉(1)	9	9
		ＤＥ11	1041		
			〈ＡＴＳ−Ｐ装備〉	1	1

郡山総合車両センター　郡山派出所　〔郡〕

用途	運用	形式	番号	両数
入換用		ＤＥ10	1124　　1180　　　〈ＳＧ装備〉(2)	
			1649　　1651　　1760	
			〈ＳＧなし〉(3)	5

盛岡車両センター　青森派出所　〔盛〕

用途	運用	形式	番号	両数
入換用	青森・ 東青森	ＤＥ10	1762　　1763　　1764　　1765	
			〈ＳＧなし〉	4
除雪用		ＤＤ14	310	
			〈ロータリー前方投雪〉	1

秋田総合車両センター　南秋田センター　〔秋〕　　　　　　　　　　　　　　　　　　　　　　　　　　　　　　　　　3両　東北本部

用途	運用	形式	番号		両数
		ＤＥ10	1187		
			〔ノスタルジックビュートレイン色〕〈ＳＧ装備〉(1)		
			1647　　1759		
				〈ＳＧなし〉(2)	3

新潟車両センター　〔新潟〕　　　　　　　　　　　　　　　　　　　　　　　　　　　　　　　　　　　　　　　2両　新潟支社

用途	運用	形式	番号		両数
入換用	南長岡・黒井	ＤＥ10	1680　　1700		
				〈ＳＧなし〉	2

　　　蒸気機関車　　4両
ぐんま車両センター　〔群〕　　　　　　　　　　　　　　　　　　　　　　　　　　　　　　　　　　　　　2両　高崎支社

用途	運用	形式	番号	両数
臨時		Ｃ61	20	
				1
臨時		Ｄ51	498	
				1

盛岡車両センター　〔盛〕　　　　　　　　　　　　　　　　　　　　　　　　　　　　　　　　　　　　　　　1両　盛岡支社

用途	運用	形式	番号	両数
臨時	「ＳＬ銀河」	Ｃ58	239	
				1

新潟車両センター　〔新潟〕　　　　　　　　　　　　　　　　　　　　　　　　　　　　　　　　　　　　　　1両　新潟支社

用途	運用	形式	番号	両数
臨時	「ＳＬばんえつ物語」	Ｃ57	180	
				1

▽区所名変更＝2004(H16).04.01
　高崎運転所→高崎車両センター
　山形電車区→山形車両センター
　青森運転所→青森車両センター
　南秋田運転所→秋田車両センター
　長岡運転区→長岡車両センター
　長野総合車両所→長野総合車両センター
▽区所名変更＝2005(H17).12.10
　高崎車両センター→高崎車両センター高崎支所
　磐越東線営業所→郡山総合車両センター郡山派出所
　会津若松運輸区→郡山総合車両センター会津若松派出所
▽区所名称変更＝2022(R04).03.12
　高崎車両センター高崎支所→ぐんま車両センター
▽組織変更＝2022(R04).10.01
　東京支社は首都圏本部に
　仙台支社は東北本部に
　秋田支社の車両は東北本部に
▽区所名称変更＝2023(R05).03.18
　新津運輸区→新潟車両センター　移動(参考：新津運輸区［検修部門］は新潟車両センター新津派出所)

東日本旅客鉄道

尾久車両センター 〔都オク〕　　　　　　　　　　　　　　　**67両** 首都圏本部

用途	運 用	形 式	番　号										両数	系計
事業用	レール輸送	キヤE195	1	2	3				［ロングレール輸送］(3)					
			101	102	103				［ロングレール輸送］(3)					
			1001	1008	1009	1010	1011	1012	1013	1014	1015	1016		
			1017	1018	1019	1020	1021	1022	1023	［定尺輸送］(17)				
			1101	1108	1109	1110	1111	1112	1113	1114	1115	1116		
			1117	1118	1119	1120	1121	1122	1123	［定尺輸送］(17)			40	40
		キヤE194	1	2	3	4	5	6	［ロングレール輸送］(6)					
			101	102	103	104	105	106	［ロングレール輸送］(6)					
			201	202	203				［ロングレール輸送］(3)					
			301	302	303				［ロングレール輸送］(3)				18	18
		キサヤE194	1	2	3				［ロングレール輸送］(3)					
			101	102	103				［ロングレール輸送］(3)					
			201	202	203				［ロングレール輸送］(3)				9	9

▽2022.10.01　東京支社は首都圏本部に組織変更

幕張車両センター　木更津派出所 〔千マリ〕　　　　　　　　**10両** 千葉支社

用途	運 用	形 式	番　号										両数	系計
普通	久留里線	キハE130	101	102	103	104	105	106	107	108	109	110		
			【ワンマン】〔ロングシート〕〈トイレなし〉〈冷房〉										10	10

▽2004.10.16　幕張電車区木更津支区から改称
▽2007.03.18　千葉運転区木更津支区から改称
▽2012.12.01　キハE130営業運転開始。また同日にてキハ38・37・30は営業運転終了

ぐんま車両センター 〔高クン〕　　　　　　　　　　　　　　**27両** 高崎支社

用途	運 用	形 式	番　号									両数	系計
普通	八高線	キハ110	207	208	209	210	218	219	220	221	222		
	高麗川～高崎								〈トイレ〉〈冷房〉				9	
		キハ111	204	205	206	207	208	209	〈トイレ〉〈冷房〉			6	
		キハ112	204	205	206	207	208	209	〈トイレなし〉〈冷房〉			6	21
事業用	砕石輸送	GV-E197	1	2								2	
		GV-E196	1	2	3	4						4	6

▽2022.03.12　高崎車両センター高崎支所から改称

水郡線統括センター 〔水スイ〕　　　　　　　　　　　　　　**39両** 水戸支社

用途	運 用	形 式	番　号										両数	系計
普通	水郡線	キハE130	1	2	3	4	5	6	7	8	9	10		
			11	12	13									
			【ワンマン】〈トイレ〉〈冷房〉										13	
		キハE131	1	2	3	4	5	6	7	8	9	10		
			11	12	13									
			【ワンマン】〈トイレ〉〈冷房〉										13	
		キハE132	1	2	3	4	5	6	7	8	9	10		
			11	12	13									
			【ワンマン】〈トイレなし〉〈冷房〉										13	39

▽2022.03.12　水郡線営業所から組織変更

郡山総合車両センター　郡山派出所 〔北コリ〕　　　　　　　**30両** 東北本部

用途	運 用	形 式	番　号								両数	系計
普通	磐越東線	キハ110	101	102	135	214	223	224	【ワンマン】〈トイレ〉〈冷房〉		6	
	只見線	キハ111	101	102		104	105	106	107	108		
			【ワンマン】〈トイレ〉〈冷房〉								8	
		キハ112	101	102	103	104	105	106	107	108		
			【ワンマン】〈トイレなし〉〈冷房〉								8	22
普通	只見線	キハE120	1	2	3	4	5	6	7	8		
			【ワンマン】〈ATS-P装備〉〈トイレ〉〈冷房〉								8	8

▽2022.10.01　仙台支社は東北本部に組織変更
▽キハE120-2は旧国鉄色、キハ110-223は旧東北地域色

小牛田運輸区 〔北ココ〕 **81両　東北本部**

用途	運用	形式	番　号										両数	系計
快速 普通	仙石東北ライン 　仙台〜石巻 　仙台〜小牛田 石巻線 　石巻〜女川	HB-E211	1	2	3	4	5	6	7	8				
									〈トイレ〉〈冷房〉			8	
		HB-E212	1	2	3	4	5	6	7	8				
									〈トイレなし〉〈冷房〉			8	16
普通	石巻線 気仙沼線 陸羽東線	キハ110	103	104	106	107	123	124	125	126	127			
								【ワンマン】〈トイレ〉〈冷房〉				9	
		キハ111	113					【ワンマン】〈トイレ〉〈冷房〉(1)					
			151			〔ドア=戸袋引戸式〕【ワンマン】〈トイレ〉〈冷房〉(1)						2	
		キハ112	113					【ワンマン】〈トイレなし〉〈冷房〉(1)					
			151			〔ドア=戸袋引戸式〕【ワンマン】〈トイレなし〉〈冷房〉(1)						2	13
普通	陸羽東線 陸羽西線	キハ110	237	238	239	240	241	242						
								【ワンマン】〈トイレ〉〈冷房〉(6)					
			243	244	245		〔眺望車〕【ワンマン】〈トイレ〉〈冷房〉(3)						9	
		キハ111	213	214	215	216	217	218	219	220	221			
								【ワンマン】〈トイレ〉〈冷房〉				9	
		キハ112	213	214	215	216	217	218	219	220	221			
								【ワンマン】〈トイレなし〉〈冷房〉				9	27
臨時	『風っこ』	キハ48	547						〈トイレ〉(1)					
			1541						〈トイレなし〉(1)				2	2
事業用	レール輸送	キヤE195	1002	1003	1004	1005	1006	1007						
								〔定尺輸送〕(6)					
			1102	1103	1104	1105	1106	1107						
								〔定尺輸送〕(6)				12	12
事業用	レール輸送	キヤE195	4						〔ロングレール輸送〕(1)					
			104						〔ロングレール輸送〕(1)				2	
		キヤE194	7	8					〔ロングレール輸送〕(2)					
			107	108					〔ロングレール輸送〕(2)					
			204						〔ロングレール輸送〕(1)					
			304						〔ロングレール輸送〕(1)				6	
		キサヤE194	4						〔ロングレール輸送〕(1)					
			104						〔ロングレール輸送〕(1)					
			204						〔ロングレール輸送〕(1)				3	11

▽2022.10.01　仙台支社は東北本部に組織変更

山形新幹線車両センター　〔幹カタ〕 **13両　仙台支社**

用途	運用	形式	番　号										両数	系計
普通	左沢線 　山形〜左沢	キハ101	1	2	3	4	5	6	7	8	9	10		
			11	12	13									
						【ワンマン】〔ロングシート〕〈トイレなし〉〈冷房〉							13	13

▽左沢線は、1990.03.10からワンマン運転開始
▽1993.12.01から左沢線はキハ101に変更
▽2019.04.01　山形車両センターから変更

盛岡車両センター　〔盛モリ〕　　　　　　　　　　　　　　　　　　　　　　　　　　　61両　盛岡支社

用途	運用	形式	番号										両数	系計
快速	はまゆり	キハ110	1	2	3	4	5					〈トイレ〉〈冷房〉	5	
普通	釜石線	キハ111	1	3								〈トイレ〉〈冷房〉	2	
	東北本線花巻～盛岡	キハ112	1	3								〈トイレなし〉〈冷房〉	2	9
普通	釜石線	キハ100	10	11	13	14	15	16	17	18	19	22		
	東北本線花巻～盛岡		23	24	25	26	27	28						
									【ワンマン】〈トイレ〉〈冷房〉			16	16
普通	花輪線	キハ110	118	122	128	129	130	131	133	134	136	137		
	山田線		138	139					【ワンマン】〈トイレ〉〈冷房〉				12	
	ＩＧＲいわて	キハ111	112	114	115	116	117	118	119	120	121			
	銀河鉄道線							【ワンマン】〈トイレ〉〈冷房〉(9)						
	盛岡～好摩		152				〔ドア=戸袋引戸式〕【ワンマン】〈トイレ〉〈冷房〉(1)						10	
		キハ112	112	114	115	116	117	118	119	120	121			
								【ワンマン】〈トイレなし〉〈冷房〉(9)						
			152				〔ドア=戸袋引戸式〕【ワンマン】〈トイレなし〉〈冷房〉(1)						10	32
臨時	『ＳＬ銀河』	キハ143	701						〈トイレなし〉〈冷房〉				1	
		キハ142	701						〈トイレ〉〈冷房〉				1	
		キサハ144	701	702					〈トイレなし〉〈冷房〉				2	4

▽盛岡客車区は2000.04.01から盛岡運転所
　盛岡運転所は2004.04.01から盛岡車両センター　に変更

盛岡車両センター　一ノ関派出所　〔盛モリ〕　　　　　　　　　　　　　　　　　　　23両　盛岡支社

用途	運用	形式	番号										両数	系計
普通	北上線	キハ100	2	4	5	6	7	8	31	32	33	34		
	大船渡線		35	36	37	39	40	41	42	43	44	45		
			46											
								【ワンマン】〈トイレ〉〈冷房〉(21)						
			1				〔ポケモントレイン=定員46名〕〈トイレ〉〈冷房〉(1)							
			3				〔ポケモントレイン=フリースペース〕〈トイレなし〉〈冷房〉(1)						23	23

▽2023.03.18　一ノ関運輸区［検修部門］は盛岡車両センター一ノ関派出所に組織変更

盛岡車両センター　八戸派出所　〔盛モリ〕　　　　　　　　　　　　　　　　　　　　32両　盛岡支社

用途	運用	形式	番号						両数	系計
臨時	「リゾート	ＨＢ-Ｅ301	3	4						
	あすなろ」							〈トイレ〉〈冷房〉	2	
		ＨＢ-Ｅ302	3	4						
								〈トイレなし〉〈冷房〉	2	4
普通	大湊線	キハ100	20	21				【ワンマン】〈トイレ〉〈冷房〉(2)		
	青い森鉄道		201	202	203	204	205			
	青森～八戸							【ワンマン】〈トイレ〉〈冷房〉(5)	7	7
臨時	ＴＯＨＯＫＵ	キハ111	701					【コンパートメント個室】〈冷房〉	1	
	ＥＭＯＴＩＯＮ	キクシ112	701					【ライブキッチンスペース】	1	
		キハ110	701					【オープンダイニング】〈トイレ〉〈冷房〉	1	3
普通	八戸線	キハＥ130	501	502	503	504	505	506		
								〈トイレ〉〈冷房〉	6	
		キハＥ131	501	502	503	504	505	506		
								〈トイレ〉〈冷房〉	6	
		キハＥ132	501	502	503	504	505	506		
								〈トイレなし〉〈冷房〉	6	18

▽盛岡支社管内の車両は、白を基調に赤帯の塗色へ変更(キハ100・110系をのぞく)
▽大湊線は、1993.12.01からキハ100を充当。ワンマン運転
▽2023.03.18　八戸運輸区［検修部門］は盛岡車両センター八戸派出所に組織変更

用途	運用	形式	番号										両数	系計
快速	リゾート	H B - E 301	1									〈トイレ〉〈冷房〉	1	
	しらかみ	H B - E 302	1									〈トイレなし〉〈冷房〉	1	
	秋田～弘前・青森(五能線経由)	H B - E 300	1							〔中間車〕〈トイレ〉〈冷房〉(1)				
	【青池編成】		101					〔コンパートメント〕〔中間車〕〈トイレなし〉〈冷房〉(1)					2	4
快速	リゾート	H B - E 301	5									〈トイレ〉〈冷房〉	1	
	しらかみ	H B - E 302	5									〈トイレなし〉〈冷房〉	1	
	秋田～弘前・青森(五能線経由)	H B - E 300	5								〔中間車〕〈トイレ〉〈冷房〉(1)			
	【橅編成】		105								〔中間車〕〈トイレなし〉〈冷房〉(1)		2	4
快速	リゾート	キハ48	703	704										
	しらかみ											〈トイレ〉〈冷房〉(2)		
	秋田～弘前・青森(五能線経由)		1503									〈トイレなし〉〈冷房〉(1)		
	【くまげら編成】		1521					〔コンパートメント〕〈トイレなし〉〈冷房〉(1)					4	4
快速	旧【青池編成】	キハ48	533	540										
	クルージングトレイン											〈トイレ〉〈冷房〉	2	2
普通	奥羽本線	G V - E 400	9	10	11	12	13	14	15	16	17	18		
	秋田～東能代		19							〔電気式〕〈トイレ〉〈冷房〉			11	
	弘前～青森	G V - E 401	17	18	19	20	21	22						
	五能線										〔電気式〕〈トイレ〉〈冷房〉		6	
	津軽線	G V - E 402	17	18	19	20	21	22						
										〔電気式〕〈トイレなし〉〈冷房〉			6	23
		キハ40	521	522	528	532	543							
						〔男鹿線色〕〈機関更新〉〔リニューアル〕〈冷房〉(5)								
			547	575										
				〔男鹿線色〕〈機関更新〉〔リニューアル〕【ワンマン】〈冷房〉(2)										
			535											
				〔五能線色〕〈機関更新〉〔リニューアル〕【ワンマン】〈冷房〉(1)										
			536	544										
			〔男鹿線色〕〈機関更新〉〔リニューアル〕【ロングシート】【ワンマン】〈冷房〉(2)										10	
		キハ48	515	516	537	544								
				〔男鹿線色〕〈機関更新〉〔リニューアル〕〈トイレ〉〈冷房〉(4)										
			517	518	520	522								
				〔五能線色〕〈機関更新〉〔リニューアル〕〈トイレ〉〈冷房〉(4)										
			1507											
				〔男鹿線色〕〈機関更新〉〔リニューアル〕〈トイレなし〉(1)										
			1509	1540	1550									
				〔五能線色〕〈機関更新〉〔リニューアル〕〈トイレなし〉〈冷房〉(3)								12	22
試験車	電気・軌道	キヤE193	1									〈冷房〉	1	
	総合試験車	キヤE192	1									〈冷房〉	1	
		キクヤE193	1									〈冷房〉	1	3

▽男鹿線色は山々をイメージしたグリーン
　五能線色は日本海の青さをイメージしたブルー
　車体塗色の変更は、1997年度にはじまり、1999年度にて対象車両を完了
▽旧国鉄色(朱 5号)への変更　キハ40522=2003.09.12、キハ48505=2003.10.24、キハ481520=2004.01.20
▽2022.10.01　秋田総合車両センター南秋田センターは東北本部の管轄に組織変更

▽区所名変更＝2004(H16).04.01
　高崎運転所→高崎車両センター
　山形電車区→山形車両センター
　盛岡運転所→盛岡車両センター
　長野総合車両所→長野総合車両センター
▽区所名変更＝2005(H17).12.10
　高崎車両センター→高崎車両センター高崎支所
　磐越東線営業所→郡山総合車両センター郡山派出所
　会津若松運輸区→郡山総合車両センター会津若松派出所
▽秋田車両センター　在来線部門は2021(R03).04.01、秋田総合車両センター　南秋田センター　と変更
▽2022.10.01　東京支社は首都圏本部に、仙台支社は東北本部に
　　　　　　　長野支社　車両は首都圏本部、秋田支社　車両は東北本部管轄に組織変更

新潟車両センター 〔新ニイ〕　　　　　　　　　　　　　　　　　　　　　　　　６５両　新潟支社

用途	運用	形式	番号	両数	系計
快速	海里	HB-E301	6　　　　　　　　　　　　　　　　　〈トイレ〉〈冷房〉	1	
		HB-E300	6　　〔イベントスペース〕〔中間車〕〈トイレ〉〈冷房〉(1)		
			106　〔コンパートメント〕〔中間車〕〈トイレなし〉〈冷房〉(1)	2	
		HB-E302	6　　　　　　　　　　　　　　　　　〈トイレ〉〈冷房〉	1	4
普通	信越本線 磐越西線	GV-E400	1　2　3　4　5　6　7　8		
	新潟〜会津若松		〔電気式〕〈トイレ〉〈冷房〉	8	
	羽越本線	GV-E401	1　2　3　4　5　6　7　8　9　10		
	新津〜酒田		11　12　13　14　15　16		
	白新線		〔電気式〕〈トイレ〉〈冷房〉	16	
	米坂線	GV-E402	1　2　3　4　5　6　7　8　9　10		
			11　12　13　14　15　16		
			〔電気式〕〈トイレなし〉〈冷房〉	16	40
臨時	越乃Shu•Kura	キハ48	558　　　　　　　　　　　　　　〈トイレ〉〈冷房〉(1)		
			1542　　　　　　　　　　　　〈トイレなし〉〈冷房〉(1)	2	
		キハ40	552　　　　　　　　　　　　　　　〈トイレ〉〈冷房〉	1	3
普通	信越本線 磐越西線	キハ110	201　202　203　204　205　206　211　212　213　215		
	新潟〜会津若松		216　217		
	羽越本線		【ワンマン】〈ATS-P装備〉〈トイレ〉〈冷房〉	12	
	新津〜酒田	キハ111	201　202　203		
	白新線		【ワンマン】〈ATS-P装備〉〈トイレ〉〈冷房〉	3	
	米坂線	キハ112	201　202　203		
			【ワンマン】〈ATS-P装備〉〈トイレなし〉〈冷房〉	3	18

▽2023.03.18　新津運輸区→新潟車両センター(参考：新津運輸区[検修部門]は新潟車両センター新津派出所)

長野総合車両センター 〔都ナノ〕　　　　　　　　　　　　　　　　　　　　　２０両　首都圏本部

用途	運用	形式	番号	両数
臨時	「リゾート ふるさと」	HB-E301	2	1
			〈トイレ〉〈冷房〉	
		HB-E302	2	1
			〈トイレなし〉〈冷房〉	2
臨時	おいこっと	キハ110	235　236	
				2
普通	しなの鉄道 飯山線 上越線	キハ110	225　226　227　228　229　230　231　232　233　234	
			【ワンマン】〈トイレ〉〈冷房〉	10
	長野〜越後川口	キハ111	210　211　212　【ワンマン】〈トイレ〉〈冷房〉	3
	〜長岡	キハ112	210　211　212　【ワンマン】〈トイレなし〉〈冷房〉	3

▽2022.10.01　首都圏本部管轄に

小海線統括センター 〔都コミ〕　　　　　　　　　　　　　　　　　　　　　　２３両　首都圏本部

用途	運用	形式	番号	両数	系計
普通	小海線	キハE200	1　2　3		
			【ワンマン】〈トイレ〉〈冷房〉	3	3
臨時	HIGH RAIL 1375	キハ112	711	1	
		キハ103	711	1	2
普通	小海線	キハ110	109　110　111　112　113　114　115　116　117　119		
			120　121		
			【ワンマン】〈トイレ〉〈冷房〉	12	
		キハ111	109　110　111　【ワンマン】〈トイレ〉〈冷房〉	3	
		キハ112	109　110　111　【ワンマン】〈トイレなし〉〈冷房〉	3	18

▽小海線統括センターは、2022.03.12小海線営業所から変更
▽2022.10.01　車両は、首都圏本部管轄に

東日本旅客鉄道

尾久車両センター　〔都オク〕　　　　　　　　　　　　　　　　　　　　　**24両**　首都圏本部

用途	運用	形式	番号					両数	系計
臨時	カシオペア	スロネE26	1				〈スィート〉〔2号車〕	1	
		スロネE27	1				〈ツイン〉〔8号車〕(1)		
			101				〈ツイン〉〔車イス対応〕〔4号車〕(1)		
			201	202			〈ツイン〉〔7・11号車〕(2)		
			301	302			〈ツイン〉〔シャワー〕〔6・10号車〕(2)		
			401	402			〈ツイン〉〔ミニロビー〕〔5・9号車〕(2)	8	
		スロネフE26	1				〈スィート〉〔1号車〕	1	
		カハフE26	1				〈ラウンジカー〉〔12号車〕	1	
		マシE26	1				〈食堂車〉〔3号車〕	1	12
臨時	カシオペア	カヤ27	1				〈電源車〉	1	1
		オハネフ25	14				〈車イス対応トイレ〉	1	
		スシ24	506					1	2
		オシ24	701					1	1
皇室用		御料車	1	2	3	14		4	
		供奉車	330	340	460	461		4	8

ぐんま車両センター　〔高クン〕　　　　　　　　　　　　　　　　　　　　**13両**　高崎支社

用途	運用	形式	番号				両数	系計
臨時		オハ12	366	367	369		3	
		スハフ12	161	162			2	5
臨時		オハ47	2246	2261	2266		3	
		スハフ42	2173	2234			2	
		スハフ32	2357				1	
		オハニ36	11				1	7
事業用	SL回送控え車	オヤ12	1				1	1

▽スハフ422234青色＝2022.09.20AT

仙台車両センター　〔北セン〕　　　　　　　　　　　　　　　　　　　　　**1両**　東北本部

用途	運用	形式	番号		両数	系計
試験車		マヤ50	**5001**			
				〔建築限界測定車〕	1	1

新潟車両センター　〔新ニイ〕　　　　　　　　　　　　　　　　　　　　　**7両**　新潟支社

用途	運用	形式	番号					両数	系計
臨時	「SLばんえつ	オハ12	313	314	315	316	(4)		
	物語」		1701				〔サロンカー〕(1)	5	
		スハフ12	101				【オコジョルーム＋展望室】	1	
		スロフ12	102				【グリーン車展望室】	1	7

▽区所名変更＝2004(H16).04.01
　高崎運転所→高崎車両センター
　仙台電車区→仙台車両センター
　盛岡運転所→盛岡車両センター
　青森運転所→青森車両センター
　南秋田運転所→秋田車両センター
　上沼垂運転区→新潟車両センター
　長岡運転区→長岡車両センター
　長野総合車両所→長野総合車両センター
　松本運転区→松本車両センタ
▽区所名変更＝2004(H16).06.01
　尾久客車区→尾久車両センター
▽区所名変更＝2005(H17).12.10
　高崎車両センター→高崎車両センター高崎支所
▽区所名称変更＝2022(R04).03.12
　高崎車両センター高崎支所→ぐんま車両センター
▽2022.10.01　東京支社は首都圏本部に、仙台支社は東北本部に組織変更

東日本旅客鉄道

尾久車両センター　　　　　　　　　　　　　　　　　　　　　　　　　　　　　　　　18両　首都圏本部

常備駅	用途	形式	番号										両数
	砂利散布	ホキ800	1773	1774	1803	1804	1805	1806	1807	1810	1811	1812	1813	
			1814	1861	1862	1863	1875	1876	1877					18

幕張車両センター　　　　　　　　　　　　　　　　　　　　　　　　　　　　　　　　16両　千葉支社

常備駅	用途	形式	番号										両数
	砂利散布	ホキ800	1622	1634	1636	1637	1640	1790	1791	1792	1793	1794	1795	
			1796	1797	1798	1799	1800							16

勝田車両センター　　　　　　　　　　　　　　　　　　　　　　　　　　　　　　　　　8両　水戸支社

常備駅	用途	形式	番号							両数
	砂利散布	ホキ800	864	1132	1167	1168	1287	1362	1365	1784
										8

仙台車両センター　　　　　　　　　　　　　　　　　　　　　　　　　　　　　　　　　4両　東北本部

常備駅	用途	形式	番号				両数
	砂利散布	ホキ800	1779	1780	1781	1782	4

盛岡車両センター　　　　　　　　　　　　　　　　　　　　　　　　　　　　　　　　　6両　盛岡支社

常備駅	用途	形式	番号						両数
	砂利散布	ホキ800	1183	1186	1203	1206	1707	1708	
									6

秋田総合車両センター一南秋田センター　　　　　　　　　　　　　　　　　　　　　　　8両　東北本部

常備駅	用途	形式	番号							両数
	砂利散布	ホキ800	1490	1497	1629	1688	1739	1751	1755	1760
										8

新潟車両センター　　　　　　　　　　　　　　　　　　　　　　　　　　　　　　　　　4両　新潟支社

常備駅	用途	形式	番号				両数
	砂利散布	ホキ800	1801	1802	1808	1809	
							4

▽区所名変更＝2004（H16）.04.01
　高崎運転所→高崎車両センター
　勝田電車区→勝田車両センター
　仙台電車区→仙台車両センター
　盛岡運転所→盛岡車両センター
　青森運転所→青森車両センター
　南秋田運転所→秋田車両センター
　長岡運転所→長岡車両センター
　長野総合車両所→長野総合車両センター
▽区所名変更＝2004（H16）.06.01
　尾久客車区→尾久車両センター
▽区所名変更＝2004（H16）.10.16
　幕張電車区→幕張車両センター
▽区所名変更＝2005（H17）.12.10
　高崎車両センター→高崎車両センター高崎支所
▽区所名称変更＝2022（R04）.03.12
　高崎車両センター高崎支所→ぐんま車両センター

▽組織変更＝2022（R04）.10.01
　東京支社は首都圏本部に
　仙台支社は東北本部に
　秋田支社の車両は東北本部に
▽区所名称変更＝2023（R05）.03.18
　長岡運転区→新潟車両センター　　移動

東海旅客鉄道

名古屋車両区　〔海ナコ〕　　　　　**１５３両　東海鉄道事業本部**

用途	運用	形式	番号										両数	系計
特急	ひだ	ＨＣ85系 クモハ85	1 11	2	3	4	5	6	7	8	9	10 〈貫通型〉〈名古屋・富山方先頭車〉〈トイレなし〉(11)		
			101 〈貫通型〉〈名古屋・富山方先頭車〉〈トイレなし〉(5)	102	103	104	105							
			201 〈貫通型〉〈岐阜方先頭車〉〈トイレ〉(5)	202	203	204	205							
			301 〈貫通型〉〈岐阜方先頭車〉〈トイレ〉(3)	302	303							24	
		モハ84	1 11	2	3	4	5	6	7	8	9	10 〈車イス対応トイレ〉		
			101 111	102	103	104	105	106	107	108	109	110 〈トイレなし〉	22	
		クモロ85	1 〈貫通型〉〈岐阜方先頭車〉〈トイレ〉	2	3	4	5	6	7	8			8	54
特急	南紀	キハ85	11 〈非貫通型〉(3)	13	14									
			1103 〈非貫通型〉〈車イス対応〉(10)	1105	1106	1109	1110	1112	1113	1117	1118	1119		
			201 〈貫通型〉(4)	204	205	208						〈貫通型〉(4)		
			1209 〈貫通型〉〈車イス対応〉(1)										18	
		キハ84	14 (1)											
			203 〈車販準備室〉(2)	204										
			301 〈自動販売機〉(5)	302	303	304	305						8	
		キロ85	3 〈非貫通型〉	4	5								3	29
快速	みえ	キハ75	1 〈冷房〉〈トイレ〉(6)	2	3	4	5	6						
			101 〈冷房〉〈トイレなし〉(6)	102	103	104	105	106						
			201 〔ドア部拡大〕〈冷房〉〈トイレ〉(2)	202										
			301 〔ドア部拡大〕〈冷房〉〈トイレなし〉(2)	302									16	16
普通	紀勢本線 参宮線	キハ25	1009 【ワンマン】〔ロングシート〕〈トイレ〉〈冷房〉(4)	1010	1011	1012								
			1109 【ワンマン】〔ロングシート〕〈トイレなし〉〈冷房〉(4)	1110	1111	1112								
			1501 1511	1502 1512	1503 1513	1504 1514	1505	1506	1507	1508	1509	1510 【ワンマン】〔ロングシート〕〈トイレ〉〈冷房〉(14)		
			1601 1611	1602 1612	1603 1613	1604 1614	1605	1606	1607	1608	1609	1610 【ワンマン】〔ロングシート〕〈トイレなし〉〈冷房〉(14)	36	36
普通	名松線	キハ11	303 〔ステンレス製〕【ワンマン】〈トイレ〉〈冷房〉	304	305	306							4	4
事業用	電気軌道 　総合試験車	キヤ95	1 【電力関係測定車】(2)	2										
			101 【信号通信測定車】(2)	102									4	
		キサヤ94	1 【軌道関係測定車】	2									2	6
事業用	レール運搬車	キヤ97	1 (4)	2	3	4								
			101 (4)	102	103	104							8	8

美濃太田車両区　〔海ミオ〕　　　　　**６３両　東海鉄道事業本部**

用途	運用	形式	番号						両数	系計
普通	高山本線 　岐阜～猪谷 太多線	キハ75	1203 〔ドア部拡大〕〈トイレ〉〈冷房〉(3)	1204	1205					
			1303 〔ドア部拡大〕〈トイレなし〉〈冷房〉(3)	1304	1305					
			3401 【ワンマン】〔ドア部拡大〕〈トイレ〉〈冷房〉(6)	3402	3403	3404	3405	3406		
			3501 【ワンマン】〔ドア部拡大〕〈トイレなし〉〈冷房〉(6)	3502	3503	3504	3505	3506		
			3206 【ワンマン】〔ドア部拡大〕〈トイレ〉〈冷房〉(3)	3207	3208					
			3306 【ワンマン】〔ドア部拡大〕〈トイレなし〉〈冷房〉(3)	3307	3308				24	24
普通	高山本線 　岐阜～猪谷 太多線	キハ25	1 【ワンマン】〈トイレ〉〈冷房〉(5)	2	3	4	5			
			101 【ワンマン】〈トイレなし〉〈冷房〉(5)	102	103	104	105			
			1001 【ワンマン】〔ロングシート〕〈トイレ〉〈冷房〉(8)	1002	1003	1004	1005	1006	1007	1008
			1101 【ワンマン】〔ロングシート〕〈トイレなし〉〈冷房〉(8)	1102	1103	1104	1105	1106	1107	1108		26	26
事業用	レール運搬車	キヤ97	201 	202					2	
		キヤ96	1	2	3	4	5	6	6	
		キサヤ96	1	2	3	4	5		5	13

西日本旅客鉄道

電気機関車　10両
10両　中国統括本部

下関総合車両所　運用検修センター　〔関〕

用途	運　用	形　式	番　号	両数
臨時		ＥＦ65	1124〈トワイライト色〉　1128　1132　1133　1135 〈ATS-P装備〉(5)	
			1120　1126　1130　1131　1134 〈ATS-P装備なし〉(5)	10

▽区所名変更＝2009.06.01
　下関地域鉄道部→下関総合車両所
▽2022.10.01　広島支社は中国統括本部に組織変更

蒸気機関車　5両
5両　近畿統括本部

梅小路運転区　〔梅〕

用途	運　用	形　式	番　号	両数
臨時	「ＳＬやまぐち」	Ｃ57	1	1
臨時		Ｃ56	160	1
		Ｃ61	2	1
		Ｃ62	2	1
臨時	「ＳＬやまぐち」	Ｄ51	200	1

網干総合車両所　宮原支所　〔宮〕　８両　近畿統括本部

用途	運　用	形　式	番　号	両数
臨時		ＤＤ５１	1109　1183　1191　1192　1193	
			〈ＡＴＳ－Ｐ装備〉〈ＳＧ装備〉(5)	5
入換用		ＤＥ１０	1028　1115　1152	
			〈ＳＧ装備〉	3

梅小路運転区　〔梅〕　２両　近畿統括本部

用途	運　用	形　式	番　号	両数
臨時 入換用	嵯峨野観光 予備車	ＤＥ１０	1118　（嵯峨野観光色）　1156 〈ＡＴＳ－Ｐ装備〉〈ＳＧ装備〉	2

吹田総合車両所　福知山支所　豊岡派出所　〔豊〕　１両　近畿統括本部

用途	運　用	形　式	番　号	両数
臨時 入換用		ＤＥ１０	1106 〈ＳＧ装備〉	1

金沢総合車両所　富山支所　〔富〕　７両　金沢支社

用途	運　用	形　式	番　号	両数
入換用 臨時		ＤＥ１０	1035　1116　1119	
			〈ＳＧ装備〉(3)	
			1541	
			〈ＳＧなし〉(1)	4
除雪用		ＤＥ１５	1504　1532　1541 〈複線用〉	3

下関総合車両所　運用検修センター　〔関〕　４両　中国統括本部

用途	運　用	形　式	番　号	両数
臨時		ＤＤ５１	1043　〈ＳＧ装備〉	1
臨時		ＤＥ１０	1076　〈ＳＧ装備〉(1)	
			1514　1531　〈ＳＧなし〉(2)	3

▽区所名変更＝2009.06.01
　　下関地域鉄道部→下関総合車両所
▽2022.10.01　広島支社は中国統括本部に組織変更

下関総合車両所　岡山電車支所　〔岡〕　２両　中国統括本部

用途	運　用	形　式	番　号	両数
臨時 入換用		ＤＥ１０	1147　1151 〈ＳＧ装備〉	2

▽2022.10.01　岡山支社岡山電車区は中国統括本部下関総合車両所岡山電車支所に組織変更

後藤総合車両所　〔後〕　５両　中国統括本部

用途	運　用	形　式	番　号	両数
臨時		ＤＤ５１	1179　1186	
			〈ＳＧ装備〉	2
入換用 事業用		ＤＥ１０	1058　1159　1161 〈ＳＧ装備〉	3

▽2022.10.01　米子支社後藤総合車両所は中国統括本部の管轄に組織変更

西日本旅客鉄道

吹田総合車両所　京都支所　〔近キト〕　29両　近畿統括本部

用途	運用	形式	番号								両数	系計
特急	はまかぜ	キハ189	1	2	3	4	5	6	7	(7)		
			1001	1002	1003	1004	1005	1006	1007	〈トイレなし〉(7)	14	
		キハ188	1	2	3	4	5	6	7		7	21
事業用		キヤ141	1	2				〈信号・通信関係検査〉			2	
		キクヤ141	1	2				〈軌道検測〉			2	4
事業用		ＤＥＣ741	1			〈Mzc〉〈電気設備撮影装置〉(1)					1	
			101		〈Tzc〉〈パンタグラフ〉〈架線検測・電気設備測定〉(1)						1	2

▽2021.07.01　亀山鉄道部から変更

吹田総合車両所　京都支所　亀山派出所　〔近カメ〕　14両　近畿統括本部

用途	運用	形式	番号								両数	系計
普通	関西本線　加茂～亀山	キハ120	7	8	11	12	13	14	15	16		
							【ワンマン】〔ロングシート〕〈トイレ〉〈冷房〉(8)					
			301	302	303	304	305	306				
							【ワンマン】〈トイレ〉〈冷房〉(6)				14	14

▽亀山鉄道部は、1990.06.01発足
▽2021.07.01　亀山鉄道部から変更
▽ラッピング「お茶の京都トレイン」=2023.03営業運転開始　車両はキハ120-7・8

網干総合車両所　宮原支所　〔近ミハ〕　10両　近畿統括本部

用途	運用	形式	番号						両数	系計
臨時	TWILIGHT EXPRESS 瑞風	キイテ87	1	2					2	
		キサイネ86	1	101	201	301	401	501	6	
		キラ86	1						1	
		キシ86	1						1	10

網干総合車両所　余部派出所　〔近ヨヘ〕　19両　近畿統括本部

用途	運用	形式	番号							両数	系計
普通	姫新線　姫路～上月	キハ122	1	2	3	4	5	6	7		
							【ワンマン】〈トイレ〉〈冷房〉			7	
		キハ127	1	2	3	4	5	6			
						【ワンマン】〈トイレ〉〈冷房〉(6)					
			1001	1002	1003	1004	1005	1006			
						【ワンマン】〈トイレなし〉〈冷房〉(6)				12	19

▽姫路鉄道部は、1991.04.01発足
▽2021.07.01　姫路鉄道部から変更

吹田総合車両所　福知山支所　豊岡派出所　〔近トカ〕　21両　近畿統括本部

用途	運用	形式	番号							両数	系計
普通	山陰本線　豊岡～浜坂　播但線　寺前～和田山	キハ40	2007	2008	2046	【ワンマン】〔体質改善〕〈冷房〉				3	
		キハ47	1	2	5	10	13	15	139		
						【ワンマン】〔体質改善〕〈トイレ〉〈冷房〉(7)					
			1012	1093	1106	1133					
					【ワンマン】〔体質改善〕〈トイレなし〉〈冷房〉(4)					11	
		キハ41	2001	2002	2004	2005					
					【ワンマン】〔体質改善〕〈トイレ〉〈冷房〉(4)						
			2003								
				〔「銀の馬車道」色〕【ワンマン】〔体質改善〕〈トイレ〉〈冷房〉(1)						5	19
事業用	除雪　バラスト輸送	キヤ143	3	6							
					〈可変翼〉〈冷房〉					2	2

▽福知山支社管内所属の車両は、キハ47を中心に車体塗色がワインレッド
▽豊岡鉄道部は、1990.06.01発足
▽2010.06.01　福知山電車区豊岡支所と変更
▽2022.10.01　福知山支社福知山電車区豊岡支所は
　　　　　　　近畿統括本部吹田総合車両所福知山支所豊岡派出所に組織変更

▽キハ40・47・48　車号中の極太字の車両は延命工事車

金沢総合車両所　富山支所　〔金トヤ〕 　　　　　　　　　　　　　　　　　　　　　　　　　　　　　　　　　　　　　　**４１両　金沢支社**

用途	運用	形式	番号										両数	系計
普通	高山本線 　猪谷～富山 大糸線 　糸魚川～南小谷	キハ120	22 　　　　　　　　　　　　　　　　　　　　【ワンマン】〔ロングシート〕〈トイレ〉〈冷房〉(1)										15	15
			318　329　331　341　344　345　346　347　348　349 350　351　352　354 　　　　　　　　　　　　　　　　　　　　　　　　　　　【ワンマン】〈トイレ〉〈冷房〉(14)											
普通	城端線 氷見線 北陸本線 　高岡～東富山	キハ40	2078　2083　2084　2090　2092　2135　2136　2137 　　　　　　　　　　　　　　　　　　　【ワンマン】〔体質改善〕〈冷房〉										8	23
		キハ47	25　27　36　42　66　138　140 　　　　　　　　　　　　　　【ワンマン】〔体質改善〕〈トイレ〉〈冷房〉(7) 1011　1013　1029 　　　　　　　　　　　　　　　〔体質改善〕〈トイレなし〉〈冷房〉(3) 1015　1064　1091　1092　1134 　　　　　　　【ワンマン】〔体質改善〕〈トイレなし〉〈冷房〉(5)										15	
臨時	花嫁のれん	キハ48	4 　　　　　　　　　　　　　　　　　　　　　　　〈トイレ〉〈冷房〉(1) 1004 　　　　　　　　　　　　　　　　　　　〈トイレなし〉〈冷房〉(1)										2	2
臨時	ベル・モンターニュ・エ・メール	キハ40	2027 　　　　　　　　　　　【ワンマン】〔体質改善〕〈トイレ〉〈冷房〉										1	1

▽富山鉄道部・高岡鉄道部は、1991.04.01発足
▽北陸地域鉄道部は、1995.10.01発足
▽2008.06.01　富山鉄道部を統合
▽2009.06.01　北陸地域鉄道部を富山鉄道部に統合。合わせて高岡鉄道部を解消、富山鉄道部に統合
▽2015.03.14　金沢総合車両所富山支所と改称
▽キハ120-341は糸魚川ジオパーク【ラッピング車両】=2012.07.30
▽キハ4766は高岡あみたん娘【ラッピング車両】
▽キハ471015は砺波【ラッピング車両】
▽キハ4727は南砺【ラッピング車両】
▽キハ402084は忍者ハットリ君【ラッピング車両】

金沢総合車両所　敦賀支所　〔金ツル〕 　　**4両　金沢支社**

用途	運用	形式	番号				両数	系計
事業用	除雪 バラスト輸送	キヤ143	1　　　2　　　5　　　9 　　　　　　　　　　　　　　　　　〈可変翼〉〈冷房〉				4	4

金沢総合車両所　敦賀支所　福井派出所　〔金フイ〕 　　　　　　　　　　　　　　　　　　　　　　　　　　　　　**5両　金沢支社**

用途	運用	形式	番号					両数	系計
普通	越美北線 　福井～九頭竜湖	キハ120	201　202　203　204　205 　　　　　　　　　　　　　　【ワンマン】〈トイレ〉〈冷房〉					5	5

▽越前大野鉄道部は、1990.06.01発足
▽2008.06.01、越前大野鉄道部を統合
▽2010.06.01、福井地域鉄道部福井運転センターから変更
▽2021.04.01　敦賀地域鉄道部敦賀運転センターから変更

下関総合車両所　運用検修センター　〔中セキ〕　　　　　　　　　　　　　　　　　　　　　　　2両　中国統括本部

用途	運用	形式	番　　号		両数	系計
臨時	○○のはなし	キハ47	7003	〔体質改善〕〈トイレなし〉〈冷房〉(1)		
			7004	〔体質改善〕〈トイレ〉〈冷房〉(1)	2	2

▽2009.06.01　下関地域鉄道部下関車両センターを、支社直轄の下関総合車両所と変更
▽2022.10.01　広島支社は中国統括本部に組織変更

下関総合車両所　新山口支所　〔中クチ〕　　　　　　　　　　　　　　　　　　　　　　　110両　中国統括本部

用途	運用	形式	番　　号										両数	系計
	試運転中	ＤＥＣ700	1											1
普通	芸備線	キハ40	2001	2002	2003	2004	2005	2033	2034	2035	2042	2044		
	広島〜三次		2045	2047	2070	2071	2072	2073	2074	2075	2076	2077		
	山口線		2079	2080	2081	2091	2096	2114	2119	2120	2121	2122		
	山陰本線		2123	2132									32	
	益田〜下関		【ワンマン】〔体質改善〕〈冷房〉											
	岩徳線	キハ47	9	11	16	22	24	38	39	40	81	93		
			94	100	101	102	103	109	110	150	151	152		
			153	190										
			【ワンマン】〔体質改善〕〈トイレ〉〈冷房〉(22)											
			63	65	95	96	148	149	169	179				
			〔体質改善〕〈トイレ〉〈冷房〉(8)											
			1007	1008	1035	1040	1059	1060	1061	1065	1066	1070		
			1071	1100	1101	1102	1103	1131						
			【ワンマン】〔体質改善〕〈トイレなし〉〈冷房〉(16)											
			1014	1062										
			〔体質改善〕〈トイレなし〉〈冷房〉(2)											
			1507											
			【ワンマン】〔体質改善〕〈トイレなし〉〈冷房〉(1)											
			2014	2016	2021	2023	2502	2503						
			【ワンマン】〔セミロング〕〔体質改善〕〈トイレ〉〈冷房〉(6)											
			2012	2013	2015	2022	2501							
			〔セミロング〕〔体質改善〕〈トイレ〉〈冷房〉(5)											
			3008	3019	3020	3501								
			【ワンマン】〔セミロング〕〔体質改善〕〈トイレなし〉〈冷房〉(4)											
			3004	3005	3006	3007	3009	3502						
			〔セミロング〕〔体質改善〕〈トイレなし〉〈冷房〉(6)										70	102
普通	美祢線	キハ120	9	10	18	19	20							
	山陰本線		【ワンマン】〔ロングシート〕〈トイレ〉〈冷房〉(5)											
	長門市〜仙崎		323	325										
			【ワンマン】〈トイレ〉〈冷房〉(2)										7	7

▽山口鉄道部は、1990.06.01発足
▽2009.06.01　山口鉄道部車両管理室と下関地域鉄道部を統合、下関総合車両所新山口支所と変更
▽美祢線利用促進【ラッピング車両】はキハ120- 9・10・19
▽2022.10.01　広島支社は中国統括本部に組織変更

下関総合車両所　広島支所　〔中ヒロ〕　　　　　　　　　　　　　　　　　　　　　　　12両　中国統括本部

用途	運用	形式	番　　号							両数	系計
臨時	et SETO ra	キロ47	7001					〔体質改善〕〈トイレなし〉〈冷房〉(1)			
			7002								
	尾道〜広島・宮島口							〔体質改善〕〈トイレ〉〈冷房〉(1)		2	2
普通	芸備線	キハ120	6	17	21	【ワンマン】〔ロングシート〕〈冷房〉〈トイレ〉(3)					
	福塩線		320	322	324	326	327	332	333		
			【ワンマン】〈冷房〉〈トイレ〉(7)							10	10

▽2012.04.01　広島運転所検修部門は、下関総合車両所広島支所と変更(運転部門は引続き広島運転所)
▽キハ120 332はカープ【ラッピング車両】
▽2022.10.01　広島支社は中国統括本部に組織変更

▽キハ40・47・48　車号中の極太字の車両は延命工事車

62

後藤総合車両所　〔中トウ〕　　　　　　　　　　　　　　　　　　　　　　　　　　　　　　　　　　**１００両　中国統括本部**

用途	運用	形式	番号										両数	系計
特急	スーパーおき スーパーまつかぜ	キハ187	1	2	3	4	5	6	7		〈トイレ〉(7)			
			11	12							〈トイレ〉(2)			
			1001	1002	1003	1004	1005	1006	1007		〈トイレ〉(7)			
			1011	1012							〈トイレなし〉(2)		18	
特急	スーパーいなば	キハ187	501	502	503	504				〈ＡＴＳ−Ｐ装備〉〈トイレ〉(4)				
			1501	1502	1503	1504				〈ＡＴＳ−Ｐ装備〉〈トイレなし〉(4)			8	26
快速 普通	山陰本線 　鳥取～益田 境線	キハ126	1	2	3	4	5				【ワンマン】〈トイレ〉(5)			
			11	12	13	14	15				【ワンマン】〈トイレ〉(5)			
			1001	1002	1003	1004	1005				【ワンマン】〈トイレなし〉(5)			
			1011	1012	1013	1014	1015				【ワンマン】〈トイレなし〉(5)		20	
		キハ121	1	2	3	4	5	6	7	8	9			
											【ワンマン】〈トイレ〉		9	29
臨時	あめつち	キロ47	7005								〈カウンター〉〈トイレなし〉(1)			
			7006								〈荷物室〉〈トイレ〉(1)		2	2
普通	山陰本線 　鳥取～益田 境線	キハ40	2094	2095	2115	2118				【ワンマン】〔体質改善〕〈冷房〉			4	
		キハ47	28	30	31	32	33	34	37	82	83	137		
			141	167										
									【ワンマン】〔体質改善〕〈トイレ〉〈冷房〉(12)					
			1016	1017	1026	1028	1053	1054						
							【ワンマン】〔体質改善〕〈トイレなし〉〈冷房〉(6)							
			2004	2005	2006	2007	2008	2017	2018	2019				
							【ワンマン】〔体質改善〕〔ロング拡大〕〈トイレ〉〈冷房〉(9)							
			3003	3010	3011	3012	3013	3014	3015	3018				
							【ワンマン】〔体質改善〕〔ロング拡大〕〈トイレなし〉〈冷房〉(8)							
			3017											
							〔体質改善〕〔ロング拡大〕〈トイレなし〉〈冷房〉(1)						36	40
事業用	除雪 バラスト輸送	キヤ143	4	7	8									
											〈可変翼〉〈冷房〉		3	3

▽鬼太郎ラッピング
　キハ402115=鬼太郎列車(五代目)=18.03.03、キハ402118=目玉おやじ列車(三代目)=18.07.14、
　キハ402094=ねずみ男列車(三代目)=18.07.14、キハ402095=ねこ娘列車(三代目)=18.03.03、
　キハ472004=こなきじじい列車(二代目)=18.01.20、キハ472019=砂かけばばあ列車(二代目)=18.01.20
▽山陰海岸ジオパーク【ラッピング車両】はキハ126-11 + キハ126-1011
▽コナン【ラッピング車両】はキハ126-15 + キハ126-1015、キハ126-14 + キハ126-1004(16.04.29)
▽石見神楽【ラッピング車両】はキハ126- 2 + キハ126-1002
▽2022.10.01　米子支社後藤総合車両所は中国統括本部後藤総合車両所に組織変更

後藤総合車両所　鳥取支所　〔中トリ〕　　　　　　　　　　　　　　　　　　　　　　　　　　　**１８両　中国統括本部**

用途	運用	形式	番号										両数	系計
普通	山陰本線 　豊岡～米子 因美線 境線	キハ47	6	7	8	14	35	41	80	84	143	146		
			165	180										
								【ワンマン】〔体質改善〕〈トイレ〉〈冷房〉(12)						
			1019	1025	1037	1108	1112	1113						
							【ワンマン】〔体質改善〕〈トイレなし〉〈冷房〉(6)						18	18

▽鳥取鉄道部は、1991.04.01発足
▽2022.04.01　鳥取鉄道部西鳥取車両支部から変更
▽2022.10.01　米子支社後藤総合車両所鳥取支所は中国統括本部後藤総合車両所鳥取支所に組織変更

後藤総合車両所　出雲支所　〔中イモ〕　　　　　　　　　　　　　　　　　　　　　　　　　　　**８両　中国統括本部**

用途	運用	形式	番号						両数	系計
普通	木次線 山陰本線 　松江～宍道	キハ120	1	2	3	4	5			
						【ワンマン】〔ロングシート〕〈トイレ〉〈冷房〉(5)				
			206	207	208					
						【ワンマン】〈トイレ〉〈冷房〉(3)			8	8

▽2021.03.13　車両は木次鉄道部から移管
▽2022.10.01　米子支社後藤総合車両所出雲支所は中国統括本部後藤総合車両所出雲支所に組織変更

後藤総合車両所　出雲支所　浜田派出所　〔中ハタ〕　　　　　　　　　　　　　　　　　　　　**１３両　中国統括本部**

用途	運用	形式	番号										両数	系計
普通	山陰本線 　出雲市～益田	キハ120	307	308	309	310	311	312	313	314	315	316		
			317	319	321									
								【ワンマン】〈トイレ〉〈冷房〉					13	13

▽浜田鉄道部は、1990.06.01発足
▽三江線は2018.03.31限り廃止
▽2022.04.01　浜田鉄道部から変更
▽2022.10.01　米子支社後藤総合車両所出雲支所浜田派出所は
　　　　　　　　中国統括本部後藤総合車両所出雲支所浜田派出所に組織変更

用途	運用	形式	番号										両数	系計
快速 普通	ことぶき 津山線 吉備線	キハ40	2006	2043	2048	2049	2093	2133	2134	2029	2036	2082		
			【ワンマン】〔体質改善〕〈冷房〉(10)											
			3001	3002	3003	3004	3005						15	
			〔体質改善〕〔ロングシート〕【ワンマン】〈冷房〉(5)											
		キハ47	99											
			〔体質改善〕〈トイレ〉〈冷房〉(1)											
			18	19	20	21	29	43	44	45	47	64		
			69	85	142	170								
			【ワンマン】〔体質改善〕〈トイレ〉〈冷房〉(14)											
			1004	1005	1022	1036	1038	1094	1128					
			【ワンマン】〔体質改善〕〈トイレなし〉〈冷房〉(7)											
			2001	2003			〔体質改善〕〔ロングシート〕〈トイレ〉〈冷房〉(2)							
			2002											
			【ワンマン】〔体質改善〕〔ロングシート〕〈トイレ〉〈冷房〉(1)											
			3001	【ワンマン】〔体質改善〕〔ロングシート〕〈トイレなし〉〈冷房〉(1)									26	41
普通	津山線 姫新線 芸備線 　津山～備後落合 因美線	キハ120	328	330	334	335	336	337	338	339	340	342		
			343	353	355	356	357	359						
			【ワンマン】〈トイレ〉〈冷房〉										16	16

▽津山鉄道部は、1990.06.01発足
▽2008.06.01　津山鉄道部を統合
▽2009.06.01　岡山電車区気動車センターを、岡山気動車区として単独の検修区所と変更
▽ＮＡＲＵＴＯ【ラッピング車両】はキハ4729・1004(主に津山線にて運転)、
　　キハ120-353(主に姫新線・因美線にて運転)
▽美咲町【ラッピング車両】はキハ4785、キハ402043(主に津山線にて運転。「たまご」をデザイン)
▽「みまさかノスタルジー」は、キハ4747＋キハ471036。2016.10.04にキハ402134を塗色変更
▽2022.10.01　岡山支社岡山気動車区は
　　　　　　中国統括本部下関総合車両所岡山気動車支所に組織変更

西日本旅客鉄道

客車 20両

網干総合車両所　宮原支所　〔近ミハ〕

12両　近畿統括本部

用途	運用	形式	番号					両数	系計
欧風	『サロンカー なにわ』	オロ14	706	707	708	709	710	5	
		スロフ14	703	704				2	7
臨時	ＳＬ北びわこ など	オハ12	341	345	346			3	
		スハフ12	129	155				2	5

下関総合車両所　新山口支所　〔中クチ〕

5両　中国統括本部

用途	運用	形式	番号	両数	系計
臨時	「ＳＬやまぐち」	オロテ35	4001	1	
		スハ35	4001	1	
		ナハ35	4001	1	
		オハ35	4001	1	
		スハテ35	4001	1	5

▽山口鉄道部は、1990.06.01発足
▽2009.06.01　山口鉄道部車両管理室と下関地域鉄道部を統合、下関総合車両所新山口支所と変更
▽2022.10.01　広島支社下関総合車両所は中国統括本部下関総合車両所に組織変更

下関総合車両所　広島支所　〔中ヒロ〕

1両　中国統括本部

用途	運用	形式	番号	両数	系計
事業用		マニ50	2257	1	1

▽2022.10.01　広島支社下関総合車両所広島支所は中国統括本部下関総合車両所広島支所に組織変更

後藤総合車両所　〔中トウ〕

2両　中国統括本部

用途	運用	形式	番号	両数	系計
臨時	奥出雲おろち号	スハフ12	801	1	
		スハフ13	801　〔トロッコ車両〕	1	2

▽2022.10.01　米子支社後藤総合車両所は中国統括本部後藤総合車両所に組織変更

西日本旅客鉄道

貨車 **151**両

吹田総合車両所　京都支所

７３両　近畿統括本部

常備駅	用途	形式	番号											両数
向日町	レール輸送	チキ5500	5501 5534 5713	5512 5537 5714	5513 5542 5715	5520 5602 5720	5525 5603 5721	5526 5605 5807	5528 5611 5808	5529 5619 5810	5530	5531 5703	5532 5707	29
		チキ6000	6407	6415										2
安治川口	レール輸送	チキ6000	6001 6175 6342	6017 6202 6364	6022 6228 6368	6025 6246 6370	6037 6272 6385	6039 6295 6398	6043 6296	6056 6305	6057 6308	6064 6313	6162 6314	28
		チキ7000	7003 7120	7004	7057	7073	7085	7097	7101	7115	7116	7117	7119	12
近江今津 尼崎	砂利散布	ホキ800	1848	1850										2

吹田総合車両所　福知山支所　豊岡派出所

5両　近畿統括本部

常備駅	用途	形式	番号					両数
福知山	砂利散布	ホキ800	1844	1867	1869	1870	1871	5

▽2022.10.01　福知山支社福知山電車区豊岡支所は
　　　　　　　近畿統括本部吹田総合車両所福知山支所豊岡派出所に組織変更

金沢総合車両所

2両　金沢支社

常備駅	用途	形式	番号		両数
松任	レール輸送	チキ5200	5348	5349	2

金沢総合車両所　敦賀支所

3両　金沢支社

常備駅	用途	形式	番号			両数
敦賀	砂利散布	ホキ800	1266	1691	1868	3

下関総合車両所　新山口支所　　　　　　　　　　　　　　　　　　　　　　　**１２両　中国統括本部**

常備駅	用途	形式	番号									両数
新山口	レール輸送	チキ5200	5273	5274	5324	5325	5360					5
	砂利散布	ホキ800	1839	1840	1841	1842	1851	1855	1859			7

▽2022.10.01　広島支社下関総合車両所は中国統括本部下関総合車両所に組織変更

下関総合車両所　岡山電車支所　　　　　　　　　　　　　　　　　　　　　　　**４７両　中国統括本部**

常備駅	用途	形式	番号											両数
岡山操	砂利散布	ホキ800	1854	1856	1857	1872	1873	1874						6
東福山	レール輸送	チキ5200	5224	5225	5242	5243	5263	5264	5265	5266	5269	5270	5271	
			5272	5277	5278	5279	5280	5281	5282	5285	5286	5287	5288	
			5289	5290	5346	5347	5350	5351	5376	5377				30
		チキ5500	5518	5522	5523	5527	5612	5614						6
		チキ6000	6203	6238	6274	6383	6390	6391	6394	6410				8

▽2022.10.01　岡山支社岡山電車区は中国統括本部下関総合車両所岡山電車支所に組織変更

後藤総合車両所　　　　　　　　　　　　　　　　　　　　　　　　　　　　　　**６両　中国統括本部**

常備駅	用途	形式	番号						両数
米子	砂利散布	ホキ800	1846	1847	1852	1853	1858	1860	6

▽2022.10.01　米子支社後藤総合車両所は中国統括本部後藤総合車両所に組織変更

四国旅客鉄道

機関車　**2**両(2)

ディーゼル機関車	2両
	2両

高松運転所　〔高〕

用途	運　用	形　式	番　　　号	両数
臨時		ＤＥ10	1139	
				1
		ＤＦ50	1	
				1

▽ＤＦ50は四国鉄道文化館に貸与

四国旅客鉄道

気動車　**246**両

高松運転所　〔高＝四カマ〕

42両

用途	運　用	形　式	番　　　号									両数	系計
特急	しまんと あしずり うずしお	2700	2705	2706	2707	2708	2714	2715	2716		〈貫通形〉	7	
		2750	2755 2766	2756	2757	2758	2759	2760	2764	2765	〈貫通形〉	9	16
特急	うずしお	2600	2601	2602							〈貫通形〉	2	
		2650	2651	2652							〈貫通形〉	2	4
特急	うずしお 剣山 むろと	キハ185	9 1014	11 1016	12 1017	13 1018	17	18	19	21	22　24 〈トイレ〉(10) 〈トイレなし〉(4)	14	
		キロハ186	2								〔ゆうゆうアンパンマン〕(1)	1	15
臨時	四国まんなか 　千年ものがたり	キ　ロ185	1001 1003								〈トイレ〉〈冷房〉(1) 〈トイレなし〉〈冷房〉(1)	2	
		キロ186	1002								〈トイレ〉〈冷房〉	1	3
臨時	『トロッコ号』	キロ185	26								〔瀬戸大橋アンパンマントロッコ〕〈トイレ〉	1	
		キハ185	20								〔藍よしのがわトロッコ号〕〈トイレ〉	1	
		キクハ32	501 502								〔藍よしのがわトロッコ号〕〈トイレなし〉(1) 〔瀬戸大橋アンパンマントロッコ〕〈トイレなし〉(1)	2	4

徳島運転所　〔徳＝四トク〕

79両

用途	運　用	形　式	番　　　号									両数	
普通	高徳線 徳島線 鳴門線 牟岐線	キハ40	2107	2108	2110	2142	2143	2144	2145	2147	2148 【ワンマン】〈冷房〉	9	
		キハ47	112	114	118	145	171	173	174	177	178　191 〈トイレ〉〈冷房〉(10)		
			1086								〈トイレなし〉〈冷房〉(1)	11	20
普通	高徳線 徳島線 鳴門線 牟岐線	1500	1501 1511	1502 1512	1503 1513	1504 1514	1505 1515	1506	1507	1508	1509　1510 【ワンマン】〈トイレ〉〈冷房〉(15)		
			1551 1561 1566	1552 1562 1567	1553 1563 1568	1554 1564 1569	1555 1565	1556	1557	1558	1559　1560 【ワンマン】〈トイレ〉〈冷房〉(15) 【ワンマン】〈トイレ〉〈冷房〉(4)	34	
		1200	1229 1249	1230 1250	1231 1251	1232 1252	1235 1253	1244 1254	1245 1255	1246 1256	1247　1248 【ワンマン】〈トイレ〉〈冷房〉	18	
		1000	1003	1004	1005	1006	1007	1008	1009		【ワンマン】〈トイレ〉〈冷房〉	7	59

松山運転所　〔松＝四マツ〕　**５６両**

用途	運用	形式	番号	両数	系計
特急	宇和海	2400	2424　〔130km/h〕〈貫通形〉【４次車】(1)／2425 2426 2427 2428 2429　〔130km/h〕〈貫通形〉【６・７次車】(5)	6	
		2500	2520 2521 2522 2523　〔130km/h〕〈中間車〉【５次車】	4	
		2450	2458　〔130km/h〕〈貫通形〉【４次車】(1)／2459 2460 2461 2462 2463　〔130km/h〕〈ＣＣ装置付〉〈貫通形〉【６・７次車】(5)	6	16
特急	宇和海	2100	2105　〔サイクルルーム〕〈貫通形〉(1)／2117　〔旧喫煙ルーム〕〈貫通形〉(1)	2	
		2150	2151 2152　〈ＣＣ装置付〉〈貫通形〉	2	4
臨時	伊予灘ものがたり	キロ185	1401　〔茜(あかね)の章〕〈トイレなし〉(1)／1403　〔陽華(はるか)の章〕〈トイレ〉(1)	2	
		キロ186	1402　〔黄金(こがね)の章〕〈トイレ〉	1	3
普通	予讃線 内子線	キハ185	3103 3105 3106 3107 3109 3110　〔通勤改造〕〈トイレなし〉〈冷房〉	6	6
普通	予讃線 内子線	キハ54	1 2 3 4 5 6 7 8 9 10 11 12　【ワンマン】〈トイレなし〉〈冷房〉	12	
		キハ32	1 2 3 4 5 6 7 8 9 10 11 12 13 14 15　【ワンマン】〈トイレなし〉〈冷房〉	15	27

▽キハ54 4は「しまんトロッコ」、キハ32 3は「鉄道ホビートレイン」、キハ32 4は「海洋堂ホビートレイン」
　キハ54 7は南予キャラクター列車「おさんぽなんよ」

高知運転所　〔知＝四コチ〕　**６９両（＋２）**

用途	運用	形式	番号	両数	系計
特急	南風 しまんと あしずり	2700	2701 2702 2703 2704 2709 2710 2711 2712 2713　〈貫通形〉	9	
		2750	2751 2752 2753 2754 2761 2762 2763　〈貫通形〉	7	
		2800	2801 2802 2803 2804 2805 2806 2807　〔半室❌〕〈貫通形〉	7	23
	あしずり しまんと	2730	2730　【土佐くろしお鉄道】〈貫通形〉		
		2780	2780　【土佐くろしお鉄道】〈貫通形〉		
特急	あしずり	2100	2103 2118 2121 2123　〈貫通形〉	4	
		2150	2153 2155 2156　〈ＣＣ装置付〉〈貫通形〉	3	7
臨時	志国土佐 時代の夜明けの ものがたり	キロ185	1867　〈貫通形〉〈トイレなし〉(1)／1868　〈貫通形〉〈トイレ〉(1)	2	
普通	土讃線	1000	1001 1002 1010 1011 1012 1013 1014 1015 1016 1017 1018 1019 1020 1021 1022 1023 1024 1025 1026 1027 1028 1033 1034 1036 1037 1038 1039 1040 1041 1042 1043　【ワンマン】〈トイレ〉〈冷房〉	31	31
普通	土讃線	キハ32	16 17 18 19 20 21　【ワンマン】〈トイレなし〉〈冷房〉	6	6

四国旅客鉄道

貨車　**５両**

高松運転所　**５両**

常備駅	用途	形式	番号	両数
高松	レール輸送	チキ6000	6050　6055　6236　6336	4
松山	トロッコ列車	トラ45000	152462	1

九州旅客鉄道

			ディーゼル機関車	**10**両
			8両　熊本支社	

熊本鉄道事業部　熊本車両センター　〔熊〕

用途	運　用	形　式	番　号	両数
臨時		ＤＥ10	*1195*　*1206*　*1207*　*1209* 〈ＳＧ装備〉(4)	
			1638　*1753*　*1756* 〈ＳＧなし〉(3)	7
		ＤＤ200	**701**	1

▽黒色塗装車　ＤＥ101195=2012.12.13KK、ＤＥ101638=2012.11.28KK、ＤＥ101753=2013.09.03KK、
（機号斜字）ＤＥ101756=2013.03.27KK、ＤＥ101206=2014.03.18KK、ＤＥ101207=2015.03.04、ＤＥ101209=2014.10.24

大分鉄道事業部　大分車両センター　〔大〕 　　　　　　　　　　　　　　　　**1**両　大分支社

用途	運　用	形　式	番　号	両数
臨時	「ななつ星in 九州」	ＤＦ200	**7000**	1

鹿児島鉄道事業部　鹿児島車両センター　〔鹿〕 　　　　　　　　　　　　　　**1**両　鹿児島支社

用途	運　用	形　式	番　号	両数
入換用		ＤＥ10	*1755* 〈ＳＧなし〉	1

▽黒色塗装車　ＤＥ101755=2013.12.11KK

			蒸気機関車	**1**両
			1両　熊本支社	

熊本鉄道事業部　熊本車両センター　〔熊〕

用途	運　用	形　式	番　号	両数
臨時	ＳＬ人吉	8620	58654	1

▽区所名変更＝2006.03.18
　熊本鉄道事業部熊本運輸センター→熊本鉄道事業部熊本車両センター
　大分鉄道事業部豊肥久大運輸センター→大分鉄道事業部大分車両センター
▽区所名変更＝2011.04.01
　鹿児島総合車両所→鹿児島鉄道事業部鹿児島車両センター

九州旅客鉄道

筑豊篠栗鉄道事業部　直方車両センター　〔本チク〕　　　　　　　　　　　　　　　**38両　本社直轄**

用途	運　用	形　式	番　号										両数	系計
普通	日田彦山線	キハ140	2040	2041	2067				【ワンマン】〔高出力〕〈冷房〉				3	
	久大本線	キハ147	49	50	54	58	90	91	107	182	184	185		
	小倉～日田						【ワンマン】〔高出力〕〈トイレ〉〈冷房〉(10)							
			1032	1033	1043	1044	1057	1058	1068	1069	1081	1125		
						【ワンマン】〔高出力〕〈トイレなし〉〈冷房〉(10)							20	23
		キ　ハ40	8051	8052	8063	8102		【ワンマン】〔高出力300PS〕〈冷房〉					4	4

以上　直方運用車27両

用途	運　用	形　式	番　号										両数	系計
特急	ゆふいんの森	キハ72	1	5					〈先頭車〉(2)					
	1・5・2・6号		2	3					〈中間車〉(2)					
		キサハ72	4					〈2015年度増備〉〈中間車〉(1)					5	5
特急	ゆふいんの森	キハ71	1	2									2	
	3・4号	キハ70	1	2									2	4
		キハ40	2037	2053				【ワンマン】〈冷房〉					2	2

以上　竹下運用車　11両

唐津鉄道事業部　唐津車両センター　〔本カラ〕　　　　　　　　　　　　　　　**16両　本社直轄**

用途	運　用	形　式	番　号								両数	系計
普通	唐津線	キハ125	2	3	4	5	6	7	8			
	西唐津～佐賀											
	筑肥線						【ワンマン】〈トイレ〉〈冷房〉			7	7
	西唐津～伊万里	キハ47	8051	8062	8121	8126	8132	8134	8157		
					【ワンマン】〔高出力300PS〕〈トイレ〉〈冷房〉(7)						
			9097	9126	【ワンマン】〔高出力300PS〕〈トイレなし〉〈冷房〉(2)					9	9

▽2011.04.01　直方車両センターは直方運輸センターから検修部門が分離、発足
　　　　　　　唐津車両センターは唐津運輸センターから検修部門が分離、発足
　　　　　　　長崎車両センターは長崎運輸センターから検修部門が分離、発足

長崎鉄道事業部　佐世保車両センター　〔崎サキ〕　　　　　　　　　　７６両　長崎支社

用途	運用	形式	番号	両数	系計
臨時	或る列車	キロシ47	3505　　　　　　　　　　　　　　　　　　〈トイレ〉(1)		
			9176　　　　　　　　　　　　　　　　　〈トイレなし〉(1)	2	2
臨時	ふたつ星4047	キハ47	4047　　　　　〈長崎方先頭車〉〈トイレ〉〈冷房〉	1	
		キシ140	4047　　　　　　　　　　〔ラウンジ〕〈冷房〉	1	
		キハ147	4047　　〈江北方先頭車〉〈トイレなし〉〈冷房〉	1	3
普通	大村線・長崎本線 長崎～佐世保 佐世保線	YC1	1　　　　　　　　　　〔量産先行〕〈トイレ〉〈冷房〉(1)		
			101　102　　　　　　　　　〔分割可能〕〈トイレ〉〈冷房〉(2)		
			201　202　203　204　205　206　207　208　209　210		
			211　212　213　214　215　216　217　218　219　220		
			221　　　　　　　　　　〔固定編成〕〈トイレ〉〈冷房〉(21)		
			1001　　　　　　　　〔量産先行〕〈トイレなし〉〈冷房〉(1)		
			1101　1102　1103　1104　1105　1106		
			〔分割可能〕〈トイレなし〉〈冷房〉(6)		
			1201　1202　1203　1204　1205　1206　1207　1208　1209　1210		
			1211　1212　1213　1214　1215　1216　1217　1218　1219　1220		
			1221　　　　　　　　〔固定編成〕〈トイレなし〉〈冷房〉(21)	52	52
普通	長崎本線江北～長崎 佐世保線江北～早岐	キハ47	3509　3510		
			［青色］【ワンマン】〔２軸駆動化〕〈トイレ〉〈冷房〉(2)		
			8129　8135　8158		
			［青色］【ワンマン】〔高出力300PS〕〈トイレ〉〈冷房〉(3)		
			8076　　　［白色］【ワンマン】〔高出力300PS〕〈トイレ〉〈冷房〉(1)		
			4509　4510		
			［青色］【ワンマン】〔２軸駆動化〕〈トイレなし〉〈冷房〉(2)		
			9031　　　【ワンマン】〔高出力300PS〕〈トイレなし〉〈冷房〉(1)		
			9041　　　［白色］【ワンマン】〔高出力300PS〕〈トイレなし〉〈冷房〉(1)	10	10
		キハ66	1　　3　　12		
			【ワンマン】〔360PS〕〈トイレ〉〈冷房〉(3)		
			110　　　〔台車取替〕【ワンマン】〔360PS〕〈トイレ〉〈冷房〉(1)	4	
		キハ67	1　　3　　12		
			【ワンマン】〔360PS〕〈トイレなし〉〈冷房〉(3)		
			110　　〔台車取替〕【ワンマン】〔360PS〕〈トイレなし〉〈冷房〉(1)	4	8

▽国鉄色　キハ67- 1＋キハ66- 1＝2010.10.30KK　キハ67-110＋キハ66-110＝2011.03.16KK
　　ハウステンボス色　キハ67-12＋キハ66-12＝2010.07.30KK
▽台車取替　キハ66-110＝2011.03.16KK、キハ67-110＝2013.03.22KK

大分鉄道事業部　大分車両センター　〔分オイ〕　　　　　　　　　　７１両　大分支社

用途	運用	形式	番号	両数	系計
特急	ゆふ 九州横断特急 あそ	キハ185	1　　2　　3　　5　　6　　7　　8　　10　　15　　16　(10)		
			1001　1004　1008　1011　　　　　　　　　　〈トイレなし〉(4)	14	
		キハ186	3　　5　　6　　7	4	18
普通	豊肥本線 大分～豊後竹田 久大本線	キハ200	3　　5　　11　　12		
			【ワンマン】〈トイレ〉〈冷房〉(4)		
			103　104　105　　　【ワンマン】〈トイレ〉〈冷房〉(3)		
			551　552　554　【ワンマン】〈ロングシート〉〈トイレ〉〈冷房〉(3)		
			1003　1005　5011　1012		
			【ワンマン】〈トイレなし〉〈冷房〉(4)		
			1103　1104　1105　　　【ワンマン】〈トイレなし〉〈冷房〉(3)		
			1551　1552　1554　【ワンマン】〈ロングシート〉〈トイレなし〉〈冷房〉(3)	20	
		キハ220	201　202　203　204　205		
			【ワンマン】〈トイレ〉〈冷房〉(75)		
			210　211　212		
			【ワンマン】〈優先席対応〉〈トイレ〉〈冷房〉(3)		
			1101　　　　　　　【ワンマン】〈トイレ新設〉〈冷房〉(1)		
			1501　1502		
			【ワンマン】〈ロングシート〉〈車椅子対応〉〈トイレなし〉〈冷房〉(2)		
			1503　1504		
			【ワンマン】〈ロングシート〉〈車椅子対応〉〈トイレ新設〉〈冷房〉(2)	13	33
普通	久大本線 豊肥本線	キハ125	1　9　10　12　15　16　17　18　19　20		
			21　23　24　25　　　【ワンマン】〈トイレ〉〈冷房〉(14)		
			111　113　114　122		
			【ワンマン】〔ロングシート〕〈トイレ〉〈冷房〉(4)	18	18
		キハ147	53　　　　　　【ワンマン】〔高出力〕〈トイレ〉〈冷房〉(1)		
			1030　　　　【ワンマン】〔高出力〕〈トイレなし〉〈冷房〉(1)	2	2

用途	運用	形式	番号	両数	系計
特急	あそぼーい！	キハ183	1001　1002　　　　　　　　　　　　　　　　〈トイレ〉	2	
		キハ182	1001　1002　　　　　　　　　　　　　　〈トイレなし〉	2	4
特急	A列車で行こう	キハ185	4　　　　　　　　　　　　　　　　　〈トイレ〉(1)		
			1012　　　　　　　　　　　　　　〈トイレなし〉(1)	2	2
特急	かわせみ やませみ	キ　ハ47	8087　【ワンマン】〔高出力300PS〕〈トイレ〉〈冷房〉(1)		
			9051　【ワンマン】〔高出力300PS〕〈トイレなし〉〈冷房〉(1)	2	2
特急	いさぶろう／しんぺい 肥薩線人吉～吉松間 普通列車	キ　ハ47	8159　　【ワンマン】〔高出力300PS〕〈トイレ〉〈冷房〉(1)		
			9082　【ワンマン】〔高出力300PS〕〈トイレなし〉〈冷房〉(1)	2	2
普通	豊肥本線熊本～宮地 三角線	キハ200	13　　14　　【ワンマン】〈トイレ〉〈冷房〉(2)		
			1013　1014　　【ワンマン】〈トイレなし〉〈冷房〉(2)		
			101　　102　　【ワンマン】〈トイレ〉〈冷房〉(2)		
			1101　1102　　【ワンマン】〈トイレなし〉〈冷房〉(2)	8	
		キハ220	206　207　208　209　　【ワンマン】〈トイレ〉〈冷房〉(4)		
			1102　　〔中間扉なし〕【ワンマン】〈トイレなし〉〈冷房〉(1)	5	12
普通	豊肥本線熊本～宮地 三角線	キハ147	59　　61　　104　　105　　106　　183　【ワンマン】〔高出力〕〈トイレ〉〈冷房〉(6)		
			1055　【ワンマン】〔高出力〕〈トイレなし〉〈冷房〉(1)	7	
		キ　ハ40	8103　8126　【ワンマン】〔高出力300PS〕〈トイレ〉〈冷房〉	2	9

鹿児島鉄道事業部　鹿児島車両センター　〔鹿カコ〕　　　　　　　　　　　　　　　　　　　　　５６両　鹿児島支社

用途	運用	形式	番号									両数	系計
特急	指宿のたまて箱	キハ140	2066					【ワンマン】〔高出力〕〈トイレ〉〈冷房〉				1	
		キハ47	8060					【ワンマン】〔高出力300PS〕〈トイレ〉〈冷房〉(1)					
			9079					【ワンマン】〔高出力300PS〕〈トイレなし〉〈冷房〉(1)				2	3
快速 普通	なのはな 指宿枕崎線 日豊本線　鹿児島～鹿児島中央	キハ200	7	8				【ワンマン】〈トイレ〉〈冷房〉(2)					
			501	502	503			【ワンマン】〈ロングシート〉〈トイレ〉〈冷房〉(3)					
			556	559	560	565		【ワンマン】〈ロングシート〉〈トイレ〉〈冷房〉(4)					
			5007	1008				【ワンマン】〈トイレなし〉〈冷房〉(2)					
			1501	1502	1503			【ワンマン】〈ロングシート〉〈車イス対応〉〈トイレなし〉〈冷房〉(3)					
			1556	1559	1560	1565		【ワンマン】〈ロングシート〉〈トイレなし〉〈冷房〉(4)				18	18
普通	日豊本線　宮崎～鹿児島中央 指宿枕崎線 肥薩線　隼人～吉松 吉都線	キハ140	2061	2062	2127			【ワンマン】〔高出力〕〈トイレ〉〈冷房〉				3	3
		キハ40	8038	8050	8056	8064	8101	【ワンマン】〔高出力300PS〕〈トイレ〉〈冷房〉				5	
		キハ47	8055	8056	8057	8070	8072	8074	8077	8088	8089	8120		
			8123	8124	8125	8133		【ワンマン】〔高出力300PS〕〈トイレ〉〈冷房〉(14)				14	
			9042	9046	9048	9049	9050	9056	9072	9074	9075	9077		
			9078	9084	9098			【ワンマン】〔高出力300PS〕〈トイレなし〉〈冷房〉(13)				27	32

宮崎車両センター　〔宮ミサ〕　　　　　　　　　　　　　　　　　　　　　　　　　　　　　　　１６両　宮崎支社

用途	運用	形式	番号								両数	系計
特急	海幸山幸	キハ125	401				【ワンマン】〔高出力300PS〕〈トイレ〉〈冷房〉(1)					
			402				【ワンマン】〔高出力300PS〕〈トイレなし〉〈冷房〉(1)				2	2
普通	日南線 日豊本線　高鍋～都城	キハ40	8054	8060	8065	8069	8097	8098	8099	8100	8104	8128	
			【ワンマン】〔高出力300PS〕〈トイレ〉〈冷房〉								10	
		キハ47	8052	8119			【ワンマン】〔高出力300PS〕〈トイレ〉〈冷房〉(2)					
			9073	9083			【ワンマン】〔高出力300PS〕〈トイレなし〉〈冷房〉(2)				4	14

▽「菜の花」(「ＮＡＮＯＨＡＮＡ」)色への変更
　　キハ200- 7+5007＝1995.01.30ＫＧ，キハ200- 8+1008＝1997.03.28ＫＧ，
　　キハ200- 559+1559＝1997.02.17ＫＧ，キハ200-560+1560＝1997.06.10ＫＧ

▽1997.11.29　鹿児島運転所は鹿児島総合車両所と改称(鹿児島車両所と統合)
▽2004.06.01　鹿児島支社から本社直轄へ組織変更
　　日南鉄道事業部を宮崎総合鉄道事業部に統合
▽2011.04.01　鹿児島総合車両所は本社直轄から鹿児島支社に組織変更、
　　鹿児島鉄道事業部鹿児島車両センターと変更
　　宮崎車両センター発足、車両配置区へ変更
▽2022.04.01　宮崎支社　発足

九州旅客鉄道

客車　**11**両

熊本鉄道事業部　熊本車両センター　〔熊クマ〕

4両　熊本支社

用途	運用	形式	番号		両数	系計
臨時	ＳＬ人吉	オハ50	701		1	
		オハフ50	701　　702		2	3
試験用		マヤ34	2009	（高速軌道試験車）	1	1

大分鉄道事業部　大分車両センター　〔分オイ〕

7両　大分支社

用途	運用	形式	番号				両数	系計
臨時	「ななつ星in 　　九州」	マイ77	7001				1	
		マシフ77	7002				1	
		マイネ77	7003　　7004　　7005　　7006				4	
		マイネフ77	7007				1	7

九州旅客鉄道

貨車　**38**両

小倉総合車両センター

36両　本社直轄

常備駅	用途	形式	番号										両数
黒崎	レール輸送	チキ6000	6014　6034　6104　6216　6239　6249　6253　6255　6300　6326　6351 6353　6354　6371　6388　6414									16
遠賀川	レール輸送	チキ5500	5533　5535　5545　5617　5704　5706　5709　5710　5718　5719　5801 5802　5803　5809									14
		チキ5200	5200　5201　5328　5329　5386　5387									6

鹿児島鉄道事業部　鹿児島車両センター

2両　鹿児島支社

常備駅	用途	形式	番号		両数
		チキ5200	5293　5294		2

日本貨物鉄道 機関車配置表

※「日本貨物鉄道 機関車配置表」は『2023 貨物時刻表』（公益社団法人 鉄道貨物協会 発行）を参考に編集

電気機関車

五稜郭機関区 〔五〕　北海道支社

用途	形式	番号													両数
貨物	E H 800	1	2	3	4	5	6	7	8	9	10	11	12	13	
		14	15	16	17	18	19					〈量産機〉(19)			
		901										〈量産先行機〉(1)			20

仙台総合鉄道部 〔仙貨〕　東北支社

用途	形式	番号													両数
貨物	E H 500	1	2	3	4	5	6	7	8	9	10	11	12	13	
		14	15	16	17	18	19	20	21	22	23	24	25	26	
		27	28	29	30	31	32	33	34	35	36	37	38	39	
		40	41	42	43	44	51	52	53	54	55	56	57	58	
		59	60	61	62	63	64				74	75	76	77	
		78	79	80	81							〈量産機〉(66)			
		901										〈量産先行機〉(1)			67

高崎機関区 〔高機〕　関東支社

用途	形式	番号													両数
貨物	E H 200	1	2	3	4	5	6	7	8	9	10	11	12	13	
		14	15	16	17	18	19	20	21	22	23	24			
												〈量産機〉(24)			
		901										〈量産先行機〉(1)			25

新鶴見機関区 〔新〕　関東支社

用途	形式	番号													両数
貨物	E F 65	1001	2060	2063	2065	2066	2067	2068	2070	2074	2080	2083	2084	2085	
		2086	2087	2088	2089	2090	2091	2092	2093	2095	2096	2097	2101	2127	
		2139													27
	E F 210	110	111	112	113	116	117	118	119	120	121	122	123	124	
		125	132	133	134	135	136	142	143	150	151	152	155	161	
		162	163	164	170	171	172	173						(33)	
		326	327	328	329	330	340	341	342	343	344	345	346	347	
		348												(14)	47

愛知機関区 〔愛〕　東海支社

用途	形式	番号													両数
貨物	E F 64	1008	1010	1013	1017	1018	1020	1021	1022	1023	1024	1025	1026	1027	
		1028	1033	1034	1035	1036	1037	1038	1039	1042	1043	1044	1045	1046	
		1047	1049												28

富山機関区 〔愛〕　関西支社

用途	形式	番号													両数
貨物	E F 510	1										〈量産先行機〉(1)			
		2	3	4	5	6	7	8	9	10	11	12	13	14	
		15	16	17	18	19	20	21	22	23		〈量産機〉(22)			
		501	502	503	504	505	506	507	508	509	510	511	512	513	
		514	515									〈元 J R 東日本〉(15)			38

吹田機関区 〔吹〕 関西支社

用途	形式	番号												両数
貨物	ＥＦ66	27											〈0代〉(1)	
		109	110	111	113	116	117	118	119	120	121	122	123	124	
		125	126	127	128	129	130	131	132	133			〈100代〉(22)	22
	ＥＦ210	103	104	105	106	107	108						〈100代〉(6)	
		109	114	115	139	140	141	144	145	146	149	154	156	157	
		158	159	160	165	166	167	168	169		〈100代シングルアームPan〉(21)			
		301	302	303	304	305	306	307	308	309	310	311	312	313	
		314	315	316	317	318	319	320	321	322	323	324	325	331	
		332	333	334	335	336	337	338	339	349	350	351	352	353	
		354											〈300代〉(40)	67

岡山機関区 〔岡〕 関西支社

用途	形式	番号												両数
貨物	ＥＦ210	1	2	3	4	5	6	7	8	9	10	11	12	13	
		14	15	16	17	18							〈0代〉(18)	
		101	102										〈100代〉(2)	
		126	127	128	129	130	131	137	138	147	148	153			
										〈100代シングルアームPan〉(11)			
		901											〈量産先行機〉(1)	32

門司機関区 〔門〕 九州支社

用途	形式	番号												両数
貨物	ＥＤ76	81	83										〈0代〉(2)	
		1015	1016	1017	1018	1019	1020	1021	1022				〈1000代〉(8)	10
	ＥＦ81	303											〈300代〉(1)	
		403	404	406									〈400代〉(3)	
		451	452	453	454	455							〈450代〉(5)	
		501											〈500代〉(1)	10
	ＥＦ510	301												1
	ＥＨ500	45	46	47	48	49	50	65	66	67	68	69	70	71	
		72	73											15

ディーゼル機関車
五稜郭機関区 〔五〕　　　　　　　　　　　　　　　　　　　　　　　　　　　北海道支社

用途	形式	番号	両数
貨物	DF200	1　2　3　4　5　6　7　8　9　10　11　12　〈0代〉(12)	
		51　52　53　54　55　　57　58　59　60　61　62　63　〈50代〉(12)	
		102　103　104　　　108　109　110　111　112　113	
		114　115　117　118　119　　121　〈100代〉(15)	
		901　〈量産先行機〉(1)	40

苗穂車両所　　　　　　　　　　　　　　　　　　　　　　　　　　　北海道支社

用途	形式	番号	両数
入換用	HD300	501　502　503	3

仙台総合鉄道部 〔仙貨〕　　　　　　　　　　　　　　　　　　　　　　　　　　　東北支社

用途	形式	番号	両数
貨物	DE10	1539　1559　1729　〈更新機〉〈SGなし〉(3)	
		3507　3510　〈元DE15〉(2)	5
	DE11	1029	1

新鶴見機関区 〔新〕　　　　　　　　　　　　　　　　　　　　　　　　　　　関東支社

用途	形式	番号	両数
入換用	HD300	1　2　3　4　5　6　7　8　9　10　11　12　13	
		14　15　17　29　30　31　32　33　34　35　37　〈量産機〉(24)	
		901　〈量産先行機〉(1)	25
入換用	DE10	1662　1666　〈更新機〉〈SGなし〉	2
	DE11	2001　2002　2003　2004	4

愛知機関区 〔愛〕　　　　　　　　　　　　　　　　　　　　　　　　　　　東海支社

用途	形式	番号	両数
貨物	DD200	1　2　3　4　5　6　7　8　9　10　11　12　13	
		14　15　16　17　18　19　20　21　22　23　24　25　〈量産機〉(25)	
		901　〈量産先行〉(1)	26
	DF200	201　205　206　207　216　220　222　223	8
入換用	DE10	1557　〈更新機〉〈SGなし〉	1

岡山機関区 〔岡〕　　　　　　　　　　　　　　　　　　　　　　　　　　　関西支社

用途	形式	番号	両数
入換用	DE10	1164　〈更新機〉〈SG装備〉(1)	
		1560　1561　1743　〈更新機〉〈SGなし〉(3)	
		3508　〈元DE15〉(1)	5
	HD300	16　18　19　20　21　22　23　24　25　26　27　28　36	13

ＪＲバス 配置表

2023（令和5）年4月1日現在

ＪＲバスグループ　総両数　1811両

ジェイ・アール北海道バス	416両
ジェイアールバス東北	176両
ジェイアールバス関東	399両
ジェイアール東海バス	103両
西日本ジェイアールバス	248両
中国ジェイアールバス	248両
ジェイアール四国バス	94両
ＪＲ九州バス	91両

東日本旅客鉄道　BRT	36両

ジェイ・アール北海道バス

両(高速25+一般365+貸切26)

小樽営業所 10両(高速 5+一般 5+貸切 0)

用途	担当路線	車号				両数
高速	札幌～小樽 高速おたる号	641-5955　641-6902　641-6903　【ハイデッカー】〔3〕 641-7922　641-7923　【ハイデッカー】〔2〕				5
一般	小樽線 手稲線	534-6914　534-6915　【ワンステップ】〔2〕 534-3965　534-2958　【ワンステップ】〔2〕 534-5979　【ワンステップ】〔1〕				5

手稲営業所 ９１両(一般 90+貸切 1)

用途	担当路線	車号							両数
一般	発寒団地線	521-1901	521-2907					【ワンステップ】〔2〕	
	山口線	521-5906	521-6954	521-6955				【ワンステップ】〔3〕	
	明日風線	521-8958	521-8959					【ワンステップ】〔2〕	
	科学大学線	531-4913	531-4914					【ワンステップ】〔2〕	
	新発寒線	531-9957	531-9958					【ワンステップ】〔2〕	
	琴似西野線	531-4975	531-4976	531-4977	531-4978	531-4979	531-4980		
	手稲線							【ワンステップ】〔6〕	
	富丘線	531-2953	531-2954					【ノンステップ】〔2〕	
	手稲鉱山線	531-7959	531-7960					【ノンステップ】〔2〕	
	星置線	531-7909	531-7910	531-7911	531-7912	531-7913	531-7914	531-8914　531-8915	
	小樽線							【ノンステップ】〔8〕	
	稲積線	531-9901	531-9902	531-9903				【ノンステップ】〔3〕	
	試験場線	527-8825						【ワンステップ】〔1〕	
	西町線	527-3911						【ワンステップ】〔1〕	
	宮丘線	537-1965						【ワンステップ】〔1〕	
	山の手線	537-3976	537-3977	537-3978				【ワンステップ】〔3〕	
		537-4963	537-4964	537-4965	537-4966	537-5961	537-5962	537-5963	
								【ワンステップ】〔7〕	
		527-4902	527-4903	527-4904				【ノンステップ】〔3〕	
		527-7953	527-7954	527-8953	527-8955	527-8956	527-9952	527-9954	
							【ノンステップ・ハイブリッド】〔7〕		
		527-0953	527-0955	527-0956			【ノンステップ・ハイブリッド】〔3〕		
		527-1904	527-1905	527-2910	527-2911	527-2912			
								【ノンステップ】〔5〕	
		537-6951	537-6952					【ノンステップ】〔2〕	
		537-6928	537-6929	537-6930	537-6931	537-6932	537-6933		
								【ノンステップ】〔6〕	
		537-0919	537-0920					【ノンステップ】〔2〕	
		524-1906	524-3913					【ワンステップ】〔2〕	
		524-2907						【ワンステップ】〔1〕	
		534-6916	534-7905	534-7906	534-7907	534-7908	534-8904	534-8905　534-9918	
		534-9919						【ワンステップ】〔9〕	
		534-1963	534-2959	534-3966				【ワンステップ】〔3〕	
		534-0909	534-0910					【ワンステップ】〔2〕	90
貸切		531-0960						【ワンステップ】	1

琴似営業所　　　　　　　　　　　　　　　　　　　　　　　　　　　　　　　　１５０両(高速　16＋一般　114＋貸切　20)

用途	担当路線	車号								仕様	両数
高速	札幌～小樽 高速おたる号	641-4951	641-6901							【ハイデッカー】	[2]	
		641-7904								【ハイデッカー】	[1]
		647-3952	647-4952							【ハイデッカー】	[2]
	札幌～旭川 高速あさひかわ号	641-0951								【ハイデッカー】	[1]
		641-1954								【ハイデッカー】	[1]
	札幌～紋別 流氷もんべつ号	641-8903								【ハイデッカー】	[1]
		647-0952								【ハイデッカー】	[1]
		647-1955								【ハイデッカー】	[1]
		647-8901	647-8902							【ハイデッカー】	[2]
	札幌～帯広 ポテトライナー	647-3953	647-5957							【ハイデッカー・3列シート】	[2]
		647-2952								【ハイデッカー・3列シート】	[1] |16
一般	ロープウェイ線	421-7961	421-7962							【中型・ワンステップ】	[2]
	西25丁目線	431-0801								【中型・ワンステップ】	[1]
	桑園円山線	521-1902	521-1903							【ワンステップ】	[2]
	旭山公園線	521-3958	521-3959							【ワンステップ】	[2]
	荒井山線	521-8960	521-8961							【ワンステップ】	[2]
	動物園線	531-4909	531-4910	531-4912						【ワンステップ】	[3]
	山の手線	531-2955	531-2956	531-3954	531-3955	531-3956	531-3957	531-4981	531-4982		
	北7条線	531-4983	531-4984	531-4985	531-4986	531-4987	531-5967	531-5968	531-5969		
	北24条線	531-5970	531-5971	531-5972						【ワンステップ】	[19]
	南新川線	521-6921	521-6922	521-6923						【ノンステップ】	[3]
	琴似発寒線	521-9904	521-9905	521-9906	521-9907	521-9908	521-9909	521-0911	521-0912		
	琴似八軒線	521-0913	521-1907	521-2913	521-2914					【ノンステップ】	[12]
	西野福井線	537-1966	537-1967	537-1968						【ワンステップ】	[3]
	西野平和線	527-7955	527-7956	527-8954	527-9953					【ノンステップ・ハイブリッド】	[4]
	西野中洲橋線	527-0954								【ノンステップ・ハイブリッド】	[1]
	新琴似線	527-7915	527-7916	527-7917	527-8920	527-8921	527-8922	527-8923	527-8924		
	桑園発寒線	527-8925								【ノンステップ】	[9]
	啓明線	527-9916	527-9917	527-0914	527-0915	527-0916	527-0917	527-0918	527-1906		
	北5条線									【ノンステップ】	[8]
	山鼻線	524-2851								【ワンステップ】	[1]
	大倉山線	524-8906	524-8907	524-8908	524-9923	524-9924	524-9925	524-9926	524-9927		
	北郷線	524-0905	524-0906	524-1901	524-1902	524-1903	524-2908			【ワンステップ】	[14]
		524-6907	524-6908	524-6909	524-6910	524-6911	524-6912	524-6913	524-7927		
		524-7928	524-7929							【ワンステップ】	[10]
		534-2960	534-2961	534-3967	534-3968	534-3969	534-3970	534-3971		【ワンステップ】	[7]
		534-5975	534-5976	534-5977	534-5978					【ワンステップ】	[4]
		528-4907	528-4908							【ワンステップ】	[2]
		538-9962	538-9963	538-0965	538-0966	538-0967				【ワンステップ】	[5] |114
貸切		641-3951								【ハイデッカー】	[1]
		647-7901	647-7902	647-7903						【ハイデッカー】	[3]
		747-6905	747-6906							【スーパーハイデッカー】	[2]
		644-4953	644-4954	644-4955	644-4956	644-4957	644-5953	644-5954	644-6904		
										【ハイデッカー】	[8]
		744-7951	744-7952	744-8951	744-8952					【スーパーハイデッカー】	[4]
		744-5951	744-5952							【スーパーハイデッカー】	[2] |20

▽琴似営業所は、2003.04.01新設。札幌市交通局から路線譲受により誕生

▽厚岸線、釧路線は1997.12.09限りで廃止。厚岸営業所も廃止(廃止月日は1997.12.10)
▽1999.10.07から、札幌～帯広間「ポテトライナー」は札幌南ＩＣ～夕張ＩＣ間高速道路経由に変更
　(同区間は従来は国道274号線を経由。道東自動車道千歳恵庭ＪＣＴ～夕張ＩＣ間開通にともなう変更)
▽1998.11.01　函館自動車営業所　廃止　　　　　　▽1999.01.18　帯広自動車営業所　廃止
▽2000.04.01　ジェイ・アール北海道バス　営業開始(北海道旅客鉄道のバス事業を引継ぐ会社)
▽2002.04.01　札幌～えりも町間「高速えりも号」本運行実施(1日1往復)
▽2003.02.28　滝川自動車営業所　廃止　　　　　▽2003.02.28　岩見沢自動車営業所　廃止
▽2003.04.01　札幌市営バス琴似営業所管内の市内19路線を札幌市から承継
▽2003.04.01　琴似営業所　開業
▽2003.07.18　苫小牧東港線(ＪＲ札幌駅～苫小牧東港間)　季節運行　実施(新日本海フェリー発着日にあわせて運行)
▽2004.04.29　札幌～広尾間「高速ひろおサンタ号」臨時運行実施。05.10.01からは通年運行に
▽2007.03.05　本社を札幌市東区から中央区へ移転
▽2014.11.25　本社を中央区から西区へ移転
▽2021.04.01　ＪＲ日高本線廃止に伴い転換バス運行開始。苫小牧～えりも間「特急とまむ号」運用開始
▽2021.04.03　新千歳空港～浦河間「特急ひだか優駿号」運行開始
▽2022.03.27　新千歳空港～浦河間「特急ひだか優駿号」運行終了
▽2022.03.31　同日限り、札幌営業所、長沼営業所廃止
▽2022.04.01　北広島営業所開業
▽2022.11.01　高台シャトル運行終了

用途	担当路線	車号								両数
一般	新札幌線	421-5983	421-5984	421-5985				【中型・ワンステップ】〔3〕		
	米里線	428-8964						【中型・ワンステップ】〔1〕		
	ひばりが丘線 エデンの街線	521-1904	521-1905	521-2909	521-2910	521-3905	521-3906	521-3908	521-3909 【ワンステップ】〔8〕	
	中央通線	521-5907	521-6953					【ワンステップ】〔2〕		
	上野幌線	521-8962						【ワンステップ】〔1〕		
	もみじ台団地線	531-1960						【ワンステップ】〔1〕		
	緑ヶ丘団地線 開拓の村線	531-3960	531-3961	531-3962	531-3963	531-3964	531-5973	【ワンステップ】〔6〕		
	大麻団地線 厚別東線	521-0901	521-0902	521-0903	521-0904	521-1908	521-1909	521-2915 【ノンステップ】〔7〕		
	江別線	531-6924	531-6925					【ノンステップ】〔2〕		
	野幌運動公園線	531-8916	531-8917	531-8918	531-8919			【ノンステップ】〔4〕		
	もみじ台西２丁目線	527-9803						【ツーステップ】〔1〕		
	虹ヶ丘線	527-6956	527-6957					【ワンステップ】〔2〕		
	テクノパーク線	537-1969	537-1970					【ワンステップ】〔2〕		
	文京台線 新札幌西の里線 新さっぽろ大曲線 新さっぽろ平岡線 北広島線	537-2963	537-2964	537-2965	537-2966	537-3982	537-3983	537-3984	537-4967	
		537-4970	537-4971	537-4972	537-4973	537-5964	537-5965	537-5966 【ワンステップ】〔15〕		
		527-5903	527-5904	527-5905				【ノンステップ】〔3〕		
		527-7957	527-8957	527-9955	527-9956		【ノンステップ・ハイブリッド】〔4〕			
		527-0957					【ノンステップ・ハイブリッド】〔1〕			
		537-6934	537-6935					【ノンステップ】〔2〕		
		537-7918	537-7919	537-7920	537-7921			【ノンステップ】〔4〕		
		537-9910	537-9911	537-9912	537-9913	537-9914	537-9915	【ノンステップ】〔6〕		
		524-3914						【ワンステップ】〔1〕		
		524-2909						【ワンステップ】〔1〕		
		534-1962	534-1964	534-2962	534-3972	534-3973	534-3974	534-3975 【ワンステップ】〔7〕		
		534-4962	534-5981	534-5982	534-7924	534-7930	534-7931	534-7932	534-8909	
		534-8910	534-8911	534-8926	534-9920			【ワンステップ】〔12〕		
		534-4958	534-4959	534-4960				【ノンステップ】〔3〕		99
貸切		527-0804	527-0805	527-0806	527-0807			【ツーステップ】		4

北広島営業所　　　　　　　　　　　　　　　　　　　　　　　　　　　　　　　　**３６両（一般36両）**

用途	担当路線	車号								両数
一般	北広島線	421-5986						【中型・ワンステップ】〔1〕		
	長沼線	428-7963	428-7964	428-8963						
	南幌線							【中型・ワンステップ】〔3〕		
	新札幌西の里線	531-2957	531-5974					【ワンステップ】〔2〕		
	共栄線	531-6926	531-6927					【ワンステップ】〔2〕		
	ゆめみ野線	527-4905	527-4906					【ワンステップ】〔2〕		
	中央通線	537-3979	537-3980	537-3981	537-4968	537-4969	537-4974			
	大麻団地線							【ワンステップ】〔6〕		
	江別線	524-0907	524-0908					【ワンステップ】〔2〕		
	野幌運動公園線	534-9959	534-9960	534-9961	534-0962	534-0963	534-0964			
	もみじ台西２丁目線							【ワンステップ】〔6〕		
	文京台線	534-4961	534-5980	534-6917	534-6918	534-6919	534-6920	534-7925	534-7926	
		534-8912	534-8913	534-9921	534-9922					
								【ワンステップ】〔12〕		36

深川営業所　　　　　　　　　　　　　　　　　　　　　　　　　　　　　　　　**５両（一般　5）**

用途	担当路線	車号		両数
一般	深名線	421-7963	【中型・ワンステップ】〔1〕	
		447-2967	447-5987	【中型】〔2〕
		531-0958	531-0959	【ワンステップ】〔2〕	5

様似営業所　　　　　　　　　　　　　　　　　　　　　　　　　　　　**２１両（高速　4＋一般　16＋貸切　1）**

用途	担当路線	車号					両数
高速	札幌〜えりも [高速えりも号]	641-2951				【ハイデッカー】〔1〕	
	札幌〜広尾 [高速ひろおサンタ号]	647-5956				【ハイデッカー】〔1〕	
	苫小牧〜えりも [特急とまも号]	644-2901	644-2902			【ハイデッカー・車イス】〔2〕	4
一般	日勝線	521-2908	521-3907			【ワンステップ】〔2〕	
		531-4911				【ワンステップ】〔1〕	
		531-0961				【ワンステップ】〔1〕	
		531-1956	531-1957	531-1958	531-1959	531-1961 【ワンステップ】〔5〕	
		531-2903	531-2904	531-2905	531-2906	【ノンステップ】〔4〕	
		537-5958	537-5959	537-5960		【ワンステップ】〔3〕	16
貸切		641-9951				【ハイデッカー】〔1〕	1

ジェイアールバス東北

176両(高速76＋一般66＋貸切33＋その他1)

青森支店   31両(高速　4＋一般　20＋貸切　7)

用途	担当路線	車号						両数
高速	青森～東京 〔ドリーム 青森・盛岡・東京〕	H677-12402	H677-16403	H677-17411	H677-18404		【高床】	4
一般	十和田北線 　十和田～八戸 横内線 青森空港線	H641-09406	H641-10403	H647-11416	H647-13411	H647-15413	【高床】〔5〕	
		H644-06408	H644-06409				【高床】〔2〕	
		H647-17401	H647-18401	H647-18402	H647-18403	H647-19404	【高床】〔5〕	
		H641-10409	H641-10410	H641-10411	H641-10412	【はやぶさ色】【高床】〔4〕		
		H647-10407	H647-10408	H647-16401	H647-16402	【はやぶさ色】【高床】〔4〕		20
貸切		H641-06403	H647-07401				【高床】〔2〕	
		H647-11401	H647-11402				【高床】〔2〕	
		H647-10406				【はやぶさ色】【高床】〔1〕		
		S647-16411	S647-16412		【スーパーハイデッカー】【高床】〔2〕			7

▽高速バス青森～十和田湖線は、2005.03.31限り廃止
　青森～盛岡線は、2005.03.31限り廃止
▽一般路線浅虫線(堤橋～浅虫温泉間)は、2007.03.31限り廃止
▽高速バス　青森～仙台間(ブルーシティ)は、2018.03.31廃止
▽高速バス　青森～東京線(ドリーム青森・東京)、盛岡経由は、2019.04.16　東京ディズニーランド乗入れ開始

青森支店　大湊支所   9両(一般　8＋貸切　1)

用途	担当路線	車号					両数
一般	下北線	P331-00525				〔1〕	
		P531-13530	P531-06560	P531-04560	P531-09560	〔4〕	
		P337-06531				〔1〕	
		Y331-17530	Y331-18530			〔2〕	8
貸切		N447-01460					1

▽十和田南営業所は、2003.03.31限りにて廃止
　「盛岡～十和田湖」間以外の区間を廃止
▽岩泉営業所は、2003.03.31限りにて廃止
　「盛岡～竜泉洞」間以外の区間を廃止

二戸支店　　　　　　　　　　　　　　　　　　　　　１７両(一般　16＋貸切　1)

用途	担当路線	車号							両数
一般	二戸～久慈〔スワロー〕	J647-03421						【高床】〔1〕	
		H641-07407	H641-09405	H641-10402				【高床】〔3〕	
	軽米線 二戸線	P331-01536	P331-02532					〔2〕	
	小鳥谷線	P337-06532	P337-06533	P337-13560	P337-13561			〔4〕	
		Y331-16530	Y331-16531	Y331-17531	Y331-17532	Y331-18531	Y331-18532	〔6〕	16
貸切		J647-04415						【高床】	1

▽高速バス　二戸～盛岡間(すーぱー湯～遊)は、2018.03.30限り廃止
▽高速バス　東京～羽後本荘間(ドリーム鳥海)は、2018.09.30限り廃止
▽2021.10.01　二戸営業所から改称

盛岡支店　　　　　　　　　　　　　　　　　　　１９両(高速　5＋一般　10＋貸切　4)

用途	担当路線	車号					両数
高速	盛岡～仙台〔アーバン〕	H647-14410	H647-14411	H647-17404	H647-18410	H647-18411	
						【高床】	5
一般	久慈～盛岡線	H641-09401	H641-09402			【高床】〔2〕	
	白樺・岩泉～盛岡線	H647-08403	H647-12406	H647-13402			
						【高床】〔3〕	
	早坂高原線	H654-09403	H654-10405			【高床】〔2〕	
		H657-13406	H657-13407	H657-13408			
						【高床】〔3〕	10
貸切		H641-08402				【高床】〔1〕	
		H647-10401			【びゅうバス・はやぶさ色】	【高床】〔1〕	
		H647-13401	H647-07402		【びゅうバス・こまち色】	【高床】〔2〕	4

▽高速バス　盛岡～東京線(ドリーム盛岡・東京)は、2019.04.16　東京ディズニーランド乗入れ開始
▽高速バス　盛岡～東京線(ドリーム盛岡・東京)は、2021.04.01から盛岡支店のみの担当と変更
▽高速バス　仙台～江刺線　2021.03.31限り廃止

仙台支店   ６９両(高速 56＋貸切 12＋その他 1)

用途	担当路線	車号						両数
高速	仙台〜成田	H677-19401	H677-19402	H677-19403			【高床】〔3〕	
	仙台〜新宿・羽田	H677-12412	H677-13412	H677-13413	H677-13414	H677-14402	H677-14403	
	仙台〜横浜	H677-14404	H677-14405	H677-15404	H677-15405	H677-15406	H677-15407	
	古川〜東京	H677-15410	H677-15412	H677-16404	H677-17406	H677-17407	H677-17410	
	山形〜新宿	H677-17412	H677-18405	H677-18406	H677-18407			
	〔ドリーム・山形・新宿〕							
	秋田〜東京							
	〔ドリーム・秋田・東京〕						【高床】〔22〕	
	仙台〜金沢	H677-18408						
	〔百万石ドリーム政宗〕						【高床】〔1〕	
	仙台〜弘前	H657-14407	H657-15403	H657-15408	H657-15411			
	〔キャッスル〕						【高床】〔4〕	
	仙台〜秋田	H657-15409	H657-16408	H657-16409	H657-16410			
	〔仙秋〕							
	仙台〜大曲						【高床】(はやぶさ色)〔4〕	
	〔グリーンライナー〕	H654-11410	H654-11411					
	仙台〜いわき						【高床】〔2〕	
	仙台〜新潟	H651-14408						
	〔WEライナー〕						【高床】〔1〕	
	仙台〜古川	H647-11415	H647-12404	H647-12407	H647-12410	H647-13403	H647-13405	
	仙台〜米沢	H647-13410	H647-15401	H647-15402	H647-16407	H647-17402	H647-17403	
	仙台〜会津	H647-17413	H647-18412	H647-18413	H647-19405	H647-19406	H647-19407	
							【高床】〔18〕	56
		D654-08501					【ダブルデッカー】〔1〕	
貸切		H641-08405	H641-14406				【高床】〔2〕	
		H647-06406	H647-11412	H647-11413	H647-12409	H647-12413	H647-13404	
							【高床】〔6〕	
		H447-17408	H447-17409				【高床】〔2〕	
		S647-16413	S647-16414			【スーパーハイデッカー】(四季島用)〔2〕		12
その他		537-7404						
								1

▽高速バス仙台〜品川・横浜線2005.09.16開業
▽高速バス　仙台〜富山・金沢間(百万石ドリーム政宗)は、2017.07.28開業
▽高速バス　仙台〜八戸間(うみねこ)は、2018.03.31限り廃止
▽H657-15409・H657-16408〜16410は、はやぶさ色
▽高速バス　仙台〜横浜線は、2019.04.01　品川駅乗入れ廃止に伴い東京駅乗入れ開始
▽高速バス　仙台〜新宿線は、2020.03.29　一部便羽田空港乗入れ開始
▽高速バス　仙台〜ＴＤＬ・成田空港線、2019.04.16開業
▽高速バス　山形〜新宿線(ドリーム山形・新宿)は、2019.04.16　東京ディズニーランド乗入れ開始
▽秋田支店は、2021.02.28限り　支店廃止、仙台支店に統合
▽古川営業所は、2020.09.30限り　営業所廃止、仙台支店に統合

仙台支店新庄支所   ５両〔一般　5両〕

用途	担当路線	車号			両数
一般	陸羽西線代行輸送	H641-05410	H641-05411	H641-06403	
				【高床】〔3〕	
		H644-07403			【高床】〔1〕
		H657-12411			【高床】〔1〕	5

▽2022.04.20　陸羽西線代行輸送に伴い開所

86

福島支店　　２６両（高速　11＋一般　7＋貸切　8）

用途	担当路線	車号						両数
高速	福島〜新宿 〔あぶくま〕	H657-13409					【高床】〔1〕	
		H651-14409					【高床】〔1〕	
		H654-11406	H654-11407	H654-11408	H654-11409		【高床】〔4〕	
	福島〜東京 〔ドリーム福島・東京〕	H677-14412	H677-16405	H677-16406	H677-18409		【高床】〔4〕	
	福島〜仙台	H647-17405					【高床】〔1〕	11
一般	川俣線	P531-06561	P531-06562	P531-06563	P531-13531	P531-13532	P531-13533 〔6〕	
		Y530-22530					〔SORA〕〔1〕	7
貸切		P531-09561	P531-09562				〔2〕	
		H647-11414	H647-13415	H647-08401			【高床】〔3〕	
		H647-08401					【高床】〔1〕	
		H641-06404	H647-07406				【高床】〔2〕	8

ジェイアールバス関東

東京支店 96両(高速 91＋一般 0＋貸切 5)

用途	担当路線	車号							両数
高速	昼高速系 東名高速線 昼行便 など	H654-08415	H654-08419	H654-08420	H654-08422	H654-08424	H654-08427		
		H654-09401	H654-10401	H654-10405				〔9〕	
		H657-10407	H657-10408	H657-10409	H657-11405	H657-12401	H657-12402	H657-12403	
		H657-12404	H657-12406	H657-12407	H657-12408	H657-12411	H657-12412	H657-12413	
		H657-12414	H657-12416	H657-12417	H657-13408	H657-13409	H657-14409	H657-15401	
		H657-15403	H657-15409	H657-15410	H657-16401	H657-16402	H657-16403	H657-16404	
		H657-16407	H657-16408	H657-16409	H657-16410	H657-16422	H657-16423	H657-16424	
		H657-16425	H657-17401	H657-17402	H657-17405	H657-17423	H657-17424	H657-17425	
		H657-18402	H657-18403	H657-18404	H657-18405	H657-18406	H657-18412	H657-19401	
		H657-19402	H657-19403	H657-19404	H657-19405				
	62							〔53〕	
	夜高速系	D650-18501	D650-18502	D650-18503	D650-18504	D650-18505	D650-19501		
								〔6〕	
		D654-08503	D654-08504	D654-09502	D654-09503	D654-09504			
								〔5〕	
		D670-19502	D670-19503	D670-19504	D670-20501	D670-20502	D670-20503		
		D670-21501	D670-21502	D670-21503	D670-21504			〔10〕	
		D674-10501	D674-10502					〔2〕	
	29	H677-11401	H677-11403	H677-14422	H677-14423	H677-14424	H677-14425	〔6〕	91
貸切		H657-14404	H657-16426	H657-18411				〔3〕	
		L530-20501	L530-20502					〔SORA〕〔2〕	5

用途	担当路線	車号						両数
高速	東京～成田空港 東京～ 匝差市役所など	H657-12415	H657-14414	H657-15404	H657-15405	H657-15406	H657-15407	
							〔6〕	6
一般	多古本線 栗源線	L327-00201	L327-00206	L327-01201	L327-01205		〔4〕	
		L127-08501					〔1〕	
		L128-97201					〔1〕	
		Y530-22530				【SORA】	〔1〕	
		L427-02508	L427-02509	L427-02510			〔3〕	
		L534-97505	L534-97507	L534-98515	L534-02512	L531-04516	〔5〕	
		L531-16505	L531-16506				〔2〕	
		L537-04521					〔1〕	
		M127-08502	M127-08503				〔2〕	
		M130-15001					〔1〕	
		M130-22001	M130-22002				〔2〕	23
貸切		H657-07403	H657-15408	H657-18401				
								3

2015.06.20 東関東支店を新設。八日市場支店を廃止

用途	担当路線	車号							両数
高速	東京～館山 新宿～館山など	H654-13403						〔1〕	
		H657-13404	H657-13405	H657-13406	H657-13407	H657-13410	H657-13411	H657-13412	
		H657-13413	H657-13414	H657-13415	H657-15420	H657-15421	H657-15422	H657-15423	
		H657-18401						〔15〕	16
一般	南房州本線 洲の崎線	L521-04502						〔1〕	
		L531-04517	L531-04518	L531-05504	L531-05505	L531-05506		〔5〕	
		L534-02511						〔1〕	
		L537-00503						〔1〕	8
貸切		M130-17001						〔1〕	
		M134-02001						〔1〕	
		H657-14405	H657-14406					〔2〕	4

▽形式番号について　［参考］
　　記号　D：ダブルデッカー、S：スーパーハイデッカー、H：ハイデッカー、
　　　　　M：標準路線車、L：都市型低床車および超低床車、O：その他
3桁　①＝1：全長 7,000mm未満、2：全長 7,000mm以上 8,400mm未満、3：全長 8,400mm以上 9,800mm未満、
　　　　　なお①1～3は車幅が 2,300mm未満。4～7は車幅が 2,300mm以上
　　　　4：全長 8,400mm以上 9,800mm未満、5：全長 9,800mm以上、
　　　　6：全長 9,800mm以上の中長距離、観光用、7：全長12,000mm以上の中長距離、観光用
　　　②　＝1：横向きシート主体、2：1人掛シート主体、3：2人掛シート主体　以上は一般車
　　　　　4：2人掛シート、5：2人掛シート・トイレ付き、
　　　　　6：1人掛3列シート、7：1人掛3列シート・トイレ付き、
　　　　　8：寝台、0：その他　以上は高速車・貸切車
　　　③　＝1：いすゞ、4：三菱、7：日野、8：日産ディーゼル、0：その他
5桁　④⑤＝製作年度（西暦年号の末尾2桁の数字）
　　　⑥　＝1：板バネ・前扉、2：板バネ・前中扉、3：板バネ・前後扉、
　　　　　4：空気バネ・前扉、5：空気バネ・前中扉、6：空気バネ・前後扉
　　⑦⑧＝固有番号

水戸支店

17両（高速　13＋一般　0＋貸切　4）

用途	担当路線	車号							両数
高速	東京～水戸	H657-11406	H657-14407	H657-14408	H657-14410	H657-14411	H657-14415	H657-14416	
		H657-14417	H657-14418	H657-14419	H657-14420	H657-14421	H657-15415		13
貸切		H657-15416	H657-15417					〔2〕	
		D654-02503	D654-09501					〔2〕	4

いわき支店

16両（高速　15＋一般　0＋貸切　1）

用途	担当路線	車号							両数
高速	東京～いわき	H657-17407	H657-17408	H657-17409	H657-17410	H657-17411	H657-17412	H657-17413	
	東京～日立	H657-17414	H657-17415	H657-17416	H657-17417	H657-17418	H657-17419	H657-17420	
	など	H657-17421							15
貸切		H657-17422							1

▽いわき高速支店は、2006.08.01に常磐支店から変更
▽いわき支店は、2010.06.01にいわき高速支店から変更

土浦支店

29両（高速　11＋一般　16＋貸切　2）

用途	担当路線	車号						両数
高速	東京～つくば	H654-09407	H654-09416				〔2〕	
		H657-14401	H657-14426	H657-14427	H657-14428	H657-14429	H657-15418	
	など	H657-19406	H657-19407	H657-19408			〔9〕	11
一般	南筑波線	L527-98505					〔1〕	
		L527-04506	L527-04507	L527-04508			〔3〕	
	霞ヶ浦線	L531-01507					〔1〕	
	ひたちのうしく線	L531-04509	L531-04512	L531-04513	L531-05502	L531-06501	L531-07501	〔6〕
	など	L531-16504					〔1〕	
		L534-01519	L534-02513				〔2〕	
		L537-04519	L537-04520				〔2〕	16
貸切		H657-14402	H657-14403					2

鹿嶋支店

16両（高速　15＋一般　0＋貸切　1）

用途	担当路線	車号							両数
高速	東京～	H657-11407	H657-11408	H657-12405	H657-12409	H657-12410	H657-14412	H657-14413	
	鹿島神宮駅など	H657-15402	H657-15411	H657-15412	H657-15413	H657-15414	H657-17403	H657-17404	
		H657-17406							15
貸切		H657-11409							1

▽鹿嶋支店は、2018.10.01に八日市場支店鹿嶋営業所から昇格

西那須野支店　　　　　　　　　　　　　　　　　　　　　　　　　　　　　　１２両(高速　０＋一般　１０＋貸切　2)

用途	担当路線	車号			両数
一般	塩原線	L327-02504　　L327-02505		〔2〕	
		L437-17501　　L437-17502　　L437-17503		〔3〕	
		L521-03505		〔1〕	
		L527-04501		〔1〕	
		L534-97506　　L534-02514　　L534-03508		〔3〕	10
貸切		H654-09414		〔1〕	
		H657-10406		〔1〕	2

宇都宮支店　　　　　　　　　　　　　　　　　　　　　　　　　　　　　　　１４両(高速　０＋一般　１２＋貸切　2)

用途	担当路線	車号			両数
一般	水都西線	L521-05508　　L521-05509		〔2〕	
	常野線	L528-04505		〔1〕	
		L531-03512　　L531-03513　　L531-05501		〔3〕	
		L531-16501　　L531-16502　　L531-16503		〔3〕	
		L537-03503		〔1〕	
		L538-01517　　L538-02503		〔2〕	12
貸切		H657-07404		〔1〕	
		H654-07414		〔1〕	2

▽宇都宮支店烏山営業所は、2006.08.01に宇都宮支店に統合

佐野支店　　　　　　　　　　　　　　　　　　　　　　　　　　　　　　　　２８両(高速　２２＋一般　４＋貸切　2)

用途	担当路線	車号							両数
高速	東京・新宿〜	H654-08403　　H654-08405　　H654-08406　　H654-08411　　H654-08413　　H654-08414　　H654-08417							
	佐野・鹿沼	H654-09405　　H654-09406　　H654-09408　　H654-09409　　H654-09410　　H654-09412　　H654-09413							
	新宿〜	H654-09415　　H654-09419　　H654-09422　　H654-10403　　H654-10404							
	那須温泉							〔19〕	
	など	H657-15419　　H657-15424　　H657-19409							
								〔3〕	22
一般		L421-03511						〔1〕	
		L431-04514　　L431-04515						〔2〕	
		L534-97509						〔1〕	4
貸切		H654-07410　　H654-07416							2

▽佐野支店は、2009.11.01開設

佐野支店　古河営業所　　　　　　　　　　　　　　　　　　　　　　　　　　　７両(高速　０＋一般　７＋貸切　0)

用途	担当路線	車号		両数
一般	東古河妻線	L324-01514	〔1〕	
		L534-02515	〔1〕	
		L427-19502	〔1〕	
		L531-03514	〔1〕	
		L537-04511	〔1〕	
		L538-01511　　L538-02502	〔2〕	7

▽佐野支店古河営業所は、2010.06.01に古河支店から変更

白河支店　　　　　　　　　　　　　　　　　　　　　　　　　　　　　　　　２１両(高速　０＋一般　１３＋貸切　8)

用途	担当路線	車号			両数
一般	白棚線	L421-03510		〔1〕	
	磐城南線	L437-20501		〔1〕	
		L517-03506		〔1〕	
		L521-05507		〔1〕	
		L527-99503　　L527-99504　　L527-99507		〔3〕	
		L527-03502		〔1〕	
		L527-19503		〔1〕	
		L528-00505		〔1〕	
		M527-96309　　M527-96310　　M527-97305		〔3〕	13
貸切		0520-98003		〔1〕	
		0537-20001		〔1〕	
		M527-95301　　M527-96303		〔2〕	
		H651-14430　　H651-14431		〔2〕	
		H654-08416　　H654-09418		〔2〕	8

▽白河支店は、2010.06.01に東北道総括支店から変更

長野原支店　　　　　　　　　　　　　　　　　　　　　　30両（高速　11＋一般　13＋貸切　6）

用途	担当路線	車号							両数
高速	新宿〜草津温泉 など	H657-16411	H657-16412	H657-16413	H657-16414	H657-16415	H657-16416	H657-16419	
		H657-16420	H657-16421					〔9〕	
		H654-13401	H654-13402					〔2〕	11
一般	志賀草津高原線	M134-00003						〔1〕	
		M134-18001						〔1〕	
		H644-22401						〔1〕	
		H647-12418	H647-12420					〔2〕	
		H654-03411	H654-03412	H654-03418				〔3〕	
		H657-03408	H657-03414	H657-03420	H657-03421			〔4〕	
		H658-03419						〔1〕	13
貸切		M130-07001						〔1〕	
		M134-04007						〔1〕	
		H657-03409	H657-07401	H657-07402				〔3〕	
		H658-02424						〔1〕	6

小諸支店　　　　　　　　　　　　　　　　　　　　　　26両（高速　6＋一般　14＋貸切　6）

用途	担当路線	車号							両数
高速	佐久平・上田〜 京都〜大阪	H654-07417	H654-09402					〔2〕	
		H657-16405	H657-16406	H657-16417	H657-16418			〔4〕	6
一般	高峰高原線	L120-22401						〔1〕	
		L328-04504						〔1〕	
		L427-02506						〔1〕	
		L531-01506	L531-02516					〔2〕	
		M421-04409						〔1〕	
	和田峠南線 碓氷線	L537-03507						〔1〕	
		L538-04510						〔1〕	
		H654-07411	H654-07412	H654-08418	H654-08421	H654-08423	H654-08425	〔6〕	14
貸切		M421-04408						〔1〕	
		H644-04408						〔1〕	
		H647-12419						〔1〕	
		H657-10410	H657-10411					〔2〕	
		D654-08502						〔1〕	6

中央道支店　　　　　　　　　　　　　　　　　　　　　16両（高速　0＋一般　13＋貸切　3）

用途	担当路線	車号				両数
一般	高遠線 　　　など	L127-06502			〔1〕	
		M127-04505			〔1〕	
		M130-12001	M130-12002	M130-12003	〔3〕	
		L137-16007			〔1〕	
		L324-01513			〔1〕	
		L427-02507			〔1〕	
		L534-97508			〔1〕	
		L538-99206	L538-00508	L538-00509	L538-05503 〔4〕	13
貸切		L338-00507			〔1〕	
		H654-09403	H654-10402		〔2〕	3

諏訪支店　　　　　　　　　　　　　　　　　　　　　　11両（高速　3＋一般　6＋貸切　2）

用途	担当路線	車号		両数
高速	中央高速線	H657-18407	H657-18408　H657-18409	3
一般		L117-10001		〔1〕
		L124-03504		〔1〕
		L137-18001	L137-19001	〔2〕
		M130-13001	M130-13002	〔2〕 6
貸切		M114-01002		〔1〕
		H654-09404		〔1〕 2

▽諏訪支店は、2018.10.01に中央道支店諏訪営業所から昇格

ジェイアール東海バス

名古屋支店　　78両(高速　61＋一般　0＋貸切　16＋その他　1)

用途	担当路線	車号							両数
高速	東名高速線	744-10991	744-10992	744-10993					
		D71-1901	D71-1902	D71-1903					
		D71-2201	D71-2202	D71-2203			【ダブルデッカー】〔9〕		
	東名高速線	744-12951	744-12952						
	名神高速線	744-13957							
	北陸高速線	744-14956	744-14957	744-14958	744-14959				
	高山高速線	744-15953	744-15954	744-15956	744-15957	744-16952	744-16953	744-16954	
	（共通運用車）	744-17951	744-17952	744-17953	744-17954	744-17955	744-17956	744-17957	
		744-17958	744-18951	744-18952	744-18953	744-18954			
		744-19951	744-19952	744-19953	744-19954	744-19955	744-19956	744-19957	
		744-19958							
		H74-2002	H74-2003	H74-2004					
		H74-2204	H74-2205				【ハイデッカー】〔39〕		
		747-13958	747-13959	747-14951	747-14952	747-14953	747-14954		
		747-15958	747-15959	H77-2001			【ハイデッカー】〔9〕		
	3列車	744-15951	744-15952	744-15955	744-16951				
							【ハイデッカー】〔4〕		61
貸切		647-09953	647-09954	647-11952	647-11953	647-13961	644-14961		
		644-14962	644-14963	644-14964	647-15961	647-15962	647-16961		
		H67-2071					【ハイデッカー】〔13〕		
		M64-0571	M64-0572				【5型】〔2〕		
		647-13960					【中型】〔1〕		16
その他		**訓練車**					【ハイデッカー】		1

静岡支店　　25両(高速　20＋一般　0＋貸切　5)

用途	担当路線	車号							両数
高速	東名高速線	744-11955	744-11956						
		744-12953	744-12954	744-12955	744-12956	744-12957	744-12958	744-12959	
		744-12960	744-13951	744-13952	744-13953	744-13954	744-13955	744-13956	
							【ハイデッカー】〔16〕		
		747-12961	747-12962						
		747-16955	747-16956				【ハイデッカー】〔4〕		20
貸切		647-08951	647-08953	647-08954	647-09955	647-09956			
							【ハイデッカー】		5

西日本ジェイアールバス

大阪高速管理所　　　　　　　　　　　　　　　　　　　　　　　　71両(高速　69＋貸切　2)

用途	担当路線	車号							両数
高速	大阪～名古屋	641-7923	641-7924	641-8973				〔3〕	
		641-15933						〔1〕	
		641-17935	641-17941					〔2〕	
	〔9〕	644-20911	644-20912	644-20913				〔3〕	
	大阪～津山	641-5920	641-5921					〔2〕	
		641-15924	641-15925	641-15926	641-15927	641-15928		〔5〕	
	〔11〕	647-5976	647-5977	647-5979	647-5980			〔4〕	
	大阪～白浜	641-15929	641-15930	641-15931	641-15932			〔4〕	
	〔6〕	644-18936	644-18937					〔2〕	
	大阪～長野	641-6977	641-9903					〔2〕	
	〔3〕	641-18930						〔1〕	
	大阪～東京	641-4920	641-4921	641-4922	641-4923	641-4924		〔5〕	
		641-15938	641-15939	641-15940	641-16921	641-16934	641-16936	641-16937	
		641-16938	641-17931	641-17932	641-16937			〔11〕	
		647-11905	647-11906					〔2〕	
		744-8984	744-8985	744-8986	744-9905	744-9906		〔5〕	
		749-19941	749-19942	749-19943	749-19931	749-19932	749-19993		
	〔33〕	749-20934	749-20935	749-22937	749-22938		【スカニア】	〔10〕	
	大阪～高松	641-6972						〔1〕	
	〔7〕	644-20914	644-20915	644-20916	644-20917	644-20918	644-20919	〔6〕	69
貸切		647-19951	647-19952						2

▽2017.03.31　647-11905（ドリームルリエ1号車）運行開始
▽2018.04.27　647-11906（ドリームルリエ2号車）運行開始

大阪北営業所　　　　　　　　　　　　　　　　　　　　　　　　44両(高速　39＋貸切　5)

用途	担当路線	車号							両数
高速	大阪～徳島	641-8972	641-8975						
		641-15935							
		641-17944	641-17945						
		644-19914	644-19915	644-19916	644-19917	644-19918	644-19919	644-21920	
	〔13〕	644-21921						〔13〕	
	大阪～高知・松山	641-4932	641-4933	641-4934	641-4935	641-4936			
		641-16922	641-16923	641-16924	641-16925	641-16926	641-16929	641-16930	
		641-16931	641-16932	641-17936	641-17938	641-17940	641-18938	641-18939	
	〔21〕	647-9904	647-2906					〔21〕	
	大阪～洲本	641-6974	641-6976	641-8972					
	〔3〕							〔3〕	
	大阪～東京	744-9901							
	〔2〕	749-19945						〔2〕	39
貸切		641-17943						〔1〕	
		647-18901	647-18902	647-18903				〔3〕	
		647-19954					【車イスリフト付き】	〔1〕	5

神戸営業所　　　　　　　　　　　　　　　　　　　　　　　　30両(高速　30＋貸切　0)

用途	担当路線	車号							両数
高速	神戸～徳島・高松	641-6973	641-8974	641-8981				〔3〕	
		641-5923						〔1〕	
		641-15934	641-15936					〔2〕	
		644-18934	644-18935	644-19912				〔3〕	
	〔10〕	647-3924						〔1〕	
	神戸～洲本・大磯	647-3925	647-3927	647-3928	647-3929	647-3930	647-3931	647-3933	
	〔9〕	647-3934	647-3935					〔9〕	
	神戸～有馬	641-2901	641-2902	641-2904				〔3〕	
	〔5〕	647-3932	647-3936					〔2〕	
	神戸～名古屋	641-5922						〔1〕	
		647-3923						〔1〕	
	〔3〕	644-1911						〔1〕	
	神戸～静岡	641-16939							
	〔1〕							〔1〕	
	神戸～東京	749-19944	749-22939						
	〔2〕						【スカニア】	〔2〕	30

94

京都営業所 　　　　　　　　　　　　　　　　　　　　　　　　　　　　**４５両(高速　16＋一般　24＋貸切　5)**

用途	担当路線	車号							両数
高速	京都～名古屋	641-2903	641-4927	641-4929				〔3〕	
	〔5〕	647-3922	647-3926					〔2〕	
	京都～徳島・高松	641-6971						〔1〕	
		641-15937						〔1〕	
	〔7〕	641-17933	641-17934	641-18931	641-18932	641-18933		〔5〕	
	京都～高知	647-2905						〔1〕	
	〔3〕	641-16935	641-17947					〔2〕	
	京都～東京	749-20936							
	〔1〕						【スカニア】〔1〕		16
一般	京都市内	331-17993	331-18996					〔2〕	
	(高雄・京北線)	521-4954	521-4955	521-4956				〔3〕	
		534-9903						〔1〕	
		531-3940	531-4950					〔2〕	
		531-15941	531-15942	531-15943	531-16951	531-16955	531-16956	531-16957	
		531-16959						〔8〕	
		531-17994	531-17995	531-18994	531-18998	531-19971	531-17972	531-19973	
		531-19974						〔8〕	24
貸切		641-8959	641-8960	641-8961	641-8963			〔4〕	
		647-8965						〔1〕	5

京丹波営業所 　　　　　　　　　　　　　　　　　　　　　　　　　　　　**6両(一般　6＋貸切　0)**

用途	担当路線	車号			両数
一般	園福線	331-3941	331-3942	331-3943	〔3〕
	(園部～福知山)	531-4951	531-4952	531-4953	〔3〕 6

▽2013.02.01　福知山営業所の移転にて発足

金沢営業所　　　　　　　　　　　　　　　　　　　　　４６両（高速　17＋一般　24＋貸切　5）

用途	担当路線	車号						両数
高速	金沢・富山・福井 ～大阪・京都 〔9〕	647-3920	647-3921				〔2〕	
		641-4928					〔1〕	
		641-16927	641-16928	641-16933	641-17948	641-17949	641-19913	
							〔6〕	
	金沢・富山 ～名古屋 〔4〕	641-8971	641-9902				〔2〕	
		641-4930	641-4931				〔2〕	
	金沢・富山～仙台 〔1〕	641-17942					〔1〕	
	*金沢～高山	641-8962					〔1〕	
	*金沢～福井	641-8964					〔1〕	
	*金沢～和倉	647-19953					〔1〕	17
一般	金沢市周辺 名金線	331-4901	331-4902	331-4903	331-4904	331-4905	331-4906	
							〔6〕	
	城北運動公園線 才田線 循環	321-4957					〔1〕	
		321-16950					〔1〕	
		331-16954	331-16958	331-16960	331-17992	331-17996	331-18960　331-18992	
		331-18993	331-18995	331-18997			〔10〕	
		127-8922	127-8923				〔2〕	
		127-11932	127-13924	127-14934			〔3〕	
		127-22935					〔1〕	24
貸切		641-17950				【サロンデッカー】	〔1〕	
		647-17946	647-18904	647-18905			〔3〕	
		641-18940				［花嫁のれん］	〔1〕	5

▽金沢～高山は定期観光バス「3つ星街道バス」
　金沢～福井は定期観光バス「越前めぐりバス」
　金沢～和倉は定期観光バス「能登路」

近江今津営業所　　　　　　　　　　　　　　　　　　　　　　　　6両（一般　6＋貸切　0）

用途	担当路線	車号			両数
一般	若江線	331-16953	331-17991	331-17997	〔3〕
		331-18991	331-18999		〔2〕
		531-16952			〔1〕　6

▽2019.04.15　「かけはしＮＡＲＵＴＯ号」運行開始（大阪、神戸営業所）
▽2019.05.15　金沢営業所、金沢支店が金沢市広岡から金沢市乙丸町へ移転
　　　　　　　　移転にともない城北運動公園線運行開始
▽2019.06.21　夜行高速バス「北陸ドリーム四国号」（富山・金沢・福井～徳島・高松・高知間）運行開始（金沢営業所）
▽2019.08.01　スカニア製ダブルデッカー導入、運行開始（大阪高速管理所、大阪北営業所）
▽2019.12.13　「百万石ドリーム広島号」運行開始（金沢営業所）
▽2019.12.21　「城崎エクスプレス京都号」運行開始（京都営業所）

中国ジェイアールバス

両（高速92＋一般108＋貸切47＋特定2）

岡山支店   18両（高速 12＋貸切 6）

用途	担当路線	車号						両数
高速	岡山～大阪	641-4911	641-4812	641-4914	641-5907	641-9906		
	岡山～広島	641-6952	641-6961	641-7965	641-7966	641-8967		
	岡山～出雲	641-9960	641-9961				【高床】	12
貸切		641-7904	641-1952	641-3951	641-6953		【高床】〔5〕	
		644-7953					【高床】〔1〕	6

島根支店   31両（高速 22＋一般 1＋貸切 8）

用途	担当路線	車号						両数
高速	出雲～東京	641-8907	641-8908	641-8909	641-8922	641-9904		
	出雲・松江～名古屋	641-9905	641-0952	641-1954	641-2951	641-2952		
	出雲・松江・浜田～	641-3954	641-3955	641-5951	641-5954	641-5963		
	大阪・京都	641-8961	641-9962	641-9963				
	出雲・松江～神戸						【ハイデッカー3列シート】〔18〕	
	松江・出雲～福岡	740-21901	740-21902				【ダブルデッカー】〔2〕	
	広島～出雲	641-5908	641-9909				【高床】〔2〕	22
一般	定期観光	141-8903						
							〔1〕	1
貸切		641-7903	641-0951	641-1951	641-3952	641-4954	641-9954	
							【高床】〔6〕	
		844-5912					【ダブルデッカーオープン】〔1〕	
		331-3919					〔1〕	8

広島支店　　　　　　　　　　　　　　　　　　　　　８７両（高速　２９＋一般　５６＋貸切　２）

用途	担当路線	車号								両数
高速	広島～東京	641-4957	641-4958							
	広島～名古屋	641-7960	641-8969	641-9964	641-9965		【ハイデッカー３列シート】〔6〕			
	広島～大阪・京都	641-5804	641-5805	641-6904	641-7801	641-7802	641-7805			
	広島～高松	641-7806	641-7807	641-7808	641-7909	641-9908	641-1956			
	広島～福岡	641-3956	641-3957	641-4959	641-5955	641-5956	641-7964			
	広島～金沢・富山	641-8961	641-8964	641-8965	641-8966	641-9959				
	広島・岡山～横浜・東京									
	広島～広島大学・黒瀬							【高床】〔23〕		29
一般	めいぷる～ぷ	331-4953	331-4961	331-5952	331-5962			【ワンステップ】〔4〕		
		331-6960	331-7952	331-7954				【ノンステップ】〔3〕		
		324-5911						【ノンステップ】〔1〕		
		534-9951	534-9952					【ノンステップ】〔2〕		
	定期観光	641-8905						【高床】〔1〕		
	雲芸南線 広浜線	521-2917	521-2918							
		531-3921								
		531-7910	531-7912	531-7913	531-7914	531-7916	531-7917	531-7918	531-7919	
		531-8912	531-8913	531-8914	531-8919					
		531-9916	531-9917	531-9918	531-9919					
		531-1963	531-1964	531-2956	531-5957	531-5958		【ワンステップ】〔24〕		
		524-4915	524-4916	524-4917				【ワンステップ】〔3〕		
		534-9975						【ノンステップ】〔1〕		39
	広島空港リムジン	641-6905	641-8910	641-9907	641-1958	641-8960		【高床】〔5〕		
	広島～呉	641-7968	641-7969	641-7970	641-8962	641-8968				
	広島～広島大学・黒瀬	641-9956	641-9957	641-9958	641-17921	641-19926		【高床】〔10〕		
		641-3917	641-4903					〔2〕		17
貸切		641-6964	641-7951					【高床】		2

広島エキキタ支店　　　　　　　　　　　　　　　　　　　　２１両（高速　０＋一般　０＋貸切　２１）

用途	担当路線	車号					両数
貸切		641-6902	641-8902	641-8904	641-9902	641-9903	
		641-0953	641-1953	641-6954	641-6955	641-6956	
		641-6957	641-6962	641-7957	641-7958	641-7959	
		641-8954	641-8955	641-9953		【高床】〔18〕	
		647-9968	647-9969			【高床】〔2〕	
		644-8951				【高床】〔1〕	21

▽2019.07.08　開業

東広島支店 48両(高速　3＋一般　39＋貸切　6)

用途	担当路線	車号							両数
高速	広島〜広島大学・黒瀬	641-7967	641-8956					【高床】〔2〕	
		641-4905						〔1〕	3
一般	コミュニティ	149-4451	149-4452					〔2〕	
	バス	137-7962	137-7963					【ノンステップ】〔2〕	
	西条〜呉線	521-3922	531-3923	531-8915	531-9915	531-1959	531-1960	531-1961	
		531-2953	531-2954	531-2955	531-2957	531-3960	531-3961	531-3962	
		531-3963	531-4960					【ワンステップ】〔16〕	
		531-7955	531-7956	531-8952	531-8953	531-8957			
		531-9966	531-9967	531-9971	531-9972			【ノンステップ】〔9〕	
		534-21903	534-21904	534-21905					
		534-22901	534-22902	534-22903				【ノンステップ】〔6〕	
		534-6954	534-6955					〔2〕	
		321-3918						【ワンステップ】〔1〕	
	広島空港リムジン	641-6801							
								【高床】〔1〕	39
貸切		641-8906	641-5964	641-6958	641-6959				
								【高床】〔4〕	
		141-8902	149-9470					〔2〕	6

▽2008.06.02　広島支店黒瀬営業所を変更

山口支店 34両(高速　7＋一般　22＋貸切　5)

用途	担当路線	車号							両数
高速	山口〜萩	641-4906						〔1〕	
	宇部・山口〜福岡	641-5906	641-1955	641-1957	641-3958	641-3959	641-8963		
								【高床】〔6〕	7
一般	防長線	531-7951						〔1〕	
	秋吉線	531-7911	531-8916	531-8917	531-8918	531-9912	531-8920	531-8921	
	はぎ線	531-9913	531-9914	531-3965	531-5959	531-5960	531-5961	【ワンステップ】〔13〕	
		531-6951	531-8958	531-8959	531-9973			【ノンステップ】〔4〕	
		534-21906	534-21907	534-22904	534-22905			【ノンステップ】〔4〕	22
貸切		641-9901	641-3953	641-4955	641-4956	641-9955			
								【高床】	5

山口支店　周防営業所 9両(一般　7＋特定　2)

用途	担当路線	車号					両数
一般	光線	531-3920	531-3964	531-1962		【ワンステップ】〔3〕	
		531-9910	531-9911			【ノンステップ】〔2〕	
		534-6959				〔1〕	
		534-9974				【ノンステップ】〔1〕	7
特定		641-5909	641-5910			【高床】〔2〕	2

▽2007.09.30限りにて、周防営業所大島支所廃止(大島線廃止のため)

ジェイアール四国バス

高松支店 　　　　　　　　　　　　　　　　　　　　　　　　　　**２４両(高速　24)**

用途	担当路線	車号						両数
高速	高松〜神戸・ＵＳＪ線	644-5911	644-9961					
		647-4906	647-6907				【高床】〔4〕	
	高松〜大阪線	644-3901	644-3902	644-4901	644-4902	644-4903		
		647-7906	644-9955	644-9963			【高床】〔8〕	
	高松〜京都線	647-5908	647-9959				【高床】〔2〕	
	高松〜関西空港線	647-4907					【高床】〔1〕	
	高松〜松山線	644-5912	644-5913				【高床】〔2〕	
	高松〜広島線	644-5914	647-5915	647-5916	644-0954		【高床】〔4〕	
	観音寺・坂出〜	647-6908	647-7905				【高床】〔2〕	
	神戸・大阪線	644-0955					【高床】〔1〕	24

松山支店 　　　　　　　　　　　　　　　　　　　　　　**２５両(高速　22＋一般　3)**

用途	担当路線	車号						両数
高速	松山〜名古屋線	674-8904						
		677-8905					【高床＝3列】〔2〕	
	八幡浜・松山〜	674-8901	674-8902	674-6903	674-6904	674-7901		
	神戸・大阪・	674-8903	677-8906	674-8912				
	京都線	677-3903	677-3904	677-3905			【高床＝3列】〔11〕	
	松山〜岡山線	647-7907	647-5909				【高床】〔2〕	
	松山〜高松線	647-8909	647-5902				【高床】〔2〕	
	松山〜徳島線	647-8910	647-8913	647-6906			【高床】〔3〕	
	松山〜高知線	644-9954	644-9964				【高床】〔2〕	22
一般	松山〜久万線	337-4911	337-4912	337-4913				3

徳島支店 　　　　　　　　　　　　　　　　　　　　　　　　　　**２０両(高速　20)**

用途	担当路線	車号						両数
高速	阿南・徳島〜	674-9952						
	東京・ディズニー線						【高床＝3列】〔1〕	
	徳島〜大阪線	644-4904	644-4905	644-5903	644-5904	644-5905		
		644-5906	644-9962	647-6909			【高床】〔8〕	
	徳島〜神戸線	644-5907	647-6910	647-6911	647-6912	647-9953	647-9960 【高床】〔6〕	
	徳島〜京都線	647-7908	647-7909	647-7912			【高床】〔3〕	
	徳島〜松山線	647-7910					【高床】〔1〕	
	徳島〜高知線	647-7911					【高床】〔1〕	20

▽2011.04.01　徳島支店鍛冶屋原営業所を統合

用途	担当路線	車号						両数
高速	高知・徳島～福井・金沢・富山線	674-7902	674-7903					
							【高床=3列】〔2〕	
	須崎・高知～神戸・大阪・京都線	674-6901	674-6902	674-6905	674-7904	674-8911		
		677-3906						
		677-9951	677-9956	677-9957	677-9958		【高床=3列】〔10〕	
		694-9904					【ダブルデッカー】〔1〕	
		699-0951	699-0952	699-0953			【スカニア　ダブルデッカー】〔3〕	
	高知～岡山線	644-7957	644-5901	647-5910			【高床】〔3〕	
	高知～松山線	647-8907	647-8908				【高床】〔2〕	
	高知～高松線	644-0903	644-0904				【高床】〔2〕	23
一般	大栃線	337-2910	337-3910					
								2

▽**2004.04.01　ジェイアール四国バス　営業開始**
　　　　　　　組織改正も合わせて実施。自動車営業所→支店と名称変更
　2004.07.16　松山～神戸・大阪線　八幡浜まで延長
　　　　　　　高知～大阪線　須崎まで延長
　2004.12.06　高松支店川之江営業所廃止
　2004.12.17　高松～新宿高速線開業
　　　　　　　高松～広島高速線開業
▽2005.12.01　高松～新宿高速線　東京まで延長
　2006.02.16　徳島～神戸高速線　神戸空港まで延長
▽2007.04.20　「ドリーム徳島高知号」を「ドリーム高知号」と名称変更
　2007.10.31　この日限りにて徳島～岡山間廃止
　2008.01.16　丸亀・高松～東京線、徳島～東京線および高知～東京線東京駅～新木場駅間延長
▽2008.07.28　高知駅バスターミナル新設、供用開始
▽2009.04.01　高松支店観音寺営業所が、高速バス観音寺ＥＸＰ号（観音寺～神戸・大阪線）を運行開始
　高松ＥＸＰ号　運行ルート変更（丸亀駅・丸亀ＢＣ・坂出駅バス停廃止）
　高知支店山田営業所を統合
▽2013.03.11　ドリーム高松・松山号　香川地区立寄り廃止に伴い愛称名を「ドリーム松山号」と変更
　また、新宿駅経由に経路変更
▽2016.04.04　「ドリーム高松号」「ドリーム松山号」「ドリーム徳島号」「ドリーム高知号」、バスタ新宿へ乗入れ開始
▽2017.01.01　久万高原線　運行経路変更。大久保坂・縮川口・三坂峠・六部堂停留所を廃止
▽2017.04.01　久万高原線久万高原～落出間廃止
▽2017.09.30　徳島支店　貸切事業廃止（貸切バス事業から撤退）
▽2018(平成30).10.01　大栃線土佐山田駅～美良布間3往復系統新設し大栃間9往復に変更
▽2018(平成30).11.01　阿波エクスプレス神戸号　新神戸～神戸空港区間の旅客扱い開始
▽2018(平成30).12.21　ドリーム高松号、ドリーム徳島号、ドリーム高知号、東京ディズニーランドへ乗入れ開始
▽2018(平成30).12.31　観音寺バスプラザ営業終了（店舗閉鎖）
▽2019(平成31).02.01　松山エクスプレス大阪号を松山エクスプレス号に改称。昼行便の大阪発着便1往復を京都駅まで延長
▽2019(令和01).05.31　坂出インターバスプラザ、この日限りにて閉店
▽2019(令和01).06.21　高知・高松・徳島～福井・金沢・富山間夜行高速バス「北陸ドリーム四国号」運転開始
▽2019(令和01).08.01　高知エクスプレス号夜行便を「京阪神ドリーム高知号」に改称
　　　　　　　　　　　松山エクスプレス号夜行便を「京阪神ドリーム松山号」に改称
▽2019(令和01).12.01　ドリーム高知号にドリーム徳島号の徳島駅、松茂、高速鳴門の各停留所の乗降扱い統合
▽2019(令和01).12.05　ドリーム徳島号はドリーム阿南・徳島号と改称、特定日運行に
▽2020(令和02).03.01　ドリーム松山号は02.29の上り、03.01の下りにて路線休止
▽2020(令和02).03.31　高知インター南バスプラザ、この日限りにて閉店
　　　　　　　　　　　大栃線美良布～大栃間12.3kmをこの日限りにて廃止。04.01以降は土佐山田～美良布間13往復とし、
▽2020(令和02).06.　　スウェーデン製のスカニア社製2階建てバス3両購入
▽2020(令和02).08.　　新型コロナウイルス感染防止対策
　　　　　　　　　　　全車両に抗ウイルス・抗菌加工を実施。座席間にカーテン取付

博多支店   **５３両（高速　11＋一般　23＋貸切　19）**

用途	担当路線	車号							両数
高速	高速福岡～山口線	644-13569	644-14551						
		644-14552	644-14553			【ハイデッカー＝４列シート・トイレ付】〔4〕			
	高速福岡～広島線	644-15554	644-17558			【ハイデッカー・４列シート・パウダールーム付】〔2〕			
		644-12568	644-17558			【ハイデッカー・４列シート・トイレ付】〔2〕			
		744-17560				【スーパーハイデッカー・３列独立シート・トイレ付】〔1〕			
	高速福岡～出雲線	744-15555	744-16556						
						【スーパーハイデッカー＝３列独立シート・トイレ付】〔2〕			11
一般	直方線	130-22605	130-22606	130-22607	130-22608				
						【ノンステップ・小型EV】〔4〕			
		331-07601	331-07602			【ワンステップ】〔2〕			
		338-0923				【ワンステップ】〔1〕			
		321-12614	321-13616	321-14618	321-15621	321-15622		【ノンステップ】〔5〕	
		331-16623	331-18628	331-18629	331-22604			【ノンステップ】〔4〕	
		521-09605	521-09606	521-11611				【ノンステップ】〔3〕	
		531-16624	531-16625	531-17627				【ノンステップ】〔3〕	
		534-99630						【ワンステップ】〔1〕	23
貸切		341-19578				【ハイデッカー・サロン】〔1〕			
		541-05690				【車イス移動車】〔1〕			
		641-10580	641-10581	641-11583	641-11584	【ハイデッカー・サロン】〔4〕			
		641-13587	641-15571	641-16572	641-16573	641-19576	641-19577	641-20579	
								【ハイデッカー】〔7〕	
		641-16574				【ハイデッカー・４列シート・パウダールーム付】〔1〕			
		644-08575	644-08576	644-09577	644-09578	【ハイデッカー・サロン】〔4〕			
		644-20565				【ななつ星専用】〔1〕			19

▽2012.07.01　ジェイアール九州バスから商号変更

▽福岡中部支店は、2010.06.01　直方支店移転により営業開始(旧直方支店福丸車庫跡地)
　福岡中部支店　2019年9月30日運行分をもって飯塚線、福間線廃止
　2022.01.15　博多支店へ統合

　高速バス
▽高速福岡～山口線は、2001.10.19営業開始
　高速福岡～広島線は、2002.05.31営業開始
　高速福岡～周南線は、2003.03.20営業開始
　高速福岡～大阪線は、2003.04.18営業開始。2004.03.16から神戸・なんば乗入れ開始
　なお、2011.03.31限りにて同区間の運行休止
　高速新八代・宮崎線(ＪＲ新八代駅～ＪＲ宮崎駅間［愛称名：Ｂ＆Ｓみやざき］)運行開始

　2012.04.26　高速バス「たいよう」廃止、高速バス「フェニックス」運行開始
　2012.07.31　夜行高速バス福岡～福山間運行開始
　2012.10.01　山口ライナー　直行便廃止
　2012.12.21　夜行高速バス鹿児島ドリーム広島号運行開始(季節運行)
　2014.04.01　高速宮崎～延岡線運行開始
　2015.04.01　高速バス　パシフィックライナー(宮崎・延岡～大分・別府線)運行開始
▽2016.03.26　夜行高速バス　出雲ドリーム博多号　運行開始
▽2016.06.13　高速バス桜島号(福岡～鹿児島)、夜行便運行開始
▽2018(平成30).09.30　高速宮崎～延岡線、当社便この日をもって廃止
▽2018(平成30).12.31　高速福岡～周南線、当社便この日をもって廃止
▽2020(令和02).10.01　高速バス　福岡～鹿児島(桜島号夜行)無期限休止
▽2021(令和03).04.01　高速バス　宮崎～大分別府線(パシフィックライナー)廃止

嬉野支店　　　　　　　　　　　　　　　　　　　　　　　　　　　　**１３両（一般　８＋貸切　５）**

用途	担当路線	車号						両数
一般	嬉野線	321-10608	321-10609	321-12615	321-13617	321-14619	【ノンステップ】〔5〕	
		338-0925					【ワンステップ】〔1〕	
		521-09607	521-11612				【ノンステップ】〔2〕	8
貸切		641-12585	641-12586	641-14570	641-17575		【ハイデッカー】〔4〕	
		644-2981					【ハイデッカー】〔1〕	5

鹿児島支店　　　　　　　　　　　　　　　　　　　　　　　　　　　　**１３両（高速　３＋一般　10）**

用途	担当路線	車号				両数
高速	高速福岡〜鹿児島線	644-10561	644-11566		【ハイデッカー＝1＋2列シート・トイレ付】〔2〕	
	（桜島号）	748-06558			【スーパーハイデッカー＝1＋2列シート・トイレ付】〔1〕	3
一般	北薩線	521-08603	521-08604	521-11613	521-14620	【ノンステップ】〔4〕	
		531-00632	531-00633			【ワンステップ】〔2〕	
		531-16626	531-20601	531-20602	531-22603	【ノンステップ】〔4〕	10

▽鹿児島支店　2021年12月末日をもって貸切バス営業廃止

▽蒲生営業所は、1997.04.07　廃止
▽国分営業所・山川営業所は、2000.05.29限りの運行にて廃止〔廃止日は2000.05.30〕

▽2016.07.16　定期観光バス(いちき串木野線)運行開始
　さつま特産グルメめぐりコース　所要時間6時間45分(土曜・休日運行)
▽2020(令和02).03.13　定期観光バス(いちき串木野線)廃止
▽2020(令和02).10.01　定期観光バス(桜島コース：一周コース　早回りコース)無期限休止

用途	担当路線	車号					両数
高速	高速福岡～宮崎線	644-10563				【ハイデッカー＝４列シート・トイレ付】〔1〕	
		644-17559	644-18562	644-18563	644-19564	644-22566	
						【ハイデッカー＝４列シート・パウダールーム付】〔5〕	
	高速新八代～宮崎線	644-10562	644-10564	644-11565		【ハイデッカー＝４列シート・トイレ付】〔3〕	
		644-16557	644-18561			【ハイデッカー＝４列シート・パウダールーム付】〔2〕	
		641-0979				【ハイデッカー・４列シート・トイレ付】〔1〕	12

▽宮崎支店　2019年4月末日をもって貸切バス営業廃止

路線バス
▽山鹿線は、2006.02.28限り全線廃止。これにともなって山鹿営業所も廃止
▽直方線は、2006.03.31限り一部路線廃止。
　勘六橋～内ヶ磯間、永満寺団地～養護学校前間、本城～鞍手間、
　隠谷～宮田病院前間、購買前～鞍手町立病院前間
▽直方線は、2008.03.31限り一部路線廃止。
　福間駅～粟島神社～福間駅、福間駅～八並公民館・立石～福間駅、
　福間駅～内殿～福間駅、
▽東福間輸送（コミュニティバス）は、2008.03.31限り廃止
▽桜島号は、2009.02.01から、一部を鹿児島本港（高速船ターミナル）まで延長。
　なお、鹿児島本港～博多駅交通センター間の路線は、いづろ高速バスセンターには停車しない
▽直方　宮若市コミュニティバス、2010.04.01運行開始（宮若市役所～福丸間）
　鹿児島県郡山地域コミュニティバス（あいバス）、2010.10.01運行開始
▽2010.11.01　福岡交通センターを博多バスターミナル（博多駅隣接）と改称
▽直方線　2010.12.25、一部路線廃止。
　「二字町」経由廃止により、殿町～二字町～鴨生田公園間、久山～東久原間、深井～トリアス久山間
　直方線　2011.03.31、一部路線廃止。
　自衛隊前～吉北～幸袋中間、グリーンヒル団地～健康の森公園間
▽2012.04.21　イオンモール福津開業、運行開始
▽2012.10.01　嬉野線　下西山～市役所前～武雄温泉駅北口間　2.3km休止
　2015.03.31　駅バスふくま～る　この日限り廃止
　2015.03.31　宮若市コミュニティバス　この日限り廃止
▽2015.09.30　鹿児島コミュニティバス（あいばす）廃止。他社へ移管

東日本旅客鉄道　ＢＲＴ車両配置表

◎ＢＲＴとは

　北米などでは、大量高速輸送を担う地下鉄などの都心軌道系交通をラピッド・トランジット(rapid transit)と称する。これに対し、軌道ではなく専用道路とバスを用いたシステムを、バス・ラピッド・トランジット(Bus Rapid Transit)、略してＢＲＴと呼ぶ。近年わが国では、おもに専用道路を運行するバス高速輸送システムのことをＢＲＴと呼ぶことが多くなっている。なお、バスが専用の案内軌道を走るシステム(ガイドウェイバス)は「鉄道」に分類される。

　2011(平成23)年3月11日に発生した「東北地方太平洋沖地震」(東日本大震災)とその後の大津波により、東北地方の太平洋沿岸部は甚大な被害を受けてしまった。ＪＲ東日本でも気仙沼線、大船渡線、山田線の被災がとくに大きく、復興に際して新たな

町づくり計画が必要なところもあり、鉄道の復旧にも相当の時間を要するという状況下にあった。そこで打開策として、ＢＲＴ方式を採り入れた仮復旧案が浮上した。さっそく実現へ動き出し、気仙沼線柳津～気仙沼間に関係する宮城県登米市、南三陸町、気仙沼市の沿線3自治体とは2012(平成24)年5月、大船渡線気仙沼～盛間に関係する宮城県気仙沼市、岩手県陸前高田市、大船渡市の沿線3自治体とは同年10月にそれぞれ合意に達した。2015(平成27)年7月には、沿線自治体に、被災地の復興まちづくりが本格化し地域がさらに発展していくために、ＢＲＴを仮復旧から本格復旧を目指すことで復興に貢献する持続的な交通手段とすることを提案、大船渡線は同年12月に、気仙沼線は2016(平成28)年3月までにそれぞれ合意に達した。

①気仙沼線ＢＲＴ

　気仙沼線ＢＲＴは、柳津～気仙沼駅間(55.3km)を、2012年8月20日の暫定運行開始を経て、2012年12月22日に本格運行を開始した。暫定運行当初は、陸前階上～最知駅間(2.1km)を専用道区間として整備し、陸前階上駅・本吉駅の駅舎改修、最知駅の待合室整備などを実施した。

　2013(平成25)年4月25日のダイヤ改正では、本吉～小金沢駅間(2.0km)、大谷海岸～陸前階上駅間(1.1km)、最知～松岩駅間(1.8km)、不動の沢付近～気仙沼間(2.3km)の7.2kmを専用道として整備し、専用道区間は11.6kmに延伸された。同年9月5日のダイヤ改正では、陸前戸倉～志津川駅間(3.5km)、志津川～清水浜駅間(3.8km)、陸前港～陸前小泉駅間(2.8km)も専用道と

なり、専用道延長は21.7kmとなった。2014年4月17日ダイヤ改正からは、気仙沼駅付近1.0kmも専用道となり、気仙沼駅構内への乗入れを開始した。なお同改正から、充電式リチウムイオン電池を搭載して、電気モーターで走行するe-ＢＲＴ車両が本吉～気仙沼間で運行を開始したほか、観光型ＢＲＴ「おでかけ『旅』」号が登場した(両車両とも現在は廃車)。

　2015年6月27日のダイヤ改正では、前谷地～柳津駅間を延伸し、運行区間を前谷地～気仙沼駅間とした。気仙沼線ＢＲＴで運行する車両は3両増備し24両(現在は22両)とした。

　2018(平成30)年7月1日のダイヤ改正では、柳津駅～陸前戸倉駅間(12.0km)が専用道に移設した。

　2019(令和01)年6月15日のダイヤ改正では志津川中央団地駅付近～歌津駅間、11月1日のダイヤ改正では陸前港～本吉間、2020(令和02)年3月14日ダイヤ改正では松岩～不動の沢間が専用道に移設。また2019年9月14日、奇跡の一本松駅は国道45号線から道の駅構内に移設となっている。

　柳津～陸前戸倉間にて、2020(令和02)年11月16日から自動運転の実証実験を開始し、さらに2022(令和04)年12月05日から、ＢＲＴ柳津駅～陸前横山駅までの専用道 4.8kmにて実用化を開始した。

気仙沼線(前谷地～気仙沼)

駅名	駅間キロ	累計キロ	駅住所
前谷地	0.0	0.0	宮城県石巻市前谷地字中埣
柳津	17.5	17.5	宮城県登米市津山町柳津字谷木
陸前横山	4.8	22.3	宮城県登米市津山町横山字本町
陸前戸倉	7.2	29.5	宮城県本吉郡南三陸町戸倉字転石
志津川	4.2	33.7	宮城県本吉郡南三陸町志津川字中瀬町
清水浜	4.5	38.2	宮城県本吉郡南三陸町志津川字小田
歌津	4.1	42.3	宮城県本吉郡南三陸町歌津字伊里前
陸前港	2.6	44.9	宮城県本吉郡南三陸町歌津字港
蔵内	1.8	46.7	宮城県気仙沼市本吉町歌津生
陸前小泉	2.0	48.7	宮城県気仙沼市本吉町下宿
本吉	2.8	51.5	宮城県気仙沼市本吉町津谷松尾
小金沢	3.1	54.6	宮城県気仙沼市本吉町小金沢
大谷海岸	3.7	58.3	宮城県気仙沼市本吉町三島
陸前階上	3.3	61.6	宮城県気仙沼市字長磯原
最知	1.7	63.3	宮城県気仙沼市字最知川原
松岩	2.3	65.6	宮城県気仙沼市字松崎片浜
南気仙沼	2.7	68.3	宮城県気仙沼市字田谷
不動の沢	1.3	69.6	宮城県気仙沼市字四反田
気仙沼	3.2	72.8	宮城県気仙沼市古町

▽駅住所は鉄道運行時の所在地
▽駅間キロ数、累計キロ数も鉄道運行時の営業キロを表示

②大船渡線ＢＲＴ

大船渡線ＢＲＴは、2013年3月2日に、気仙沼～盛駅間（43.7km）で運行を開始した。当初の専用道区間は大船渡～盛駅（田茂山交差点）間の1.9kmで、大船渡駅の駅舎を整備して使用開始した。同年4月26日からは、田茂山交差点～盛駅間の0.7kmが専用道区間となり、発着場所を盛駅構内へと変更したほか、第二小友交差点～小友駅～新田交差点0.6kmも専用道区間となった。同時に陸前矢作駅・小友駅の駅舎を整備して供用開始した。同年9月28日改正では、小友駅（新田交差点）～大船渡駅間10.5km・竹駒駅付近の0.6kmを専用道として整備した。細浦駅・下船渡駅は専用道上に移設し、トイレ設備を備えた駅舎が整備された。

2014（平成26）年4月17日から、観光型ＢＲＴ「三陸の『海』」号が登場した（現在は廃車）。

2015年3月14日から、気仙沼～鹿折唐桑駅間（2.3km）も専用道となり、気仙沼駅構内への乗入れを開始した。

同年6月27日のダイヤ改正で気仙沼線ＢＲＴが前谷地～柳津駅間を延伸する際に、1両を大船渡線ＢＲＴから気仙沼線ＢＲＴに配置を変更し、大船渡線ＢＲＴで運行する車両を13両とした。

2018年8月1日、脇ノ沢～小友駅間の専用道を約900m延伸、さらに2019（平成31）年3月16日のダイヤ改正では陸前矢作～竹駒駅間の専用道（位置）を一部延伸、陸前矢作駅は鉄道時代の駅に移設となった。

2019年6月1日のダイヤ改正にて奇跡の一本松駅は道の駅の開業にともない国道45号線に移設。また2020年4月1日、気仙沼線柳津～気仙沼間及び大船渡線気仙沼～盛間は鉄道事業が廃止となっている。

大船渡線（気仙沼～盛間）

駅名	駅間キロ	累計キロ	駅住所
気仙沼	0.0	0.0	宮城県気仙沼市古町
鹿折唐桑	2.2	2.2	宮城県気仙沼市新浜町
上鹿折	5.3	7.5	宮城県気仙沼市字上東側根
陸前矢作	10.0	17.5	岩手県陸前高田市矢作町大字打越
竹駒	3.0	20.5	岩手県陸前高田市竹駒町字十日市場
陸前高田	2.9	23.4	岩手県陸前高田市高田町字並杉
脇ノ沢	2.9	26.3	岩手県陸前高田市米崎町字脇の沢
小友	4.5	30.8	岩手県陸前高田市小友町字下新田
細浦	4.3	35.1	岩手県大船渡市末崎町字細浦
下船渡	3.1	38.2	岩手県大船渡市大船渡町字宮ノ前
大船渡	2.9	41.1	岩手県大船渡市大船渡町字茶屋前
盛	2.6	43.7	岩手県大船渡市盛町字東町裏

▽駅住所は鉄道運行時の所在地
▽駅間キロ数、累計キロ数も鉄道運行時の営業キロを表示

東日本旅客鉄道　ＢＲＴ車両配置表

36両（一般　36）

津谷営業所

9両（一般　9）

用途	担当路線	車号						両数
一般	気仙沼線BRT	Y537-12501	Y537-12502	Y537-12503	Y537-12504	Y537-12505	[5]	
		Y537-13507	Y537-13508				[2]	
		Y537-19503	Y537-19504				[2]	9

気仙沼営業所

8両（一般　8）

用途	担当路線	車号						両数
一般	気仙沼線BRT	Y537-12506	Y537-12507	Y537-12508	Y537-12509	Y537-12510	[5]	
		Y537-13505	Y537-13506				[2]	
		Y537-19502					[1]	8

佐沼営業所

6両（一般　6）

用途	担当路線	車号				両数
一般	気仙沼線BRT	Y537-12511	Y537-12512	Y537-12513	Y537-12514	
		Y537-19505	Y537-19506			6

高田営業所

8両（一般　8）

用途	担当路線	車号				両数
一般	大船渡線BRT	Y537-12517	Y537-12518	Y537-13502	[3]	
		Y531-13509	Y531-13510	Y531-13511	Y531-13512	[4]	
		Y537-19501			[1]	8

大船渡営業所

5両（一般　5）

用途	担当路線	車号					両数
一般	大船渡線BRT	Y537-12515	Y537-12516	Y537-13501	Y537-13503	Y537-13504	[5]	5

JR車両 番号順別配置表

2023(令和5)年4月1日現在

本項は，JRグループに在籍した実績のある車両形式・番号順別配置表で，
電気機関車，ディーゼル機関車，気動車，客車の順に掲載しています。

● 冷房車について
　冷房車は車号を太字，
　非冷房車は車号を細字としている

● 保安装置について
　DN＝ＡＴＳ－ＤＮ（ＪＲ北海道）

　SN＝ＡＴＳ－SN（ＪＲ東日本）

　ST＝ＡＴＳ－ST（ＪＲ東海）

　Sw＝ＡＴＳ－Sw（ＪＲ西日本）

　SS＝ＡＴＳ－SS（ＪＲ四国）

　DK＝ＡＴＳ－ＤＫ（ＪＲ九州）

　SF＝ＡＴＳ－SF（ＪＲ貨物）

　P ＝ＡＴＳ－Ｐ

　PT＝ＡＴＳ－PT（ＪＲ東海）

　PF＝ＡＴＳ－PF（ＪＲ貨物）

　Ps＝ＡＴＳ－Ps（ＡＴＳ－SN改良型）

　C ＝ＡＴＣ

＊ＪＲ貨物については，2010(平成22)年度以降の廃車・改造に関する実績の
　情報がないため，2010(平成22)年4月1日現在のデータとしています。

※『2015』より，年月日の年表記を西暦（下2ケタ）表記に統一しました。
　合わせて，改造した車両については，改造後の形式車号を表示しています。

ED18　0
廃 2 09.03.31

ED62　0
廃 3 98.10.19
廃 4 98.10.19
廃 5 98.10.19
廃 6 98.10.19
廃 7 98.10.19
廃 15 96.02.19
廃 16 02.03.29
廃 17 02.03.29

EF15　0
廃 158 11.10.31

EF55　0
廃 1 15.04.12 鉄博

EF58　1
61 東／尾 PSN 鉄博
廃 89 99.10.08 鉄博
廃 122 09.01.29
廃 150 11.10.31 京鉄博
廃 157 08.03.31 リニ鉄

EF59　0
廃 10 07.06.30

EF60　0
廃 19 19.07.03
廃 503 08.11.03

EF61　0
廃 201 91.02.19
廃 204 91.02.19
廃 206 91.03.30
廃 207 91.02.19
廃 209 90.10.16
廃 210 90.10.16
廃 211 91.03.30

EF63　0
廃 2 98.03.20
廃 3 98.03.20
廃 4 98.03.20
廃 6 98.03.20
廃 7 98.03.20
廃 8 98.03.20
廃 10 98.05.07
廃 11 98.05.07
廃 12 98.05.07
廃 13 98.06.05
廃 15 98.05.07
廃 16 98.03.20
廃 17 98.04.24
廃 18 98.03.20
廃 19 98.05.07
廃 20 98.04.24
廃 21 97.11.05
廃 22 98.09.10
廃 23 97.11.05
廃 24 98.05.07
廃 25 98.05.07

EF62　0
廃 41 97.08.02
廃 43 98.08.03
廃 46 98.08.03
廃 49 93.11.01
廃 53 93.12.01
廃 54 99.01.04

EF64　*
廃 1 09.01.29
廃 2 09.01.21
廃 3 04.01.30
廃 4 09.03.31
廃 5 03.12.24
廃 6 04.02.27
廃 7 04.02.27
廃 8 04.03.30
廃 9 08.11.17
廃 10 08.03.31
廃 11 05.03.30
廃 12 06.11.06
廃 13 05.10.17
廃 14 04.03.30
廃 15 05.03.30
廃 16 05.03.30
廃 17 05.03.30
廃 18 05.03.30
廃 19 05.03.30
廃 20 09.03.31
廃 21 04.03.30
廃 22 08.03.25
廃 23 05.03.30
廃 24 04.03.30
廃 25 04.03.30
廃 26 04.03.30
廃 27 06.11.06
廃 28 06.11.06
廃 29 07.03.30
廃 30 08.03.31
廃 31 10.03.15
廃 32 05.03.30
廃 33 10.03.15
34 貨／愛 SF
廃 35 09.01.16
廃 36 11.04.30
廃 37 21.11.10
廃 38 15.06.11
廃 39 15.09.16
廃 40 08.03.31
廃 41 08.07.02
廃 42 07.03.08
43 貨／愛 SF
廃 44 08.03.25
廃 45 08.03.25
廃 46 08.03.25
47 貨／愛 SF
廃 48 08.03.31
廃 49 08.03.31
51 貨／愛 SF
廃 52 08.03.25
53 貨／愛 SF
廃 54 08.03.25
廃 55 08.03.25
廃 56 09.03.31
廃 57 09.03.31
廃 58 08.03.25
59 貨／愛 SF
60 貨／愛 SF
61 貨／愛 SF
廃 62 08.03.31
63 貨／愛 SF
廃 64 09.03.31
廃 65 06.03.08
廃 66 08.04.25
67 貨／愛 SF
68 貨／愛 SF
廃 69 09.03.31
70 貨／愛 SF
廃 71 09.03.31
72 貨／愛 SF
廃 73 09.03.31
74 貨／愛 SF
75 貨／愛 SF
76 貨／愛 SF
77 貨／愛 SF
廃 78 09.03.31
廃 79 09.03.31

1001 東／群 PPs
1002 貨／愛 PFSF
1003 貨／愛 PFSF
1004 貨／愛 PFSF
1005 貨／愛 PFSF
1006 貨／高 PFSF
1007 貨／愛 PFSF
1008 貨／愛 PFSF
1009 貨／高 PFSF
1010 貨／愛 PFSF
1011 貨／愛 PFSF
1012 貨／愛 PFSF
1013 貨／愛 PFSF
1014 貨／高 PFSF
1015 貨／高 PFSF
1016 貨／愛 PFSF
1017 貨／愛 PFSF
1018 貨／愛 PFSF
1019 貨／愛 PFSF
1020 貨／愛 PFSF
1021 貨／愛 PFSF
1022 貨／愛 PFSF
1023 貨／愛 PFSF
1024 貨／高 PFSF
1025 貨／愛 PFSF
1026 貨／高 PFSF
1027 貨／愛 PFSF
1028 貨／愛 PFSF
廃1029 03.08.25
1030 東／新潟 PPs
1031 東／新潟 PPs
1032 東／新潟 PPs
1033 貨／愛 PFSF
1034 貨／愛 PFSF
1035 貨／愛 PFSF
1036 貨／愛 PFSF
1037 貨／愛 PFSF
1038 貨／愛 PFSF
1039 貨／愛 PFSF
1040 貨／愛 PFSF
1041 貨／愛 PFSF
1042 貨／愛 PFSF
1043 貨／愛 PFSF
1044 貨／愛 PFSF
1045 貨／愛 PFSF
1046 貨／岡 SF
1047 貨／岡 SF
1048 貨／岡 SF
1049 貨／岡 SF
1050 貨／岡 SF
1051 東／新潟 PPs
廃1052 21.11.10
1053 東／群 PPs

EF65　*
廃 2 94.09.22
廃 3 95.03.22
廃 4 94.10.19
廃 5 94.01.25
廃 6 96.01.18
廃 8 94.09.27
廃 9 94.09.09
廃 10 94.10.19
廃 14 94.09.27
廃 17 04.03.30
廃 18 96.01.18
廃 19 02.03.15
廃 20 95.12.12
廃 21 98.11.27
廃 22 95.02.10
廃 24 96.07.16
廃 25 95.02.10
廃 27 96.11.13
廃 28 03.12.24
廃 29 95.08.29
廃 30 96.09.10
廃 31 04.01.30
廃 32 96.12.06
廃 34 96.04.18
廃 35 03.12.24
廃 36 02.03.15
廃 37 96.05.21
廃 38 02.03.15
廃 43 96.01.18
廃 46 98.12.02
廃 47 03.12.24
廃 49 08.03.31
廃 50 98.10.19
廃 52 98.11.27
廃 53 98.12.02
廃 54 98.12.02
廃 55 05.03.30
廃 56 03.03.31
廃 57 10.03.31
廃 58 03.03.31
廃 59 98.12.02
廃 60 98.12.02
廃 61 98.04.27
廃 62 03.12.24
廃 63 96.01.18
廃 64 02.03.15
廃 66 01.02.09
廃 67 05.03.30
廃 68 05.03.30
廃 69 95.07.21
廃 70 00.01.19
廃 71 03.02.13
廃 72 02.03.15
廃 73 04.03.30
廃 74 06.03.08
廃 75 03.12.24
廃 76 06.03.08
廃 85 06.03.08
廃 86 05.03.30
廃 87 10.03.31
廃 88 06.03.08
廃 89 98.11.27
廃 90 98.11.27
廃 91 02.02.14
廃 92 01.02.09
廃 93 02.02.14
廃 94 98.11.27
廃 95 06.03.08
廃 96 98.10.19
廃 97 98.10.19
廃 98 05.03.30
廃 99 99.10.21
100 貨／岡 SF
廃 101 06.03.08
廃 102 99.10.21
廃 103 10.03.31
廃 104 10.03.16
廃 105 96.02.29
廃 106 00.03.31
廃 107 08.12.25
廃 108 10.03.31
廃 110 98.03.31
廃 111 07.03.05
廃 112 07.12.03
廃 113 07.03.30
114 貨／岡 SF
115 貨／岡 SF
116 貨／岡 SF
廃 117 04.03.30
118 貨／岡 SF
廃 119 10.03.16
廃 120 07.03.30
廃 121 07.03.30
廃 122 04.02.27
廃 123 02.08.31
廃 124 08.03.17
廃 125 08.03.31
廃 126 02.02.14
廃 127 08.03.17
廃 128 07.03.30
廃 129 07.03.30
廃 130 07.03.30
改 131 90.05.02 EF67102
改 132 90.11.09 EF67104
改 133 90.09.28 EF67103
改 134 90.02.28 EF67101
改 135 91.02.08 EF67105

501 東／群 PSN
廃 502 08.03.31
廃 503 98.12.02
廃 504 05.03.30
廃 505 05.03.30
廃 506 08.03.31
廃 507 03.03.31
廃 508 05.03.30
廃 509 05.03.30
廃 510 98.12.02
廃 511 98.10.19
廃 512 05.03.30
廃 513 00.03.10
廃 514 05.03.30
廃 515 08.03.31
廃 516 98.12.02
廃 517 98.12.02
廃 518 00.03.10
廃 519 00.12.06
廃 520 02.03.15
廃 521 94.06.27
廃 522 94.06.27
廃 523 02.03.15
廃 524 02.03.15
廃 525 93.06.15
廃 526 02.03.15
廃 527 93.06.15
廃 528 08.03.31
廃 529 93.06.15
廃 530 08.03.31
廃 531 98.12.02
廃 532 00.10.26
廃 533 96.01.18
廃 534 96.01.18
535 貨／高 SF
廃 536 98.12.02
廃 537 02.03.15
廃 538 94.06.27
廃 539 05.03.30
廃 540 98.12.02
廃 541 09.03.31
廃 542 98.12.02

1001	貨／新 SF
廃1002	08.12.25
廃1003	08.03.31
廃1004	08.03.31
1005	貨／新 SF
廃1006	09.02.25
廃1007	09.03.31
廃1008	08.03.17
廃1009	08.12.25
廃1010	08.03.17
廃1011	95.04.05
廃1012	07.06.01
廃1013	96.02.02
廃1014	97.12.02
廃1015	96.02.02
廃1016	96.10.20
廃1017	96.11.07
廃1018	96.11.07
廃1019	98.09.01
廃1020	97.09.02
廃1021	97.09.02
廃1022	99.06.07
廃1023	99.06.07
廃1024	99.10.02
廃1025	99.10.02
廃1026	99.10.02
廃1027	99.06.07
廃1028	00.09.08
廃1029	99.06.07
廃1030	01.07.02
廃1031	08.12.25
廃1032	09.03.31
廃1033	10.03.31
廃1034	09.03.31
廃1035	09.03.31
1036	貨／岡PFSF
1037	貨／岡PFSF
廃1038	09.03.31
1039	貨／新PFSF
1040	貨／新PFSF
1041	貨／新PFSF
廃1042	09.03.31
1043	貨／岡PFSF
廃1044	10.03.19
廃1045	09.03.31
1046	貨／新PFSF
廃1047	09.03.31
1048	貨／岡PFSF
廃1049	10.03.19
1050	貨／岡PFSF
1051	貨／新PFSF
廃1052	02.04.02
廃1053	02.08.01
1054	貨／新PFSF
1055	貨／新PFSF
廃1056	10.03.16
1057	貨／新PFSF
1058	貨／新PFSF
廃1059	09.03.31
1060	貨／新PFSF
1061	貨／新PFSF
廃1062	09.03.31
1063	貨／新PFSF
1064	貨／新PFSF
1065	貨／新PFSF
1066	貨／新PFSF
1067	貨／新PFSF
1068	貨／新PFSF
1069	貨／新PFSF
1070	貨／新PFSF
廃1071	08.03.31
1072	貨／新PFSF
廃1073	09.02.16
1074	貨／新PFSF
1075	貨／新PFSF
1076	貨／新PFSF
1077	貨／岡PFSF
1078	貨／新PFSF
1079	貨／新PFSF
1080	貨／新PFSF
1081	貨／新PFSF
1082	貨／新PFSF
1083	貨／新PFSF
1084	貨／新PFSF
1085	貨／新PFSF
1086	貨／新PFSF
1087	貨／新PFSF
1088	貨／新PFSF
1089	貨／新PFSF
1090	貨／新PFSF
1091	貨／新PFSF
1092	貨／新PFSF
1093	貨／新PFSF
1094	貨／新PFSF
1095	貨／新PFSF
1096	貨／新PFSF
1097	貨／新PFSF
廃1098	98.05.01
廃1099	98.05.01
廃1100	08.06.16
1101	貨／新PFSF
1102	東／尾 PPs
1103	東／尾 PPs
1104	東／尾 PPs
1105	東／尾 PPs
廃1106	15.09.09
廃1107	15.11.06
廃1108	06.10.26
廃1109	07.12.04
廃1110	07.11.30
廃1111	07.11.14
廃1112	08.06.28
廃1113	08.07.02
廃1114	08.07.28
1115	東／尾 PSn
廃1116	10.03.16
1117	貨／新PFSF
廃1118	15.11.27
1119	貨／岡PFSF
1120	西／関 Sw
1121	貨／岡PFSF
1122	貨／新PFSF
1123	貨／岡 SF
1124	西／関 PSw
廃1125	08.02.01
1126	西／関 Sw
1127	貨／新PFSF
1128	西／関 PSw
1129	貨／岡PFSF
1130	西／関 Sw
1131	西／関 Sw
1132	西／関 PSw
1133	西／関 Sw
1134	西／関 Sw
1135	西／関 PSw
1136	貨／岡 SF
廃1137	09.03.31
1138	貨／新PFSF
1139	貨／新PFSF

EF66 *

廃 1	08.03.17	
廃 2	08.03.17	
廃 3	09.03.02	
廃 4	09.03.27	
廃 5	08.03.17	
廃 6	02.02.19	
廃 7	09.03.27	
廃 8	09.03.02	
廃 9	10.03.31	
廃 10	10.03.31	
廃 11	07.08.06	鉄博
廃 12	10.03.16	
廃 13	09.03.02	
廃 14	07.06.22	
廃 15	07.06.22	
廃 16	10.03.16	
廃 17	10.03.31	
廃 18	07.06.22	
廃 19	10.03.31	
廃 20	10.03.16	
21	貨／吹PFSF	
22	貨／吹PFSF	
23	貨／吹PFSF	
24	貨／吹PFSF	
25	貨／吹PFSF	
26	貨／吹PFSF	
27	貨／吹PFSF	
28	貨／吹PFSF	
29	貨／吹PFSF	
30	貨／吹PFSF	
廃 31	10.03.31	
32	貨／吹PFSF	
33	貨／吹PFSF	
廃 34	10.03.31	
35	貨／吹PFSF	
36	貨／吹	京鉄博
廃 37	10.03.31	
38	貨／吹PFSF	
39	貨／吹PFSF	
廃 40	95.05.11	
廃 41	10.03.31	
廃 42	09.12.02	
廃 43	09.09.19	
44	貨／吹PFSF	
廃 45	10.09.20	→嵯峨野
廃 46	09.06.10	
廃 47	10.01.07	
廃 48	10.02.04	
廃 49	10.09.20	→嵯峨野
廃 50	09.07.07	
廃 51	09.09.19	
52	貨／吹PFSF	
廃 53	09.12.02	
54	貨／吹PFSF	
廃 55	97.02.22	
101	貨／吹PFSF	
102	貨／吹PFSF	
103	貨／吹PFSF	
104	貨／吹PFSF	
105	貨／吹PFSF	
106	貨／吹PFSF	
107	貨／吹PFSF	
108	貨／吹PFSF	
109	貨／吹PFSF	
110	貨／吹PFSF	
111	貨／吹PFSF	
112	貨／吹PFSF	
113	貨／吹PFSF	
114	貨／吹PFSF	
115	貨／吹PFSF	
116	貨／吹PFSF	
117	貨／吹PFSF	
118	貨／吹PFSF	
119	貨／吹PFSF	
120	貨／吹PFSF	
121	貨／吹PFSF	
122	貨／吹PFSF	
123	貨／吹PFSF	
124	貨／吹PFSF	
125	貨／吹PFSF	
126	貨／吹PFSF	
127	貨／吹PFSF	
128	貨／吹PFSF	
129	貨／吹PFSF	
130	貨／吹PFSF	
131	貨／吹PFSF	
132	貨／吹PFSF	
133	貨／吹PFSF	
廃 901	01.02.09	

EF67 *

1	貨／広 SF
2	貨／広 SF
3	貨／広 SF
101	貨／広 SF
102	貨／広 SF
103	貨／広 SF
104	貨／広 SF
105	貨／広 SF

EF200 *

1	貨／吹PFSF
2	貨／吹PFSF
3	貨／吹PFSF
4	貨／吹PFSF
5	貨／吹PFSF
6	貨／吹PFSF
7	貨／吹PFSF
8	貨／吹PFSF
9	貨／吹PFSF
10	貨／吹PFSF
11	貨／吹PFSF
12	貨／吹PFSF
13	貨／吹PFSF
14	貨／吹PFSF
15	貨／吹PFSF
16	貨／吹PFSF
17	貨／吹PFSF
18	貨／吹PFSF
19	貨／吹PFSF
20	貨／吹PFSF
001	貨／吹PFSF

EF210 *

1	貨／岡PFSF
2	貨／岡PFSF
3	貨／岡PFSF
4	貨／岡PFSF
5	貨／岡PFSF
6	貨／岡PFSF
7	貨／岡PFSF
8	貨／岡PFSF
9	貨／岡PFSF
10	貨／岡PFSF
11	貨／岡PFSF
12	貨／岡PFSF
13	貨／岡PFSF
14	貨／岡PFSF
15	貨／岡PFSF
16	貨／岡PFSF
17	貨／岡PFSF
18	貨／岡PFSF
101	貨／岡PFSF
102	貨／岡PFSF
103	貨／吹PFSF
104	貨／吹PFSF
105	貨／吹PFSF
106	貨／吹PFSF
107	貨／吹PFSF
108	貨／吹PFSF
109	貨／吹PFSF
110	貨／新PFSF
111	貨／新PFSF
112	貨／新PFSF
113	貨／吹PFSF
114	貨／吹PFSF
115	貨／新PFSF
116	貨／新PFSF
117	貨／新PFSF
118	貨／新PFSF
119	貨／新PFSF
120	貨／新PFSF
121	貨／新PFSF
122	貨／新PFSF
123	貨／新PFSF
124	貨／新PFSF
125	貨／新PFSF
126	貨／岡PFSF
127	貨／岡PFSF
128	貨／岡PFSF
129	貨／岡PFSF
130	貨／岡PFSF
131	貨／岡PFSF
132	貨／岡PFSF
133	貨／新PFSF
134	貨／新PFSF
135	貨／新PFSF
136	貨／岡PFSF
137	貨／岡PFSF
138	貨／岡PFSF
139	貨／吹PFSF
140	貨／吹PFSF
141	貨／新PFSF
142	貨／吹PFSF
143	貨／吹PFSF
144	貨／吹PFSF
145	貨／吹PFSF
146	貨／吹PFSF
147	貨／吹PFSF
148	貨／吹PFSF
149	貨／吹PFSF
150	貨／新PFSF
151	貨／新PFSF
152	貨／岡PFSF
153	貨／新PFSF
154	貨／吹PFSF
155	貨／新PFSF
156	貨／吹PFSF
157	貨／吹PFSF
158	貨／吹PFSF
159	貨／吹PFSF
160	貨／吹PFSF
161	貨／新PFSF
162	貨／吹PFSF
163	貨／新PFSF
164	貨／新PFSF
165	貨／吹PFSF
166	貨／吹PFSF
167	貨／吹PFSF
168	貨／吹PFSF
169	貨／吹PFSF
170	貨／新PFSF
171	貨／新PFSF
172	貨／新PFSF
173	貨／新PFSF

			EH200	*
301	貨／吹PFSF		1	貨／高PFSF
302	貨／吹PFSF		2	貨／高PFSF
303	貨／吹PFSF		3	貨／高PFSF
304	貨／吹PFSF		4	貨／高PFSF
305	貨／吹PFSF		5	貨／高PFSF
306	貨／吹PFSF		6	貨／高PFSF
307	貨／吹PFSF		7	貨／高PFSF
308	貨／吹PFSF		8	貨／高PFSF
309	貨／吹PFSF		9	貨／高PFSF
310	貨／吹PFSF		10	貨／高PFSF
311	貨／吹PFSF		11	貨／高PFSF
312	貨／吹PFSF		12	貨／高PFSF
313	貨／吹PFSF		13	貨／高PFSF
314	貨／吹PFSF		14	貨／高PFSF
315	貨／吹PFSF		15	貨／高PFSF
316	貨／吹PFSF		16	貨／高PFSF
317	貨／吹PFSF		17	貨／高PFSF
318	貨／吹PFSF		18	貨／高PFSF
319	貨／吹PFSF		19	貨／高PFSF
320	貨／吹PFSF		20	貨／高PFSF
321	貨／吹PFSF		21	貨／高PFSF
322	貨／吹PFSF		22	貨／高PFSF
323	貨／吹PFSF		23	貨／高PFSF
324	貨／吹PFSF		24	貨／高PFSF
325	貨／吹PFSF			
326	貨／新PFSF		901	貨／高PFSF
327	貨／新PFSF			
328	貨／新PFSF			
329	貨／新PFSF			
330	貨／新PFSF			
331	貨／吹PFSF			
332	貨／吹PFSF			
333	貨／吹PFSF			
334	貨／吹PFSF			
335	貨／吹PFSF			
336	貨／吹PFSF			
337	貨／吹PFSF			
338	貨／吹PFSF			
339	貨／吹PFSF			
340	貨／新PFSF			
341	貨／新PFSF			
342	貨／新PFSF			
343	貨／新PFSF			
344	貨／新PFSF			
345	貨／新PFSF			
346	貨／新PFSF			
347	貨／新PFSF			
348	貨／新PFSF			
349	貨／吹PFSF			
350	貨／吹PFSF			
351	貨／吹PFSF			
352	貨／吹PFSF			
353	貨／吹PFSF			
354	貨／吹PFSF			
901	貨／岡PFSF			

交流電気機関車

ED75 *

廃	74	00.11.24
廃	76	02.02.18
廃	80	01.08.06
廃	81	01.06.07
廃	82	01.11.08
廃	84	01.11.08
廃	85	07.09.19
廃	87	01.01.15
廃	89	01.06.07
廃	90	08.03.14
廃	91	01.08.06
廃	92	01.01.15
廃	93	03.02.12
廃	94	00.10.26
廃	95	02.02.18
廃	97	08.03.31
廃	98	06.11.30
廃	99	00.11.24
廃	100	07.09.19
廃	101	92.10.01
廃	102	01.11.18
廃	103	02.09.20
廃	104	92.05.29
廃	105	02.03.20
廃	106	07.03.30
廃	107	03.02.12
廃	108	03.12.24
廃	109	06.11.30
廃	110	04.02.27
廃	111	08.11.18
廃	112	04.02.27
	113	貨／仙貨SF
	114	貨／仙貨SF
廃	115	03.02.12
廃	116	08.11.18
廃	117	08.03.14
廃	118	02.09.20
廃	119	08.03.14
廃	120	05.03.30
廃	121	06.11.30
廃	122	06.11.30
廃	123	06.11.30
廃	124	06.11.30
廃	125	06.11.30
廃	126	06.11.30
廃	127	98.11.19
廃	128	08.03.14
廃	129	07.03.30
廃	130	03.02.12
廃	131	05.03.30
廃	132	05.03.30
廃	133	07.03.30
廃	134	06.11.30
廃	135	03.09.19
廃	136	07.09.19
廃	137	04.01.30
廃	138	07.03.30
廃	139	05.03.30
	140	貨／仙貨SF
廃	141	05.03.30
廃	142	05.03.30
	143	貨／仙貨SF
廃	144	04.01.30
廃	145	03.09.19
廃	146	95.08.25
廃	147	92.10.01
廃	148	92.12.01
廃	149	92.12.01
廃	150	94.12.01
廃	151	94.10.21
廃	152	94.10.21
廃	153	94.12.01
廃	154	94.12.01
廃	155	94.10.21
廃	156	94.12.01
廃	157	92.09.01
廃	158	94.12.01
廃	159	94.12.01
廃	160	92.07.01
廃	701	96.10.28
廃	702	95.08.25
廃	703	96.03.29
廃	704	96.03.29
廃	705	97.01.23
廃	706	96.03.29
廃	707	96.10.28
廃	708	95.08.25
廃	710	96.10.28
廃	711	97.02.21
廃	712	94.01.01
廃	713	94.01.01
廃	714	94.01.01
廃	715	94.01.01
廃	716	96.03.29
廃	721	97.01.23
廃	722	96.10.28
廃	723	94.01.01
廃	725	94.01.01
廃	726	98.01.15
廃	727	97.01.23
廃	729	96.12.24
廃	730	99.01.25
改	732	88.01.15 ED79110
廃	733	97.02.21
廃	734	98.01.15
廃	735	99.01.25
改	737	88.02.11 ED79113
改	738	87.12.10 ED79112
廃	739	97.02.21
廃	740	98.12.10
廃	741	98.12.10
廃	742	99.01.25
廃	743	94.01.01
廃	744	94.01.01
廃	745	94.01.01
廃	746	94.01.01
廃	747	94.12.12
廃	748	94.02.16
廃	749	94.02.16
廃	750	94.12.12
廃	751	02.09.12
廃	752	94.12.12
廃	753	00.11.15
廃	754	00.11.15
廃	755	02.09.25
廃	756	01.07.11
	757	東／仙 Ps
	758	東／仙 Ps
	759	東／仙 Ps
改	761	87.12.28 ED79105
廃	762	03.07.02
廃	764	03.06.18
廃	766	01.08.07
	767	東／秋 Ps
廃	768	99.07.01
廃	770	08.09.01
廃	771	99.07.10
廃	775	07.07.10 鉄博
	777	東／秋 Ps
改	779	87.07.01 ED79 9
改	780	87.07.22 ED7910
改	781	87.11.20 ED7911
改	786	87.12.10 ED7914
改	787	87.09.14 ED7915
改	788	87.10.02 ED7916

廃	1001	07.09.19
廃	1002	06.11.30
	1004	貨／仙貨SF
廃	1005	09.03.31
廃	1006	10.03.31
廃	1007	08.03.14
	1008	貨／仙貨SF
廃	1009	09.03.31
	1010	貨／仙貨SF
廃	1011	08.03.14
廃	1012	07.11.07
廃	1013	09.03.31
廃	1014	88.11.02
	1015	貨／仙貨SF
	1016	貨／仙貨SF
廃	1017	09.03.31
廃	1019	07.09.19
	1020	貨／仙貨SF
廃	1021	10.03.31
廃	1022	08.03.14
廃	1023	09.03.31
廃	1024	09.03.31
廃	1026	10.03.31
廃	1027	10.03.31
廃	1028	09.03.31
廃	1029	06.03.30
廃	1030	08.03.31
廃	1031	10.03.15
廃	1032	88.11.02
廃	1033	08.11.18
	1034	貨／仙貨SF
廃	1035	96.07.05
廃	1036	09.03.31
廃	1037	01.09.18
廃	1038	02.07.13
	1039	貨／仙貨SF

ED76 *

	37	貨／門 SF
廃	42	91.08.19
廃	43	10.03.16
	55	貨／門 SF
	56	貨／門 SF
廃	57	00.03.10
	58	貨／門 SF
	59	貨／門 SF
廃	60	94.03.24
廃	61	06.11.09
廃	62	94.10.31
廃	63	91.08.19
廃	64	94.10.31
廃	65	02.03.22
廃	66	12.11.01
廃	67	00.03.31
廃	68	00.03.31
廃	69	12.11.15
廃	70	08.07.26
廃	71	93.03.24
廃	72	96.03.31
廃	73	94.10.31
廃	74	95.10.05
廃	75	95.10.05
廃	76	94.10.31
廃	77	01.03.01
廃	78	94.10.31
廃	79	94.10.31
廃	80	94.10.31
	81	貨／門DFSF
廃	82	95.10.05
	83	貨／門DFSF
廃	84	95.10.05
廃	85	95.10.05
廃	86	95.10.05
廃	87	06.11.01

交直流電気機関車

廃	88	93.03.24
廃	89	93.03.24
廃	90	09.07.18
廃	91	10.01.25
廃	92	09.11.16
廃	93	94.10.31
廃	94	12.11.29
廃	504	91.12.16
廃	506	92.11.09
廃	507	94.01.28
廃	508	92.11.09
廃	510	92.11.09
廃	511	94.07.13
廃	512	94.11.01
改	514	89.06.11→551
廃	515	94.01.28
廃	516	90.03.07
廃	517	90.02.14
廃	518	94.11.01
廃	519	90.02.14
廃	520	90.06.07
廃	521	94.11.01
廃	522	94.11.01
廃	551	01.03.31
廃	1006	04.01.30
廃	1007	10.03.16
	1008	貨／門 SF
廃	1009	96.02.06
	1010	貨／門 SF
	1011	貨／門 SF
	1012	貨／門 SF
	1013	貨／門 SF
	1014	貨／門 SF
	1015	貨／門DFSF
	1016	貨／門DFSF
	1017	貨／門DFSF
	1018	貨／門DFSF
	1019	貨／門DFSF
	1020	貨／門DFSF
	1021	貨／門DFSF
	1022	貨／門DFSF
	1023	貨／門 SF

ED77　0
廃	9	90.03.15
廃	10	93.10.01
廃	11	93.10.01
廃	12	93.10.01
廃	13	93.11.01
廃	14	93.11.01
廃	15	93.11.01

ED78　0
廃	2	00.01.10
廃	3	99.06.10
廃	4	00.01.10
廃	5	99.04.20
廃	6	99.04.20
廃	7	99.06.10
廃	8	99.07.10
廃	9	99.07.10
廃	10	99.05.11
廃	11	99.05.11
廃	12	00.07.07
廃	13	00.07.07

ED79　*
廃	1	09.03.24
廃	2	05.03.18
廃	3	03.03.31
廃	4	16.03.31
廃	5	05.07.01
廃	6	03.10.31
廃	7	16.03.31
廃	8	06.02.10
廃	9	15.11.30
廃	10	12.10.31
廃	11	13.12.20
廃	12	15.11.30
廃	13	16.03.31
廃	14	16.03.31
廃	15	08.04.30
廃	16	04.09.27
廃	17	06.02.10
廃	18	15.11.30
廃	19	08.04.30
廃	20	16.03.31
廃	21	03.08.25
	51	貨／五 SFC
	52	貨／五 SFC
	53	貨／五 SFC
	54	貨／五 SFC
	55	貨／五 SFC
廃	56	00.03.24
	57	貨／五 SFC
	58	貨／五 SFC
	59	貨／五 SFC
	60	貨／五 SFC
廃	101	03.08.25
廃	102	03.03.31
廃	103	01.03.31
廃	104	09.03.24
廃	105	02.09.12
廃	106	04.12.28
廃	107	09.03.24
廃	108	09.03.24
廃	109	03.08.31
廃	110	06.02.10
廃	111	02.09.12
廃	112	04.09.27
廃	113	01.11.15

EF71　0
廃	2	93.05.01
廃	3	93.05.01
廃	4	93.06.01
廃	5	93.06.01
廃	6	93.07.01
廃	7	93.07.01
廃	8	93.07.01
廃	9	91.08.20
廃	10	93.08.01
廃	11	91.08.20
廃	12	89.09.26
廃	13	91.08.20
廃	14	93.09.01
廃	15	93.09.01

EH800　*
	1	貨／五PFSFCPs
	2	貨／五PFSFCPs
	3	貨／五PFSFCPs
	4	貨／五PFSFCPs
	5	貨／五PFSFCPs
	6	貨／五PFSFCPs
	7	貨／五PFSFCPs
	8	貨／五PFSFCPs
	9	貨／五PFSFCPs
	10	貨／五PFSFCPs
	11	貨／五PFSFCPs
	12	貨／五PFSFCPs
	13	貨／五PFSFCPs
	14	貨／五PFSFCPs
	15	貨／五PFSFCPs
	16	貨／五PFSFCPs
	17	貨／五PFSFCPs
	18	貨／五PFSFCPs
	19	貨／五PFSFCPs
	901	貨／五PFSFCPs

交直流電気機関車

EF30　0
廃	3	94.10.31

EF81　*
廃	1	04.03.31
	2	貨／富機SF
廃	3	07.03.30
廃	4	07.03.30
廃	5	07.03.30
廃	6	04.03.30
廃	7	07.03.30
廃	8	07.03.30
廃	9	07.03.30
	10	貨／富機SF
廃	11	00.09.25
廃	12	00.09.25
廃	13	01.07.02
廃	14	01.04.02
廃	15	01.07.12
廃	16	04.05.13
廃	17	07.09.23
廃	18	07.09.23
	19	貨／富機SF
廃	20	08.03.31
廃	21	08.03.31
	22	貨／富機SF
廃	23	09.03.31
廃	24	07.06.01
	25	貨／富機SF
	26	貨／富機SF
	27	貨／富機SF
	28	貨／富機PFSF
廃	29	09.03.31
廃	30	07.03.30
廃	31	09.03.31
廃	32	08.03.31
	33	貨／富機PFSF
廃	34	07.03.30
廃	35	09.03.31
廃	36	09.03.31
廃	37	10.03.31
廃	38	09.03.31
	39	貨／富機SF
廃	43	17.03.31
廃	44	22.10.03
廃	45	11.03.30
廃	46	09.02.05
廃	47	02.09.30
廃	48	11.03.30
廃	55	07.04.29
廃	56	08.07.28
廃	57	10.11.03
廃	58	11.06.04
廃	59	08.12.24
廃	60	09.02.24
廃	61	06.10.17
廃	62	98.05.01
廃	63	93.08.01
廃	64	96.08.28
廃	65	96.08.28
廃	66	02.04.02
廃	67	00.06.01
廃	68	00.06.01
廃	69	00.06.10
廃	70	92.09.01
廃	71	96.07.09
廃	72	99.05.31
廃	73	00.06.01
廃	74	99.11.11
廃	76	10.03.31
廃	77	08.03.31
廃	78	10.12.26
廃	79	11.06.04
	80	東／尾 PPs
	81	東／尾 PPs
廃	82	12.01.21
廃	83	10.01.09
廃	84	10.08.10
廃	85	12.01.17
廃	86	12.03.22
廃	87	12.01.10
廃	88	11.06.08
廃	89	09.09.27
廃	90	08.04.18
廃	91	10.12.08
廃	92	12.01.17
廃	93	12.01.14
廃	94	10.12.26
	95	東／尾 PPs
廃	96	12.01.14
	97	東／新潟PPs
	98	東／尾 PPs
廃	99	11.08.27
廃	100	08.12.24
廃	101	13.07.08
廃	102	09.12.01
廃	103	15.04.30　京鉄博
廃	104	13.07.08
廃	105	02.01.25
廃	106	17.03.31
廃	107	13.07.08
廃	108	17.03.31
廃	109	09.03.31
廃	110	02.06.26
廃	111	03.08.06
廃	112	09.03.31
廃	113	23.03.13
廃	114	22.10.03
	115	貨／富機PFSF
	116	貨／富機PFSF
	117	貨／富機PFSF
	118	貨／富機PFSF
	119	貨／富機PFSF
廃	120	10.03.16
	121	貨／富機SF
廃	122	10.03.31
	123	貨／富機PFSF
	124	貨／富機SF
	125	貨／富機SF
	126	貨／富機SF
廃	127	10.12.31
	129	貨／富機SF
廃	133	22.03.25
	134	東／新潟PPs
	135	貨／富機PFSF
	136	東／秋 PPs
廃	137	16.06.04
廃	138	15.12.09
	139	東／尾 PPs
	140	東／新潟PPs
	141	東／新潟PPs
	142	東／富機PFSF
廃	143	08.11.30
廃	144	08.11.30
	145	貨／富機PFSF
	146	貨／富機PFSF
廃	147	11.07.31
	148	貨／富機SF
廃	149	10.12.31
廃	150	11.07.31
廃	151	18.06.06
廃	152	08.12.25
	301	貨／門 SF
	302	貨／門 SF
	303	貨／門 SF
	304	貨／門 SF
	401	貨／門 SF
	402	貨／門 SF
	403	貨／門 SF
	404	貨／富機PFSF
	405	貨／富機PFSF
	406	貨／富機PFSF
	407	貨／門 SF
	408	貨／門 SF
廃	409	06.12.18
廃	410	10.12.24
廃	411	10.12.15
廃	412	96.03.31
廃	413	06.11.20
廃	414	96.03.31
	451	貨／門DFSF
	452	貨／門DFSF
	453	貨／富機PFSF
	454	貨／富機PFSF
	455	貨／富機PFSF
	501	貨／富機PFSF
	502	貨／富機PFSF
	503	貨／富機PFSF

EF500		0
廃	901	02.03.29

EF510		*
	1	貨／富機PFSF
	2	貨／富機PFSF
	3	貨／富機PFSF
	4	貨／富機PFSF
	5	貨／富機PFSF
	6	貨／富機PFSF
	7	貨／富機PFSF
	8	貨／富機PFSF
	9	貨／富機PFSF
	10	貨／富機PFSF
	11	貨／富機PFSF
	12	貨／富機PFSF
	13	貨／富機PFSF
	14	貨／富機PFSF
	15	貨／富機PFSF
	16	貨／富機PFSF
	17	貨／富機PFSF
	18	貨／富機PFSF
	19	貨／富機PFSF
	20	貨／富機PFSF
	21	貨／富機PFSF
	22	貨／富機PFSF
	23	貨／富機PFSF
	301	貨／門DFSF
廃	501	13.07.24 →JR貨
廃	502	13.07.24 →JR貨
廃	503	13.07.23 →JR貨
廃	504	13.07.25 →JR貨
廃	505	13.07.25 →JR貨
廃	506	13.07.26 →JR貨
廃	507	13.07.26 →JR貨
廃	508	13.07.24 →JR貨
廃	509	16.03.28 →JR貨
廃	510	16.03.29 →JR貨
廃	511	13.07.25 →JR貨
廃	512	15.12.09 →JR貨
廃	513	15.12.09 →JR貨
廃	514	16.02.01 →JR貨
廃	515	15.12.08 →JR貨
	501	貨／富機PFSF
	502	貨／富機PFSF
	503	貨／富機PFSF
	504	貨／富機PFSF
	505	貨／富機PFSF
	506	貨／富機PFSF
	507	貨／富機PFSF
	508	貨／富機PFSF
	509	貨／富機PFSF
	510	貨／富機PFSF
	511	貨／富機PFSF
	512	貨／富機PFSF
	513	貨／富機PFSF
	514	貨／富機PFSF
	515	貨／富機PFSF

EH500		*
	1	貨／仙貨PFSFC
	2	貨／仙貨PFSFC
	3	貨／仙貨PFSFC
	4	貨／仙貨PFSFC
	5	貨／仙貨PFSFC
	6	貨／仙貨PFSFC
	7	貨／仙貨PFSFC
	8	貨／仙貨PFSFC
	9	貨／仙貨PFSFC
	10	貨／仙貨PFSFC
	11	貨／仙貨PFSFC
	12	貨／仙貨PFSFC
	13	貨／仙貨PFSFC
	14	貨／仙貨PFSFC
	15	貨／仙貨PFSFC
	16	貨／仙貨PFSFC
	17	貨／仙貨PFSFC
	18	貨／仙貨PFSFC
	19	貨／仙貨PFSFC
	20	貨／仙貨PFSFC
	21	貨／仙貨PFSFC
	22	貨／仙貨PFSFC
	23	貨／仙貨PFSFC
	24	貨／仙貨PFSFC
	25	貨／仙貨PFSFC
	26	貨／仙貨PFSFC
	27	貨／仙貨PFSFC
	28	貨／仙貨PFSFC
	29	貨／仙貨PFSFC
	30	貨／仙貨PFSFC
	31	貨／仙貨PFSFC
	32	貨／仙貨PFSFC
	33	貨／仙貨PFSFC
	34	貨／仙貨PFSFC
	35	貨／仙貨PFSFC
	36	貨／仙貨PFSFC
	37	貨／仙貨PFSFC
	38	貨／仙貨PFSFC
	39	貨／仙貨PFSFC
	40	貨／仙貨PFSFC
	41	貨／仙貨PFSFC
	42	貨／仙貨PFSFC
	43	貨／仙貨PFSFC
	44	貨／仙貨PFSFC
	45	貨／門DFSF
	46	貨／門DFSF
	47	貨／門DFSF
	48	貨／門DFSF
	49	貨／門DFSF
	50	貨／門DFSF
	51	貨／仙貨PFSFC
	52	貨／仙貨PFSFC
	53	貨／仙貨PFSFC
	54	貨／仙貨PFSFC
	55	貨／仙貨PFSFC
	56	貨／仙貨PFSFC
	57	貨／仙貨PFSFC
	58	貨／仙貨PFSFC
	59	貨／仙貨PFSFC
	60	貨／仙貨PFSFC
	61	貨／仙貨PFSFC
	62	貨／仙貨PFSFC
	63	貨／仙貨PFSFC
	64	貨／仙貨PFSFC
	65	貨／仙貨PFSFC
	66	貨／仙貨PFSFC
	67	貨／門DFSF
	68	貨／門DFSF
	69	貨／門DFSF
	70	貨／門DFSF
	71	貨／門DFSF
	72	貨／門DFSF
	73	貨／仙貨PFSFC
	74	貨／仙貨PFSFC
	75	貨／仙貨PFSFC
	76	貨／仙貨PFSFC
	77	貨／仙貨PFSFC
	78	貨／仙貨PFSFC
	79	貨／仙貨PFSFC
	80	貨／仙貨PFSFC
	81	貨／仙貨PFSFC
	901	貨／仙貨PFSFC

ディーゼル機関車

DBR600		0
廃	1	14.07.01
廃	2	14.07.01

DD14		1
廃	2	88.12.30
廃	3	96.09.10
廃	6	94.12.01
廃	7	95.06.01
廃	8	98.11.05
廃	301	94.08.01
廃	302	90.02.14
廃	303	93.03.24
廃	304	93.03.24
廃	305	09.04.02
廃	306	98.07.25
廃	307	90.02.14
廃	308	09.06.18
廃	309	00.06.16
	310	東／盛 Ps
廃	311	00.03.31
廃	312	88.12.30
廃	313	90.03.17
廃	314	03.04.07
廃	315	98.12.25
廃	316	96.03.29
廃	317	08.05.30
廃	318	90.03.17
廃	319	92.12.17
廃	320	93.03.24
廃	321	93.03.24
廃	322	94.01.28
廃	323	93.09.27
廃	324	94.07.13
廃	325	04.04.23
廃	326	02.06.14
廃	327	20.09.09
廃	328	09.09.28
廃	329	96.03.29
廃	330	94.11.01
廃	331	03.07.03
廃	332	15.07.10 新津
廃	333	08.06.21
廃	334	10.05.21
廃	335	00.03.31

DD15		1
廃	1	96.09.10
廃	2	91.08.20
廃	3	95.06.01
廃	5	89.03.31
廃	6	89.07.14
廃	8	92.12.01
廃	9	00.03.31
廃	10	17.03.31
	11	西／富 Sw
廃	13	17.03.31
廃	14	17.03.31
廃	15	17.03.31
廃	16	00.06.01
廃	18	00.03.31
廃	19	96.09.10
廃	20	95.06.01
廃	21	95.06.01
廃	23	95.06.01
廃	30	11.03.07 津山
廃	31	17.03.31
廃	32	92.07.01
廃	38	92.06.01
廃	39	13.07.08
廃	40	03.03.31
廃	41	89.03.31
廃	42	10.07.31
廃	43	98.11.05
廃	44	10.07.31
廃	45	00.05.01
廃	46	10.07.31
廃	301	96.09.10
廃	302	02.12.10

DD16		0
廃	10	92.06.30
廃	11	21.12.27
廃	12	90.05.15
廃	48	89.06.30
廃	62	99.12.13
廃	64	02.03.22
廃	301	10.08.19
廃	302	09.07.01
廃	303	09.11.25
廃	304	15.11.25 津山

DD17		0
改	1	92.01.31 DD19 1

DD18		0
廃	1	08.06.05
廃	2	07.10.15
廃	3	07.11.05

DD19		0
廃	1	08.09.08

DD53		0
廃	2	10.03.10
廃	3	01.09.20

ＤＤ51 *

廃	712	98.02.03
廃	713	99.10.21
廃	714	99.10.21
廃	741	96.06.05
改	742	92.01.24 DD18 2
廃	744	96.06.05
廃	745	02.07.01
廃	746	02.03.25
廃	749	07.03.12
	750	貨／門 SF
廃	751	02.03.25
	756	貨／門 京鉄博
廃	757	貨／吹 SF
廃	758	02.03.25
	759	貨／東新SF
廃	781	99.10.21
改	783	96.11.18
廃	784	96.06.05
廃	788	96.06.05
廃	789	02.03.15
廃	790	94.09.09
廃	791	07.11.28
廃	793	02.03.15
廃	794	04.01.30
改	796	91.12.27 DD18 1
廃	797	04.05.26
廃	798	02.09.09
廃	808	01.01.10
廃	809	98.03.25
廃	810	98.03.25
廃	811	98.03.25
廃	812	01.01.10
廃	813	01.01.10
廃	815	98.09.02
廃	816	98.02.03
廃	817	98.02.03
廃	818	98.02.03
廃	819	04.02.27
廃	820	08.03.31
廃	821	01.03.30
	822	貨／愛 SF
廃	823	05.06.27
	825	貨／愛 SF
廃	827	01.01.10
廃	831	08.03.31
	832	貨／愛 SF
	833	貨／吹 SF
廃	834	03.03.19
	835	貨／門 SF
廃	836	04.03.30
	837	貨／吹 SF
廃	841	97.05.01
	842	東／群 PSN
廃	844	11.09.08
	847	貨／愛 SF
廃	848	04.01.30
廃	850	06.03.30
廃	851	09.03.31
	852	貨／厚 SF
	853	貨／厚 SF
廃	854	98.02.03
廃	855	10.03.16
	856	貨／愛PFSF
	857	貨／愛PFSF
廃	863	90.05.29
廃	866	08.03.31
廃	871	07.03.30
廃	874	02.03.15
	875	貨／愛PFSF
廃	876	07.03.30
廃	877	04.02.27
廃	878	04.02.27
	881	貨／吹 SF
廃	882	10.03.16
廃	886	01.01.10
廃	887	01.01.10
廃	888	19.10.31
	889	貨／愛PFSF
	890	貨／愛PFSF
	891	貨／愛PFSF
	892	貨／愛PFSF
	893	貨／愛PFSF
廃	894	01.01.10
	895	東／群 PSN
	896	貨／愛 SF
廃	897	19.05.15
廃	898	01.01.10
	899	貨／愛 SF
廃	1001	05.12.26
廃	1002	99.10.21
廃	1003	02.07.12
廃	1004	98.10.19
廃	1005	04.01.30
廃	1006	08.12.03
廃	1007	98.10.19
廃	1008	98.10.19
廃	1010	91.12.16
廃	1013	07.03.30
廃	1014	98.12.02
廃	1016	01.03.19
廃	1017	89.03.31
廃	1020	96.02.10
廃	1022	97.11.26
	1027	貨／東新SF
	1028	貨／愛 SF
廃	1029	10.03.15
廃	1030	98.10.19
廃	1031	03.03.31
廃	1032	97.12.05
廃	1033	89.03.31
廃	1034	98.10.19
廃	1036	02.08.31
廃	1037	99.12.06
廃	1039	98.02.03
廃	1040	94.02.01
廃	1042	89.03.31
	1043	西／関 Sw
	1045	貨／鷲 SF
廃	1046	98.02.03
	1047	貨／鷲 SF
廃	1051	01.03.19
廃	1052	92.11.09
廃	1053	02.03.25
廃	1054	14.07.07
廃	1055	93.08.27
	1056	皆／東新SF
	1057	貨／鷲 SF
廃	1058	97.12.08
廃	1059	10.03.31
廃	1060	97.12.08
	1061	貨／鷲 SF
廃	1062	07.03.30
廃	1063	07.03.30
廃	1064	10.03.31
	1065	貨／鷲 SF
廃	1066	98.10.19
	1067	貨／鷲 SF
廃	1068	08.12.03
廃	1069	02.03.25
廃	1070	05.12.26
廃	1071	99.12.13
廃	1072	94.01.28
	1073	貨／鷲 SF
廃	1074	10.03.31
廃	1075	97.12.08
廃	1076	10.03.31
廃	1077	97.12.08
廃	1078	07.03.28
	1080	貨／鷲 SF
	1081	貨／鷲 SF
	1082	貨／鷲 SF
廃	1083	15.03.31
廃	1084	04.03.30
廃	1085	04.02.27
廃	1086	99.10.21
廃	1087	99.10.21
	1088	貨／鷲 SF
	1089	貨／鷲 SF
	1090	貨／愛 SF
廃	1091	02.04.27
廃	1092	91.12.16
廃	1093	16.03.31
廃	1094	94.01.28
廃	1095	16.03.31
廃	1096	91.12.16
廃	1097	91.12.16
廃	1098	03.12.24
廃	1099	08.03.31
廃	1100	16.04.30
廃	1101	94.01.28
廃	1102	16.03.31
廃	1104	00.01.24
廃	1105	02.12.05
廃	1106	97.12.01
廃	1107	97.11.22
廃	1108	90.12.01
	1109	西／宮 PSw
廃	1110	97.12.01
廃	1111	90.05.15
廃	1112	90.05.15
廃	1113	90.05.15
廃	1114	90.05.15
廃	1115	02.11.01
廃	1116	02.11.01
廃	1117	97.11.22
廃	1118	97.12.01
廃	1119	07.03.23
廃	1120	91.03.31
廃	1121	08.11.17
廃	1122	90.05.15
廃	1123	91.03.31
廃	1124	92.07.31
廃	1125	92.09.30
廃	1126	92.03.31
廃	1127	92.06.30
廃	1128	92.11.30
廃	1129	92.05.14
廃	1130	94.03.31
廃	1131	94.03.31
廃	1133	91.03.31
廃	1134	00.01.24
廃	1135	10.03.31
	1136	貨／鷲 SF
廃	1137	15.11.30
廃	1138	16.04.30
廃	1139	94.01.28
廃	1140	16.04.30
廃	1141	16.03.31
廃	1142	15.03.31
廃	1143	16.04.30
	1145	貨／鷲 SF
	1146	貨／愛 SF
	1147	貨／愛 SF
廃	1148	16.04.30
廃	1149	03.03.31
	1150	貨／鷲 SF
廃	1151	10.03.31
	1152	貨／鷲 SF
廃	1153	97.12.08
	1154	貨／鷲 SF
廃	1155	08.03.31
	1156	貨／愛 SF
	1157	貨／鷲 SF
	1158	貨／鷲 SF
廃	1159	08.03.31
	1160	貨／鷲 SF
	1161	貨／鷲 SF
	1162	貨／鷲 SF
廃	1163	02.03.25
廃	1164	10.03.31
	1165	貨／鷲 SF
	1166	貨／鷲 SF
廃	1167	10.03.31
廃	1168	10.03.31
廃	1170	91.12.01
廃	1171	91.12.01
廃	1172	90.05.15
廃	1173	90.05.15
廃	1174	92.06.01
廃	1175	92.07.31
廃	1176	03.02.20
廃	1177	03.02.20
廃	1178	94.10.31
	1179	西／後 Sw
廃	1180	94.10.31
廃	1181	92.07.31
廃	1182	07.03.30
	1183	西／宮 PSw
	1184	貨／東新SF
廃	1185	92.10.31
	1186	西／後 Sw
廃	1187	07.08.17
	1188	貨／吹 SF
廃	1189	02.11.16
廃	1190	03.01.08
	1191	西／宮 PSw
	1192	西／宮 PSw
	1193	西／宮 PSw
	1801	貨／愛PFSF
	1802	貨／愛PFSF
	1803	貨／愛PFSF
	1804	貨／愛PFSF
	1805	貨／愛PFSF

ＤＥ10 *

廃	106	89.02.28
廃	127	89.02.28
廃	139	89.02.28
廃	143	89.02.28
廃	1004	94.03.04
廃	1005	91.03.31
廃	1006	90.12.31
廃	1008	90.12.31
廃	1009	91.03.31
廃	1010	91.03.31
廃	1011	91.03.31
廃	1012	91.03.31
廃	1013	89.02.28
廃	1014	93.11.30
廃	1017	96.06.13
廃	1024	91.03.31
廃	1025	07.03.30
廃	1027	00.03.31
	1028	西／宮 Sw
廃	1029	11.10.11
廃	1030	13.11.11
廃	1031	10.11.01
廃	1032	10.11.01
	1035	西／富 Sw
廃	1036	00.03.31
廃	1037	93.03.31
廃	1039	93.03.24
廃	1040	93.03.31
廃	1041	93.01.31
	1042	貨／岡 SF
廃	1043	98.10.19
	1044	貨／岡 SF
廃	1045	98.10.19
	1046	貨／広 SF
	1047	貨／岡 SF
	1048	貨／広 SF
	1049	貨／岡 SF
廃	1050	06.11.06
廃	1052	02.02.14
	1053	貨／岡 SF
	1054	貨／吹 SF
	1055	貨／岡 SF
	1056	貨／門 SF
廃	1057	00.03.31
	1058	西／後 Sw
廃	1060	93.03.24
	1061	貨／愛PFSF
廃	1066	89.03.31
廃	1067	92.06.30
廃	1068	89.03.31
廃	1069	89.03.31
廃	1070	90.12.30
廃	1072	93.11.30
	1073	貨／新 SF
廃	1074	91.12.31
	1076	西／関 Sw
廃	1078	89.03.31
廃	1079	93.11.30
	1081	貨／吹 SF
廃	1082	02.11.20
廃	1085	93.11.30
廃	1086	93.11.30
廃	1087	93.11.30
廃	1088	89.02.28
廃	1089	89.02.28
廃	1090	01.03.31
廃	1091	90.12.31
廃	1092	92.07.31
廃	1093	89.02.28
廃	1094	09.12.31
廃	1095	19.03.31
廃	1097	02.11.16
廃	1098	09.11.25
廃	1099	16.09.15 東武

1100 貨／岡 SF
1101 貨／新PFSF
廃1102 03.12.24
廃1103 95.05.11
廃1104 91.01.31
廃1105 89.03.31
1106 西／福 Sw
廃1107 02.02.14
廃1108 98.10.19
廃1109 19.10.30
廃1111 96.07.29
廃1112 98.10.02
廃1113 03.03.24
廃1114 04.10.29
1115 西／宮 Sw
1116 西／富 Sw
廃1117 95.05.11
1118 西／梅 Sw
1119 西／富 Sw
1120 貨／仙貨SF
廃1121 04.03.30
廃1122 21.11.19
廃1123 01.04.02
1124 東／郡 Ps
廃1125 13.10.18
廃1126 02.08.05
廃1127 96.07.04
廃1128 12.05.24 →JR貨
廃1129 13.10.18
廃1130 09.11.18
廃1131 01.03.01
廃1132 97.02.03
廃1133 98.03.26
廃1134 93.11.30
1136 貨／新 SF
廃1137 01.02.21
廃1138 09.12.31
1139 四／高 SS
廃1140 90.12.31
1141 貨／岡 SF
廃1142 03.12.24
廃1143 02.02.14
廃1144 95.09.04
廃1145 03.03.19
廃1146 89.03.31
1147 西／岡 Sw
廃1148 00.03.31
廃1149 05.05.20
廃1150 05.05.20
1151 西／岡 Sw
1152 西／宮 Sw
1153 貨／東新SF
廃1154 09.03.31
1155 貨／新PFSF
1156 西／梅 Sw
廃1157 92.12.31
廃1158 89.03.31
1159 西／後 Sw
1160 貨／東新SF
1161 西／後 Sw
廃1162 90.12.31
廃1163 15.02.18
1164 貨／岡 SF
1165 貨／愛PFSF
廃1170 90.12.31
廃1172 99.12.13
廃1173 99.12.13
廃1174 95.01.24
廃1175 01.03.01
廃1176 90.03.30
廃1177 03.12.18
廃1178 91.01.28
1179 貨／仙貨SF
1180 東／郡 Ps
1181 貨／門 SF

廃1182 10.03.31
廃1183 04.07.12
廃1184 04.03.31
廃1185 94.02.01
廃1186 99.07.01
1187 東／秋 Ps
1188 西／福 Sw
1189 貨／新PFSF
1191 貨／岡PFSF
1192 貨／岡PFSF
廃1193 09.03.31
廃1194 98.10.19
1195 九／熊 DK
廃1196 18.03.10
1197 貨／仙貨SF
1198 貨／仙貨SF
1199 貨／仙貨SF
廃1200 91.01.28
廃1201 03.11.15
1202 貨／岡PFSF
廃1203 91.01.28
廃1204 00.02.01
廃1205 91.03.26
1206 九／熊 DK
1207 九／熊 SK
1208 貨／門 SF
1209 九／熊 DK
廃1210 90.03.30

廃1501 98.11.01
廃1502 10.03.15
1503 貨／愛PFSF
廃1504 91.07.29
廃1506 92.06.30
廃1509 98.12.02
廃1510 98.12.02
廃1511 93.10.20
1512 貨／愛PFSF
廃1513 05.10.17
1514 西／関 Sw
廃1515 92.11.26
廃1516 96.12.12
1517 貨／愛PFSF
廃1518 10.03.15
廃1519 96.12.12
廃1520 96.12.12
廃1521 09.01.08
廃1522 09.10.20
廃1523 97.03.27
廃1524 07.11.27
廃1525 08.04.30
1526 貨／塩 SF
1527 貨／吹 SF
1528 貨／門 SF
1529 貨／塩 SF
1531 西／関 Sw
廃1532 05.10.30
廃1533 99.10.21
廃1535 04.08.24
廃1536 19.07.05
廃1537 95.11.10
廃1538 95.11.10
1539 貨／東新SF
1541 西／富 Sw
廃1542 01.02.21
廃1543 04.06.27
1546 貨／愛PFSF
廃1547 94.07.14
廃1548 96.02.10
1553 貨／新 SF
1554 貨／新 SF
1555 貨／新 SF
1556 貨／愛PFSF
1557 貨／愛PFSF
1558 貨／門 SF

1559 貨／門 SF
1560 貨／門 SF
1561 貨／岡PFSF
1562 貨／岡PFSF
1563 貨／広 SF
1565 貨／新PFSF
1566 貨／新PFSF
1571 東／群 PSN
1572 貨／岡 SF
廃1573 94.12.13
1574 貨／岡PFSF
1575 貨／岡PFSF
1576 貨／吹 SF
1577 貨／広 SF
1581 貨／愛PFSF
廃1582 08.03.06
1583 貨／門 SF
1584 貨／門 SF
1586 貨／岡 SF
1588 貨／門 SF
廃1589 98.07.07
1591 貨／仙貨SF
1592 貨／塩 SF
1594 貨／新PFSF
1595 貨／仙貨SF
廃1596 17.03.31
廃1598 15.11.25
1603 東／群 PSN
1604 東／群 PSN
1610 貨／門 SF
廃1611 99.10.21
1612 貨／門 SF
廃1613 99.10.21
1614 貨／岡 SF
廃1619 99.10.21
廃1630 94.07.13
廃1637 05.03.31
1638 九／熊 SK
1641 貨／仙貨SF
1642 貨／仙貨SF
1643 貨／仙貨SF
廃1644 04.01.08
廃1645 98.05.01
廃1646 09.06.17
1647 東／秋 Ps
1649 東／郡 Ps
廃1650 98.05.01
1651 東／郡 PSN
1654 東／群 PSN
廃1657 90.02.14
廃1658 90.02.14
廃1659 92.12.17
1660 北／釧 DN
1661 北／釧 DN
1662 貨／新PFSF
1663 貨／新PFSF
1664 貨／新PFSF
廃1665 09.06.19
1666 貨／新PFSF
1667 貨／新PFSF
廃1668 97.02.26
1669 貨／新PFSF
1673 貨／東新SF
1674 貨／岡 SF
1675 貨／東新SF
1676 貨／東新SF
廃1678 00.03.06
廃1679 04.08.01
1680 東／新潟Ps
廃1681 01.03.19
廃1682 00.11.30
1685 東／群 PSN
廃1686 94.11.01
1687 貨／東新SF
廃1688 92.11.30

1689 貨／塩 SF
1690 北／釧 DN
1691 北／旭 DN
1692 北／旭 DN
1693 貨／仙貨SF
1697 東／群 PSN
廃1698 16.11.04
1700 東／新潟Ps
1701 貨／愛 SF
1704 東／群 PSN
1705 東／群 PSN
廃1711 88.12.30
廃1712 88.12.30
廃1713 88.12.30
廃1714 00.03.31
1715 北／旭 DN
廃1716 92.12.17
1717 貨／岡 SF
1718 貨／鷲 SF
1719 貨／仙貨SF
1720 貨／鷲 SF
1723 貨／愛PFSF
廃1724 91.03.13
1725 貨／愛PFSF
1726 貨／愛PFSF
1727 貨／愛PFSF
1728 貨／東新SF
1729 貨／東新SF
1730 貨／東新SF
1731 貨／岡 SF
廃1732 10.03.16
1733 貨／岡PFSF
廃1734 02.03.25
廃1735 92.12.17
廃1736 01.03.19
1737 北／函 DN
1738 北／函 DN
1739 北／函 DN
廃1740 92.12.17
廃1741 97.08.07
1742 北／旭 DN
1743 貨／岡 SF
1745 貨／門 SF
1746 貨／門 SF
1747 貨／仙貨SF
1748 貨／門 SF
1749 貨／新PFSF
1750 貨／愛PFSF
廃1751 22.02.01
1752 東／群 PSN
1753 九／熊 DK
1755 九／鹿 DK
1756 九／熊 DK
廃1758 95.03.24
1759 東／秋 Ps
1760 東／郡 Ps
廃1761 20.04.23
1762 東／盛 Ps
1763 東／盛 Ps
1764 東／盛 Ps
1765 東／盛 Ps

3001 貨／仙貨SF

3501 貨／東新SF
廃3502 09.11.25
3503 貨／仙貨SF
3504 貨／仙貨SF
3505 貨／東新SF
3506 貨／東新SF
3507 貨／仙貨SF
3508 貨／東新SF
3509 貨／仙貨SF
3510 貨／仙貨SF
3511 貨／東新SF
3512 貨／仙貨SF
3513 貨／東新SF

DE11 *

廃 44 90.05.07
廃 53 89.02.08
廃 55 89.02.08

廃1029 12.05.24 →JR貨
廃1031 16.11.08
廃1032 13.09.26
廃1033 90.12.26
廃1034 13.09.26
廃1035 04.10.15
1041 東／群 PSN
廃1043 17.02.20
廃1045 10.06.30
廃1046 04.12.22

廃1901 00.11.06

2001 貨／新PFSF
2002 貨／新PFSF
2003 貨／新PFSF
2004 貨／新PFSF

DE15 17

廃 2 03.01.07
廃 4 94.09.01
廃 5 99.07.01
廃 6 13.11.11

廃1001 09.05.31
廃1003 99.04.20
廃1004 15.03.14 とやま
廃1005 91.03.31
廃1006 90.03.17

廃1501 93.03.24
廃1502 96.06.05
廃1503 02.12.05
1504 西／富 Sw
1507 西／福 Sw
1509 北／旭 DN
廃1510 09.04.21
廃1511 04.09.27
廃1512 96.06.05
廃1514 93.03.24
廃1515 93.03.24
廃1516 09.04.02
廃1518 15.03.14 とやま
廃1519 07.08.16
廃1520 16.03.31
廃1521 07.06.06
廃1522 09.04.25
廃1523 09.04.03
廃1524 19.07.20
廃1525 10.08.09
廃1526 08.06.13

廃1527 08.09.09			
廃1528 08.04.02			
廃1529 09.05.12			
廃1530 09.06.30			
廃1531 13.01.02			
1532 西／敦 Sw			
1533 北／旭 DN			
1534 北／旭 DN			
1535 北／旭 DN			
廃1536 09.04.02			
廃1537 19.12.27			
廃1538 20.10.04			
廃1539 09.04.04			
廃1540 98.06.01			
1541 西／富 Sw			
1542 北／旭 DN			
1543 北／旭 DN			
廃1544 08.04.02			
1545 北／旭 DN			
1546 北／旭 DN			

DF200 *

1	貨／五	SF
2	貨／五	SF
3	貨／五	SF
4	貨／五	SF
5	貨／五	SF
6	貨／五	SF
7	貨／五	SF
8	貨／五	SF
9	貨／五	SF
10	貨／五	SF
11	貨／五	SF
12	貨／五	SF
51	貨／五	SF
52	貨／五	SF
53	貨／五	SF
54	貨／五	SF
55	貨／五	SF
56	貨／五	SF
57	貨／五	SF
58	貨／五	SF
59	貨／五	SF
60	貨／五	SF
61	貨／五	SF
62	貨／五	SF
63	貨／五	SF
101	貨／五	SF
102	貨／五	SF
103	貨／五	SF
104	貨／五	SF
105	貨／五	SF
106	貨／五	SF
107	貨／五	SF
108	貨／五	SF
109	貨／五	SF
110	貨／五	SF
111	貨／五	SF
112	貨／五	SF
113	貨／五	SF
114	貨／五	SF
115	貨／五	SF
216	貨／愛	PFSF
117	貨／五	SF
118	貨／五	SF
119	貨／五	SF
220	貨／愛	PFSF
121	貨／五	SF
222	貨／愛	PFSF
223	貨／愛	PFSF
901	貨／愛	PFSF
7000	九／大	DK

DD200 *

1	貨／愛	PFSF
2	貨／愛	PFSF
3	貨／愛	PFSF
4	貨／愛	PFSF
5	貨／愛	PFSF
6	貨／愛	PFSF
7	貨／愛	PFSF
8	貨／愛	PFSF
9	貨／愛	PFSF
10	貨／愛	PFSF
11	貨／愛	PFSF
12	貨／愛	PFSF
13	貨／愛	PFSF
14	貨／愛	PFSF
15	貨／愛	PFSF
16	貨／愛	PFSF
17	貨／愛	PFSF
18	貨／愛	PFSF

廃2052	18.10.26	
廃2053	88.12.30	
廃2501	90.02.14	
廃2502	90.02.14	
廃2503	90.03.28	
廃2504	94.11.01	
廃2505	09.05.18	
廃2506	09.05.19	
廃2507	92.12.17	
廃2508	97.07.15	
廃2509	01.03.31	
廃2510	16.03.31	
2511	北／旭	DN
廃2512	94.01.28	
廃2513	09.05.12	
2514	北／旭	DN
2515	北／旭	DN
廃2516	04.12.28	
廃2517	08.08.22	
廃2518	03.05.02	
廃2519	18.10.26	
廃2520	18.10.26	
2521	北／旭	DN
廃2522	03.08.20	
廃2523	03.08.04	
廃2524	09.04.15	
廃2525	18.10.22	
廃2526	16.04.30	
廃2527	16.03.31	
廃2555	03.08.02	
廃2556	88.12.30	
廃2558	21.12.10	
廃2563	99.03.30	
廃2567	09.05.29	

DF50 1

1 四／高

19	貨／愛	PFSF
20	貨／愛	PFSF
21	貨／愛	PFSF
22	貨／愛	PFSF
23	貨／愛	PFSF
24	貨／愛	PFSF
25	貨／愛	PFSF
701	九／熊	DK
901	貨／愛	PFSF

HD300 *

1	貨／新	SF
2	貨／新	SF
3	貨／新	SF
4	貨／新	SF
5	貨／新	SF
6	貨／新	SF
7	貨／新	SF
8	貨／新	SF
9	貨／新	SF
10	貨／新	SF
11	貨／新	SF
12	貨／新	SF
13	貨／新	SF
14	貨／新	SF
15	貨／新	SF
16	貨／岡	SF
17	貨／新	SF
18	貨／岡	SF
19	貨／岡	SF
20	貨／岡	SF
21	貨／岡	SF
22	貨／岡	SF
23	貨／岡	SF
24	貨／岡	SF
25	貨／岡	SF
26	貨／岡	SF
27	貨／岡	SF
28	貨／岡	SF
29	貨／新	SF
30	貨／新	SF
31	貨／新	SF
32	貨／新	SF
33	貨／新	SF
34	貨／新	SF
35	貨／新	SF
36	貨／岡	SF
37	貨／新	SF
501	貨／苗	SF
502	貨／苗	SF
503	貨／苗	SF
901	貨／新	SF

蒸気機関車

C11 2
171	北／釧	SN
207	北／旭	SN

C56 1
160	西／梅	Sw

C57 2
1	西／梅	Sw
180	東／新津	Ps

C58 1
239	東／盛岡	Ps

C61 2
2	西／梅	Sw
20	東／群	PPs

C62 1
2	西／梅	Sw
廃 3	00.09.30	

D51 2
200	西／梅	Sw
498	東／群	PPs

8620 1
58654	九／熊	DK

新幹線用ディーゼル機関車

911 0
廃 2	95.12.28	

912 0
廃 8	93.12.*	
廃 9	93.12.*	
廃 10	95.01.*	
廃 11	94.08.*	
廃 12	94.08.*	
廃 13	94.08.*	
廃 14	94.08.*	
廃 16	95.12.28	
廃 61	00.03.27	
除 62	2005年度	
除 63	2005年度	
除 64	2005年度	

区所名の略号

ＪＲ北海道 〔北〕
釧路運輸車両所	釧
苗穂運転所	苗
旭川運転所	旭
函館運輸所	函

ＪＲ東日本 〔東〕
盛岡車両センター	盛
秋田総合車両センター	
南秋田センター	秋
仙台車両センター	仙
郡山総合車両センター	郡
新潟車両センター	新潟
新津運輸区	新津
ぐんま車両センター	群
尾久車両センター	尾
長野総合車両センター	長野

ＪＲ西日本 〔西〕
金沢総合車両所	
敦賀支所	敦
富山支所	富
梅小路運転区	梅
網干総合車両所	
宮原支所	宮
吹田総合車両所福知山支所	
豊岡派出所	豊
後藤総合車両所	後
下関総合車両所	関
下関総合車両所	
岡山電車支所	岡

ＪＲ四国 〔四〕
高松運転所	高

ＪＲ九州 〔九〕
大分鉄道事業部	
大分車両センター	大
熊本鉄道事業部	
熊本車両センター	熊
鹿児島鉄道事業部	
鹿児島車両センター	鹿

ＪＲ貨物 〔貨〕
苗穂車両所	苗
五稜郭機関区	五
仙台 総合鉄道部	仙貨
東新潟機関区	東新
高崎機関区	高
新鶴見機関区	新
川崎派出所	新
塩尻機関区篠ノ井派出	塩
愛知機関区	愛
富山機関区	富機
吹田機関区	吹
岡山機関区	岡
広島車両所	広
門司機関区	門

特急・急行形気動車

2700系／四

2700　16
2701	四コチ	SS
2702	四コチ	SS
2703	四コチ	SS
2704	四コチ	SS
2705	四カマ	SS
2706	四カマ	SS
2707	四カマ	SS
2708	四カマ	SS
2709	四コチ	SS
2710	四コチ	SS
2711	四コチ	SS
2712	四コチ	SS
2713	四カマ	SS
2714	四カマ	SS
2715	四カマ	SS
2716	四カマ	SS

2750　16
2751	四コチ	SS
2752	四コチ	SS
2753	四コチ	SS
2754	四カマ	SS
2755	四カマ	SS
2756	四カマ	SS
2757	四カマ	SS
2758	四カマ	SS
2759	四カマ	SS
2760	四カマ	SS
2761	四コチ	SS
2762	四コチ	SS
2763	四コチ	SS
2764	四カマ	SS
2765	四カマ	SS
2766	四カマ	SS

2800　7
2801	四コチ	SS
2802	四コチ	SS
2803	四コチ	SS
2804	四コチ	SS
2805	四コチ	SS
2806	四コチ	SS
2807	四コチ	SS

2600系／四

2600　2
2601	四カマ	SS
2602	四カマ	SS

2650　2
2651	四カマ	SS
2652	四カマ	SS

2000系／四

2000　0
廃2001	19.03.31	
廃2002	20.07.31	
廃2003	19.11.30	
廃2004	21.03.31	
廃2005	19.12.31	
廃2006	20.07.31	
廃2007	20.08.31	
廃2008	05.03.31	
廃2009	21.05.31	
廃2010	21.03.31	
廃2011	19.12.31	

2100　6
廃2101	19.03.31	
廃2102	21.07.31	
2103	四コチ	SS
廃2104	20.08.31	
2105	四マツ	SS
廃2106	21.03.31	
廃2107	19.09.30	
廃2108	19.03.31	
廃2109	21.05.31	
廃2110	20.09.30	
廃2111	20.07.31	
廃2112	20.07.31	
廃2113	20.07.31	
廃2114	21.08.31	
廃2115	20.09.30	
廃2116	20.07.31	
2117	四マツ	SS
2118	四コチ	SS
廃2119	21.08.31	
廃2120	20.08.31	
2121	四コチ	SS
廃2122	21.05.31	
2123	四コチ	SS

2150　5
2151	四マツ	SS
2152	四マツ	SS
2153	四コチ	SS
廃2154	21.03.31	
2155	四コチ	SS
2156	四コチ	SS
廃2157	21.08.31	

2200　0
廃2201	19.03.31
廃2202	18.03.31
廃2203	19.03.31
廃2204	19.09.30
廃2205	21.03.31
廃2206	19.09.30
廃2207	18.03.31
廃2208	20.07.31
廃2209	20.01.31
廃2210	20.07.31
廃2211	21.03.31
廃2212	20.08.31
廃2213	21.07.31
廃2214	21.03.31
廃2215	20.07.31
廃2216	21.03.31
廃2217	19.09.30
廃2218	05.03.31
廃2219	19.09.30

2400　6
2424	四マツ	SS
2425	四マツ	SS
2426	四マツ	SS
2427	四マツ	SS
2428	四マツ	SS
2429	四マツ	SS

2450　6
2458	四マツ	SS
2459	四マツ	SS
2460	四マツ	SS
2461	四マツ	SS
2462	四マツ	SS
2463	四マツ	SS

2500　4
2520	四マツ
2521	四マツ
2522	四マツ
2523	四マツ

キハ285系

キハ285　0
廃 901	17.01.16
廃 902	17.01.16

キハ284　0
廃 901	17.01.16

キハ283系／北

キロ283　0
改 1	01.03.31	キロ282-1
改 2	01.03.28	キロ282-2
改 3	01.03.29	キロ282-3
改 4	01.03.29	キロ282-4
改 5	01.03.30	キロ282-5

キロ282　0
廃 1	20.03.31
廃 2	20.03.31
廃 3	22.03.31
廃 4	20.03.31
廃 5	22.03.31
廃 6	22.03.31
廃 7	11.06.30
廃 8	22.03.31

キハ283　11
廃 1	11.06.30	
廃 2	20.03.31	
廃 3	20.03.31	
廃 4	20.03.31	
廃 5	20.06.30	
廃 6	20.03.31	
廃 7	20.05.31	
廃 8	20.03.31	
廃 9	11.06.30	
廃 10	20.03.31	
11	札ナホ	DN
12	札ナホ	DN
13	札ナホ	DN
14	札ナホ	DN
15	札ナホ	DN
16	札ナホ	DN
17	札ナホ	DN
18	札ナホ	DN
19	札ナホ	DN
20	札ナホ	DN
21	札ナホ	DN
改 101	01.03.31→6	
改 102	01.03.31→7	
改 103	01.03.29→8	
改 104	01.03.22→9	
改 105	01.03.28→10	
改 106	01.03.28→11	
改 107	01.03.29→12	
改 108	01.03.29→13	
改 109	01.03.30→14	
改 201	01.03.30	キロ282-1
改 202	01.03.29	キロ282-2
改 203	01.03.31	キロ282-3
改 204	01.03.30	キロ282-4
改 205	01.03.31	キロ282-5
廃 901	15.03.31	
廃 902	15.03.31	

キハ282　14
改 1	01.03.29→103	
改 2	01.03.29→104	
改 3	01.03.30→105	
廃 1	11.06.30	
廃 2	20.03.31	
廃 3	20.04.26	
4	札ナホ	
5	札ナホ	
6	札ナホ	
7	札ナホ	
8	札ナホ	
廃 101	11.06.30	
廃 102	20.04.26	
廃 103	20.04.26	
廃 104	20.03.31	
廃 105	20.05.31	
廃 106	20.03.31	
廃 107	20.06.30	
108	札ナホ	
109	札ナホ	
110	札ナホ	
111	札ナホ	
改1001	01.03.28→106	
改1002	01.03.31→107	
廃2001	15.03.31	
廃2002	20.04.26	
廃2003	20.03.31	
廃2004	20.03.31	
2005	札ナホ	SN
2006	札ナホ	SN
2007	札ナホ	SN
2008	札ナホ	SN
2009	札ナホ	SN
廃3001	11.06.30	
廃3002	20.03.31	
廃3003	20.05.31	
廃3004	20.03.31	

キハ281系／北

キロ280　3
廃 1	22.09.07	
2	函ハコ	
3	函ハコ	
4	函ハコ	

キハ281　6
1	函ハコ	DN
2	函ハコ	DN
3	函ハコ	DN
廃 4	22.07.29	
5	函ハコ	DN
6	函ハコ	DN
901	函ハコ	DN
廃 902	22.09.07	

キハ280　6
1	函ハコ	
2	函ハコ	
3	函ハコ	
廃 4	22.07.29	
廃 101	22.10.05	
廃 102	22.11.18	
廃 103	22.11.18	
廃 104	22.07.29	
105	函ハコ	
廃 106	22.11.18	
廃 107	22.07.29	
廃 108	22.10.05	
109	函ハコ	
110	函ハコ	
廃 901	22.10.05	

キハ261系／北

キロ261　25
1101	札サウ	DN
1102	札サウ	DN
1103	札サウ	DN
1104	札サウ	DN
1105	札サウ	DN
1106	札サウ	DN
1107	函ハコ	DN
1108	函ハコ	DN
1109	函ハコ	DN
1110	函ハコ	DN
1111	函ハコ	DN
1112	函ハコ	DN
1113	函ハコ	DN
1114	函ハコ	DN
1115	函ハコ	DN
1116	札サウ	DN
1117	札サウ	DN
1118	札サウ	DN
1119	釧クシ	DN
1120	釧クシ	DN
1121	釧クシ	DN
1122	釧クシ	DN
1123	釧クシ	DN
1124	函ハコ	DN
1125	函ハコ	DN

キロハ261　3

	番号	配置	
	201	札ナホ	DN
	202	札ナホ	DN
	203	札ナホ	DN

キハ261　32

	番号	配置	
	101	札ナホ	DN
	102	札ナホ	DN
	103	札ナホ	DN
	104	札ナホ	DN
	1201	札サウ	DN
	1202	札サウ	DN
	1203	札サウ	DN
	1204	札サウ	DN
	1205	札サウ	DN
	1206	札サウ	DN
	1207	函ハコ	DN
	1208	函ハコ	DN
	1209	函ハコ	DN
	1210	函ハコ	DN
	1211	函ハコ	DN
	1212	函ハコ	DN
	1213	函ハコ	DN
	1214	函ハコ	DN
	1215	函ハコ	DN
	1216	札サウ	DN
	1217	札サウ	DN
	1218	札サウ	DN
	1219	釧クシ	DN
	1220	釧クシ	DN
	1221	釧クシ	DN
	1222	釧クシ	DN
	1223	釧クシ	DN
	1224	函ハコ	DN
	1225	函ハコ	DN
	5101	札ナホ	DN
	5102	札ナホ	DN
	5201	札ナホ	DN
	5202	札ナホ	DN

キハ260　117

番号	配置	番号	配置	番号	配置
101	札ナホ	1121	釧クシ	1344	釧クシ
102	札ナホ	1122	釧クシ	1345	釧クシ
103	札ナホ	1123	釧クシ		
104	札ナホ	1124	函ハコ	1401	函ハコ
		1125	函ハコ	1402	函ハコ
201	札ナホ			1403	函ハコ
202	札ナホ	1201	札サウ	1404	函ハコ
203	札ナホ	1202	札サウ	1405	函ハコ
		1203	札サウ	1406	函ハコ
1101	札サウ	1204	札サウ	1407	函ハコ
1102	札サウ	1205	札サウ	1408	函ハコ
1103	札サウ	1206	札サウ	1409	函ハコ
1104	札サウ	1207	函ハコ		
1105	札サウ	1208	函ハコ	5101	札ナホ
1106	札サウ	1209	函ハコ	5102	札ナホ
1107	函ハコ	1210	函ハコ		
1108	函ハコ	1211	函ハコ	5201	札ナホ
1109	函ハコ	1212	函ハコ	5202	札ナホ
1110	函ハコ	1213	函ハコ		
1111	函ハコ	1214	函ハコ	5301	札ナホ
1112	函ハコ	1215	函ハコ	5302	札ナホ
1113	函ハコ	1216	札サウ		
1114	函ハコ	1217	札サウ		
1115	函ハコ	1218	札サウ		
1116	札サウ	1219	釧クシ		
1117	札サウ	1220	釧クシ		
1118	札サウ	1221	釧クシ		
1119	釧クシ	1222	釧クシ		
1120	釧クシ	1223	釧クシ		
		1224	函ハコ		
		1225	函ハコ		
		1301	札サウ		
		1302	札サウ		
		1303	札サウ		
		1304	札サウ		
		1305	札サウ		
		1306	札サウ		
		1307	札サウ		
		1308	札サウ		
		1309	函ハコ		
		1310	函ハコ		
		1311	函ハコ		
		1312	函ハコ		
		1313	函ハコ		
		1314	函ハコ		
		1315	函ハコ		
		1316	函ハコ		
		1317	函ハコ		
		1318	函ハコ		
		1319	函ハコ		
		1320	函ハコ		
		1321	函ハコ		
		1322	函ハコ		
		1323	函ハコ		
		1324	函ハコ		
		1325	函ハコ		
		1326	函ハコ		
		1327	函ハコ		
		1328	函ハコ		
		1329	函ハコ		
		1330	函ハコ		
		1331	函ハコ		
		1332	函ハコ		
		1333	函ハコ		
		1334	函ハコ		
		1335	函ハコ		
		1336	札サウ		
		1337	札サウ		
		1338	札サウ		
		1339	釧クシ		
		1340	釧クシ		
		1341	釧クシ		
		1342	釧クシ		
		1343	釧クシ		

キハ189系／西

キハ189　14

	番号	配置	
	1	近キト	PSw
	2	近キト	PSw
	3	近キト	PSw
	4	近キト	PSw
	5	近キト	PSw
	6	近キト	PSw
	7	近キト	PSw
	1001	近キト	PSw
	1002	近キト	PSw
	1003	近キト	PSw
	1004	近キト	PSw
	1005	近キト	PSw
	1006	近キト	PSw
	1007	近キト	PSw

キハ188　7

	番号	配置
	1	近キト
	2	近キト
	3	近キト
	4	近キト
	5	近キト
	6	近キト
	7	近キト

キハ187系／西

キハ187　26

	番号	配置	
	1	中トウ	Sw
	2	中トウ	Sw
	3	中トウ	Sw
	4	中トウ	Sw
	5	中トウ	Sw
	6	中トウ	Sw
	7	中トウ	Sw
	11	中トウ	Sw
	12	中トウ	Sw
	501	中トウ	PSw
	502	中トウ	PSw
	503	中トウ	PSw
	504	中トウ	PSw
	1001	中トウ	Sw
	1002	中トウ	Sw
	1003	中トウ	Sw
	1004	中トウ	Sw
	1005	中トウ	Sw
	1006	中トウ	Sw
	1007	中トウ	Sw
	1011	中トウ	Sw
	1012	中トウ	Sw
	1501	中トウ	PSw
	1502	中トウ	PSw
	1503	中トウ	PSw
	1504	中トウ	PSw

キハ185系／四・九

キロハ186　1

	番号	配置・備考
廃	1	13.03.31
	2	四カマ
除	3	92.02.12
改	4	99.08.25 キロハ186-4
除	5	92.02.12
除	6	92.02.12
除	7	92.02.12
改	8	99.08.25 キロハ186-8

キロ186　2

	番号	配置・備考
改	4	17.01.16 1002
改	8	22.02.21 1402
	1002	四カマ
	1402	四マツ

キロ185　7

	番号	配置	
	26	四カマ	SS
	1001	四カマ	SS
	1003	四カマ	SS
	1401	四マツ	
	1403	四マツ	SS
	1867	四コチ	SS
	1868	四コチ	SS

キハ185　37

	番号	配置・備考	
	1	分オイ	DK
	2	分オイ	DK
	3	分オイ	DK
	4	熊クマ	SK
	5	分オイ	DK
	6	分オイ	SK
	7	分オイ	SK
	8	分オイ	SK
改	9	00.06.26 →3009	
2	9	四カマ	SS
	10	分オイ	DK
	11	四カマ	SS
	12	四カマ	SS
改	13	00.06.26 →3013	
2	13	四カマ	SS
改	14	17.01.16	
	15	分オイ	SK
	16	分オイ	DK
	17	四カマ	SS
	18	四カマ	SS
	19	四カマ	SS
	20	四カマ	SS
	21	四カマ	SS
	22	四カマ	SS
改	23	22.02.21 →キロ185-1403	
	24	四カマ	SS
改	25	20.02.25 →キロ185-1867	
改	26	15.03.06 →キロ185-26	
	1001	分オイ	DK
改	1002	99.07.01 →3102	
改	1003	99.07.01 →3103	
	1004	分オイ	DK
改	1005	99.07.01 →3105	
改	1006	99.07.01 →3106	
改	1007	99.07.01 →3107	
	1008	分オイ	DK
改	1009	99.07.01 →3109	
改	1010	99.07.01 →3110	
	1011	分オイ	DK
	1012	熊クマ	SK
改	1013	99.07.01 →3113	
	1014	四カマ	SS
改	1015	20.02.25 →キロ185-1868	
	1016	四カマ	SS
	1017	四カマ	SS
	1018	四カマ	SS
改	3009	06.07.18 →6	
改	3013	06.07.18 →13	
改	3102	17.01.16	
	3103	四マツ	SS
	3105	四マツ	SS
	3106	四マツ	SS
	3107	四マツ	SS
	3109	四マツ	SS
	3110	四マツ	SS
改	3113	22.02.21 →キロ185-1401	

キハ186　4

	番号	配置
	3	分オイ
	5	分オイ
	6	分オイ
	7	分オイ

◇2 は、
他形式に一度改造し、
その後に同じ車号に
再復活した車両

キロ182　5

	No.	日付	備考
廃	1	01.03.31	
改	2	96.09.13	キロハ182-2
改	3	96.06.21	キロハ182-3
改	4	96.10.30	キロハ182-4
廃	5	01.03.31	
改	6	96.07.26	キロハ182-6
廃	7	01.03.31	
廃	8	01.03.31	
廃	9	18.07.31	
改	10	96.11.30	キロハ182-10
改	501	94.01.29	→2551
改	502	93.12.10	→2552
改	503	93.07.29	→2553
	504	札ナホ	
	505	札ナホ	
廃	506	10.03.24	
廃	507	10.03.24	
廃	508	10.03.24	
廃	901	01.03.31	
改	2551	16.08.19	→7551
改	2552	15.下期	→7552
改	2553	15.03.18	→7553
	7551	札ナホ	
	7552	札ナホ	
	7553	札ナホ	

キロ184　0

	No.	日付
廃	901	01.03.31

キロハ182　0

	No.	日付
廃	2	18.07.31
廃	3	18.07.31
廃	4	18.07.31
廃	6	18.07.31
廃	10	18.07.31

キサロハ182　0

	No.	日付
廃	551	13.12.20
廃	552	13.12.20
廃	553	13.12.20
廃	554	13.12.20
廃	5101	19.11.30

キハ183　13

	No.	日付	備考
廃	1	10.03.24	
廃	2	10.03.24	
廃	3	18.06.30	
廃	4	18.06.30	
廃	5	07.08.24	
廃	6	08.09.22	
改	7	93.08.20	→207
改	8	93.07.30	→208
改	9	93.11.02	→209
改	10	93.10.19	→210
改	11	92.06.08	→211
改	12	92.06.29	→212
改	13	94.01.31	→213
改	14	93.11.30	→214
改	15	94.04.16	→215
廃	16	08.09.22	
改	17	93.11.25	→217
改	18	93.09.16	→218
改	19	93.12.18	→219
改	20	94.07.15	→220
廃	101	08.09.13	
廃	102	08.09.13	
廃	103	10.03.24	
廃	104	17.03.31	
廃	207	10.03.24	
廃	208	17.03.31	
廃	209	17.03.31	
廃	210	17.03.31	
廃	211	17.03.31	
廃	212	17.03.31	
廃	213	18.03.31	
廃	214	18.03.31	
廃	215	17.03.31	
廃	217	10.03.24	
廃	218	17.03.31	
廃	219	17.03.31	
廃	220	18.03.31	
廃	901	01.10.01	
廃	902	01.10.01	
廃	903	01.03.31	
廃	904	01.10.01	
廃	405	20.03.31	
廃	406	20.03.31	
廃	501	10.03.24	
廃	502	94.03.30	
廃	503	19.12.28	
廃	504	19.12.28	
改	505	09.10.26	→405
改	506	09.10.26	→406
改	507	99.01.30	→6001
	1001	熊クマ	DK
	1002	熊クマ	DK
廃	1501	23.03.31	
廃	1502	20.10.30	
	1503	札ナホ	DN
廃	1504	20.10.30	
廃	1505	21.11.09	
廃	1506	22.05.31	
廃	1507	21.09.30	
廃	1551	22.05.31	
廃	1552	21.11.09	
廃	1553	20.10.30	
廃	1554	22.05.31	
	1555	札ナホ	DN
廃	1556	21.09.30	
改	1557	99.02.12	→6101
改	1558	93.10.09	→4558
改	1559	93.05.28	→3559
改	1560	93.06.17	→4560
改	1561	93.09.14	→4561
改	1562	94.05.12	→4562
改	1563	93.04.20	→3563
改	1564	93.12.24	→3564
改	1565	94.01.29	→3565
改	1566	93.11.19	→3566
改	3559	94.04.03	→4559
	4558	札ナホ	DN
	4559	札ナホ	DN
改	4560	16.	→9560
改	4561	15.下期	→9561
改	4562	15.下期	→9562
改	3563	16.	→8563
改	3564	15.07.03	→8564
改	3565	15.下期	→8565
改	3566	16.	→8566
廃	5001	17.12.28	
廃	5002	17.12.28	
廃	5101	19.11.30	
廃	5102	19.11.30	
	5201	札ナホ	DN
	5202	札ナホ	DN
廃	6001	22.05.31	
廃	6101	22.05.31	
廃	8563	23.03.31	
	8564	札ナホ	DN
	8565	札ナホ	DN
	8566	札ナホ	DN
廃	9560	23.03.31	
	9561	札ナホ	DN
	9562	札ナホ	DN

キハ182　10

	No.	日付	備考
廃	1	10.03.24	
廃	2	10.03.24	
廃	3	18.03.31	
廃	4	10.03.24	
廃	5	10.03.24	
改	6	97.03.31	→106
改	7	97.01.10	→107
改	8	96.12.27	→108
廃	9	05.03.18	
廃	10	08.09.22	
廃	11	18.03.31	
廃	12	08.09.13	
廃	13	10.03.24	
廃	14	08.09.13	
廃	15	08.09.13	
廃	16	18.03.31	
廃	17	10.03.24	
廃	18	06.10.06	
廃	19	01.03.31	
廃	20	01.03.31	
廃	21	18.03.31	
廃	22	17.03.31	
廃	23	17.03.31	
改	24	94.06.11	→224
改	25	94.06.30	→225
改	26	94.04.29	→226
改	27	94.03.30	→227
廃	28	02.09.30	
廃	29	17.03.31	
廃	30	17.03.31	
廃	31	18.03.31	
廃	32	02.09.30	
廃	33	94.03.30	
廃	34	05.10.26	
廃	35	06.10.06	
廃	36	02.09.30	
廃	37	02.09.30	
廃	38	03.03.31	
廃	39	17.03.31	
廃	40	17.03.31	
廃	41	17.03.31	
廃	42	17.03.31	
廃	43	16.03.31	
廃	44	16.03.31	
廃	45	17.03.31	
廃	46	18.06.30	
廃	47	18.06.30	
廃	48	18.06.30	
廃	106	08.03.17	
廃	107	08.03.17	
廃	108	08.03.17	
廃	224	08.03.17	
廃	225	08.03.17	
廃	226	08.03.17	
廃	227	08.03.17	
廃	404	20.03.31	
廃	405	19.12.28	
廃	406	19.12.28	
廃	413	20.03.31	
廃	501	20.09.30	
	502	札ナホ	
廃	503	20.09.30	
改	504	09.10.26	→404
改	505	09.10.26	→405
改	506	09.10.26	→406
廃	507	21.03.31	
	508	札ナホ	
廃	509	21.03.31	
廃	510	21.03.31	
廃	511	21.03.31	
廃	512	20.10.30	
改	513	09.10.26	→413
改	514	99.01.30	→6001
改	551	93.07.21	→2551
改	552	94.06.09	→2552
改	553	93.07.28	→2553
改	554	93.11.22	→2554
改	555	94.01.28	→2555
改	556	94.01.28	→2556
改	557	93.12.15	→2557
改	558	93.04.16	→2558
改	559	93.11.01	→2559
改	560	94.02.17	→2560
改	561	93.11.01	→2561
改	562	93.09.14	→2562
廃	901	01.03.31	
廃	902	01.03.31	
廃	903	01.03.31	
廃	904	01.03.31	
廃	905	01.03.31	
廃	906	01.03.31	
	1001	熊クマ	
	1002	熊クマ	
改	2551	14.09.02	→7551
改	2552	15.03.17	→7552
改	2553	14.11.29	→7553
改	2554	14.10.28	→7554
改	2555	15.02.06	→7555
改	2556	15.08.18	→7556
改	2557	15.06.11	→7557
改	2558	15.05.27	→7558
改	2559	14.05.12	→7559
改	2560	14.07.01	→7560
改	2561	14.08.28	→7561
改	2562	14.11.21	→7562
廃	5001	17.12.28	
廃	5101	19.11.30	
	5201	札ナホ	
	5251	札ナホ	
廃	6001	15.03.31	
	7551	札ナホ	
廃	7552	23.03.31	
廃	7553	22.03.31	
	7554	札ナホ	
廃	7555	22.03.31	
廃	7556	23.03.31	
	7557	札ナホ	
廃	7558	22.03.31	
廃	7559	22.03.31	
廃	7560	23.03.31	
	7561	札ナホ	
廃	7562	22.03.31	

キハ184　0

	No.	日付
廃	2	08.03.17
廃	6	01.03.31
廃	7	08.03.17
廃	8	07.08.24
廃	9	01.03.31
廃	10	01.03.31
廃	11	94.03.30

キサハ182　1

No.	配置
5201	札ナホ

キハ181系

キロ180　　0
廃　2　97.02.15
廃　3　03.03.08
廃　4　12.02.08
廃　5　98.03.31
廃　6　98.06.05
廃　8　98.03.31
廃　9　96.08.22
廃　10　96.10.02
廃　11　97.03.31
廃　12　12.02.06
廃　13　10.11.15

改　101　87.12.28キロハ180-1
改　102　88.03.31キロハ180-2
改　103　88.02.24キロハ180-3
改　104　87.12.22キロハ180-4

改　151　87.11.21キロハ180-5
改　152　87.11.12キロハ180-6

改　201　88.02.12キロハ180-7
改　202　88.03.31キロハ180-8

キロハ180　　0
廃　1　93.03.31
廃　2　93.03.31
廃　3　93.03.31
廃　4　93.03.31
廃　5　93.03.31
廃　6　93.03.31
廃　7　93.03.31
廃　8　93.03.31

キハ181　　0
廃　1　93.03.31　　リニ鉄
廃　2　93.03.31
廃　3　93.03.31
廃　4　03.04.01
廃　5　02.10.25
廃　6　93.03.31
廃　7　02.10.25
廃　8　06.03.28
廃　9　03.04.01
廃　10　03.02.12
廃　11　03.02.15
廃　12　11.03.07　　津山
廃　14　03.02.12
廃　15　03.02.21
廃　16　03.04.01
廃　17　04.07.15
廃　18　04.04.18
廃　19　04.04.28
廃　20　04.07.15
廃　21　10.11.15
廃　22　10.11.15
廃　23　03.02.21
廃　24　04.07.15
廃　25　97.01.25
廃　26　11.02.02
廃　27　12.02.06
廃　28　06.03.28
廃　29　02.11.16
廃　30　03.02.15
廃　31　06.03.28
廃　32　06.03.28
廃　33　93.03.31
廃　34　93.11.30
廃　35　93.03.31
廃　36　93.03.31
廃　37　93.03.31
廃　38　93.03.31
廃　39　93.11.30
廃　40　93.03.31
廃　41　93.03.31
廃　42　93.03.31
廃　43　93.03.31
廃　44　97.01.25
廃　45　12.02.06
廃　46　97.01.25
廃　47　12.02.08
廃　48　12.02.06
廃　49　12.02.08

廃　101　02.08.31
廃　102　93.03.31
廃　103　93.03.31
廃　104　93.11.30
廃　105　93.11.30

キハ180　　0
廃　1　93.03.31
廃　2　92.03.31
廃　3　92.03.31
廃　4　93.03.31
廃　5　02.06.28
廃　6　02.06.28
廃　9　04.04.28
廃　10　06.03.28
廃　12　04.04.28
廃　13　03.02.12
廃　14　02.06.28
廃　15　03.02.21
廃　16　03.04.01
廃　17　06.03.28
廃　18　03.02.15
廃　19　03.02.12
廃　20　03.02.15
廃　21　98.03.31
廃　22　12.02.08
廃　25　97.03.31
廃　26　10.11.15
廃　30　10.11.15
廃　31　04.07.15
廃　32　96.10.02
廃　33　10.11.15
廃　34　96.08.22
廃　35　96.10.02
廃　36　12.02.08
廃　37　96.09.06
廃　38　96.07.18
廃　39　96.10.02
廃　40　11.02.02
廃　41　12.02.06
廃　42　12.02.06
廃　43　96.07.18
廃　44　98.03.31
廃　45　12.02.08
廃　46　96.07.18
廃　47　96.09.06
廃　48　12.02.06
廃　49　12.02.08
廃　50　03.02.21
廃　51　03.02.20
廃　52　02.08.31
廃　53　96.10.02
廃　54　96.07.18
廃　55　98.03.31
廃　56　03.02.15
廃　57　02.12.05
廃　58　03.02.15
廃　59　93.03.31
廃　60　93.03.31
廃　61　93.11.30
廃　62　93.11.30
廃　63　93.11.30
廃　64　93.03.31
廃　65　93.03.31
廃　66　93.03.31
廃　67　93.03.31
改　68　88.03.30キハ181-104
廃　71　93.11.30
廃　72　93.03.31
改　73　88.03.14キハ181-105
廃　74　93.11.30
廃　75　93.03.31
廃　76　93.11.30
廃　77　12.02.08
廃　78　11.02.02
廃　79　11.02.02

87系／西

キイテ87　　2
1　近ミハ　PSw
2　近ミハ　PSw

キサイネ86　　6
1　近ミハ
101　近ミハ
201　近ミハ
301　近ミハ
401　近ミハ
501　近ミハ

キラ86　　1
1　近ミハ

キシ86　　1
1　近ミハ

HC85系／海

クモハ85　　24
1　海ナコ　PT
2　海ナコ　PT
3　海ナコ　PT
4　海ナコ　PT
5　海ナコ　PT
6　海ナコ　PT
7　海ナコ　PT
8　海ナコ　PT
9　海ナコ　PT
10　海ナコ　PT
11　海ナコ　PT

101　海ナコ　PT
102　海ナコ　PT
103　海ナコ　PT
104　海ナコ　PT
105　海ナコ　PT

201　海ナコ　PT
202　海ナコ　PT
203　海ナコ　PT
204　海ナコ　PT
205　海ナコ　PT

301　海ナコ　PT
302　海ナコ　PT
303　海ナコ　PT

モハ84　　22
1　海ノコ
2　海ナコ
3　海ナコ
4　海ナコ
5　海ナコ
6　海ナコ
7　海ナコ
8　海ナコ
9　海ナコ
10　海ナコ
11　海ナコ

101　海ナコ
102　海ナコ
103　海ナコ
104　海ナコ
105　海ナコ
106　海ナコ
107　海ナコ
108　海ナコ
100　海ナコ
110　海ナコ
111　海ナコ

クモロ85　　8
1　海ナコ　PT
2　海ナコ　PT
3　海ナコ　PT
4　海ナコ　PT
4　海ナコ　PT
5　海ナコ　PT
6　海ナコ　PT
7　海ナコ　PT
8　海ナコ　PT

キハ85系／海

キロ85　　3
廃　1　23.03.31
廃　2　22.12.13
3　海ナコ　PT
4　海ナコ　PT
5　海ナコ　PT

キハ85　　18
廃　1　23.03.23
廃　2　22.11.09
廃　3　23.03.06
廃　4　23.03.30
廃　5　23.03.23
廃　6　23.03.24
廃　7　23.03.24
廃　8　23.01.18
廃　9　23.03.30
廃　10　22.10.12
11　海ナコ　PT
廃　12　23.03.06
13　海ナコ　PT
14　海ナコ　PT

改　101　03.12.18→1101
改　102　03.12.18→1102
改　103　05.03.18→1103
改　104　04.03.19→1104
改　105　04.12.15→1105
改　106　03.03.18→1106
改　107　96.12.15
改　108　03.07.05→1108
改　109　04.07.16→1109
改　110　03.07.05→1110
改　111　03.03.18→1111
改　112　03.04.24→1112
改　113　03.07.31→1113
改　114　04.07.16→1114
改　115　05.03.18→1115
改　116　04.07.30→1116
改　117　04.12.15→1117
改　118　04.03.19→1118
改　119　04.04.07→1119

201　海ナコ　PT
廃　202　23.03.23
廃　203　22.10.12
204　海ナコ　PT
205　海ナコ　PT
廃　206　23.01.18
廃　207　23.03.27
200　海ノコ　PT
改　209　04.12.24→1209

廃1101　23.03.31
廃1102　23.03.23
1103　海ナコ　PT
廃1104　22.12.13
1105　海ノコ　PT
1106　海ナコ　PT
廃1108　23.03.27
1109　海ナコ　PT
1110　海ナコ　PT
廃1111　23.03.23
1112　海ナコ　PT
1113　海ナコ　PT
廃1114　23.01.18
廃1115　22.11.09
廃1116　23.01.18
1117　海ナコ　PT
1118　海ナコ　PT
1119　海ナコ　PT

1209　海ナコ　PT

キロハ84　0
廃　1　23.03.31
廃　2　22.07.06
廃　3　23.03.31
廃　4　23.03.31
廃　5　22.07.06
廃　6　22.10.12
廃　7　23.03.23
廃　8　23.03.31
廃　9　23.03.27
廃　10　22.12.13

キハ84　8
廃　1　23.03.30
廃　2　22.07.06
廃　3　23.03.23
廃　4　23.03.27
廃　5　23.03.30
廃　6　22.07.06
廃　7　23.03.23
廃　8　23.03.30
廃　9　23.03.30
廃　10　22.07.06
廃　11　22.12.13
廃　12　23.03.30
廃　13　22.10.12
　　14　海ナコ

廃　201　22.07.06
廃　202　22.12.13
　　203　海ナコ
　　204　海ナコ
廃　205　23.01.18

　　301　海ナコ
　　302　海ナコ
　　303　海ナコ
　　304　海ナコ
　　305　海ナコ

キハ80系

キロ80　0
廃　44　91.11.20
廃　47　92.11.16
廃　48　95.01.11
廃　51　94.12.24
廃　56　94.12.03
廃　59　94.12.08
廃　60　09.03.31
廃　61　94.12.24
廃　62　95.03.12

廃　701　95.03.12

廃　801　95.03.12

キロ82　0
廃　801　95.03.07

キハ82　0
廃　73　09.03.31　リニ鉄
廃　74　95.03.11
廃　75　94.12.17
廃　76　95.02.25
廃　77　94.12.08
改　80　88.05.31キハ83102
廃　81　90.02.14
廃　82　92.11.25
廃　84　91.12.20
改　86　87.12.10キハ83101
廃　88　95.01.19
廃　89　91.12.13
廃　90　92.11.16
廃　91　92.11.16
廃　93　90.11.15
廃　94　90.11.15
廃　96　94.12.19
廃　97　95.01.19
廃　98　92.11.25
改　99　88.07.29キハ82801
廃　102　92.10.02
廃　105　09.03.31
廃　108　92.10.02

キハ80　0
改　96　88.07.29キハ80801
廃　98　91.12.21
廃　99　08.03.31
廃　101　91.12.20
廃　102　91.11.20
廃　103　91.11.20
廃　104　91.12.20
廃　110　91.12.21
廃　113　94.12.03
廃　114　92.11.25
廃　117　91.11.20
廃　118　91.12.13
廃　119　92.11.16
廃　120　95.03.06
廃　125　91.12.13
廃　126　92.11.26
廃　127　91.11.20
廃　129　95.01.11
廃　133　91.12.13
廃　136　91.12.21
廃　138　92.11.26
廃　142　92.11.26
廃　144　92.10.02
廃　152　92.10.02
廃　156　90.02.14
改　160　87.12.10キハ84101
廃　161　92.10.02
廃　162　90.12.19
改　166　87.12.10キハ84102

キシ80　0
改　29　88.03.31キシ80501
廃　36　90.02.14
廃　37　90.02.14

キハ84系

キハ84　0
廃　1　04.09.27
廃　2　04.09.27

廃　101　04.03.24
廃　102　04.03.24

キハ83　0
廃　1　04.09.27

廃　101　04.03.24
廃　102　04.03.24

キハ80　0
廃　501　04.09.27

キシ80　0
廃　501　07.06.06

キハ71系／九

キハ71　2
　　1　本チク　DK
　　2　本チク　DK

キハ70　2
　　1　本チク
　　2　本チク

キハ72系／九

キハ72　4
　　1　本チク　DK
　　2　本チク
　　3　本チク
改　4　15.07.17→5
　　5　本チク　DK

キサハ72　1
　　4　本チク

キハ400系／北

キハ400　0
改　141　97.12.28→501
改　142　97.12.28→502
改　143　00.07.01→503
改　144　00.07.26キハ40331
改　145　00.08.11キハ40332
改　146　00.06.20キハ40333
改　147　00.07.11キハ40334
改　148　00.07.19キハ40335
改　149　98.04.18キハ40336

廃　501　16.10.17
廃　502　15.03.31
廃　503　15.03.31

キハ480　0
廃　304　06.10.06

改1301　00.07.15キハ481331
改1302　00.08.11キハ481332
改1303　00.07.21キハ481333

キハ58系
イベント用車両

キロ59　0
廃　1　99.03.24
廃　2　97.07.15

改　501　00.07.19キハ59501
改　502　00.07.19キハ59502
廃　503　97.06.02
廃　504　97.06.02
廃　505　08.11.17
廃　506　07.07.06
廃　507　07.11.09
廃　508　89.02.16
改　509　92.03.11キハ58650
改　510　00.03.30キハ59510
改　511　00.03.30キハ59511

廃　551　10.03.31
廃　552　03.07.25
廃　553　03.07.25
廃　554　05.03.31
廃　555　05.03.31

キロ29　0
廃　1　99.03.24
廃　2　97.07.15
廃　3　97.12.30

改　501　00.07.19キハ29501
廃　502　97.06.02
廃　503　07.07.06
廃　504　07.11.09
改　505　92.03.11キハ282010
改　506　00.03.30キハ29506

廃　551　10.03.31
廃　552　98.06.01
廃　553　03.07.25
廃　554　07.03.09

キサロ59　0
廃　501　05.03.31

キハ59　0
廃　1　95.10.10
廃　2　95.10.10
廃　101　95.10.10
廃　501　99.03.31

廃　501　06.03.01
廃　502　06.03.01
廃　510　11.07.21
廃　511　11.07.21

キハ29　0
廃　1　95.10.10
廃　501　99.03.31

廃　501　06.03.01
廃　506　11.07.21

キロ65　0
廃　1　95.03.31

廃　551　07.03.09

廃1001　95.03.31

廃1551　07.03.09

キロ26　0
廃 202　88.12.30

キロ28　0
改2162　91.03.09→6002

廃2301　90.02.19
廃2302　90.11.26
廃2303　08.03.31
廃2304　89.03.31
廃2305　97.09.10
廃2307　97.07.08
廃2308　97.07.08
廃2309　90.11.26
廃2312　90.12.03
廃2313　89.03.31
廃2314　90.12.03

改2508　87.12.09 キロハ28101
改2509　88.03.15 キロハ28102
改2510　91.01.21→6001
改2511　97.12.10 キロ29554
廃2512　97.07.08
廃2513　94.03.31
廃2515　90.12.13
改2517　88.02.26 キロハ28103
改2518　87.12.29 キロハ28104

廃6001　00.03.31
廃6002　00.03.31

キロハ28　0
廃 101　98.09.10
廃 102　98.09.10
廃 103　04.06.01
廃 104　04.06.01

キハ56　0
廃 101　89.06.30
廃 102　91.09.11
廃 103　90.09.18
廃 104　87.12.28
廃 105　91.03.10
廃 106　91.12.02
廃 107　91.09.11
廃 109　91.07.12
廃 112　92.12.17
廃 115　90.09.18
廃 116　94.01.28
廃 117　93.03.05
廃 118　94.07.13
廃 119　97.07.15
廃 122　93.08.27
廃 123　97.07.15
改 124　90.09.27→551
廃 125　91.07.12
廃 126　94.07.13
廃 127　92.10.02
廃 128　91.09.11
廃 129　97.07.15
廃 130　94.07.13
廃 131　94.11.01
廃 132　94.11.01
廃 133　94.01.28
廃 136　92.05.16
廃 137　92.05.16
廃 138　00.03.31
廃 140　93.08.27
廃 141　94.11.01
廃 142　92.11.09
廃 143　95.08.10
廃 144　95.08.10
改 145　90.09.27→552
廃 146　96.03.29
廃 147　92.11.09
廃 148　96.03.29
廃 149　97.12.30
廃 150　94.11.01
廃 151　94.01.28

廃 202　01.10.01
廃 203　00.03.31
廃 204　01.10.01
廃 206　01.03.31
廃 207　01.03.31
廃 208　00.03.31
廃 210　99.03.30
廃 211　01.10.01
廃 213　01.03.31
廃 214　01.03.31

廃 551　01.03.31
廃 552　01.10.01

キハ27　0
廃 31　88.12.30
廃 32　89.12.02
廃 36　87.12.29
廃 51　88.12.30

廃 101　90.03.17
廃 102　90.03.17
廃 103　91.03.10
廃 104　88.12.30
廃 105　91.03.10
廃 107　90.03.17
廃 108　91.12.02
廃 109　90.03.17
廃 110　90.12.17
廃 111　91.12.16
廃 112　92.09.02
廃 115　90.09.18
廃 116　92.12.01
廃 119　90.09.18
廃 120　92.09.02
廃 121　93.03.05
廃 125　92.07.29
廃 126　91.03.10
廃 127　92.09.02
廃 128　91.07.12
廃 129　92.09.02

改 201　90.03.06→553
廃 202　93.03.05
改 203　88.06.25→551
廃 204　97.07.15
廃 205　95.08.10
廃 206　95.09.29
改 207　90.03.08→554
改 208　88.06.23→552
廃 209　92.10.02
改 210　88.06.23→501
廃 211　92.10.02
廃 212　96.03.29
廃 213　97.12.30
廃 214　94.07.13
廃 215　95.08.10
廃 216　95.08.10
改 217　88.06.25→502

廃 501　01.03.31
廃 502　01.03.31

廃 551　01.03.31
廃 552　01.03.31
廃 553　01.03.31
廃 554　00.03.31

キハ57　0
廃 19　91.12.31
廃 22　91.12.31

キハ58　0
廃 23　08.07.05
廃 35　93.12.10
廃 36　92.03.31
廃 44　96.12.12
廃 52　97.08.06
廃 54　08.04.02
改 57　88.10.28→8002
廃 66　02.03.22
廃 68　96.12.12
廃 75　20.11.30
廃 81　97.03.21
廃 82　92.09.01
廃 83　04.06.29
廃 88　92.09.01
廃 95　97.04.08
廃 96　94.03.04
廃 98　92.10.01
廃 100　93.02.01
廃 101　90.02.16
廃 102　90.03.01
廃 107　92.12.01
廃 108　92.10.01
廃 110　93.03.31
廃 111　99.03.31
廃 117　96.06.28
廃 118　95.10.05
廃 120　02.06.12
廃 122　92.09.01
廃 123　00.08.01
廃 125　92.09.30
廃 126　89.09.06
廃 127　93.02.01
廃 130　93.12.10
廃 131　99.07.01
改 135　88.07.18 キハ59553
廃 137　96.06.28
廃 138　97.11.16
廃 139　19.01.23
廃 140　93.11.17
廃 141　94.12.19
廃 143　02.03.22
廃 144　06.11.22
廃 146　99.03.31
廃 147　02.03.22
廃 149　02.03.22
廃 150　95.06.20
廃 151　95.06.20
廃 152　07.01.26
廃 154　05.01.21
廃 158　92.12.01
廃 159　92.12.01
廃 162　02.03.22
廃 163　97.12.19
廃 164　93.11.30
廃 167　92.09.30
廃 169　90.03.31
廃 172　99.04.05
廃 173　89.09.11
廃 174　99.08.09
改 176　89.07.20 キハ59501
廃 178　09.03.31
廃 180　93.12.10
廃 181　90.02.19
廃 184　93.03.31
廃 186　02.03.22
廃 187　96.12.12
廃 189　94.12.19
廃 190　95.03.24
廃 192　02.03.22
廃 194　06.09.30
廃 195　92.09.30
廃 198　09.03.31
廃 199　09.03.31
改 200　92.02.04→5501

廃 202　98.02.18
廃 203　09.03.31
廃 204　95.11.01
廃 207　96.12.12
廃 208　20.01.08
廃 209　02.03.31
廃 210　02.03.22
廃 211　92.09.30
廃 212　97.12.19
廃 213　94.12.19
廃 214　02.03.22
廃 215　93.03.31
廃 216　09.03.31
廃 217　92.12.01
廃 218　02.08.31
廃 222　99.12.13
廃 224　97.06.24
廃 226　92.10.01
廃 227　00.03.31
廃 229　06.09.30
廃 231　02.06.17
廃 234　94.12.27
廃 236　93.03.31
廃 237　00.03.31
廃 239　00.03.31
廃 242　89.03.10
廃 243　90.03.31
廃 245　98.03.26
廃 246　94.12.19
廃 247　97.06.04
廃 248　96.03.31
廃 249　89.09.11
廃 251　93.03.31
廃 253　06.09.30
廃 254　06.09.30
廃 257　89.09.17
廃 258　93.06.01
改 259　92.11.28→7205
廃 260　95.11.01
廃 262　02.03.31
廃 263　98.03.26
改 264　92.02.19→5502
廃 265　98.03.26
廃 266　00.04.03
廃 268　98.06.23
廃 269　92.12.01
廃 270　92.10.01
廃 271　93.02.01
廃 273　92.10.01
廃 276　00.04.03
廃 277　94.08.10
廃 278　93.02.01
廃 279　92.12.01
廃 280　92.09.01
廃 281　92.12.01
廃 282　93.02.01
廃 283　93.03.01
廃 284　93.02.01
廃 285　92.09.01
廃 287　00.03.31
廃 288　00.02.01
改 289　91.12.27→5503
廃 290　91.03.31
廃 291　02.08.31
廃 292　00.02.09
廃 293　09.03.31
廃 294　93.03.01
改 295　88.07.18 キハ59552
廃 296　93.12.10
改 298　88.08.20→7002
廃 301　08.03.31
廃 304　92.09.30
廃 305　97.12.19
廃 306　92.09.30
廃 307　93.11.30

廃 308 00.05.01	廃 489 89.06.15	廃 575 99.07.01	廃 655 93.10.11	廃 733 99.12.06
廃 310 02.08.31	改 490 89.02.28ｶﾅ70 1	廃 576 90.03.31	廃 656 93.08.01	廃 734 00.01.04
改 311 92.02.21→5504	廃 492 92.07.01	廃 577 91.03.31	廃 657 07.11.28	廃 735 93.08.01
廃 312 03.01.08	廃 493 93.09.27	廃 578 01.06.22	廃 658 94.12.19	廃 736 00.02.24
改 401 92.03.11→5505	廃 494 92.12.01	廃 579 95.11.01	廃 659 99.03.31	廃 737 91.11.20
廃 402 98.02.05	廃 495 93.09.27	廃 580 92.12.01	廃 660 00.02.24	廃 738 00.02.01
廃 403 97.10.06	廃 497 92.12.01	廃 581 93.01.04	廃 661 92.06.01	廃 739 08.03.31
廃 404 91.07.15	廃 498 89.03.31	廃 582 91.03.01	廃 662 92.06.01	廃 740 97.11.06
改 407 92.01.31→5506	廃 499 96.08.26	廃 583 99.06.30	廃 663 93.09.27	廃 743 91.02.13
改 408 92.03.03→5507	廃 500 89.03.31	廃 584 93.10.11	廃 664 97.06.02	廃 744 02.11.01
廃 410 98.02.05	廃 501 89.03.31	廃 585 95.10.05	廃 665 02.03.31	廃 745 93.03.01
廃 411 94.02.01	廃 502 00.03.31	廃 586 95.08.12	廃 667 02.08.31	廃 746 96.12.24
廃 412 03.08.29	廃 503 00.06.01	廃 587 03.10.31	改 668 93.05.24→7210	廃 747 92.10.01
廃 414 09.01.14	廃 504 90.03.31	廃 588 99.06.30	改 669 92.12.29→7211	廃 748 92.10.01
廃 415 03.04.21	廃 505 03.06.25	廃 589 03.03.08	廃 670 02.08.31	改 749 92.09.12→7212
廃 416 92.10.01	廃 506 93.03.31	廃 590 93.09.27	廃 671 97.06.24	廃 750 00.03.31
廃 418 91.07.15	廃 507 95.09.28	廃 592 03.01.08	廃 672 89.08.24	廃 751 92.01.20→5516
廃 420 96.03.31	廃 508 00.04.03	廃 593 07.11.09	廃 673 97.06.24	改 752 88.03.26ｶﾅ531002
廃 421 00.03.31	廃 509 97.06.02	廃 594 03.06.12	廃 674 02.03.22	廃 753 02.03.22
廃 423 92.09.30	廃 511 93.09.27	廃 595 93.05.31	廃 675 00.02.01	廃 754 02.03.22
廃 424 95.11.01	廃 512 95.12.28	廃 596 20.11.17	廃 676 00.03.31	廃 755 05.02.16
廃 425 99.05.11	廃 513 93.10.11	廃 597 99.10.12	廃 677 09.06.30	廃 756 98.03.26
廃 426 93.03.31	廃 515 95.09.28	廃 598 90.03.31	廃 678 01.09.14	廃 758 93.09.27
廃 427 94.01.24	廃 516 08.03.31	廃 599 94.12.10	改 679 92.01.31→5514	廃 760 95.12.28
改 428 92.02.28→5508	廃 517 92.03.31	廃 600 91.11.20	改 680 91.01.31→5001	廃 761 93.10.11
改 429 92.01.20→5509	廃 519 93.10.11	廃 601 90.03.31	廃 681 98.02.05	廃 762 92.06.01
改 430 92.02.29→5510	廃 520 00.02.01	廃 602 99.03.31	廃 682 99.03.31	廃 763 93.03.01
廃 431 99.10.12	廃 521 95.12.28	廃 603 93.03.01	改 683 87.12.07ｶﾅ531001	廃 764 89.09.17
廃 432 93.09.01	廃 522 02.03.22	廃 604 93.03.01	廃 684 99.08.09	廃 765 90.12.21
改 433 92.01.31→5511	廃 523 02.03.22	廃 606 98.03.26	廃 685 00.02.01	廃 766 93.03.01
廃 435 89.03.31	廃 524 93.03.31	廃 607 96.12.12	改 686 91.12.28→7301	廃 768 02.03.22
改 436 02.04.26ｶﾅ70 2	廃 525 95.11.01	廃 608 05.03.14	廃 687 94.12.19	廃 769 90.03.31
廃 437 00.03.31	廃 526 92.12.01	廃 609 07.01.18	廃 688 02.03.22	廃 770 00.03.31
廃 438 99.12.16	廃 527 95.12.28	廃 610 02.03.22	改 690 92.03.11→7202	廃 771 93.11.30
廃 439 00.03.31	廃 528 95.09.28	廃 611 96.11.15	廃 691 90.03.31	廃 772 91.03.31
廃 441 93.12.10	廃 530 95.12.28	廃 613 04.06.25	廃 692 93.09.27	廃 773 08.03.31
廃 442 93.06.01	廃 531 93.02.01	廃 614 94.08.10	廃 693 95.11.01	廃 774 08.03.31
廃 443 01.12.26	廃 532 93.10.11	廃 615 97.11.06	廃 694 96.07.29	廃 775 91.03.31
廃 444 91.11.20	廃 533 93.10.11	廃 616 92.03.31	廃 695 93.09.27	廃 776 93.11.30
廃 446 02.06.12	廃 534 93.03.31	廃 617 93.02.01	改 696 平成03年度	廃 777 93.03.31
廃 447 03.06.12	廃 535 92.11.30	廃 618 92.12.01	廃 697 02.03.31	廃 778 96.12.24
廃 448 97.06.24	廃 536 89.03.31	廃 619 02.11.01	廃 698 99.03.31	廃 779 95.06.20
廃 449 91.03.31	廃 537 93.03.31	廃 620 98.02.02	廃 699 99.04.05	廃 780 00.03.12
改 451 93.03.10→7206	改 538 92.01.16→5512	廃 621 93.09.27	廃 700 98.03.26	廃 781 93.02.01
廃 452 95.03.01	廃 539 00.02.01	廃 623 92.12.01	廃 701 02.03.22	廃 782 95.06.20
廃 453 93.06.01	廃 540 03.07.25	廃 624 08.09.20	改 702 88.07.28→7003	改 783 88.02.10ｶﾅ531003
廃 454 95.03.01	廃 541 02.08.31	改 625 93.02.09→7208	廃 703 98.03.26	廃 784 89.09.11
廃 456 99.04.05	廃 542 87.02.10	廃 627 92.12.01	廃 704 97.02.01	廃 785 00.01.04
廃 457 90.03.31	廃 543 91.05.31	廃 628 96.12.24	廃 705 02.03.22	廃 786 00.01.04
廃 459 92.07.01	廃 544 93.10.11	廃 629 97.01.23	廃 706 02.03.22	廃 787 01.09.14
廃 460 92.07.01	廃 545 92.12.01	廃 630 92.06.01	廃 707 98.02.02	廃 788 99.10.12
廃 461 93.01.04	廃 546 93.10.11	廃 631 92.06.01	廃 708 97.06.02	廃 789 96.12.24
廃 462 93.06.01	廃 547 92.06.01	廃 632 92.06.01	廃 709 93.09.27	廃 790 94.03.24
廃 463 01.03.31	廃 548 91.05.31	廃 633 93.08.01	廃 710 00.01.05	廃 791 03.07.25
廃 464 92.03.31	廃 549 93.10.11	廃 634 95.12.28	廃 711 93.03.31	廃 792 07.03.09
廃 466 93.09.27	廃 550 94.08.10	廃 635 93.10.11	廃 712 93.09.27	廃 793 02.02.13
改 467 1991年度→7203	廃 551 93.10.11	廃 636 98.09.30	廃 713 00.03.01	廃 794 03.07.25
廃 468 02.03.31	廃 552 93.01.04	改 638 93.03.25→7209	改5714 91.02.02→3001	廃 795 00.03.31
廃 469 93.06.01	改 553 92.07.30→7207	廃 639 99.03.31	廃 715 02.03.22	廃 796 00.01.04
廃 470 01.01.15	廃 554 03.11.30	廃 640 02.10.25	廃 716 09.01.23	廃 797 00.01.04
廃 473 02.03.22	廃 555 06.09.28	廃 641 02.10.11	廃 717 07.11.02	廃 798 95.03.24
廃 474 95.01.16	廃 556 04.06.02	廃 642 89.09.07	廃 718 02.03.22	廃 799 99.10.12
廃 475 93.09.01	改 559 92.03.09→5513	廃 643 93.09.27	廃 719 02.08.31	廃1000 93.03.31
廃 476 00.03.31	廃 560 02.03.31	廃 644 98.09.30	廃 720 02.03.22	廃1001 93.12.10
廃 477 11.10.11	廃 561 93.10.11	廃 645 05.02.18	廃 721 02.03.22	廃1002 93.12.10
廃 478 97.03.15	廃 562 99.12.01	廃 646 00.06.01	廃 722 07.06.22	廃1003 01.01.15
廃 479 94.12.10	廃 563 10.12.15 →津山	廃 647 05.02.18	改 723 88.07.28→7004	廃1004 01.01.15
廃 481 92.12.01	廃 564 02.08.31	廃 648 07.11.09	廃 724 02.02.05	廃1005 02.03.22
廃 482 99.09.30	廃 565 92.11.30	廃 649 92.03.31	廃 725 07.10.24	廃1006 96.12.12
廃 483 93.09.01	廃 568 93.10.11	廃2 650 18.09.26	廃 726 01.03.01	廃1007 04.06.15
廃 484 92.12.01	廃 569 15.03.18	廃 651 93.09.27	廃 727 98.03.26	廃1008 97.10.14
廃 485 94.03.24	廃 571 00.02.03	廃 652 02.08.31	廃 728 02.03.22	廃1009 00.05.01
廃 486 94.08.10	廃 572 00.02.01	廃 653 89.08.24	廃 729 94.12.15	廃1010 99.05.11
廃 487 92.12.01	廃 573 89.09.06	廃 654 98.03.31	廃 731 94.12.15	廃1011 97.01.27
廃 488 94.12.19	廃 574 03.09.12		廃 732 97.08.02	廃1012 98.09.30

廃1013 90.03.31	廃1142 98.03.26	廃3001 01.09.14	廃2002 08.03.31	廃2159 03.09.12
廃1014 08.03.31	廃1143 98.03.26		廃2003 02.03.22	廃2160 94.12.20
廃1016 02.01.25		廃5001 96.02.27	廃2008 02.08.31	廃2162 94.12.06
廃1019 00.02.24	廃1501 93.12.10	廃5002 97.08.06	廃2 2010 18.09.26	改2163 92.02.28→5508
廃1020 00.02.24	廃1502 08.07.09	廃5003 97.08.06	廃2014 03.02.20	廃2164 94.12.27
廃1021 02.06.12	廃1503 96.12.24	廃5004 96.12.12	廃2015 00.03.31	改2166 91.12.20→5509
廃1022 10.01.30	廃1504 07.12.02	廃5005 02.03.22	廃2018 02.03.22	廃2168 00.06.01
廃1023 91.08.10	廃1505 18.09.26	廃5006 02.03.22	廃2021 00.03.31	改2169 91.12.12→5510
廃1024 03.06.12	廃1506 07.12.03	廃5007 02.03.22	廃2027 93.12.01	廃2171 06.09.30
廃1025 89.08.24	廃1507 07.12.03		廃2029 97.07.08	廃2174 09.01.14
廃1026 04.04.26	廃1508 98.10.20	廃2 5001 01.09.14	廃2032 02.06.12	廃2175 89.09.07
廃1027 04.03.19	廃1509 08.03.26	廃2 5002 99.10.12	廃2035 00.03.31	廃2176 90.02.19
改1028 91.03.19→6001	廃1510 93.03.31		廃2036 02.08.31	改2177 92.02.15→5511
廃1029 03.06.12	廃1511 97.01.23	廃5101 01.09.14	廃2039 02.03.22	廃 179 92.07.01
廃1030 93.05.31	廃1512 08.07.09		廃2041 07.01.13	廃 181 92.07.01
廃1031 00.02.09	廃1513 08.03.26	廃5501 99.04.19	廃2043 07.11.21	廃2183 00.03.08
廃1032 03.09.05	廃1514 07.12.02	廃5502 99.04.19	廃2046 92.09.30	廃2184 00.03.31
改1033 91.05.31→5002	廃1515 07.12.03	廃5503 99.03.31	廃2047 08.07.05	廃2185 02.03.22
廃1035 92.03.31	廃1516 93.03.31	廃5504 99.04.19	改2048 91.12.20→5501	廃2186 02.03.22
廃1036 93.11.30	廃1518 97.06.02	廃5505 99.04.19	改2049 87.12.23キ29552	廃2188 02.03.22
廃1037 03.09.05	廃1519 98.10.20	廃5506 99.04.19	廃2055 01.03.01	廃 194 90.07.13
改1038 89.10.31キ59510	廃1520 07.12.03	廃5507 99.04.19	改2056 88.07.18キ29553	廃2195 02.03.22
改1039 89.10.31キ59511	廃1521 97.06.02	廃5508 99.04.19	廃2059 02.03.22	廃2196 90.02.14
廃1040 01.10.02	廃1522 95.12.28	廃5509 99.03.31	廃2067 00.03.31	廃2199 99.10.28
廃1041 05.01.19	廃1523 08.03.26	廃5510 99.04.19	改2068 92.01.10→5502	廃2200 03.06.12
廃1042 05.03.18	廃1524 08.03.30	廃5511 99.04.19	廃2070 97.06.24	廃2201 92.09.30
廃1043 04.03.19	廃1525 08.03.30	廃5512 99.12.06	廃2073 97.06.24	廃2202 93.11.30
廃1044 05.01.19	廃1526 01.05.07	廃5513 99.12.06	廃2079 02.03.22	
廃1045 05.01.19	廃1527 00.05.01	廃5514 99.12.06	廃2080 89.09.01	廃2301 99.05.11
廃1046 05.01.19	廃1528 07.12.02	廃5515 99.04.19	廃 83 89.11.27	廃2303 89.09.02
廃1047 08.11.17	廃1529 08.03.26	廃5516 99.04.19	改2085 92.03.26→5503	廃2304 00.02.09
廃1048 07.07.06	廃1530 07.12.03		廃2087 00.03.31	廃2305 00.02.01
廃1049 00.02.03	廃1531 07.12.03	廃6001 00.03.31	改2088 92.02.08→5504	廃2306 04.03.19
改1050 90.12.28→6002	廃1533 08.03.30	廃6002 00.01.24	廃2089 92.09.30	廃2308 97.04.10
廃1051 02.02.04	廃1534 98.09.30	廃6003 00.03.31	改2091 92.03.06→5505	廃2309 07.11.09
改1052 91.02.04→6003			廃2093 02.03.31	廃2310 03.06.12
		廃7001 94.03.24	改2096 92.03.11→5506	廃2312 03.09.05
改1101 91.03.12→5101		廃7002 94.03.24	廃2097 02.03.22	廃2313 99.03.31
廃1102 00.03.31		廃7003 98.03.26	廃2099 93.12.01	廃2314 90.03.31
廃1103 97.04.08		廃7004 01.03.01	廃2100 89.09.02	廃2315 99.05.11
廃1104 99.10.12			廃2101 02.10.25	廃2316 98.10.02
廃1105 01.03.01		廃7201 96.03.31	改2102 91.01.23キ28 2	改2317 92.01.16→5512
廃1106 05.03.01		廃7202 02.10.25	廃2103 97.10.06	廃2318 09.01.08
廃1107 95.01.16		廃7203 97.07.08	廃2104 00.02.09	廃2319 02.08.31
廃1108 00.02.01		廃7204 00.03.31	廃2107 02.02.14	改2322 92.01.23→5513
廃1109 97.07.08		廃7205 96.03.31	廃2110 93.03.31	廃2323 99.10.12
廃1110 97.06.24		廃7206 97.06.24	廃2111 89.09.01	廃2324 00.02.01
改1111 89.10.23キ59554		廃7207 00.03.31	廃2112 05.03.17	廃2325 92.09.30
廃1112 97.06.24		廃7208 03.01.08	廃2113 97.04.08	廃2326 97.04.08
廃1113 05.03.18		廃7209 05.03.18	廃2118 02.03.31	改2327 92.01.29→5514
廃1114 11.10.11		廃7210 04.12.06	廃2119 08.11.17	廃2328 99.03.31
廃1115 97.06.24		廃7211 05.03.18	廃2120 00.03.31	廃2329 10.12.15　→津山
廃1116 05.03.31		廃7212 98.09.30	廃2124 96.03.29	廃2330 02.03.22
廃1117 03.08.29			廃2126 90.02.16	改2331 92.01.23→5515
廃1118 97.07.08		廃7301 00.03.31	廃2127 02.01.25	廃2333 00.08.01
改1119 89.10.23キ59555			改2128 92.02.13→5507	廃 334 95.03.10
廃1120 05.02.18		廃8001 94.12.19	廃2130 94.12.06	廃 336 92.02.18
廃1121 02.10.25		廃8002 94.12.19	廃2131 89.09.13	廃2340 00.01.04
廃1122 03.04.21			改2132 89.07.20キ29501	廃2341 99.12.06
廃1124 93.12.10			廃2133 07.10.05	廃2342 03.01.08
廃1125 02.01.15			廃2136 00.03.08	廃2343 02.03.22
廃1127 04.03.19			廃2137 08.04.25	廃2345 99.10.12
廃1128 05.02.18			廃2138 00.06.01	廃2346 12.07.24
改1129 87.10.24キ59551			廃2141 02.03.30	廃 347 95.03.01
廃1130 00.02.24			廃2142 06.09.30	廃2349 03.06.12
廃1131 02.03.22			廃2144 05.01.19	廃2350 05.03.31
廃1132 07.08.29			廃2145 00.02.01	廃2351 05.03.31
廃1133 05.02.14			廃2147 00.03.31	廃2353 01.09.14
廃1135 90.03.31			廃2148 09.03.31	廃 354 92.12.01
廃1136 92.09.30			廃2151 92.07.01	廃2355 01.01.15
廃1137 97.07.08			廃2152 09.03.31	廃2356 90.02.14
廃1138 03.08.29			廃2153 92.09.30	廃 357 90.07.13
廃1139 97.07.08			廃2155 00.03.31	廃 358 92.07.01
廃1140 97.07.08			廃2157 08.07.05	廃2359 02.03.22
改1141 88.02.26→7001			廃2158 07.03.09	廃2360 11.10.11

廃 361 96.08.26	
廃2362 06.11.13	
廃2363 98.02.05	
廃2364 00.03.12	
廃2366 07.02.01	
廃2367 99.12.06	
廃 369 97.08.02	
廃 370 89.11.27	
廃2371 10.01.30	
廃2372 99.06.29	
廃 375 91.11.01	
廃 376 95.12.15	
廃2377 97.03.14	
廃2379 95.12.28	
廃2380 09.01.14	
廃2381 96.07.05	
廃2382 97.10.06	
廃2383 97.10.06	
廃2384 00.01.05	
廃2385 99.10.12	
廃2386 03.09.05	
廃2387 07.06.28	
廃 390 07.09.28	
廃2391 95.11.01	
廃2392 07.06.05	
廃2393 96.07.05	
廃2394 03.11.30	
廃2395 97.07.08	
廃2396 02.03.22	
廃2397 02.03.22	
廃2398 89.08.24	
廃 400 95.09.28	
廃2401 19.01.16	
廃 402 92.07.01	
廃 403 92.07.01	
廃 404 94.12.01	
廃 405 89.08.17	
廃2406 03.04.21	
廃2407 00.01.04	
廃2409 05.03.31	
廃2410 05.03.31	
廃2411 03.05.30	
廃2412 03.05.30	
廃2413 07.12.27	
廃2414 02.03.22	
廃 415 91.05.31	
廃 416 90.07.13	
廃2417 06.09.30	
廃2418 05.03.07	
廃2419 07.09.08	
廃2420 07.06.18	
廃 421 92.07.01	
廃 422 91.10.01	
廃 423 92.07.01	
廃 424 91.10.01	
廃 425 89.03.31	
廃2426 91.11.20	
廃2427 93.11.30	
廃 428 91.10.01	
廃2429 04.03.19	
廃2430 03.10.31	
廃2432 92.09.30	
廃2433 93.11.30	
廃2434 03.02.22	
廃2435 02.03.22	
廃2436 95.03.24	
廃2437 05.03.22	
廃2438 99.10.12	
廃 440 90.03.31	
廃2441 97.06.24	
廃2442 03.07.25	
廃2443 03.05.30	
廃2444 09.01.29	
改2445 88.07.28→7001	
廃2446 00.02.01	

廃2447 03.09.29	
廃2448 03.07.25	
廃2449 02.03.22	
廃2450 99.12.01	
廃2452 95.12.28	
改2453 87.10.24キロ29551	
廃 454 90.07.13	
廃 455 91.01.16	
廃2456 91.11.20	
廃2457 99.10.12	
廃2458 00.01.04	
廃2459 99.12.06	
廃2460 00.01.04	
廃2461 01.09.14	
廃2462 05.03.31	
廃2463 03.02.20	
廃2464 02.08.31	
廃2465 97.06.24	
廃2466 08.11.17	
廃2467 04.03.19	
廃 468 96.08.26	
廃 469 90.07.02	
廃 470 90.07.02	
廃 471 97.01.27	
廃 472 96.11.15	
廃 473 90.07.02	
廃 474 95.11.01	
廃2475 92.09.30	
廃2476 93.11.30	
廃2477 06.09.30	
廃2479 03.06.25	
廃2480 04.11.24	
廃2481 05.03.31	
廃2482 02.06.17	
廃2483 05.03.31	
廃2484 03.05.30	
廃2485 05.03.04	
廃2486 04.03.15	
廃2487 93.11.17	
廃2488 07.09.22	
廃2490 92.03.31	
廃2491 92.03.31	
廃2492 07.11.09	
廃2493 00.01.04	
廃 494 93.05.01	
廃 501 91.01.16	
廃 502 95.03.01	
廃 503 95.03.01	
廃 504 92.07.01	
改2505 89.10.31キロ29506	
廃2506 07.04.12	
廃2507 98.09.30	
廃2508 98.09.30	
廃2509 02.11.01	
廃2510 03.09.29	
廃3001 00.03.01	
廃3002 97.06.24	
廃3003 97.07.08	
廃3004 01.12.26	
廃3005 00.03.31	
改3007 1991年度	
改3008 90.12.17→6001	
廃3009 03.09.05	
廃3010 05.08.31	
廃3011 97.12.19	
廃3012 93.11.30	
廃3013 04.03.31	
廃3014 07.11.09	
廃3015 02.03.22	
廃3016 05.08.19	
廃3017 97.07.08	
廃3018 05.08.31	
廃3019 00.03.06	

廃3020 03.09.29	
廃3021 03.01.08	
廃3022 04.06.01	
廃3023 99.10.28	
廃3024 02.03.22	
廃5204 90.12.31	
廃5207 90.12.31	
廃5209 90.12.31	
廃5210 90.12.31	
廃5212 90.03.31	
廃5213 90.03.31	
廃5214 90.12.31	
廃5215 89.01.31	
廃5216 90.12.31	
廃5217 90.12.31	
廃5218 90.12.31	
廃5219 01.12.31	
廃5220 90.12.31	
廃5221 99.12.13	
廃5222 99.12.13	
廃5223 99.12.13	
廃5501 99.04.19	
廃5502 99.04.19	
廃5503 99.04.19	
廃5504 99.04.19	
廃5505 98.05.01	
廃5506 98.05.29	
廃5507 99.04.19	
廃5508 99.04.19	
廃5509 99.04.19	
廃5510 99.04.19	
廃5511 99.03.31	
廃5512 99.12.06	
廃5513 99.12.06	
廃5514 99.12.06	
廃5515 99.04.19	
廃6001 02.10.25	
廃6002 00.01.14	
廃7001 02.03.22	
廃8001 94.12.19	

キハ65   0

改 1 90.03.02→801	
廃 2 93.03.31	
廃 3 98.09.10	
廃 4 99.07.01	
改 5 90.03.23→812	
改 6 90.03.02→1801	
廃 7 93.11.30	
廃 8 93.03.31	
改 9 90.03.02→1811	
改 10 89.03.04→1711	
廃 11 98.03.26	
改 12 88.08.20→7002	
廃 13 04.08.05	
廃 14 94.12.19	
廃 15 98.03.26	
廃 16 94.12.19	
廃 17 94.12.19	
廃 18 94.12.19	
改 19 89.02.28キハ71 2	
廃 20 98.03.26	
廃 21 01.03.01	
廃 22 97.08.06	
廃 23 02.03.22	
廃 24 99.07.01	
廃 25 97.12.19	
廃 26 08.03.31	
廃 27 08.03.31	
廃 28 08.03.31	
廃 29 92.09.30	
廃 30 99.07.01	
廃 31 97.12.19	
廃 32 02.03.22	
廃 33 99.07.01	
廃 34 09.03.31	
廃 35 92.09.30	
廃 36 13.06.24	
廃 37 92.09.30	
廃 38 90.03.31	
廃 39 93.03.31	
廃 40 02.03.22	
廃 41 09.03.31	
廃 42 98.05.29	
廃 43 90.03.31	
廃 44 01.03.31	
廃 45 98.03.26	
廃 46 92.03.31	
廃 47 98.03.26	
廃 48 92.09.30	
廃 49 90.03.31	
廃 50 92.03.31	
改 51 89.02.28キハ71 1	
廃 52 04.07.01	
廃 53 04.09.20	
廃 54 97.06.04	
改 55 88.10.28→8001	
廃 56 04.08.29	
廃 57 98.03.26	
廃 58 98.03.26	
廃 59 98.03.26	
廃 60 96.12.12	
廃 61 02.03.22	
廃 62 99.12.13	
廃 63 98.03.26	
廃 64 98.03.26	
廃 65 97.08.06	
廃 66 97.08.06	
廃 67 98.03.26	
廃 68 98.09.10	
廃 69 09.03.31	
廃 70 92.03.31	
廃 71 01.01.15	
廃 72 01.01.15	
廃 73 95.03.09	
廃 74 98.03.26	
廃 75 02.03.22	
改 76 90.03.23→1812	

廃 77 98.03.31	
改 78 88.03.18キロ59551	
改 79 89.02.27→701	
廃 80 98.03.31	
改 81 89.12.15→611	
改 82 90.03.02→811	
廃 83 01.01.15	
廃 84 99.10.12	
改 85 89.12.15→1611	
改 86 89.03.14→1701	
改 501 89.03.04→721	
改 502 88.02.26→7001	
廃 503 95.03.08	
改 504 91.01.31→5001	
改 505 91.03.12→5002	
廃 506 95.03.10	
改 507 91.05.31	
改5508 91.02.02→3001	
廃 509 01.01.15	
改 511 88.07.07→601	
改 512 88.07.07→1601	
改 513 89.12.12→712	
改 514 88.03.18キロ651551	
改 515 89.12.12→1712	
改 516 89.03.04→711	
廃 517 02.03.22	
廃 518 04.09.02	
廃 601 10.03.31	
廃 611 10.10.15	
廃 612 10.10.15	
廃1601 10.03.31	
廃1611 10.10.15	
廃1612 10.10.15	
廃 701 10.03.31	
廃 711 10.09.22	
改 712 90.09.03	
廃 721 04.04.16	
廃1701 10.03.31	
廃1711 10.09.22	
改1712 90.09.03	
廃 801 04.11.11	
廃 811 04.11.11	
廃 812 04.11.11	
廃1801 04.11.11	
廃1811 04.11.11	
廃1812 04.11.11	
廃3001 01.09.14	
廃5001 01.09.14	
廃5002 99.10.12	
廃5003 99.10.12	
廃7001 94.03.24	
廃7002 94.03.24	
廃8001 94.12.19	

新系列気動車

HB-E301 6
1 北アキ Ps
2 都ナノ PPs
3 盛モリ Ps
4 盛モリ Ps
5 北アキ PPs
6 新ニイ PPs

HB-E302 6
1 北アキ Ps
2 都ナノ PPs
3 盛モリ Ps
4 盛モリ Ps
5 北アキ PPs
6 新ニイ PPs

HB-E300 6
1 北アキ

5 北アキ
6 新ニイ

101 北アキ

105 北アキ
106 新ニイ

HB-E211 8
1 北ココ Ps
2 北ココ Ps
3 北ココ Ps
4 北ココ Ps
5 北ココ Ps
6 北ココ Ps
7 北ココ Ps
8 北ココ Ps

HB-E210 8
1 北ココ Ps
2 北ココ Ps
3 北ココ Ps
4 北ココ Ps
5 北ココ Ps
6 北ココ Ps
7 北ココ Ps
8 北ココ Ps

GV-E400 19
1 新ニイ PPs
2 新ニイ PPs
3 新ニイ PPs
4 新ニイ PPs
5 新ニイ PPs
6 新ニイ PPs
7 新ニイ PPs
8 新ニイ PPs
9 北アキ PPs
10 北アキ PPs
11 北アキ PPs
12 北アキ PPs
13 北アキ PPs
14 北アキ PPs
15 北アキ PPs
16 北アキ PPs
17 北アキ PPs
18 北アキ PPs
19 北アキ PPs

GV-E401 22
1 新ニイ PPs
2 新ニイ PPs
3 新ニイ PPs
4 新ニイ PPs
5 新ニイ PPs
6 新ニイ PPs
7 新ニイ PPs
8 新ニイ PPs
9 新ニイ PPs
10 新ニイ PPs
11 新ニイ PPs
12 新ニイ PPs
13 新ニイ PPs
14 新ニイ PPs
15 新ニイ PPs
16 新ニイ PPs
17 北アキ PPs
18 北アキ PPs
19 北アキ PPs
20 北アキ PPs
21 北アキ PPs
22 北アキ PPs

GV-E402 22
1 新ニイ PPs
2 新ニイ PPs
3 新ニイ PPs
4 新ニイ PPs
5 新ニイ PPs
6 新ニイ PPs
7 新ニイ PPs
8 新ニイ PPs
9 新ニイ PPs
10 新ニイ PPs
11 新ニイ PPs
12 新ニイ PPs
13 新ニイ PPs
14 新ニイ PPs
15 新ニイ PPs
16 新ニイ PPs
17 北アキ PPs
18 北アキ PPs
19 北アキ PPs
20 北アキ PPs
21 北アキ PPs
22 北アキ PPs

YC1 52
1 崎サキ DK

101 崎サキ DK
102 崎サキ DK

201 崎サキ DK
202 崎サキ DK
203 崎サキ DK
204 崎サキ DK
205 崎サキ DK
206 崎サキ DK
207 崎サキ DK
208 崎サキ DK
209 崎サキ DK
210 崎サキ DK
211 崎サキ DK
212 崎サキ DK
213 崎サキ DK
214 崎サキ DK
215 崎サキ DK
216 崎サキ DK
217 崎サキ DK
218 崎サキ DK
219 崎サキ DK
220 崎サキ DK
221 崎サキ DK

1001 崎サキ DK

1101 崎サキ DK
1102 崎リヤ DK
1103 崎サキ DK
1104 崎サキ DK
1105 崎サキ DK
1106 崎サキ DK

1201 崎サキ DK
1202 崎サキ DK
1203 崎サキ DK
1204 崎サキ DK
1205 崎サキ DK
1206 崎サキ DK
1207 崎サキ DK
1208 崎サキ DK
1209 崎サキ DK
1210 崎サキ DK
1211 崎サキ DK
1212 崎サキ DK
1213 崎サキ DK
1214 崎サキ DK
1215 崎サキ DK
1216 崎サキ DK
1217 崎サキ DK
1218 崎サキ DK
1219 崎サキ DK
1220 崎サキ DK
1221 崎サキ DK

DEC700 1
1 中クチ Sw

1500 34
1501 四トク SS
1502 四トク SS
1503 四トク SS
1504 四トク SS
1505 四トク SS
1506 四トク SS
1507 四トク SS
1508 四トク SS
1509 四トク SS
1510 四トク SS
1511 四トク SS
1512 四トク SS
1513 四トク SS
1514 四トク SS
1515 四トク SS

1551 四トク SS
1552 四トク SS
1553 四トク SS
1554 四トク SS
1555 四トク SS
1556 四トク SS
1557 四トク SS
1558 四トク SS
1559 四トク SS
1560 四トク SS
1561 四トク SS
1562 四トク SS
1563 四トク SS
1564 四トク SS
1565 四トク SS
1566 四トク SS
1567 四トク SS
1568 四トク SS
1569 四トク SS

1200 18
1229 四トク SS
1230 四トク SS
1231 四トク SS
1232 四トク SS

1235 四トク SS

1244 四トク SS
1245 四トク SS
1246 四トク SS
1247 四トク SS
1248 四トク SS
1249 四トク SS
1250 四トク SS
1251 四トク SS
1252 四トク SS
1253 四トク SS
1254 四トク SS
1255 四トク SS
1256 四トク SS

1000 38
1001 四コチ SS
1002 四コチ SS
1003 四トク SS
1004 四トク SS
1005 四トク SS
1006 四トク SS
1007 四トク SS
1008 四トク SS
1009 四トク SS
1010 四コチ SS
1011 四コチ SS
1012 四コチ SS
1013 四コチ SS
1014 四コチ SS
1015 四コチ SS
1016 四コチ SS
1017 四コチ SS
1018 四コチ SS
1019 四コチ SS
1020 四コチ SS
1021 四コチ SS
1022 四コチ SS
1023 四コチ SS
1024 四コチ SS
1025 四コチ SS
1026 四コチ SS
1027 四コチ SS
1028 四コチ SS
改1029 08.08.02→1229
改1030 08.08.02→1230
改1031 08.06.04→1231
改1032 08.09.06→1232
1033 四コチ SS
1034 四コチ SS
改1035 08.09.06→1235
1036 四コチ SS
1037 四コチ SS
1038 四コチ SS
1039 四コチ SS
1040 四コチ SS
1041 四コチ SS
1042 四コチ SS
1043 四コチ SS
改1044 08.10.04→1244
改1045 08.09.06→1245
改1046 08.07.05→1246
改1047 08.07.05→1247
改1048 08.08.02→1248
改1049 08.07.05→1249
改1050 08.06.04→1250
改1051 08.10.04→1251
改1052 08.06.04→1252
改1053 08.10.18→1253
改1054 08.09.06→1254
改1055 08.07.05→1255
改1056 06.06.01→1256

DMV 0
廃 911 10.01.19
廃 912 10.01.19

H100系／北

H100   83

1	札ナホ	DN
2	札ナホ	DN
3	札ナホ	DN
4	札ナホ	DN
5	札ナホ	DN
6	札ナホ	DN
7	札ナホ	DN
8	札ナホ	DN
9	札ナホ	DN
10	札ナホ	DN
11	札ナホ	DN
12	札ナホ	DN
13	札ナホ	DN
14	札ナホ	DN
15	札ナホ	DN
16	旭アサ	DN
17	旭アサ	DN
18	旭アサ	DN
19	旭アサ	DN
20	旭アサ	DN
21	旭アサ	DN
22	旭アサ	DN
23	旭アサ	DN
24	旭アサ	DN
25	旭アサ	DN
26	旭アサ	DN
27	旭アサ	DN
28	札トマ	DN
29	札トマ	DN
30	札トマ	DN
31	札トマ	DN
32	札トマ	DN
33	札トマ	DN
34	札トマ	DN
35	札トマ	DN
36	札トマ	DN
37	札トマ	DN
38	札トマ	DN
39	札トマ	DN
40	札トマ	DN
41	札トマ	DN
42	札トマ	DN
43	札トマ	DN
44	札トマ	DN
45	札トマ	DN
46	釧クシ	DN
47	釧クシ	DN
48	釧クシ	DN
49	釧クシ	DN
50	釧クシ	DN
51	釧クシ	DN
52	釧クシ	DN
53	釧クシ	DN
54	釧クシ	DN
55	釧クシ	DN
56	釧クシ	DN
57	釧クシ	DN
58	釧クシ	DN
59	釧クシ	DN
60	釧クシ	DN
61	釧クシ	DN
62	釧クシ	DN
63	釧クシ	DN
64	釧クシ	DN
65	釧クシ	DN
66	釧クシ	DN
67	釧クシ	DN
68	旭アサ	DN
69	旭アサ	DN
70	旭アサ	DN
71	旭アサ	DN
72	旭アサ	DN
73	旭アサ	DN
74	旭アサ	DN
75	旭アサ	DN
76	旭アサ	DN
77	旭アサ	DN
78	旭アサ	DN
79	旭アサ	DN
80	旭アサ	DN
81	旭アサ	DN
82	釧クシ	DN
83	釧クシ	DN

キハ201系／北

キハ201   12

101	札ナホ	DN
102	札ナホ	DN
103	札ナホ	DN
104	札ナホ	DN
201	札ナホ	
202	札ナホ	
203	札ナホ	
204	札ナホ	
301	札ナホ	DN
302	札ナホ	DN
303	札ナホ	DN
304	札ナホ	DN

キハE200系／東

キハE200   3

1	都コミ	Ps	
2	都コミ	Ps	
3	都コミ	Ps	

キハ200系／九

キハ200   46

改	1		
改	2	22.03.	
	3	分オイ	DK
改	4	21.09.29	
	5	分オイ	DK
改	6	14.03.17→556	
	7	鹿カコ	DK
	8	鹿カコ	DK
改	9	17.12.20→559	
改	10	16.03.11→560	
	11	分オイ	DK
	12	分オイ	DK
	13	熊クマ	DK
	14	熊クマ	DK
改	15	17.10.27→565	
	101	熊クマ	DK
	102	熊クマ	DK
	103	分オイ	DK
	104	分オイ	DK
	105	分オイ	DK
	501	鹿カコ	DK
	502	鹿カコ	DK
	503	鹿カコ	DK
	551	分オイ	DK
	552	分オイ	DK
	554	分オイ	DK
	556	鹿カコ	DK
	559	鹿カコ	DK
	560	鹿カコ	DK
	565	鹿カコ	DK
改	1001		
改	1002	22.03.	
	1003	分オイ	DK
改	1004	21.09.29	
	1005	分オイ	DK
改	1006	14.03.17→1556	
廃	1007	93.08.19	
	1008	鹿カコ	DK
改	1009	17.12.20→1559	
改	1010	16.03.11→1560	
廃	1011	03.04.04	
	1012	分オイ	DK
	1013	熊クマ	DK
	1014	熊クマ	DK
改	1015	17.10.27→1565	
	1101	熊クマ	DK
	1102	熊クマ	DK
	1103	分オイ	DK
	1104	分オイ	DK
	1105	分オイ	DK
	1501	鹿カコ	DK
	1502	鹿カコ	DK
	1503	鹿カコ	DK
	5007	鹿カコ	DK
	5011	分オイ	DK

	1551	分オイ	DK
	1552	分オイ	DK
	1554	分オイ	DK
	1556	鹿カコ	DK
	1559	鹿カコ	DK
	1560	鹿カコ	DK
	1565	鹿カコ	DK

キハ220   18

201	分オイ	DK
202	分オイ	DK
203	分オイ	DK
204	分オイ	DK
205	分オイ	DK
206	熊クマ	DK
207	熊クマ	DK
208	熊クマ	DK
209	熊クマ	DK
210	分オイ	DK
211	分オイ	DK
212	分オイ	DK
1101	分オイ	DK
1102	熊クマ	DK
1501	分オイ	DK
1502	分オイ	DK
1503	分オイ	DK
1504	分オイ	DK

キハ160系

キハ160   0

廃	1	13.12.20

キハ150系／北

キハ150   27

1	旭アサ	DN
2	旭アサ	DN
3	旭アサ	DN
4	旭アサ	DN
5	旭アサ	DN
6	旭アサ	DN
7	旭アサ	DN
8	旭アサ	DN
9	旭アサ	DN
10	旭アサ	DN
11	旭アサ	DN
12	旭アサ	DN
13	旭アサ	DN
14	旭アサ	DN
15	旭アサ	DN
16	旭アサ	DN
17	旭アサ	DN
101	札トマ	DN
102	札トマ	DN
103	札トマ	DN
104	札トマ	DN
105	札トマ	DN
106	札トマ	DN
107	札トマ	DN
108	札トマ	DN
109	札トマ	DN
110	札トマ	DN

キハ140・147系／九

キハ140   8

廃2039	21.11.01	
2040	本チク	DK
2041	本チク	DK
2061	鹿カコ	DK
2062	鹿カコ	DK
2066	鹿カコ	DK
2067	本チク	DK
2125	熊クマ	DK
2127	鹿カコ	DK

キハ147   30

49	本チク	DK
50	本チク	DK
53	分オイ	DK
54	本チク	DK
58	本チク	DK
59	熊クマ	DK
61	熊クマ	DK
90	本チク	DK
91	本チク	DK
104	熊クマ	DK
105	熊クマ	DK
106	熊クマ	DK
107	本チク	DK
182	本チク	DK
183	熊クマ	DK
184	本チク	DK
185	本チク	DK
1030	分オイ	DK
1032	本チク	DK
1033	本チク	DK
1043	分オイ	DK
1044	本チク	DK
1045	鹿カコ	DK
1055	熊クマ	DK
1057	本チク	DK
1058	本チク	DK
1068	本チク	DK
1069	本チク	DK
1081	本チク	DK
1125	本チク	DK

キハ141　　　　0

廃	1	05.03.18
廃	2	12.11.14
廃	3	12.11.14
廃	4	12.11.22
廃	5	12.11.22
廃	6	12.11.22
廃	7	12.06.20
廃	8	12.06.20
廃	9	12.06.21
廃	10	12.06.21
廃	11	12.07.06
廃	12	12.07.06
廃	13	12.12.05
廃	14	12.06.11

キハ142　　　　1

廃	1	05.03.18
廃	2	12.11.14
廃	3	12.11.14
廃	4	12.11.22
廃	5	15.03.31
廃	6	15.03.31
廃	7	12.06.20
廃	8	12.06.20
廃	9	12.06.21
廃	10	12.06.21
廃	11	12.07.06
廃	12	12.07.06
廃	13	12.12.05
改	14	95.01.27→114
廃	114	12.06.11
廃	201	12.11.28
	701	盛モリ　Ps

キハ143　　　　11

	101	札トマ	DN
	102	札トマ	DN
	103	札トマ	DN
	104	札トマ	DN
	151	札トマ	DN
	152	札トマ	DN
	153	札トマ	DN
	154	札トマ	DN
廃	155	12.11.28	
	156	札トマ	DN
	157	札トマ	DN
	701	盛モリ	Ps

キサハ144　　　　2

廃	101	12.11.28
廃	102	12.10.31
廃	103	12.11.28
廃	104	12.10.31
改	151	95.08.16→104
	701	盛モリ
	702	盛モリ

キハE130　　　　29

	1	水スイ	Ps
	2	水スイ	Ps
	3	水スイ	Ps
	4	水スイ	Ps
	5	水スイ	Ps
	6	水スイ	Ps
	7	水スイ	Ps
	8	水スイ	Ps
	9	水スイ	Ps
	10	水スイ	Ps
	11	水スイ	Ps
	12	水スイ	Ps
	13	水スイ	Ps
	101	千マリ	PPs
	102	千マリ	PPs
	103	千マリ	PPs
	104	千マリ	PPs
	105	千マリ	PPs
	106	千マリ	PPs
	107	千マリ	PPs
	108	千マリ	PPs
	109	千マリ	PPs
	110	千マリ	PPs
	501	盛モリ	Ps
	502	盛モリ	Ps
	503	盛モリ	Ps
	504	盛モリ	Ps
	505	盛モリ	Ps
	506	盛モリ	Ps

キハE131　　　　19

	1	水スイ	Ps
	2	水スイ	Ps
	3	水スイ	Ps
	4	水スイ	Ps
	5	水スイ	Ps
	6	水スイ	Ps
	7	水スイ	Ps
	8	水スイ	Ps
	9	水スイ	Ps
	10	水スイ	Ps
	11	水スイ	Ps
	12	水スイ	Ps
	13	水スイ	Ps
	501	盛モリ	Ps
	502	盛モリ	Ps
	503	盛モリ	Ps
	504	盛モリ	Ps
	505	盛モリ	Ps
	506	盛モリ	Ps

キハE132　　　　19

	1	水スイ	Ps
	2	水スイ	Ps
	3	水スイ	Ps
	4	水スイ	Ps
	5	水スイ	Ps
	6	水スイ	Ps
	7	水スイ	Ps
	8	水スイ	Ps
	9	水スイ	Ps
	10	水スイ	Ps
	11	水スイ	Ps
	12	水スイ	Ps
	13	水スイ	Ps

	501	盛モリ	Ps
	502	盛モリ	Ps
	503	盛モリ	Ps
	504	盛モリ	Ps
	505	盛モリ	Ps
	506	盛モリ	Ps

キハE120　　　　8

	1	新ニイ	PPs
	2	新ニイ	PPs
	3	新ニイ	PPs
	4	新ニイ	PPs
	5	新ニイ	PPs
	6	新ニイ	PPs
	7	新ニイ	PPs
	8	新ニイ	PPs

キハ130　　　　0

廃	1	99.03.24
廃	2	99.03.30
廃	3	99.03.30
廃	4	99.03.30
廃	5	96.02.27
廃	6	00.03.31
廃	7	00.03.31
廃	8	03.03.31
廃	9	00.03.31
廃	10	01.03.31
廃	11	00.03.31

キハ127　　　　12

	1	近ホシ	Sw
	2	近ホシ	Sw
	3	近ホシ	Sw
	4	近ホシ	Sw
	5	近ホシ	Sw
	6	近ホシ	Sw
	1001	近ホシ	Sw
	1002	近ホシ	Sw
	1003	近ホシ	Sw
	1004	近ホシ	Sw
	1005	近ホシ	Sw
	1006	近ホシ	Sw

キハ122　　　　7

	1	近ホシ	Sw
	2	近ホシ	Sw
	3	近ホシ	Sw
	4	近ホシ	Sw
	5	近ホシ	Sw
	6	近ホシ	Sw
	7	近ホシ	Sw

キハ126　　　　20

	1	中トウ	Sw
	2	中トウ	Sw
	3	中トウ	Sw
	4	中トウ	Sw
	5	中トウ	Sw
	11	中トウ	Sw
	12	中トウ	Sw
	13	中トウ	Sw
	14	中トウ	Sw
	15	中トウ	Sw
	1001	中トウ	Sw
	1002	中トウ	Sw
	1003	中トウ	Sw
	1004	中トウ	Sw
	1005	中トウ	Sw
	1011	中トウ	Sw
	1012	中トウ	Sw
	1013	中トウ	Sw
	1014	中トウ	Sw
	1015	中トウ	Sw

キハ121　　　　9

	1	中トウ	Sw
	2	中トウ	Sw
	3	中トウ	Sw
	4	中トウ	Sw
	5	中トウ	Sw
	6	中トウ	Sw
	7	中トウ	Sw
	8	中トウ	Sw
	9	中トウ	Sw

キハ125　　　　27

	1	分オイ	DK
	2	本カラ	DK
	3	本カラ	DK
	4	本カラ	DK
	5	本カラ	DK
	6	本カラ	DK
	7	本カラ	DK
	8	本カラ	DK
	9	分オイ	DK
	10	分オイ	DK
	111	分オイ	DK
	12	分オイ	DK
	113	分オイ	DK
	114	分オイ	DK
	15	分オイ	DK
	16	分オイ	DK
	17	分オイ	DK
	18	分オイ	DK
	19	分オイ	DK
	20	分オイ	DK
	21	分オイ	DK
	122	分オイ	DK
	23	分オイ	DK
	24	分オイ	DK
	25	分オイ	DK
	401	宮ミサ	DK

09.09.30←高千穂TR-401

	402	宮ミサ	DK

09.09.30←高千穂TR-402

キハ120　　　　88

	1	中イモ	Sw
	2	中イモ	Sw
	3	中イモ	Sw
	4	中イモ	Sw
	5	中イモ	Sw
	6	中ヒロ	Sw
	7	近カメ	Sw
	8	近カメ	Sw
	9	中クチ	Sw
	10	中クチ	Sw
	11	近カメ	Sw
	12	近カメ	Sw
	13	近カメ	Sw
	14	近カメ	Sw
	15	近カメ	Sw
	16	近カメ	Sw
	17	中ヒロ	Sw
	18	中クチ	Sw
	19	中クチ	Sw
	20	中クチ	Sw
	21	中ヒロ	Sw
	22	金トヤ	Sw
	201	金フイ	Sw
	202	金フイ	Sw
	203	金フイ	Sw
	204	金フイ	Sw
	205	金フイ	Sw
	206	中イモ	Sw
	207	中イモ	Sw
	208	中イモ	Sw

キハ110 87

301	近カメ	Sw		
302	近カメ	Sw		
303	近カメ	Sw		
304	近カメ	Sw		
305	近カメ	Sw		
306	近カメ	Sw		
307	中ハタ	Sw		
308	中ハタ	Sw		
309	中ハタ	Sw		
310	中ハタ	Sw		
311	中ハタ	Sw		
312	中ハタ	Sw		
313	中ハタ	Sw		
314	中ハタ	Sw		
315	中ハタ	Sw		
316	中ハタ	Sw		
317	中ハタ	Sw		
318	金トヤ	Sw		
319	中ハタ	Sw		
320	中ヒロ	Sw		
321	中ハタ	Sw		
322	中クチ	Sw		
323	中クチ	Sw		
324	中ヒロ	Sw		
325	中クチ	Sw		
326	中ヒロ	Sw		
327	中ヒロ	Sw		
328	中オカ	Sw		
329	金トヤ	Sw		
330	中オカ	Sw		
331	金トヤ	Sw		
332	中ヒロ	Sw		
333	中ヒロ	Sw		
334	中オカ	Sw		
335	中オカ	Sw		
336	中オカ	Sw		
337	中オカ	Sw		
338	中オカ	Sw		
339	中オカ	Sw		
340	中オカ	Sw		
341	金トヤ	Sw		
342	中オカ	Sw		
343	中オカ	Sw		
344	金トヤ	Sw		
345	金トヤ	Sw		
346	金トヤ	Sw		
347	金トヤ	Sw		
348	金トヤ	Sw		
349	金トヤ	Sw		
350	金トヤ	Sw		
351	金トヤ	Sw		
352	金トヤ	Sw		
353	中オカ	Sw		
354	金トヤ	Sw		
355	中オカ	Sw		
356	中オカ	Sw		
357	中オカ	Sw		
廃	358	20.03.19		
359	中オカ	Sw		

キハ110 データ

	番号	区所	装備
	1	盛モリ	Ps
	2	盛モリ	Ps
	3	盛モリ	Ps
	4	盛モリ	Ps
	5	盛モリ	Ps
	101	北コリ	Ps
	102	北コリ	Ps
	103	北コリ	Ps
	104	北ココ	Ps
改	105	13.09.26→701	
	106	北コリ	Ps
	107	北ココ	Ps
改	108	17.06.15→キハ112-711	
	109	都コミ	Ps
	110	都コミ	Ps
	111	都コミ	Ps
	112	都コミ	Ps
	113	都コミ	Ps
	114	都コミ	Ps
	115	都コミ	Ps
	116	都コミ	Ps
	117	都コミ	Ps
	118	盛モリ	Ps
	119	都コミ	Ps
	120	都コミ	Ps
	121	都コミ	Ps
	122	盛モリ	Ps
	123	北ココ	Ps
	124	北ココ	Ps
	125	北ココ	Ps
	126	北ココ	Ps
	127	北ココ	Ps
	128	盛モリ	Ps
	129	盛モリ	Ps
	130	盛モリ	Ps
	131	盛モリ	Ps
廃	132	17.05.02	
	133	盛モリ	Ps
	134	盛モリ	Ps
	135	北コリ	PPs
	136	盛モリ	Ps
	137	盛モリ	Ps
	138	盛モリ	Ps
	139	盛モリ	Ps
	201	新ニイ	PPs
	202	新ニイ	PPs
	203	新ニイ	PPs
	204	新ニイ	PPs
	205	新ニイ	PPs
	206	新ニイ	PPs
	207	高クン	PsN
	208	高クン	PsN
	209	高クン	PsN
	210	高クン	PsN
	211	新ニイ	PPs
	212	新ニイ	PPs
	213	新ニイ	PPs
	214	北コリ	PPs
	215	新ニイ	PPs
	216	新ニイ	PPs
	217	新ニイ	PPs
	218	高クン	PsN
	219	高クン	PsN
	220	高クン	PsN
	221	高クン	PsN
	222	高クン	PsN
	223	新ニイ	PPs
	224	北コリ	PPs
	225	都ナノ	Ps
	226	都ナノ	Ps
	227	都ナノ	Ps
	228	都ナノ	Ps
	229	都ナノ	Ps
	230	都ナノ	Ps
	231	都ナノ	Ps
	232	都ナノ	Ps
	233	都ナノ	Ps
	234	都ナノ	Ps
	235	都ナノ	Ps
	236	都ナノ	Ps
	237	北ココ	Ps
	238	北ココ	Ps
	239	北ココ	Ps
	240	北ココ	Ps
	241	北ココ	Ps
	242	北ココ	Ps
	243	北ココ	Ps
	244	北ココ	Ps
	245	北ココ	Ps
改	301	97.11.17→223	
改	302	97.12.03→224	
改	303	97.05.31→225	
改	304	97.05.31→226	
改	305	97.05.31→227	
改	306	97.06.26→228	
改	307	97.07.09→229	
改	308	97.07.09→230	
改	309	97.07.09→231	
改	310	97.08.01→232	
改	311	97.08.01→233	
改	312	97.10.08→234	
改	313	97.08.01→235	
改	314	97.08.01→236	
	701	盛モリ	Ps
	711	都コミ	Ps

キハ111 47

	番号	区所	装備
	1	盛モリ	Ps
改	2	13.09.26→701	
	3	盛モリ	Ps
	101	北コリ	Ps
	102	北コリ	Ps
	103	北コリ	Ps
	104	北コリ	Ps
	105	北コリ	Ps
	106	北コリ	Ps
	107	北コリ	Ps
	108	北コリ	Ps
	109	都コミ	Ps
	110	都コミ	Ps
	111	都コミ	Ps
	112	盛モリ	Ps
	113	盛モリ	Ps
	114	盛モリ	Ps
	115	盛モリ	Ps
	116	盛モリ	Ps
	117	盛モリ	Ps
	118	盛モリ	Ps
	119	盛モリ	Ps
	120	盛モリ	Ps
	121	盛モリ	Ps
	151	北コリ	Ps
	152	盛モリ	Ps
	201	新ニイ	PPs
	202	新ニイ	PPs
	203	新ニイ	PPs
	204	高クン	PsN
	205	高クン	PsN
	206	高クン	PsN
	207	高クン	PsN
	208	高クン	PsN
	209	高クン	PsN
	210	都ナノ	Ps
	211	都ナノ	Ps
	212	都ナノ	Ps
	213	北ココ	Ps
	214	北ココ	Ps
	215	北ココ	Ps
	216	北ココ	Ps
	217	北ココ	Ps
	218	北ココ	Ps
	219	北ココ	Ps
	220	北ココ	Ps
	221	北ココ	Ps
改	301	97.06.26→210	
改	302	97.08.30→211	
改	303	97.09.26→212	
	701	盛モリ	Ps

キハ112 47

	番号	区所	装備
	1	盛モリ	Ps
改	2	13.09.26→キクシ112-701	
	3	盛モリ	Ps
	101	北コリ	Ps
	102	北コリ	Ps
	103	北コリ	Ps
	104	北コリ	Ps
	105	北コリ	Ps
	106	北コリ	Ps
	107	北コリ	Ps
	108	北コリ	Ps
	109	都コミ	Ps
	110	都コミ	Ps
	111	都コミ	Ps
	112	盛モリ	Ps
	113	北ココ	Ps
	114	盛モリ	Ps
	115	盛モリ	Ps
	116	盛モリ	Ps
	117	盛モリ	Ps
	118	盛モリ	Ps
	119	盛モリ	Ps
	120	盛モリ	Ps
	121	盛モリ	Ps
	151	北コリ	Ps
	152	盛モリ	Ps
	201	新ニイ	PPs
	202	新ニイ	PPs
	203	新ニイ	PPs
	204	高クン	PsN
	205	高クン	PsN
	206	高クン	PsN
	207	高クン	PsN
	208	高クン	PsN
	209	高クン	PsN
	210	都ナノ	Ps
	211	都ナノ	Ps
	212	都ナノ	Ps
	213	北ココ	Ps
	214	北ココ	Ps
	215	北ココ	Ps
	216	北ココ	Ps
	217	北ココ	Ps
	218	北ココ	Ps
	219	北ココ	Ps
	220	北ココ	Ps
	221	北ココ	Ps
改	301	97.06.26→210	
改	302	97.08.30→211	
改	303	97.09.26→212	
	711	都コミ	Ps

キクシ112 1

	番号	区所	装備
	701	盛モリ	Ps

キハ100系／東

キハ100 46

	1	盛モリ	Ps
	2	盛モリ	Ps
	3	盛モリ	Ps
	4	盛モリ	Ps
	5	盛モリ	Ps
	6	盛モリ	Ps
	7	盛モリ	Ps
	8	盛モリ	Ps
廃	9	11.06.30	
	10	盛モリ	Ps
	11	盛モリ	Ps
廃	12	11.06.30	
	13	盛モリ	Ps
	14	盛モリ	Ps
	15	盛モリ	Ps
	16	盛モリ	Ps
	17	盛モリ	Ps
	18	盛モリ	Ps
	19	盛モリ	Ps
	20	盛モリ	Ps
	21	盛モリ	Ps
	22	盛モリ	Ps
	23	盛モリ	Ps
	24	盛モリ	Ps
	25	盛モリ	Ps
	26	盛モリ	Ps
	27	盛モリ	Ps
	28	盛モリ	Ps
改	29	17.06.15	
廃	30	11.06.30	
	31	盛モリ	Ps
	32	盛モリ	Ps
	33	盛モリ	Ps
	34	盛モリ	Ps
	35	盛モリ	Ps
	36	盛モリ	Ps
	37	盛モリ	Ps
廃	38	11.06.30	
	39	盛モリ	Ps
	40	盛モリ	Ps
	41	盛モリ	Ps
	42	盛モリ	Ps
	43	盛モリ	Ps
	44	盛モリ	Ps
	45	盛モリ	Ps
	46	盛モリ	Ps
	201	盛モリ	Ps
	202	盛モリ	Ps
	203	盛モリ	Ps
	204	盛モリ	Ps
	205	盛モリ	Ps

キハ101 13

1	幹カタ	Ps
2	幹カタ	Ps
3	幹カタ	Ps
4	幹カタ	Ps
5	幹カタ	Ps
6	幹カタ	Ps
7	幹カタ	Ps
8	幹カタ	Ps
9	幹カタ	Ps
10	幹カタ	Ps
11	幹カタ	Ps
12	幹カタ	Ps
13	幹カタ	Ps

キハ103 1

711	都コミ	Ps

キハ75系／海

キハ75 40

	1	海ナコ	PT
	2	海ナコ	PT
	3	海ナコ	PT
	4	海ナコ	PT
	5	海ナコ	PT
	6	海ナコ	PT
	101	海ナコ	PT
	102	海ナコ	PT
	103	海ナコ	PT
	104	海ナコ	PT
	105	海ナコ	PT
	106	海ナコ	PT
	201	海ナコ	PT
	202	海ナコ	PT
改	203	15.04.03→1203	
改	204	15.05.14→1204	
改	205	15.06.26→1205	
改	206	15.02.10→3206	
改	207	14.03.21→3207	
改	208	15.02.26→3208	
	301	海ナコ	PT
	302	海ナコ	PT
改	303	15.04.03→1303	
改	304	15.05.14→1304	
改	305	15.06.26→1305	
改	306	15.02.10→3306	
改	307	14.03.21→3307	
改	308	15.02.26→3308	
改	401	15.04.02→3401	
改	402	15.04.30→3402	
改	403	15.04.30→3403	
改	404	15.06.01→3404	
改	405	15.06.26→3405	
改	406	15.04.02→3406	
改	501	15.04.02→3501	
改	502	15.04.30→3502	
改	503	15.04.30→3503	
改	504	15.06.01→3504	
改	505	15.06.26→3505	
改	506	15.04.02→3506	
	1203	海ミオ	PT
	1204	海ミオ	PT
	1205	海ミオ	PT
	3206	海ミオ	PT
	3207	海ミオ	PT
	3208	海ミオ	PT
	1303	海ミオ	PT
	1304	海ミオ	PT
	1305	海ミオ	PT
	3306	海ミオ	PT
	3307	海ミオ	PT
	3308	海ミオ	PT
	3401	海ミオ	PT
	3402	海ミオ	PT
	3403	海ミオ	PT
	3404	海ミオ	PT
	3405	海ミオ	PT
	3406	海ミオ	PT
	3501	海ミオ	PT
	3502	海ミオ	PT
	3503	海ミオ	PT
	3504	海ミオ	PT
	3505	海ミオ	PT
	3506	海ミオ	PT

キハ25系／海

キハ25 62

1	海ミオ	PT
2	海ミオ	PT
3	海ミオ	PT
4	海ミオ	PT
5	海ミオ	PT
101	海ミオ	PT
102	海ミオ	PT
103	海ミオ	PT
104	海ミオ	PT
105	海ミオ	PT
1001	海ミオ	PT
1002	海ミオ	PT
1003	海ミオ	PT
1004	海ミオ	PT
1005	海ミオ	PT
1006	海ミオ	PT
1007	海ミオ	PT
1008	海ミオ	PT
1009	海ナコ	PT
1010	海ナコ	PT
1011	海ナコ	PT
1012	海ナコ	PT
1101	海ミオ	PT
1102	海ミオ	PT
1103	海ミオ	PT
1104	海ミオ	PT
1105	海ミオ	PT
1106	海ミオ	PT
1107	海ミオ	PT
1108	海ミオ	PT
1109	海ナコ	PT
1110	海ナコ	PT
1111	海ナコ	PT
1112	海ナコ	PT
1501	海ナコ	PT
1502	海ナコ	PT
1503	海ナコ	PT
1504	海ナコ	PT
1505	海ナコ	PT
1506	海ナコ	PT
1507	海ナコ	PT
1508	海ナコ	PT
1509	海ナコ	PT
1510	海ナコ	PT
1511	海ナコ	PT
1512	海ナコ	PT
1513	海ナコ	PT
1514	海ナコ	PT
1601	海ナコ	PT
1602	海ナコ	PT
1603	海ナコ	PT
1604	海ナコ	PT
1605	海ナコ	PT
1606	海ナコ	PT
1607	海ナコ	PT
1608	海ナコ	PT
1609	海ナコ	PT
1610	海ナコ	PT
1611	海ナコ	PT
1612	海ナコ	PT
1613	海ナコ	PT
1614	海ナコ	PT

キハ11系／海

キハ11 4

廃	1	15.10.30	
廃	2	15.10.30	
廃	3	16.03.29	
廃	4	15.10.30	
廃	5	15.10.30	
廃	6	15.04.10	
廃	7	16.03.29	
廃	8	15.08.06	
廃	9	07.01.19	
廃	10	16.03.29	
廃	101	15.08.06	
廃	102	15.04.07	
廃	103	15.04.07	
廃	104	15.08.06	
廃	105	15.08.06	
廃	106	15.03.24	
廃	107	15.10.30	
廃	108	15.08.06	
廃	109	15.10.30	
廃	110	15.10.30	
廃	111	15.04.10	
廃	112	15.04.10	
廃	113	15.03.24	
廃	114	15.04.07	
廃	115	15.03.24	
廃	116	15.04.07	
廃	117	15.04.07	
廃	118	15.03.24	
廃	119	15.03.24	
廃	120	15.03.24	
廃	121	15.03.24	
廃	122	15.04.22	
廃	123	15.04.22	
廃	301	15.09.11	
廃	302	16.03.11 東海交通	
	303	海ナコ	PT
	304	海ナコ	PT
	305	海ナコ	PT
	306	海ナコ	PT

キハ31系／九

キハ31 0

廃	1	18.02.26	
廃	2	18.01.13	
廃	3	19.09.20	
廃	4	18.03.09	
廃	5	18.01.10	
廃	6	19.12.06	
廃	7	19.10.31	
廃	8	17.07.10	
廃	9	19.12.10	
廃	10	19.11.15	
廃	11	19.11.12	
廃	12	18.02.20	
廃	13	19.02.06	
廃	14	18.03.05	
廃	15	17.07.04	
廃	16	18.01.19	
廃	17	19.11.25	
廃	18	19.02.15	
廃	19	18.01.17	
廃	20	04.03.13 →売却	
廃	21	17.06.24	
廃	22	19.11.20	
廃	23	17.06.28	

キハ32系／四

キハ32 21

1	四マツ	SS
2	四マツ	SS
3	四マツ	SS
4	四マツ	SS
5	四マツ	SS
6	四マツ	SS
7	四マツ	SS
8	四マツ	SS
9	四マツ	SS
10	四マツ	SS
11	四マツ	SS
12	四マツ	SS
13	四マツ	SS
14	四マツ	SS
15	四マツ	SS
16	四コチ	SS
17	四コチ	SS
18	四コチ	SS
19	四コチ	SS
20	四コチ	SS
21	四コチ	SS

キクハ32 2

501	四カマ	SS
502	四カマ	SS

キハ33系／西

キハ33 0

廃	1001	10.03.31
廃	1002	10.03.31

キサハ34系／西

キサハ34 0

廃	1	96.03.31
廃	2	96.03.31
廃	501	96.03.31
廃	502	96.03.31

キハ37系／西・東

キハ37 0

廃	1	09.01.29
廃	2	13.07.10
廃	1001	09.01.29
廃	1002	13.07.10
廃	1003	13.07.10

キハ38系／東

キハ38 0

廃	1	12.12.06
廃	2	12.12.20
廃	3	12.12.06
廃	4	12.12.20
廃	1001	12.12.06
廃	1002	12.12.20
廃	1003	13.07.10

キハ54 　40

1	四マツ	SS
2	四マツ	SS
3	四マツ	SS
4	四マツ	SS
5	四マツ	SS
6	四マツ	SS
7	四マツ	SS
8	四マツ	SS
9	四マツ	SS
10	四マツ	SS
11	四マツ	SS
12	四マツ	SS
501	旭アサ	DN
502	旭アサ	DN
503	旭アサ	DN
504	旭アサ	DN
505	旭アサ	DN
506	旭アサ	DN
507	釧クシ	DN
508	釧クシ	DN
509	旭アサ	DN
510	旭アサ	DN
511	旭アサ	DN
512	旭アサ	DN
513	旭アサ	DN
514	釧クシ	DN
515	釧クシ	DN
516	釧クシ	DN
517	釧クシ	DN
518	釧クシ	DN
519	釧クシ	DN
廃 520	07.03.07	
521	釧クシ	DN
522	釧クシ	DN
523	釧クシ	DN
524	釧クシ	DN
525	釧クシ	DN
526	釧クシ	DN
527	旭アサ	DN
528	旭アサ	DN
529	旭アサ	DN

国鉄形気動車

キハ40・47系　／北・東・西・四・九

キロ40　0

改　1　03.04.02キハ402501

〔以上、ＪＲ東日本〕

キロ47　4

廃1401　22.06.30
廃1402　22.06.30

〔以上、ＪＲ四国〕

7001　中トウ　Sw
7002　中トウ　Sw
7005　中トウ　Sw
7006　中トウ　Sw

〔以上、ＪＲ西日本〕

キロシ47　2

3505　崎サキ　DK

9176　崎サキ　DK

〔以上、ＪＲ九州〕

キハ40　169

改 101 94.09.22→826
改 102 94.10.05→827
改 103 94.10.26→828
改 104 94.08.10→829
改 105 94.11.24→830
改 106 94.12.18→831
改 107 95.02.01→832
改 108 95.03.13→833
改 109 94.11.28→834
改 110 94.11.11→835
改 111 94.12.15→836
改 112 95.01.06→837
改 113 95.02.04→838
改 114 95.02.18→839
改 115 94.10.07→840
改 116 94.12.01→841
改 117 92.10.26→752
改 118 92.11.26→753
改 119 92.12.25→754
改 120 92.11.05→765
改 121 92.12.04→766
改 122 92.09.01→749
改 123 92.10.22→750
改 124 92.05.26→755
改 125 92.06.25→757
改 126 92.08.19→758
改 127 92.06.06→756
改 128 91.07.23→722
改 129 91.09.08→723
改 130 93.07.19→798
改 131 94.10.01→807
改 132 91.12.04→724
改 133 91.10.22→725
改 134 92.01.19→726
改 135 92.03.02→727
改 136 90.11.28 →
改 137 93.09.03→786
改 138 90.10.24→708
改 139 92.05.24→767
改 140 92.09.30→751
改 141 88.10.12キハ400-141

改 142 88.10.20キハ400-142
改 143 88.11.19キハ400-143
改 144 88.10.16キハ400-144
改 145 88.10.26キハ400-145
改 146 88.10.29キハ400-146
改 147 88.10.25キハ400-147
改 148 88.10.25キハ400-148
改 149 88.10.21キハ400-149
改 150 94.01.27→789
改 151 93.07.26→795
改 152 91.09.03→734
改 153 91.12.19→735
改 154 93.03.05→778
改 155 91.10.17→713
改 156 91.01.10→710
改 157 92.06.24→768
改 158 93.05.19→796
改 159 92.07.27→769
改 160 92.08.15→770
改 161 93.06.18→797
改 162 91.03.20→737
改 163 91.03.25→738
改 164 91.05.22→739
改 165 91.05.30→740
改 166 91.07.09→741
改 167 91.06.14→742
改 168 91.12.06→744
改 169 91.12.29→745
改 170 91.10.19→736
改 171 93.10.10→787
改 172 93.93.06→801
改 173 93.06.10→792
改 174 92.10.14→772
改 175 94.08.06→813
改 176 92.07.12→759
改 177 92.08.02→760
改 178 94.10.22→814
改 179 95.02.08→815
改 180 94.10.30→816
改 181 92.08.19→761
改 182 93.05.17→782
改 183 93.06.14→783
改 184 93.07.09→784
改 185 92.09.06→762
改 186 94.08.05→817
改 187 93.07.16→802
改 188 93.08.18→803
改 189 92.09.26→763
改 190 91.09.12→728
改 191 91.10.23→729
改 192 94.12.07→808
改 193 93.08.23→799
改 194 91.08.27→714
改 195 92.11.14→773
改 196 91.11.03→715
改 197 93.09.24→800
改 198 93.09.28→791
改 199 93.08.25→790
改 200 91.06.10→717
改 201 91.09.27→717
改 202 93.06.22→794
改 203 92.05.10→746
改 204 92.06.26→747
改 205 92.07.23→748
改 206 93.12.08→788
改 207 94.07.08→818
改 208 94.08.13→819
改 209 93.09.27→805
改 210 94.09.21→820
改 211 93.03.10→781
改 212 90.09.21→702
改 213 90.12.21→705
改 214 91.03.08→706
改 215 91.07.27→730
改 216 91.08.21→731

改 217 91.09.26→732
改 218 94.12.03→809
改 219 94.07.22→810
改 220 94.08.05→811
改 221 91.11.01→733
改 222 93.09.17→804
改 224 93.08.05→785
改 225 92.12.27→779
改 226 94.12.22→821
改 227 95.01.30→822
改 228 95.02.23→823
改 229 94.11.04→812
改 230 92.10.16→764
改 231 93.05.21→793
改 232 91.07.25→718
改 233 91.08.15→719
改 234 91.09.12→720
改 235 92.12.10→774
改 236 93.01.13→775
改 237 93.02.10→776
改 238 90.11.08→703
改 239 90.06.22→701
改 240 90.12.13→704
改 241 91.02.28→712
改 242 91.02.13→711
改 243 92.09.12→771
改 244 91.01.28→709
改 245 91.06.26→721
改 246 91.07.19→743
改 247 94.02.03→806
改 248 93.02.04→777
改 249 94.08.23→824
改 250 94.08.17→825

〔以上、北海道用〕

301	札ナホ	SN
302	札ナホ	DN
303	札ナホ	DN
304	札ナホ	DN
331	札ナホ	DN
廃 332	12.10.31	
廃 333	12.10.31	
廃 334	12.12.05	
廃 335	12.12.05	
336	札ナホ	DN
廃 351	21.03.31	
廃 352	19.05.31	
廃 353	21.03.31	
廃 354	21.03.31	
廃 355	21.03.31	
廃 356	21.03.31	
廃 357	21.03.31	
廃 358	21.03.31	
廃 359	21.03.31	
廃 360	19.05.31	
廃 401	23.03.31	
廃 402	23.03.31	

〔以上、ＪＲ北海道〕

廃 501	05.11.07	
廃 502	20.07.01	
廃 503	99.06.21	
廃 504	98.06.01	
廃 505	98.06.01	
改 506	03.03.10キハ48701	
改 507	03.03.10キハ481701	
廃 508	00.04.03	
廃 509	00.12.04	
改 510	03.03.10キハ48702	
廃 511	02.06.17	
廃 512	01.05.25	
廃 513	02.06.10	
廃 514	15.08.27	
改 515	06.03.07キハ48704	
廃 516	06.12.20	
廃 517	12.12.12	
廃 518	12.12.12	
廃 519	05.08.21	
改 520	06.03.07キハ48703	
521	北アキ	Ps
522	北アキ	Ps
廃 523	22.08.08	
廃 524	20.07.20	
廃 525	19.11.20	
廃 526	20.07.01	
廃 527	20.12.14	
528	北アキ	Ps
廃 529	22.06.10	
廃 530	22.09.08	
廃 531	22.05.10	
532	北アキ	Ps
廃 533	22.09.08	
廃 534	20.07.01	
535	北アキ	Ps
536	北アキ	Ps
廃 537	22.06.10	
廃 538	20.09.25	
廃 539	19.11.20	
廃 540	14.06.04	
廃 541	22.07.08	
廃 542	16.02.23	
543	北アキ	Ps
544	北アキ	Ps
廃 545	20.07.10	
廃 546	22.06.10	
547	北アキ	Ps
廃 548	15.06.02	
廃 549	16.02.17	
廃 550	16.02.15	
廃 551	20.06.22	
552	新ニイ	Ps
廃 553	20.12.14	
廃 554	19.01.09	
廃 555	19.06.05	
廃 556	19.06.05	
廃 557	20.09.14	
廃 558	20.07.31	
廃 559	16.02.15	
廃 560	20.04.02	
廃 561	19.01.30	
廃 562	15.09.04	
廃 563	19.01.30	
廃 564	19.01.30	
廃 565	20.10.14	
廃 566	20.09.04	
廃 567	20.08.17	
廃 568	20.07.01	
廃 569	22.07.08	
廃 570	22.08.08	
廃 571	20.08.03	
廃 572	20.08.03	
廃 573	14.06.04	
廃 574	22.09.08	
575	北アキ	Ps

改 576 97.08.05
改 577 99.03.31→5502
廃 578 16.02.17
廃 579 16.02.15
廃 580 01.05.25
廃 581 16.02.17
廃 582 20.08.03
廃 583 20.04.01
廃 584 20.04.01
廃 585 20.07.21
廃 586 19.12.26
廃 587 20.07.21
廃 588 20.10.05
廃 589 19.11.20
廃 590 20.08.26
廃 591 17.05.08
廃 592 19.01.09
廃 593 19.11.20
廃 594 22.08.08

〔以上、寒地用〕

改 701 05.03.30→1701
改 702 96.02.02→301
改 703 04.05.25→1703
改 704 05.05.19→1704
改 705 04.07.09→1705
改 706 09.09.01→1706
改 707 12.03.07→1707
廃 708 21.06.30
改 709 05.06.10→1709
改 710 98.12.11→355
改 711 12.04.24→1711
改 712 12.07.02→1712
改 713 98.07.18→352
改 714 08.11.07→1714
改 715 07.07.14→1715
改 716 09.09.18→1716
改 717 98.09.01→353
改 718 98.07.08→351
改 719 99.09.27→358
改 720 09.07.24→1720
廃 721 22.03.31
改 722 11.05.19→1722
改 723 08.01.17→1723
改 724 10.02.05→1724
改 725 11.11.10→1725
改 726 21.05.31
改 727 11.10.07→1727
改 728 98.12.11→356
廃 729 21.06.30
廃 730 22.03.31
改 731 99.10.22→359
廃 732 21.05.31
廃 733 22.03.31
廃 734 21.09.30
改 735 09.08.31→1735
改 736 11.04.28→1736
改 737 12.02.23→1737
改 738 *.*.*→1738
廃 739 21.04.30
改 740 09.10.26→1740
改 741 05.01.31→1741
改 742 07.10.12→1742
改 743 99.07.09→357
改 744 11.12.16→1744
改 745 11.02.28→1745
廃 746 21.09.30
改 747 09.01.28→1747
改 748 96.03.07→302
改 749 07.11.14→1749
廃 750 00.07.19
改 751 11.08.03→1751
改 752 05.12.24→1752
改 753 98.09.01→354
改 754 06.05.29→1754
改 755 07.03.19→1755
改 756 07.08.03→1756
廃 757 21.04.30
改 758 10.04.22→1758
改 759 05.04.27→1759
改 760 06.01.24→1760
改 761 09.04.23→1761
改 762 08.08.26→1762
改 763 04.02.20→1763
廃 764 05.06.24
改 765 06.12.12→1765
改 766 07.03.01→1766
改 767 *.*.*→1767
改 768 05.10.14→1768
改 769 96.03.06→401
改 770 96.03.11→402
改 771 05.04.20→1771
改 772 05.02.10→1772
改 773 96.01.23→303
改 774 04.10.26→1774
改 775 08.10.28→1775

改 776 04.07.30→1776
廃 777 21.04.30
改 778 *.*.*→1778
改 779 07.05.20→1779
改 780 06.12.12→1780
廃 781 18.05.31
改 782 96.01.31→304
改 783 06.05.13→1783
改 784 06.06.28→1784
改 785 04.12.14→1785
改 786 07.12.12→1786
改 787 08.02.18→1787
改 788 04.12.27→1788
廃 789 18.04.30
改 790 05.07.21→1790
改 791 06.02.06→1791
改 792 04.09.29→1792
改 793 07.11.26→1793
改 794 99.11.09→350
改 795 05.09.08→1795
改 796 04.08.16→1796
改 797 08.09.22→1797
改 798 09.09.18→1798
改 799 06.03.25→1799
改 800 05.12.14→1800
改 801 04.11.11→1801
廃 802 22.03.31
改 803 04.05.21→1803
改 804 09.01.07→1804
改 805 05.02.16→1805
改 806 10.01.28→1806
改 807 09.11.18→1807
廃 808 18.08.31
改 809 05.10.31→1809
改 810 11.12.27→1810
改 811 12.03.24→1811
改 812 *.*.*→1812
改 813 04.03.12→1813
改 814 08.11.12→1814
改 815 09.07.17→1815
改 816 11.08.10→1816
廃 817 20.03.31
改 818 10.03.27→1818
廃 819 21.08.31
廃 820 20.05.31
改 821 12.03.30→1821
廃 822 20.03.31
廃 823 21.08.31
改 824 09.12.11→1824
廃 825 21.04.30
廃 826 20.04.26
廃 827 20.04.26
廃 828 21.04.30
廃 829 21.06.30
廃 830 21.05.31
廃 831 20.08.14
廃 832 21.04.30
廃 833 21.04.30
廃 834 21.04.30
廃 835 21.04.30
廃 836 18.03.31
廃 837 21.09.30
廃 838 16.06.20
廃 839 18.03.31
廃 840 18.03.31
廃 841 16.06.20

◇ワンマン、
　100代からの改造車

〔以上、JR北海道〕

廃1001 17.04.06
廃1002 17.05.11
廃1003 17.04.06
廃1004 17.05.11
廃1005 17.05.11
廃1006 21.07.19
廃1007 17.05.11
廃1008 17.04.06
廃1009 17.04.06

◇1000代は便所なし
　2000代からの改造車

1701 札ナホ DN
廃1703 22.05.31
1704 函ハコ DN
1705 函ハコ DN
1706 札トマ DN
1707 旭アサ DN
廃1709 22.03.31
廃1711 22.05.31
廃1712 22.05.31
1714 旭アサ DN
1715 旭アサ DN
1716 旭アサ DN
1720 旭アサ DN
1722 旭アサ DN
1723 旭アサ DN
1724 旭アサ DN
1725 旭アサ DN
1727 旭アサ DN
1735 旭アサ DN
1736 旭アサ DN
廃1737 22.03.31
廃1738 22.05.31
1740 旭アサ DN
廃1741 22.03.31
廃1742 22.06.30
1744 旭アサ DN
1745 旭アサ DN
1747 旭アサ DN
1749 釧クシ DN
1751 旭アサ DN
廃1752 22.06.30
廃1754 22.03.31
1755 釧クシ DN
廃1756 22.06.30
1758 釧クシ DN
1759 旭アサ DN
廃1760 22.03.31
1761 旭アサ DN
1762 函ハコ DN
1763 札トマ DN
廃1765 22.03.31
1766 釧クシ DN
1767 函ハコ DN
廃1768 22.06.30
1771 函ハコ DN
廃1772 22.03.31
1774 釧クシ DN
1775 旭アサ DN
廃1776 22.05.31
1778 釧クシ DN
1779 旭アサ DN
1780 札トマ DN
1783 札トマ DN
1784 旭アサ DN
1785 札トマ DN
1786 札トマ DN
1787 旭アサ DN
廃1788 22.05.31
1790 札ナホ DN
1791 旭アサ DN
1792 函ハコ DN

廃1793 16.03.26いさりび
廃1795 07.03.07
廃1796 16.03.26いさりび
1797 旭アサ DN
廃1798 16.03.26いさりび
廃1799 16.03.26いさりび
1800 函ハコ DN
1801 函ハコ DN
1803 函ハコ DN
1804 函ハコ DN
1805 函ハコ DN
1806 函ハコ DN
廃1807 16.03.26いさりび
1809 函ハコ DN
廃1810 16.03.26いさりび
1811 函ハコ SN
廃1812 16.03.26いさりび
1813 函ハコ DN
廃1814 16.03.26いさりび
廃1815 16.03.26いさりび
1816 札ナホ DN
1818 札ナホ DN
1821 札ナホ DN
廃1824 22.05.31

◇ワンマン、
　700代からの改造車

〔以上、JR北海道〕

No.	配置	備考
2001	中クチ	Sw
2002	中クチ	Sw
2003	中クチ	Sw
2004	中クチ	Sw
2005	中クチ	Sw
2006	中オカ	Sw
2007	近トカ	Sw
2008	近トカ	Sw
改2009	＊.＊.＊→3001	
改2010	93.01.09→3002	
改2011	87.03.31→1001	
改2012	86.12.24→1002	
改2013	87.01.27→1003	
改2014	87.02.18→1004	
改2015	86.11.28→1005	
改2016	87.03.09→1006	
改2017	87.03.31→1007	
廃2018	21.07.19	
廃2019	21.07.19	
廃2020	20.07.21	
廃2021	20.05.18	
廃2022	16.02.23	
廃2023	20.07.21	
廃2024	15.07.22	
廃2025	16.02.23	
廃2026	20.05.18	
2027	金トヤ	Sw
改2028	93.02.16→3003	
2029	中オカ	Sw
改2030	90.02.27→5030	
改2031	90.03.07→5031	
改2032	90.05.29→5032	
2033	中クチ	Sw
2034	中クチ	Sw
2035	中クチ	Sw
2036	中オカ	Sw
2037	本チク	DK
改2038	00.09.21→8038	
改2039	91.01.29キハ140-2039	
改2040	91.03.11キハ140-2040	
改2041	91.03.28キハ140-2041	
2042	中クチ	Sw
2043	中オカ	Sw
2044	中クチ	Sw
2045	中クチ	Sw
2046	近トカ	Sw
2047	中クチ	Sw
2048	中クチ	Sw
2049	中オカ	Sw
改2050	04.11.30→8050	
改2051	05.06.01→8051	
改2052	97.06.25→7052	
2053	本チク	DK
改2054	07.09.29→8054	
廃2055	83.07.30	
改2056	97.06.25→7056	
改2057	98.03.31→6004	
改2058	89.03.30→5058	
改2059	90.01.06→5059	
改2060	08.01.24→8060	
改2061	91.01.10キハ140-2061	
改2062	90.11.28キハ140-2062	
改2063	07.02.15→8063	
改2064	2011年度→8064	
改2065	08.08.15→8065	
改2066	93.06.30キハ140-2066	
改2067	91.02.16キハ140-2067	
廃2068	22.12.15	
改2069	06.09.22→8069	
2070	中クチ	Sw
2071	中クチ	Sw
2072	中クチ	Sw
2073	中クチ	Sw
2074	中クチ	Sw
2075	中クチ	Sw
2076	中クチ	Sw
2077	中クチ	Sw
2078	金トヤ	Sw
2079	中クチ	Sw
2080	中クチ	Sw
2081	中クチ	Sw
2082	中オカ	Sw
2083	金トヤ	Sw
2084	金トヤ	Sw
廃2085	20.04.01	
廃2086	20.08.03	
廃2087	91.08.29→1008	
廃2088	23.02.01	
廃2089	23.02.01	
2090	金トヤ	Sw
2091	中クチ	Sw
2092	金トヤ	Sw
2093	中オカ	Sw
2094	中トウ	Sw
2095	中トウ	Sw
2096	中クチ	Sw
改2097	13.06.30→8097	
改2098	08.03.28→8098	
改2099	04.12.28→8099	
改2100	13.08.31→8100	
改2101	00.12.27→8101	
改2102	01.10.31→8102	
改2103	99.03.17→8103	
改2104	14.03.23→8104	
廃2105	22.12.05	
廃2106	93.08.19	
2107	四トク	SS
2108	四トク	SS
廃2109	20.01.31	
2110	四トク	SS
改2111	97.06.02→6007	
改2112	97.10.08→6008	
改2113	98.02.12→6009	
2114	中クチ	Sw
2115	中トウ	Sw
改2116	93.03.26→3004	
改2117	93.03.15→3005	
2118	中トリ	Sw
2119	中クチ	Sw
2120	中クチ	Sw
2121	中クチ	Sw
2122	中クチ	Sw
2123	中クチ	Sw
廃2124	93.08.19	
改2125	92.12.19キハ140-2125	
改2126	99.03.03→8126	
改2127	93.01.14キハ140-2127	
改2128	05.03.07→8128	
改2129	90.01.31→5129	
改2130	95.12.20→6011	
改2131	95.10.13→6012	
2132	中クチ	Sw
2133	中オカ	Sw
2134	中トウ	Sw
2135	金トヤ	Sw
2136	金トヤ	Sw
2137	金トヤ	Sw
改2138	95.03.10キハ40 1	
改2139	95.12.01→1009	
廃2140	13.05.07	
廃2141	20.08.03	
2142	四トク	SS
2143	四トク	SS
2144	四トク	SS
2145	四トク	SS
廃2146	19.03.31	
2147	四トク	SS
2148	四トク	SS

〔以上、一般用〕

廃2501	16.09.07

〔以上、JR東日本〕

No.	配置	備考
3001	中オカ	Sw
3002	中オカ	Sw
3003	中オカ	Sw
3004	中オカ	Sw
3005	中オカ	Sw

〔以上、JR西日本〕

廃3001	15.12.04
廃3002	15.12.02
廃3003	15.12.04
廃3005	15.07.31
廃3306	15.12.02
廃3010	15.12.04
改5030	00.02.25
改5031	00.02.23
改5032	00.02.22
改5058	00.02.22
改5059	99.12.04
改5129	00.02.24

◇C-AU711D冷房取付け

〔以上、JR東海〕

廃5501	15.12.04
改5502	99.12.04
廃5802	15.07.27
改6004	00.03.31
改6007	99.12.04
改6008	00.02.23
改6009	99.12.04
改6011	99.12.04
改6012	99.12.04
廃6304	16.03.24
廃6307	15.07.27
廃6308	15.07.07
廃6309	15.07.29
廃6311	16.03.30
廃6312	15.07.07

〔以上、JR東海〕

No.	配置	備考
改7052	09.03.19→8052	
改7056	06.11.27→8056	
8038	鹿カコ	DK
8050	鹿カコ	DK
8051	本チク	DK
8052	本チク	DK
8054	宮ミサ	DK
8056	鹿カコ	DK
8060	宮ミサ	DK
8063	本チク	DK
8064	鹿カコ	DK
8065	宮ミサ	DK
8069	宮ミサ	DK
8097	宮ミサ	DK
8098	宮ミサ	DK
8099	宮ミサ	DK
8100	宮ミサ	DK
8101	鹿カコ	DK
8102	本チク	DK
8103	熊クマ	DK
8104	熊クマ	DK
8126	熊クマ	DK
8128	宮ミサ	DK

〔以上、JR九州〕

キハ41　　　5

No.	配置	備考
2001	近トカ	Sw
2002	近トカ	Sw
2003	近トカ	Sw
2004	近トカ	Sw
2005	近トカ	Sw

〔以上、JR西日本〕

キハ47　　　247

	No.	配置/内容	備考
	1	近トカ	Sw
	2	近トカ	Sw
改	3	97.04.28→5001	
改	4	99.06.08→5002	
	5	近トカ	Sw
	6	中トリ	Sw
	7	中トリ	Sw
	8	中トリ	Sw
	9	中クチ	Sw
	10	近トカ	Sw
	11	中クチ	Sw
改	12	97.01.24→2021	
	13	福フチ	Sw
	14	中トリ	Sw
	15	近トカ	Sw
	16	中クチ	Sw
改	17	96.10.09→2017	
	18	中オカ	Sw
	19	中オカ	Sw
	20	中オカ	Sw
	21	中オカ	Sw
	22	中オカ	Sw
改	23	94.10.28→2012	
	24	中クチ	Sw
	25	金トヤ	Sw
改	26	94.09.10→2013	
	27	金トヤ	Sw
	28	中クチ	Sw
	29	中オカ	Sw
	30	中トウ	Sw
	31	中トウ	Sw
	32	中トウ	Sw
	33	中トウ	Sw
	34	中トウ	Sw
	35	中トリ	Sw
	36	金トヤ	Sw
	37	中トウ	Sw
	38	中クチ	Sw
	39	中クチ	Sw
	40	中クチ	Sw
	41	中トリ	Sw
	42	金トヤ	Sw
	43	中オカ	Sw
	44	中オカ	Sw
	45	中オカ	Sw
改	46	07.06.23→7004	
	47	中オカ	Sw
改	48	93.02.23→2001	
改	49	92.12.25キハ147-49	
改	50	93.05.01キハ147-50	
改	51	97.10.01→5051	
改	52	05.12.27→8052	
改	53	92.05.16キハ147-53	
改	54	89.12.28キハ147-54	
改	55	06.03.16→8055	
改	56	01.11.30→8056	
改	57	97.10.07→5057	
改	58	93.05.13キハ147-58	
改	59	93.02.10キハ147-59	
改	60	1999年度→8060	
改	61	93.03.30キハ147-61	
改	62	99.10.25→8062	
	63	中クチ	Sw
	64	中オカ	Sw
	65	中クチ	Sw
	66	金トヤ	Sw
改	67	94.09.14→2004	
廃	68	23.01.20	
	69	中オカ	Sw
改	70	13.10.10→8070	
廃	71	19.09.20	
改	72	07.07.27→8072	
廃	73	20.09.14	
改	74	．　．	
廃	75	20.07.31	

改 76 08.04.15→8076	151 中クチ Sw	改1001 93.02.18→3001	廃1076 20.08.17	廃1501 11.03.31
改 77 97.11.04→5077	152 中クチ Sw	改1002 97.03.14→3010	改1077 06.02.27→9077	廃1502 10.01.31
廃 78 19.10.02	153 中クチ Sw	改1003 93.03.16→3002	改1078 11.12.*→9078	廃1503 10.01.31
廃 79 20.05.12	改 154 94.10.07→2015	1004 中オカ Sw	改1079 11.02.18→9079	廃1504 11.03.01
80 中トリ Sw	改 155 94.10.07→2016	1005 中オカ Sw	廃1080 20.05.08	廃1505 11.04.30
81 中クチ Sw	廃 156 20.02.03	改1006 94.10.28→3004	改1081 90.12.18ｷﾊ147-1081	改1506 97.03.27→3502
82 中トウ Sw	改 157 02.03.15→8157	1007 中クチ Sw	改1082 04.10.06→9082	1507 中クチ Sw
83 中トウ Sw	改 158 10.03.15→8158	1008 中クチ Sw	改1083 06.12.27→8083	改1508 94.11.15→3501
84 中トリ Sw	改 159 01.07.13→8159	改1009 98.04.30ｷﾊ412002	改1084 05.10.18→9084	改1509 05.06.23→9509
85 中オカ Sw	廃 160 20.04.30	改1010 98.08.28ｷﾊ412001	廃1085 13.03.31	改1510 06.07.22→4510
改 86 94.07.07→2005	改 161 93.03.10→2002	1011 金トヤ Sw	1086 四トク SS	廃1511 19.12.23
改 87 99.11.25→8087	改 162 96.10.12→2018	1012 近トカ Sw	廃1087 10.03.31	廃1512 20.03.27
改 88 00.11.13→8088	改 163 93.03.10→2003	1013 金トヤ Sw	廃1088 11.03.31	廃1513 20.03.18
改 89 09.11.20→8089	改 164 96.09.10→2019	1014 中クチ Sw	廃1089 13.03.31	廃1514 20.04.08
改 90 93.07.01ｷﾊ147-90	165 中トリ Sw	1015 金トヤ Sw	廃1090 14.03.31	廃1515 20.03.27
改 91 93.06.08ｷﾊ147-91	改 166 94.11.05→2007	1016 中トウ Sw	1091 金トヤ Sw	廃1516 20.03.18
改 92 06.01.20→8092	167 中トウ Sw	1017 中トウ Sw	1092 金トヤ Sw	廃1517 20.03.18
93 中クチ Sw	改 168 94.09.09→2008	改1018 96.11.15→3011	1093 近トカ Sw	廃1518 20.04.02
94 中クチ Sw	169 中クチ Sw	1019 中トリ Sw	1094 中オカ Sw	廃1519 20.04.02
95 中クチ Sw	170 中オカ Sw	改1020 94.10.31→3005	改1095 96.12.02→3014	廃1520 19.12.23
96 中クチ Sw	171 四トク SS	改1021 94.11.30→3006	改1096 94.11.30→3008	廃1521 20.03.18
改 97 94.11.24→2006	廃 172 12.03.31	1022 中トウ Sw	改1097 97.11.06→6097	
改 98 97.03.27→2022	173 四トク SS	改1023 97.03.21→3019	改1098 97.10.02→6098	◇便所なし
99 中オカ Sw	174 四トク SS	改1024 98.11.30ｷﾊ412003	廃1099 20.01.24	
100 中クチ Sw	廃 175 12.03.31	1025 中トリ Sw	1100 中クチ Sw	〔以上、寒地用〕
101 中クチ Sw	廃 176 11.04.30	1026 中トウ Sw	1101 中クチ Sw	
102 中クチ Sw	177 四トク SS	改1027 99.07.30→6001	1102 中クチ Sw	
103 中クチ Sw	178 四トク SS	1028 中トウ Sw	1103 中クチ Sw	
改 104 90.03.14ｷﾊ147-104	179 中クチ Sw	1029 金トヤ Sw	改1104 97.01.24→3020	
改 105 92.06.18ｷﾊ147-105	180 中トリ Sw	改1030 92.05.15ｷﾊ147-1030	改1105 99.03.30→412005	
改 106 92.06.17ｷﾊ147-106	改 181 94.08.11→2009	改1031 05.03.11→9031	1106 近トカ Sw	
改 107 91.01.22ｷﾊ147-107	改 182 92.12.16ｷﾊ147-182	改1032 93.05.12ｷﾊ147-1032	改1107 07.06.23→7003	
改 108 94.11.30→2014	改 183 90.03.07ｷﾊ147-183	改1033 90.02.14ｷﾊ147-1033	1108 中トリ Sw	
109 中クチ Sw	改 184 93.03.12ｷﾊ147-184	改1034 96.12.12→3012	改1109 97.10.31→6002	
110 中クチ Sw	改 185 93.03.25ｷﾊ147-185	1035 中クチ Sw	改1110 97.12.25→6003	
廃 111 10.03.31	改 186 96.09.19→2020	1036 中オカ Sw	改1111 94.10.19→3003	
112 四トク SS	廃 187 09.06.30	1037 中トリ Sw	1112 中トリ Sw	
廃 113 18.03.31	廃 188 05.03.08	1038 中オカ Sw	1113 中トリ Sw	
114 四トク SS	廃 189 13.08.24	改1039 99.01.06ｷﾊ412004	改1114 97.01.06→3015	
廃 115 11.03.31	190 中クチ Sw	1040 中クチ Sw	改1115 96.12.21→3016	
廃 116 10.03.31	191 四トク SS	改1041 10.12.01→9041	改1116 97.02.15→3017	
廃 117 10.03.31	改 192 94.11.26→2010	改1042 05.07.21→9042	廃1117 16.03.31	
118 四トク SS	改 193 94.11.26→2011	改1043 93.01.27ｷﾊ147-1043	廃1118 16.03.31	
改 119 05.12.14→8119		改1044 93.06.04ｷﾊ147-1044	廃1119 12.04.30	
改 120 08.08.24→8120	〔以上、一般用〕	改1045 93.02.20ｷﾊ147-1045	廃1120 16.03.31	
改 121 06.01.18→8121		改1046 97.11.21→6046	廃1121 11.03.31	
廃 122 22.05.19		廃1047 20.05.20	廃1122 13.03.31	
改 123 2001年度→8123	廃 501 11.03.31	改1048 05.08.18→9048	改1123 94.09.30→3009	
改 124 00.09.29→8124	廃 502 10.03.31	改1049 14.03.13→9049	改1124 97.02.25→3018	
改 125 04.12.08→8125	廃 503 10.03.31	改1050 97.10.06→6050	改1125 1992年度ｷﾊ147-1125	
改 126 97.11.07→5126	廃 504 10.03.31	改1051 05.02.06→9051	改1126 99.10.25→9126	
廃 127 20.01.20	廃 505 10.01.31	廃1052 22.03.09	廃1127 22.05.31	
廃 128 22.06.15	改 506 97.03.27→2502	1053 中トウ Sw	1128 中オカ Sw	
改 129 06.10.30→8129	改 507 97.02.13→2503	1054 中トウ Sw	廃1129 13.08.24	
廃 130 20.02.25	改 508 94.11.15→2501	改1055 92.03.13ｷﾊ147-1055	廃1130 13.08.24	
廃 131 21.12.06	改 509 05.10.21→8509	改1056 05.03.31→9056	1131 中クチ Sw	
改 132 05.01.20→8132	改 510 06.08.12→3510	改1057 90.01.17ｷﾊ147-1057	廃1132 14.03.31	
改 133 12.03.*→8133	廃 511 20.03.18	改1058 93.08.06ｷﾊ147-1058	1133 近トカ Sw	
改 134 07.02.22→8134	廃 512 20.04.08	1059 中トウ Sw	1134 金トヤ Sw	
改 135 08.01.11→8135	廃 513 20.04.08	1060 中クチ Sw		
136 本カラ DK	廃 514 19.12.23	1061 中クチ Sw	◇便所なし	
137 中トウ Sw	廃 515 19.12.23	1062 中クチ Sw		
138 金トヤ Sw	廃 516 20.03.18	改1063 96.11.29→3013		
139 近トカ Sw	廃 517 20.03.27	1064 金トヤ Sw		
140 金トヤ Sw	廃 518 20.03.18	1065 中クチ Sw		
141 中トウ Sw	廃 519 20.03.27	1066 中クチ Sw		
142 中オカ Sw	廃 520 20.03.27	改1067 94.11.15→3007		
143 中トリ Sw	廃 521 19.12.26	改1068 93.08.17ｷﾊ147-1068		
廃 144 18.03.31	廃 522 19.12.23	改1069 93.07.09ｷﾊ147-1069		
145 四トク SS		1070 中クチ Sw		
146 中トリ Sw	〔以上、寒地用〕	1071 中クチ Sw		
改 147 97.01.10→2023		改1072 99.11.26→9072		
148 中クチ Sw		改1073 01.08.01→9073		
149 中クチ Sw		改1074 12.01.*→9074		
150 中クチ Sw		改1075 2001年度→9075		

2001　中オカ　Sw
2002　中オカ　Sw
2003　中オカ　Sw
2004　中トウ　Sw
2005　中トウ　Sw
2006　中トウ　Sw
2007　中トウ　Sw
2008　中トウ　Sw
2009　中トウ　Sw
改2010　18.04.12→キロ477006
改2011　05.09.20→7002
2012　中クチ　Sw
2013　中クチ　Sw
2014　中クチ　Sw
2015　中クチ　Sw
2016　中クチ　Sw
2017　中トウ　Sw
2018　中トウ　Sw
2019　中トウ　Sw
廃2020　23.01.20
2021　中クチ　Sw
2022　中クチ　Sw
2023　中クチ　Sw

2501　中クチ　Sw
2502　中クチ　Sw
2503　中クチ　Sw

〔以上、ＪＲ西日本〕

3001　中オカ　Sw
改3002　05.09.20→7001
3003　中トウ　Sw
3004　中クチ　Sw
3005　中クチ　Sw
3006　中クチ　Sw
3007　中クチ　Sw
3008　中クチ　Sw
3009　中クチ　Sw
3010　中トウ　Sw
3011　中クチ　Sw
3012　中トウ　Sw
3013　中トウ　Sw
3014　中トウ　Sw
3015　中トウ　Sw
改3016　18.04.24→キロ477005
3017　中トウ　Sw
3018　中トウ　Sw
3019　中クチ　Sw
3020　中クチ　Sw

3501　中クチ　Sw
3502　中クチ　Sw

◇便所なし

〔以上、寒地用〕

3509　崎サキ　DK
3510　崎サキ　DK

◇２軸台車

〔以上、ＪＲ九州〕

4509　崎サキ　DK
4510　崎サキ　DK

◇２軸台車、便所なし

〔以上、ＪＲ九州〕

廃5001　15.03.23
廃5002　15.03.23

〔以上、ＪＲ東海〕

廃6001　15.03.23
廃6002　15.04.08
廃6003　15.03.23

◇便所なし

〔以上、ＪＲ東海〕

改7001　20.07.31

◇便所なし

〔以上、ＪＲ西日本〕

改7002　20.07.31

〔以上、ＪＲ西日本〕

7003　広セキ　Sw

◇便所なし

〔以上、ＪＲ西日本〕

7004　広セキ　Sw

〔以上、ＪＲ西日本〕

改5051　06.07.12→8051
改5057　08.10.02→8057
改5077　07.11.21→8077
改5126　12.11.20→8126

〔以上、ＪＲ九州〕

改6046　2001年度→9046
改6050　09.11.20→9050
改6097　06.08.18→9097
改6098　07.03.30→9098

◇便所なし

〔以上、ＪＲ九州〕

8051　本カラ　DK
8052　宮ミサ　DK
8055　鹿カコ　DK
8056　鹿カコ　DK
8057　鹿カコ　DK
8060　鹿カコ　DK
8062　本カラ　DK
8070　鹿カコ　DK
8072　鹿カコ　DK
8074　鹿カコ　DK
8076　崎サキ　DK
8077　崎サキ　DK
8087　熊クマ　DK
8088　鹿カコ　DK
8089　鹿カコ　DK
8092　鹿カコ　DK
8119　宮ミサ　DK
8120　鹿カコ　DK
8121　本カラ　DK
8123　鹿カコ　DK
8124　鹿カコ　DK
8125　鹿カコ　DK
8126　本カラ　DK
8129　崎サキ　DK
8132　本カラ　DK
8133　鹿カコ　DK
8134　本カラ　DK
8135　崎サキ　DK
8157　本カラ　DK
8158　崎サキ　DK
8159　熊クマ　DK
改8509　06.03.07→3509

〔以上、ＪＲ九州〕

9031　崎サキ　DK
9041　崎サキ　DK
9042　鹿カコ　DK
9046　鹿カコ　DK
9048　鹿カコ　DK
9049　鹿カコ　DK
9050　鹿カコ　DK
9051　熊クマ　DK
9056　鹿カコ　DK
9072　鹿カコ　DK
9073　宮ミサ　DK
9074　鹿カコ　DK
9075　鹿カコ　DK
9077　鹿カコ　DK
9078　鹿カコ　DK
9079　鹿カコ　DK
9082　熊クマ　DK
9083　宮ミサ　DK
9084　鹿カコ　DK
9097　本カラ　DK
9098　鹿カコ　DK
9126　本カラ　DK
改9509　06.03.31→4509

◇便所なし

〔以上、ＪＲ九州〕

キハ48　24

改　　1　99.01.22→5001
改　　2　97.06.20→5002
改　　3　94.10.24→5003
　　　4　中クチ　Sw
廃　　5　10.12.15
廃　　6　10.03.31

〔以上、豪雪地用〕

廃301　12.06.20
廃302　12.06.21
廃303　12.07.06
改304　88.10.25キハ480-304

〔以上、北海道用〕

廃501　15.04.04
廃502　11.03.12　→震災
廃503　19.09.11
廃504　09.06.25
廃505　22.04.08
廃506　22.05.10
廃507　22.03.15
廃508　22.03.15
改509　96.04.01→5501
改510　98.02.20→5502
改511　96.12.11→5503
改512　98.11.16→5504
改513　98.05.30→5505
改514　99.03.31→5506
　515　北アキ　Ps
　516　北アキ　Ps
　517　北アキ　Ps
　518　北アキ　Ps
廃519　22.03.15
　520　北アキ　Ps
廃521　98.08.17
　522　北アキ　Ps
廃523　20.04.08
改524　97.02.06→5507
改525　95.02.28→5508
改526　92.07.24→3526
改527　95.06.01→5510
改528　98.10.12→5511
改529　92.03.25→3529
改530　95.09.07→5513
改531　92.05.26→3531
改532　92.09.29→3532
　533　北アキ　Ps
改534　95.02.08キハ48 1
廃535　09.06.25
廃536　06.06.01
　537　北アキ　Ps
廃538　19.04.24
廃539　19.01.09
　540　北アキ　Ps
改541　92.11.27→3541
改542　94.11.13→5517
改543　97.12.12→5518
　544　北アキ　Ps
廃545　20.07.21
廃546　20.09.01
　547　北ココ　Ps
改548　95.02.06キハ48 2
廃549　20.09.01
廃550　20.09.01
廃551　15.09.08
廃552　11.03.12　→震災
廃553　15.06.04
廃554　20.04.02
廃555　17.11.22
廃556　17.12.09
廃557　18.03.07

　558　新ニイ　Ps
廃559　19.06.05

〔以上、豪雪寒地用〕

廃701　20.09.01
廃702　20.09.01
　703　北アキ　Ps
　704　北アキ　Ps

◇観光用車両

〔以上、ＪＲ東日本〕

改1001　96.09.13→6001
改1002　97.04.10→6002
廃1003　10.03.31
　1004　中クチ　Sw

◇便所なし

〔以上、豪雪地用〕

改1301　88.10.16キハ480-1301
改1302　88.10.20キハ480-1302
改1303　88.10.15キハ480-1303

廃1331　12.11.14
廃1332　12.11.22
廃1333　12.12.05

◇便所なし

〔以上、北海道用〕

廃1501　98.08.17
廃1502　22.01.31
　1503　北アキ　Ps
廃1504　22.05.10
廃1505　20.10.23
廃1506　20.11.12
　1507　北アキ　Ps
廃1508　17.12.09
　1509　北アキ　Ps
廃1510　19.06.05
廃1511　15.06.04
廃1512　11.03.12　→震災
廃1513　19.09.11
廃1514　15.06.04
改1515　96.06.18→6501
改1516　98.08.25→6502
改1517　98.04.11→6503
改1518　95.07.31→6504
改1519　98.07.29→6505
廃1520　22.04.08
　1521　北アキ　Ps
廃1522　22.04.08
改1523　96.12.26→6506
改1524　96.05.20→6507
改1525　98.06.25→6508
改1526　98.12.14→6509
改1527　96.10.25→6510
改1528　96.09.20→6511
改1529　96.08.05→6512
改1530　94.12.26→6513
改1531　95.06.26→6514
廃1532　96.07.29
廃1533　20.07.21
廃1534　20.11.02
廃1535　19.04.24

改1536 97.08.13→6515
改1537 96.03.01→6516
改1538 96.01.25→6517
廃1539 22.03.15
　1540 北アキ Ps
　1541 北ココ Ps
　1542 新ニイ Ps
廃1543 20.09.01
廃1544 11.03.12 →震災
廃1545 20.04.02
廃1546 17.12.09
廃1547 15.09.08
廃1548 18.03.07
廃1549 17.11.22
　1550 北アキ Ps

◇便所なし

〔以上、豪雪寒地用〕

廃1701 20.09.01

◇観光用車両、便所なし

〔以上、JR東日本〕

廃2501 16.09.07
廃2502 16.09.07

◇便所なし

〔以上、JR東日本〕

改3526 99.12.04
改3529 99.12.04
改3531 99.12.04
改3532 99.12.04
改3541 99.12.04

廃3809 16.03.30
廃3812 16.03.30
廃3814 15.03.23
廃3815 15.07.29
廃3816 15.04.08

廃5001 15.12.04
改5002 00.02.23
改5003 03.05.28

廃5302 16.03.28
廃5303 16.03.24

廃5501 15.07.07
改5502 00.08.02→5802
改5503 02.11.27→5803
改5504 99.12.04→5804
改5505 00.12.22→5805
改5506 02.12.25→5806
改5507 00.02.23→5807
廃5508 15.07.07
改5510 03.08.15→5810
廃5511 15.03.23
廃5513 15.03.23
改5517 00.03.31→5817
廃5518 15.12.02

廃5802 16.03.28
廃5803 15.07.27
廃5804 15.07.07
廃5805 15.04.03
廃5806 15.07.27
廃5807 16.03.28
廃5810 15.07.29
廃5817 16.03.30

廃6001 15.07.31
改6002 00.02.25

廃6302 16.03.28

廃6501 15.12.02
廃6502 15.12.04
改6503 12.10.30→6803
改6504 00.02.22→6804
改6505 99.12.04→6805
改6506 03.07.07→6806
改6507 99.12.04→6807
改6508 03.02.14→6808
改6509 03.09.29→6809
改6510 99.12.04→6810
改6511 **.**.**→6811
改6512 99.12.04→6812
改6513 99.12.04→6813
改6514 00.06.09→6814
改6515 03.03.31→6815
改6516 01.02.21→6816
廃6517 15.07.29

廃6803 15.04.03
廃6804 16.03.28
廃6805 16.03.24
廃6806 16.03.24
廃6807 16.03.24
廃6808 15.07.27
廃6809 16.03.30
廃6810 16.03.28
廃6811 16.03.24
廃6812 16.03.30
廃6813 15.04.08
廃6814 15.07.31
廃6815 15.07.29
廃6816 15.12.02

〔以上、JR東海〕

キロ48　　0
改 1 03.04.02→キハ482501
改 2 03.04.02→キハ482502

〔以上、JR東日本〕

キハ66・67系／九

キハ66　　4
　1 崎サキ DK
廃　2 23.03.13
　3 崎サキ DK
廃　4 16.02.13
廃　5 20.10.02
廃　6 23.01.13
廃　7 23.02.22
廃　8 23.02.07
廃　9 20.12.26
改　10 11.03.16→110
廃　11 20.11.10
　12 崎サキ DK
廃　13 20.06.22
廃　14 20.07.09
廃　15 20.12.04

　110 崎サキ DK

キハ67　　4
　1 崎サキ DK
廃　2 23.03.06
　3 崎サキ DK
廃　4 16.02.16
廃　5 20.10.12
廃　6 23.01.13
廃　7 23.02.28
廃　8 23.02.16
廃　9 21.01.20
改　10 13.03.22→110
廃　11 20.11.30
　12 崎サキ DK
廃　13 20.06.08
廃　14 20.06.16
廃　15 20.12.21

　110 崎サキ DK

一般形気動車

キハ20・52系

キハ20　　0
廃　41 90.03.16

廃204 90.05.07
廃206 88.06.15
廃212 88.06.15
廃213 88.06.15
廃237 91.03.31
廃246 88.06.15
廃247 88.06.15
廃293 90.05.07
廃294 90.05.07
廃306 91.03.31
廃315 91.03.31
廃322 91.02.18
廃323 90.05.07
廃334 90.03.16
廃335 90.03.16
廃336 91.03.31
廃337 90.12.31
廃366 91.03.31
廃367 90.12.31
廃368 90.03.31
廃377 90.03.31
廃384 90.03.31
廃385 90.12.31
廃391 90.03.31
廃400 90.12.31
廃405 91.02.18
廃408 91.03.31
廃409 91.03.31
廃412 91.02.18
廃413 91.02.18
廃422 91.02.18
廃423 87.10.29
廃434 90.03.16
廃442 89.03.31
廃456 90.03.16
廃462 90.03.16
廃467 90.05.29
廃471 87.10.29
廃479 89.03.31
廃482 90.03.16

廃501 90.03.16
廃502 90.03.16
廃503 90.05.29
廃505 90.03.16
廃506 90.03.16
廃507 90.03.16
廃513 91.02.18
廃518 92.03.31
廃519 93.12.22
廃520 90.03.31
廃521 89.03.27
廃522 89.03.27

キハ22　　0
廃107 87.12.29
廃109 89.12.02
廃111 88.12.30
廃112 87.12.29
廃113 87.12.29
廃114 89.12.02
廃116 89.04.30
廃117 89.04.30
廃118 88.12.30
廃119 87.12.29
廃120 87.12.29
廃121 87.12.29
廃123 90.07.13
廃129 90.07.13
廃131 90.03.15
廃133 90.03.15
廃135 89.12.02
廃136 89.06.30
廃137 89.12.02
廃138 89.06.30
廃140 87.12.29
廃141 89.12.02
廃142 87.12.29
廃146 90.03.15
廃148 90.06.02
廃152 90.07.02
廃156 89.08.02
廃157 90.03.15
廃159 91.07.15
廃160 90.06.02
廃161 90.07.13
廃162 90.07.02
廃163 90.05.18
廃166 90.05.18
廃167 91.08.20
廃168 89.04.30
廃169 89.08.02

廃202 89.05.01
廃203 89.12.02
廃205 89.12.02
廃206 89.12.02
廃207 89.12.02
廃208 89.05.01
廃209 89.12.02
廃210 87.12.29
廃212 89.12.02
廃214 87.12.29
廃215 90.03.17
廃216 89.09.08
廃217 89.12.02
廃218 89.09.08
廃219 89.12.02
廃220 90.02.14
廃223 87.12.29
廃224 90.02.14
廃225 89.12.02
廃226 90.03.17
廃228 89.08.02
廃229 92.06.01
廃230 92.06.01
廃231 90.09.18
廃232 87.12.29
廃236 90.02.14
廃237 89.05.01
廃239 90.02.14
廃241 90.02.14
廃242 90.02.14
廃243 90.02.14
廃244 89.12.02
廃245 89.05.01
廃248 90.02.14
廃249 90.02.14
廃250 89.12.02

廃 251 89.05.01
廃 254 89.08.09
廃 257 90.09.18
廃 258 90.02.14
廃 259 90.03.17
廃 260 90.07.02
廃 261 92.05.01
廃 262 92.05.01
廃 263 90.03.17
廃 264 89.05.01
廃 265 90.03.17
廃 267 89.08.09
廃 268 91.11.01
廃 269 90.06.02
廃 270 90.06.02
廃 274 91.04.10
廃 275 91.12.02
廃 276 92.07.01
廃 277 92.07.01
廃 278 92.10.01
廃 279 92.07.01
廃 280 92.09.01
廃 281 91.08.20
廃 282 92.11.09
廃 283 95.03.24
廃 284 95.08.10
廃 285 93.08.27
廃 286 90.09.18
廃 287 92.07.29
廃 288 91.07.12
廃 289 91.07.15
廃 290 92.07.01
廃 291 92.05.01
廃 292 92.07.01
廃 293 91.07.15
廃 294 93.09.29
廃 295 92.07.01
廃 296 91.03.08
廃 297 92.10.01
廃 298 95.07.27
廃 299 91.03.08
廃 300 92.11.09
廃 301 94.11.01
廃 302 91.07.12
廃 304 91.08.20
廃 305 91.12.06
廃 306 91.07.12
廃 307 91.12.16
廃 308 91.12.16
廃 309 95.03.24
廃 310 91.07.12
改 311 90.06.30→703
改 312 90.08.30→704
廃 313 90.12.17
改 314 90.02.19→702
廃 315 92.12.17
廃 316 95.07.27
廃 317 95.03.24
廃 318 90.03.17
廃 319 94.07.13
廃 320 91.04.10
改 321 90.01.27→701
廃 322 95.08.10
廃 323 93.09.29
廃 324 95.07.27
廃 325 91.08.20
廃 326 91.08.20
廃 327 95.08.10
廃 328 95.09.20
廃 329 94.11.01
改 330 90.08.20→705
廃 331 95.03.24
廃 332 94.07.13
廃 333 90.09.18
改 334 90.08.02→706

廃 335 91.08.20
廃 336 92.06.01
廃 337 92.09.01
廃 338 91.08.20
廃 339 92.07.01
廃 341 92.07.01
廃 342 92.07.01
廃 343 92.10.01

廃 701 93.09.29
廃 702 93.09.29
廃 703 95.07.27
廃 704 95.03.24
廃 705 95.09.20
廃 706 95.08.10

キハ52　0

廃 5 90.03.31
廃 26 89.01.31
廃 38 93.03.24
廃 41 90.12.01
廃 42 91.03.31
廃 43 90.12.01
廃 46 93.11.17
廃 47 93.03.24
廃 48 91.08.19
廃 49 87.10.29
廃 50 91.08.19
廃 51 87.10.29
廃 52 90.03.16
廃 53 90.03.16
廃 54 92.07.01
廃 55 92.07.01
廃 56 91.03.31

廃 101 99.07.20
廃 102 11.08.03
廃 103 93.03.24
廃 104 94.03.24
廃 105 95.01.24
廃 106 93.03.24
廃 108 07.09.09
廃 109 07.09.09
廃 110 07.09.09
廃 111 93.03.24
廃 112 93.03.24
廃 113 93.03.24
廃 114 94.03.24
廃 115 10.03.31 →津山
廃 116 03.04.30
廃 117 99.07.20
廃 118 95.03.24
廃 119 95.03.24
廃 120 11.08.03
廃 121 11.08.03
廃 122 11.08.03
廃 123 11.08.03
廃 124 02.10.25
廃 125 10.09.01 →いすみ
廃 126 07.12.02
廃 127 11.08.03
廃 128 99.12.16
廃 129 99.03.31
廃 130 93.03.24
廃 131 93.03.24
廃 132 04.06.22
廃 133 95.08.12
廃 134 02.03.22
廃 135 99.07.20
廃 136 95.08.12
廃 137 11.08.03
廃 139 96.03.31
廃 140 00.03.31
廃 141 07.12.02

廃 142 95.08.12
廃 143 07.12.02
廃 144 07.12.09
廃 145 07.12.09
廃 146 07.12.09
廃 147 07.12.09
廃 148 07.12.09
廃 149 07.12.09
廃 150 95.09.28
廃 151 07.12.09
廃 152 07.12.02
廃 153 07.12.09
廃 154 07.12.09
廃 155 07.12.09
廃 156 10.10.01 →糸魚川市

廃 603 89.12.31
廃 603 89.12.31

廃 651 94.10.31

キハ30・35系

キハ30　0

廃 14 95.11.01
廃 17 96.12.05
廃 18 96.10.02
廃 19 95.09.08
廃 21 97.02.20
廃 22 96.09.27
廃 23 90.03.16
廃 25 92.01.17
廃 26 93.03.01
廃 27 96.03.31
廃 28 91.08.19
廃 29 92.01.17
廃 30 96.06.05
廃 31 96.09.27
廃 32 90.03.16
廃 33 99.04.02
廃 34 99.04.02
廃 35 96.09.10
廃 39 96.09.10
廃 40 97.02.20
廃 41 95.11.01
廃 42 95.11.01
廃 44 89.09.13
廃 45 91.08.19
廃 46 91.05.24
廃 47 93.10.01
廃 48 00.09.04
廃 49 92.01.17
廃 51 08.03.31
廃 52 89.09.13
廃 54 90.03.16
廃 55 90.03.16
廃 56 90.03.16
廃 58 96.05.09
廃 59 96.09.10
廃 60 96.03.22
廃 62 01.01.18
廃 63 90.03.31
廃 65 90.12.31
廃 66 96.09.10
廃 67 92.05.01
廃 69 90.03.31
廃 70 90.03.31
廃 71 90.03.31
廃 72 90.03.31
廃 73 92.03.31
廃 74 89.09.13
廃 75 89.09.17
廃 76 94.09.16

廃 77 96.05.09
廃 78 96.05.09
廃 79 96.12.05
廃 80 91.05.24
改 81 90.12.19
廃 82 94.08.05
廃 83 94.07.27
廃 84 95.02.16
廃 85 90.03.31
廃 86 90.03.16
廃 87 91.08.19
廃 88 90.03.16
廃 89 96.09.10
廃 90 90.03.16
廃 91 91.08.19
廃 92 90.03.16
廃 93 90.03.16
廃 94 90.03.16
廃 95 90.03.16
廃 96 90.03.16
廃 97 96.10.02
廃 98 01.07.10
廃 99 96.06.05
廃 100 01.07.10

廃 501 96.10.25
廃 502 96.12.05
廃 503 98.05.15
廃 504 93.10.01
廃 505 93.03.01
廃 506 91.05.24

キハ35　0

廃 42 92.01.07
廃 59 92.01.17
廃 68 96.12.02
廃 70 96.09.10
廃 81 92.12.04
廃 93 92.01.07
廃 97 91.05.24
廃 100 93.03.01
廃 101 95.11.01
廃 103 93.04.02
廃 107 90.02.06
廃 108 96.06.05
廃 109 91.05.24
廃 110 91.05.24
廃 115 90.03.16
廃 116 89.03.31
廃 117 89.03.31
改 123 90.08.04→301
廃 127 91.05.24
廃 129 95.09.08
廃 133 89.03.31
廃 134 92.01.17
改 137 90.08.31→302
廃 146 90.03.16
廃 147 89.03.31
改 156 90.08.31キクハ35301
改 157 90.09.10キクハ35302
廃 158 92.12.04
廃 159 96.12.02
廃 162 96.09.10
廃 163 92.01.17
廃 164 96.05.09
廃 165 92.12.04
廃 166 91.05.24
廃 167 90.12.10
廃 170 92.12.04
廃 172 91.08.19
廃 173 91.08.19
廃 174 91.08.19
廃 175 89.03.31
廃 176 97.04.02

改 181 90.09.14キクハ35303
廃 184 90.03.16
廃 185 90.03.16
改 189 90.09.14→303
改 194 90.09.28キクハ35304
廃 195 89.03.31
廃 196 89.03.31
廃 197 90.03.16
廃 198 90.03.31
廃 199 89.01.31
廃 200 91.08.19
廃 202 89.03.31
廃 204 89.03.31
廃 206 90.03.31
改 207 90.09.28→304
廃 210 92.12.01
廃 211 93.06.01
廃 212 92.12.01
廃 213 90.03.16

廃 301 04.12.15
廃 302 02.11.01
廃 303 02.12.15
廃 304 02.08.31

廃 519 93.04.02
廃 520 96.07.05
廃 521 92.01.07
廃 522 95.09.08
廃 523 96.07.05
廃 524 96.07.05
廃 525 96.05.09
廃 526 97.04.26
廃 527 96.12.02
廃 528 96.05.09
廃 529 96.03.22
廃 530 97.04.02
廃 531 91.05.24

廃 904 95.11.01
廃 905 90.05.08
廃 907 90.05.08
廃 909 90.05.08

キクハ35　0

廃 301 02.12.15
廃 302 02.11.01
廃 303 02.12.15
廃 304 02.08.31

キハ23・45系

キハ23　0

廃	1	09.06.10
廃	2	02.02.19
廃	3	94.10.11
廃	4	01.12.12
廃	5	95.05.31
廃	6	97.04.24
廃	7	97.04.24
廃	8	95.06.08
廃	9	95.04.13
廃	10	01.02.21
廃	11	99.03.31
廃	12	96.03.31
廃	13	95.01.31
廃	14	01.11.29
廃	15	95.12.08
廃	16	95.05.15
廃	17	98.03.31
廃	18	94.09.16
廃	19	95.05.15
廃	20	97.04.24
廃	21	95.12.08
廃	22	97.04.24
廃	23	95.06.08
廃	24	93.03.24
廃	25	93.03.24
廃	26	95.12.08
廃	27	93.03.31
廃	28	95.08.12
廃	29	01.02.23
廃	30	95.06.19
廃	31	95.12.08
廃	32	01.02.20
廃	33	01.12.26
廃	501	94.03.09
廃	502	95.10.14
廃	503	00.07.06
廃	504	00.07.06
廃	505	99.12.01
廃	506	94.03.09
廃	507	95.04.13
廃	508	93.08.31
廃	509	93.08.31
廃	510	98.12.25
廃	511	00.01.15
廃	512	00.05.01
廃	513	98.12.25
廃	514	00.01.15
廃	515	98.12.25
廃	516	97.01.17
廃	517	00.01.15
廃	518	00.05.01
廃	519	96.03.31
廃	520	*.*.*
廃	521	93.08.31

キハ24　0

廃	1	95.03.24
廃	2	95.08.10
廃	3	95.08.10
廃	4	95.03.24
廃	5	94.11.01
廃	6	94.11.01
廃	7	93.09.29
廃	8	94.11.01
廃	9	95.09.20
廃	10	92.09.02

キハ45　0

廃	1	92.05.01
廃	2	92.05.01
廃	3	92.04.02
廃	4	92.06.01
廃	5	92.04.02
廃	6	91.12.02
廃	7	90.03.31
廃	8	92.11.30
廃	9	92.02.01
廃	10	92.03.02
廃	11	91.11.01
廃	12	93.12.22
廃	13	90.03.31
廃	14	92.03.31
廃	15	90.03.31
廃	16	92.11.30
廃	17	89.12.31
廃	18	92.11.30
廃	19	92.11.30
廃	21	92.12.22
廃	22	95.08.12
廃	23	92.12.22
廃	24	92.12.22
廃	25	91.08.19
廃	26	90.03.31
廃	27	90.03.31
廃	28	92.11.30
廃	29	92.11.30
廃	30	91.03.31
廃	31	92.11.30
廃	32	90.03.31
廃	33	92.11.30
廃	34	90.03.31
廃	35	93.10.01
廃	36	93.12.10
廃	37	93.10.01
廃	38	93.12.10
廃	39	93.10.01
廃	40	93.03.31
廃	41	93.10.01
廃	42	91.03.31
廃	43	91.03.31
廃	44	89.12.31
廃	45	90.12.31
廃	46	90.12.31
廃	47	89.12.31
廃	48	90.03.31
廃	49	89.12.31
廃	50	89.12.31
廃	51	89.12.31
廃	52	89.12.31
廃	53	90.03.31
廃	54	94.03.24
廃	55	94.09.08
廃	56	93.12.01
廃	57	93.12.01
廃	58	94.09.08
廃	59	94.08.05
廃	60	92.11.30
廃	61	90.07.02
廃	62	90.05.07
廃	63	90.03.31
廃	64	89.12.31
廃	65	90.12.31
廃	66	90.12.31
廃	67	90.12.31
廃	68	90.12.31
廃	69	90.12.31
廃	70	93.03.24
廃	71	93.03.24
廃	72	93.12.20
廃	73	94.03.04
廃	74	93.12.20
廃	501	90.05.07
廃	502	92.06.01
廃	503	91.05.24
廃	504	92.05.01
廃	505	91.11.01
廃	506	91.11.01
廃	507	92.06.01
廃	508	92.02.01
廃	509	92.04.02
廃	510	91.07.15
廃	511	94.03.04
廃	512	94.10.31
廃	513	92.11.30
廃	514	90.05.07
廃	515	90.05.07
廃	516	91.05.24
廃	517	93.05.31
廃	518	93.05.31
廃	519	93.05.31
廃	520	92.02.01
廃	521	92.11.30
廃	522	93.12.20
廃	601	93.03.24
廃	602	93.03.24

キハ46　0

廃	1	92.12.17
廃	2	92.05.16
廃	3	92.05.16
廃	5	92.05.16
廃	6	91.04.10

キハ53　0

廃	1	95.09.29
廃	2	95.10.14
廃	3	00.03.31
廃	4	03.09.12
廃	5	03.07.25
廃	7	95.10.14
廃	8	93.03.24
廃	9	93.03.24
廃	101	93.03.24
廃	102	93.03.24
廃	201	00.05.01
廃	202	99.06.30
廃	501	96.03.29
廃	502	96.03.29
廃	503	93.09.29
廃	504	96.03.29
廃	505	96.03.29
廃	506	93.09.29
廃	507	88.03.29
廃	508	94.07.13
廃	509	93.09.29
廃	510	93.09.29
廃	1001	05.03.31
廃	1002	05.03.31
廃	1003	05.08.19

事業用気動車

キヤ95　4

1	海ナコ	ST
2	海ナコ	ST
101	海ナコ	ST
102	海ナコ	ST

キサヤ94　2

1	海ナコ
2	海ナコ

キヤ97　10

1	海ナコ	ST
2	海ナコ	ST
3	海ナコ	ST
4	海ナコ	ST
101	海ナコ	ST
102	海ナコ	ST
103	海ナコ	ST
104	海ナコ	ST
201	海ミオ	ST
202	海ミオ	ST

キヤ96　6

1	海ミオ
2	海ミオ
3	海ミオ
4	海ミオ
5	海ミオ
6	海ミオ

キサヤ96　5

1	海ミオ
2	海ミオ
3	海ミオ
4	海ミオ
5	海ミオ

キヤ28　0

廃	1	08.04.08

GV-E197　2

1	高クン	PPs
2	高クン	PPs

GV-E196　4

1	高クン
2	高クン
3	高クン
4	高クン

DEC741　2

1	近キト	PSw
101	近キト	PSw

キヤE195　54

1	都オク	PPs
2	都オク	PPs
3	都オク	PPs
4	北ココ	PPs
101	都オク	PPs
102	都オク	PPs
103	都オク	PPs
104	北ココ	PPs
1001	都オク	PPs
1002	北ココ	PPs
1003	北ココ	PPs
1004	北ココ	PPs
1005	北ココ	PPs
1006	北ココ	PPs
1007	北ココ	PPs
1008	都オク	PPs
1009	都オク	PPs
1010	都オク	PPs
1011	都オク	PPs
1012	都オク	PPs
1013	都オク	PPs
1014	都オク	PPs
1015	都オク	PPs
1016	都オク	PPs
1017	都オク	PPs
1018	都オク	PPs
1019	都オク	PPs
1020	都オク	PPs
1021	都オク	PPs
1022	都オク	PPs
1023	都オク	PPs
1101	都オク	PPs
1102	北ココ	PPs
1103	北ココ	PPs
1104	北ココ	PPs
1105	北ココ	PPs
1106	北ココ	PPs
1107	北ココ	PPs
1108	都オク	PPs
1109	都オク	PPs
1110	都オク	PPs
1111	都オク	PPs
1112	都オク	PPs
1113	都オク	PPs
1114	都オク	PPs
1115	都オク	PPs
1116	都オク	PPs
1117	都オク	PPs
1118	都オク	PPs
1119	都オク	PPs
1120	都オク	PPs
1121	都オク	PPs
1122	都オク	PPs
1123	都オク	PPs

キヤE194　24

1	都オク
2	都オク
3	都オク
4	都オク
5	都オク
6	都オク
7	北ココ
8	北ココ
101	都オク
102	都オク
103	都オク
104	都オク
105	都オク
106	都オク

107 北ココ	キヤ143　9	**客車**	24系／東 (24系25形)	オロハネ25　0

Column 1
107　北ココ
108　北ココ

201　都オク
202　都オク
203　都オク
204　北ココ

301　都オク
302　都オク
303　都オク
304　北ココ

キサヤE194　12
1　都オク
2　都オク
3　都オク
4　北ココ

101　都オク
102　都オク
103　都オク
104　北ココ

201　都オク
202　都オク
203　都オク
204　北ココ

キヤE193　1
1　北アキ PPs

キヤE192　1
1　北アキ

キクヤE193　1
1　北アキ PPs

キヤE991　0
廃　1　07.03.15

キヤ190　0
廃　1　88.12.31
廃　2　03.06.26
廃　3　08.04.25

キヤ191　0
廃　1　88.12.31
廃　2　03.06.26
廃　3　08.04.25

Column 2
キヤ143　9
1　金ツル　Sw
2　金ツル　Sw
3　近トカ　Sw
4　中トウ　Sw
5　金ツル　Sw
6　近トカ　Sw
7　中トウ　Sw
8　中トウ　Sw
9　金ツル　Sw

キヤ141　2
1　近キト　PSw
2　近キト　PSw

キクヤ141　2
1　近キト　PSw
2　近キト　PSw

キヤ291　1
1　旭アサ　DN

Column 3

客車

77系／九

マイ77　1
7001　分オイ

マシフ77　1
7002　分オイ

マイネ77　4
7003　分オイ
7004　分オイ
7005　分オイ
7006　分オイ

マイネフ77　1
7007　分オイ

E26系／東

スロネE26　1
1　都オク

スロネE27　8
1　都オク

101　都オク

201　都オク
202　都オク

301　都オク
302　都オク

401　都オク
402　都オク

スロネフE26　1
1　都オク

カハフE26　1
1　都オク

マシE26　1
1　都オク

26系／東

カヤ27　1
501　都オク

Column 4

24系／東 (24系25形)

オロネ25　0
改　1　05.02.17　わ#153001
改　2　05.01.13　わ#153002
廃　3　96.09.09
改　4　05.02.09　わ#153004
改　5　05.02.23　わ#153005
改　6　05.02.26　わ#153006
廃　7　21.03.01
廃　9　06.10.04
廃　10　06.10.04

廃　301　08.05.27
廃　302　08.01.21
廃　303　05.11.30
廃　304　08.01.24
廃　305　08.04.08

廃　501　08.04.30
廃　502　08.04.30
廃　503　08.04.30
廃　504　16.04.08
廃　505　15.09.03
廃　506　16.04.08

廃　551　08.04.30

廃　701　03.07.02
廃　702　03.07.02
廃　703　03.07.02

廃　901　11.12.10

オロネ24　0
改　1　91.01.29　わ#24551
廃　2　12.09.08
廃　3　97.08.03
廃　4　13.03.04　京鉄博
廃　5　13.03.19
廃　6　08.09.03
廃　7　97.08.03
廃　8　98.08.10
廃　9　98.08.10

改　101　91.03.02　わ#24552
廃　102　08.08.11
廃　103　08.08.11

廃　501　15.09.03

スロネ24　0
廃　551　15.04.03
廃　552　15.11.02
廃　553　15.11.16

スロネ25　0
廃　501　17.03.31
廃　502　18.03.31
廃　503　16.11.17

スロネフ25　0
廃　501　15.04.30　京鉄博
廃　502　17.03.31
廃　503　17.03.31

Column 5

オロハネ25　0
廃　501　21.03.01
廃　502　16.06.23
廃　503　16.06.23

廃　551　08.04.30
廃　552　08.04.30
廃　553　08.04.30
廃　554　08.04.30
廃　555　08.04.30
廃　556　08.04.30
廃　557　08.04.30
廃　558　08.04.30

オロハネ24　0
廃　501　15.09.03

廃　551　15.10.20
廃　552　15.09.03
廃　553　15.09.03
廃　554　16.04.08

オハネ25　0

	No.	Date	Note
改	1	88.02.29	オハネ25551
改	2	88.03.02	オハネ25552
廃	3	03.11.02	
廃	4	03.09.02	
廃	5	03.11.02	
廃	6	03.07.04	
改	7	88.02.26	オハネ25501
廃	8	08.07.18	
改	9	88.04.09	オハネ25553
廃	10	08.07.18	
廃	11	16.03.31	
廃	12	08.07.18	
廃	13	08.07.18	
廃	15	16.03.31	
改	16	88.03.09	オハネ25502
廃	17	08.07.18	
改	18	88.02.29	オハネ25501
廃	20	08.07.18	
廃	21	08.07.18	
改	22	88.02.26	オハネ25501
廃	23	03.09.04	
廃	24	08.07.18	
改	25	88.02.25	オハネ25503
廃	26	08.07.18	
改	27	88.03.08	オハネ25502
廃	28	08.08.08	
廃	29	08.08.08	
改	30	88.02.29	オハネ25503
改	31	88.02.29	オハネ25502
廃	32	14.12.12	
改	33	97.09.29	→564
廃	34	03.09.04	
廃	35	06.05.27	
廃	36	06.05.16	
改	37	89.03.31	オハネ25504
廃	38	14.12.12	
改	39	89.11.28	→521
改	40	89.10.31	→511
廃	41	98.10.31	
廃	42	08.04.08	
改	43	89.10.31	→523
廃	44	98.10.31	
廃	45	08.01.18	
廃	46	08.01.18	
改	47	91.03.24	→526
廃	48	99.02.01	
廃	49	99.02.01	
改	50	89.10.31	→522
改	51	89.11.28	→512
改	52	90.07.16	オハネ25501
改	53	90.07.16	オハネ25502
廃	54	98.10.31	
改	55	89.11.27	→574
廃	56	98.10.31	
改	57	99.04.09	オハネ2557
廃	58	99.02.01	
改	59	91.03.30	→525
廃	60	08.04.10	
廃	61	98.10.31	
改	62	91.03.31	スロネ25503
廃	63	08.04.09	
廃	64	08.05.29	
廃	65	98.10.31	
廃	66	08.04.10	
改	67	91.03.31	→513
廃	68	99.12.13	
改	69	89.07.10	→561
廃	70	99.05.12	
廃	71	08.04.08	
廃	72	99.05.12	
廃	73	08.05.27	
廃	74	08.08.11	
廃	75	08.05.27	
廃	76	08.02.21	
廃	77	08.05.28	
廃	78	08.04.09	
廃	79	08.05.28	
改	80	91.05.25	→563
廃	81	01.09.03	
廃	82	01.05.10	
廃	83	01.05.19	
廃	84	01.04.27	
廃	85	01.08.25	
改	86	89.07.10	→562
改	87	89.06.10	スハネ725501
廃	88	02.08.31	
改	89	89.03.17	スハネ725502
廃	90	01.10.10	
廃	91	01.09.21	
改	101	89.02.28	→1001
改	102	97.12.16	→1102
廃	103	98.03.26	
廃	104	98.03.26	
改	105	89.03.27	→1002
廃	106	99.12.13	
改	107	89.02.28	→1003
廃	108	98.03.26	
廃	109	99.12.13	
改	110	89.03.06	→1004
廃	111	00.02.03	
改	112	99.11.30	→1112
廃	113	05.11.22	
廃	114	00.02.03	
廃	115	95.03.24	
廃	116	95.03.24	
廃	117	00.02.03	
廃	118	02.03.22	
廃	119	00.02.03	
廃	120	06.03.03	
廃	121	02.03.22	
改	122	05.03.30	→1122
廃	123	02.03.22	
改	124	92.06.29	スハネ252124
廃	125	02.03.22	
改	126	92.07.30	スハネ252126
廃	127	00.12.13	
廃	128	98.03.26	
廃	129	98.03.26	
廃	130	09.03.24	
改	131	92.06.29	スハネ252131
廃	132	05.09.10	
廃	133	98.03.26	
廃	134	99.12.13	
廃	135	98.03.26	
廃	136	09.03.17	
廃	137	05.12.24	
廃	138	99.12.13	
廃	139	98.03.26	
廃	140	03.11.02	
廃	141	06.05.27	
廃	142	08.05.10	
廃	143	06.08.30	
廃	144	06.05.12	
廃	145	06.07.06	
廃	146	06.05.16	
廃	147	15.11.02	
廃	148	14.12.12	
廃	149	03.07.04	
廃	150	06.05.16	
廃	151	13.03.19	
廃	152	15.11.09	
改	153	90.02.13	オロネ25301
廃	154	90.01.23	オロネ25302
改	155	90.01.11	オロネ25303
廃	156	98.09.10	
改	157	90.02.01	オロネ25304
廃	158	08.08.11	
廃	159	99.12.13	
廃	160	08.07.23	
廃	161	08.10.10	
廃	162	08.01.24	
廃	163	08.01.21	
廃	164	08.10.21	
廃	165	08.01.21	
廃	166	98.09.10	
廃	167	08.11.13	
廃	168	08.01.23	
廃	169	00.01.08	
廃	170	08.01.24	
廃	171	08.01.21	
改	172	90.01.27	オハネ25305
廃	173	06.03.10	
廃	174	08.01.24	
廃	175	08.10.21	
廃	176	08.11.13	
廃	177	00.01.08	
廃	178	00.12.13	
廃	179	06.03.14	
廃	180	98.03.26	
廃	181	06.01.05	
廃	182	05.11.10	
廃	183	05.06.24	
廃	184	98.03.26	
改	185	99.10.25	→1185
廃	186	08.01.24	
廃	187	08.02.23	
廃	188	08.01.24	
廃	189	99.05.12	
廃	190	98.10.11	
廃	191	08.10.03	
廃	192	08.02.23	
廃	193	08.02.23	
廃	194	08.01.21	
廃	195	08.01.24	
廃	196	08.11.13	
廃	197	08.01.21	
廃	198	01.09.26	
廃	199	08.01.21	
廃	200	08.01.21	
改	201	97.12.27	→1201
改	202	97.11.26	→1202
廃	203	99.05.12	
改	204	98.02.27	→1204
廃	205	08.01.21	
廃	206	09.03.17	
廃	207	08.10.03	
廃	208	06.08.30	
廃	209	06.05.16	
廃	210	15.11.02	
廃	211	15.11.09	
廃	212	98.10.30	
廃	213	15.11.09	
廃	214	06.05.12	
廃	215	15.11.16	
廃	216	15.08.28	
廃	217	06.05.12	
廃	218	13.04.15	
廃	220	15.11.16	
廃	221	06.05.27	
廃	224	06.07.06	
廃	225	06.07.06	
廃	226	06.05.27	
改	227	98.02.20	→565
廃	228	08.08.08	
廃	229	16.05.20	
廃	230	08.08.08	
廃	231	16.04.08	
廃	232	08.08.08	
廃	234	08.08.08	
改	235	88.02.29	オロネ25506
廃	238	16.04.08	
廃	239	08.08.08	
改	240	98.02.25	→566
改	241	97.09.27	→563
廃	242	05.07.29	
廃	243	05.09.06	
廃	244	05.07.12	
改	245	89.03.06	→1005
改	246	97.11.26	→1246
廃	251	08.11.13	
廃	252	08.10.21	
廃	511	17.03.31	
廃	512	17.03.31	
廃	513	16.07.11	
廃	521	16.07.11	
廃	522	16.05.16	
廃	523	16.05.16	
廃	524	16.07.11	
廃	525	16.05.16	
廃	526	16.07.11	
廃	551	15.04.05	
廃	552	15.04.05	
廃	561	15.04.05	
廃	562	15.04.05	
廃	563	15.04.05	
廃	564	15.04.05	
廃	565	15.04.05	
廃	566	15.04.05	
廃西	561	16.07.11	
廃西	562	16.07.11	
廃西	563	16.07.11	
改	1001	99.10.14	オハネ152001
改	1002	99.11.17	オハネ152002
改	1003	99.10.14	オハネ152003
改	1004	99.12.27	オハネ152004
改	1005	99.12.15	オハネ152005

スハネ25　0

	No.	Date
廃	501	15.04.05
廃	502	15.04.05
廃	503	15.04.05
廃	701	00.11.22
廃	702	00.11.22
廃	703	00.11.22
廃	2124	08.05.23
廃	2126	09.02.10
廃	2131	09.03.10

オハネフ25　1

	No.	Date	Note
廃	1	03.11.02	
廃	2	15.04.05	
廃	3	16.03.31	
廃	4	15.04.05	
廃	5	09.01.31	
廃	6	08.08.08	
廃	7	16.03.31	
廃	8	15.04.05	
廃	9	08.08.08	
廃	10	08.10.07	
廃	11	08.10.07	
廃	12	15.12.05	
廃	13	16.05.20	
	14	都オク	
廃	15	15.04.05	
廃	16	95.03.24	
廃	17	95.03.24	
廃	19	98.03.26	
廃	20	02.08.31	
廃	21	01.09.08	
廃	22	01.09.14	
廃	23	00.02.03	
廃	24	00.02.03	
廃	25	98.03.26	
廃	26	00.02.03	
廃	27	00.06.14	
廃	28	01.10.02	
廃	29	00.02.03	
廃	30	02.08.31	
廃	31	01.05.25	
廃	32	02.08.31	
廃	33	02.08.31	
改	34	89.07.10	→501
廃	35	01.08.21	
廃	36	98.10.31	
廃	37	99.12.13	
廃	38	99.05.12	
廃	39	99.05.12	
廃	40	08.04.12	
改	41	89.07.10	→502
廃	42	08.05.29	
廃	43	09.02.05	
改	44	91.03.25	→スロネフ725503
改	45	91.02.28	→503
廃	46	08.09.03	
廃	47	10.09.30	
廃	101	95.03.24	
廃	102	95.03.24	
廃	103	95.03.24	
廃	105	95.03.24	
改	106	91.03.20	→2106
廃	107	00.12.13	
改	108	91.03.20	→2108
廃	109	09.03.05	
廃	110	05.10.25	
廃	111	98.03.26	
廃	112	05.06.24	
廃	113	02.03.22	
廃	114	05.12.03	
廃	115	02.03.22	
廃	116	03.11.02	
廃	117	15.11.09	
廃	118	03.07.04	
廃	119	98.08.03	
廃	120	06.07.06	
廃	121	13.03.19	
廃	122	06.05.27	
廃	123	06.05.16	
廃	124	06.08.30	
廃	125	15.11.02	
廃	126	06.07.06	
廃	127	98.10.30	
廃	128	06.05.27	
廃	129	13.04.15	

```
廃 130  99.12.13
廃 131  08.10.10
廃 132  08.11.13
廃 133  08.08.11
改 134  90.02.13→301
改 135  90.04.30→302
廃 136  08.07.23
廃 137  08.01.21
廃 138  98.07.24
廃 139  08.01.24
廃 140  08.08.11
改 141  90.03.31→303
廃 142  08.05.28
廃 143  08.07.23
廃 144  05.07.07
廃 145  08.04.09
廃 146  05.07.30
廃 147  98.10.20
廃 148  08.02.21
廃 149  05.11.30
廃 150  08.08.11
廃 151  98.10.11
廃 152  98.10.20
廃 153  08.04.08
廃 154  02.03.22
廃 155  05.08.12
廃 156  08.10.30
廃 157  02.03.22

廃 201  13.04.15
廃 202  15.11.16
廃 203  06.05.16
廃 204  06.05.12
廃 205  15.08.28
廃 206  08.12.30
廃 207  05.09.14
廃 208  05.08.25
改 209  91.05.20→2209
廃 210  05.09.27
廃 211  09.07.14
廃 212  08.10.07
廃 213  08.10.07
廃 214  15.09.03
廃 215  15.09.03
廃 216  15.04.03
廃 217  08.10.07
改 218  91.12.16スハネフ14551
廃 219  08.10.07
改 220  91.12.17スハネフ14552
廃 221  09.01.31

廃 301  08.02.23
廃 302  08.02.23
廃 303  08.02.23

廃 501  16.07.11
廃 502  16.07.11
廃 503  18.03.31

廃2106  08.09.06
廃2108  09.02.05

廃2209  08.12.30
```

オハネ24　0
```
廃  1  98.07.02
廃  2  00.02.01
廃  3  14.12.12
廃  4  03.10.02
廃  5  98.10.05
廃  6  00.08.11
廃  7  15.11.02
改  8  89.06.11オロハネ24552
廃  9  98.06.05
改 10  91.01.12オハネ24551
改 11  89.06.13オロハネ24553
改 12  89.06.13オロハネ24554
廃 13  00.08.11
廃 15  98.10.05
廃 16  00.08.11
改 17  91.07.15オハネ24554
廃 18  00.08.26
廃 19  14.12.12
廃 20  15.11.09
廃 21  00.08.26
廃 22  00.08.26
廃 23  00.09.07
改 24  89.06.27オロネ24501
廃 25  99.10.26
廃 26  00.09.07
廃 27  98.08.10
改 28  89.06.13オロハネ24551
廃 29  03.10.02
廃 30  01.08.01
改 31  91.03.27オロネ24553
廃 32  00.09.07
廃 33  00.09.14
廃 35  98.07.02
廃 36  00.09.14
廃 37  98.08.05
廃 38  98.06.05
廃 39  98.10.05
改 40  91.03.04オロハネ24553
廃 41  03.09.02
改 42  91.07.18オハネ24555
廃 43  98.10.05
廃 44  15.08.28
廃 45  98.07.02
廃 46  98.06.05
廃 47  98.10.05
廃 48  98.07.02
廃 49  15.11.02
廃 50  00.09.14
廃 51  15.08.28
廃 52  99.10.26
改 53  91.02.04オロハネ24552
廃 54  03.10.02
廃 55  99.10.26
廃 56  03.11.02
廃 57  00.09.20
廃 58  03.09.02
廃 59  00.09.20
廃 60  00.09.20
廃 61  01.06.01
廃 63  99.10.26
廃 64  00.10.06
廃 65  00.10.06
廃 66  00.10.06
廃 67  98.10.05

廃 501  16.03.31
廃 502  16.03.31
廃 503  16.03.31
廃 504  08.04.30

廃 551  15.09.30
廃 552  15.09.30
廃 553  15.08.28
廃 554  15.09.30
廃 555  15.04.03
```

```
廃 701  00.07.18
廃 702  00.07.18
廃 703  00.07.18
```

オハネフ24　0
```
廃  1  00.10.25
廃  2  12.09.08
廃  3  03.10.02
廃  4  00.10.25
廃  5  98.07.02
廃  6  00.02.01
廃  7  15.11.09
廃  8  15.11.16
廃  9  98.07.02
廃 10  15.11.09
廃 11  00.10.25
廃 12  15.04.03
廃 13  03.10.02
廃 14  98.06.05
廃 15  15.11.16
廃 19  15.11.02
廃 20  03.11.02
廃 21  15.08.28
廃 22  13.04.15
廃 23  15.08.28
廃 24  00.02.01
廃 25  15.11.16
廃 26  98.06.05
廃 27  15.11.02

廃 501  15.04.05
廃 502  15.04.05
```

オハ24　0
```
廃 301  05.12.12
廃 302  05.12.20
廃 303  06.01.07

廃 701  05.07.15
廃 702  05.09.20
廃 703  05.10.21
廃 704  05.08.05
廃 705  05.08.19
```

オハ25　0
```
廃  57  07.11.05

廃 301  98.08.19
廃 302  98.09.30
改 303  91.08.29スハ25303

廃 501  08.10.24
廃 502  09.01.31
廃 503  15.12.05
廃 504  08.10.24

廃 551  08.04.30

廃西551  16.04.28   京鉄博
廃 552  16.07.11
廃 553  17.03.31
```

スハ25　0
```
廃 301  08.02.23
廃 302  05.11.30
廃 303  05.11.30
```

オハフ25　0
```
廃 901  09.06.03
```

オシ25　0
```
廃 901  09.06.03
```

オシ24　1
```
廃 101  98.03.26
廃 102  98.03.26
廃 103  98.03.26
廃 104  98.03.26
廃 105  98.03.26

   701  都オク
廃 702  06.10.04
廃 703  06.10.04
廃 704  97.10.02
廃 705  97.10.02
```

スシ24　1
```
廃  1  15.04.30   京鉄博
廃  2  17.03.31
廃  3  17.03.31

廃 501  08.04.30
廃 502  08.04.30
廃 503  08.04.30
廃 504  16.04.15
廃 505  15.10.20
   506  都オク
廃 507  16.04.08
廃 508  08.04.30
```

カニ24　0
```
改  1  87.10.29→504
廃  3  05.11.07
廃  4  98.03.26
改  5  88.03.07→505
廃  6  08.06.16
廃  7  09.06.30
改  8  87.12.24→506
廃  9  05.09.01
廃 10  16.05.16
廃 11  08.08.11
廃 12  16.04.28   京鉄博
廃 13  16.07.11
廃 14  16.07.11
廃 15  09.07.23
廃 16  05.11.02
廃 17  09.08.07
廃 18  05.10.28
改 20  87.11.30→507
改 22  88.02.01→508
廃 23  15.11.16
改 24  87.09.09→509
廃 25  15.11.09

廃 101  06.06.08
廃 102  15.11.02
廃 103  08.08.11
廃 104  08.11.13
廃 105  99.01.21
廃 106  08.11.13
廃 107  03.04.21
廃 108  08.10.03
廃 109  15.11.09
廃 110  06.06.08
廃 111  03.12.02
廃 112  15.11.16
改 113  90.10.09→510
廃 114  07.12.03
改 115  90.12.18→511
廃 116  15.08.28

廃 501  10.03.24
廃 502  15.04.05
廃 503  11.03.24
廃 504  08.10.24
廃 505  16.04.08
廃 506  15.09.03
廃 507  16.04.08
廃 508  15.09.03
廃 509  09.01.31
改 510  00.02.25カヤ27501
廃 511  15.04.03
```

カヤ24　0
```
廃  1  95.09.04
廃  2  99.10.26
廃  3  03.12.02
廃  4  99.10.26
廃  5  00.07.06
廃  6  98.06.05
廃  7  02.06.14
廃  8  99.10.28
廃  9  98.06.05
廃 10  02.06.14
```

マニ24　0
```
廃 501  06.06.08
廃 502  10.03.24
```

14系寝台車／九（14系15形）

オロネ15　0
- 廃3001　10.04.19
- 廃3002　09.10.08
- 廃3004　09.12.11
- 廃3005　10.01.25
- 廃3006　14.02.20

オハネ15　0
- 廃　1　09.11.18
- 廃　2　09.09.30
- 廃　3　14.01.31
- 廃　4　14.02.22
- 廃　5　02.03.22
- 廃　6　10.03.05
- 廃　7　02.03.22
- 改　8　92.04.22→351
- 廃　9　02.10.25
- 廃　10　04.03.25
- 廃　11　04.03.25
- 廃　12　99.03.31
- 廃　13　02.03.31
- 廃　14　06.02.08
- 改　15　91.01.26オハネ25251
- 廃　16　06.02.15
- 廃　17　02.03.31
- 廃　18　02.03.31
- 廃　19　02.03.31
- 改　20　90.12.25オハネ25252
- 廃　21　02.03.31
- 廃　22　02.03.31
- 廃　23　06.02.15
- 改　24　92.04.22→352
- 廃　25　04.03.25
- 廃　26　04.10.28
- 廃　27　00.03.31
- 廃　28　06.02.15
- 改　29　92.05.27→353
- 廃　30　06.02.22
- 廃　31　06.02.08
- 廃　32　06.02.08
- 廃　33　06.02.22
- 廃　34　02.03.31
- 廃　35　02.03.31
- 廃　36　02.03.31
- 廃　37　06.02.15
- 改　38　89.06.10オハネ25551
- 改　39　89.03.17オハネ25552
- 廃　40　06.02.22
- 廃　41　06.02.08
- 廃　42　06.02.22

- 廃　351　08.04.22
- 廃　352　08.04.22
- 廃　353　08.04.22

- 廃1102　10.04.19
- 廃1112　02.03.22
- 廃1122　14.02.05
- 廃1185　02.03.22
- 廃1201　12.12.19
- 廃1202　09.11.09
- 廃1204　14.02.08
- 廃1246　10.04.19

- 廃2001　09.09.28
- 廃2002　14.03.06
- 廃2003　10.03.05
- 廃2004　10.04.19
- 廃2005　09.12.08

スハネフ15　0
- 廃　1　09.12.16
- 廃　2　10.04.19
- 廃　3　08.07.19
- 廃　4　08.07.05
- 廃　5　04.03.24
- 廃　6　04.03.24
- 廃　7　08.07.05
- 廃　8　08.02.21
- 廃　9　04.03.24
- 廃　10　04.03.24
- 廃　11　04.03.24
- 廃　12　08.07.05
- 廃　13　04.03.24
- 廃　14　08.07.05
- 廃　15　08.02.21
- 廃　16　08.07.19
- 廃　17　08.02.21
- 廃　18　08.02.21
- 廃　19　07.03.12
- 廃　20　14.02.14
- 廃　21　09.11.06

14系寝台車／九（14系14形）

オロネ14　0
- 廃　1　99.12.13
- 廃　2　99.12.13
- 廃　3　99.12.13
- 廃　4　99.12.13
- 廃　5　99.12.13
- 改　6　91.08.09→303
- 改　7　91.07.20オハネ14303
- 改　8　91.03.25オハネ25553
- 改　12　89.02.25→701
- 改　13　89.02.25→702
- 改　14　89.02.25→703

- 廃　301　08.06.27
- 廃　302　08.06.27
- 廃　303　08.06.27

- 廃　701　14.01.29
- 廃　702　13.06.01
- 廃　703　10.12.09

オハネ14　0
- 改　1　89.03.01スハネ14751
- 改　3　87.10.28オロ14851
- 廃　5　98.10.20
- 改　6　89.12.25スハネ14754
- 廃　7　97.12.17
- 廃　8　97.12.17
- 廃　9　98.03.26
- 廃　10　98.03.26
- 廃　11　98.03.26
- 廃　12　97.12.17
- 廃　13　97.12.17
- 廃　14　00.09.08
- 改　15　91.03.14→301
- 改　16　91.03.01オロ14301
- 改　17　91.03.14→302
- 廃　18　96.08.30
- 廃　19　97.12.17
- 廃　20　97.12.17
- 廃　21　98.01.05
- 廃　23　98.03.26
- 廃　24　98.03.26
- 廃　25　98.10.30
- 廃　26　98.09.30
- 廃　27　98.09.30
- 廃　28　98.09.30
- 廃　30　98.10.20
- 廃　31　98.11.24
- 廃　33　04.03.25
- 廃　34　98.10.10
- 改　35　91.03.14オロ14302
- 廃　37　98.11.24
- 廃　38　98.09.30
- 廃　39　96.08.15
- 廃　40　96.08.15
- 廃　41　98.10.30
- 廃　42　98.08.03
- 廃　43　96.08.15
- 廃　44　98.08.03
- 廃　45　96.08.15
- 廃　46　98.10.30
- 廃　47　96.08.30
- 廃　48　96.08.15
- 廃　49　96.08.15
- 廃　50　98.08.03
- 廃　52　96.08.30
- 廃　53　96.07.30
- 廃　54　98.08.03
- 廃　56　98.10.10
- 廃　57　97.11.21
- 廃　58　98.10.20
- 廃　59　98.08.03
- 廃　60　98.05.28
- 廃　61　97.11.21
- 廃　62　98.05.28
- 廃　63　10.09.06
- 廃　64　98.05.28
- 廃　76　98.05.28
- 廃　77　98.05.28
- 廃　80　00.06.30
- 廃　82　10.09.06
- 廃　86　97.11.21
- 廃　87　97.11.21
- 廃　89　10.09.06
- 廃　90　00.06.30
- 廃　91　10.09.06
- 改　92　89.12.21スハネ14755
- 改　93　89.03.05スハネ14701
- 改　94　90.01.31スハネ14756
- 改　95　90.03.26スハネ14757
- 改　96　89.03.04スハネ14752
- 改　97　89.03.05スハネ14702
- 改　98　89.03.09スハネ14753
- 改　99　90.04.20スハネ14758
- 改　100　89.10.28スハネ14759
- 廃　101　98.08.03
- 廃　102　00.06.30
- 廃　103　00.06.30
- 廃　104　00.06.30
- 廃　105　98.08.03
- 改　106　89.03.01スハネ14703

- 廃　301　08.06.27
- 廃　302　08.06.27
- 廃　303　08.06.27

- 廃　501　07.11.20
- 廃　502　07.11.20
- 改　503　90.08.07オハネ25556
- 廃　504　07.11.20
- 改　505　89.06.23スハネ24501
- 改　506　90.06.09オハネ25557
- 改　507　89.06.27スハネ724501
- 改　508　89.06.26スハネ724502
- 改　509　89.06.27スハネ24502
- 改　510　90.06.22オハネ25558
- 改　511　89.07.12スハネ24503
- 改　512　89.03.04オハネ25555
- 改　513　89.03.31スハネ25554
- 改　514　89.06.26オハネ25551
- 改　515　89.03.31スハネ25503
- 改　516　89.06.25スハネ24504
- 改　517　89.03.04オハネ25551

- 廃　701　98.03.26
- 廃　702　98.03.26
- 廃　703　98.03.26
- 廃　704　98.03.26
- 廃　705　98.03.26
- 廃　706　96.09.09

スハネ14　0
- 廃　701　10.12.14
- 廃　702　14.06.01
- 廃　703　10.12.09
- 廃　751　00.06.30
- 廃　752　10.09.06
- 廃　753　00.06.30
- 廃　754　01.08.01
- 廃　755　10.09.06
- 廃　756　14.01.29
- 廃　757　03.05.26
- 廃　758　14.01.29
- 廃　759　14.01.29

スハネフ14　0
- 廃　1　00.06.14
- 廃　2　92.07.02
- 廃　3　10.03.05
- 廃　4　99.09.13
- 廃　5　10.01.25
- 廃　6　10.04.19
- 廃　7　98.10.30
- 廃　8　98.10.30
- 廃　9　98.10.30
- 廃　10　98.10.30
- 廃　11　13.08.14 九州鉄道記念館
- 廃　12　09.11.24
- 廃　13　99.09.13
- 廃　14　98.12.25
- 廃　15　98.12.25
- 廃　16　96.07.30
- 廃　17　98.10.30
- 廃　18　96.07.30
- 廃　19　96.07.30
- 廃　20　10.10.23　富士急
- 廃　21　97.05.06
- 廃　22　97.05.06
- 廃　23　98.12.25
- 廃　24　04.10.28
- 廃　25　04.03.25
- 廃　26　98.12.25
- 廃　27　13.06.01
- 廃　28　10.09.06
- 廃　29　10.09.06
- 廃　30　10.09.06
- 廃　31　10.12.14
- 廃　32　10.09.06
- 廃　33　00.06.30
- 廃　34　98.07.03
- 廃　35　10.12.09
- 廃　36　98.07.03
- 廃　37　03.08.04
- 廃　38　98.08.03
- 廃　39　99.11.08
- 廃　40　99.11.08
- 廃　44　99.12.06
- 廃　45　98.07.03
- 廃　47　98.07.03
- 廃　48　98.03.31
- 廃　49　97.11.21
- 廃　50　04.03.25

- 廃　101　14.03.08
- 廃　103　98.10.09

- 廃　501　08.07.23
- 廃　502　08.10.17
- 廃　503　06.09.04
- 廃　504　08.10.17
- 廃　505　08.10.17
- 廃　506　08.07.04
- 廃　507　08.10.17
- 廃　508　08.09.22

- 廃　551　16.03.31
- 廃　552　16.03.31

オシ14　0
- 廃　2　99.12.13
- 廃　3　99.12.13
- 廃　7　99.12.13
- 廃　8　99.12.13
- 廃　12　99.12.13
- 廃　13　94.10.31

14系客車／西（イベント）

オロ14　　5
廃 701 08.10.24
改 702 01.01.15ｵﾊ141702
廃 703 08.10.24
廃 704 08.10.24
廃 705 08.09.08
706 近ミハ
707 近ミハ
708 近ミハ
709 近ミハ
710 近ミハ
廃 711 01.07.02
廃 712 01.07.02
廃 713 01.07.02
廃 714 01.07.02

廃 801 07.03.08
廃 802 07.03.08
廃 803 07.03.08
廃 804 07.03.08

廃 851 18.03.31

スロフ14　　2
廃 701 15.07.08
廃 702 15.07.08
703 近ミハ
704 近ミハ
廃 705 01.07.02
廃 706 01.07.02

廃 801 07.03.08
廃 802 07.03.08

オハ14　　0
廃 701 97.03.31

14系座席車／北

オハ14　　2
廃 1 16.03.31
廃 2 94.03.04
改 3 91.02.25→701
改 4 90.11.25→702
廃 5 94.04.01
廃 6 94.03.04
廃 7 99.10.12
廃 8 94.04.01
廃 9 96.01.23
廃 10 99.12.06
廃 11 94.03.04
廃 12 99.10.12
廃 13 94.04.01
廃 14 94.03.04
廃 15 99.10.12
廃 16 99.12.06
廃 17 94.03.04
廃 18 96.02.02
改 19 90.03.10→301
廃 20 96.01.23
廃 21 00.05.31
廃 22 01.06.07
廃 23 00.05.31
廃 24 00.05.31
廃 25 00.07.19
廃 26 01.10.10
改 27 88.12.16→201②
廃 28 08.02.16
改 29 90.03.06→302
改 30 88.12.16→202②
廃 31 88.12.23→251
改 32 90.02.17→303
改 33 88.12.07→252
改 34 88.12.14→253
廃 37 96.01.23
廃 38 01.10.10
廃 39 00.07.29
廃 40 01.10.18
廃 41 01.10.18
廃 42 96.01.23
廃 43 95.07.28
廃 44 95.07.28
廃 48 08.02.16
廃 49 00.07.29
廃 50 96.02.02
廃 51 95.07.28
廃 52 99.12.21
廃 53 99.12.21
廃 54 96.07.30
廃 55 98.08.10
廃 56 98.08.10
改 57 95.11.15ｵﾊ14804
廃 58 96.07.30
廃 59 98.08.10
廃 60 98.08.10
改 61 95.11.15ｵﾊ14802
廃 62 98.08.10
廃 63 96.07.30
改 64 95.11.15ｵﾊ14801
改 65 95.11.15ｵﾊ14803
廃 66 00.08.18
廃 67 00.07.08
廃 68 00.07.08
廃 69 00.07.08
廃 70 00.06.10
廃 71 00.06.10
廃 72 00.07.20
廃 73 00.07.20
廃 74 04.03.16
廃 75 04.03.16
廃 76 04.03.16
廃 77 08.02.09
廃 78 04.03.16

廃 79 04.03.16
廃 80 04.03.16
廃 81 04.03.16
改 82 89.12.11→207②
改 83 88.12.14→254
改 84 88.12.14→255
改 85 89.12.11→257
改 86 89.12.11→258
改 87 89.12.11→208②
廃 88 08.02.14
廃 89 02.03.31
廃 90 01.10.18
廃 91 01.11.07
廃 92 00.06.30
廃 93 00.06.30
廃 94 00.06.30
廃 95 03.03.03
廃 96 00.06.30
廃 97 00.06.30
廃 99 94.03.24
廃 99 94.03.24
廃 100 94.03.24
廃 101 94.03.24
廃 102 94.03.24
廃 103 94.03.24
廃 104 94.03.24
廃 105 94.03.24
廃 114 04.12.07
改 115 91.05.24→703
改 116 91.03.18→704
廃 117 05.03.16
廃 122 98.09.01
廃 123 98.09.01
廃 124 98.09.01
廃 125 03.04.03
廃 126 03.04.03
廃 127 98.09.01
廃 128 98.09.01
廃 129 98.09.01
廃 134 03.03.03
廃 136 03.03.03
廃 139 01.01.15
廃 140 01.01.15
廃 144 01.01.15
廃 145 01.01.15
廃 165 09.07.10
廃 166 03.04.03
廃 167 03.04.15
廃 168 03.03.19
廃 169 03.03.19
廃 173 02.03.31
改 174 88.12.16→256
廃 176 02.12.05
改 181 88.12.17→203②
改 182 88.12.17→204②
改 183 88.12.17→205②
改 184 88.12.17→206②
廃 185 10.09.30
改 186 89.06.27ｵﾊﾌ24501
廃 187 03.03.19
廃 188 03.03.19
廃 189 03.05.22
廃 190 03.05.22
廃 195 03.05.22
廃 196 03.06.03
廃 197 03.06.03
廃 198 03.04.15
廃 199 03.07.24
廃 200 03.03.19
廃 201 03.07.24
廃 202 00.07.29
廃 203 00.08.01
廃 204 99.12.21
廃 205 01.11.07
廃 206 13.11.07

廃 207 01.09.22
廃 208 01.09.22
廃 209 01.09.22

廃②西201 09.08.18
廃②西202 09.08.18
廃②西203 03.04.01
廃②西204 09.08.18
廃②西205 03.04.01
廃②西206 09.08.18
廃②西207 09.07.10
廃②西208 09.07.10

廃 251 09.08.18
廃 252 09.08.18
廃 253 09.08.18
廃 254 02.03.31
廃 255 03.04.01
廃 256 09.08.18
廃 257 10.09.30
廃 258 09.08.05

廃 301 08.04.22
廃 302 08.04.22
廃 303 08.04.22

廃 501 02.11.30
改 502 91.08.15ｵﾊ25551
廃 503 16.04.30
廃 504 16.03.31
廃 505 16.03.31
廃 506 02.11.05
廃 507 16.04.30
廃 508 16.04.30
廃 509 02.11.05
廃 510 16.04.30
廃 511 16.03.31
廃 512 16.04.30
廃 513 03.10.31
廃 514 02.12.05
廃 515 16.04.30
廃 516 96.11.08
廃 517 02.10.21
廃 518 02.11.30
519 旭アサ
廃 520 02.10.21
廃 521 02.12.05
廃 522 96.11.08
廃 523 96.11.08
廃 524 96.11.08
廃 525 96.11.08
526 旭アサ
改 527 91.10.08ｵﾊ25561
廃 528 02.11.30
廃 529 02.11.30
廃 530 02.12.05
廃 531 16.04.30
廃 532 02.12.05
廃 533 02.10.21
廃 534 02.10.21
廃 535 16.04.30
廃 536 02.11.05
改 537 91.10.20ｵﾊ25562
改 538 91.08.23ｵﾊ25552
廃 539 02.11.05

廃 701 04.12.14
廃 702 04.12.15
廃 703 04.12.10
廃 704 05.03.18

廃1702 02.04.10

スハフ14　　2
廃 1 16.03.31
廃 2 94.04.01
廃 3 99.10.12
廃 4 94.04.01
廃 5 16.03.31
廃 6 00.07.06
廃 7 00.07.25
改 8 88.12.16→201
廃 10 09.08.05
廃 11 10.09.30
廃 12 00.07.25
廃 13 01.12.16
廃 14 00.06.30
廃 15 00.12.10
廃 16 10.08.10
改 17 95.11.15ｽﾛﾌ714801
改 18 95.11.15ｽﾛﾌ714802
廃 19 00.06.10
廃 20 01.04.03
改 21 88.12.14→202
廃 22 04.06.15
廃 23 08.02.16
改 24 88.12.14→203
改 25 89.12.11→204
廃 26 03.07.24
廃 27 03.07.24
廃 28 94.03.24
廃 29 94.03.24
廃 32 09.07.10
廃 33 05.03.15
廃 36 03.07.24
廃 39 03.06.03
廃 40 03.06.03
廃 41 03.03.03
改 42 90.12.20→701
廃 45 03.06.03
廃 46 01.06.07
廃 47 01.12.16
廃 48 99.12.21
廃 49 99.12.21
廃 54 01.12.16
廃 58 01.10.10
廃 59 03.05.22
廃 61 03.03.03
廃 62 01.06.07
廃 63 00.07.25

廃 201 09.08.18
廃 202 10.09.30
廃 203 09.08.18
廃 204 10.09.30

廃 401 00.06.30
廃 402 03.05.22

廃 501 16.03.31
廃 502 16.04.30
廃 503 02.12.05
廃 504 02.12.05
505 旭アサ
廃 506 16.04.30
507 旭アサ
廃 508 16.03.31
廃 509 16.04.30

廃	551	16.04.30
廃	552	96.11.08
廃	553	96.11.08
廃	554	99.03.24
廃	555	16.04.30
廃	556	16.04.30
廃	557	16.04.30
廃	558	96.11.08
廃	559	96.11.08
廃	560	96.11.08
廃	561	96.11.08
廃	701	01.01.15

オハフ15 0

廃	1	16.03.31
廃	2	94.03.04
廃	3	94.03.04
廃	4	99.10.12
廃	5	96.02.02
廃	6	96.02.02
廃	7	08.02.09
改	8	88.12.23→201
廃	9	97.06.26
廃	10	96.02.02
廃	11	08.02.14
改	12	88.12.14→202
改	13	88.12.14→203
廃	14	96.02.02
廃	15	95.07.28
廃	16	98.10.30
廃	17	98.09.01
廃	18	00.07.20
廃	19	00.08.18
廃	20	03.01.08
廃	21	04.03.16
改	22	89.12.11→251
廃	23	10.09.30
廃	24	96.02.02
廃	25	00.06.30
廃	26	94.03.24
廃	27	94.03.24
改	30	91.05.21→701
廃	32	99.06.01
廃	33	99.06.01
廃	34	99.06.01
廃	36	01.01.15
廃	41	99.12.10
廃	42	10.09.30
廃	43	00.06.30
廃	48	98.09.01
廃	49	00.06.30
廃	50	98.09.01
廃	52	00.08.01
廃	53	00.08.01
廃	201	08.01.18
廃	202	08.02.09
廃	203	08.01.18
廃	251	08.02.09
廃	701	04.12.09

◇14系座席車は、
　500代以外は横軽対策車

12系客車（イベント）

オロ12 0

廃	5	10.03.31
廃	6	10.04.30
廃	9	10.04.30
廃	10	10.03.31
廃	701	05.06.27
廃	702	05.06.28
廃	703	05.06.30
廃	704	05.07.01
廃	705	05.07.05
廃	706	01.04.03
廃	707	11.10.31
廃	708	11.10.31
廃	709	11.10.31
廃	710	11.10.31
廃	711	94.03.24
廃	712	94.03.24
廃	713	94.03.24
廃	714	94.03.24
廃	715	01.07.02
廃	801	95.01.24
廃	802	95.01.24
廃	803	95.01.24
廃	804	95.01.24
廃	805	97.07.17
廃	806	97.07.17
廃	807	97.07.17
廃	808	97.07.17
改	809	01.01.15オハ121809
改	810	01.01.15オハ121810
改	811	01.01.15オハ121811
改	812	01.01.15オハ181812
廃	813	07.11.05
廃	814	07.11.05
廃	815	07.11.05
廃	816	07.11.05
廃	817	08.01.18
廃	818	08.01.18
廃	819	08.01.18
廃	820	08.01.18
廃	821	97.03.08
廃	822	97.03.09
廃	823	97.03.10
廃	824	97.03.11
廃	825	97.03.09
廃	826	95.01.31
廃	827	07.03.09
廃	828	07.03.09
廃	829	99.10.12
廃	830	99.10.12
廃	831	99.10.12
廃	832	99.10.12
廃	833	95.01.24
廃	834	95.01.24
廃	835	95.01.24
廃	836	95.01.24
廃	837	96.03.01
廃	838	96.03.01
廃	839	96.03.01
廃	840	96.03.01
廃	841	99.11.08
廃	842	99.11.08
廃	843	99.11.08
廃	844	99.11.08
廃	845	02.10.08
廃	846	02.10.08
廃	847	02.10.08
廃	848	02.11.13
廃	849	00.10.09
廃	850	00.10.09
廃	851	00.10.09
廃	852	00.10.09
廃	853	01.05.01
廃	854	01.05.01
廃	855	01.05.01
廃	856	01.05.01
廃	857	00.11.17
廃	858	00.11.17
廃	859	00.11.17
廃	860	00.11.17
廃西	851	16.11.17
廃西	852	16.11.17
廃西	853	18.03.31
廃西	854	18.03.31

スロフ12 0

廃	3	10.04.30
廃	6	10.04.30
廃	701	05.06.14
廃	702	05.06.15
廃	703	11.10.31
廃	704	11.10.31
廃	705	94.03.24
廃	706	94.03.24
廃	801	95.03.24
廃	802	95.03.24
廃	803	97.07.17
廃	804	97.07.17
改	805	01.01.15スハフ121805
改	006	01.01.15スハフ121806
廃	807	07.11.05
廃	808	07.11.05
廃	809	08.01.18
廃	810	08.01.18
廃	811	97.03.12
廃	812	97.03.07
廃	813	95.01.31
廃	814	07.03.09
廃	817	95.03.24
廃	818	95.03.24
廃	819	96.03.01
廃	820	96.03.01
廃	821	99.11.08
廃	822	99.11.08
廃	823	02.11.13
廃	824	02.11.13
廃	825	00.10.09
廃	826	00.10.09
廃	827	01.05.01
廃	828	01.05.01
廃	829	00.11.17
廃	830	00.11.17
改	831	93.12.17マロフ712853
廃	915	99.10.12
廃	916	99.10.12

マロフ12 0

廃	851	16.09.05
廃	852	16.09.05
廃	853	07.03.09

オロフ12 0

廃	801	07.03.09

81系和式客車

スロ81 0

廃	2125	91.06.21
廃	2126	91.06.21
廃	2127	91.06.21
廃	2128	91.06.21

スロフ81 0

廃	2113	91.06.21
廃	2114	91.06.21

12系座席車／東・西

オハ12 11

改	5	88.05.18→オロ12 5
改	6	88.07.08→オロ12 6
廃	7	96.12.25
廃	8	96.12.25
改	9	88.06.30→オロ12 9
改	10	88.05.12→オロ1210
廃	11	94.12.30
廃	12	94.12.30
廃	13	94.03.31
廃	14	94.03.31
廃	15	94.03.31
廃	16	01.03.21
廃	17	94.12.30
改	18	89.12.28オハ25301
廃	21	96.10.20
廃	22	97.05.01
廃	23	97.05.01
廃	24	97.05.01
廃	25	96.10.20
廃	26	96.10.20
廃	27	91.11.21
廃	28	91.11.21
廃	29	95.06.09
廃	30	96.01.12
改	31	90.02.06オハ25302
廃	32	99.12.30
廃	33	99.03.31
廃	34	99.12.30
廃	35	90.02.20
廃	37	98.07.02
廃	38	98.07.02
廃	39	98.07.02
廃	40	98.07.02
改	41	90.02.16オハ25303
廃	42	94.03.31
廃	43	94.03.31
廃	44	95.03.31
廃	45	95.03.31
廃	46	91.11.21
廃	47	96.03.31
廃	48	96.03.31
廃	50	97.06.10
廃	52	94.12.30
廃	53	99.03.31
廃	54	99.03.31
廃	55	99.03.31
廃	56	99.03.31
廃	57	91.11.21
廃	58	91.11.21
廃	59	99.03.31
廃	60	99.03.31
廃	62	96.02.27
廃	68	91.11.21
廃	69	95.12.11
廃	70	94.12.30
廃	71	94.12.30
廃	75	02.03.22
廃	76	02.03.22
廃	77	96.09.19
廃	78	96.09.19
廃	79	96.09.19
廃	80	96.09.19
廃	84	90.03.22
廃	85	99.12.13
廃	86	99.12.13
廃	92	99.03.31
廃	93	00.03.31
廃	94	00.03.31
廃	95	96.01.12
廃	98	94.03.31
廃	99	94.03.09
廃	100	99.07.17
廃	101	94.03.31

廃 102 90.03.22
廃 103 98.12.25
廃 104 99.07.17
廃 105 94.03.31
廃 107 96.09.19
廃 108 00.03.31
廃 109 00.03.31
廃 110 95.12.15
廃 111 95.07.28
廃 112 94.11.01
廃 113 95.12.15
廃 114 95.12.15
廃 115 96.09.19
廃 116 96.09.19
廃 117 96.09.19
廃 118 92.11.16
廃 119 95.01.06
廃 120 95.01.06
廃 121 95.01.06
廃 122 95.01.06
廃 123 97.08.06
廃 124 99.12.21
廃 125 99.12.21
廃 130 98.11.05
廃 131 96.10.20
廃 132 96.10.20
廃 137 99.12.13
廃 138 99.12.13
廃 140 95.12.07
廃 141 95.12.08
廃 142 90.03.22
廃 144 95.01.09
廃 149 95.01.06
廃 151 91.11.21
廃 152 94.03.31
廃 153 94.03.31
廃 154 99.03.31
廃 155 99.03.31
廃 156 99.03.31
廃 158 96.07.02
廃 159 94.03.09
廃 161 99.07.17
廃 162 01.02.22
廃 165 99.03.31
廃 166 96.07.02
廃 167 96.07.02
廃 168 96.07.02
廃 169 96.07.02
廃 178 96.03.17
廃 180 98.06.01
廃 181 98.06.01
廃 182 98.06.01
廃 183 98.06.01
廃 188 95.12.10
廃 195 96.07.02
廃 196 97.12.21
廃 197 96.01.12
廃 199 96.01.12
廃 200 99.03.31
廃 201 99.03.31
廃 202 95.01.31
廃 204 95.01.09
廃 205 92.11.16
廃 207 94.03.31
改 208 93.03.08→3011
廃 209 99.03.31
廃 212 97.06.04
廃 213 98.11.05
廃 214 02.03.22
廃 215 98.06.23
廃 216 98.12.25
廃 217 98.06.23
廃 218 97.06.10
廃 219 02.03.22

廃 220 02.03.22
廃 221 02.03.22
廃 222 99.12.13
廃 223 98.03.26
廃 224 02.03.22
廃 225 98.03.26
改 227 88.07.16→701
廃 228 07.11.05
改 229 88.07.16→703
改 230 88.07.16→702
廃 231 99.12.21
廃 232 99.12.21
廃 233 99.12.21
廃 234 99.12.21
廃 244 94.12.30
廃 245 97.06.10
廃 246 94.12.30
廃 247 97.03.31
廃 250 97.08.06
廃 252 97.06.10
廃 253 95.06.09
廃 254 95.06.09
廃 255 99.07.17
廃 256 95.02.20
廃 257 03.01.08
廃 258 03.01.08
廃 259 95.01.31
廃 264 94.03.24
廃 265 94.03.24
廃 266 94.03.24
廃 267 94.03.24
廃 268 95.01.31
廃 269 95.02.20
廃 270 95.02.20
改 271 92.03.07→3008
廃 276 94.11.01
廃 277 94.11.01
廃 278 99.12.21
廃 279 99.12.21
廃 284 95.01.06
廃 285 95.01.06
廃 286 95.01.06
改 288 93.06.25→1288
改 289 93.07.17→1289
廃 290 94.12.19
廃 291 94.12.19
改 296 91.12.18→3007
改 297 91.12.22→3003
改 298 92.03.24→3009
改 299 92.03.11→3010
廃 300 99.03.31
改 301 94.04.*→3012
廃 302 99.03.31
改 303 91.10.09→3001
廃 304 99.03.31
改 305 91.10.24→3005
改 306 91.09.05→3004
改 307 91.11.12→3006
廃 308 01.03.26
廃 309 99.05.12
改 310 91.07.30→3002
廃 311 99.05.12
313 新ニイ
314 新ニイ
315 新ニイ
316 新ニイ
廃 325 99.12.21
廃 326 99.12.21
廃 327 98.11.05
廃 328 98.11.05
改 329 89.10.16→801
改 330 89.10.16→802
廃 333 97.12.21
廃 334 97.12.21
改 337 87.10.22カロ12852

廃 338 02.10.25
改 339 87.11.18カロ12853
改 340 87.11.18カロ12854
341 近ミハ
廃 342 01.03.30
廃 343 01.03.09
廃 344 01.02.26
345 近ミハ
346 近ミハ
廃 347 02.10.25
改 348 87.10.22カロ12851
廃 349 13.91.05
改 350 90.02.13スハ25301
改 351 89.11.22スハ25302
廃 352 22.07.09
廃 353 95.01.09
廃 354 03.01.08
廃 355 01.03.23
廃 356 01.03.28
廃 357 03.01.08
廃 358 03.01.08
廃 359 03.01.08
廃 360 01.05.04
廃 361 01.05.04
廃 362 01.05.04
廃 363 99.12.30
廃 364 99.12.15
廃 365 01.05.04
366 高クン
367 高クン
廃 368 23.03.30
369 高クン
廃 370 01.05.04
廃 372 01.05.04
廃 373 01.05.04
廃 374 01.05.04

廃 701 17.10.27
廃 702 17.10.27
廃 703 17.10.27

廃 801 99.12.21
廃 802 02.07.23

廃1001 97.06.10
改1002 93.09.08カロ712801
廃1003 95.04.26
廃1004 97.06.10
廃1005 97.06.10
廃1006 95.03.31
廃1007 95.02.03
廃1008 95.02.03
廃1009 99.03.31
廃1010 93.05.31
廃1011 97.06.17
廃1012 95.03.31
廃1013 95.03.03
廃1014 95.03.31
廃1015 95.02.03
廃1016 97.06.17
廃1017 95.03.03
廃1018 95.05.31
改1019 92.03.12キサハ34 1
廃1020 95.03.31
改1021 92.02.25キサハ34 2
廃1022 95.03.31
廃1023 95.03.31

廃1288 99.12.13
廃1289 99.12.13

1701 新ニイ

廃1809 02.05.24
廃1810 02.05.24
廃1811 02.05.24
廃1812 02.04.10

廃2001 95.11.01
廃2002 95.11.21
廃2003 97.07.24
廃2004 97.06.02
廃2005 97.07.24
廃2006 95.11.21
廃2007 96.01.23
廃2008 95.11.01
廃2009 95.12.28
廃2010 95.11.21
廃2011 95.11.21
廃2012 95.12.28
廃2013 95.11.01
廃2014 97.07.24
廃2015 95.11.21
廃2016 95.12.28

廃3001 98.03.31
廃3002 01.08.17
廃3003 01.08.23
廃3004 98.03.31
廃3005 98.03.31
廃3006 98.03.31
廃3007 98.03.31
廃3008 03.04.01
廃3009 01.07.30
廃3010 03.04.01
廃3011 03.04.01
廃3012 03.04.01

改 3 88.05.12→スワ712 3
廃 4 97.06.03
改 6 88.05.12→スワ712 6
廃 7 95.12.11
廃 13 99.03.31
廃 14 96.09.19
廃 16 96.12.25
廃 17 99.03.31
廃 18 95.01.31
廃 25 96.03.31
廃 31 07.11.21
廃 32 96.03.31
廃 33 95.12.04
廃 34 96.09.19
廃 35 95.01.06
廃 36 17.10.27
廃 37 97.06.10
廃 39 97.06.10
改 40 91.12.18→3001
廃 42 90.03.22
廃 43 95.01.31
廃 44 99.12.13
廃 45 97.06.03
廃 47 02.03.22
廃 49 95.03.24
廃 50 99.09.13
廃 54 94.03.24
廃 56 92.03.09
廃 57 95.12.05
廃 58 95.12.11
廃 59 99.12.13
廃 60 02.03.22
廃 61 95.03.24
廃 62 96.03.31
廃 63 98.03.26
廃 64 95.01.06
廃 67 99.12.13
改 68 88.07.16→702
廃 69 96.10.18
廃 71 98.03.26
廃 74 94.12.26
廃 75 94.12.30
改 76 92.11.27→3006
改 79 91.10.02→3004
廃 80 98.06.23
改 81 91.12.18→3005
廃 84 99.12.13
廃 86 99.12.06
改 87 91.08.19→3002
改 88 1991年度→3003

101 新ニイ
改 102 13.04.03スワ712102
廃 103 09.91.05
廃 104 07.11.22
改 105 93.09.09スワ712831
廃 106 97.06.10
廃 107 98.06.01
廃 110 99.12.21
廃 111 99.12.21
廃 112 02.03.22
廃 113 00.02.11
廃 114 99.12.21
廃 115 00.02.11
廃 116 99.12.21
廃 118 99.12.21
廃 122 97.08.02
廃 125 02.10.25
廃 126 02.10.25
改 127 87.10.22スワ712852
廃 128 07.11.05
129 近ミハ
改 132 87.10.22スワ712851
廃 133 02.08.31
廃 134 99.08.12

廃 135 97.08.02
廃 136 98.07.02
廃 137 98.10.30
廃 138 02.10.25
廃 139 02.08.31
廃 140 02.08.31
廃 141 97.06.10
廃 142 99.08.09
廃 143 00.02.03
廃 144 99.07.17
廃 145 99.08.09
廃 146 97.06.17
廃 147 03.01.08
改 148 98.03.27 スハ713801
廃 149 99.12.30
廃 150 97.12.02
廃 151 97.12.02
廃 152 99.12.30
廃 153 01.05.04
廃 154 97.08.02
　　155 近ミハ
廃 156 99.12.06
廃 157 02.08.31
改 158 02.05.17 オハフ12 1
廃 159 01.05.04
改 160 00.09.28 オハフ121701
　　161 高クン
　　162 高クン
廃 163 98.10.30

改 701 89.10.23 オハフ59501
廃 702 17.10.27

　　801 中トウ

改1001 92.03.12 オハフ34501
廃1002 95.05.31
改1003 92.02.25 オハフ34502
廃1004 95.04.26
廃1005 95.03.31
廃1006 95.04.26
廃1007 95.05.31
廃1008 95.03.03
廃1009 97.06.17
廃1010 97.06.17
廃1011 97.06.17
廃1012 97.06.17

廃1805 02.08.11
廃1806 02.08.11

改3001 98.03.27→801
廃3002 03.04.30
廃3003 03.04.30
廃3004 02.11.16
廃3005 03.04.30
廃3006 02.11.16

スロフ12　　1
　　102 新ニイ

オハフ13　　0
廃　　6 02.03.22
廃　　7 96.02.27
廃　　9 99.03.31
廃　13 94.03.09
廃　15 98.10.30
廃　16 95.03.31
廃　19 98.06.01
廃　20 94.03.09
廃　21 98.03.26
廃　25 96.10.20
廃　26 98.07.02
廃　27 07.11.05
廃　28 94.11.01
廃　29 95.07.28
廃　30 98.11.05
廃　31 95.03.31
廃　33 94.12.13
廃　35 96.12.25
廃　36 97.06.03
廃　39 96.10.20
廃　41 99.07.17
廃　43 96.07.02
廃　44 95.03.31
廃　47 94.12.30
廃　50 94.12.19
廃　51 00.03.31
廃　54 97.06.10
廃　56 97.08.06
改　59 88.07.16→701
廃　61 94.12.19
廃　62 99.03.31
廃　63 94.12.30
廃　64 94.03.24
廃　65 97.06.10
廃　68 92.11.16
廃　69 96.09.19
廃　70 99.12.13
廃　71 95.05.31
廃　72 95.05.31
廃　73 00.03.31
廃　74 99.05.12
廃　75 94.12.30
廃　76 95.07.28

廃 701 17.10.27

廃1001 94.03.31
廃1002 97.06.17
廃1003 95.03.31
廃1004 95.04.26
廃1005 97.06.17
廃1006 97.06.17
廃1007 95.06.05
廃1008 97.06.17
廃1009 97.06.17
廃1010 95.05.31
廃1011 95.04.26
廃1012 95.04.26

廃2001 96.01.23
廃2002 96.01.23
廃2003 97.07.24
廃2004 95.11.01
廃2005 95.08.25
廃2006 95.11.21
廃2007 95.11.21
廃2008 97.06.26
廃2009 97.06.26
廃2010 95.11.01
廃2011 97.07.24
廃2012 95.11.21
廃2013 97.07.24
廃2014 95.12.28
廃2015 95.12.28
廃2017 95.11.01
廃2018 95.12.28
廃2019 95.12.28
廃2020 95.12.28
廃2021 95.11.01

スハフ13　　1
　　801 中トウ

◇スハフ13は
　　トロッコ車

35系／西

オロテ35　　1
　4001 中クチ

スハ35　　1
　4001 中クチ

ナハ35　　1
　4001 中クチ

オハ35　　1
　4001 中クチ

スハテ35　　1
　4001 中クチ

20系

ナロネ21　　0
廃 126 96.07.02
廃 130 95.12.02
廃 133 95.12.02
廃 139 96.07.02
廃 140 96.07.02
廃 145 95.12.02
廃 146 96.07.02
廃 147 96.07.02

ナハネ20　　0
廃 102 95.05.11
廃 105 95.01.31
廃 121 95.05.11
廃 139 95.05.11
廃 142 95.05.11
廃 216 98.03.31
廃 219 95.01.31
廃 227 95.06.05
廃 228 96.11.05
廃 229 95.05.11
廃 230 95.06.05
廃 233 95.06.05
廃 234 95.05.11
廃 236 95.06.05
廃 238 98.07.08
廃 239 98.03.12
廃 241 96.11.05
廃 247 96.11.05
廃 249 95.02.01
廃 301 95.01.31
廃 302 96.11.05
廃 304 95.01.31
廃 305 95.01.31
廃 306 97.05.20
廃 311 94.09.01
廃 312 97.12.20
廃 320 94.09.01
廃 322 94.01.01
廃 323 94.10.21
廃 330 95.07.13
廃 331 95.07.13
廃 332 97.12.20
廃 333 95.07.13
廃 334 95.07.13
廃 335 95.07.13
廃 336 95.07.13
廃 337 95.07.13
廃 338 97.12.20
廃 339 95.07.13
廃 343 96.07.13
廃 345 94.10.21
廃 348 94.10.21
廃 349 95.02.01
廃 350 95.02.01
廃 351 95.07.13
廃 352 94.03.01
廃 353 93.06.01
廃 355 94.03.01
廃 356 94.01.01
廃 359 97.05.20
廃 360 97.05.20
廃 361 96.11.05
廃 362 97.07.08
廃 363 94.03.01
廃 364 94.09.01

廃 701 97.03.31
廃 702 97.03.31
廃 703 97.03.31
廃 704 97.03.31
廃 705 97.03.31

ナハネフ22　　0
廃　14 95.05.11
廃　17 95.05.11
廃　22 96.01.12
廃　25 98.03.12
廃　26 96.11.05

廃 701 97. 3.31

ナハネフ23　　0
廃　　3 95.06.05
廃　　4 97.07.08
廃　11 93.12.01
廃　12 93.06.01
廃　13 95.07.13
廃　14 96.01.12
廃　17 94.09.01
廃　18 93.06.01
廃　20 94.09.01

カヤ21　　0
廃　　7 97.03.31
廃　　8 95.05.11
廃　　9 96.01.12
廃　10 95.02.01
廃　12 95.02.01
廃　13 96.07.02
廃　15 96.11.05
廃　16 97.12.20
廃　17 98.03.31
廃　19 96.01.12
廃　20 96.07.02
廃　21 96.07.02

廃 122 95.05.11
廃 123 96.01.12

50系51形／北
（トロッコ車）

オハ510　　1
　　1 釧クシ

オハテフ500　　1
　51 釧クシ

オハテフ510　　3
　　1 釧クシ
　　2 旭アサ

　51 旭アサ

オクハテ510　　2
　　1 釧クシ
　　2 旭アサ

50系50形
（イベント車）

オロ50　　0
廃　　1 99.07.01
廃　　2 99.07.01

オロフ50　　0
廃　　1 99.07.01
廃　　2 99.07.01
廃　　3 99.07.01

50系51形／北

オハ51　　0

廃　1　91.03.20
廃　2　91.03.20
廃　3　91.03.20
廃　4　94.07.13
廃　5　91.03.20
廃　6　91.03.20
廃　7　94.07.13
廃　8　91.03.20
廃　9　94.11.01
廃　10　94.01.28
廃　11　90.12.17
廃　12　92.12.17
廃　13　92.12.17
廃　14　92.12.17
廃　15　92.10.02
廃　16　92.12.17
廃　17　92.10.02
廃　18　92.10.02
廃　19　92.12.17
廃　20　93.03.24
廃　21　91.03.20
廃　22　92.12.17
廃　23　92.12.17
廃　24　94.07.13
廃　25　92.12.17
廃　26　93.03.24
廃　27　94.11.01
廃　28　93.03.24
廃　29　93.03.24
廃　30　94.11.01
廃　31　94.11.01
廃　32　94.11.01
廃　33　94.01.28
廃　34　94.01.28
改　35　88.12.10→5001
改　36　88.12.19→5002
改　37　88.12.23→5003
改　38　88.12.29→5004
廃　39　94.07.13
廃　40　91.03.20
廃　41　94.11.01
廃　42　91.03.20
廃　43　91.03.20
廃　44　91.03.20
廃　45　91.03.20
廃　46　90.12.17
廃　47　90.12.17
廃　48　94.11.01
廃　49　91.03.20
廃　50　91.03.20
廃　51　91.03.20
廃　52　94.11.01
廃　53　94.11.01
廃　54　94.11.01
廃　55　91.03.20
廃　56　94.11.01
廃　57　91.12.16
廃　58　94.11.01
廃　59　92.10.02
廃　60　92.12.17
廃　61　94.11.01
廃　62　92.10.02

廃5001　03.10.31
廃5002　02.08.08
廃5003　03.06.17
廃5004　03.10.31

オハフ51　　0

改　1　92.03.17→ｷﾊ141-7
改　2　93.01.30→ｷﾊ141-12
改　3　91.03.28→ｷﾊ142-3
改　4　98.06.14→ｷﾊ7510-1
改　5　93.02.20→ｷﾊ141-13
改　6　93.07.02→ｷﾊ142-14
改　7　94.03.24→ｷﾊ144-101
廃　8　92.10.02
改　9　94.03.22→ｷｸﾊ144-102
改　10　94.03.28→ｷｸﾊ144-103
改　11　91.03.28→ｷﾊ141-2
改　12　93.01.27→ｷﾊ141-11
改　13　92.02.12→ｷﾊ142-7
改　14　92.11.14→ｷﾊ142-11
改　15　94.08.28→ｷﾊ143-152
改　16　91.09.23→ｷﾊ141-4
廃　17　93.03.24
廃　18　94.11.01
廃　19　93.03.24
改　20　94.10.29→ｷﾊ143-154
改　21　93.01.13→ｷﾊ142-12
改　22　92.03.31→ｷﾊ142-8
改　23　93.05.31→ｷﾊ141-14
改　24　94.10.25→ｷﾊ143-103
廃　25　94.07.13
改　26　93.03.19→ｷﾊ142-13
改　27　95.03.31→ｷﾊ143-155
改　28　99.06.07→ｷﾊｸ7510-2
改　29　99.05.29→ｷﾊｸ7510-3
改　30　95.01.10→ｷﾊ142-201
廃　31　94.11.01
改　32　94.08.24→ｷﾊ143-151
改　33　94.03.30→ｷｸﾊ144-104
改　34　95.01.31→ｷﾊ143-104
改　35　94.10.28→ｷﾊ143-104
改　36　94.08.27→ｷﾊ143-101
廃　37　93.03.24
廃　38　94.11.01
改　39　95.07.21→ｷﾊ143-156
改　40　91.03.30→ｷﾊ142-3
改　41　94.09.01→ｷﾊ143-102
改　42　92.06.16→ｷﾊ142-9
改　43　92.08.22→ｷﾊ142-10
改　44　90.03.12→ｷﾊ141-1
改　45　90.03.12→ｷﾊ142-1
改　46　91.03.28→ｷﾊ141-3
改　47　92.02.07→ｷﾊ141-7
改　48　92.07.10→ｷﾊ141-9
改　49　92.02.15→ｷﾊ141-8
改　50　91.08.19→ｷﾊ142-4
改　51　91.10.23→ｷﾊ141-5
廃　52　94.11.01
改　53　91.12.20→ｷﾊ141-5
改　54　91.12.28→ｷﾊ142-6
改　55　92.09.26→ｷﾊ141-10
改　56　98.06.14→ｷﾊﾅﾌ7510-3
改　57　98.06.14→ｷﾊ510-1
改　58　99.05.29→ｵﾊｸﾊ510-2
廃　59　06.10.06
改　60　95.08.03→ｷﾊ143-157
改　61　89.11.21→5001
改　62　89.12.12→5002
改　63　89.12.26→5003
改　64　90.01.26→5004
廃　65　93.03.24
廃　66　94.07.13
廃　67　94.07.13
廃　68　93.03.24

廃5001　03.10.31
廃5002　99.08.16
廃5003　16.03.31
廃5004　16.03.31

50系50形／九

オハ50　　1

廃　1　90.05.15
廃　2　89.03.31
廃　3　89.03.31
改　5　88.08.11→ｷﾊ331001
改　6　88.07.05→ｷﾊ331002
廃　7　90.05.15
廃　8　89.03.31
廃　9　89.02
廃　10　89.02
廃　11　92.03.16
廃　12　90.12.31
廃　13　92.03.12
廃　14　95.10.05
廃　15　93.03.24
廃　16　95.10.05
廃　17　89.03.31
廃　18　90.05.15
廃　19　89.03.31
廃　20　93.03.24
廃　21　93.03.24
廃　22　95.10.05
廃　23　95.10.05
廃　24　92.03.12
廃　25　95.10.05
廃　26　95.10.05
廃　27　95.10.05
廃2028　89.02
廃2029　89.02
廃2030　89.02
廃2033　94.01.24
廃2034　96.07.09
廃2035　96.10.18
廃2036　94.03.04
廃2037　96.08.05
廃2038　94.01.24
廃2039　93.10.01
廃2040　94.02.09
廃2041　96.08.05
廃2042　96.07.09
廃　43　92.03.31
廃　44　92.03.31
廃　45　92.03.31
廃　46　92.03.31
廃　47　92.03.31
廃　48　92.03.31
廃　49　92.03.31
廃　50　89.03.31
廃　51　89.03.31
廃　52　89.03.31
廃　53　89.02
廃　54　90.12.31
廃　55　89.02
廃　56　89.02
廃　57　89.02
廃　58　92.03.31
廃　59　92.03.31
廃　60　89.03.31
廃　61　89.03.31
廃　62　89.03.31
廃　63　89.03.31
廃　64　89.03.31
廃　65　90.05.15
廃　66　89.03.31
廃　67　89.02
廃　68　89.02
廃　69　89.02
廃　70　89.02
廃　71　89.02
廃　72　95.10.05
廃　73　95.10.05
廃　74　95.10.05
改　75　88.08.20→701

廃　76　93.03.24
廃　77　95.10.05
廃　78　95.10.05
廃　79　92.12.22
廃　80　93.03.24
廃　81　93.03.24
廃　82　92.12.22
廃　83　93.03.24
廃　84　89.02
廃　85　90.12.31
廃　86　89.02
廃　87　93.03.24
廃　88　95.10.05
改　89　93.09.08→1089
廃　90　89.03.31
廃　91　89.03.31
廃　92　89.03.31
廃　93　89.03.31
廃　94　89.03.31
廃　95　89.03.31
廃　96　89.03.31
廃　97　89.03.31
廃　98　89.03.31
廃　99　89.03.31
廃　100　89.03.31
廃　101　89.03.31
廃　102　89.03.31
廃　103　89.03.31
廃　104　89.03.31
廃2110　94.01.24
廃2111　94.01.24
廃2112　94.01.24
廃2113　94.01.24
廃2114　94.01.24
廃2115　94.02.04
廃2116　94.02.04
廃2117　94.02.04
廃2118　94.02.04
廃　119　89.03.31
廃　120　89.03.31
廃　121　89.03.31
廃　122　89.03.31
廃　123　89.03.31
廃　124　89.02
廃　125　89.02
廃　126　89.02
廃　127　89.02
廃　128　90.12.31
廃　129　89.03.31
廃　130　89.03.31
廃　131　89.03.31
廃　132　89.03.31
廃　133　90.12.31
廃　134　90.12.31
廃　135　90.12.31
廃2136　94.02.04
廃2137　94.04.04
廃2138　94.04.04
廃2139　94.02.04
廃2140　94.04.04
廃2141　94.04.04
廃2142　94.04.04
廃　143　89.03.31
廃　144　89.03.31
廃　145　89.03.31
廃　146　89.03.31
廃　147　89.03.31
廃　148　89.03.31
廃　149　90.05.15
廃　150　92.03.31
廃　151　89.03.31
廃　152　90.05.15
廃　153　90.05.15
廃　154　90.05.15
廃2155　94.03.05

廃2156　94.01.24
廃2157　94.01.24
廃2158　94.03.05
廃2159　94.03.05
廃2160　94.03.05
廃2161　94.03.05
改2162　90.02.04→ｷﾊ7502501
改2163　90.03.29→ｷﾊ7502502
廃2164　94.03.15
廃2165　95.04.05
廃2166　94.01.24
廃2167　94.03.15
廃　168　89.03.31
廃　169　89.03.31
廃　170　89.03.31
廃　171　89.03.31
廃　172　92.03.31
廃　173　90.03.28
廃　174　90.03.28
廃　175　90.03.15
廃　176　92.03.31
廃　177　91.12.31
廃　178　91.12.31
廃　179　90.12.31
改　180　93.10.06→1180
改　181　93.03.03→1181
改　182　93.03.30→1182
改　183　93.01.14→1183
廃　184　89.02
廃　185　89.02
廃　186　90.12.31
廃　187　89.02
廃　188　89.02
改　189　93.02.12→1189
廃　190　90.12.31
廃　191　92.04.08
廃　192　90.12.31
廃2194　96.07.09
廃2195　94.02.16
廃2196　94.02.19
廃2197　94.02.19
廃2198　93.10.01
廃2199　94.02.24
廃2200　94.01.24
廃2201　94.01.24
廃2202　94.02.24
廃2203　94.02.24
廃2204　94.01.24
廃2205　96.08.05
廃2206　96.08.05
廃2207　96.08.05
廃2208　96.08.05
廃2209　94.04.04
廃2210　97.03.12
廃2211　95.12.15
廃2212　95.12.15
廃2213　95.12.15
廃2214　95.08.25
廃2215　95.07.28
廃2216　94.12.26
廃2217　95.04.05
廃2218　95.06.01
廃2219　95.04.05
廃2220　94.03.03
廃2221　94.03.15
廃2222　94.03.15
廃2223　94.01.24
廃2224　94.01.24
廃2225　95.12.02
廃2226　95.11.21
廃2227　96.09.27
廃2228　96.10.02
廃2229　95.10.16
廃2230　95.10.16

廃2231 96.12.24
廃2232 95.09.04
廃2233 96.11.21
廃2234 96.10.02
廃2235 96.12.24
廃2236 96.09.27
廃2237 94.03.05
廃2238 97.03.12
廃2239 96.07.04
廃2240 96.07.04
廃2241 94.04.04
廃2242 94.02.16
廃2243 94.02.16
廃2244 94.02.16
廃2245 94.02.04
廃2246 94.02.04
廃2247 95.12.02
廃2248 95.11.21
廃2251 89.02
廃2252 90.12.31
廃2253 92.04.08
廃2254 90.12.31
廃 255 92.12.31
廃 256 92.03.31
廃 257 92.03.31
廃 258 92.03.31
廃 259 89.03.31
廃 260 92.03.31
廃 261 92.03.31
廃 262 93.05.31
廃 271 93.05.31
廃 272 93.05.31
廃 273 93.05.31
廃 274 90.05.15
廃 275 92.03.31
廃 276 92.03.31
廃 277 92.03.31
廃 278 92.03.31
廃 279 92.12.31
廃 280 92.03.31
廃 281 92.12.31
廃 282 90.12.31
廃 283 90.12.31
廃 284 90.12.31
廃 285 90.12.31
廃 286 90.12.31
廃 287 90.12.31
廃 288 90.12.31
廃 289 90.03.15
廃 290 93.05.31
廃 291 90.03.15
廃 292 90.03.15
廃2293 94.01.24
廃2294 94.01.24
廃2295 94.03.05
廃2296 94.04.04
廃2297 95.06.01
廃2298 95.04.05
廃2299 95.01.23
廃2300 94.09.20
廃2301 94.04.04
廃2302 94.06.20
廃2303 94.04.04
改2304 88.04.25オ=502304
改2305 88.04.25オ=502305
改2306 88.05.16オ=502306
改2307 88.05.16オ=502307
改2308 88.05.31オ=502308
廃2309 94.09.20
廃2310 94.04.04
廃2311 94.04.04
改2312 88.04.14オ=502312
改2313 88.04.14オ=502313
改2314 88.05.23オ=502314
廃2315 94.04.04

廃2316 94.08.10
改2317 88.05.23オ=502317
改2318 88.06.03オ=502318
廃2319 94.04.04
廃2320 94.06.20
廃2321 94.04.04
廃2322 95.01.23
廃2323 94.04.04
廃2324 94.06.20
廃2325 94.04.04
廃2326 94.04.04
廃2327 94.04.04
廃2328 94.04.04
廃2329 94.04.04
廃2330 95.06.01
廃2331 94.04.04
廃2332 94.06.20
廃2333 94.06.20
廃2334 95.01.23
廃2335 94.06.20

701 熊クマ

廃1089 99.12.13
廃1180 02.03.22
廃1181 02.03.22
廃1182 02.03.22
廃1183 02.03.22
廃1189 02.03.22

廃3001 97.11.02
廃3002 97.11.02

廃5001 02.11.05
廃5002 02.12.05
廃5003 16.03.31
廃5004 03.10.31
廃5005 02.12.05
廃5006 02.12.05
廃5007 96.03.29
廃5008 02.11.30
廃5009 02.12.05
廃5010 02.12.05
廃5011 02.11.30
廃5012 02.11.30
廃5013 03.06.17
廃5014 03.06.17
廃5015 96.03.29

オハフ50 2

廃 1 91.03.31
廃 2 90.05.15
廃 3 91.11.15
廃 4 91.12.01
廃 5 91.12.01
廃 6 90.05.15
廃 7 91.03.31
廃 8 91.11.15
廃 9 91.11.15
廃 10 90.05.15
廃 11 91.03.31
廃 12 90.05.15
廃 13 90.12.31
廃 14 90.12.31
廃 15 89.02
廃 16 89.02
廃 17 89.02
廃 18 94.03.24
廃 19 94.03.24
廃 20 90.05.15
廃 21 91.03.31
廃 22 91.03.31
廃 23 91.03.31
廃 24 91.03.31
廃 25 91.03.31
廃 26 91.03.31
廃 27 91.03.31
廃 28 93.03.24
廃 29 92.03.12
廃 30 94.03.24
廃 31 94.03.24
廃 32 94.03.24
廃 33 94.03.24
廃 34 93.03.24
廃 35 93.03.24
廃 36 94.03.24
廃 37 93.03.24
廃 38 93.03.24
改 39 88.08.20→701
改 40 88.08.20→702
廃2045 96.07.09
廃2046 94.02.16
廃2047 96.08.05
廃2048 96.07.09
廃2049 94.02.19
廃2050 94.02.04
廃2051 94.02.04
廃2052 94.02.04
廃2053 96.10.18
廃2054 93.10.01
廃2055 94.02.04
廃2056 94.02.04
廃2057 94.01.24
廃2058 96.10.18
廃2059 94.04.04
廃2060 94.03.05
廃2061 94.04.04
廃 62 90.05.15
廃 63 91.12.01
廃 64 91.12.20
廃 65 90.05.15
廃 66 91.08.29
廃 67 92.11.30
廃 68 93.08.31　京鉄博
廃 69 92.11.30
廃 70 92.12.31
廃 71 92.11.30
廃 72 92.12.31
廃 73 90.05.15
廃 74 90.03.01
廃 75 90.05.15
廃 76 90.05.15
廃 77 92.12.31
廃 78 90.05.15
廃 79 90.05.15

廃 80 90.05.15
廃 81 89.02
廃 82 89.02
廃 83 89.02
廃 84 89.02
廃 85 89.02
廃 86 90.12.31
廃 87 89.02
廃 88 90.05.15
廃 89 90.05.15
廃 90 92.11.30
廃 91 92.11.30
廃 92 90.12.30
廃 93 90.05.15
廃 94 90.05.15
廃 95 90.05.15
廃 96 89.02
廃 97 89.02
廃 98 89.02
廃 99 89.02
廃 100 89.02
廃 101 89.02
廃 102 94.03.24
廃 103 95.10.05
廃 104 93.03.24
廃 105 92.12.22
廃 106 96.03.31
廃 107 95.10.05
廃 108 95.10.05
廃 109 93.03.24
廃 110 5.10.05
廃 111 95.10.05
廃 112 96.03.31
廃 113 95.10.05
廃 114 93.03.24
廃 115 94.03.24
廃 116 89.02
廃 117 89.02
廃 118 90.12.31
廃 119 89.02
廃 120 90.12.31
廃 121 92.11.30
廃 122 90.12.31
廃 123 93.03.24
廃 124 93.03.24
廃 125 94.03.24
廃 126 90.12.31
廃 127 90.12.31
廃 128 90.12.31
廃 129 90.12.31
廃 130 92.03.31
廃 131 92.03.31
廃 132 93.03.31
廃 133 93.03.31
廃 134 93.03.31
廃 135 93.03.31
廃 136 91.11.15
廃 137 91.11.15
廃 138 91.11.15
廃 139 91.11.15
廃 140 91.11.15
廃 141 91.11.15
廃 142 91.11.15
廃 143 91.11.15
廃 144 93.03.31
廃 145 93.03.31
廃2146 94.03.20
廃2147 94.03.20
廃2148 94.03.20
廃2149 94.03.20
廃2150 94.03.20
廃2151 94.03.19
廃2152 97.11.02
廃2153 94.03.20
廃2154 94.03.08

廃2155 94.03.20
廃2156 94.04.04
廃2157 97.11.02
廃2158 94.03.03
廃2159 94.03.08
廃2160 94.03.15
廃2161 93.09.27
廃2162 97.03.12
廃2163 94.04.04
廃2164 96.07.04
廃2165 97.06.26
廃2166 94.03.20
廃 167 91.03.20
廃 168 91.12.31
廃 169 91.12.31
廃 170 92.12.31
廃 171 93.05.31
廃 172 91.12.20
廃 173 90.05.15
廃 174 90.12.31
廃 175 90.12.31
廃 176 90.12.31
廃 177 90.12.31
廃 178 90.12.31
廃 179 90.12.31
廃 180 89.02
廃 181 90.05.15
廃 182 90.05.15
廃 183 90.05.15
廃 184 90.05.15
廃 185 90.05.15
廃 186 90.05.15
廃 187 92.04.08
廃 188 90.12.31
廃 189 90.12.31
廃 190 90.12.31
廃 191 90.12.31
廃2192 94.04.04
廃2193 95.10.16
廃2194 95.08.25
廃2195 96.07.04
廃2196 96.10.02
廃2197 96.11.21
廃2198 95.07.28
廃2199 96.07.04
廃2200 96.12.24
廃2201 96.11.21
廃2202 96.11.21
廃2203 97.03.12
廃 204 90.05.15
廃 205 90.05.15
廃 206 90.05.15
廃 207 90.05.15
廃 208 90.05.15
廃 209 90.05.15
廃 210 90.05.15
廃 211 91.08.29
廃 212 94.03.31
廃 213 90.03.15
廃 214 90.05.15
廃 215 94.03.31
廃 216 90.03.15
廃 217 92.12.31
廃 218 91.08.29
廃 219 92.12.31
廃 220 92.12.31
廃 221 92.12.31
廃 222 90.03.15
廃 223 91.04.21
廃 224 94.03.31
廃2225 95.06.01
廃2226 95.06.01
廃2227 94.04.04
廃2228 95.01.23
廃2229 94.04.04

147

廃2230 95.01.23
廃2231 94.03.20
廃2232 94.04.04
廃2233 95.01.23
廃2234 95.04.05
廃2235 94.03.15
廃2236 94.12.26
廃2237 95.02.01
廃2238 95.12.02
廃2239 94.12.26
廃 240 91.08.29
廃 241 91.04.21
廃 242 91.12.31
廃 243 91.04.21
廃 244 92.12.31
廃 245 90.05.15
廃 246 90.05.15
廃 247 90.05.15
廃 248 91.12.31
廃 249 94.03.31
廃 250 90.05.15
廃 251 91.12.01
廃 252 91.12.20
廃 253 91.12.01
廃 254 95.10.05
廃 255 95.10.05
廃 256 95.10.05
廃 257 95.10.05
廃 258 95.10.05
廃 259 95.10.05
廃 260 95.10.05
廃 261 95.10.05
廃 262 95.10.05
廃 263 95.10.05
廃 264 95.10.05
廃 265 95.10.05
廃 266 95.10.05
廃 267 89.02
廃 268 89.02
廃 269 89.02
廃 270 89.02
廃 271 89.02
廃 272 92.04.08
廃 273 90.12.31
廃 274 89.02
廃 275 92.04.08
改 276 93.06.30→1276
改 277 93.08.03→1277
改 278 93.09.18→1278
改 279 93.10.19→1279
改 280 91.04.26→1280
改 281 93.11.19→1281
改 282 93.12.10→1282
改 283 93.12.27→1283
改 284 94.01.18→1284
改 285 92.09.05→1285
改 286 92.10.30→1286
改 287 92.11.17→1287
改 288 92.12.10→1288
廃2289 94.02.09
廃2290 94.01.24
廃2291 94.02.09
廃2292 94.02.09
廃2293 96.08.05
廃2294 97.08.28
廃2295 97.08.28
廃2296 97.08.28
廃2297 97.08.06
廃2298 94.02.24
廃2299 94.01.24
廃2300 96.08.05
改2301 95.11.16 スヤ505001
廃2302 94.02.24
廃2303 94.02.16
廃2304 94.02.16

廃2305 94.01.24
廃2306 94.02.04
廃2307 94.01.24
廃2308 96.08.05
廃2309 96.08.05
廃2310 96.07.09
廃2311 97.08.28
廃2312 96.08.05
廃2313 96.08.05
廃2314 96.08.05
廃2315 96.10.18
廃2316 96.10.18
改2317 88.05.31 オニ7502317
廃2318 96.07.04
廃2319 95.10.16
廃2320 95.07.28
廃2321 95.10.16
改2322 88.06.03 オニ7502322
廃2323 95.08.25
廃2324 95.10.16
廃2325 95.08.25
廃2326 95.07.28
廃2327 95.08.25
廃2328 95.07.28
廃2329 95.10.16
廃2330 95.10.16
廃2331 95.04.05
廃2332 95.04.05
廃2234 94.04.04
廃2235 94.04.04
廃2236 94.12.26
廃2237 95.02.01
廃2238 94.12.26
廃2339 95.11.21
廃2340 95.12.02
廃2341 95.12.02
廃2342 95.11.21
廃2343 95.12.02
廃2344 94.02.09
廃2345 95.11.21
廃2346 94.03.08
廃2347 94.02.09
廃2348 95.08.25
廃2349 96.12.24
廃2350 95.11.21
廃2351 96.10.02
廃2352 95.09.04
廃2353 96.10.02
廃2354 95.11.21
廃2355 96.12.24
廃2356 96.09.27
廃2357 96.12.24
廃2358 96.10.02
廃2359 96.11.21
廃2360 96.07.02
廃2361 96.10.02
廃2362 94.01.24
廃2363 94.01.24
廃2364 94.02.09
廃2365 94.03.03
廃2366 96.09.27
廃2367 94.02.19
廃2368 94.02.19
廃2369 97.06.26
廃2370 96.09.27
廃2371 96.09.27
廃2372 95.12.02
廃2373 95.12.02
廃2374 94.01.24
廃2375 95.11.21
廃2379 90.12.31
廃 382 91.12.01
廃 383 91.12.21
廃 384 91.12.01
廃 385 91.12.01

廃 386 91.12.01
廃 387 91.12.20
廃 388 91.12.01
廃 389 92.03.31
廃2399 91.12.01
廃2400 91.12.20
廃 401 92.12.31
廃 402 92.12.31
廃 403 91.11.15
廃 404 93.03.31
廃 405 91.11.15
廃 406 91.11.15
廃 407 91.11.15
廃 408 93.03.31
廃 409 93.03.31
廃 410 93.03.31
廃 411 93.03.31
廃 412 93.03.31
廃 413 92.03.31
廃 414 93.05.31
廃 415 93.05.31
廃 416 92.12.31
廃 417 90.12.31
廃 418 90.12.31
廃 419 90.12.31
廃 420 90.12.31
廃 421 90.12.31
廃 422 90.12.31
廃 423 90.12.31
廃 424 90.12.31
廃 425 92.04.08
廃 426 90.12.31
廃 427 90.12.31
廃 428 90.12.31
廃 429 90.12.31
廃 430 93.05.31
廃 431 93.05.31
廃 432 91.12.01
廃 433 93.05.31
廃 434 91.12.01
廃 435 92.12.31
廃 436 91.12.01
廃 437 91.12.20
廃2438 94.03.19
廃2439 95.06.01
廃2440 94.04.04
廃2441 94.04.04
廃2442 94.09.20
廃2443 95.06.01
廃2444 94.04.04
廃2445 95.06.01
廃2446 94.06.20
廃2447 97.11.02
廃2448 95.04.05
廃2449 94.04.04
廃2450 94.04.04
廃2451 94.06.20
廃2452 94.04.04
廃2453 94.04.04
廃2454 95.01.23
廃2455 95.04.05
廃2456 97.11.02
廃2457 94.06.20
廃2458 94.06.20
廃2459 95.04.05
廃2460 94.04.04
廃2461 95.01.23
廃2462 94.06.20
廃2463 94.06.20
廃2464 95.06.01
廃2465 95.04.05
廃2466 94.06.20
廃2467 94.12.12
廃2468 94.04.04
廃2469 94.04.04

廃2470 94.04.04
廃2471 94.04.04
廃2472 95.06.01
廃2473 95.04.05
廃2474 95.01.23
廃2475 95.06.01
廃2476 95.04.05
廃2477 94.12.12
廃2478 94.04.04
廃2479 94.04.04
廃2480 94.03.08
廃2481 94.02.09
廃2482 94.06.20
廃2483 94.04.04
廃2484 94.04.04
廃2485 95.04.05
廃2486 94.06.20
廃2487 95.04.05
廃2488 94.06.20

701 熊クマ
702 熊クマ

廃1276 02.03.22
廃1277 02.03.22
廃1278 02.03.22
廃1279 02.03.22
廃1280 95.10.05
廃1281 02.03.22
廃1282 02.03.22
廃1283 01.11.27
廃1284 01.11.27
廃1285 01.11.27
廃1286 01.11.27
廃1287 01.11.27
廃1288 01.11.27

廃2501 01.06.10
廃2502 01.06.10

廃5001 02.12.31
廃5002 02.12.31
廃5003 02.10.21
廃5004 02.12.05
廃5005 02.12.31
廃5006 02.12.31
廃5007 16.03.31
改5008 04.06.25 オハテフ7500-1
廃5009 02.12.31
廃5010 07.06.06
廃5011 03.06.17
廃5012 03.06.17
廃5013 03.06.17
廃5014 02.10.21
廃5015 02.12.31
廃5016 02.12.05

ナハ29 0
廃 001 15.03.31
　　 00.10.20←ワキ10152
廃 002 18.03.31
　　 01.07.20←ワキ10165
廃 003 16.06.20

◇ナハ29は
　バーベキューカー

ハテ8000 0
廃8001 13.12.20
　　 01.06.14←ワム181687

◇ハテ8000は
　スタンディングトレイン

オハフ17 0
廃　1 07.11.19
廃 11 07.11.20

◇オハフ17は
　トロッコ車

一般形客車

展望車／西

マイテ49　0
廃　2　22.10.14京都鉄博

10系

ナハフ11　0
廃2021　95.11.01
廃2022　95.11.01

32系／東

スハフ32　1
2357　高クン

35系／北

オハフ33　0
廃　48　09.03.14
廃　289　08.10.25
廃2555　23.03.31

43系／北・東

オハ46　0
廃　13　11.10.31

オハ47　3
廃2239　00.04.18
2246　高クン
2261　高クン
2266　高クン

オハシ47　0
廃2001　23.03.31

スハフ42　2
廃2071　23.03.31
廃2075　90.02.14
廃2085　93.06.01
2173　高クン
廃2186　92.12.03
2234　高クン
廃2245　02.06.30
廃2248　90.02.14
廃2252　90.02.14
廃2254　91.03.31
廃2261　23.03.31
廃2304　92.12.03

スハフ44　0
改　2　88.03.31スハ44 1
廃　6　96.11.08
廃　7　96.11.08
廃　11　96.11.08
廃　27　96.11.08

オハフ46　0
廃2007　94.12.20
廃2008　08.03.31
廃2009　09.03.31
廃2027　08.03.31

スハシ44　1
1　旭アサ

60系

オハ64　0
廃　1　91.03.31
廃　2　91.03.31
廃　3　91.03.31
廃　4　91.03.31
廃　5　91.03.31

オハフ64　0
廃　1　91.03.31
廃　2　91.03.31

客荷合造車

オハニ36　1
11　高クン

郵荷合造車

スユニ50　0
廃　502　94.11.01
廃　504　02.10.21
廃　511　18.09.30
廃　514　18.03.31

廃2018　20.01.08
廃2036　94.06.20
廃2037　05.12.01

荷物車

オニ50　0
廃2304　94.01.24
廃2305　94.01.24
改2306　91.07.15
廃2307　94.01.24
廃2308　96.06.05
廃2312　96.06.05
廃2313　94.01.24
改2314　91.07.10
廃2317　96.06.05
廃2318　96.06.05

オニフ50　0
廃2317　96.06.05
廃2322　96.06.05

マニ36　0
廃2001　89.02.16
廃2115　89.02.16
廃2121　89.02.16
廃2128　89.02.16
廃2155　89.02.16
廃2209　89.02.16
廃2333　89.02.16
廃2337　95.11.01

マニ44　0
廃2025　95.12.20
廃2026　95.12.23
廃2027　95.12.17
廃2028　95.12.22
廃2029　95.12.14
廃2030　95.12.19
廃2047　95.12.25
廃2050　95.12.16
廃2054　94.03.04
廃2151　94.03.04
廃2152　94.03.04
廃2154　94.03.04
廃2156　95.12.13
改2157　96.02.21オハフ1711
改2158　93.01.29オハフ17 1

廃2005　93.03.24
廃2006　93.03.24
廃2028　94.08.01
廃2029　10.11.07
廃2035　99.09.16
廃2037　99.09.16
改2048　89.07.10マニ24501
廃2049　06.01.30
廃2050　19.10.25
廃2051　19.05.17
廃2056　02.07.23
廃2057　04.08.10
廃2060　03.12.02
廃2110　98.10.11
廃2112　09.05.18
廃2115　92.06.01
廃2116　92.06.01
廃2117　99.03.29
廃2120　00.11.03
廃2124　00.11.03
廃2128　12.11.03
廃2130　08.06.28
廃2154　99.07.16
廃2155　99.07.16
廃2156　99.07.16
廃2157　99.07.16
廃2158　99.07.16
廃2159　99.07.16
廃2165　95.01.31
廃2167　95.01.31
廃2180　91.03.31
廃2183　20.01.31
廃2185　19.06.07
廃2186　18.07.28
廃2191　08.06.16
廃2192　93.03.24
廃2193　93.03.24
廃2194　93.03.24
廃2195　93.03.24
廃2215　06.10.06
廃2218　91.12.31
廃2219　98.12.14
廃2220　91.12.31
廃2225　91.12.31
廃2226　95.12.27
廃2227　91.03.31
廃2228　10.01.04
改2230　88.06.30マニ503002
廃2232　07.11.05
廃2236　96.07.30
廃2237　96.07.30
廃2238　96.07.09
廃2239　06.09.30
廃2240　97.08.06
廃2241　03.10.08
廃2243　94.08.01
廃2245　95.12.26
廃2253　94.12.22
廃2254　98.04.21
改2256　88.07.06→5002
2257　中ヒロ
廃2258　10.02.08
廃2264　95.01.31

廃5001　99.09.16
廃5002　99.09.16

事業用車

限界測定車

オヤ31　0
廃　12　95.12.25
廃　13　10.12.17
廃　21　05.03.31
廃　31　22.12.07
廃　32　18.09.10

スヤ50　0
改5001　03.07.01マヤ505001
　　　95.11.16←オハフ502301

マヤ50　1
5001　北セン

軌道試験車

マヤ34　1
廃2002　04.06.02
廃2003　04.08.26
廃2004　15.08.11
廃2005　07.12.10
廃2006　08.03.31
廃2007　07.12.13
廃2008　18.10.31
2009　熊クマ
廃2010　98.02.20

マヤ35　1
1　札サウ

新幹線限界測定車

コヤ90　0
廃　1　90.03.30

救援車

オエ61　0
廃　14　90.06.07
廃　67　90.06.07

スエ78　0
廃　15　07.02.28

控え車

オヤ12　1
1　高クン

新製車両　2022(令和04)年度

北海道旅客鉄道　16両

形式	車号	配置区	製造	落成月日
キハ261系				8両
キ　ロ261-	1124	函館	川車	22.04.07
キ　ハ260-	1124	〃	〃	22.04.07
キ　ハ260-	1224	〃	〃	22.04.07
キ　ハ261-	1224	〃	〃	22.04.07
キ　ロ261-	1125	函館	川車	22.04.01
キ　ハ260-	1125	〃	〃	22.04.01
キ　ハ260-	1225	〃	〃	22.04.01
キ　ハ261-	1225	〃	〃	22.04.01
H100形				8両
H100-	76	旭川	川車	22.08.02
	77	〃	〃	22.08.02
	78	〃	〃	22.08.02
	79	〃	〃	22.08.02
	80	〃	〃	22.08.01
	81	〃	〃	22.08.01
	82	〃	〃	22.08.01
	83	〃	〃	22.08.01

東海旅客鉄道　50両

形式	車号	配置区	製造	落成月日
HC85系				50両
クモハ85-	2	名古屋	日車	22.04.22
	3	〃	〃	22.04.22
	4	〃	〃	22.05.27
	5	〃	〃	22.06.10
	6	〃	〃	22.07.08
	7	〃	〃	22.09.16
	8	〃	〃	22.10.14
	9	〃	〃	23.01.20
	10	〃	〃	23.01.20
	11	〃	〃	23.02.10
	101	名古屋	日車	22.05.27
	102	〃	〃	22.06.10
	103	〃	〃	22.10.14
	104	〃	〃	22.12.09
	105	〃	〃	22.12.09
	201	名古屋	日車	22.05.27
	202	〃	〃	22.06.10
	203	〃	〃	22.10.14
	204	〃	〃	22.12.09
	205	〃	〃	22.12.09
	301	〃	〃	23.01.20
	302	〃	〃	23.01.20
	303	〃	〃	23.02.10
モ　ハ84-	2	名古屋	日車	22.04.22
	3	〃	〃	22.04.22
	4	〃	〃	22.05.27
	5	〃	〃	22.06.10
	6	〃	〃	22.07.08
	7	〃	〃	22.09.16
	8	〃	〃	22.10.14
	9	〃	〃	23.01.20
	10	〃	〃	23.01.20
	11	〃	〃	23.02.10
	102	名古屋	日車	22.04.22
	103	〃	〃	22.04.22
	104	〃	〃	22.05.27
	105	〃	〃	22.06.10
	106	〃	〃	22.07.08
	107	〃	〃	22.09.16
	108	〃	〃	22.10.14
	109	〃	〃	23.01.20
	110	〃	〃	23.01.20
	111	〃	〃	23.02.10
クモロ85-	2	名古屋	日車	22.04.22
	3	〃	〃	22.04.22
	4	〃	〃	22.05.27
	5	〃	〃	22.06.10
	6	〃	〃	22.07.08
	7	〃	〃	22.09.16
	8	〃	〃	22.10.14

九州旅客鉄道　4両

形式	車号	配置区	製造	落成月日
YC1系				4両
YC1-	220	佐世保	川車	22.05.17
	1220	〃	〃	22.05.17
	221	〃	川車	22.05.17
	1221	〃	〃	22.05.17

▽川車は、川車、JR九州エンジニアリング

転籍車両　2022(令和04)年度

北海道旅客鉄道　4両

形式	車号	配置区	転籍月日
H100形			4両
H100-	80	旭川	22.12.20
	81	〃	22.12.20
	82	釧路	22.10.28
	83	〃	22.10.28

▽北海道高速鉄道開発　に
▽H100-80=石北線ラッピング
▽H100-81=富良野線ラッピング
▽H100-82=釧網線ラッピング
▽H100-83=花咲線ラッピング

廃車車両　2022(令和04)年度

北海道旅客鉄道　40両

形式	車号	配置区	廃車月日
DC			36両
キハ281系			12両
キ　ハ281-	4	函館	22.07.29
	902	〃	22.09.07
キ　ハ280-	4	函館	22.07.29
	101	〃	22.10.05
	102	〃	22.11.18
	103	〃	22.11.18
	104	〃	22.07.29
	106	〃	22.11.18
	107	〃	22.07.29
	108	〃	22.10.05
	901	〃	22.10.05
キ　ロ280-	1	函館	22.09.07
キハ183系			11両
キ　ハ183-	1501	苗穂	23.03.31
	1506	〃	22.05.31
	1551	〃	22.05.31
	1554	〃	22.05.31
	6001	〃	22.05.31
	6101	〃	22.05.31
	8563	〃	23.03.31
	9560	〃	23.03.31
キ　ハ182-	7552	苗穂	23.03.31
	7556	〃	23.03.31
	7560	〃	23.03.31
キハ40形			13両
キ　ハ40	401	苗穂	23.03.31
	402	〃	23.03.31
	1703	旭川	22.05.31
	1711	〃	22.05.31
	1712	〃	22.05.31
	1738	釧路	22.05.31
	1742	〃	22.06.30
	1752	〃	22.06.30
	1756	〃	22.06.30
	1768	〃	22.06.30
	1776	〃	22.05.31
	1788	旭川	22.05.31
	1824	〃	22.05.31
PC			4両
オハシ47	2001	旭川	23.03.31
スハフ42	2071	旭川	23.03.31
	2261	〃	23.03.31
オハフ33	2555	旭川	23.03.31

東日本旅客鉄道　36両

形式	車号	配置区	廃車月日
DC			19両
キ　ハ40	523	秋田	22.08.08
	529	〃	22.05.10
	530	〃	22.09.08
	531	〃	22.05.10
	533	〃	22.09.08
	537	〃	22.06.10
	541	〃	22.07.08
	546	〃	22.06.10
	569	〃	22.07.08
	570	〃	22.08.08
	574	〃	22.09.08
	594	〃	22.08.08
	2088	〃	23.02.01
	2089	〃	23.02.01
キ　ハ48	505	秋田	22.04.08
	506	〃	22.05.10
	1504	〃	22.05.10
	1520	〃	22.04.08
	1522	〃	22.04.08
貨車			16両
ホキ800	1184	盛岡	22.08.20
	1205	〃	22.08.20
	1237	ぐんま	22.07.01
	1391	盛岡	22.08.20
	1421	〃	22.08.20
	1428	〃	22.08.20
	1459	ぐんま	22.07.01
	1522	〃	22.07.01
	1523	〃	22.07.01
	1524	〃	22.07.01
	1525	〃	22.07.01
	1526	〃	22.07.01
	1701	盛岡	22.08.20
	1702	〃	22.08.20
	1703	〃	22.08.20
	1704	〃	22.08.20
PC			1両
オ　ハ12	368	ぐんま	23.03.30

東海旅客鉄道　51両

形式	車号	配置区	廃車月日
キハ85系			51両
キ　ハ85-	1	名古屋	23.03.23
	2	〃	22.11.09
	3	〃	23.03.06
	4	〃	23.03.30
	5	〃	23.03.23
	6	〃	23.03.24
	7	〃	23.03.24
	8	〃	23.01.18
	9	〃	23.03.30
	10	〃	22.10.12
	12	〃	23.03.06
	202	〃	23.03.23
	203	〃	22.10.12
	206	〃	23.01.18
	207	〃	23.03.27
	1101	〃	23.03.31
	1102	〃	23.03.23
	1104	〃	22.12.13
	1108	〃	23.03.27
	1111	〃	23.03.23
	1114	〃	23.01.18
	1115	〃	22.11.09
	1116	〃	23.01.18
キ　ハ84-	1	名古屋	23.03.30
	2	〃	22.07.06
	3	〃	23.03.23
	4	〃	23.03.27
	5	〃	23.03.30
	6	〃	22.07.06
	7	〃	23.03.23
	8	〃	23.03.30
	9	〃	23.03.30
	10	〃	22.07.06
キ　ハ84-	11	名古屋	22.12.13
	12	〃	23.03.30
	13	〃	22.10.12
	201	〃	22.07.06
	202	〃	22.12.13
	205	〃	23.01.18
キロハ84-	1	名古屋	23.03.31
	2	〃	22.07.06
	3	〃	23.03.31
	4	〃	23.03.31
	5	〃	22.07.06
	6	〃	22.10.12
	7	〃	23.03.23
	8	〃	23.03.31
	9	〃	23.03.27
	10	〃	22.12.13
キ　ロ85-	1	名古屋	23.03.31
	2	〃	22.12.13

西日本旅客鉄道　22両

形式	車号	配置区	廃車月日
機関車			3両
EF81	44	敦賀	22.10.03
	113	〃	23.03.13
	114	〃	22.10.03
気動車			2両
キ　ハ47	68	後藤	23.01.20
	2020	〃	23.01.20
客車			3両
オ　ハ12	352	宮原	22.07.09
マイテ49	2	宮原	22.10.14
オ　ヤ31	31	宮原	22.12.07
貨車			14両
ホキ800	1096	新山口	22.06.06
	1109	〃	22.06.06
	1112	〃	22.06.06
	1113	〃	22.06.06
	1114	〃	23.01.13
	1173	〃	22.06.06
	1255	金沢	23.02.22
	1277	敦賀	23.02.03
	1330	新山口	23.01.13
	1331	〃	22.06.06
	1679	〃	23.01.13
	1693	金沢	23.02.22
	1747	敦賀	23.02.03
チキ5200	5361	新山口	22.06.16

四国旅客鉄道　2両

形式	車号	配置区	廃車月日
DC			2両
キ　ロ47	1401	松山	22.06.30
	1402	〃	22.06.30

九州旅客鉄道　13両

形式	車号	配置区	廃車月日
DC			13両
キ　ハ67	2	佐世保	23.03.06
	6	〃	23.01.25
	7	〃	23.02.28
	8	〃	23.02.16
キ　ハ66	2	佐世保	23.03.13
	6	〃	23.01.13
	7	〃	23.02.22
	8	〃	23.02.07
キ　ハ47	122	鹿児島	22.05.19
	128	唐津	22.06.15
	1127	〃	22.05.31
キ　ハ40	2068	鹿児島	22.12.15
	2105	〃	22.12.05

北海道旅客鉄道

形式	車号	旧区→新区		配置変更
H100形				
H100-	68	釧路	旭川	23.03.15
	69	〃	旭川	23.03.15
	82	旭川	釧路	22.09.01
	83	〃	〃	22.09.01
キハ40形				
キ　ハ40	1749	釧路	旭川	22.05.18
	1755	〃	〃	22.05.18
	1758	〃	〃	22.05.18
	1766	〃	〃	22.05.18
	1774	〃	〃	22.05.18
	1778	〃	〃	22.05.18

九州旅客鉄道

形式	車号	旧区→新区		配置変更
DC				
キ　ハ200-	13	大分	熊本	22.09.23
	1013	〃	〃	22.09.23
キ　ハ220-	206	大分	熊本	22.09.23
	209	〃	〃	22.09.23
キ　ハ125-	9	唐津	大分	22.09.23
キ　ハ47-	3509	熊本	佐世保	22.09.23
	3510	大分	〃	22.09.23
	4509	〃	〃	22.09.23
	4510	熊本	〃	22.09.23
	8076	〃	〃	22.09.23
	8088	宮崎	鹿児島	22.09.23
	8123	〃	〃	22.09.23
	8129	熊本	佐世保	22.09.23
	8135	〃	〃	22.09.23
	8158	大分	〃	22.09.23
	9031	熊本	〃	22.09.23
	9041	〃	〃	22.09.23
	9056	宮崎	鹿児島	22.09.23
	9084	〃	〃	22.09.23
キ　ハ140-	2040	熊本	直方	22.09.23
キ　ハ147-	182	熊本	直方	22.09.23
	1044	〃	〃	22.09.23

東日本旅客鉄道

形式	車号	旧区	新区	配置変更
EL				
EF64	1030	長岡	新潟	23.03.18
	1031	〃	〃	23.03.18
	1032	〃	〃	23.03.18
	1051	〃	〃	23.03.18
EF81	97	長岡	新潟	23.03.18
	134	〃	〃	23.03.18
	140	〃	〃	23.03.18
	141	〃	〃	23.03.18
DL				
DE10	1680	長岡	新潟	23.03.18
	1700	〃	〃	23.03.18
SL				
C57	180	新津	新潟	23.03.18
DC				
HB-E301-	3	八戸	盛岡車セ	23.03.18
	4	〃	八戸派出所	23.03.18
HB-E300-	3	八戸	盛岡車セ	23.03.18
	4	〃	八戸派出所	23.03.18
GV-E400-	1	新津	新潟	23.03.18
	2	〃	〃	23.03.18
	3	〃	〃	23.03.18
	4	〃	〃	23.03.18
	5	〃	〃	23.03.18
	6	〃	〃	23.03.18
	7	〃	〃	23.03.18
	8	〃	〃	23.03.18
GV-E401-	1	新津	新潟	23.03.18
	3	〃	〃	23.03.18
	4	〃	〃	23.03.18
	5	〃	〃	23.03.18
	6	〃	〃	23.03.18
	7	〃	〃	23.03.18
	8	〃	〃	23.03.18
	9	〃	〃	23.03.18
	10	〃	〃	23.03.18
	11	〃	〃	23.03.18
	12	〃	〃	23.03.18
	13	〃	〃	23.03.18
	14	〃	〃	23.03.18
	15	〃	〃	23.03.18
	16	〃	〃	23.03.18
GV-E402-	1	新津	新潟	23.03.18
	2	〃	〃	23.03.18
	3	〃	〃	23.03.18
	4	〃	〃	23.03.18
	5	〃	〃	23.03.18
	6	〃	〃	23.03.18
	7	〃	〃	23.03.18
	8	〃	〃	23.03.18
	9	〃	〃	23.03.18
	10	〃	〃	23.03.18
	11	〃	〃	23.03.18
	12	〃	〃	23.03.18
	13	〃	〃	23.03.18
	14	〃	〃	23.03.18
	15	〃	〃	23.03.18
	16	〃	〃	23.03.18
キ ハE130-	501	八戸	盛岡車セ	23.03.18
	502	〃	八戸派出所	23.03.18
	503	〃	〃	23.03.18
	504	〃	〃	23.03.18
	505	〃	〃	23.03.18
	506	〃	〃	23.03.18
キ ハE131-	501	八戸	盛岡車セ	23.03.18
	502	〃	八戸派出所	23.03.18
	503	〃	〃	23.03.18
	504	〃	〃	23.03.18
	505	〃	〃	23.03.18
	506	〃	〃	23.03.18
キ ハE132-	501	八戸	盛岡車セ	23.03.18
	502	〃	八戸派出所	23.03.18
	503	〃	〃	23.03.18
	504	〃	〃	23.03.18
	505	〃	〃	23.03.18
	506	〃	〃	23.03.18

東日本旅客鉄道 ②

形式	車号	旧区	新区	配置変更
キ ハ110-	201	新津	新潟	23.03.18
	202	〃	〃	23.03.18
	203	〃	〃	23.03.18
	204	〃	〃	23.03.18
	205	〃	〃	23.03.18
	206	〃	〃	23.03.18
	211	〃	〃	23.03.18
	212	〃	〃	23.03.18
	213	〃	〃	23.03.18
	214	新津	郡山	22.10.01
	215	新津	新潟	23.03.18
	216	〃	〃	23.03.18
	217	〃	〃	23.03.18
	223	新津	郡山	22.11.05
	224	新津	郡山	22.10.01
	701	八戸	盛岡車セ / 八戸派出所	23.03.18
キ ハ111-	201	新津	新潟	23.03.18
	202	〃	〃	23.03.18
	203	〃	〃	23.03.18
	701	八戸	盛岡車セ / 八戸派出所	23.03.18
キ ハ112-	201	新津	新潟	23.03.18
	202	〃	〃	23.03.18
	203	〃	〃	23.03.18
キクシ112-	701	八戸	盛岡車セ / 八戸派出所	23.03.18
キ ハ100-	1	一ノ関	盛岡車セ / 一関派出所	23.03.18
	2	〃	一関派出所	23.03.18
	3	〃	〃	23.03.18
	4	〃	〃	23.03.18
	5	〃	〃	23.03.18
	6	〃	〃	23.03.18
	7	〃	〃	23.03.18
	8	〃	〃	23.03.18
	20	八戸	盛岡車セ / 八戸派出所	23.03.18
	21	〃	八戸派出所	23.03.18
	31	一ノ関	盛岡車セ / 一関派出所	23.03.18
	32	〃	一関派出所	23.03.18
	33	〃	〃	23.03.18
	34	〃	〃	23.03.18
	35	〃	〃	23.03.18
	36	〃	〃	23.03.18
	37	〃	〃	23.03.18
	39	〃	〃	23.03.18
	40	〃	〃	23.03.18
	41	〃	〃	23.03.18
	42	〃	〃	23.03.18
	43	〃	〃	23.03.18
	44	〃	〃	23.03.18
	45	〃	〃	23.03.18
	46	〃	〃	23.03.18
	201	八戸	盛岡車セ / 八戸派出所	23.03.18
	202	〃	八戸派出所	23.03.18
	203	〃	〃	23.03.18
	204	〃	〃	23.03.18
	205	〃	〃	23.03.18
キ ハ40	552	新津	新潟	23.03.18
	558	〃	〃	23.03.18
	1542	〃	〃	23.03.18
FC				
ホキ800	1801	長岡	新潟	23.03.18
	1802	〃	〃	23.03.18
	1808	〃	〃	23.03.18
	1809	〃	〃	23.03.18

▽盛岡車セ は 盛岡車両センター
一関派出所 は 一ノ関派出所 の略

四国旅客鉄道

形式	車号	旧区	新区	配置変更
1000	1002	徳島	高知	23.03.18

その他改造　　2022(令和04)年度

北海道旅客鉄道

201系重要機器取替工事

形式	車号	配置区	工場	竣工月日
キハ201系				
キ ハ201-	102	苗穂	NH	22.05.10
	202	〃	〃	
	302	〃	〃	

261系重要機器取替工事

形式	車号	配置区	工場	竣工月日
キハ261系				
キ ハ261-	1102	札幌	NH	22.08.16
キ ハ260-	1102	〃	〃	22.08.16
	1201	〃	〃	22.04.01
	1202	〃	〃	22.10.26
キ ロ261-	1201	〃	〃	22.04.01
	1202	〃	〃	22.10.26

261系1000代M1車携帯電話充電コーナー設置

形式	車号	配置区	工場	竣工月日
261系				
キ ハ260-	1124	函館	ハコ	22.04.25
	1125	〃	〃	22.04.24

261系1000代 車イススペース追加工事

形式	車号	配置区	工場	竣工月日
キハ261系				
キ ハ260-	1102	札幌	NH	22.08.16
	1103	〃	〃	22.11.09
	1107	〃	〃	22.11.12
	1112	函館	〃	22.05.14
	1115	〃	〃	22.08.31
	1117	〃	〃	22.04.21

H100形量産車化改造

形式	車号	配置区	工場	竣工月日
H100				
H100-	1	苗穂	NH	22.12.22

283系 石北線転用化改造

形式	車号	配置区	工場	竣工月日
キハ283系				
キ ハ283-	11	苗穂	NH	23.03.17
	12	〃	〃	23.02.28
	13	〃	〃	23.03.02
	14	〃	〃	23.02.27
	15	〃	ナホ	23.01.26
	16	〃	〃	23.01.27
	17	〃	〃	23.02.27
	18	〃	NH	23.02.28
	19	〃	ナホ	23.02.09
	20	〃	〃	23.02.14
	21	〃	〃	23.02.07

283系 石北線転用化　ラッピング

形式	車号	配置区	工場	竣工月日
キハ283系				
キ ハ283-	11	苗穂	NH	23.03.17
	12	〃	〃	23.02.28
	13	〃	〃	23.03.02
	14	〃	〃	23.02.27
	15	〃	〃	22.12.28
	16	〃	〃	23.01.18
	17	〃	〃	23.02.27
	18	〃	〃	23.02.28
	19	〃	〃	23.01.27
	20	〃	〃	23.01.23
	21	〃	〃	23.02.24

▽ラッピング詳細は8頁参照

183系塗装変更工事(旧塗装化)

形式	車号	配置区	工場	竣工月日
キハ183系				
キ ハ183-	8565	苗穂	NH	22.04.28
キ ロ182-	504	苗穂	NH	22.04.08

281系塗装変更工事（旧塗装化）

形式	車号	配置区	工場	竣工月日
キハ281系				
キ ハ281-	901	函館	ＧＫ	22.08.26

ＳＬ客車リニューアル改造工事

形式	車号	配置区	工場	竣工月日
オ ハ14-	519	苗穂	ＮＨ	22.12.21
	526	〃	〃	〃
スハシ44-	1	苗穂	ＮＨ	22.12.21

ＳＬ客車 トイレ洋式化工事

形式	車号	配置区	工場	竣工月日
スハフ14-	505	苗穂	ＮＨ	22.12.19
	507	〃	〃	22.12.20

東日本旅客鉄道
キハ100系・キハ110系延命工事

形式	車号	配置区	工場	竣工月日
キハ100系				
キ ハ100-	20	八戸	ＫＹ	22.07.20
	21	盛岡	〃	23.03.29
	23	〃	〃	22.11.25
キハ110系				
キ ハ110-	110	小海線	ＮＮ	22.12.06
	112	〃	〃	22.07.28
	114	〃	〃	22.10.11
	119	〃	〃	23.01.05
	120	〃	〃	23.02.10
	223	郡山派出	ＫＹ	22.11.05
	224	新津	〃	22.05.30
	226	長野	ＮＮ	22.10.25
	232	〃	〃	22.08.31
キ ハ111-	101	郡山派出	ＫＹ	22.06.17
	102	〃	〃	22.08.05
	103	〃	〃	22.12.22
	112	盛岡	〃	23.03.07
	201	新津	〃	22.09.21
	202	〃	〃	22.07.25
	211	長野	ＮＮ	23.03.31
	217	小牛田	〃	22.08.23
キ ハ112-	101	郡山派出	ＫＹ	22.06.17
	102	〃	〃	22.08.05
	103	〃	〃	22.12.22
	112	盛岡	〃	23.03.07
	201	新津	〃	22.09.21
	202	〃	〃	22.07.25
	211	長野	ＮＮ	23.03.31
	217	小牛田	〃	22.08.23

キハ110系只見線共通予備車化改造

形式	車号	配置区	工場	竣工月日
キハ110系				
キ ハ110-	101	郡山派出	ＫＹ	22.05.06

uジェット換装・増設工事

形式	車号	配置区	工場	竣工月日
HB-E301系				
HB-E301-	4	八戸	ハヘ	22.09.02
HB-E302-	4	八戸	ハヘ	22.09.02

セラジェット化

形式	車号	配置区	工場	竣工月日
キハ110系				
キ ハ111-	211	長野	ＮＮ	23.03.31
キ ハ112-	211	長野	ＮＮ	23.03.31

塗装変更（マンガッタンライナー）

形式	車号	配置区	工場	竣工月日
HB-E210系				
HB-E211-	1	小牛田		22.01.18
	2	〃		22.01.25
HB-E212-	1	小牛田		22.01.18
	2	〃		22.01.25

塗装変更（レトロラッピング）

形式	車号	配置区	工場	竣工月日
キハ110系				
キ ハ110-	3	小牛田		22.03.25
キ ハ112-	3	小牛田		22.03.25

塗装変更（旧国鉄カラー）

形式	車号	配置区	工場	竣工月日
キハE120系				
キ ハE120-	2	郡山派出		22.09.29

塗装変更（旧キハ40系カラー）

形式	車号	配置区	工場	竣工月日
キハ110系				
キ ハ110-	223	郡山派出	ＫＹ	22.11.05

塗色変更 茶色（ぶどう2号）→青15号

形式	車号	配置区	工場	竣工月日
ＰＣ				
スハフ42-	2234	ぐんま	ＡＴ	22.09.21

東海旅客鉄道
ＨＣ85系量産化工事

形式	車号	配置区	工場	竣工月日
ＨＣ85系				
クモハ85-	1	名古屋	日車	22.09.21
モ ハ84-	1	〃	〃	〃
	101	〃	〃	〃
クモロ85-	1	〃	〃	〃

西日本旅客鉄道
キハ120リニューアル（1次車）

形式	車号	配置区	工場	竣工月日
キハ120形				
キ ハ120-	206	出雲	ＧＴ	22.05.07

キハ120リニューアル（2・3次車）

形式	車号	配置区	工場	竣工月日
キハ120形				
キ ハ120-	1	出雲	ＧＴ	22.09.08
	6	〃	〃	22.05.30
	304	亀山	〃	22.04.06
	321	浜田	〃	22.06.17
	349	富山	〃	22.05.23

九州旅客鉄道
キハ47 デザイン変更

形式	車号	配置区	工場	竣工月日
キハ47形				
キ ハ47	3509	佐世保		
	3510	〃		
	4509	〃		
	4510	〃		
	8076	〃		
	8129	〃		
	8135	〃		
	8158	〃		
	9031	〃		
	9041	〃		

ななつ星in九州　改良工事　22.09.28ＫＫ

改造車両
2022(令和04) 年度

改造後			改造前			施工工場	改造月日	記 事
形式	車号	区	形式	車号	区			
九州旅客鉄道								
キハ40・47系			キハ40・47系					
キ ハ47-	4047	佐世保	キ ハ47	8092	鹿児島	小倉総合	22.09.16	観光列車「ふたつ星4047」
キ シ140-	4047	佐世保	キ ハ140-	2125	熊本	小倉総合	22.09.16	
キ ハ147-	4047	佐世保	キ ハ147-	1045	鹿児島	小倉総合	22.09.16	

ＪＲの船舶

	船　名	種　別	総トン (t)	全長 (m)	幅 (m)	速力 (ノット)	乗客 (人)	搭載車両	製造所	竣工年月日
宮島	みやじま丸	旅客船兼自動車渡船	254	31.5	12.0	9.0	800	自動車 7台	内　海　造　船	2006.02.
	みせん丸	〃	218	34.7	9.5	8.0	800	自動車15台	内　海　造　船	1996.04.18
	ななうら丸	〃	196	31.0	8.5	〃	675	自動車13台	石川島播磨・呉	1987.01.30
日韓	ＪＢ	ジェットフォイル	164	22.2	8.5	45.0	215(1F=119,2F=81)		川　崎　重　工	1990.04.11
	ＢＥＥＴＬＥ 2世	ジェットフォイル	164	22.2	8.5	45.0	215(1F=119,2F=81)		川　崎　重　工	1991.02.15
	ＢＥＥＴＬＥ 3世	ジェットフォイル	162	22.2	8.5	45.0	215(1F=119,2F=81)		川　崎　重　工	1989.08.
	Queen Beetle (クイーン ビートル)	三胴体船体 (トリマラン)	2300	83.5	20.2	36.5	502		オーストラリア スルストム ホーバー工場	2020

▽ＪＢは、旧「ＢＥＥＴＬＥ」。総トン数は韓国側が投入のため、国際総トン数にて表示
▽「ＢＥＥＴＬＥ」3世の経歴
　　　　1989年新造時は、船名「ながさき」にて長崎～済州島航路に就航
　　　　1994年09月、船名を「パール・ウィング」と変更、神戸～関西空港間に就航
　　　　1997年07月、船名を「マリーン」と変更、那覇～伊江島間就航
　　　　　そして2001年04月に「ＢＥＥＴＬＥ3世」となっている
　　　　1階席は普通席103席、グリーン席16席
▽2011年10月01日、高速船「ビートル」、対馬～釜山間に新航路新設
▽ＪＲ九州高速船「ビートル」はリニューアル工事を実施。
　　定員は200席から191席に、Wi-Fi導入。
　　運行開始は2017(H29).03.18。
　　2017年度、新「ビートル3世」は07.02、新「ビートル2世」は12.22に運行開始。完了
▽ＪＲ九州高速船　Queen Beetie(クイーン ビートル)
　　　　2020(R02).07.10　海上試運転実施
　　　　2020(R02).10.15　博多港　到着
　　　　2020(R02).11.24　完成披露式典開催
　　　　2021(R03).03.20　沖ノ島遊覧コースから営業開始
　　　　(博多港～釜山港間は新型コロナウイルス感染拡大を受けて全便欠航のため)
▽Queen Beetie(クイーンビートル)は、2022.04.01から博多港～門司港間の観光船として就航開始

　日韓ルート（博多～プサン間）が2005年10月01日、**九州旅客鉄道船舶事業部**から、分社化された**ＪＲ九州高速船**に引き継がれたのに続き、宮島ルート（宮島口～宮島間）も2009年04月01日、**西日本旅客鉄道広島支社宮島船舶管理所**から、分社化された**ＪＲ西日本宮島フェリー**（100％子会社、資本金11億円）に引き継がれた。これによりＪＲ本体直営の船舶はなくなった。

JR年表

2022（令和4）年度

北海道旅客鉄道 北海道新幹線新函館北斗～札幌間含む

2022年度

22.04.01 **料金改定の話題**
　　　　　2022.04.01乗車分から北海道新幹線において、シーズン別の指定席特急料金を改定。繁忙期は通常料金からプラス200円を400円に

22.04.01 **料金改定の話題**
　　　　　快速「エアポート」、「くしろ湿原ノロッコ号」「富良野・美瑛ノロッコ号」、指定席料金を530円から840円に見直し。「エアポート」ではチケットレスサービスを導入。なお「ノロッコ号」は運転開始日から

22.04.13 **関連の話題**
　　　　　桑園社宅用地を活用した開発の概要発表。分譲・賃貸マンション、商業施設を建設。開業は2023年度末以降

22.04.15 **路線の話題**
　　　　　北海道新幹線、ニセコトンネル（2,250m）、貫通

22.04.15 **路線の話題**
　　　　　北海道新幹線、札樽トンネル（桑園）他工区、工事開始。22日に報道公開

22.04.23 **商品の話題**
　　　　　「日勝半島物語きっぷ」発売。利用期間04.23～11.24。札幌～苫小牧・帯広間は鉄道。半島エリアはジェイ・アール北海道バス、十勝バスを利用。4日間

22.04.28 **駅の話題**
　　　　　函館本線妹背牛駅、妹背牛町の牛のキャラクターを使用した駅名案内板を設置。1・2番線デザイン異なる

22.04.28 **路線の話題**
　　　　　北海道新幹線、札樽トンネル（星置）工区、掘削開始

22.04.29 **駅の話題**
　　　　　稚内駅、新駅舎グランドオープン10周年記念イベント開催。記念乗車券も発売

22.05.03 **車両の話題**
　　　　　キハ183系復刻塗装車両を2両揃って運転。3日間

22.05.18 **駅の話題**
　　　　　札幌駅、札幌駅前再開発ビル「（仮称）北5西1・西2地区市街地再開発事業」について、竣工予定を2029秋から2028年度に前倒しと発表

22.05.19 **路線の話題**
　　　　　北海道新幹線、二ッ森トンネル（明治）他工区、掘削開始

22.05.27 **路線の話題**
　　　　　北海道新幹線、札樽トンネル（銭函）工区、掘削開始

22.06.03 **路線の話題**
　　　　　2021年度 線区別の収支とご利用状況 発表

22.06.27 **車両の話題**
　　　　　「はやぶさ」「はやて」、8号車「新幹線オフィス車両」、指定席として運行開始

22.07.01 **車内の話題**
　　　　　「オホーツク」「大雪」、4号車「かぶりつきシート」（17AB席）、指定席に変更。1号車17ABも「かぶりつきシート」として設定に

22.07.01 **商品の話題**
　　　　　「いまこそ輝け！北のキハ183系」記念乗車券発売。期間は07.01～12.31。札幌駅など10駅。合わせて復刻ヘッドマークを網走駅にて到着から出発まで表示

22.07.01 **駅の話題**
　　　　　新千歳空港駅、開業30周年記念企画、実施。記念乗車券発売。記念スタンプ設置

22.07.01 **駅の話題**
　　　　　札幌駅、「鉄道開業150年のあゆみ」パネル展開催。西コンコースにて10.31迄

22.07.02 **駅の話題**
　　　　　音威子府駅、開駅110周年記念入場券、天塩中川駅、開駅100周年記念入場券（音威子府駅発売）、南稚内駅、開駅100周年記念入場券、発売

22.07.02 **駅の話題**
　　　　　サービス付き高齢者向け住宅「プランJR帯広駅前」、入居募集開始（旧JRイン帯広）

22.07.05 **路線の話題**
　　　　　北海道新幹線、市渡高架橋他工区、工事開始。新函館北斗駅に隣接地

22.07.09 **車内の話題**
　　　　　花咲線、一部列車にて車内販売実施。09.24迄の21日間

22.07.13 **車両の話題**
　　　　　キハ183系、2023春にて運行終了と発表。キハ283系、「オホーツク」「大雪」に2022年度末充当と発表

22.07.25 **駅の話題**
　　　　　北海道新幹線、倶知安駅、駅デザインコンセプトを倶知安町から鉄道・運輸機構が受領

22.07.28 **駅の話題**
　　　　　「北の大地の入場券」×「炭鉄港」連携企画。「鉄道開業150年」「幌内鉄道全通140周年」「室蘭本線開通130周年」を踏まえ、「北の大地の入場券」購入者に岩見沢、江別、白石駅では「幌内鉄道全通140周年」①、小樽、手稲、札幌駅では「幌内鉄道全通140周年」②、室蘭、登別、苫小牧、追分駅では「室蘭本線開通130周年」の昭和40年1月号をデザインした時間表をプレゼント

22.08.01 **駅の話題**
　　　　　新函館北斗駅、ありがとうキハ281系特急北斗 特別企画電光掲揚板で特別デザインを表示。対象列車の「北斗」5・7 19号、2・14・16号発着時の在来線ホーム。上下2本の列車が並ぶ09:18、18:11頃が狙い目。09.30迄

22.08.01 **駅の話題**
　　　　　追分駅、開駅130周年記念、「いま」・「むかし」写真展開催

22.08.01 **駅の話題**
　　　　　石北本線全線開業90周年を記念、旭川、上川、遠軽、北見、網走駅にて記念横断幕、記念懸垂幕等設置

22.08.08 **路線の話題**
　　　　　宗谷本線音威子府～筬島間、大雨の影響による土砂流入、道床流失、音威子府～稚内間不通に。運転再開は12日

22.08.17 **車両の話題**
　　　　　737系通勤形交流電車、概要発表。キハ143形気動車等の置換え用として、13編成26両を製造。アルミ合金製、ロングシート、ワンマン運転対応。冬に第1編成が落成。営業運転開始は2023春予定。最長6両編成にて、室蘭本線室蘭～苫小牧間を中心に運転

22.08.18 **車両の話題**
　　　　　「くしろ湿原ノロッコ号」、専用機DE101661の検査を踏まえて、夕日色（一般色）DE101690に変更して運転。期間は09.22迄。「夕陽ノロッコ号」運転期間中は特別デザインのヘッドマークを掲出

22.08.20 **駅の話題**
　　　　　音威子府駅、そば店、約1年半ぶりに営業復活。2日間のみ。黒そば「音威子府そば」製麺業者、設備老朽化にて、8月末にて営業終了

22.08.23 **関連の話題**
　　　　　「廃線跡地（日高線鵡川～様似間、石勝線新夕張～夕張間）活用のイノベーションプログラム」実施。社外のアイデア、技術を取り入れるため事業者募集

22.08.25 **関連の話題**
　　　　　「JR北海道公式YouTube」において、北海道を駆け抜ける秋冬の列車動画公開開始。「ノースレインボーエクスプレス」「SL冬の湿原号」、キハ183系「オホーツク」等

22.08.29 **車両の話題**
　　　　　キハ281-901、デビュー当初の車体塗装に戻って運行開始。函館駅発「北斗」5号から

22.08.30 **路線の話題**
　　　　　留萌線深川～留萌間（50.1km）、沿線4市町（留萌市、深川市、沼田町、秩父別町）が廃止、バス転換の提案を受け入れることを決定。石狩沼田～留萌間（35.7km）は、2023.09末、石狩沼田～深川間（14.4km）は2026.03末廃止

22.09.01 **関連の話題**
　　　　　「ぐるっと北海道・公共交通利用促進キャンペーン」を活用、「HOKKAIDO LOVE! 6日間周遊パス」発売。発売期間は12.31迄、利用期間は2022.09.02～2023.01.31。08.31迄であった同パスの発売期間延長

22.09.03 **駅の話題**
　　　　　函館駅、函館（旧亀田）～新函館北斗（旧本郷）間が2022.12.10に開業120周年を迎えるのを記念、記念乗車券、記念入場券セット（函館、五稜郭、桔梗、大中山、七飯、新函館北斗駅の6駅）発売。パネル展、オリジナル駅弁発売等のイベントも開催

22.09.09 **路線の話題**
　　　　　留萌線石狩沼田～留萌間（35.7km）、鉄道事業廃止届の提出。廃止予定日は2023.09.30

22.09.14 **車両の話題**
　　　　　国と北海道による支援を受けたH100形、2022年度4両を釧網線、花咲線、石北線、富良野線に投入と発表。路線ごとに地域の特色を活かしたラッピング等が特徴

22.09.14　**Kitacaの話題**
　　　函館線函館〜新函館北斗間6駅、岩見沢〜旭川間14駅に
　　　Kitacaを2024年春に導入と発表（岩見沢駅は設置済み）

22.09.16　**関連の話題**
　　　2022.10.01、石北本線は全線開通90周年を迎えることを
　　　踏まえて、「HOKKIDO LOVE! 6日間周遊パスで石北本線
　　　を巡ろう！キャンペーン」実施。10.01〜11.30、旭川、
　　　北見駅にて石北トンネル紹介パネル展、オホーツク、
　　　大雪車内にて車内放送、パネル展も実施

22.09.17　**駅の話題**
　　　南小樽駅、バリアフリー化完成式典開催

22.09.19　**　**
　　　鉄道開業150年記念×ファイターズ応援企画「ＪＲ北海道
　　　Presents　鉄道開業150thスペシャルゲーム」、札幌
　　　ドームにて開催

22.09.30　**車両の話題**
　　　キハ281系ラストラン。「北斗」、10.01から全列車キハ
　　　261系に

22.09.30　**駅の話題**
　　　札幌駅、パセオ、営業終了。北海道新幹線工事等関連

22.10.01　**駅の話題**
　　　札幌駅、東西コンコース内のエスカレーター利用停止。
　　　パセオ店舗内の通路は全面的閉鎖

22.10.09　**駅の話題**
　　　網走駅、1912.10.05に開駅、110周年。記念入場券の発売
　　　のほかイベント開催

22.10.12　**関連の話題**
　　　鉄道・運輸機構、H100形4両導入を支援するため、車両
　　　取得に係る助成金を交付（無償で北海道高速鉄道開発に
　　　対して、北海道と連携し、交付）

22.10.13　**路線の話題**
　　　北海道新幹線、国縫トンネル（1340m）が貫通。長万部町

22.10.16　**駅の話題**
　　　札幌駅、11番線ホーム使用開始。1番線ホーム廃止。
　　　2番線ではホーム改良工事に着手

22.10.21　**商品の話題**
　　　「HOKKAIDO LOVE!割（全国旅行支援）」事業の「ほっかいどう
　　　応援クーポン」専用の「クーポンde北海道乗り放題
　　　パス」発売。12.21迄。普通・快速列車の普通車自由席
　　　が乗り降り自由。有効期間は1日

22.10.22　**運転の話題**
　　　キハ281系、「スーパー北斗」（函館〜札幌間）運転[全車
　　　指定]。8号車にキハ281-901を連結。運転は23日も

22.10.26　**　**
　　　ラッピングH100形　釧網線（H100-82）、花咲線（H100-83）、
　　　釧路駅、報道公開

22.10.30　**車両の話題**
　　　釧網線（H100-82）、花咲線（H100-83）ラッピングH100形、
　　　団体臨時列車「サイクルトレインモニターツアー」（釧路
　　　〜摩周間）から運用開始。釧路駅3番線にて出発式

22.11.01　**駅の話題**
　　　札幌駅、南側連絡通路利用停止。新幹線工事等関連

22.11.01　**駅の話題**
　　　札幌駅、札幌ステラプレイス1階に食のセレクトショップ
　　　「北海道四季マルシェ」開業（北海道四季彩館　札幌西店
　　　は10月下旬に閉店）

22.11.01　**関連の話題**
　　　函館駅、直結、ＪＲイン函館、「キハ40トレインルーム」
　　　利用開始。予約受付は10.14から

22.11.03　**運転の話題**
　　　ノースレインボーエクスプレス、メモリアル運転開始。11.03は
　　　「はこだてエクスプレス」（札幌〜函館間）、12〜13は「まん
　　　ぷくサロベツ」（札幌〜稚内間）、19〜20は「流氷特急
　　　オホーツクの風」（札幌〜網走間）、28〜29は「ニセコ」（札幌
　　　〜函館間）。乗車証明書プレゼント。また「いまこそ輝け！
　　　北のキハ183系記念入場券」のメモリアルバージョンも発売

22.11.04　**関連の話題**
　　　「苗穂工場　特別　見学ツアー」開催

22.11.30　**乗車券の話題**
　　　普通回数乗車券、発売終了。ＪＲ東日本線にまたがる普
　　　通回数乗車券も発売終了

22.12.01　**関連の話題**
　　　ＪＲ東日本と「ツガルカイセン-2022冬の陣-」共同プロモ
　　　ーション実施。02.28迄。北海道と青森のマグロ（海鮮）
　　　対決。おトクなきっぷ、旅行商品発売

22.12.09　**路線の話題**
　　　留萌線石狩沼田〜留萌間（35.7km）、廃止日線上げの届出。

廃止日、2023.09.30から2023.04.01に線上げ

22.12.17　**路線の話題**
　　　線区の降積雪状況のより入念な把握に向けて、「自動式積雪
　　　深計」の導入を札幌圏の駅中心に20箇所設置、運用開始

22.12.21　**関連の話題**
　　　ありがとう留萌本線、記念入場券を留萌駅にて発売

22.12.25　**車両の話題**
　　　ラッピングH100形　石北線（H100-80）、富良野線（H100-81）、
　　　旭川駅、一般公開。天候不良の影響にて公開中止

22.12.25　**駅の話題**
　　　北広島駅、ホーム延伸部及びエレベータ改札口、供用開始。
　　　北海道ボールパークFビレッジでの試合終了後は延伸とな
　　　った3・4番線ホーム、4番線の列車停車位置を変更。ま
　　　た、北広島始発札幌行き6本の臨時快速を運転とともに特
　　　別快速の臨時停車、普通列車の編成両数を20時以降すべ
　　　て6両編成での運転とし輸送力を確保。快速は白石駅停車

23.01.07　**駅の話題**
　　　千歳線島松駅、バリアフリー化完成、式典開催

23.01.18　**車両の話題**
　　　「ＳＬ冬の湿原号」、中間車リニューアル工事完了、報道
　　　関係者試乗会開催

23.01.21　**駅の話題**
　　　釧路駅、「ＳＬ冬の湿原号」客車フルリニューアル記念、
　　　入場券発売。1セット3枚組

23.01.28　**路線の話題**
　　　留萌本線、大雪にて不通。02.06、深川16:08発から運転
　　　再開

23.02.01　**駅の話題**
　　　札幌駅、「北海道どさんこプラザ札幌店」、新装開店。
　　　09.26から営業を一時休止していた

23.02.15　**商品の話題**
　　　「グリーン車」限定のお得な商品、東北・北海道新幹線「お先
　　　にトクだ値スペシャル」（乗車券つき）、02.28乗車迄発売

23.02.28　**関連の話題**
　　　ＡＮＡ「空港アクセスナビ」と快速エアポート指定席
　　　「uシート」の提携サービス開始

23.03.06　**路線の話題**
　　　根室本線富良野〜新得間（81.7km）、2024.03末廃止を
　　　「根室本線対策協議会」にて具体的な時期を提示

23.03.13　**関連の話題**
　　　「青函トンネル開業35周年記念キャンペーン＆津軽観光
　　　キャンペーン」記念駅カードを新函館北斗、木古内、
　　　奥津軽いまべつ駅にて配布。08.31迄

23.03.15　**関連の話題**
　　　青函トンネル開業35周年企画、新函館北斗、木古内、
　　　奥津軽いまべつ駅にて、記念入場券セット発売

23.03.16　**路線の話題**
　　　苗穂駅付近、苗穂駅連絡道（跨線橋）開業。03.23、東9
　　　丁目踏切、廃止

23.03.17　**車両の話題**
　　　キハ183系、定期運行終了。「オホーツク」「大雪」から引退

23.03.17　**駅の話題**
　　　日高本線浜田浦駅、この日限りにて廃止に。
　　　函館本線大沼駅、この日限りにて無人化

23.03.17　**駅の話題**
　　　札幌駅、北5西1・西2地区第一種市街地再開発事業、
　　　市街地再開発組合設立

23.03.18　**ダイヤ改正**
　　　「オホーツク」「大雪」にキハ283系を投入。「ライラック」3・5
　　　号の時刻繰上げ。北海道ボールパークFビレッジの開業に
　　　あわせた設定。富良野線、全列車を電気式気動車H100
　　　形に置換え。「ホームライナー」を全車座席指定に変更　等

23.03.18　**駅の話題**
　　　釧網本線細岡駅、4/25〜11/30のみ営業の季節駅化

23.03.18　**　**
　　　283系、石北本線沿線自治体にまつわるラッピングを先
　　　頭部に実施。対象はキハ283系11両、22枚。内訳は沿
　　　線7自治体が3枚ずつ、残り1枚は特別デザイン

23.03.29　**路線の話題**
　　　北海道新幹線、豊野トンネル（1610m）貫通。長万部町

23.03.31　**路線の話題**
　　　留萌線石狩沼田〜留萌間（35.7km）、この日限りにて廃止。
　　　留萌、恵比島駅にて式典開催。ヘッドマーク掲出。
　　　編成両数は3両増結の4両編成にて運転

23.03.31　**路線の話題**
　　　根室本線富良野〜新得間（81.7km）、鉄道事業廃止届提出。
　　　廃止予定日は202.04.01

東日本旅客鉄道

22.03.01　関連事業の話題
ＪＲ東日本エネルギー開発、野辺地柴崎風力発電所、稼動開始。設備容量は8600kW（4300kW×２）

22.03.12　組織の話題
湘南・相模統括センター（藤沢、茅ヶ崎、平塚、橋本。厚木、海老名駅、茅ヶ崎運輸区、相模線委託駅）。
桜木町営業統括センター（桜木町、関内、根岸、磯子駅、委託＝石川町、山手、新杉田、洋光台駅）。
八王子営業統括センター（八王子駅等）。
三鷹営業統括センター（三鷹、武蔵小金井駅、委託＝吉祥寺駅等）。
立川営業統括センター（立川駅等）。
甲府営業統括センター（甲府駅等）。
木更津統括センター（木更津、君津、久留里駅、木更津運輸区）。
山形統括センター（山形、米沢駅、山形運輸区）。
青森営業統括センター（青森、新青森駅）。
気仙沼統括センター（気仙沼駅、気仙沼BRT営業所）。
横手統括センター（横手駅、横手運輸区）。
庄内統括センター（酒田、鶴岡駅、酒田運輸区）　発足
水郡線営業所、水郡線統括センターに、
小海線営業所、小海線統括センター　に変更

2022年度

22.04.01　料金改定の話題
2022.04.01乗車分から東北・山形・秋田・北海道・上越・北陸新幹線および、一部の特急列車においてシーズン別の指定席特急料金を改定。繁忙期は通常料金からプラス200円を400円に

22.04.01　駅の話題
渋谷駅、「駅たびコンシェルジュ渋谷」開業
船橋駅、「駅たびコンシェルジュ船橋」開業
新潟駅、「駅たびコンシェルジュ新潟」開業

22.04.01　関連の話題
宮城、山形、福島の３県による「巡るたび、出会う旅、東北・宮城・山形・福島」キャンペーン開幕

22.04.01　関連事業の話題
ＪＲ東日本新潟シティクリエイトとジェイアール新潟ビジネスが合併。存続会社はＪＲ東日本新潟シティクリエイト。ステーションビルMIDORIと長鉄開発が合併。存続会社はステーションビルMIDORI

22.04.02　路線の話題
福島県沖地震により、不通となっていた東北新幹線郡山〜福島間運転再開。山形新幹線東京〜新庄間運転再開

22.04.04　路線の話題
福島県沖地震により、不通となっていた東北新幹線仙台〜一ノ関間運転再開。仙台〜新函館北斗・秋田間直通運転再開

22.04.04　駅の話題
青森駅、東口駅ビル建設着手と発表。完成予定2024年度

22.04.04　駅の話題
西国分寺駅、中央線上りホームにクリニック開業

22.04.05　運賃の話題
バリアフリー設備整備を進めるため、国が創設した鉄道駅バリアフリー料金制度を活用した運賃値上げを申請

22.04.13　駅の話題
新宿駅、西南口地区の開発計画発表。新宿区西新宿１丁目〜渋谷区代々木２丁目、区域面積約1.9ha、北街区は地上19階建て、地下３階、完成予定2040年代、南街区は地上37階、地下６階、完成予定2023〜2028年度。京王電鉄と。店舗、宿泊施設、事務所、駐車場等

22.04.14　路線の話題
福島県沖地震により、不通となっていた東北新幹線福島〜仙台間運転再開。全線運転再開

22.04.14　運転の話題
秋田新幹線「こまち」開業25周年出発式、秋田駅にて実施

22.04.14　駅の話題
吉祥寺駅、傘のシェアリングサービス「アイカサ」サービス開始

22.04.18　駅の話題
鰺ヶ沢駅、2022年度観光主任を人気犬「ちょめ」に委嘱

22.04.18　関連の話題
踏切保安装置に、電気自動車の再生バッテリーを導入と発表。2022年度、約160踏切に導入の予定。耐用期間はこれまでの３〜７年から、10年に延びる

22.04.19　路線の話題
奥羽本線貨物支線土崎〜秋田港　約1.8km（ＪＲ貨物所有）の第二種鉄道事業認可。秋田県が秋田港へのクルーズ船受入れを踏まえて、05.13から秋田〜秋田港間にて秋田港クルーズ列車を運転

22.04.20　駅の話題
大宮駅、エキナカ商業施設「エキュート大宮　ノース」新規２店舗オープン、全面開業

22.04.20　関連の話題
千葉支社跡地について、千葉市と「ＪＲ東日本千葉支社跡地における千葉市民会館との一体整備に関する基本協定書」を締結

22.04.21　駅の話題
三鷹、武蔵小金井、国分寺、立川、日野、豊田、八王子駅、傘のシェアリングサービス「アイカサ」サービス開始

22.04.22　駅の話題
王子駅、ＪＲ東日本クロスステーションが運営の２店舗オープン

22.04.23　駅の話題
渋谷、３・４番線から新南改札につながる通路にて、「Slow Platform渋谷駅０番線」プロジェクト。2024.03迄

22.04.23　駅の話題
原宿、ベビーカーレンタルサービス「ベビカル」サービス開始

22.04.27　駅の話題
東京駅、八重洲北口改札外、新商業施設「グランスタ八重洲北（ヤエキタ）」、第１弾の13店舗開業。運営はＪＲ東日本クロスステーション

22.04.27　駅の話題
新橋、桜木町駅、鉄道開業150年を記念、トリックアート設置。2023.03下旬頃迄

22.04.27　駅の話題
田沢湖線盛岡〜大釜間に設置する新駅「前潟」、建設工事安全祈願祭開催。開業は2023.03、駅北側に大型商業施設「イオンモール盛岡」。１面１線の無人駅

22.04.29　関連事業の話題
水戸支社、笠間市、常陸農業協同組合の３者が設立の「笠間栗ファクトリー」、新工場の竣工式開催。笠間栗を原料とした加工品の生産、商品供給を行う

22.05.01　駅の話題
渋谷、吉川美南駅、ベビーカーレンタルサービス「ベビカル」サービス開始

22.05.02　駅の話題
国府津駅、発車メロディが「みかんの花咲く丘」に

22.05.04　運転の話題
「リゾートしらかみ」運転開始25周年を踏まえ、東能代、能代駅にて「リゾートしらかみ2525（ニコニコ）感謝デー」を停車時間に開催

22.05.09　駅の話題
ＪＲ新宿ビルに入居していた東京工事事務所、東京電気システム開発工事事務所、ＪＲ目黒MARCビル（品川区）、構造技術センターとともに移転、業務開始。本社ビルに隣接のＪＲ新宿ビルは、国鉄時代、工作局車両設計事務所も入居していたが、04.28で閉館。同ビルは、「新宿駅西南口地区開発計画」予定地に含まれる

22.05.10　運転の話題
山手線の営業列車で自動運転を目指した実証実験実施と発表。2022.10頃から２カ月程度

22.05.13　路線の話題
東北新幹線、通常ダイヤでの運転再開

22.05.13　車両の話題
新型砕石輸送気動車(GV-E197系電気式気動車) ６両編成６本、および事業用電車(E493系交直流電車) ２両１編成を2023年度以降に投入と発表

22.05.14　路線の話題
陸羽西線、国道47号線高屋道路の「(仮称)高屋トンネル」施工のため2024年度中(予定)にて運休。新庄〜余目・酒田間にてバス代行輸送実施

22.05.18　車両の話題
E956形試験車両「ＡＬＦＡ-Ｘ」、第２ステップとなる「フェーズⅡ」走行試験開始。約２年間の予定で、引続きこれまでの検証項目を確認しつつ、地震対策をはじめ、走り込みによる各種開発品の耐久性を確認のほか、将来の自動運転実現するための基礎的な研究開発等も行う

22.05.18　駅の話題
浜松町駅、浜松町駅西口開発計画の北口歩行者ネットワーク、南口歩行者ネットワーク等の概要を発表

22.05.18　関連事業の話題
　　　　　ＪＲ東日本など4社が出資、設立の食品リサイクル事業
　　　　　の東北バイオフードリサイクル、仙台市宮城野区の
　　　　　バイオガス発電施設「東北バイオフードリサイクル
　　　　　仙台工場」、発電式開催。本格的発電事業を開始

22.05.19　駅の話題
　　　　　西国分寺、国立、西八王子、高尾駅、傘のシェアリング
　　　　　サービス「アイカサ」サービス開始

22.05.19　駅の話題
　　　　　新橋、品川、川崎、鶴見、桜木町駅、鉄道開業150年を
　　　　　記念、ホーム駅名標をノスタルジック装飾に。2023.03
　　　　　下旬頃迄

22.05.20　路線の話題
　　　　　南武線向河原駅前踏切に「賢い踏切」導入と発表。この導入
　　　　　にて1時間当たり数分程度の踏切警報時間短縮が見込
　　　　　まれる。導入は2022.12頃

22.05.20　駅の話題
　　　　　武蔵境、東小金井駅、傘のシェアリングサービス「アイカサ」
　　　　　サービス開始。東京～高尾間全駅設置完了

22.05.21　駅の話題
　　　　　浜松町駅、京浜東北線南行ホーム、拡幅工事と線路切替
　　　　　え工事、22時頃から23日始発まで実施。この間、京浜
　　　　　東北線は山手線線路を走行、快速運転休止

22.05.21　運転の話題
　　　　　日本初！新幹線を利用したペットツーリズム「わん！
　　　　　ケーション」、ペット専用貸切新幹線・ツーリズムの
　　　　　実証実験実施。東京→軽井沢間

22.05.24　運転の話題
　　　　　東武鉄道と、ドライバレス運転実現に向け協力と発表

22.05.25　運転の話題
　　　　　鉄道の脱炭素化に向けたＣＯ2フリー水素利用拡大に
　　　　　関して、ＥＮＥＯＳと連携協定を締結

22.05.26　車内の話題
　　　　　「つばさ138号」米沢→東京間にて、精密機械部品の輸送
　　　　　を実施。輸送商品は約20kg

22.05.27　車両の話題
　　　　　新型砕石輸送気動車(GV-E197系電気式気動車)、事業用
　　　　　電車(E493系交直流電車)、ともに量産先行車を尾久駅
　　　　　構内にて報道公開

22.05.31　関連の話題
　　　　　「STATION BOOTH」設置駅、ＪＲ西日本の京都、長岡京、
　　　　　神戸、広島、小倉駅に拡大

22.06.01　路線の話題
　　　　　只見線、只見～大白川間のトンネル覆工修繕工事にて、
　　　　　08.31迄の52日間、昼間帯の1往復、区間運休

22.06.01　関連の話題
　　　　　山手線、京浜東北線、根岸線全駅にて、列車の運行状況
　　　　　などに応じた割引サービスの実証実験を実施。07.31迄

22.06.01　関連事業の話題
　　　　　ジェイアール東日本ビルディング、商号をＪＲ東日本
　　　　　ビルディングに変更

22.06.02　駅の話題
　　　　　新宿駅、東口駅前広場にチケット販売トレーラー出現、
　　　　　「エンタメのまち、新宿へ行こう！」を展開。06.30迄

22.06.04　路線の話題
　　　　　新潟駅付近連続立体交差化事業、在来線全線高架化切換
　　　　　工事に伴い、信越本線新潟～越後石山間、白新線新潟
　　　　　～東新潟間運休。バスによる代行輸送実施

22.06.05　駅の話題
　　　　　新潟駅、在来線全線高架工事完了。1・2番線ホーム
　　　　　使用開始。8・9番線廃止。在来東改札使用開始。
　　　　　万代口改札、在来線東口改札の使用廃止。新潟駅商業
　　　　　施設第Ⅰ期開業(2店舗)

22.06.05　運転の話題
　　　　　新潟駅在来線全線高架化に伴うダイヤ改正実施

22.06.07　運転の話題
　　　　　2023年春から上越新幹線大宮～新潟間の最高速度を現行
　　　　　の240km/hから275km/hにアップ。速度向上により所要
　　　　　時間を最大7分程度短縮と発表。またその時点にて上
　　　　　越新幹線からＥ2系を淘汰、Ｅ7系に統一

22.06.07　路線の話題
　　　　　陸羽東線、鳴子温泉～最上間のトンネル覆工修繕工事に
　　　　　て、06.10迄の4日間、昼間帯の上下各1本、区間運休

22.06.08　関連の話題
　　　　　中央本線穴山変電所にて、世界初！鉄道用超電導フライ
　　　　　ホイール蓄電システムの実証実験開始。勾配を走行する
　　　　　列車のエネルギーを活用するシステム

22.06.09　車両の話題
　　　　　山形新幹線開業30周年を記念したラッピング車両運行開
　　　　　始。山形駅10:57発、「つばさ138号」から。L66編成。
　　　　　2022.11下旬頃まで

22.06.09　車両の話題
　　　　　東北新幹線開業40周年を記念したラッピング車両(200系
　　　　　カラー)運行開始。Ｊ66編成。「やまびこ124号」～

22.06.10　駅の話題
　　　　　飯田橋駅、急曲線ホーム解消による安全性向上の移設に
　　　　　て、令和3年度土木学会賞表彰

22.06.11　運転の話題
　　　　　内房線蘇我～姉ケ崎間開業110周年記念「あの時代をもう
　　　　　一度 房総西線客車列車の旅」、千葉～館山間運転。
　　　　　ＤＥ10形牽引12系の団体臨時列車

22.06.11　駅の話題
　　　　　総武線幕張本郷、幕張、新検見川、稲毛、西千葉、千葉駅、
　　　　　京葉線海浜幕張、検見川浜、稲毛海岸、千葉みなと駅、
　　　　　外房線本千葉、蘇我駅、傘のシェアリングサービス
　　　　　「アイカサ」サービス開始

22.06.12　車両の話題
　　　　　東北新幹線開業40周年を記念したラッピング車両、上越
　　　　　新幹線にて初運行。「たにがわ401号」等

22.06.20　車両の話題
　　　　　中央本線四方津駅、新駅舎使用開始(旧木造駅舎)

22.06.22　組織の話題
　　　　　本社組織を1室、6本部、16部から5本部5部に再編。
　　　　　鉄道事業本部は、安全企画部門、サービス品質改革室、
　　　　　モビリティ・サービス部門、設備部門、電気ネット
　　　　　ワーク部門となり、運輸車両部等の組織名が消滅。
　　　　　工事事務所は建設プロジェクトマネジメントオフィス
　　　　　に変更等の組織変更

22.06.23　路線の話題
　　　　　東北新幹線大宮～盛岡間開業40周年を迎える。これを踏
　　　　　まえイベントを各種開催。記念入場券、記念グッズも
　　　　　発売。記念入場券は開業時13駅を3種類に分けて発売

22.06.23　駅の話題
　　　　　川口駅、旧みどりの窓口、券売機跡地に4店舗、順次開業

22.06.25　運転の話題
　　　　　東北新幹線開業40周年記念旅行商品、「なつかしのあおば
　　　　　号」(仙台→上野間)運転。仙台駅にて出発式等記念
　　　　　イベント実施

22.06.25　運転の話題
　　　　　篠ノ井線松本～西条間開業120周年にて、「篠ノ井線120
　　　　　周年号」運転。松本駅にて記念セレモニー開催

22.06.27　車内の話題
　　　　　「はやぶさ」「はやて」、8号車「新幹線オフィス車両」、
　　　　　指定席として運行開始

22.07.01　運転の話題
　　　　　山形新幹線開業30周年記念セレモニー、山形駅で開催。
　　　　　「つばさ」138号にて実施、記念ラッピング車両を充当

22.07.01　駅の話題
　　　　　烏山線烏山駅、発車予告メロディを「山あげ祭」に

22.07.01　駅の話題
　　　　　大宮駅、ベビーカーレンタルサービス「ベビカル」
　　　　　サービス開始

22.07.01　駅の話題
　　　　　品川、渋谷、池袋、秋葉原駅、案内ＡＩシステムを試行
　　　　　導入。12.31迄。品川、渋谷、池袋、秋葉原、高輪
　　　　　ゲートウェイ、大宮駅、遠隔精算業務の検証を試行
　　　　　導入。2023.01.31迄

22.07.01　組織の話題
　　　　　東京営業統括センター(東京駅、委託=八丁堀、越中島駅、
　　　　　東京地区指導センター)、上野営業統括センター
　　　　　(上野、鶯谷、御徒町駅、上野地区指導センター)、
　　　　　新宿営業統括センター(新宿駅、委託=新大久保、
　　　　　大久保、高田馬場駅、新宿地区指導センター)、
　　　　　中野営業統括センター(中野、高円寺、阿佐ケ谷、
　　　　　荻窪、西荻窪駅、委託=東中野駅)、小田原・伊豆統括
　　　　　センター(国府津、小田原、真鶴、湯河原、熱海、
　　　　　伊東駅、伊東線委託駅、熱海運輸区、小田原地区
　　　　　センター)、北上営業統括センター(北上、水沢江刺、
　　　　　新花巻駅)発足

22.07.01　関連の話題
　　　　　秋田支社公式Twitter「アキヅカinfo！」開設

22.07.01　関連の話題
　　　　　今別町、外ヶ浜町の一部エリアでデマンド型乗合タクシー
　　　　　の実証実験、09.30迄実施。「わんタク」は、蟹田駅周

辺から竜飛崎周辺までの範囲。「つがるん」は、蟹田駅前のウェル蟹→三厩宇鉄山地区の範囲。「わんタク」は2023.03.31迄延長（津軽線蟹田～三厩間運休長期化）

22.07.01　関連の話題
時差通勤で新しい通勤スタイルを、「52（ゴートゥー）オフピーク通勤＆駅ナカキャンペーン」実施。07.29迄

22.07.01　関連の話題
ベビーカーレンタルサービス「ベビカル」サービス、京王電鉄に初導入。吉祥寺、京王多摩センター駅にて利用開始

22.07.01　関連の話題
「STATION BOOTH」、羽田空港にて初開業

22.07.02　運転の話題
東北新幹線開業40周年記念、上野～大宮間「新幹線リレー号」、大宮～盛岡間「東北新幹線開業40周年記念号」、盛岡～青森間「国鉄色特急列車はつかり号」を運転。折返しとなる上り列車は03日

22.07.02　駅の話題
大網駅、1972.05.27に現在地に移転50周年を踏まえ、移転開業50周年祭開催

22.07.04　駅の話題
高円寺、阿佐ケ谷、西荻窪駅、開業100周年イベント開催。オリジナル記念硬券発売等。07.31迄

22.07.05　関連の話題
新潟支社、三条市と地方創生と地域経済の活性化に関する連携協定締結

22.07.05　関連の話題
電柱建替用車両を活用、新幹線の電柱地震対策を進めると発表。電柱建替用車両は4両編成にて作業

22.07.08　車内の話題
上越新幹線「とき」、一部列車でホットコーヒーの試行販売開始。10月以降、販売継続

22.07.09　駅の話題
羽越本線羽後本荘駅、開業100周年記念イベント開催

22.07.11　関連の話題
盛岡車両センターSL検修庫にて、鉄道開業150年記念、「SLの汽笛による時報」実施。12・17時。12.02迄

22.07.14　駅の話題
奥羽本線津軽新城駅、改築発表。2022.12下旬開業予定。2022.09から仮駅使用開始

22.07.15　関連の話題
上越新幹線開業40周年記念企画、～上越新幹線であなたに夢（ゆめ）の時（とき）を実施。専用ホームページ開設

22.07.15　路線の話題
相模線踏切保安設備に電気自動車の再生バッテリーを、2023.01より順次導入と発表

22.07.16　車両の話題
特急「わかしお」「さざなみ」運行開始50周年記念ラッピング車両運行開始。2023.03中旬頃迄。NB01編成。07.15～08.31、「新宿さざなみ」「新宿わかしお」含む対象列車車内にてオリジナルシールプレゼント実施

22.07.16　駅の話題
上野駅、構内を周遊しながら謎を解くイベント「上野謎解きステーション」開催。08.31迄

22.07.16　駅の話題
宇都宮駅、駅開業日・駅弁記念日に駅弁・鉄道グッズ販売の催事を開催

22.07.20　関連の話題
「J-Coin Pay」による「モバイルSuica」への接続、チャージ機能提供開始

22.07.20　運転の話題
只見線会津川口～只見間、運転再開に向けて線路設備等の確認を行うため試運転開始

22.07.22　駅の話題
山形県内の奥羽本線かみのやま温泉、茂吉記念館前、蔵王、北山形、羽前千歳、南出羽、漆山、高擶、天童南、天童、乱川、神町、さくらんぼ東根、東根、村山駅、左沢線東金井、羽前山辺、羽前金沢、羽前長崎、南寒河江、寒河江駅、2024春以降、Suica利用駅に

22.07.22　関連の話題
鉄道開業150年を記念、「JR東日本 レゴ®スタンプラリー」を首都圏エリア29駅と東京モノレール1駅にて開催。08.21迄

22.07.22　関連の話題
「鉄道開業150年」を踏まえ、イギリス最大級のジャパンフェスティバル「HYPER JAPAN FESTIVAL2022」にブース出展。3日間。場所はロンドン

22.07.22　関連事業の話題
ジェイアール東日本都市開発、高級賃貸住宅「目黒MARCレジデンスタワー」、入居者募集開始。入居開始は10月

22.07.25　関連の話題
「空飛ぶクルマ」社会受容性向上に向けた体験イベント、JR横浜タワー2階にて開催。07.31迄

22.07.28　関連の話題
ご利用の少ない線区の経営情報を開示。開示対象線区は2019年度実績において2000人／日未満の線区

22.07.28　関連の話題
「STATION BOOTH」、青森空港開業

22.07.28　駅の話題
石巻線渡波駅、駅舎建替え発表。2023.03末開業予定。工事着手は2022.08

22.07.29　関連の話題
「STATION BOOTH」設置駅、JR西日本博多駅に拡大

22.08.01　駅の話題
新前橋、前橋、桐生、足利駅、鉄道開業150年記念「鉄道の軌跡を辿れ！両毛線謎解き すたんぷらりぃ」開催。09.30迄

22.08.01　駅の話題
鉄道開業150年記念、新潟エリア「駅カード」プレゼント実施。廃止となった旧国鉄魚沼線、赤谷線の交差駅やえちごトキめき鉄道、北越急行の列車・駅も対象

22.08.01　駅の話題
新花巻駅、「新幹線YEAR2022」「鉄道開業150年」を記念、「新花巻駅にまたきてね」イベント開催。10.31迄

22.08.01　駅の話題
鉄道開業150年記念「JR東日本 旅の彩150選」開催

22.08.02　関連の話題
北東北三県大型観光キャンペーン特別企画、鉄道ポストカード「鉄ポ」、「駅カード」がもらえるキャンペーン開催。キャンペーン実施店舗にて500円以上買上げ申告。09.30迄

22.08.02　車両の話題
北東北三県大型観光キャンペーン特別企画、「クレヨンしんちゃん」ラッピングトレイン、奥羽本線新庄～秋田～弘前間にて運行開始。2022.09下旬迄。N36編成

22.08.03　路線の話題
大雨の影響にて奥羽本線下川沿～大館間、道床流出、土砂流失により東能代～大館間不通に。同区間の復旧工事は08.10に完了したが、停滞する前線による大雨の影響にて糠沢～早口間が被災。08.17～東能代・鷹ノ巣～大館間にてバス代行輸送開始。10.08、運転再開

22.08.03　路線の話題
大雨の影響にて五能線岩舘～深浦間、橋梁損傷等にて不通に。22.08.18、バス代行輸送開始

22.08.03　路線の話題
大雨の影響にて津軽線太平～津軽二股間、道床流出、盛土流出にて蟹田～三厩間不通に。08.22からバス代行等輸送実施

22.08.03　関連の話題
「秋田臨海鉄道 特別公開2022」開催。04も

22.08.04　路線の話題
大雨の影響にて磐越西線喜多方～山都間、濁川橋梁倒壊野沢～喜多方間不通に。08.10、バス代行運転開始。08.25、野沢～山都間運転再開。バス代行は継続

22.08.04　路線の話題
大雨の影響にて米坂線羽前椿～手ノ子間、小白川橋梁が倒壊、坂町～米沢間不通に。今泉～米沢間は08.09運転再開。08.12から坂町～今泉間バス代行輸送開始

22.08.05　関連の話題
鉄道開業150年記念企画、総合車両製作所と車両メンテナンス基地の公開ツアー開催を発表。車両基地は長野総合車両センター、小牛田運輸区、勝田車両センター、郡山総合車両センターの1箇所を巡る1泊2日コース。10.05発から11.11発までの8回開催［JRE MALL］

22.08.08　駅の話題
奥羽本線、五能線川部駅、駅舎改築を発表。竣工は2023.05予定。木造平屋建て18.6㎡

22.08.09　関連の話題
「STATION BOOTH」設置駅、JR西日本糸魚川、徳山、松江、鳥取駅に拡大

22.08.10　路線の話題
停滞する前線による大雨の影響にて奥羽本線大釈迦～鶴ケ坂間、路盤流出等にて浪岡～新青森間運転見合せ。運転再開08.17

22.08.10　路線の話題
停滞する前線による大雨の影響にて五能線陸奥赤石〜鯵ケ沢間、中村川橋梁損傷等にて運転見合せ区間、弘前〜深浦間に拡大。五所川原〜弘前間は08.13午後、運転再開。22.08.18、東能代〜岩舘〜深浦〜鯵ケ沢〜五所川原間にてバス代行輸送開始。鯵ケ沢〜五所川原間は08.22運転再開。

22.08.10　路線の話題
停滞する前線による大雨の影響にて花輪線十和田南〜末広〜土深井間道床流失等にて鹿角花輪〜大館間運転見合せ継続。08.22からバス代行輸送開始。

22.08.13　関連の話題
上野駅で寝台列車「カシオペア」を活用した体験、「mid-night edition」（深夜帯）、「day-time edition for kids」（日中帯）を開催。20日も

22.08.16　運転の話題
夜行列車「夜想（ノクターン）海里」（新潟〜青森間）初運行。青森発は17日

22.08.19　関連の話題
東北新幹線開業40周年×利府町町制施行55周年をコラボ企画、利府町ふるさと納税オリジナル返礼品として、新幹線総合車両センター見学ツアー開催

22.08.19　関連の話題
国府津車両センターにて「機関車と相模線205系2編成の連結回送出区風景撮影会in国府津車両センター」開催。205系はR02・10編成を連結［JRE MALL］

22.08.20　運転の話題
大糸線全通65周年を記念、「大糸線全通65周年号」（松本〜南小谷間）運転。車両は「リゾートビューふるさと」。南小谷発は21日

22.08.25　関連の話題
館山市と千葉支社、地域振興に関する連携協定締結

22.08.25　商品の話題
TOHOKU MaaS で秋田・津軽エリア旅行に便利な電子チケット発売。「あきたホリデーパス」「楽楽遊遊乗車券」「大黒様きっぷ」のデジタル版乗車券と、「ひろさきまるごと観光クーポン」の4種

22.08.26　関連事業の話題
ＪＲ東日本クロスステーション、日本ばし大増、大船軒とグループ総合力強化のため、2023.04.01合併と発表。承継会社はＪＲ東日本クロスステーション

22.08.27　車両の話題
宇都宮線、日光線205系600代撮影会を宇都宮運輸区にて開催。開催は08.28、09.03・04の4日間［JRE MALL］

22.08.29　駅の話題
東北本線須賀川駅、東西自由通路の橋上駅舎に改築と発表。使用開始は2025春予定

22.08.31　駅の話題
東北本線柴波中央駅、バリアフリー化工事着手と発表。供用開始は2024.03頃

22.08.31　関連の話題
プラスチック資源循環に向けて、「かわさきプラスチック循環プロジェクト」に参画。駅構内から排出される事業系ペットボトルの水平リサイクルの取組を進める

22.08.31　関連の話題
「STATION BOOTH」設置駅、ＪＲ西日本新高岡、新倉敷、倉敷、福山、新尾道駅に拡大

22.09.01　駅の話題
水戸、土浦駅、ベビーカーレンタル「ベビカル」サービス開始

22.09.02　駅の話題
2023春開業予定の幕張豊砂駅、駅前用地に11階建てビル建設工事に着手。2024春開業予定。ホテル、店舗等が入居。客室数229室、敷地面積約5,000㎡

22.09.02　関連の話題
「JRE MALL」サイトに「ビックカメラ JRE MALL店」開業

22.09.04　関連の話題
鉄道開業150年記念企画、「キヤ195系展示会in国分寺」、国分寺保守基地にて開催［JRE MALL］

22.09.05　関連事業の話題
ＪＲ東日本クロスステーション、ＪＲＥ ＭＡＬＬ内「GENERAL STORE RAILYARD」で「鉄道開業150年記念乗車券」新橋駅版、横浜駅版を限定発売。10.08には「鉄道開業150年記念オリジナル限定腕時計」、万年筆も発売

22.09.06　運転の話題
只見線会津川口〜只見間にてＤＥ10形牽引旧型客車3両編成の報道関係者向け試乗会開催

22.09.06　駅の話題
高崎、前橋駅、「STATION BOOTH」設置

22.09.07　関連の話題
南武線開業95周年記念フォトコンテスト、09.20〜10.23開催と発表

22.09.10　車両の話題
懐かしの京葉色・日光色、「いろは」205系「30年の思い出」撮影会を小山車両センターにて開催。開催は09.11・17・18の4日間

22.09.12　車両の話題
水素ハイブリッド電車FV-E991系、第21回「日本鉄道賞、特別賞」受賞（国土交通省）

22.09.13　駅の話題
上諏訪駅、龍ケ崎市駅、改札外待合室に、下館駅改札外待合室に「STATION BOOTH」設置

22.09.15　駅の話題
上田駅、改札外に「STATION BOOTH OMO」設置

22.09.15　関連の話題
「ＦＵＮ！ＴＯＫＹＯ山手線謎めぐり2022“7つの奇妙な足跡”〜鉄道開業150年特別版」、2023.01.15迄開催。列車で巡る、謎解き×まちあるきの企画

22.09.16　運賃の話題
通勤定期運賃の変更認可申請。2023.03、オフピーク定期券導入に向けての手続き

22.09.16　関連の話題
鉄道開業150年記念企画、「新幹線運転士・車掌体験イベント」、新潟新幹線運輸区にて開催［JRE MALL］

22.09.16　駅の話題
恵比寿駅、東口改札内に「ＴＡＰＳ ＢＹ ＹＥＢＩＳＵ」開店。ＪＲ東日本クロスステーションが運営、サッポロビールとの共創プロジェクト。「駅と街を繋ぐ新しいエキナカ業態」

22.09.17　関連の話題
鉄道開業150年・東北新幹線開業40周年記念「宇都宮駅フェスタ」開催

22.09.18　関連の話題
鉄道開業150年記念企画、「秋田港クルーズ列車と秋田総合車両センター（南秋田センター）で撮影＆訓練体験

22.09.18　関連の話題
鉄道開業150年記念企画、「復活！懐かしのカラーリング撮影会」、東大宮操車場にて開催。「新幹線リレー号」に復活した185系を中心に5編成並ぶ。開催日は18日のほか、19・23・24日。各日、異なる「懐かしのヘッドマーク」を掲載。大宮駅から送迎列車も設定

22.09.18　関連の話題
鉄道開業150年記念企画、「鉄道の裏側見せます！職業体験ツアー〜技術系統編〜」、笹子トレーニングセンターにて開催［JRE MALL］

22.09.18　関連の話題
吾妻線沿線の魅力を詰め込んだ「そんなんあったん！？吾妻線マルシェ」、小野上温泉駅徒歩1分、小野上温泉ハタの湯駐車場にて開催

22.09.19　関連の話題
鉄道開業150年記念企画、「豊田車両センター武蔵小金井派出 親子でわくわく鉄道体験！」開催

22.09.23　車両の話題
「E2系＆E7系撮影会」in新潟新幹線車両センター開催［JRE MALL］

22.09.23　関連の話題
福島総合運輸区にて、運転士・車掌のお仕事体験「目指せ乗務員マスター」実施［JRE MALL］

22.09.24　駅の話題
飯山駅、「いいやま駅まつり」開催

22.09.24　関連の話題
鉄道開業150年記念企画、甲府運輸区にて、運転士・車掌シミュレータ体験会開催［JRE MALL］

22.09.24　関連の話題
飯山線キハ110系入換車両見学乗車＆投排雪保守用車撮影会、飯山駅、戸狩野沢温泉駅にて開催［JRE MALL］

22.09.28　駅の話題
大森駅、中央改札直結の駅ビル「アトレ大森」に宿泊特化型ホテル「ＪＲ東日本ホテルメッツ 大森」開業。客室数199室。運営は日本ホテル

22.09.28　関連の話題
西武鉄道と鉄道技術分野での協力を強化、新たな時代に対応したスマートな事業運営を加速するため、覚書を締結。協力を一層強化

22.09.29　関連の話題
「STATION BOOTH」設置駅、ＪＲ四国の高松、松山、徳島、高知駅に拡大

22.09.30　乗車券の話題
普通回数乗車券、発売終了。ＪＲ東海線にまたがる普通回数乗車券も発売終了ＪＲ西日本線にまたがる普通回数乗車券も発売終了

22.09.30　関連の話題
10.02迄、碓氷峠鉄道文化村等とコラボ、「横川メモリアルフェスティバル～信越本線横川～軽井沢間廃止25年特別企画～」開催

22.10.01　組織の話題
東京支社を首都圏本部に。
仙台支社を東北本部に。
　　大宮支社、工場、車両配置区所を首都圏本部に。
　　長野支社、工場、車両配置区所を首都圏本部に。
　　秋田支社、工場、車両配置区所を東北本部に。
　　　以上、配置区所変更により、車体標記変更発生。
福島統括センター（福島駅、福島総合運輸区）。
新庄統括センター（新庄駅、新庄運転区）発足。
大宮営業統括センター（大宮、川越駅、大宮車掌区、大宮地区センター、川越線委託駅）。
浦和東営業統括センター（浦和、さいたま新都心、南浦和、川口、東川口、南越谷、吉川美南駅、浦和地区センター、武蔵野線東浦和～三郷間委託駅）。
浦和西営業統括センター（武蔵浦和、北朝霞、戸田公園駅、埼京線戸田～北与野間委託駅）。
高崎営業統括センター（高崎、上毛高原、安中榛名、安中駅）。
渋川営業統括センター（渋川、水上、中之条、長野原草津口駅）。
水戸営業統括センター（水戸、友部、下館駅）。
勝田営業統括センター（勝田、日立、高萩駅）。
土浦営業統括センター（土浦、石岡駅）。
千葉営業統括センター（千葉、稲毛、四街道駅）。
津田沼営業統括センター（津田沼、幕張本郷、幕張駅）。
船橋営業統括センター（船橋、市川、本八幡、西船橋駅）。
錦糸町営業統括センター（錦糸町、両国、新小岩、小岩駅、委託＝浅草橋駅）。
新浦安営業統括センター（新浦安、舞浜、新習志野駅、京葉線市川塩浜～南船橋駅委託駅）。
成田営業統括センター（成田、佐倉、成田空港駅）。
長野営業統括センター（長野、軽井沢、佐久平、上田駅）。
松本営業統括センター（松本、塩尻、岡谷、下諏訪、上諏訪、茅野、豊科、信濃大町、白馬、南小谷駅）。
盛岡営業統括センター（盛岡、いわて沼宮内、二戸駅）。
八戸営業統括センター（八戸、七戸十和田駅）。
長岡営業統括センター（長岡、越後湯沢、上越妙高、柏崎、十日町、燕三条駅）発足。
この組織変更に合わせて、各支社にて組織名変更、勤務先変更等も発生

22.10.01　路線の話題
只見線会津川口～只見間、運転再開。2011.07、新潟・福島豪雨により、橋梁流失等により不通となっていた

22.10.01　運転の話題
只見線、運転再開に合わせてダイヤ改正。
会津若松～只見間、ワンマン運転開始

22.10.01　運転の話題
只見線全線運転再開記念、団体列車「再開、只見線号」（会津若松～只見間）運転。ＤＥ10形牽引旧型客車3両編成。会津若松駅にて出発式開催。運転は2日も

22.10.01　車両の話題
只見線全線運転再開を記念、旧国鉄カラー（キハ45・52形気動車色）のキハＥ120-2、運転開始

22.10.01　車両の話題
鉄道開業150年記念、鉄道開業時の1号機関車をイメージした「黒い山手線」運行開始（15編成）。運行期間は12.31迄。ＡＤトレイン（広告貸切電車）

22.10.01　運転の話題
日中帯の一部列車の運転を見合わせていた「成田エクスプレス」、全列車運転再開

22.10.01　路線の話題
北陸新幹線高崎～長野間開業25周年記念出発式、長野駅にて開催。長野駅善光寺口駅前広場、在来線改札口等で記念フェアを開催

22.10.01　路線の話題
飯山線戸狩野沢温泉～森宮野原間、トンネル大規模工事に伴い、11.20迄の51日間終日運休。バス代行輸送

22.10.01　駅の話題
気仙沼線ＢＲＴ志津川駅、「道の駅さんさん南三陸」開店に合わせ、同敷地内に移転、運行ルート変更。新駅は宮城県本吉郡南三陸町志津川字五日市200番地1

22.10.01　駅の話題
1902.10.01開業、大月、猿橋駅、1902.06.01開業、鳥沢駅「大月、猿橋、鳥沢駅開業120周年イベント」開催

22.10.01　関連の話題
「鉄道開業150年記念、京葉線スタンプラリー」、10.31迄開催。スタンプ設置駅は京葉線内の8駅

22.10.01　関連の話題
「茨城プレデスティネーションキャンペーン」実施。12.31迄。キャッチコピーは「体験王国いばらき」

22.10.01　関連の話題
鉄道開業150年記念企画、立川総合事務所にて、「やってみよう！憧れの車掌・運転士体験」開催［JRE MALL］

22.10.01　関連の話題
「ＥＦ64形電気機関車撮影会in長岡車両センター」開催。8日も［JRE MALL］

22.10.01　関連の話題
地域独自の観光資源「旧国鉄篠ノ井線廃線敷」を活用した新たな安曇野の魅力を発信するイベント等開催。旧篠ノ井線廃線敷は、三五山トンネル、漆久保トンネル、潮沢信号場跡、旧第二白坂トンネルに至る約5km

22.10.01　関連の話題
北陸新幹線東京⇔金沢間にて「はこビュンQuick」サービス開始。運営はジェイアール東日本物流

22.10.01　関連の話題
鉄道開業150年を記念、福島県内の主な駅の「駅スタンプ」リニューアル。「つながるふくしまスタンプラリー」を2023.03.21迄開催

22.10.03　駅の話題
東京駅、「丸の内駅舎保存・復原工事完成10年記念イベント」、10.31迄開催。関係物品展示、写真展、特別デザイン掛け紙の駅弁販売、オリジナルグッズ販売等

22.10.05　関連の話題
「タッチでエキナカ 入場券ポイントバック！」スタート。東京、品川、上野、日暮里、立川、赤羽、新宿、横浜、大宮、千葉、西船橋、津田沼、海浜幕張駅の13駅が対象（＿＿線は今回新規）。JRE POINTに登録したSuicaを利用、改札内対象店舗にて合計1000円（税込）以上の買い物をして、同一駅にて2時間以内に出場が条件

22.10.05　関連の話題
土崎駅、「夜の機関車機回し作業見学」商品発売。0:30～05:00に開催［JRE MALL・秋田ステーションホテル］

22.10.07　関連の話題
はこビュン、2022年度 グッドデザイン賞ベスト100、Kimchi,Durian,Cardamon、2022年度 グッドデザイン賞（オレンジページ及びCo&COの共同）受賞

22.10.07　車内の話題
北陸新幹線「かがやき」「はくたか」、ホットコーヒーの販売開始。一部列車はのぞく

22.10.08　関連の話題
鉄道のまち「2022にいつまるごと鉄道フェスタ」を総合車両製作所新津事業所にて開催。3年ぶり

22.10.08　関連の話題
「鉄道開業150年記念！205系夢の共演！現存する神奈川の205系大集合！撮影会in鎌倉車両センター中原支所」開催［JRE MALL］

22.10.08　関連の話題
鉄道開業150年を記念、甲府エリアの駅で「鉄道とふれあおうinやまなし」開催。11.06迄

22.10.09　関連の話題
「あなたも今日から新幹線車掌！Ｅ7系車両で車掌業務体験ツアー」、長野新幹線車両センターにて開催。長野駅集合、解散。回送列車に乗車［JRE MALL］

22.10.10　関連の話題
「わくわくぞくぞく！京葉車両センター見学ツアー」開催［JRE MALL］。11.23に第2回を開催

22.10.10　駅の話題
盛岡駅、4番線ホームにて、鉄道開業150年を記念、「ＳＬ銀河」公開イベント開催。車両展示、客車内公開

22.10.11　路線の話題
越後線柏崎～吉田間、枕木交換の他、各種集中工事実施

(10:30〜15:30)のため、11.16迄の平日中心に20日間、柏崎発2本、吉田発1本運休

22.10.11　運転の話題
山手線、ＡＴＯでの営業運転(実証実験)開始。車両は東京総合車両センター、E235系17・18編成

22.10.11　駅の話題
新宿駅、「わかりやすい字幕表示システム」の実証実験、12.26迄実施。設置場所は、みどりの窓口(地下)、南改札口、西改札口、駅事務所

22.10.12　車両の話題
水素ハイブリッド電車FV-E991系「HYBARI」、日本鉄道賞、特別賞受賞

22.10.13　関連の話題
長野県・北信濃エリアでのMaaS「旅する北信濃」のサービス再開(春、4〜6月に実施)。2023.03.31迄。

22.10.14　駅の話題
新橋駅、駅前ＳＬ広場にて、鉄道開業150年記念イベント開催。15日も。上野、横浜、大宮、八王子、立川、両国駅等でも催事開催

22.10.14　運転の話題
鉄道開業150年を記念、新橋発新橋着にて「鉄道開業150周年記念列車」運転。折返しとなる国府津車両センターでは記念撮影会実施

22.10.14　運転の話題
鉄道開業150年を記念、「ＪＲ東日本パス」発売。

22.10.14　駅の話題
上野駅、鉄道開業150年記念企画、文化創造イベント「超駅博　上野」を30日迄開催

22.10.14　駅の話題
鉄道開業150年特別企画、「駅に隠れた150匹のポケモンを探そう」を、新橋、桜木町(旧横ギャラリー)、八王子、大宮、高崎、水戸、千葉、仙台、福島、山形、一ノ関、気仙沼、新青森、秋田、新潟、長野駅の16箇所にて2023.03下旬まで開催

22.10.14　商品の話題
鉄道開業150年を記念、「夜汽車鉄道百五十年号」運転。牽引機D51498、客車は旧型客車6両

22.10.14　駅の話題
上野駅。15・16番線ホーム前にて鉄道開業150年を記念、鉄道グッズ購入者限定、現実を超える旅「ＡＲ車両フォトスポット」を開催。16日迄

22.10.14　駅の話題
鉄道開業150年を盛り上げるイベント、仙台、古川、白石蔵王、石巻、新庄、山形、寒河江、会津若松、新白河、福島、郡山駅にて開催

22.10.14　関連の話題
鉄道開業150年を記念、「休日おでかけパス」「都区内パス」を発売。発売箇所はフリーエリア内の主な駅の指定席券売機。発売は11.24迄

22.10.14　駅の話題
新大久保駅、西口改札内に、「K,D,C,,,ポップアップストア」開業

22.10.15　路線の話題
青梅線河辺〜日向和田間、中央快速等のグリーン車サービス開始に向けた青梅駅線路切換工事のため終日運休

22.10.15　駅の話題
浜松町駅、小便小僧の像、70周年を迎える。南口改札外コンコースにて式典開催。当初は白い陶器製。現在のブロンズ像は1955.05。小便小僧をモチーフとした新しいキャラクター「ハテほうや」登場

22.10.15　関連の話題
「川越車両センターまつり」開催

22.10.15　駅の話題
上諏訪駅、「鉄道開業150th　上諏訪駅開業117年(イイナ上諏訪)記念イベント」開催。会場は駅前ロータリー等

22.10.15　駅の話題
山形駅、「鉄道開業150thキハ100系車両運転体験in山形」、「すごいぞ!つばさとはたらくなかまになろう大作戦!山形新幹線車両センター見学ツアー」、郡山運輸区にて「たっぷり!ガッツリ!乗務員シミュレータ体験in郡山」等を開催[JRE MALL]

22.10.15　関連の話題
「のってたのしい列車大集合＠鉄道のまち"にいつ"」、にて開催。新津駅集合、解散。[JRE MALL]

22.10.15　関連の話題
「ＳＬ"アフター5"撮影会in新津運輸区」、夕・夜時間帯新津駅構内にて開催。新津駅集合、解散。[JRE MALL]

22.10.15　関連の話題
「鉄道開業150年記念　高崎てつどうわくわくフェスタ」、ぐんま車両センターにて開催。懐かしの青色に復活スハフ422234(09.20秋田総合車両センター施工)を展示

22.10.15　関連の話題
「はこビュン」で仙台駅から「ひたち」92号で直送、水戸、勝田駅で仙台エリアの商品販売

22.10.16　駅の話題
軽井沢駅、北陸新幹線高崎〜長野間開業25周年を記念、「軽井沢ステーションフェスティバル」を開催

22.10.16　関連の話題
鉄道開業150年記念企画、「八戸運輸区仕事体験＆八戸臨海鉄道撮影会」開催。車庫までは八戸駅から回送列車に乗車[JRE MALL]

22.10.18　関連事業の話題
日本ホテル、羽田空港跡地第1ゾーンの大型複合施設「HANEDA INNOVATION CITY」内に、2023秋、「ホテルメトロポリタン羽田」を開業と発表。10階建て、客室数237室

22.10.22　関連の話題
「新幹線総合車両センター基地ツアー」販売[JRE MALL]

22.10.22　関連の話題
鉄道開業150年「秋田エリアプレミアムフェア2022」開催。秋田駅、秋田総合車両センター、秋田総合車両センター南秋田センターの3箇所にて[JRE MALL等]

22.10.22　関連の話題
鉄道開業150年記念企画、「小海線ふれあいフェス2022」を小海線統括センター(中込駅構内)にて開催

22.10.23　関連の話題
鉄道開業150年記念企画、「豊田車両センター　ナイトツアー」開催(01:00〜04:00)[JRE MALL]

22.10.23　関連の話題
鉄道開業150年記念企画、小山駅にてイベント開催

22.10.23　関連の話題
鉄道開業150年記念企画、「"線路のお医者さん"と一緒に雪国の除雪車を運転!＆憧れの駅員体験」、大曲駅にて開催。30日も[JRE MALL]

22.10.24　路線の話題
山形県と山形新幹線米沢トンネル(仮称)整備計画の推進に関する覚書締結、並びに山形県内の鉄道沿線活性化等に関する包括連携協定の提携。トンネルは奥羽本線庭坂〜米沢間約23kmの区間。
着工から完成までは約15年を想定。
開業すると、山形新幹線所要時間は10分強短縮

22.10.25　路線の話題
中央本線辰野〜塩尻間(小野経由)、昼間帯保守・工事に伴い2023.01.13迄の38日間、3往復、区間運休

22.10.25　関連の話題
「IRS60682」(高速鉄道の電力設計に特化した技術仕様を定める規格)は、国際鉄道連合(UIC)より優れた出版物に贈られる「EXCELLENCE IN RAILWAY PUBLICATIONS AWARDS」を受賞、授賞式開催

22.10.26　関連の話題
ＫＤＤＩと、「空間自在ワークプレイサービス」提供開始(離れていても同じ場所にいるかのようにチーム繋がる)

22.10.27　関連の話題
弘南バスと「地域連携ＩＣカード」を利用したサービス提供について合意。2023春から弘南バスの一般路線バス全線にて「Suica」利用可能に

22.10.28　関連の話題
北陸新幹線25周年特別企画、「深夜の長野新幹線車両センターに潜入」(23:30〜05:00)を開催。集合場所は長野駅[JRE MALL]

22.10.28　関連の話題
鉄道開業150年記念企画、「中央線(塩尻〜小野間)保守工事、東塩尻信号場跡地・善知鳥(うとう)トンネル見学ツアー」開催[JRE MALL]

22.10.28　関連の話題
板橋駅、野村不動産と共同で推進している「板橋駅板橋口地区第一種市街地再開発事業」について、権利変換計画を東京都から認可。2022.12に着工、2027.06竣工予定

22.10.29　関連の話題
鉄道開業150年記念企画、「蘇我運輸区プレゼンツ!わくわくぞくぞく乗務員体験」開催。30日も[JRE MALL]

22.10.29　関連の話題
鉄道開業150年記念企画、長岡車両センターにて、「ＪＲ東日本EF64形電気機関車コンプリート撮影会」開催。ＥＦ64形6両を一堂に会した最初の撮影会[JRE MALL]

22.10.29　関連の話題
　鉄道開業150年記念企画、「陸羽西線　レールスター運転体験in新庄」開催（新庄〜升形間）［JRE MALL］

22.10.29　関連の話題
　小山車両センターにて、「宇都宮線・日光線新旧車両撮影会」開催。30日も［JRE MALL］

22.10.29　関連の話題
　「鉄道開業150年祭in弘前〜食欲の秋・芸術の秋・体験の秋〜」イベント、弘前駅、つがる運輸区にて開催

22.10.30　車両の話題
　お座敷電車「華」、団体臨時列車にて品川〜伊豆急下田間を往復。これにて営業運転終了

22.10.30　車両の話題
　ＥＦ5861、鉄道博物館にて常設展示開始

22.10.31　駅の話題
　有楽町駅、この日限りにて「みどりの窓口」廃止

22.10.31　駅の話題
　横浜駅、「8月豪雨災害　五能線つながる応援フェア」開催

22.11.01　駅の話題
　新潟駅、地平8・9番線プラットホーム、解体撤去工事開始

22.11.01　車内の話題
　東北新幹線「はやぶさ」、ホットコーヒーの販売開始。詳しくは J-Creation ホームページ参照

22.11.01　組織の話題
　新橋営業統括センター（新橋、浜松町駅、委託=有楽町駅）。品川営業統括センター（品川、田町駅、品川地区指導センター、委託=高輪ゲートウェイ駅）。池袋営業統括センター（池袋、巣鴨、板橋駅、池袋地区指導センター、委託=目白、大塚、駒込、北赤羽、浮間舟渡駅）。赤羽営業統括センター（赤羽、十条、東十条駅）。松戸営業統括センター（松戸、新松戸駅、松戸地区指導センター、委託=北松戸、馬橋、北小金駅）　発足

22.11.01　関連の話題
　伊豆エリアの観光・ワーケーションなどに対応したデジタルサービス「伊豆navi」スタート。2019年から3度にわたり実施した観光型MaaS「Izuko」での実証実験で得た知見を踏まえて

22.11.01　関連の話題
　京葉線幕張豊砂駅開業記念「駅名アルファベット取付体験」、千葉市「JRE MALL ふるさと納税」にて取扱い開始

22.11.03　関連の話題
　府中本町駅にて「おしごと体験わーくらす『鉄道編』＆回送列車乗車体験」開催。電留線間1往復［JRE MALL］

22.11.03　関連の話題
　鉄道開業150年記念、東北新幹線開業40周年記念「宇都宮トレインフェスタ」、宇都宮運輸区にて開催

22.11.03　関連の話題
　鉄道開業150年記念企画、水戸運輸区にて「機関車展示撮影会」開催［JRE MALL］

22.11.03　関連の話題
　鉄道開業150年記念企画、「水戸総合訓練センター　わくわくアクティビティ」開催［JRE MALL］

22.11.03　関連の話題
　鉄道開業150年記念企画、「保線のお仕事紹介・保線機械展示会in北長岡保守基地線」開催［JRE MALL］

22.11.05　関連の話題
　新幹線イヤー 2022を記念、新幹線教育・訓練センターの初公開イベント開催［JRE MALL］

22.11.05　関連の話題
　宇都宮運輸区にて、「ディーゼル機関車と205系連結撮影会」開催。06日も［JRE MALL］

22.11.05　関連の話題
　「客車列車の車掌体験＆撮影会イベント」、高崎運輸区にて開催。会場は高崎駅構内［JRE MALL］

22.11.05　関連の話題
　鉄道開業150年記念企画、E653系大集合♪「新潟車両センター見学会2022」開催［JRE MALL］

22.11.05　関連の話題
　「ひみつの舞台裏　〜C57入場整備体験会〜 in新津運輸区」開催。新津駅集合、解散［JRE MALL］

22.11.05　関連の話題
　鉄道開業150年記念企画、「ハイブリッド車両　キハE200形の運転体験」、小海線統括センター（中込駅集合）にて開催［JRE MALL］

22.11.06　関連の話題
　東京総合車両センターで、「旧型国電クモハ12形撮影会」

開催［JRE MALL］

22.11.06　関連の話題
　東大宮操車場駅構内で、「新幹線リレー号」活躍当時のカラーリングを施した185系の単独撮影会」開催［JRE MALL］

22.11.07　路線の話題
　11.11迄の5日間、小海線野辺山〜小海間、保守・工事に伴い9時30分頃〜 15時頃までの上下4本運休

22.11.07　路線の話題
　在来線を利用した「はこビュン」初実施。釜石駅→「はまゆり」4号→盛岡駅。パンを輸送

22.11.08　路線の話題
　奥羽本線「設備強化工事」に伴い院内〜湯沢間、10時頃〜 14時40分頃まで上下4本運休。期間は11日迄と15〜 18日の計8日間

22.11.08　駅の話題
　東京駅、構内のシェアオフィス「STATION DESK 東京丸の内」完全個室増設の大幅リニューアル実施

22.11.08　駅の話題
　信号設備におけるＡＩを活用した輸送安定性向上に向けた取組みを発表。ＡＩを活用した復旧支援システムの導入。デジタル技術を活用したゴーグルの導入

22.11.08　関連の話題
　ＱＲコードを使用した新たな乗車サービスを2024年度以降に順次導入と発表。導入により、チケットレス化の新しい手段として、駅の券売機や窓口を経由せずに乗車できる。自動改札機の老朽取替となる2022.12からＱＲリーダーを搭載した新型自動改札機設置を開始

22.11.09　車両の話題
　車両側面カメラを用いた人物検知機能の開発発表。ワンマン運転の際、車両側面に設置したカメラ画像を、運転席で表示する車載モニタシステムを開発。2023年度から実証実験として検知状態の確認開始

22.11.09　駅の話題
　浦和駅、東北新幹線八戸開業20周年記念「はちのへ産直市」開催。13日迄

22.11.09　関連の話題
　高崎支社、MaeMaaSの更なる発展に向けて、前橋市等と三者連携協定締結。デジタル技術を活用した前橋市内の公共交通の持続的発展を目的として

22.11.10　関連の話題
　盛岡車両センターで『ＳＬ＋ホキ800「ちからづよい、黒」撮影会』開催［JRE MALL］

22.11.11　運転の話題
　「リゾートしらかみ　橅編成」、夜行列車初運行。団体臨時列車「ナイトトレイン「リゾートしらかみ橅」の旅」、秋田〜仙台間。仙台発は11.12

22.11.11　駅の話題
　上野駅、人流解析の実証実験、24日まで実施。カメラ画像、Wi-Fiアクセスポイント、計測員による目視にて

22.11.11　駅の話題
　新宿駅、映画「すずめの戸締り」公開記念特別装飾のフォトスポット、東口に出現。11.18からは御茶ノ水駅お茶の水橋口でも。掲出期間は2023.01上旬頃迄

22.11.12　運転の話題
　旅行商品専用列車「なつかしのあさひ号」（大宮〜新潟間、Ｅ2系「200系カラー」）、「なつかしの新幹線リレー号」（上野〜大宮間、185系6両編成横帯）運転。大宮、新潟駅にて記念セレモニー開催

22.11.12　関連の話題
　鉄道開業150年記念企画、「豊田車両センター　201系撮影会」開催。第3弾［JRE MALL］

22.11.12　駅の話題
　新習志野駅、鉄道開業150年記念企画、「わくわくぞくぞく！京葉線フェス」開催

22.11.12　関連の話題
　古川駅、鉄道開業150年記念企画、「古川駅、こども駅長体験」開催。13日も［JRE MALL］

22.11.12　駅の話題
　鉄道開業150年特別企画、大曲駅にて花火のまち大曲「はなまりフェスタ2022 in 大曲駅」を開催

22.11.15　関連の話題
　高崎、熊谷、本庄早稲田、上毛高原駅、新潟駅、上越新幹線開業40周年記念イベント開催

22.11.15　駅の話題
　八戸駅、12.01、東北新幹線盛岡〜八戸間開業20周年を記念、記念入場券発売

22.11.15 関連の話題
「ＪＲ東日本トレインシュミレータ」、本格配信開始。第1弾は「東海道線」「中央線快速電車」「大糸線」

22.11.19 運転の話題
田酒、豊盃、八仙、鳩正宗を呑み比べ！「あおもり地酒AQE号」（青森～蟹田～青森間）、「リゾートあすなろ車両」にて運転。乗車記念限定ラベルの4種付き

22.11.19 関連の話題
幕張車両センター、開設50周年を記念、「マリフェス50th Anniversary」開催［JRE MALL］

22.11.19 関連の話題
上越新幹線開業40周年記念企画、「新潟新幹線車両センタープレミアム撮影会」開催［JRE MALL］

22.11.19 関連の話題
東北新幹線開業40周年記念企画、「小山新幹線車両センターたんけんツアー」開催［JRE MALL］

22.11.19 関連の話題
「485系やまどり撮影会イベント」、高崎駅構内車両留置線にて開催。20・23日も。そして23日が最終［JRE MALL］

22.11.20 路線の話題
米坂線羽前小松～今泉間、米沢～今泉間折返し運転の車両搬出のため10:50頃～18:10頃迄運休。代行輸送実施

22.11.20 路線の話題
両毛線新前橋～前橋間、線路工事に伴い小山駅21:30発の

22.11.20 関連の話題
鉄道開業150年記念企画、奥房総「久留里線プロレス列車」（木更津発着）。出場レスラーは大日本プロレス、新潟プロレス［旅行商品］

22.11.22 車両の話題
北東北に新しい観光列車「ひなび（陽旅）」、2023年度秋頃にデビュー。2両編成

22.11.23 運転の話題
団体臨時列車「鉄道開業150年企画　255系で行く成田線・鹿島線の旅」にて、255系、成田線香取～松岸間初運行（千葉～銚子間）

22.11.23 関連の話題
鉄道開業150年記念企画、「ＳＬ銀河×こまち同時撮影会」＆「盛岡車両センター見学会」を開催。開催場所は盛岡車両センターＳＬ検修庫、盛岡駅、盛岡車両センター

22.11.24 車両の話題
東北の旅を楽しむ新しい観光列車「ＳＡＴＯＮＯ」、2024年春頃にデビューと発表。HB-E300系「リゾートあすなろ」を改造の2両編成

22.11.25 駅の話題
八戸線陸奥湊駅、1階に「駅ナカ酒場62371◎」オープン

22.11.26 駅の話題
常磐線内原駅、南北自由通路、橋上駅舎使用開始

22.11.26 関連の話題
鉄道開業150年記念企画、「E129系運転体験in新潟車両センター」開催［JRE MALL］

22.11.26 関連の話題
E131系、実際に運転できる商品販売。宇都宮運輸区構内にて開催。27日も［JRE MALL］

22.11.28 運転の話題
鉄道開業150年記念企画、8月の大雨の影響で催行を中止とした夜行列車「夜想（ノクターン）海里」（新潟～青森間）、初運行。ツアー概要は東京駅発着、青森発は29日

22.11.30 乗車券の話題
ＪＲ北海道にまたがる普通回数乗車券発売終了

22.11.30 関連の話題
ＡＮＡが提供する「空港アクセスナビ」から、「えきねっと」での予約・決済が可能に

22.11.30 駅の話題
神田駅、西口・南口改札内に、「K,D,C,,,ポップアップストア」開業。営業期間は2023.03下旬迄

22.12.01 駅の話題
八戸駅、新幹線発車メロディ、東北新幹線盛岡～八戸間開業20周年を契機に、「八戸小唄」に変更

22.12.01 関連の話題
ＪＲ北海道と「ツガルカイセン-2022冬の陣-」共同プロモーション実施。02.28迄。北海道と青森のマグロ（海鮮）対決。おトクなきっぷ、旅行商品発売

22.12.03 駅の話題
八戸駅、駅及び周辺で「東北新幹線八戸開業20周年記念イベント」を開催。4日迄。イベントは盛岡、いわて沼宮内、二戸駅でも開催

22.12.03 路線の話題
仙石線、変電設備取替工事に伴い、4日迄臨時ダイヤにて運行

22.12.03 関連の話題
鉄道開業150年記念企画、「中央線車両基地入線体験～3つの車両基地を一気に巡る弾丸ツアー」開催。三鷹駅発着。三鷹車両センターでは撮影会開催［JRE MALL］

22.12.03 関連の話題
勝田車両センターで「幻の1985年エキスポライナー再現撮影会」開催［JRE MALL］

22.12.03 関連の話題
「1日限りの横手機関区復活！機関車展示・撮影会！」開催（ＥＤ75777、ＥＦ81136、ＤＥ101759）［JRE MALL］

22.12.03 関連の話題
鉄道開業150年記念企画、「ＤＥ10形ディーゼル機関車撮影会In会津若松」開催。ＤＥ101124に「再会、只見線号」のヘッドマークも掲出などの演出も［JRE MALL］

22.12.03 関連の話題
鉄道開業150年記念「青梅・拝島・高麗川3駅入場券ラリー」開催。12.31迄。3駅入場券とオリジナル「記念台紙」を拝島駅に持参すると、オリジナル「記念硬券」をゲット

22.12.04 駅の話題
新青森駅、東北新幹線新青森駅開業12周年記念イベント開催

22.12.05 車両の話題
ＢＲＴ専用大型自動運転バス、実用化開始。気仙沼線ＢＲＴ柳津駅～陸前横山駅間（専用道）4.8kmにて実施。11.30に報道関係者試乗会を開催

22.12.07 関連の話題
ＪＲＥポイントを使って4つの行先候補駅から選べる「どこかにビューーン！」サービス開始。申し込みは12.01から。6,000ポイントで往復利用できる

22.12.08 関連の話題
鉄道開業150年記念企画、リゾートしらかみ運行開始25周年記念キャンペーン「リゾートしらかみ3編成車両撮影会」、秋田総合車両センター南秋田センターにて開催。集合・解散は秋田駅［JRE MALL］

22.12.09 路線の話題
五能線岩館～深浦間復旧工事完了、運転再開

22.12.09 関連の話題
鉄道開業150年記念企画、「ＥＦ81形電気機関車イブニング撮影会In長岡車両センター」開催。10日も［JRE MALL］

22.12.09 駅の話題
八王子駅、活性にごり酒「雪之華」を列車荷物輸送サービス「はこビュン」にて輸送、限定販売

22.12.10 運転の話題
ストーブ列車「ストーブ de ナイト！風っ子号で行くイルミネーションに輝く女川の旅」（仙台～女川間往復、団体臨時列車）

22.12.10 関連の話題
E531系記念ラッピング車両（赤電）運用期間、2026年度初め迄の延長を踏まえ、友部駅にて撮影会開催［JRE MALL］

22.12.10 関連の話題
鉄道開業150年記念企画、「ＤＥ10形ディーゼル機関車撮影会In郡山」開催［JRE MALL］

22.12.10 関連の話題
上越新幹線開業40周年記念企画、～ふるさとチャイム・自動放送録音会「チャイムトラベルin新潟新幹線車両センター」開催［JRE MALL］

22.12.10 関連の話題
ＤＤ51842イベント第2弾、操縦体験イベントを高崎運輸区にて開催［JRE MALL］

22.12.11 車両の話題
観光列車「リゾートやまどり」、団体列車、上尾～長野原草津口間往復をもって営業運転終了

22.12.11 車両の話題
観光列車「フルーティアふくしま」、郡山～仙台間、仙台発14:45、「フルーティアふくしま92号」をもって運行終了

22.12.11 駅の話題
大宮駅、「青森・道南縄文産直市」、15日迄開催。列車荷物輸送サービス「はこビュン」を活用、青森・道南の鉄道沿線の商品を、東北・北海道新幹線にて運ぶ

22.12.12 Ｓｕｉｃａの話題
2023.05.27、青森エリア奥羽本線弘前～青森間10駅、盛岡エリア東北本線北上～盛岡間、田沢湖線盛岡～雫石間、花巻線花巻～新花巻間18駅、秋田エリア奥羽本線和田～追分間、男鹿線追分～男鹿間、羽越本線新屋～秋田間17駅で、Suicaサービス開始と発表。田沢湖線前潟駅は2023.03.18

22.12.13 関連の話題
鉄道開業150年記念企画！485系「リゾートやまどり」イベントを13・14・16・17・18日に新前橋運輸区、高崎車両センターにて開催［JRE MALL］

22.12.13 路線の話題
新幹線の線路のモニタリング技術の開発が完了したことから、「レールモニタリング車」及び「線路設備モニタリング車」の保守用車を導入、2023年度から順次「スマートメンテナンス」を開始と発表

22.12.13 車両の話題
米坂線、甚大な被害にて羽前沼沢駅に留置となっていたキハ110系1両の搬出作業を実施。新津運輸区まで陸送

22.12.13 関連の話題
ＪＲ東日本グループの新たな金融サービス「ＪＲＥ BANK」を2024春開始と発表

22.12.14 駅の話題
内房線太海駅、新駅舎供用開始

22.12.15 関連の話題
東京メトロと無線式列車制御システム導入推進に向け、協力して検討を進めると発表。山手線、京浜東北線（東神奈川～大宮間）へのＡＴＡＣＳ導入に向け検討中

22.12.16 車両の話題
青梅線青梅～奥多摩間「東京アドベンチャーライン」に春、夏、秋、冬の4種のラッピング車両を2023.01中旬以降順次施工、運行開始と発表

22.12.16 関連の話題
鉄道開業150年記念企画、山形新幹線開業30周年記念「東京発！『冬のスイーツフェア』in山形駅」開催。「はこビュン」（つばさ135号）を活用

22.12.17 関連の話題
鉄道開業150年記念企画、「E127系撮影会 in 新潟車両センター」開催。V12・13編成並列［JRE MALL］

22.12.18 車両の話題
POKÉTMON with YOUトレイン、運行開始10周年。一ノ関、気仙沼駅にて式典開催

22.12.18 駅の話題
横須賀線武蔵小杉駅、新下りホーム供用開始

22.12.18 駅の話題
東北本線岩手飯岡駅、新橋上駅舎、東西自由通路供用開始

22.12.21 関連の話題
鉄道開業150年、丸ビル開業20周年、新丸ビル開業15周年～Anniversary City～「東京ミチテラス2022」を東京駅周辺エリア（東京駅丸の内中央広場、行幸通り）にて開催。25日迄

22.12.22 関連事業の話題
ＪＲ東日本環境アクセス、駅ナカで排出される廃棄物を3分別から最適な分別の5種とした「リサイクルステーション」として再資源化を進める検証を東京、大崎、川崎駅にて開始と発表。また合わせて、ペットボトルは、「ボトルtoボトル」水平リサイクルの拡大も目指す

22.12.23 路線の話題
五能線深浦～鯵ヶ沢間復旧工事完了、運転再開。これにより五能線全線運転再開。「リゾートしらかみ」運行は24日から

22.12.23 駅の話題
中野駅、南口改札外（みどりの窓口内イベントスペース）にて、中野駅や駅を走る電車をイメージした「ToMoRrowGallery」誕生。

22.12.24 関連の話題
茨城デスティネーションキャンペーンを記念（2023.10.01～12.31）、E653系電車のカラーリング5色を、E657系電車にて再現することを記念、勝田車両センターにて撮影会開催［JRE MALL］。再現車両は、12月下旬～2026春迄運行予定

22.12.24 車内の話題
リゾートしらかみ「橅編成」、「青池編成」、セルフレジによる無人営業を開始。合わせて、セルフレジスタートキャンペーン開催。現金による利用はできない

22.12.25 車両の話題
観光列車「リゾートビューふるさと」、長野県ＰＲキャラクター「アルクマ」デザインラッピング車両、運転終了

22.12.26 駅の話題
鉄道セキュリティ向上に向けて、駅社員へのウェアラブルカメラを管内15駅程度に準備出来次第順次投入。駅構内、車内巡回中に使用する

22.12.28 関連事業の話題
ＪＲ東日本スタートアップ、「純米吟醸ＪＲ東日本ＳＬ（Ｄ51）」一合缶）、「純米吟醸ＪＲ東日本ＳＬ（Ｃ61）一合缶」発売開始。生産蔵元は土田酒造（群馬県利根郡川場村）

23.01.01 関連の話題
「2023冬のとちぎ観光キャンペーン」開催。03.31迄

23.01.01 路線の話題
陸羽西線、代行バスの運行時刻見直し

23.01.01 駅の話題
三陸鉄道を含む気仙沼、陸前高田、盛、釜石駅にて、駅カードコレクション実施。カードは4種

23.01.06 路線の話題
山手線渋谷駅改良工事、第4弾。外回り線路切換工事を6日22:00～9日初電（約53時間30分）迄実施。外回り電車は7日始発から大崎～渋谷～池袋間運休。内回り電車も同区間運転本数減。9日から山手線、内・外回り同一ホーム化

23.01.06 運転の話題
米坂線、一部列車の時刻変更。冬期間の除雪を踏まえ。変更は、02.24迄の毎週金曜日限定

23.01.11 関連の話題
盛岡駅東口、地方創生賃貸マンションの名称、リビスタ盛岡と決定。13階建て、220戸、盛岡駅徒歩6分

23.01.12 関連の話題
鉄道開業150年、高崎支社初！「鉄道古物」、ＪＲＥ MALLでオークション販売。02.09も開催

23.01.13 関連の話題
鉄道開業150年、「D51ライトアップ撮影会 in ぐんま車両センター」開催。14・20日も［JRE MALL］

23.01.13 関連の話題
鉄道開業150年記念、「ＪＲ東日本 懐かしの駅スタンプラリー」開催。スタンプ設置駅は首都圏エリアの49駅と東京モノレール羽田空港第1ターミナル駅。03.06迄

23.01.13 関連の話題
鉄道開業150年、「鉄分補給！ヘッドマークスタンプラリー（53.10電車特急篇）」開催。スタンプ設置は3つのエリアに分かれた大宮駅等全26駅。03.06迄

23.01.15 駅の話題
渋谷駅、山手線新ホームと中央改札をつなぐ通路、供用開始。階段とエスカレーター。既存階段は廃止

23.01.15 駅の話題
いわき駅、直結「ホテル B4T いわき」（客室数227室）、商業施設「エスパルいわき」「10階建て」開業

23.01.18 関連の話題
「撮ろう高崎線！夢のコラボ！今昔の高崎線車両撮影会」、高崎車両センター籠原派出所で開催。25日も［JRE MALL］

23.01.20 関連の話題
鉄道開業150年、電車に乗って「駅カード」をもらおう！03.31迄の期間限定。配布駅は宇都宮、小山、浦和、桜木町、横須賀、平塚駅

23.01.21 関連の話題
鉄道開業150年記念企画、「ED75形交流電気機関車撮影会」仙台車両センターにて開催［JRE MALL］

23.01.24 関連の話題
ファン必見！115系電車の塗装解説・図面集「ＪＲ新潟支社 115系カラーリングコレクション」発売［JRE MALL］

23.01.28 駅の話題
熊谷駅、「あつまれ熊谷！鉄道フェスタ」開催

23.02.02 関連の話題
近畿日本鉄道と、サステナブルな鉄道経営を目指し、鉄道技術分野での協力を強化

23.02.04 駅の話題
大曲駅、花火のまち大曲「はなまりフェスタ2023in大曲駅」開催

23.02.08 駅の話題
中央本線川岸駅、駅舎建替えを発表。新駅舎は2023.10竣工予定。新駅舎には長野県産の木材を使用、地域の森林整備や環境保全にも貢献

23.02.10 関連の話題
武蔵野線開業50年記念「武蔵野線Fスタンプラリー」開催。03.31迄。1973.04.01、府中本町～新松戸間開業

23.02.10 駅の話題
新大久保駅、フードラボ「K,D,C,,,」3階に、食堂＆食関連イベントスペース「しんおおくぼ Kitchen&Barチカバ」開店

23.02.11 車両の話題
なつかしのシルバーカラー「つばさ」が復刻、運転開始。山形駅にて運転開始記念セレモニー開催

23.02.11 関連の話題
鉄道開業150年、「水戸駅体験ナイトツアー」開催［JRE MALL］

23.02.11 関連の話題
E257系電車 フレッシュひたちリバイバルカラー車両撮影会第2弾、勝田車両センターで開催［JRE MALL］

23.02.14　関連の話題
東急不動産ホールディングスと包括的業務協定契約を締結
23.02.15　商品の話題
「鉄道開業150年記念ファイナル新幹線お先にトクだ値スペシャル(乗車券つき)」、02.28乗車迄発売。グリーン車指定席限定、設定は東北・北海道・秋田・山形・上越新幹線と北陸新幹線は「あさま」限定
23.02.16　駅の話題
青森、新青森、弘前、盛岡、北上、新花巻、秋田駅にて、05.27、北東北3エリアでSuicaデビューに向けたカウントダウンボードを設置
23.02.17　車両の話題
南武線尻手〜浜川崎間へ、新潟地区からE127系を転用改造(2編成)、2023年度に投入、運用開始と発表。
23.02.17　駅の話題
燕三条駅、構内に「JRE Local Hub燕三条」オープン。地域と未来を担う産業・人材を育てる新しい駅のカタチを目指す
23.02.17　関連の話題
「はこビュン」で銚子の「朝獲れ鮮魚」を運ぶ定期輸送開始。毎月2回程度。銚子→千葉間普通列車
23.02.18　関連の話題
初の一般公開！「大宮操車場入換見学会」開催[JRE MALL]
23.02.18　関連の話題
武蔵野線用E231系、上総一ノ宮駅電留線に入線！車両撮影会開催[JRE MALL]
23.02.21　関連の話題
盛岡車両センターSL検修庫にて、12時と17時に実施していた「SLの汽笛による時報」を再開。06.09迄
23.02.22　駅の話題
新潟駅、新高架下に新商業施設「CoCoLo新潟」第II期となる2店舗開業
23.02.22　駅の話題
高麗川駅、東西自由通路、橋上駅舎への整備工事に着手と発表。完成予定は2026.03
23.02.23　関連の話題
八王子支社、「目指せ鉄道博士！わくわくクイズラリー」、03.12迄開催
23.02.24　車両の話題
山形新幹線用E8系、報道公開を新幹線総合車両センターにて開催。E8系は2024年春から営業運転開始予定
23.02.25　関連の話題
鉄道開業150年記念企画！「撮って！乗って！！国鉄色E653系で行く わくわくぞくぞく欲張りツアー」開催。新習志野駅〜京葉車両センター〜新習志野〜勝浦駅(撮影会)〜蘇我駅。旅行商品
23.02.25　関連の話題
秋田支社、サービス開始となる地域連携ICカード「MegoICa」(メゴイカ)とSuica利用促進を図るため「MegoICaデビュー記念!! めごいMegoICaを知ろう！使おう！キャンペーン」実施
23.03.01　組織の話題
川崎営業統括センター(川崎、尻手、武蔵小杉駅、委託=矢向、鹿島田、平間、向河原駅、鶴見線、南武支線)。
町田営業統括センター(町田、長津田、小机、新横浜、菊名、東神奈川駅、委託=成瀬、十日市場、中山、鴨居、大口、新子安駅)、
横浜営業統括センター(横浜、戸塚、大船、逗子駅、委託=北鎌倉、東逗子、田浦、横須賀、衣笠、久里浜、本郷台、港南台駅)、
新潟営業統括センター(新潟、新発田、村上、新津、小国駅等、下越エリア)
23.03.01　関連の話題
「懐かし車両の秘蔵ビデオを見ナイト」、本社ビルにて開催。901系、E991系「TRY-Z」等[JRE MALL]
23.03.02　商品の話題
「鉄道開業150年記念ファイナル JR東日本パス・お先にトクだ値スペシャル」、03.15利用迄発売。有効期間は、連続する3日間。新幹線・優等列車の普通車指定席券が4回迄利用。伊豆急行と接続する三セクは利用可
23.03.02　関連の話題
「秋田・津軽エリアを旅しよう！キャンペーン」開催。15日迄
23.03.02　関連の話題
「SL銀河ナイト撮影会in一ノ関運輸区」開催[JRE MALL]
23.03.04　関連の話題
「乗って！撮って！楽しむ♪E6系回送列車で行く撮影会in盛岡新幹線車両センター」開催。5日も[JRE MALL]
23.03.04　関連の話題
「EF641001＆EF65501撮影イベント」、高崎駅構内留

置線にて開催。05・11・12日も[JRE MALL]
23.03.04　関連の話題
「ありがとう205系600代いろはFINAL撮影会」、小山車両センターにて開催。5日も[JRE MALL]
23.03.04　関連の話題
鉄道開業150年記念「青梅駅側線と拝島駅電留線をめぐるツアー」開催。ホリデー快速おくたま号の回送列車を活用した乗車体験[JRE MALL]
23.03.05　関連の話題
鉄道開業150年記念、団体臨時列車「185系で行く横浜線と甲斐路の旅」、185系6両編成、運転区間は小机〜甲府間
23.03.07　関連の話題
大井町駅周辺広町地区(元社宅跡地)開発(仮称)に本格着手と発表。オフィス、商業、ホテル(285室)、賃貸住宅(290戸)、駐車場を地上26階、地下3階、延べ床面積約22,300㎡と地上2階、地下2階、延べ床面積9,100㎡、広場等構成。開業予定は2025年度末。大井町駅東口の駅舎も改良。計画地に直結する広町改札(仮称)、北口改札(仮称)も新設
23.03.08　駅の話題
四ツ谷駅、四ツ谷・麹町口改札外にアートと出会える展示スペース誕生
23.03.10　駅の話題
東北本線舘越、南福島駅、バリアフリー化
23.03.12　関連の話題
鉄道開業150年記念企画！「なすしお新幹線探検ツアー」開催催。那須塩原電留線と那須塩原駅探検ツアー[JRE MALL]
23.03.12　関連の話題
大宮総合車両センター東大宮センターにて「運転台にふれて！床下からのぞいて！185系満喫ツアー」開催[JRE MALL]
23.03.14　関連の話題
埼京線、川越線戸田公園駅〜川越駅にて埼京線沿線活性化イベント「Saikyo Festa」を31日迄開催
23.03.14　駅の話題
常磐線牛久駅、「STATION WORK」、改札外に開業
23.03.15　駅の話題
新橋駅、SL広場に鉄道開業時の「高輪築堤」のモニュメントが完成、式典開催
23.03.16　駅の話題
奥羽本線北山形駅、バリアフリー化
23.03.17　車両の話題
651系、定期運行終了。列車名「草津」もこの日限り消滅
23.03.17　車両の話題
上越新幹線からE2系、定期運行終了。新潟行最終「とき335号」にはJ61編成を充当
23.03.18　ダイヤ改正
上越新幹線大宮〜新潟間、最高速度を240km/hから275km/hに向上、所要時間、最大7分短縮。東京〜新潟間最速列車の所要時間、1時間29分に(とき311号)。
上越新幹線、全列車をE7系に統一。
北陸新幹線、所要時間最大2分短縮。東京〜金沢間最速列車の所要時間、2時間25分に(かがやき509号)。
高崎線特急にE257系リニューアル車両を投入、快適性向上。「草津」、列車名を「草津・四万」に。「スワローあかぎ」、列車名を「あかぎ」に変更、新たな着席サービスを導入。
東海道線特急「湘南」、平日夕通勤時間帯に下り1本増発。
常磐線特急「ひたち」全列車を品川駅始発に。「ときわ」は全列車、柏駅に停車、利便性を向上。
中央線特急、午前中新宿駅到着する全列車、東京駅終着に。
横須賀線、総武快速線、E235系を追加投入。
青梅線青梅〜奥多摩間でワンマン運転開始。
常磐線水戸〜いわき間でワンマン運転開始。
仙山線、ダイヤ全面リニューアル。
羽越線羽後亀田駅、発着列車を駅舎側、1番線に統一。
篠ノ井線塩尻〜長野間に臨時特急を新設　　　　等
23.03.18　駅の話題
京葉線新駅、幕張豊砂駅開業。新習志野〜海浜幕張間。所在地は千葉市美浜区浜田2丁目。両駅から約1.7km。2面2線10両対応。駅前広場の共用も開始
田沢湖線新駅、前潟駅開業。盛岡〜大釜間。所在地は盛岡市上厨川前潟。1面1線4両対応。無人駅。
青梅線河辺、青梅駅、新設ホーム供用開始。ホーム長251m、12両編成対応。河辺駅は新設ホームが3番線、1番線を2番線、2番線を1番線と変更。青梅駅は3・4番線ホームが新設。立川・東京方面行きは1・4番線を使用

166

23.03.18	料金の話題

23.03.18　料金の話題
　「鉄道駅バリアフリー料金」設定。対象エリアは、東京の電車特定区間内完結となる区間。普通旅客運賃にプラス10円。新製月日2022.09.16。認可月日2022.12.27

23.03.18　運賃の話題
　「オフピーク定期券」（通常の通勤定期券より割安なSuica通勤定期券）のサービス開始。通勤定期運賃改定（約1.4%値上げ）。対象エリアは、共に東京の電車特定区間内完結となる区間。ピーク時間帯は東京、新宿、品川駅が07:30〜09:00、横浜駅が07:00〜08:30等、駅によって異なる

23.03.18　Ｓｕｉｃａの話題
　障がい者割引が適用される利用客向けの新たなサービス開始。みどりの窓口等で発売、有効期間は1年。定期券、タッチでエキナカ、オートチャージ等にて利用できる。モバイルSuicaでの中学生・高校生用通学定期券取扱い開始

23.03.18　ＢＲＴの話題
　気仙沼線ＢＲＴ、大船渡線ＢＲＴダイヤ改正。パターンダイヤを採用、一部の便のダイヤ見直し等

23.03.18　組織の話題
　長岡車両センター、新潟車両センターに統合。
　新津運輸区検修部門、新潟車両センター新津派出所に変更。車両配置は新潟車両センター
　一ノ関運輸区検修部門、盛岡車両センター一ノ関派出所。
　八戸運輸区検修部門、盛岡車両センター八戸派出所。
　郡山統括センター（郡山、新白河駅、郡山運輸区）。
　仙台統括センター（仙台、岩沼、白石蔵王駅、仙台運輸区、宮城野運輸区）。
　一ノ関統括センター（一ノ関駅、一ノ関運輸区（運転）、一ノ関地区センター）。
　横手・大曲統括センター（大曲、田沢湖、角館駅、横手統括センター［横手］）。
　東能代統括センター（東能代、能代、大館、鷹ノ巣駅、東能代運輸区）。
　弘前統括センター（弘前、五所川原、浪岡、鯵ケ沢、深浦駅、つがる運輸区）。
　甲府統括センター（甲府営業統括センター、甲府運輸区）

23.03.18　駅の話題
　盛岡駅、「はこビュンQuick」カウンター開設

23.03.20　車両の話題
　"新幹線オフィス車両"、"ＴＲＡＩＮ ＤＥＳＫ"にリニューアル、設定する列車全てで指定席としてサービス開始。設定号車は8号車から東北・北海道新幹線は7号車、上越・北陸新幹線は9号車に変更

23.03.20　駅の話題
　東京駅、「STATION DESKグランスタ丸の内」開業。完全個室12室

23.03.21　運転の話題
　ＳＬ銀河ラストシーズン運行に関する第1弾、沿線5市町村居住者を対象とした特別招待運転を釜石〜遠野間にて実施

23.03.21　車両の話題
　釜石駅、「ＳＬ銀河」車両展示会開催

23.03.21　駅の話題
　新橋駅、鉄道開業150年のファイナルイベント開催

23.03.21　駅の話題
　成田駅、〜鉄道開業150年！成田エリアファイナルイベント〜「NARI FES！2023」を開催。電留線での撮影会も実施

23.03.23　駅の話題
　盛岡支社管内の新幹線全駅にて「STATION WORK」、設置完了

23.03.24　車両の話題
　「成田エクスプレス」、車両デザインをリニューアルと発表。4月以降、順次変更

23.03.24　駅の話題
　石巻線渡波駅、新駅舎使用開始

23.03.25　運転の話題
　Ｂ.Ｂ.ＢＡＳＥに新規コース、「Ｂ.Ｂ.ＢＡＳＥ九十九里」設定、運行開始（両国〜成東間［東金経由］）

23.03.25　駅の話題
　新潟駅、高架下交通広場の歩道、供用開始

23.03.25　駅の話題
　新花巻駅、新幹線発車メロディ、宮沢賢治没後90年を記念、「星めぐりの歌」に変更

23.03.25　駅の話題
　那須塩原駅、高架下に育成型こども食堂「エキナカこども食堂〜育む〜」開店

23.03.25　駅の話題
　陸羽西線堺田駅、フィンランド式テントサウナ体験イベントを駅前で開催。地域の活性化促進

23.03.25　駅の話題
　埼京線南与野駅、西口で地域連携マルシェ「鉄道開業150年記念 彩の国マルシェ〜150thFinal Ceremony Style〜」開催

23.03.25　関連の話題
　「鉄道開業150年記念 E231系撮影会in三鷹」、三鷹車両センターにて開催。緑色の500代も並ぶ［JRE MALL］

23.03.25　関連の話題
　「撮ろう211系！限定復活・往年の姿 撮影会 第2弾」を高崎車両センターにて開催。26日も［JRE MALL］

23.03.25　関連の話題
　「ＥＦ65501号機 ヘッドマーク装着撮影会」、高崎駅構内にて開催。「あさかぜ」「みずほ」のヘッドマーク掲出［JRE MALL］

23.03.25　関連の話題
　「川部駅128年の駅舎を独り占め〜制服でマルス体験＆きっぷ入鋏体験付〜」発売。04.08も実施［JRE MALL］

23.03.25　駅の話題
　東北本線小金井駅、「小金井駅開業130周年記念企画」開催

23.03.25　駅の話題
　那須塩原駅、「エキナカこども食堂」開業

23.03.26　関連の話題
　大宮駅で「East i」の車内を公開［JRE MALL］

23.03.27　運転の話題
　春休みに行こう！「夜想（ノクターン）海里」で行く夜行列車の旅、団体専用列車として新潟〜青森間で運転。青森発は28日

23.03.27　関連の話題
　「青函トンネル開業35周年記念キャンペーン＆津軽観光キャンペーン」記念駅カードを弘前、大鰐温泉、秋田、土崎駅にて配布。08.31迄

23.03.27　関連の話題
　高崎市と「公共交通を軸とした都市の持続的発展」に関する、連携協定締結

23.03.28　駅の話題
　仙台駅、1階「tekuteせんだい」、増床オープン。6店舗開業

23.03.30　駅の話題
　常磐線いわき駅、待合室にマッサージチェア（はやぶさモデル）開設

23.03.30　関連の話題
　小海線全線開業88周年、小淵沢〜清里間開業90周年を踏まえ、「#小海線の魅力」発見キャンペーン開催。06.30迄

23.03.30　関連の話題
　「秋田・津軽 名湯巡り 御朱印帳」実施。12.31迄

23.03.30　関連の話題
　所有ビルのオフィス使用電力全てを2023年度から実質再生可能エネルギー由来に　と発表

23.03.30　関連の話題
　キハ40系の椅子を再利用した「キハ40チェア」Type40発売

23.03.31　車両の話題
　観光列車「クルージングトレイン」、この日限りにて引退

23.03.31　営業の話題
　定期券用ウィークリー料金券、発売終了。常磐線特急「ひたち」「ときわ」にて利用

23.03.31　駅の話題
　常磐線勝田駅、「STATION WORK」、改札外に開業

2023年度
23.04.01　路線の話題
　磐越西線喜多方〜山都間、復旧工事完了。全線運転再開

23.04.01　営業の話題
　常磐線「ひたち」「ときわ」にて、「えきねっとトクだ値（チケットレス特急券）」発売開始

東海旅客鉄道

22.04.01　**車両の話題**
在来線車両状態監視システム「ＤＩＡＮＡ」運用開始

22.04.07　**駅の話題**
品川、新横浜、京都駅、駅待合室に半個室タイプのビジネスコーナー新設と発表。導入は７月頃。９月頃、東京、名古屋駅に設備追加

22.05.09　**車両の話題**
N700Ｓ　７号車内、「ビジネスブース」試験導入

22.05.16　**車両の話題**
東海道新幹線のブレーキ性能向上に向けた試験装置新設と発表。2021.06から試験装置の調整、試運転を経て、2022.03から本格稼働。本装置は「粘着試験部」「台車検査部」の２つの装置で構成、様々な気象条件下での最適なブレーキ力の制御手法を見出す

22.05.20　**車両の話題**
ハイブリッド方式の新型特急用車両ＨＣ85系量産車を名古屋車両区にて報道公開

22.05.27　**車両の話題**
N700Ｓ、2023 〜 2026年度の追加投入を発表。19編成（2+7+7+3本）を投入。車イススペースのコンセント高さの変更、多目的室の窓高さの位置変更等実施

22.05.30　**路線の話題**
リニア中央新幹線神奈川県駅（仮称）、新設工事の状況を報道公開。品川〜名古屋間の中間駅４駅のうち、唯一の地下駅。現場は横浜線、京王電鉄相模原線橋本駅前

22.05.31　**路線の話題**
飯田線湯谷温泉〜三河槇原間にて線路内に岩石が落下、本長篠〜中部天竜間不通に。運転再開は06.20

22.06.01　**車内の話題**
飯田線山吹、下平、桜町、鼎、下山村、駄科、川路駅で乗務員による列車乗降のお手伝いの試行開始

22.06.01　**運転の話題**
東海道新幹線、新しい降雨運転規制、土壌雨量指数を追加導入。土砂災害の発生危険度の把握に優れた指標

22.06.07　**路線の話題**
リニア中央新幹線長島（おさしま）トンネル、安全祈願祭開催（トンネル長約5.9km、岐阜県恵那市）

22.06.11　**路線の話題**
リニア中央新幹線岐阜県駅（仮称）ほかの新設工事の安全祈願、起工式を開催。岐阜県駅は中央線美乃坂本駅付近に位置し、中津川市内には唯一の工場機能を有する中部総合車両基地も設置

22.06.15　**関連の話題**
在来線乗務員が携帯する業務用スマートフォンに、「ＪＲ東海乗務報告」アプリを導入

22.06.16　**路線の話題**
新幹線車両による架線電圧を維持する機能の開発に関して発表。従来は架線電圧低下による列車の安定的な運行に必要な電圧維持できなくなることを防ぐため、地上の電力設備を増強することで維持してきたが、N700Ｓに搭載する主変圧器のソフトウェアを改良する新機能にて、架線電圧を維持することが出来る機能開発

22.06.18　**運転の話題**
「のぞみ」30周年記念特別企画ツアー、新幹線車内で車掌・パーサー体験ができる列車運転。25日も

22.06.25　**車内の話題**
N700Ｓ「車イススペース」（移乗席なし）、ＷＥＢ予約の試行開始（当日乗車分から）。対象列車は「のぞみ」207号等上下列車合わせて９本

22.07.01　**車両の話題**
新型特急用車両ＨＣ85系、「ひだ」19号、18号（名古屋〜高山間）に充当、営業運転開始

22.07.01　**組織の話題**
中央新幹線建設工事の着実な推進を図るため、神奈川工事事務所を神奈川西工事事務所に、神奈川工事事務所川崎分室を神奈川東工事事務所に、山梨工事事務所を山梨東工事事務所に、山梨西工事事務所に、岐阜工事事務所を岐阜東工事事務所に、岐阜工事事務所多治見分室を岐阜西工事事務所と変更

22.07.01　**路線の話題**
武豊線、電車運行の二酸化炭素排出量実質ゼロ化。電力量相当分の「ＦＩＴ非化石証書」を電源開発から購入して使用することで実現

22.07.15　**駅の話題**
新横浜駅、「のぞみ」運行開始30周年と「横浜Ｆ・マリノス」

創設30周年を記念、駅構内に大型ポスター掲出。掲出期間は11.07迄

22.07.21　**車両の話題**
在来線車両検修管理システム「アクロス」の機能向上に関して発表。機能を2024.10頃に更新、検修データの完全電子化、画像診断導入により検修作業の信頼性と効率等実現

22.07.28　**路線の話題**
リニア中央新幹線第一中京圏トンネル大針工区で安全祈願祭開催。第一中京圏トンネルは岐阜県可児市と名古屋駅を結ぶ約34.2kmで、品川〜名古屋間では第一首都圏トンネル（約36.9km）に次ぐ２番目の長さのトンネル

22.08.01　**車両の話題**
「ひだ」15号、２号（名古屋〜高山間）、キハ85系から新型特急用車両ＨＣ85系へ使用車両を変更

22.08.01　**駅の話題**
名古屋駅、ＪＲ東海ＭＡＲＫＥＴで購入した商品を、「スマートPick」ＢＯＸで受け取れる実証実験実施

22.08.04　**路線の話題**
新幹線保守用車、ＧＰＳ機能搭載の接近警報装置を、2022.04から使用開始と発表

22.08.25　**駅の話題**
個室型ワークスペース「EXPRESS WORK-Booth」、品川、新横浜、三島、静岡、浜松、豊橋駅に新設。東京、名古屋駅に増設。設置時期は09 〜 11月

22.08.25　**関連の話題**
地震防災及び地震情報等の高度利用に関する研究を進めるため、気象庁と鉄道総合技術研究所と産学官連携

22.09.02　**路線の話題**
リニア中央新幹線の南アルプストンネル長野工区、報道公開。公開は先進坑と本坑の「切り羽」

22.09.12　**車両の話題**
新型特急用車両ＨＣ85系、「日本鉄道大賞」受賞（国土交通省）

22.09.30　**乗車券の話題**
普通回数乗車券、発売終了。
ＪＲ東日本線にまたがる普通回数乗車券も発売終了
ＪＲ西日本線にまたがる普通回数乗車券も発売終了

22.09.30　**駅の話題**
東京駅、18・19番線ホーム、立ち食いそば「東京グル麺」閉店。東京駅新幹線ホームから立ち食いそば店消滅

22.10.01　**関連の話題**
中央新幹線神奈川県駅（仮称、ＪＲ・京王線橋本駅徒歩３分）、「さがみはらリニアビジョン」開催。４日迄

22.10.06　**関連の話題**
尾張一宮駅、アスティ一宮、リニューアルと新規商業施設開業。19店舗、うち14店舗は新規

22.10.22　**関連の話題**
「鉄道開業150年キャンペーン特別企画　東海道新幹線浜松工場へＧＯ」ツアー実施。東京、新横浜発は午前中に浜松工場へ。新大阪、京都、名古屋発は午後浜松工場へ入場。23日も実施

22.10.31　**関連の話題**
最新の技術を活用した経営体力の再強化　〜より安全で、より便利で、より快適な鉄道を目指して〜。10 〜 15年かけて実施。新幹線のすべての駅に可動柵整備。新幹線に半自動運転機能を導入、運転士の業務を支援（STO:Go A2を導入、運転士がドア開閉業務を行い、車掌は列車内でのサポート業務に注力）。在来線では３両編成以上の編成を対象に車体側面にカメラを設置等により安全を確認、ワンマン運転導入。新幹線のグリーン車の上級座席やビジネス環境を一層高めた座席設定等を検討。新幹線と、ホテルや旅先での交通手段、観光プランなどの旅行全体をシームレスに予約・決済できる「EX-Maas（仮称）」を2023秋開始に向け準備。TOICA利用エリアを全線に拡大　等

22.11.17　**営業の話題**
鉄道駅バリアフリー料金制度を活用したバリアフリー設備の整備推進について発表。2030年度までにバリアフリー整備

22.11.21　**営業の話題**
年末年始「お子さま連れ専用車両」設定と発表。12.23〜1.09の毎日。設定本数は片道４本の「のぞみ」６号車

22.11.25　**路線の話題**
東海道新幹線における「自動消雪装置」の試行実施。名古屋駅14番線16号車付近に本装置を設置、性能を確認。試験期間は2022.12 〜 2023.03（予定）

22.12.01　**車両の話題**
新型特急用車両ＨＣ85系、「ひだ」３号、14号（名古屋〜

富山間)に充当。ＨＣ85系の運転区間、富山まで拡大

22.12.01 **駅の話題**
新大阪駅、20番線ホーム、ホーム柵供用開始。これにより新大阪駅は全ホームにホーム柵の設置完了

22.12.12 **関連の話題**
電子基準点リアルタイム解析システム(REGARD)情報の提供及び活用に関する国土交通省、国土地理院、東北大学との産学官連携締結と発表

22.12.12 **車両の話題**
在来線、車両側面に設置したカメラを用いた安全確認検証を2023.01に投入する315系4両編成に試験的に搭載して行うと発表。今後のワンマン運転拡大に向けて実施

22.12.15 **車両の話題**
東海道新幹線「貸切車両パッケージ」販売開始。東京～新大阪間「のぞみ」、普通(13～16号車)及びグリーン車(8・9号車)が対象。全車両貸切も可能

22.12.21 **駅の話題**
名古屋駅、在来線7・8番線ホームに、可動式ホーム柵を設置と発表。7番線は2025.04、8番線が2025.12予定

22.12.22 **駅の話題**
リニア中央新幹線、飯田市に建設する長野県駅(仮称)の起工式開催。2面4線。伊那山地トンネル、風越山トンネルに挟まれた飯田市座光寺、上郷飯沼地区

23.01.18 **駅の話題**
東海道本線枇杷島、清州、稲沢、木曽川、西岐阜、穂積、垂井、関ケ原、近江長岡駅、中央線勝川駅、お客様サポートサービス(旧「集中旅客サービスシステム」)を導入と発表。工事着手は2023.07頃、使用開始は2024.02頃の予定。また同駅には「サポートつき指定席券売機」も設置

23.02.19 **関連の話題**
「会いにいこう」キャンペーン展開開始。夏頃、新幹線の車内チャイムを楽曲「会いにいこう」に切替え予定と発表(2/16)

23.02.23 **車両の話題**
ＨＣ85系、キハ85系、京都鉄道博物館で特別展示。03.05迄

23.02.28 **駅の話題**
名古屋駅、構内における映像撮影・ロボットの走行検証実施

23.03.01 **運転の話題**
名古屋鉄道との振替輸送、利用方法を変更、乗車券、定期券等の提示にて利用可能に

23.03.03 **車両の話題**
ＨＣ85系、オリジナルヘッドマーク掲出の列車、31日迄運転

23.03.04 **運転の話題**
特急「ありがとうキハ85系ひだ」号運転(名古屋～高山間)。03.05・11・12も。編成はキハ85-1＋キロハ84-1＋キハ84-1＋キハ85-1101の4両編成。全車指定(下り)。旅行商品(上り)。途中駅での乗降不可

23.03.09 **関連の話題**
「Ｈｅｌｌｏ！Ｎｅｗ ＮＡＮＫＩ」特設サイト、Ｈ.Ｐ.に開設

23.03.17 **車両の話題**
ＨＣ85系、「ひだ」、定期運用から離脱

23.03.17 **きっぷの話題**
「北陸指定席特急回数券」、発売終了

23.03.18 **ダイヤ改正**
N700Ｓ追加投入により、車イススペース6席設置の編成を、山陽新幹線直通列車を含め、定期列車50本に充当。定期「のぞみ」のうち合計19本、東京～新大阪間の所要時間を3分短縮、昼間時間帯運転間隔を最大21分から18分に改善
朝通勤時間帯の「こだま」の所要時間を最大5分短縮。
特急「ひだ」、全定期列車を新型車両ＨＣ85系に統一。
高山線、参宮線、普通列車の運転時刻を見直し　等

23.03.18 **料金の話題**
東海道新幹線東京～品川～新横浜間にて、「鉄道駅バリアフリー料金」設定

23.03.22 **運転の話題**
「ドクターイエロー」体験乗車イベント初開催。東京～新大阪間、各行程50名、計200名(3/23含む)

23.03.25 **関連の話題**
東急・相鉄新横浜駅、待合室「Shin-Yoko Gateway Spot」に東海道新幹線にて使用していたマテリアルリサイクルした「東海道新幹線再生アルミ」を活用

2023年度
23.04.01 **料金の話題**
東海道新幹線京都～新大阪間にて、「鉄道駅バリアフリー料金」設定

西日本旅客鉄道 北陸新幹線金沢～敦賀間含む

2021年度
22.03.28 **関連事業の話題**
ＪＲ西日本不動産開発、「新大阪第3ＮＫビル」竣工。8階建て。所在地は大阪市淀川区宮原4丁目6番

22.03.29 **運賃の話題**
2023.04.01購入分から京阪神エリアの特定区間運賃の一部(99区間)を見直すと発表

2022年度
22.04.01 **料金改定の話題**
2022.04.01乗車分から北陸新幹線において、シーズン別の指定席特急料金を改定。繁忙期は通常料金からプラス200円を400円に

22.04.01 **ＩＣＯＣＡの話題**
おのみちバス、路線バス全線に「ＩＣＯＣＡ」導入

22.04.01 **駅の話題**
備中高松駅、「名誉駅長」配置

22.04.11 **路線の話題**
ローカル線に関する課題認識と情報開示

22.04.13 **駅の話題**
大阪環状線福島駅、国内初の「ホーム安全スクリーン」(転落時列車抑止システム)開発、実証実験発表

22.04.15 **関連の話題**
生産性・安全性向上に向けて多機能鉄道重機開発と発表。試作機での試験実施後、2024春の実用化を目指す

22.04.15 **関連事業の話題**
ＪＲ西日本不動産開発、ＪＲ西日本プロパティーズ、横浜市都筑区で冷凍冷蔵倉庫の工事に着手。竣工予定は2023.05末。5階建て、延べ床面積11,499.08㎡

22.04.18 **運転の話題**
新幹線の自動運転実現に向けて、北陸新幹線白山総合車両所構内にて実証実験実施と発表

22.04.18 **関連事業の話題**
ＪＲ西日本不動産開発、大阪市港区で介護付有料老人ホームの開発に着手。2023春竣工予定。4階建て

22.04.20 **関連事業の話題**
ＪＲ西日本不動産開発、Replace、金沢市広岡3丁目に「ネオ屋台ストリート 金沢の屋台」開業

22.04.22 **駅の話題**
京都駅、地下街ポルタポルタプラザにて、食品ロス削減を推進する無人販売機「Fuubo」設置

22.04.27 **関連事業の話題**
ＪＲ西日本不動産開発、神戸市東灘区御影本町に複合商業施設「ビエラ御影」開業。3階建て、5店舗

22.04.27 **関連事業の話題**
ＪＲ西日本不動産開発、岸辺駅北口から徒歩約3分に、岸辺中賃貸マンション開発着工。2023春入居開始予定。5階建て、83室

22.04.28 **駅の話題**
新山口駅、新幹線改札内コンコース待合室使用開始

22.05.09 **車両の話題**
N700Ｓ　7号車車内、「ビジネスブース」試験導入

22.05.10 **車両の話題**
岡山・備後エリアに導入する新型車両のデザイン決定。デザインコンセプトは「豊穏(ほうおん)の彩(いろどり)」。2023年度以降、101両を投入。2両と3両編成

22.05.10 **関連事業の話題**
ＪＲ西日本不動産開発、ヒューリック等と推進している「(仮称)心斎橋プロジェクト」の概要発表。地上28階、地下2階、店舗、宿泊施設、事務所が入居。竣工は2026.02予定。延べ床面積46,284㎡

22.05.11 **関連事業の話題**
京都駅、西口改札内に「ＰＲＯＦＩＳＨ」開業。陸上養殖水産物を利用した弁当等販売。運営はＪＲ西日本イノベーションズ

22.05.12 **駅の話題**
京都駅、地下街ポルタ西エリア飲食ゾーン、第2期リニューアル工事開始。2022.08下旬まで

22.05.12 **関連事業の話題**
ジェイアール西日本デイリーサービスネット、ＪＲ西日本ヴィアイン、ヴィアイン赤坂＜茜音(あかね)の湯＞、開業。東京メトロ千代田線赤坂駅徒歩約2分。16階建て、客室数345室

22.05.21 **路線の話題**
奈良線複線化開業に向けて、桃山～城陽間21時頃から運休。

22日始発〜10時頃迄は京都〜城陽間が運休

22.05.27　駅の話題
大阪駅、新幹線マルシェ®JR大阪開催。28日迄

22.05.31　駅の話題
京都、長岡京、神戸、広島、小倉駅、1名用個室ブース「STATION BOOTH」開業

22.06.01　組織の話題
経営戦略本部、地域まちづくり本部を新設

22.06.01　関連事業の話題
JR西日本レンタカー&リース、児島営業所開設。所在地倉敷市児島駅前2丁目、天満屋ハッピータウン2階

22.06.02　関連の話題
伯備線での貨客混載による農産品の輸送、駅ナカ販売「産直便マルシェ」開始

22.06.15　駅の話題
北陸新幹線敦賀駅、旅客上家の鉄骨建方工事完了

22.06.15　駅の話題
うめきた(大阪)地下駅に導入するシステム、デジタル可変式案内サイン、世界初のフルスクリーンホームドアの概要発表

22.06.17　関連事業の話題
JR西日本不動産開発、東京都中央区日本橋久松町に賃貸住宅、スーパーマーケット開発。2024春竣工予定

22.06.23　車両の話題
新観光列車「SAKU美SAKU楽」、津山まなびの鉄道館にて車両展示会開催

22.06.27　商品の話題
夏休み「お子様1000円！ファミリーきっぷ」発売。利用期間は08.01〜08.31

22.06.30　関連事業の話題
JR西日本不動産開発、札幌市中央区南2条西7丁目に、「札幌NKビル開発」竣工、「ウィンダムガーデン札幌大通」が開業。9階建て、132室。運営はウィンダム・デスティネーション・ジャパン

22.06.30　関連事業の話題
JR西日本不動産開発、加古川市平岡町に、当社初の物流施設開発「加古川平岡町NKビル」竣工。4階建て、延べ床面積16,859.59㎡

22.07.01　運転の話題
新型コロナウイルスの影響で運転を休止していた昼間時間帯(10〜17時)の上下各7本、運転再開

22.07.01　駅の話題
広島駅、在来線中央改札横、増床部開業。在来線改札内待合室、コンビニエンスストア開業

22.07.01　駅の話題
倉敷、新見、根雨、米子、松江駅、伯備線、山陰本線伯耆大山〜西出雲間電化開業40周年を記念、オリジナル台紙付き記念入場券セット発売のほか、スペシャル企画を実施

22.07.01　駅の話題
岡山駅、新幹線上りホームに、おみやげ自動販売機コーナー開設。25アイテムの商品発売

22.07.01　駅の話題
津山駅、列車接近メロディがB'z「Easy Come, Easy Go！」に。実施期間は当面

22.07.01　関連の話題
岡山デスティネーションキャンペーンに合わせ、「おか鉄フェス2022」開催。09.30迄、各種イベント開催

22.07.01　関連の話題
関西私鉄大手、公共交通の協力を得て、「今こそ、関西。キャンペーン」実施。09.30迄。

22.07.01　関連事業の話題
JR西日本レンタカー&リース、岡山、福山、広島営業所にて、スマートフォンで駅レンタカーに乗れる「スマートレンタカー」を拡大

22.07.01　関連事業の話題
JR西日本不動産投資顧問、設立。株主はJR西日本不動産開発、JR西日本プロパティーズ

22.07.01　関連事業の話題
JR西日本不動産開発、京都市西京区嵐山上海道町に、介護付き有料老人ホーム「アスデンシア京都嵐山」開業。3階建て、70戸

22.07.01　関連事業の話題
JR西日本不動産開発、調布市東つつじヶ丘2丁目に、サービス付き高齢者向け住宅を開設。4階建て、80戸

22.07.09　車両の話題
白地に青と赤色の帯が入った「懐かしの105系カラー」

復活、運行開始。K-02編成

22.07.13　駅の話題
尾道駅、商業施設開業。1階に店舗、2階に宿泊施設

22.07.13　料金の話題
2023.04.01購入分から、山陽新幹線における「のぞみ」「みずほ」指定席特急料金見直しと発表。新大阪〜博多間は通常期、5810円から6230円に

22.07.14　駅の話題
大阪駅、エキマルシェ大阪、グランドオープン。13店舗が加わる

22.07.14　駅の話題
新大阪駅、2階「アルデ新大阪」に催事・イベントスペース「アルデひろば」誕生

22.07.14　関連事業の話題
JR西日本光ネットワーク、大阪〜福岡間WDM波長・専用線提供サービスを、2023初から開始と発表

22.07.15　関連事業の話題
JR西日本プロパティーズ、有料老人ホーム開発事業に初参画、「グランフォスト田園調布」「アズハイム神宮の杜」、2棟着工。竣工予定は2023.09〜10

22.07.16　関連事業の話題
JR西日本イノベーションズ、陸上養殖「アカアマダイ」を試行販売。18日迄

22.07.18　路線の話題
美祢線、激しい降雨の影響にて湯ノ峠〜厚保間で土砂流入が発生、全線運転見合せに。27日運転再開

22.07.20　関連事業の話題
JR西日本イノベーションズ、大阪市此花区役所との「空飛ぶクルマ」の推進に関する包括連携協定締結

22.07.22　駅の話題
大阪駅、大阪ステーションシティにて「真夏の鉄フェス2022」を開催。23日迄

22.07.23　駅の話題
奈良線山城青谷駅、新橋上駅舎、自由通路、使用開始

22.07.23　関連事業の話題
JR西日本京都SC開発、京都駅前京都ポルタに、個室型ワークベース「テレキューブ」開店

22.07.29　駅の話題
博多駅、個室ブース「STATION BOOTH」開業

22.07.30　運転の話題
山陰観光列車「○○のはなし」、運行開始5周年を記念、下関駅にて記念セレモニー開催

22.07.30　駅の話題
山陰本線泊駅、木造新駅舎竣工。式典開催

22.07.31　運転の話題
観光列車「あめつち」、初めて因美線を運行。団体専用にて鳥取〜岡山間を走行

22.08.01　関連事業の話題
JR西日本レンタカー&リース、ベビーカーレンタルサービス「ベビカル」を奈良、姫路、岡山、広島営業所に導入

22.08.05　路線の話題
大雨の影響にて北陸本線敦賀〜南今庄〜今庄〜湯尾間、道床流出、土砂流入、斜面崩壊等にて敦賀〜武生間不通に。運転再開は08.11

22.08.06　運転の話題
山口線新山口〜津和野間が08.05に開通100年を迎えたことを記念、「DLやまぐち号」を運転。08.06・07はDE10重連、08.11〜14はDD51形が牽引

22.08.09　駅の話題
糸魚川、徳山、松江、鳥取駅、個室ブース「STATION BOOTH」開業

22.08.19　運賃の話題
鉄道駅バリアフリー料金制度を活用した料金設定及び整備等計画の届出実施。料金改定は2023.04.01。2022年度末までに整備対象エリアにてホーム柵を15駅42線を整備、2027年度末までにはホーム柵を25駅78番線、ホーム安全スクリーンを84駅245番線へ整備完了等

22.08.24　車両の話題
次世代バイオディーゼル燃料の導入に向けた実証実験実施と発表。2022年度はエンジン性能確認試験

22.08.26　駅の話題
福井、小松駅、北陸新幹線駅舎の建築工事完了と発表

22.08.26　駅の話題
京都駅、地下街ポルタ西エリア飲食ゾーン、リニューアルグランドオープン。12店舗

22.08.30　運転の話題
特急「しおかぜ」「南風」運行開始50周年を記念、高松〜

岡山〜津山間にて団体列車運転

22.08.31 **駅の話題**
新高岡、新倉敷、倉敷、福山、新尾道駅、
個室ブース「STATION BOOTH」開業

22.08.31 **関連事業の話題**
ジェイアール西日本デイリーサービスネット、ＪＲ西日本
ヴィアイン、ヴィアイン姫路、営業終了

22.08.31 **関連事業の話題**
ＪＲ西日本不動産開発、金沢ターミナル開発、金沢市広岡
３丁目、オフィスビル「ＪＲ金沢駅西第四ＮＫビル」
及び立体駐車場「タイムズ百番駅西パーキング」竣工。
鉄筋10階建て、立体駐車場は220台

22.09.01 **運転の話題**
リバイバル急行「砂丘」（団体列車）、岡山〜智頭間、キハ
47「ノスタルジー」運転。「おか鉄フェス2022」関連企画

22.09.02 **料金の話題**
2023.04.01から在来線特急料金の一部見直しを発表。
Ｂ特急券をＡ特急券に統一。新幹線と在来線特急との
乗継割引を一部廃止等

22.09.04 **運転の話題**
リバイバル急行「鷲羽」（団体列車）、姫路〜宇野間、115
系湘南色６両編成（Ｄ26＋D27）運転。「おか鉄フェス
2022」関連企画

22.09.04 **駅の話題**
北陸新幹線加賀温泉駅、見学会開催

22.09.11 **駅の話題**
京都駅、駅ビル内４階南広場に「木育スペース」設置。
京都駅、駅ビル開業、25周年を迎える。式典開催

22.09.13 **関連事業の話題**
ＪＲ西日本プロパティーズ、広島市西区観音新町にて
郊外型商業施設「(仮称)ハローズ観音新町店」着工と
発表。竣工は2023.02予定。運営はハローズ

22.09.15 **関連の話題**
スマートフォンを活用した「列車動揺判定システム」を
開発中と発表。10月、幕張メッセで開催される、
「ＣＥＡＴＥＣ2022」へ出展

22.09.17 **関連事業の話題**
中国ＳＣ開発、広島駅新幹線口側前、広島エキタに
コミュニティ広場「ekieエキタパーク」開業

22.09.21 **路線の話題**
美祢線厚狭〜長門市間、昼間時間帯集中工事のため、
昼間時３往復運転。バス代行輸送実施

22.09.21 **駅の話題**
天王寺駅、「天王寺ミオ プラザ館」、開業60周年を迎える。
09.22から記念企画「カンレキフェスティバル」開催

22.09.22 **駅の話題**
北陸新幹線加賀温泉駅、駅舎の建設工事完了。ホームは
相対式２面４線。所在地は加賀市作見町。在来線隣接

22.09.22 **駅の話題**
北陸新幹線芦原温泉駅、駅舎の建設工事完了。ホームは
２面２線。所在地はあわら市自由ヶ丘。在来線隣接

22.09.22 **駅の話題**
北陸新幹線越前たけふ駅、駅舎の建設工事完了。ホーム
は相対式２面４線。所在地は越前市大屋町

22.09.23 **商品の話題**
西九州新幹線開業に伴い特別企画乗車券の見直し。山陽
新幹線と長崎発着にて設定している商品が中心

22.09.25 **運転の話題**
復活！213系「マリンライナー」（団体列車）、岡山〜高松
間、３両編成にて運転。「おか鉄フェス2022」関連企画

22.09.26 **路線の話題**
山陽本線柳井〜下松間、昼間時間帯集中工事のため、
昼間時運休。バス代行輸送実施（６往復）

22.09.28 **駅の話題**
鳥取駅、南口、シャミネ鳥取に新エリア
「えきなんフードパーク」開業

22.09.29 **関連の話題**
広島東洋カープ「ＪＲ西日本スポンサードゲーム」開催。
球場内でイベント実施。東京ヤクルトスワローズ戦

22.09.30 **乗車券の話題**
普通回数乗車券、発売終了。
ＪＲ東海線にまたがる普通回数乗車券も発売終了
ＪＲ東日本線にまたがる普通回数乗車券も発売終了
ＪＲ四国線にまたがる普通回数乗車券も発売終了
ＪＲ九州線にまたがる普通回数乗車券も発売終了

22.09.30 **駅の話題**
大阪駅、西高架エリアに開発の商業エリアの３〜５階

名称「バルチカ03」と決定。運営はＪＲ西日本大阪開発

22.09.30 **関連事業の話題**
ＪＲ西日本不動産開発、東京都港区赤坂、東京赤坂ＮＫ
ビル、竣工。16階建て、延べ床面積8,973.76㎡

22.09.30 **関連事業の話題**
ＪＲ西日本プロパティーズ、賃貸レジデンス「プレディ
アコート代々木上原」竣工。３階建て、24戸(1LDK)

22.10.01 **組織の話題**
近畿統括本部、和歌山支社、福知山支社を統合、合わせ
て京都支社を京滋支社、大阪支社を阪奈支社、神戸支
社を兵庫支社、福知山支社を福知山管理部と改称。
岡山支社、米子支社、広島支社を統合、中国統括本部に
中国統括本部を広島支社に設置、米子支社は山陰支社
に改称、岡山、広島支社は残存。
新幹線鉄道事業本部を再編、本社組織、新幹線本部と、
山陽新幹線統括本部を設置
組織改正に伴い、近畿総合指令所を設置、大阪、関西空
港、加古川、姫路、和歌山、福知山各指令所を編入。
中国総合指令所を設置、岡山、米子、広島各指令所を
編入。
福知山電車区、吹田総合車両所福知山支所と、
福知山電車区豊岡支所、
吹田総合車両所福知山支所豊岡派出所と、
岡山電車区、下関総合車両所岡山電車支所と、
岡山気動車区、後藤総合車両所岡山気動車支所と改称。
この組織改正にて車体標記も一部変更

22.10.01 **関連の話題**
「おかやま秋旅キャンペーン」開催。12.31迄

22.10.01 **車内の話題**
白浜〜新宮間限定で、自転車を分解せずに車内に持ち
込める新サービス「くろしおサイクル」スタート。乗降
可能駅は白浜、串本、紀伊勝浦、新宮

22.10.01 **車内の話題**
「サンダーバード」、訪日外国人向け無料公衆無線ＬＡＮ
サービス開始

22.10.01 **駅の話題**
金沢駅、荷物一時預り所に、その日のうちに東京駅に
荷物を運ぶ「はこビュンQuick」カウンター設置

22.10.01 **関連の話題**
大阪、新大阪、京都駅に、駅ナカ手荷物サービス
「CroSta」にベビーカーレンタルサービス「ベビカル」導入

22.10.01 **関連事業の話題**
ＪＲ西日本不動産開発、元町高架通商店街、高架橋橋脚
等の耐震補強工事、３・７街区完了、使用開始

22.10.01 **関連事業の話題**
ＪＲ西日本京都ＳＣ開発、脱炭素社会の実現に向けて、
CO_2 排出削減を行うため、京都駅前地下街ポルタの
西エリア飲食店ゾーンにて生ゴミ処理機(バイオ型)
本格運用開始

22.10.03 **路線の話題**
山陽本線厚東〜小月間、昼間時間帯集中工事のため運
休。関係する４往復、バス代行輸送実施

22.10.03 **路線の話題**
美祢線厚狭〜長門市間、昼間時間帯集中工事のため運
休。関係する３往復、バス代行輸送実施

22.10.03 **関連事業の話題**
ＪＲ西日本プロパティーズ、大阪市西区西本町(大阪
メトロ本町駅徒歩４分)に賃貸レジデンス「プレディア
コート本町」が９月中旬竣工と発表。15階建て、42戸
(１LDK)

22.10.06 **駅の話題**
新神戸、相生、加古川、住道駅、
個室ブース「STATION BOOTH」開業

22.10.07 **駅の話題**
岡山、北長瀬、中庄、倉敷、新倉敷、福山駅にモバイル
バッテリーレンタルサービス「充レン」設置

22.10.08 **駅の話題**
大津駅、駅前にて「おおつ駅前マルシェ」開催。９日も

22.10.11 **路線の話題**
山陰本線益田〜新萩間、昼間時間帯集中工事のため、
約７時間30分程度運休。14日迄。運休列車６本

22.10.12 **車両の話題**
特別な旅を創る新たな観光列車、2024秋デビューと発表。
キハ189系を改造。コンセプトは地域の華(はな)を
列車に集めて、お客様と地域の縁を結ぶ列車

22.10.12 **駅の話題**
大阪駅、中央口改札外、「鉄道開業150周年記念 ポップ

アップショップ」、25日迄の期間限定開催

22.10.14　駅の話題
大阪駅、大阪ステーションシティにて、「鉄道開業150周年記念フェア」開催。15日迄。記念きっぷの販売等

22.10.14　駅の話題
京都、新大阪、大阪、新神戸駅にて、「鉄道開業150周年記念駅弁」販売を開始

22.10.14　駅の話題
広島駅、北口(新幹線口)にて「祝・鉄道開業150周年駅弁祭り」を16日迄開催

22.10.15　関連の話題
三次駅にて「三次鉄道部 鉄道の日イベント」開催

22.10.16　関連の話題
岡山電軌とコラボ、「おか鉄フェス2022 鉄道の日フェア」を岡山駅前、岡山電軌東山車庫にて開催

22.10.17　駅の話題
新大阪駅、東口の「近距離型自動券売機」でタッチレスパネルの実証実験実施。期間は約2箇月

22.10.17　路線の話題
舞鶴線綾部〜東舞鶴間、19日迄の3日間、昼間時間帯9時頃〜15時頃迄、集中工事実施のため運休。バス代行輸送実施

22.10.18　路線の話題
関西本線柘植〜亀山間、9時頃〜14時15分頃迄、集中工事実施のため運休。10.25、11.01・08も実施

22.10.18　路線の話題
芸備線下深川〜中三田間、21日迄の3日間、昼間時間帯9時頃〜16時頃迄、集中工事実施のため運休。バス代行輸送実施

22.10.18　路線の話題
山口線宮野〜徳佐間、昼間時間帯集中工事のため、約8時間程度運休。運休列車6本。21日迄と25〜28日

22.10.19　駅の話題
京都駅、5番線のりば、昇降式ホーム柵、使用開始

22.10.20　車両の話題
特急「やくも」に投入する新型車両273系のデザイン決定。4両編成11本44両、2024春以降に営業運転開始予定。グループ向け座席を設置、国内初となる「車上型自然振り子方式」を採用

22.10.20　関連事業の話題
JR西日本不動産開発、横浜市旧南区総合庁舎跡地に複合商業施設「VIERRA蒔田」オープン

22.10.23　関連の話題
博多総合車両所、一般公開「新幹線ふれあいデー」、3年ぶりに開催

22.10.24　路線の話題
播但線福崎〜寺前間、26日迄と31日〜11.02迄の6日間、昼間時間帯9時頃〜15時頃迄、集中工事実施のため運休。バス代行輸送実施

22.10.24　路線の話題
山陰本線城崎温泉〜香住間、26日迄の3日間、昼間時間帯9時頃〜15時頃迄、集中工事実施のため運休。バス代行輸送実施

22.10.24　路線の話題
津山線金山〜津山間、26日迄と11.07〜09、14〜16、集中工事実施のため運休。運休時間帯リレーバス運行

22.10.24　路線の話題
呉線竹原〜広間、27日迄4日間、11.14〜17、28〜12/1、12/12〜15、2023.01.24〜26、昼間時間帯9時頃〜16時頃迄、集中工事実施のため運休。バス代行輸送実施

22.10.25　関連の話題
京都女子大学とデータサイエンス・女性活躍推進に向けた連携協定締結、締結式開催

22.10.27　関連事業の話題
JR西日本不動産開発、計画中の分譲マンション「ジェイグラン京都西大路」において、京大の自然科学分野における研究者と連携、環境共創型マンションにおける産学連携締結

22.10.28　駅の話題
天王寺駅、ショッピングセンター「天王寺ミオ」に西日本最大級の売り場面積の「ジーユー」開店

22.10.30　関連の話題
初島、箕島、紀伊宮原駅、「きのくに線マルシェ」を開催

22.10.31　路線の話題
山陽本線岩国〜柳井間、3323M、3318Mからの各上下4本、集中工事実施のため運休。バス代行輸送実施

22.11.01　運転の話題
2020.09.01から一部列車運休(22本)となっていた「はるか」のすべての列車、運転再開。運転本数60本に

22.11.01　駅の話題
北陸本線西金沢駅、無人駅化(10.31にて窓口営業終了)

22.11.01　関連の話題
せとうち観光ナビ「setowa」、「Tabiwa by WESTER」にリニューアル。北陸エリアが対象に加わる

22.11.01　関連の話題
「山陰鉄道開業120周年記念 鳥取県鉄道デジタルスタンプラリー」実施。12.12迄

22.11.01　関連事業の話題
ジェイアール西日本デイリーサービスネット、ジェイアール西日本ホテル開発、JR西日本ヴィアイン、ヴィアイン浅草、この日限り営業終了

22.11.01　関連事業の話題
ジェイアール西日本デイリーサービスネット、東京都港区赤坂に「ヴィアインプライム赤坂＜茜音の湯＞」開業。345室。JR西日本不動産開発が建設

22.11.02　関連の話題
伯備線普通列車(総社→岡山間)を活用した定期的なパンの輸送サービスに。実証実験は2022.02から実施

22.11.04　関連の話題
列車で輸送した地産品逸品ブランド「FRESH WEST」(新幹線、特急列車による即日輸送)誕生

22.11.07　路線の話題
山陽本線小月〜下関間、昼間時間帯集中工事のため概ね9時30分〜15時頃まで運休。バス代行輸送実施。工事は12.05、23.01.16も実施

22.11.07　関連の話題
朝通勤時間帯にチケットレスサービスで在来線特急列車利用者に、「駅ナカコンビニ200円クーポン」プレゼント実施。12.26までの月曜日が対象

22.11.08　路線の話題
山口線徳佐〜日原間、昼間時間帯集中工事のため約7時間程度運休。運休列車6本。〜11・15〜18・29〜12.02

22.11.08　路線の話題
芸備線吉田中〜中三田間、昼間時間帯集中工事のため、昼間時間帯集中工事のため概ね9〜16時運休。工事は8〜11・12.06〜09・23.02.07〜10も実施

22.11.14　路線の話題
山陽本線徳山〜新山口間、昼間時間帯集中工事のため概ね9時30〜15時頃まで運休。バス代行輸送実施。工事は28日も

22.11.15　駅の話題
大阪駅、直結の大型複合施設「梅田3丁目計画(仮称)」、上棟式実施。竣工予定は2024.03

22.11.15　路線の話題
関西本線伊賀上野〜亀山間、9時頃〜14時30分頃迄、集中工事実施のため運休。11.22・29、12.06も実施

22.11.15　路線の話題
和歌山線五条〜橋本間、昼間時間帯集中工事のため、18日迄の4日間、9時頃〜15時頃迄列車運転休止

22.11.17　路線の話題
山陰本線長門市〜小串間、昼間時間帯集中工事のため、約6時間30分程度運休。運休列車8本。バス代行輸送実施。11.22・24・25、2023.01.17〜20、03.16も

22.11.18　運転の話題
「2025年大阪・関西万博」に向けた、万博アクセス輸送への取組みを発表。新大阪〜桜島間に直通臨時車設定。JRゆめ咲線列車の増発。また大阪メトロ中央線との乗換え結節点となる弁天町駅の改良等

22.11.20　駅の話題
西広島駅、橋上駅舎及び自由通路完成、供用開始。2021.12.19に暫定開業

22.11.20　路線の話題
奈良線、2023春、複線化第2期事業にてJR藤森〜宇治間(9.9km)等の完了を記念、宇治川に架けられた新たな橋梁上を歩く「宇治川橋梁ウォーク」開催

22.11.21　営業の話題
「『お子様1000円！』ファミリーきっぷ」発売。こども1名を含む2名以上が同一行程に限り発売。1回の予約につき「こども」は2名分まで購入可能。山陽新幹線、北陸・南紀・北近畿・山陰方面の一部区間に設定

22.11.26　運転の話題
大糸線全通65周年を記念、えちごトキめき鉄道「雪月花」が糸魚川〜南小谷間に乗入れ。団体列車のコースは、

南小谷～長野間は「リゾートビューふるさと」、長野～糸魚川間は北陸新幹線に乗車

22.11.26 駅の話題
山陽本線西高屋駅、仮駅舎供用開始

22.11.30 路線の話題
美祢線厚狭～長門市間、昼間時間帯集中工事のため、約6時間30分程度運休。運休列車6本。01.25、03.22も

22.11.30 関連事業の話題
ＪＲ西日本イノベーションズ、大阪産「ＰＲＯＦＩＳＨ陸上トラフグ」の販売開始。陸上養殖水産物ブランドに対して、「ＰＲＯＦＩＳＨ（プロフィッシュ）」を初認証

22.12.01 駅の話題
大阪駅、東海道線支線地下化・新駅設置事業により整備する「大阪駅（うめきたエリア）」と現在の大阪駅西側エリアにそれぞれ設置する改札口、うめきた地下口、西口と名称決定

22.12.01 路線の話題
北陸新幹線、ＡＩを用いた「積雪量予測モデル」の本運用開始

22.12.01 関連の話題
「tabiwa by WESTER」、北陸エリアに拡大、「tabiwa周遊パス」、「tabiwaチケット」を発売開始

22.12.01 関連の話題
「デジタルスタンプラリー 北陸周遊物語」、2023.03.31迄開催

22.12.06 車両の話題
建築限界測定車オヤ3131、1月以降にえちごトキめき鉄道に車両譲渡と発表

22.12.09 路線の話題
大阪駅（うめきたエリア）開業に伴う運行体系等発表。大阪駅（うめきたエリア）と大阪駅（西側エリア）との改札内連絡通路を設置、「はるか」、「くろしお」が大阪駅（うめきたエリア）に停車、おおさか東線の列車が同駅まで乗入れのほか、おおさか東線「直通快速」がＪＲ淡路駅に停車、車両は207系・321系7両編成から221系8両編成に変更

22.12.09 路線の話題
山陽本線姫路～英賀保間に新駅設置と発表。新駅は相対式2面、自由通路を設置。開業予定は2026春

22.12.13 路線の話題
山陰本線東萩～長門市間、昼間時間帯集中工事のため、約7時間程度運休。16日迄。運休列車6本

22.12.16 路線の話題
東海道本線向日町駅、自由通路整備・駅舎橋上化事業の概要を発表。工事着手は2022.12。2025夏頃、一部供用開始。全面供用開始は2026冬頃。東口を新設

22.12.17 路線の話題
奈良線、複線化開業に向けて線路切換工事に伴い、六地蔵～城陽間にて21時頃から運転中止。振替輸送を実施

22.12.19 駅の話題
東海道本線千里丘、岸辺駅、「みどりの窓口」跡地を活用したカプセルトイ専門店、開業

22.12.20 駅の話題
小浜線全通100周年を記念、『「駅メモ！＆アワメモ」で行こう！小浜線キャンペーン』実施。2023.05.07迄

22.12.20 駅の話題
三ノ宮駅、4番線のりば、昇降式ホーム柵、使用開始

22.12.20 駅の話題
岡山、倉敷、米子、松江、出雲市駅、使用済みの乗車券の持ち帰り希望者に、券面に乗車記念押印を2023.03.31迄実施

22.12.21 駅の話題
ＪＲ総持寺、新長田駅、宅配ロッカー「ＰＵＤＯステーション」設置

22.12.22 車両の話題
奈良線、2023.03.18、高速化・複線化第二期事業が完了を記念、「ＷＥラブ奈良線！ＷＥラブ赤ちゃん！」ヘッドマークシール列車、運行開始。221系6両編成4本に掲出。車両はおおさか東線等にも充当、2023.09頃まで運行

22.12.25 路線の話題
山陽本線厚東～新山口間、保守工事に伴い厚東23:01発運休

22.12.25 駅の話題
京都駅、地下中央改札口、営業終了

23.01.09 関連事業の話題
ジェイアール西日本フードサービス、スターバックスコーヒージャパンとライセンス契約締結。2023秋以降、駅構内にて開業を予定

23.01.11 運転の話題
伯備線、普通列車を活用したパン輸送・販売、好評なことから祝日を除く毎週水曜日と変更（第1・3水曜日から）

23.01.15 駅の話題
鹿児島の海から、旬のお魚を新幹線で即日お届け！朝どれお魚新幹線「かごんまっ！便」始動。2023.02.28迄試験運用

23.01.16 路線の話題
山陽本線小月～下関間、昼間時間帯集中工事実施のため9～15時頃迄運休。バス代行輸送実施

23.01.16 関連の話題
公式アプリ「WESTER」と個別選択型スタンプラリー「マイグル」を活用した「和歌山線に乗っていこらよデジタルスタンプラリー」、02.26迄実施

23.01.17 路線の話題
山陰本線長門市～小串間、20日迄の4日間、昼間時間帯集中工事実施のため10～17時頃迄運休。バス代行輸送実施

23.01.17 関連事業の話題
ＪＲ西日本不動産開発、「（仮称）心斎橋プロジェクト」建設工事に着手。竣工予定は2026.02。地上28階建て。ヒューリック等4社にて推進の事業

23.01.18 車両の話題
新快速、有料座席サービス「Ａシート」の新型車両225系、近畿車輛にて報道公開。指定席座席は44名に変更

23.01.19 運転の話題
観光列車「長門湯本温泉うたあかり号」（新山口～厚狭～仙崎～長門湯本間）運転。車両は観光列車「○○のはなし」。復路は01.20、美祢～厚狭間。美祢線全線開業100周年プレ記念にて運転

23.01.21 駅の話題
広島駅、危険物探知犬に関する実証実験、25日迄実施

23.01.23 路線の話題
山陽本線糸崎～西条間、昼間時間帯集中工事のため概ね9時30分～16時30分頃まで運休。工事は02.13も実施

23.01.23 駅の話題
新大阪（在来線エリア）、阪和線鶴ケ丘～三国ヶ丘各駅、姫新線姫路～上月駅にて、駅設備の損傷通報システム「みんなの駅」実証実験、02.28迄実施

23.01.24 関連事業の話題
ＪＲ西日本プロパティーズ、長崎市片淵にて賃貸レジデンス「（仮称）プレディアコート片淵」の建設工事に着手。竣工予定は2023.12末。7階建て。最寄り駅は長崎電軌新大工町駅

23.01.27 ＩＣＯＣＡの話題
大阪バス、一部路線に導入開始

23.01.30 車両の話題
岡山・備後エリアに導入する新型車両の愛称名、「Ｕｒａｒａ」（うらら）と決定

23.01.30 路線の話題
山陽本線徳山～新山口間、昼間時間帯集中工事のため概ね9時30分～16時30分頃まで運休

23.01.31 路線の話題
呉線三原～忠海間、昼間時間帯集中工事のため、概ね9時～16時の約7時間30分運休。運休列車は上り7本下り5本。02.02迄と02.14～16

23.02.01 ＩＣＯＣＡの話題
瀬戸内クルージング、利用サービス開始

23.02.01 関連事業の話題
ＪＲ西日本不動産開発、賃貸マンション「ビエラコート岸辺中」竣工。入居開始は02.04。岸辺駅北口から徒歩3分

23.02.02 車両の話題
岡山・備後エリア新型車両227系、近畿車輛にて報道公開。2023～2024年度に101両を導入

23.02.06 路線の話題
山陽本線柳井～下松間、昼間時間帯集中工事実施のため9～16時頃迄運休。バス代行輸送実施

23.02.08 駅の話題
北陸新幹線敦賀駅、02.15までに外観の全景が現れると発表

23.02.09 路線の話題
紀勢本線串本～周参見間、倒木に伴う運転休止を未然に防ぐため、始発から終電まで運休

23.02.11 路線の話題
大阪駅（うめきたエリア）開業に向けた線路切換工事、夜間～02.13早朝迄実施。02.12は「はるか」の全区間、全列車運休。「くろしお」は京都～新大阪～天王寺間、全列車運休。13日始発から「うめきた」地下ルート使用開始

23.02.14 路線の話題
山陰本線益田～東萩間、昼間時間帯集中工事のため、約7時間30分程度運休。17日迄。運休列車6本

23.02.16 関連の話題
新幹線荷物輸送を活用した新たな食体験提供サービス「PeakEats」の実証実験実施。25日迄と03.16～25

23.02.17 車両の話題
381系「スーパーやくも」塗装復刻。4両編成で運転開始。充当は「やくも」4・5・20・21号。5号、米子駅で式典開催

23.02.19 関連の話題
ＪＲ西日本ネット予約「e5489」リニューアル、予約履歴から簡単に予約ができるように改善等

23.02.19 駅の話題
山陽本線大竹駅、自由通路、橋上新駅舎及び店舗、開業

23.02.20 きっぷの話題
「大阪駅(うめきたエリア)開業記念きっぷ」、ＪＲ西日本公式オンラインショップ「DISCOVER WEST mall」にて発売。１セット３枚きっぷ(硬券)。発売価格3500円。
「西日本どこまで４ＤＡＹＳ(在来線乗り放題)」発売。発売期間は03.17迄。利用期間は02.21～03.21迄の連続する４日間。9800円。発売箇所はＪＲ西日本ネット予約「e5489」

23.02.22 駅の話題
広島駅、ekie２階おみやげ館フロア内、「しま商店」、リニューアルオープン

23.02.24 関連の話題
観光列車「花嫁のれん」、4月1日利用分から、食事券販売方法をみどりの窓口から観光ナビ「tabiwa by WESTER」に変更

23.02.27 関連の話題
日本旅行、野村総合研究所と「ツーリズム事業のデジタル化」の実現に向けたアライアンス契約を締結

23.02.28 路線の話題
北陸本線金沢～敦賀間(130.7km)の廃止届提出。廃止予定日は北陸新幹線金沢～敦賀間開業時

23.02.28 路線の話題
山陽新幹線、橋脚、高架橋柱、逸脱防止対策2027年度末までに完了を目指すと発表

23.03.01 駅の話題
京都駅、京都駅前地下街ポルタ、京都駅ビル専門店街ザ・キューブ、統合し「京都ポルタ」に。運営はＪＲ西日本京都ＳＣ開発

23.03.01 駅の話題
広島駅、新幹線口１階コンコースに手荷物サービス店舗「Ｃｒｏｓｔａ広島」開業

23.03.01 関連事業の話題
ＪＲ西日本不動産開発、大阪市港区で介護付き有料老人ホーム開設。竣工は02.13。４階建て

23.03.04 車両の話題
関西本線加茂～亀山間にてラッピング列車「お茶の京都トレイン」、運行開始

23.03.04 駅の話題
富山駅、北陸新幹線開業８周年イベント開催。５日も

23.03.07 駅の話題
西宮駅、自由通路に西宮市立図書館「予約図書受取ロッカー」設置

23.03.07 関連の話題
旧大阪中央郵便局跡地を含む大阪駅西地区にて開発を進めている梅田３丁目計画(仮称)の建物名称、同建物内商業施設名称を「ＪＰタワー大阪」、「ＫＩＴＴＥ大阪」に決定

23.03.07 関連の話題
鳥取県米子市と、下水道終末処理場等包括的運転維持管理業務委託、締結。委託期間は2023.04.01～2026.03.31

23.03.09 関連の話題
山陰支社にて新型特急「やくも」に使用の新型座席、報道公開

23.03.09 関連の話題
大東建託と「まちづくりに関する共同研究」開始

23.03.10 駅の話題
2024春、延伸開業となる北陸新幹線金沢～敦賀、開業６駅の発車メロディ決定

23.03.11 駅の話題
津山駅、エレベーター等バリアフリー整備。供用開始

23.03.16 車両の話題
381系国鉄色「やくも」、国鉄、ＪＮＲマーク取付(復刻)。01.19、02.16、後藤総合車両所出雲支所等見学ツアー公開

23.03.16 駅の話題
奈良線京都～奈良間にてラッピング列車「お茶の京都トレイン」、運行開始。221系６両編成

23.03.16 車内の話題
湖西線マキノ～近江塩津間、山陰本線嵯峨嵐山～馬堀間、阪和線山中渓～紀伊間、トンネル区間における携帯電話通信サービス開始

23.03.16 駅の話題
湖西線比良駅、バリアフリー設備、使用開始

23.03.17 駅の話題
奈良線六地蔵駅、新駅舎完成式典開催。使用開始は18日

23.03.17 関連の話題
次世代スマートロッカーを活用した新たな商品受取サービス「pikuraku(ピクラク)」の実証実験開始

23.03.17 きっぷの話題
「名古屋指定席特急回数券」、発売終了

23.03.18 路線の話題
奈良線ＪＲ藤森～宇治間(9.9km)、新田～城陽間(2.1km)、山城多賀～玉水間(2.0km)、複線化。京都～城陽間はこれにより全線複線化

23.03.18 駅の話題
大阪駅(うめきたエリア)開業。顔認証改札口、実証実験開始。近未来の案内サービスを実装。ホームは２面４線。21・24番線に発車メロディ導入(特急列車のみ)。視覚障がい者ナビシステム「shikAI」サービス開始。西口改札から地下口を改札内で繋ぐ地下連絡通路、供用開始。うめきた地下改札内に駅弁自動販売機設置

23.03.18 ダイヤ改正
山陽新幹線、「さくら」、新たに一部車、西明石駅に停車。
北陸新幹線、所要時間最大２分短縮。東京～金沢間最速列車の所要時間、２時間25分に(かがやき509号)。
ＪＲ京都・神戸線、新快速「Ａシート」運転本数を拡大。
大阪駅発着「ひだ」に新型車両ＨＣ85系を投入。
大阪駅(うめきたエリア)開業に伴い、おおさか東線列車の同駅迄の乗入れ開始。直通快速、ＪＲ淡路駅に停車。おおさか東線、直通快速は221系８両編成を投入開始。
奈良線、全線複線化に対応、所要時間短縮、列車増発。
和歌山駅、昼間時間帯、発車時刻を統一。
山陽本線岩国～下関間、終日ワンマン運転開始。
宇部線新山口～宇部間、山陰本線小串～下関間、昼間時間帯中心から、終日ワンマン運転に。
中国統括本部エリア、運転本数、運転区間見直し。　等

23.03.18 車両の話題
和田岬線103系、この日をもって引退。兵庫駅にて出発式開催。03.01から記念ヘッドマークを掲出

23.03.18 運転の話題
新山口駅にて、「ＤＬやまぐち号」出発式開催

23.03.18 ＩＣＯＣＡの話題
防長交通、路線バスにＩＣＯＣＡ導入開始

23.03.18 商品の話題
「J-WESTチケットレス390」「新快速[Ａシート]チケットレス指定券」、2023.04.28迄の期間限定で発売開始

23.03.18 駅の話題
広島駅、地下道南口改札、リニューアル。供用再開

23.03.18 駅の話題
播但線福崎駅、バリアフリー設備、使用開始

23.03.18 関連事業の話題
ＪＲ西日本イノベーションズ、かわはぎの陸上養殖「ぽちゃかわハギ」販売開始。鮮度抜群にて肝まで安心して生で食べられる。生産地は出雲市奥宇賀町

23.03.22 関連の話題
「モバイルＩＣＯＣＡ」サービス開始(Androidスマホ対象)

23.03.22 路線の話題
美祢線厚狭～長門市間、昼間時間帯集中工事のため概10時～14時頃まで運休。代行バス輸送実施

23.03.22 駅の話題
芦屋駅、待合空間の供用開始。駅ナカ２店舗開業。改修のお手洗いは12.03に供用開始。期間限定で入れ替わるスイーツ店「エキマルスイーツ芦屋」開店

23.03.23 関連の話題
「SAKU美SAKU楽ラッピングタクシー」の車両展示会を津山まなびの鉄道館にて開催

23.03.24 関連の話題
「くろしお号」で和歌山の鮮魚を京都まで運ぶ貨客混載輸送の実証実験実施。輸送に45時間を24時間に短縮

23.03.25 ＩＣＯＣＡの話題
防長交通、湖国バスの路線バスで利用可能に

23.03.25 駅の話題
奈良駅、臨時特急「まほろば号」運行開始記念、物産展開催

23.03.26 駅の話題
山陰本線三見駅、駅舎を萩市移住検討者の「お試し暮らし住宅」に改装、開所式開催。間取りは１ＬＤＫ

23.03.28 車両の話題
「カープ応援ラッピングトレイン2023」運行開始。車両は広島支所 227系Ａ25編成

23.03.30 駅の話題
博多駅、新幹線改札内に宗像市の魅力を発信する「そのおいしい！実は宗像ＰＲコーナー」オープン

23.03.31 車内の話題
北陸・山陽新幹線、新幹線車内文字ニュース、提供終了

23.03.31　駅の話題
　　　　　茨木、放出、福島駅、駅ホームの安全性向上に向けて、「ホーム安全スクリーン」使用開始

2023年度

23.04.01　料金の話題
　　　　　「鉄道駅バリアフリー料金」設定開始。設定エリアは大阪環状線（桜島線含む）、ＪＲ京都・神戸線京都〜西明石、ＪＲ東西線・学研都市線尼崎〜長尾間、大和路線ＪＲ難波〜奈良間、阪和線天王寺〜東羽衣・関西空港・和歌山間、山陽新幹線新大阪〜西明石間

23.04.01　料金の話題
　　　　　在来線特急料金の一部見直し。Ｂ特急料金をＡ特急料金に統一、「おトクな特急料金」見直し、新幹線と在来線特急列車との「乗継割引」廃止

23.04.01　ＩＣＯＣＡの話題
　　　　　山陽本線徳山〜下関間、山口線湯田温泉・山口駅及び新幹線ＩＣ定期券サービスを山陽新幹線全線に拡大。
　　　　　本四バス開発、路線バス、高速バスに導入。
　　　　　津山市コミュニティバス「ごんごバス」に導入。
　　　　　鳥取市100円循環バス「くる梨」に導入

23.04.01　車両の話題
　　　　　117系、113系、湖西線、草津線から引退。関西地区から定期運行終了

23.04.01　組織の話題
　　　　　「鉄道カンパニー」の設置

23.04.01　ＩＣＯＣＡの話題
　　　　　サービスエリア、山陽本線徳山〜下関間に拡大。これにより山陽本線は神戸〜下関間にて利用可能に

四国旅客鉄道

22.04.01　商品の話題
　　　　　6月にかけて開催される観光キャンペーン「四国アフターデスティネーションキャンペーン」期間に合わせて、「四国アフターＤＣ満喫きっぷ」発売。
　　　　　土佐くろしお鉄道、阿佐海岸鉄道等と四国東部の観光を楽しむために「四国みぎした55フリーきっぷ」発売

22.04.02　車両の話題
　　　　　観光列車「伊予灘ものがたり」（2代目）、運転開始

22.05.17　路線の話題
　　　　　2019年度、2020年度、線区別収支と営業係数公表。予土線営業係数は、2019年度1137、2020年度1401

22.06.01　車両の話題
　　　　　観光列車「四国まんなか千年ものがたり」、7万人達成。イベント実施

22.06.15　運転の話題
　　　　　サイクルトレイン「えひめ・しまなみリンリントレイン」（混乗試験）、2023.02.26迄、実施期間延長

22.06.24　駅の話題
　　　　　高知駅、特急「南風」運行開始50周年を記念、「特急南風幕の内弁当」発売。2022.12.25迄販売

22.07.09　運転の話題
　　　　　特急「南風」運行開始50周年を記念、高知運転所日帰り旅、開催。高松〜高知〜高知運転所往復の団体列車。10日も実施。復刻国鉄色キハ185系、四国色2000系

22.07.22　車両の話題
　　　　　観光列車「志国土佐時代（とき）の夜明けものがたり」、2万人達成。イベント実施

22.08.04　駅の話題
　　　　　日本一営業日が短いＪＲ駅、予讃線津島ノ宮駅。3年ぶりに開設。開設は5日まで

22.08.10　関連の話題
　　　　　チケットアプリ「しこくスマートえきちゃん」、11月頃にサービス開始と発表。スマートフォンからクレジットカード等を利用、きっぷの購入ができる（09.22修正）

22.08.21　関連の話題
　　　　　予土線と連携した西土佐地域自動運転モビリティ実証実験を予土線江川崎〜道の駅よって西土佐間にて、28日迄実施。20日に試乗会開催

22.08.26　運賃の話題
　　　　　運賃改定、申請

22.08.26　関連事業の話題
　　　　　ＪＲ四国ホテルズ、宿泊特化型ホテル「ＪＲクレメント姫路」を運営と発表。「ヴィアイン姫路」（所有は㈶鉄道弘済会）を承継、開業は2022

22.08.29　路線の話題
　　　　　18：30過ぎ、予土線半家〜江川崎間にて落石、キハ324「海洋堂ホビートレイン」が衝突、脱線。運転再開は08.29

22.08.30　運転の話題
　　　　　特急「しおかぜ」「南風」運行開始50周年を記念、高松〜岡山〜津山間にて団体列車運転

22.08.31　関連の話題
　　　　　「四国家サポーターズクラブ」のホームページ開設。四国を元気に！（地域の観光振興、地域愛活性化等）

22.08.31　関連の話題
　　　　　賃貸レジデンス「Ｊ．リヴェール高松南新町」オープン。琴電瓦町駅徒歩4分。12階建て、44戸

22.09.02　料金の話題
　　　　　乗継割引の廃止及びＪＲ西日本にまたぐ場合のおトクな特急料金の廃止を発表

22.09.18　関連の話題
　　　　　地域の魅力の再発見、地域に貢献する人材育成のための「極め付け四国鉄旅〜さぬきの文化探訪〜」を香川大学の協力を得て企画、探訪地域は琴平町、多度津町

22.09.29　駅の話題
　　　　　高松、松山、徳島、高知駅、改札外に個室ブース「STATION BOOTH」を設置

22.09.30　乗車券の話題
　　　　　普通回数乗車券、発売終了。
　　　　　ＪＲ西日本線にまたがる普通回数乗車券も発売終了

22.10.01　駅の話題
　　　　　土讃線日下駅、日高村に駅舎譲渡

22.10.01　関連事業の話題
　　　　　ステーションクリエイト東四国、ステーションクリエイト愛媛、ステーションクリエイト高知の3社が合併。存続会社はステーションクリエイト東四国。合併後

| 22.10.01 | 駅の話題 |
| | 高知駅、「アンパンマンの日」お祝いイベント開催 |

JR四国ステーション開発と社名変更

22.10.01 **駅の話題**
高知駅、「アンパンマンの日」お祝いイベント開催

22.10.08 **運転の話題**
「サイクルトレイン愛ある伊予灘号」(松山〜伊予大洲間)運行。運転日は9・10・15・16・22・23日も

22.10.14 **関連の話題**
鉄道開業150周年企画「親子で楽しむ！とくしま『鉄道探検隊』」発売。徳島駅、徳島運転所見学と食事がセットがセットのツアー

22.10.15 **運転の話題**
鉄道開業150周年記念「共演！四国を彩る特急列車2000系団体専用列車で行く高松運転所日帰り旅」(高知〜高松〜高松運転所間)実施。2000系2両編成

22.10.20 **関連の話題**
「新時代」創造プロジェクト。新規事業アイデア募集

22.11.01 **関連事業の話題**
よんてつ不動産、社名をJR四国不動産開発と変更

22.11.05 **駅の話題**
卯之町駅、新駅舎完成、供用開始。新駅舎は地元、西予市産の木材(一部には「東京オリンピック2020」選手村で使用されていた木材も活用)

22.11.08 **営業の話題**
2021年度線区別収支及び営業係数公表。2020年度に引続き、すべての線区で営業損失を計上

22.11.16 **関連の話題**
徳島バス、KDDIとスマートフォン1つで地域住民の日常生活を支える地域交通の利便性向上と利用促進に向けて、2023.02.15迄実証実験実施

22.11.17 **関連の話題**
特急列車を活用した貨客混載相互輸送・販売の実証実験、宇和島→松山→岡山間、岡山→松山間にて実施。宇和島産「早生みかん」、岡山県産ぶどう「紫苑」を輸送

22.11.24 **関連の話題**
チケットアプリ「しこくスマートえきちゃん」サービス開始。アプリ公開に合わせて各種トクトクきっぷ発売開始。フリータイプ商品は11.28から、片道タイプ商品は12.01から利用開始。利用開始に合わせこれまでの商品、発売等見直し

22.11.26 **営業の話題**
観光列車「伊予灘ものがたり」(2代目)、乗車2万人達成

22.11.30 **関連事業の話題**
JR四国ホテルズ、「JRクレメントレイン姫路」開業。姫路市南駅前町、11階建て、客室数211室

22.12.03 **運転の話題**
予土線3兄弟三重連「ウィンタークルーズ号」運行(予土線)。鉄道ホビートレイン＋海洋堂ホビートレイン「かっぱうようよ号」＋しまんトロッコ連結の4両編成

22.12.09 **営業の話題**
鉄道事業の旅客運賃の改定申請の認可、届出。運賃改定予定は2023.05.20

22.12.14 **関連の話題**
「弘法大師空海御誕生1250年祭」における「善通寺市・総本山善通寺・JR四国の観光振興に関する連携協定」締結式

22.12.20 **車内の話題**
鳴門線、乗務員(運転士及び車掌)による列車乗降のお手伝い、試行開始。鳴門駅、駅係員営業時間は除く

22.12.26 **関連の話題**
薬王寺への初詣に便利でおトクな「スマえき厄除初詣きっぷ」発売。2023.01.03迄。設定は徳島〜日和佐間

22.12.28 **駅の話題**
坂出、丸亀、観音寺、伊予三島、新居浜、伊予西条、宇和島、志度駅、ワーププラザ営業終了

23.01.04 **関連の話題**
ワープ梅田支店、日・月・火曜日、祝日を休業日に

23.01.13 **車両の話題**
5000系「マリンライナー」、車体広告(ドア横ステッカー)販売開始。運用も開始。広告掲出場所2・3号車の合計12箇所

23.01.20 **旅行商品の話題**
牟岐線と阿佐海岸鉄道利用を促す「牟岐線沿線 魅力再発見ツアー」発売。03.17も実施。DMVにも乗車

23.01.27 **関連の話題**
消費者庁が実施する「平成4年度 消費者志向経営優良事例表彰」において、「消費者庁長官表彰」を受賞

23.02.12 **関連の話題**
乗務員用スマートフォンを、現在活用中の業務用携帯電話に替えて導入

23.02.21 **車内の話題**
サイクルトレイン「えひめ・しまなみリンリントレイン」、予土線サイクルトレイン(混乗試験)を2024.02.25迄延長と発表。予讃線は松山〜伊予西条間(自転車乗降駅は7駅)

23.03.18 **ダイヤ改正**
一部ダイヤ改正を実施

23.03.18 **車内の話題**
車内換気強化のため一時的に全ての列車の乗降ドアを自動扱いとしていたが、半自動扱いを再開

23.03.18 **関連の話題**
ポケット時刻表、廃止

23.03.20 **関連の話題**
徳島駅ビル開業30周年を記念、「クレメントプラザお買い物きっぷ」発売。発売期間は05.07迄

23.03.21 **関連の話題**
瀬戸大橋線開業35周年、「瀬戸大橋線開業35周年記念デジタルスタンプラリー」開催。12.031迄

2023年度

23.04.01 **料金の話題**
新幹線(「サンライズ瀬戸」含む)と在来線特急列車との乗継割引廃止

23.04.01 **組織の話題**
運輸部運転課、輸送課を統合、運輸課を新設

駅弁の話題

22.08.17 **崎陽軒　横浜、新横浜駅等駅弁**
「シウマイ弁当」、23日まで、「鰆の漬け焼」を「鮭の塩焼き」に変更して販売

九州旅客鉄道

22.04.01　料金の話題
在来線特急、車内で発売する特急券の発売額見直し。割引きっぷの発売終了、価格見直し等を実施

22.04.01　組織の話題
宮崎総合鉄道事業部を宮崎支社に変更

22.04.10　関連事業の話題
ＪＲ九州高速船、新型高速船「ＱＵＥＥＮ　ＢＥＥＴＬＥ」、新規航路博多〜門司港間にて運行開始。指定日運行

22.04.01　関連の話題
新出光と太陽光発電設備の第三者所有による自家消費型電力購入契約締結、再生可能エネルギーの発電と自家消費を開始。供給場所は長崎支社長崎工務所

22.04.04　関連の話題
福岡市油山にて、複合体験型アウトドア事業に参入。事業対象地域は油山市民の森、油山牧場

22.04.06　車両の話題
西九州の海めぐり観光列車「ふたつ星4047(よんまるよんなな)」のインテリアデザイン。2022.09.23運行開始発表。運行ルートは午前発武雄温泉→長崎間(長崎本線経由)、午後発長崎→武雄温泉(大村線経由)。種車は観光列車「はやとの風」

22.04.06　駅の話題
熊本駅、新幹線口の隣接地に「ＪＲ熊本春日北ビル」建設工事の安全祈願祭開催。6階建て、延べ床面積5168㎡、竣工予定は2023.03

22.04.08　車両の話題
クルーズトレイン「ななつ星in九州」、2号車に茶室を設ける等のリニューアル工事を10月までに実施と発表。また10月からは霧島、雲仙を巡る新コースも設定

22.04.08　駅の話題
博多駅、5・6番線店舗、第5弾、糸島鯛ラーメン「穂と花.(ほとはな)」開業。06.30迄営業

22.04.21　関連の話題
日南市指定文化財「旧伊東伝左衛門家」を改修した宿泊施設「茜さす 飫肥(おび)」オープン

22.04.23　関連の話題
鉄道開業150年を記念、小倉総合車両センターに「小倉工場鉄道ランド」開設。水戸岡鋭治ドーンデザイン研究所代表の作品を一堂に展示

22.04.25　関連事業の話題
ＪＲ九州フードサービス、福岡市博多区に開業する「三井ショッピングパークららぽーと福岡」に食事処「うまや」開業

22.04.27　運賃・料金の話題
西九州新幹線武雄温泉〜長崎間に適用する運賃及び特急料金の上限額について認可申請。武雄温泉〜長崎間の営業キロ数は69.6km。諫早〜長崎間は長崎本線として並行在来線が存在するため24.9kmと同一。博多〜長崎間は、「かもめ」＆「リレーかもめ」自由席特急料金2,660円＋運賃2,860円の合計5,520円と460円プラスに

22.04.27　駅の話題
佐賀駅、高架下西側エリア(約2,800㎡)をリニューアル。2023春開業予定

22.04.28　関連事業の話題
ＪＲ九州フードサービス、北九州市八幡東区に開業する「ＴＨＥ　ＯＵＴＬＥＴＳ　ＫＩＴＡＫＹＵＳＨＵ」に「うまや」開業

22.05.10　運転の話題
西九州新幹線武雄温泉〜長崎間、車両走行試験開始。06.16にて、最高速度260km/hも運転実施、走行試験完了。06.20からはＪＲ九州による訓練運転等実施。西九州新幹線最大勾配は30‰。最長トンネルは新長崎トンネル(7460m)

22.05.27　路線の話題
日田彦山線添田〜夜明間29.2km、ＢＲＴ(バス高速輸送システム)にて復旧。路線名を正式名称、日田彦山線ＢＲＴ。愛称名をＢＲＴひこぼしラインと発表。開業時期は2023夏。彦山駅〜宝珠山間14.1kmは専用道区間。運行区間は添田〜夜明・日田間

22.05.27　関連の話題
西九州新幹線開業を控えた佐賀・長崎エリアに「西九州観光まちづくりＡＷＡＲＤ」を創設

22.06.01　関連の話題
「ＪＲ九州あんしんサポートネット」サービス開始。お身体の不自由な方に安心・快適に利用できる鉄道の実現に向け、スマートフォン等から事前に「ＷＥＢ受付窓口」を開設

22.06.10　関連事業の話題
ＪＲ九州システムソリューション、未来の働き方実現に向けて、沖縄のＯＣＨと業務提携契約を締結

22.06.17　商品の話題
西九州新幹線開業に伴う割引きっぷ発表。博多〜浦上・長崎間、かもめネットきっぷ(指定席)は4,200円、佐賀以遠の西九州エリアフリーとなる「いい旅！西九州きっぷ」は2日間有効にて9,230円等

22.06.17　関連の話題
嬉野温泉宿泊施設「嬉野八十八(うれしのやどや)」、工事着手。2023秋開業予定

22.06.20　組織の話題
長崎総合乗務センター(西九州新幹線、在来線の乗務員基地)、熊本総合車両所大村車両管理室(西九州新幹線車両の保守・点検基地)、新大村新幹線工務所(線路及び電車線等の保守、点検拠点)設置

22.06.25　商品の話題
九州新幹線で「ＥＸサービス」利用開始。このＥＸサービスエリア延伸に合わせて、06.10から「ＪＱ　ＣＡＲＤエクスプレス」募集開始

22.06.30　路線の話題
日田彦山線ＢＲＴひこぼしライン添田駅〜夜明・日田駅設置駅数は鉄道駅から25駅増加の37駅と発表

22.06.30　関連事業の話題
ＪＲ九州システムソリューション、ウィズユニティの株式所得、子会社化(医療系システム開発等)

22.07.01　駅の話題
博多駅、使用する電気が再エネ電気に

22.07.01　関連の話題
運行情報「ＪＲ九州アプリ」、列車位置情報提供機能「どれどれ」の対象路線に、九州新幹線を追加

22.07.01　関連の話題
「日田彦山線ＢＲＴひこぼしライン」の愛称名にかけて「ひこぼしの願いごと」実施。七夕飾りの展示期間は07.04〜07.19、添田、日田駅等にて展示

22.07.08　駅の話題
博多駅、5・6番線店舗、第6弾、つけ麺「麺屋てっぽう博多店」開業。09.30迄営業

22.07.12　商品の話題
西九州新幹線開業に合わせて、「スーパー早特きっぷ」「eきっぷ」を、西九州新幹線を利用できるようにリニューアル。大阪・神戸〜長崎間設定

22.07.12　関連の話題
赤間、香椎、千早駅、3駅合同で「Instagram」開設。駅周辺の情報やイベント情報等を発信

22.07.14　車両の話題
787系デビュー30周年を記念、博多駅にて「36ぷらす3」にて出発式開催。同日、鹿児島中央〜市来間往復の「36ぷらす3」車内で「つばめレディ同窓会」開催

22.07.22　関連の話題
ＪＲグループ初！となるＶＩＳＡタッチ決済による実証実験開始。利用は博多、吉塚、箱崎、千早、香椎間5駅の相互区間内に限定。2023.03.31まで

22.07.28　路線の話題
日田彦山線ＢＲＴひこぼしライン、小型電気バス4台、中型ディーゼルバス2台を導入とデザイン発表

22.07.29　関連の話題
大阪ガス、ウエストホールディングスと共同で、下関市彦島の遊休地を活用した太陽光発電開発にて合意。2022.09以降に開発作業に

22.08.05　駅の話題
博多駅、筑紫口駅前広場、タクシー専用乗降場、広場を1周する屋根新設の再整備事業完成

22.08.07　関連の話題
西九州新幹線開業記念イベント、一日限りの「かもめ楽団」によるイベントを武雄温泉、長崎駅等の新駅にて開催とともに、「HAPPY BIRTHDAY」ラッピング新幹線を運転(試運転列車)

22.08.10　駅の話題
肥前山口駅、ホームの自動放送にメロディ導入。音源は江北町制70周年記念楽曲

22.08.20　運転の話題
門司港〜長崎間にて団体列車「415系長崎本線横断号ＴＨＥ　ＦＩＮＡＬ」運転。長崎発は21日

22.08.22　SUGOCAの話題
長崎本線鍋島〜江北間、佐世保線、大村線早岐〜ハウス

177

テンボス間、全19駅(バルーンさが駅含む)、2024年度
にSUGOCAを導入と発表

22.08.23 **車両の話題**
多様なデザインのラッピング「ロマンシング佐賀列車」、
運行開始。10.08からは唐津線、筑肥線山本〜伊万里
間走行列車の全車両が完了。佐賀県が関係人口創出の
ため実施する「ロマンシング佐賀2022」事業の一環

22.08.26 **関連事業の話題**
ＪＲ九州ホテルズ、京都市下京区、地下鉄五条駅徒歩
約2分に、「ＴＨＥ ＢＬＯＳＳＯＭ ＫＹＯＴＯ」開業。
9階建て地下1階、客室数180室

22.08.30 **運転の話題**
「荷物輸送サービス」エリア拡大に向けて、久大本線
日田・うきは→博多間にて実証実験。新鮮なフルーツ、
朝採れ野菜を「ゆふ」2号にて輸送。博多駅在来線中央
改札口前スペースにて、その商品を販売

22.08.30 **関連の話題**
ハウステンボスによる自己株式取得に応じ、保有する全
株をハウステンボスに売却を決定。売却時期は09.30

22.09.03 **運転の話題**
「かわせみ やませみ」、熊本〜三角を1日限り特別運行。
列車名は「やませみ かわせみ」81〜86号。同日は
「Ａ列車で行こう」1〜6号は運休

22.09.08 **路線の話題**
西九州新幹線武雄温泉〜長崎間、鉄道施設の検査合格。
合格書を交付

22.09.09 **運転の話題**
国鉄型415系セミクロスシート車で運転最後のツアー！
415系夜行急行「日南」号の旅、門司港〜鹿児島中央間
にて運転。鹿児島中央発は10日

22.09.10 **運転の話題**
西九州新幹線武雄温泉〜長崎間、報道関係者向け試乗会
開催。武雄温泉〜長崎間を往復

22.09.11 **車両の話題**
N700S「かもめ」、大村車両管理室にて全4編成並び
撮影を報道関係者向けに開催。午後は一般構内公開

22.09.12 **運転の話題**
「36ぷらす3」、月曜日ルート「金の路」(長崎往復)、
最終運行(当初計画の19日、台風14号通過にて運休)

22.09.16 **車両の話題**
「ふたつ星4047」、車両展示会を博多、佐賀、武雄温泉駅
にて開催

22.09.17 **運転の話題**
佐世保線を運行する885系、ラッピング車両、佐世保駅
にて出発式開催

22.09.17 **関連の話題**
「お荷物の即日輸送サービス」にて、博多→熊本、鹿児島
中央、長崎、大分間にて、09.01、4駅近辺地区への
「焼き立てパン」の個別配送の販売実施

22.09.18 **路線の話題**
18、19日に九州に上陸した台風14号の影響により、久大本
線野矢〜由布院間において道床流失等発生、豊後森〜
由布院間不通に。運転再開は10.02。
肥薩線吉松〜栗野間にて築堤崩壊が発生、吉松〜隼人間
不通に。運転再開は10.　。
吉都線西小林〜えびの飯野間にて築堤崩壊が発生、都城
〜吉松間不通に。運転再開は10.　。
指宿枕崎線指宿〜枕崎間にて倒木等が発生、不通に。
運転見合せは09.27。運転見合せは17日から
日南線大隅夏井〜志布志間にて築堤崩壊が発生、
南郷〜志布志間不通に。運転再開は2023春。
青島〜南郷間も同様に不通となったが09.23運転再開

22.09.18 **運転の話題**
西九州新幹線武雄温泉〜長崎間、試乗会開催。19日も。
しかしながら台風14号接近により両日とも中止

22.09.18 **関連の話題**
「大分車両センター415系車両撮影会」開催。鋼製車と
ステンレス車が並ぶ。大分駅〜車庫間は臨時列車利用

22.09.21 **車両の話題**
「ふたつ星4047」、報道関係者向け試乗会、実施

22.09.22 **車両の話題**
大分地区 415系鋼製車(100代、500代)、定期運行終了

22.09.22 **駅の話題**
新大村駅、立体駐車場開業

22.09.23 **ダイヤ改正**
西九州新幹線武雄温泉〜長崎間(69.6km)開業に伴い。
新幹線「かもめ」、1日あたり上下47本運転。

武雄温泉で「かもめ」と接続する在来線特急
「リレーかもめ」運転開始。
博多〜長崎間、所要時間30分短縮、1時間20分に。
門司港・小倉・博多〜佐賀・肥前鹿島間に
特急「かささぎ」運転開始。
博多〜佐世保「みどり」に885系を新規導入。
長崎本線は、肥前浜駅までは鳥栖方面からの直通列車を
運行のほかは、江北〜諫早〜長崎間ＤＣ列車による
運行に。
観光列車「かわせみ やませみ」、運転区間を豊肥本線
熊本〜宮地間に変更　など

22.09.23 **駅の話題**
西九州新幹線に嬉野温泉、新大村駅開業。
西九州新幹線駅は、ほかに武雄温泉、諫早、長崎駅。
嬉野温泉駅は嬉野市嬉野大字下宿甲、武雄温泉駅
から10.9km。新大村駅は大村市植松3丁目、嬉野温泉
駅から21.3km、諫早駅から12.5km
大村線に新大村駅、大村車両基地駅開業。新大村は
竹松駅から0.9km、諏訪駅から1.1km。大村車両基地駅
は大村市宮小路3丁目、松原駅から2.6km、竹松駅
から1.7km
肥前山口駅、地元、佐賀県江北町の要望を受けて、江北駅
と駅名改称。「ありがとう、肥前山口駅」記念入場券を
09.18から発売

22.09.23 **路線の話題**
長崎本線江北〜諫早間60.8km、上下分離方式に転換。
ＪＲ九州は同区間、第1種鉄道事業を廃止。第2種鉄
道事業者に。鉄道施設は佐賀県、長崎県が無償譲受、
経営を引継ぐ(第3種鉄道事業者は㈱佐賀・長崎鉄道管理
センター)。また、肥前浜〜諫早〜長崎間(67.7km)は
架線を撤去、非電化に

22.09.23 **車両の話題**
西九州エリアで使用するキハ47形リニューアル車両、
青く美しい有明海をイメージした青色をベースに、
朝日を浴びて光輝く黄色の波と、夕日が波間に沈む
イメージオレンジ色の波となって運行開始。運行区間
は江北〜早岐・長崎間

22.09.23 **関連の話題**
「西九州新幹線開業記念きっぷ」、長崎、諫早、新大村、
嬉野温泉、武雄温泉駅にて発売

22.09.23 **駅の話題**
長崎駅、東口駅前広場暫定使用開始。東口はかもめ口、
西口はいなさ口の出入口の愛称名設定

22.09.23 **関連の話題**
「ＪＲ九州アプリ」の列車位置情報提供機能「どれどれ」の
対象路線に西九州新幹線を追加

22.09.23 **関連の話題**
西九州新幹線開業に合わせ、佐賀、長崎の魅力をさらに
発信するため、ＪＲ九州独自の「西九州開店」キャン
ペーン開催。2023.03.31迄

22.09.23 **駅の話題**
小倉駅、3階イベントスペースにて25日迄、
「長崎街道かもめ広場 in 小倉駅」を開催

22.09.23 **関連事業の話題**
ＪＲ九州商事、西九州新幹線開業ポップアップストア、
東京、有楽町ビル1階に開店。2023.03上旬迄期間限定

22.09.23 **車両の話題**
鹿児島地区 415系、定期運行終了

22.09.30 **乗車券の話題**
ＪＲ西日本線にまたがる普通回数乗車券発売終了。
ＪＲ九州線完結の普通回数乗車券は
2021.09.30をもって発売終了

22.09.30 **関連事業の話題**
一平ホールディングス(宮崎市)と包括的連携協定締結。
「九州アイランド」プロジェクト(特産品販売等)実施

22.10.01 **駅の話題**
長崎駅、自律式自動洗浄ロボット導入による省力化や、
Ｉｏｔ技術を活用した分別ゴミ箱遠隔監視システムの
導入による回収業務のＣＢＭ化等、将来の清掃業務の
在り方についての実証実験開始

22.10.03 **運転の話題**
「36ぷらす3」、新・月曜日ルート「金の路」(博多〜佐世保
間往復)、運行開始

22.10.04 **関連の話題**
「小倉工場鉄道ランド」グランドオープン。鉄道ランド
行き特別列車のツアーを博多駅発着にて実施

22.10.06　車両の話題
「ななつ星in九州」、コンデナスト社の旅行誌「コンデナスト・トラベラー」が実施した読者投票「コンデナスト・トラベラー リーダース・チョイス・アワード2022」のトレイン部門にて、2年連続で世界一受賞

22.10.07　関連事業の話題
ＪＲ九州高速船、旅客船クイーンビートル「QUEEN BEETLE」がグッドデザイン賞を受賞

22.10.08　車両の話題
唐津線、ラッピングトレイン「ロマンシング佐賀列車」、運転開始。唐津駅にて出発式開催

22.10.08　関連の話題
「新幹線フェスタ2022in長崎・熊本」、長崎（かもめの巣）を熊本総合車両所大村車両管理室にて開催

22.10.12　関連事業の話題
ＪＲ九州商事、プレミアムロジックス（重量物の輸送）の株式取得。物流事業の拡大に向けて

22.10.15　車両の話題
「ななつ星in九州」、客室を14室30名から10室20名に、本格的な茶室を設置する等、大幅リニューアル、新コースにて運転開始。2号車はサロンカー、3号車はギャラリーショップに

22.10.15　関連の話題
「こどもおでかけきっぷ150」（こども150円でＪＲ九州線普通・快速列車1日乗り放題。15・16日の2日間限定）。さらにペットは0円

22.10.15　関連の話題
ＪＲグループ6社の列車を乗り継ぐ「旅 列車横断！つながる鉄道開業150年記念ツアー」、長崎〜札幌間5日間の旅実施

22.10.20　駅の話題
伊万里駅、駅ビル開業20周年記念切符、発売

22.10.24　車両の話題
「ＳＬ人吉」58654機、製造から100年を超えて老朽化が著しいこと等を踏まえて、2024.03頃にて運転終了と発表

22.10.25　駅の話題
佐賀駅、駅舎出入口に愛称名設定。南口は佐賀城口。北口はサンライズ口

22.10.25　関連の話題
「荷物輸送サービス」エリア拡大。九州新幹線途中駅（出水発）からの荷物輸送開始。「つばめ」318号、博多まで

22.10.27　関連の話題
福岡市東区箱崎7丁目、オフィスビル「i-PROビルディング」（西鉄・福岡市地下鉄貝塚駅、ＪＲ新駅予定地近く）を取得。取得日は09.30

22.10.30　関連の話題
「新幹線フェスタ2022 in長崎・熊本」、長崎（つばめの巣）を熊本総合車両所にて開催

22.11.04　関連事業の話題
ＪＲ九州高速船、日韓航路「ＱＵＥＥＮ ＢＥＥＴＩＥ」、就航開始。5日から当面は博多港発が土曜日、釜山港発、日曜日。11月は片道16,000円が8,000円特別運賃

22.11.18　車両の話題
「ＳＬ人吉」58654機、百歳記念イベント、八代駅にて開催。熊本〜八代間にて「ＳＬ人吉58654機百歳号」を特別運行。また当日は熊本〜八代間、特急「いさぶろう」1号、「しんぺい」4号も運転。記念乗車券発売

22.11.19　関連の話題
筑肥線唐津〜筑前前原間でサイクルトレインの実証実験実施。専用列車は上下各3本。利用対象駅は唐津、東唐津、虹ノ松原、浜崎、筑前深江、一貴山、筑前前原駅の計7駅。定員は各列車あたり40名

22.11.23　関連の話題
鹿児島車両センター、「鹿児島車両センター415系（500番台）車両撮影会」開催。抽選、参加費必要

22.11.24　関連事業の話題
ＪＲ九州ビルマネジメント、博多駅前3丁目に「ＪＲ九州の仲介 博多駅前店」（博多駅徒歩4分）オープン

22.11.30　路線の話題
2023夏開業のＢＲＴひこぼしライン（正式名称:日田彦山線ＢＲＴ）の7駅の待合ブースデザイン決定

22.11.30　関連の話題
駅を起点とした賑わい創り創出を行う「九州DREAM STATION」にぎわいパートナー」決定。事業開始時期は2023年度予定。駅は日豊本線霧島神宮駅、日南線青島駅、三角線三角駅、長崎本線長与駅の4駅。駅ごとにパートナーとなった事業者

22.12.01　車内の話題
サンタと一緒に「かもめ」に乗ろう！「サンタdeかもめ」、25日迄開催。設置車両は「かもめ」自由席（4〜6号車に1体）

22.12.03　関連の話題
「福北ゆたか線フェスタ2022in直方」、直方車両センターにて開催。博多〜直方間、885系特急列車も運転

22.12.03　関連の話題
関門鉄道トンネル開通80周年を記念、関門トンネルを特別公開（博多駅発着の旅行商品）。4日も実施

22.12.05　駅の話題
タッチ決済による実証実験に、JCB、American Express追加。実証実験は2023.03.31迄の予定

22.12.10　運転の話題
特急「有明」、リバイバル運転ツアー、783系「ハイパーサルーン」にて、博多〜八代〜水前寺〜吉塚間にて実施

22.12.16　車内の話題
観光列車「ふたつ星4047」車内で「ふたつ星みかん」販売開始。販売期間は2023.02頃まで

22.12.17　駅の話題
三角線網田駅、特急「A列車で行こう」停車駅となったこと、駅舎誕生123年を記念したイベント開催

22.12.17　関連の話題
小倉総合車両センター「気動車キハ40形運転操縦体験」開催。インターネット予約。参加費用必要。01.21、02.04も開催

22.12.17　関連事業の話題
ＪＲ九州商事、東京、有楽町ビル1階、ポップストアにて長崎の魅力」発信イベント、18日迄開催

22.12.20　駅の話題
博多駅、「つばめマルシェ＠博多」で、「かもめ」に載せて長崎の逸品を運んで販売開催

22.12.23　関連の話題
鹿児島の海から、旬のお魚を新幹線で即日お届け！朝どれお魚新幹線「かごんまっ！便」始動。2023.02.28迄試験運用

22.12.24　駅の話題
博多駅、3・4番線ホームにくつろぎスペース設置、利用開始。早生広葉樹センダン活用プロジェクトの一環でもある

22.12.27　駅の話題
博多駅、5・6番線ホーム待合室に透過型フィルム広告を設置。03.31迄

22.12.30　路線の話題
2023.01.03迄、日豊本線都城〜国分間6時台上下各1本運休

23.01.12　路線の話題
電力貯蔵装置を活用したデマンドレスポンス、筑肥線唐津変電所（供給区間は筑肥線福吉〜西唐津間約19km）にて、実施期間2023.04 〜 2024.03に行うと発表

23.01.18　駅の話題
熊本、鹿児島中央駅、「つばめマルシェ＠熊本・鹿児島」開催。01.19も。九州新幹線を活用した荷物輸送

23.01.21　路線の話題
日南線南郷〜福島今町間運転再開。福島今町〜志布志間復旧は2023.03末予定。この復旧にて全線運転再開

23.01.22　駅の話題
小倉駅、エキナカ学園祭 in 小倉駅、開催

23.01.23　関連事業の話題
おおやま夢工房。観光経済新聞社主催「人気温泉旅館ホテル250選」に5年連続選出とともに「5つ星の宿」に認定

23.01.23　関連事業の話題
ＪＲ九州ホテルマネジメント設立。温泉宿泊施設「嬉野八十八」（2023年秋開業予定）、「長崎マリオネットホテル」（2024年初頭頃開業予定）の開業準備と開業後の運営

23.01.28　関連の話題
整備中の「ＳＬ人吉」58654、見学会、小倉総合車両センターにて開催。02.11も。有料、ネット予約制

23.01.28　関連の話題
熊本県でＭaaＳアプリ「my route」のサービス開始。デジタルチケットの販売等実施

23.01.30　路線の話題
鹿児島本線大牟田〜植木間、昼間時間帯集中工事のため概ね10時30分〜15時頃まで4時間30分程度運休。上り20本、下り19本が運休。工事は02.06・13・20も実施

23.01.31　関連の話題
福岡市博多区博多駅東2丁目所在のオフィスビル取得。名称「ＪＲ博多駅東ＮＳビル」

23.02.09　路線の話題
日田彦山線ＢＲＴ（2023夏開業予定）、専用区間、筑前岩屋〜大行司間に設置を計画していた棚田親水公園駅、設置計画を中止と発表。開業時36駅にてスタート

23.02.11 **駅の話題**
嬉野温泉駅、「嬉野温泉まつり」、駅前広場で開催

23.02.12 **駅の話題**
黒崎駅、駅前で長縄跳び大会を初開催

23.02.21 **関連の話題**
鹿児島県と新幹線を活用した鹿児島県産品の高速物流と販売に関する連携協定締結。同日、鹿児島中央→博多間にて客室積載、大口ロット輸送の実証実験実施(臨時列車設定)

23.02.22 **関連の話題**
西九州新幹線「かもめ」、利用客数100万人突破

23.02.23 **駅の話題**
久留米駅、「JR久留米のりものパラダイス〜2023〜」開催

23.02.25 **運転の話題**
「SL人吉」50系客車を利用した初の夜行列車!郷愁の客車夜行「1121列車」の旅、門司港〜八代間にて運転

23.03.01 **運転の話題**
713系で行く!復活運転「快速ひむか」の旅(宮崎〜砂土原間往復)、団体臨時列車を運転

23.03.01 **駅の話題**
日田彦山線呼野駅、福北ゆたか線新入、勝野、春町駅にて、04.30迄、「お守りデザイン駅名標」に期間限定で変更。駅名モチーフ「合格祈願お守り」を篠栗、直方駅等で発売

23.03.04 **駅の話題**
佐賀駅、駅前交流広場で「佐賀の魅力さがしマルシェ」開催

23.03.05 **関連の話題**
篠栗トンネル(6173m)、ナイトウォーキングツアー開催。博多駅発着、団体列車を利用

23.03.07 **路線の話題**
BRTひこぼしライン、電気バス車両試験走行実施。当面は一般道を走行と発表

23.03.07 **駅の話題**
熊本駅、「JR熊本春日北ビル」竣工。6階建て。延べ床面積約5,148.60㎡

23.03.07 **関連の話題**
当社初となる物流施設、取得完了。所在地は福岡県粕屋郡粕谷町内橋東2丁目。名称は福岡北物流センター

23.03.09 **駅の話題**
博多駅、博多阪急前サブコンコース壁面にエンターテインメントの内容に特化した全長26mの巨大シート広告実施。22日迄。JR九州エージェンシー

23.03.12 **運転の話題**
713系で行く!復活運転「急行 錦江」の旅(宮崎〜鹿児島中央間)、団体臨時列車を運転

23.03.14 **関連の話題**
小倉総合車両センターにて、SL人吉58654号機「構内試運転見学会」開催(募集人員10名)

23.03.15 **路線の話題**
日南線福島今町〜志布志間復旧工事終了、全線運転再開

23.03.18 **ダイヤ改正**
九州新幹線「つばめ」の運転間隔、時刻を見直し利便性向上。深夜帯時刻見直しにより最終の「つばめ」343号運転取止め。各停タイプの「ソニック」、全列車を赤間駅停車に。福岡都市圏、鹿児島本線の朝・夕通勤通学時間帯で、一部列車の運転取時刻、運転区間等を見直し。熊本地区、最終列車の時刻を見直し

23.03.18 **駅の話題**
鹿児島本線小森江、都府楼南、有佐駅、大村線川棚駅、日田彦山線志井公園駅、駅体制の見直しにて、終日、駅係員不在に

23.03.21 **関連の話題**
熊本車両センター、「マヤ34形+DE10形 車両撮影会」開催

23.03.23 **関連の話題**
書籍「みんな、かもめ。」(西九州新幹線かもめ誕生秘話)、発売開始

23.03.29 **運転の話題**
鹿児島本線赤間間〜久留米間(67.4km)で「自動列車運転支援装置」の走行試験を3月から開始と発表。車両はBEC819系

23.03.31 **営業の話題**
「旅行の窓口」(九州内10店舗)、この日限り閉店

23.03.31 **駅の話題**
博多駅、清掃に自動床洗浄ロボット導入と発表

2023年度
23.04.01 **料金の話題**
新幹線及び特急列車のグリーン料金見直し。同日購入分から

23.04.01 **組織の話題**
施設部、電気部を統合、工務部設置

日本貨物鉄道

22.06.01 **関連の話題**
札幌貨物ターミナル駅構内にて、マルチテナント型物流施設「DPL札幌レールゲート」開業

22.07.15 **関連の話題**
東京貨物ターミナル駅構内にて、マルチテナント型物流施設「東京レールゲートEAST」竣工、入居開始。延べ床面積174,404.85㎡

22.08.19 **関連の話題**
ラッピングコンテナ「プチクマ」(ブルボン)、出発式、南長岡駅にて開催。31フィート冷凍コンテナ。利用は南長岡〜福岡貨物ターミナル間

22.10.26 **関連の話題**
08.31、日本経済新聞朝刊に掲載した「競争から協調へ。」の広告、日本経済新聞社「第71回日経広告賞」受賞

23.01.16 **車両の話題**
愛知機関区所属DF200形に、走行する愛知県、三重県をイメージしたラッピング機関車、運行開始。1号機

23.02.13 **運転の話題**
吹田貨物ターミナル〜安治川口間、補機併結運転開始

23.03.18 **ダイヤ改正**
東海道・山陽本線、ブロックトレインの輸送力増強。フォワーダーズブロックトレイン(越谷〜大阪・神姫地区間)の利便性向上。 地域間の輸送力増強。EF210形15両、DD200形3両、コンテナ4,000個、フォークリフト45台、トップリフター5台を新製

JRグループ

22.04.01 「鉄道開業150周年キャンペーン」開始
2023.03.31迄

22.04.19 「鉄道開業150周年キャンペーン」
「JR全駅入場券」、購入受付開始

22.07.01 岡山デスティネーションキャンペーン「こころ晴ればれ おかやまの旅」開催。09.30迄

22.07.15 「鉄道開業150周年キャンペーン」
STATION STAMP、120駅を追加、240駅に

22.09.23 **西九州新幹線開業に伴うおトクなきっぷ 取扱い変更**
「ジャパン・レール・パス」「ジパング倶楽部」「レール&レンタカーきっぷ」にて西九州新幹線利用可能

22.10.01 佐賀・長崎デスティネーションキャンペーン「あなたの旅のコンパスをSとNへ 佐賀と長崎へ出発進行!」開催。12.31迄

22.10.01 「鉄道開業150年記念 秋の乗り放題パス」及び「秋の乗り放題パス北海道新幹線オプション券」発売。ご利用期間は23日まで。連続する3日間有効

22.10.14 「鉄道開業150周年キャンペーン」
「JR東日本パス」発売。27までの3日間

22.10.26 シーズン別の指定席特急料金の見直しとグリーン車等への適用。シーズン別の指定席特急料金に最繁忙期(通常期+400円)を設定、4段階の料金設定へ[JR東海・JR西日本(北陸新幹線以外)・JR四国・JR九州]。グリーン車および寝台車等へのシーズン別料金の適用。2023.04.01乗車分から

22.10.26 「Japanese Beauty Hokurikuキャンペーン」開始。JR東日本・JR東海・JR西日本。2023.03.31迄

22.12.01 「Japanese Beauty Hokurikuキャンペーン」開始
JR東日本・JR東海・JR西日本と北陸三県誘客促進連携協議会、2023.03.31迄

23.01.01 第57回 京の冬の旅 キャンペーン開始。2023.03.27迄

今後の話題(計画)

2023年度 **JR西日本 路線の話題**
北陸新幹線金沢〜敦賀間開業

2027年度 **JR東海 路線の話題**
中央新幹線品川〜名古屋間開業

2030年度 **JR北海道 路線の話題**
北海道新幹線新函館北斗〜札幌間開業

JRバスグループ

22.04.01 ジェイ・アール北海道バス
北広島営業所、開業(長沼営業所、閉所も踏まえ)

22.04.01 西日本ジェイアールバス　高速バス　ダイヤ改正
京阪神〜高知線

22.04.01 西日本ジェイアールバス　ダイヤ改正(減便)
金沢地区才田線、中尾線、名金線、医王山線、牧線

22.04.01 ジェイアール四国バス　ダイヤ改正
「観音寺エクスプレス号」「高知エクスプレス号」

22.04.15 ジェイアールバス東北
古川〜仙台線、バスロケーションシステム利用開始

22.04.28 ジェイアールバス関東　ダイヤ改正
高峰高原線、高速バス「佐久・小諸号」。アサマ2000
スキー場、高峰マウンテンリゾートと改称

22.05.16 ジェイアールバス関東　ダイヤ改正
高速バス「東京〜流山・柏の葉線」

22.05.20 西日本ジェイアールバス
園福線、「もうひとつの京都」魅力発信ラッピングバス、
運行開始。2023.03.31まで

22.05.31 ジェイ・アール北海道バス　回数券販売終了(この日限り)

22.06.01 ジェイ・アール北海道バス
日勝線でのIC乗車券でのサービス開始

22.06.05 ジェイアールバス関東　ダイヤ改正
高速バス「東京〜冨里・八日市場線」。観光・交流拠点、
末廣農場への乗入れ開始

22.06.09 西日本ジェイアールバス
プレミアムドリーム車両、東京駅23:10→07:59大阪駅、
プレミアムドリーム423号をもって最終運行

22.07.01 ジェイアールバス関東・ジェイアール東海バス
「ドリームなごや」3・4号、2階建てバスに車両変更

22.07.01 西日本ジェイアールバス　金沢地区一般路線バスダイヤ改正

22.07.11 中国ジェイアールバス　ダイヤ改正
空港連絡バス「広島〜広島空港線」

22.07.16 ジェイアールバス関東　ダイヤ改正
高速バス「東京駅・新宿駅〜伊香保温泉・草津温泉線」。
川湯温泉駅、バス停を新設

22.07.16 ジェイアールバス関東　ダイヤ改正
みと号、つくば号、かしま号。増便

22.07.21 ジェイアールバス関東　ダイヤ改正
東京駅〜河口湖線・山中湖線、運行再開(コロナ禍)

22.08.01 ジェイアールバス関東・ジェイアール東海バス
運賃改定　東名高速線、中央ライナー名古屋号

22.08.01 ジェイアール東海バス・西日本ジェイアールバス
運賃改定　名神ハイウェイバス大阪線

22.08.01 ジェイアールバス関東　ダイヤ改正
東京駅〜冨里・多古・匝嵯線

22.08.01 ジェイアールバス関東　ダイヤ改正
東京〜京阪神線(昼特急号・ドリーム号)

22.08.01 ジェイアールバス関東・西日本ジェイアールバス
ダイヤ改正　長野〜京都・大阪線(青春ドリーム信州号)

22.08.01 ジェイアール四国バス　ダイヤ改正
松山〜徳島間「吉野川エクスプレス号」。
新型コロナ感染症の影響にて遍休していた松山・高松・
徳島〜名古屋「オリーブ松山号」運行再開

22.08.22 ジェイアール九州バス
嬉野線、牛の岳線にスマホ定期券を導入

22.09.01 西日本ジェイアールバス・ジェイアール四国バス
運賃改定　京阪神〜淡路島・四国、「高知エクスプレス号」
「高松エクスプレス大阪号」「かけはし号」等

22.09.20 ジェイアールバス関東・西日本ジェイアールバス
東京・新宿〜京阪神線、新商品及び学生応援キャンペーン
実施。2000円台から利用出来る割引サービス

22.09.20 ジェイアール九州バス
嬉野線、nimoca サービス開始

22.09.23 ジェイアール九州バス　ダイヤ改正
嬉野線、牛の岳線、西九州新幹線開業に合わせて実施。
嬉野温泉駅バス停を新設

22.09.30 ジェイアールバス関東
東京〜秦野丹沢線、この日限りにて路線廃止

22.10.01 ジェイアールバス東北　運賃改定
仙台〜米沢線、青森駅〜青森空港線

22.10.01 ジェイアールバス関東・ジェイアール東海バス
東京駅〜名古屋市内線、ダイヤ改正

22.10.01 西日本ジェイアールバス
大阪〜白浜線(りんくうタウン駅乗入れ開始)、
大阪〜津山線(やしろショッピングパークBio前設置)

若江線(一般路線バス)

22.10.05 ジェイアールバス東北
盛岡〜葛巻・久慈(白樺号)、盛岡〜仙台(アーバン号)、
盛岡バスセンター、乗入れ開始

22.10.20 ジェイアールバス関東　ダイヤ改正
高速バス「新宿〜伊勢崎線」

22.11.16 ジェイアールバス関東　ダイヤ改正
高速バス「東京駅〜成田空港線」

22.12.01 西日本ジェイアールバス　大阪〜岡山線ダイヤ改正

22.12.16 ジェイアールバス東北
「ドリーム山形・新宿号」、米沢駅東口、乗入れ開始

22.12.19 西日本ジェイアールバス　本社移転
大阪市此花区北港1丁目から、〒545-0053 大阪市阿倍
野区松崎町2丁目2番25号 阿倍野松崎町NKビル2
階に移転

23.01.01 ジェイアールバス関東　運賃改定
高速バス「東京〜つくば、水戸、鹿島神宮、波崎、境町線」

23.01.01 ジェイアールバス関東　ダイヤ改正
高速バス「東京駅〜河口湖線」

23.02.01 中国ジェイアールバス　ダイヤ改正
高速バス「出雲・松江〜神戸線(ポート・レイク)」

23.02.10 ジェイアールバス関東　運行終了
高速バス「東京〜水戸線」、茨城大学経由便

23.03.01 ジェイアールバス関東　運賃改定
高速バス「新宿〜諏訪・岡谷線」

23.03.01 西日本ジェイアールバス・ジェイアール四国バス　ダイヤ改正
京阪神〜松山線、大阪、三宮〜善通寺、観音寺線

23.03.18 中国ジェイアールバス　ダイヤ改正
高速バス「新山口〜東萩線(スーパーはぎ号)」
一般乗合バス　西条線、光線

23.03.18 ジェイアール九州バス　ダイヤ改正
高速バス「B&Sみやざき」(新八代駅〜宮崎駅西口)

23.03.25 ジェイアール九州バス
北薩線にて「キッズ無料バス」設定。04.05迄の12日間

23.03.26 中国ジェイアールバス　運行再開
空港連絡バス「西条〜広島空港線(西条リムジンバス)」

23.03.27 西日本ジェイアールバス　停留所名変更
一般路線バス「高雄京北線」、府庁前→文化庁前・府庁前

23.04.01 ジェイアールバス関東　運行終了
高速バス「東京駅〜波崎線(はさき号)」、当社運行便

23.03.31 中国ジェイアールバス　運行終了
ひろしま観光　ひろしま めいぷる〜ぷ「ブルールート」

2023年度

23.04.01 ジェイ・アール北海道バス　ダイヤ改正
13 上野幌線厚別営業所〜JR札幌駅、
15 もみじ台地線もみじ台団地〜JR札幌駅、廃止等

23.04.01 ジェイアールバス東北　ダイヤ改正
古川〜仙台線、盛岡〜仙台線

23.04.01 ジェイアールバス関東・ジェイアール東海バス　ダイヤ改正
高速バス「新宿・渋谷〜静岡線」

23.04.01 ジェイアールバス関東　ダイヤ改正
高速バス「東京駅〜河口湖線」、高速バス「東京駅〜境町
線」、高速バス「東京駅〜伊勢崎線」、水素シャトルバス

23.04.01 ジェイアール東海バス　ダイヤ改正
ドリームなごや号、東名ハイウェイ

23.04.01 西日本ジェイアールバス　金沢〜東京線運行休止

23.04.01 西日本ジェイアールバス　ダイヤ改正
大阪〜名古屋線、中国ハイウェイバス、京都・大阪〜
金沢・富山線、京都〜広島線、神戸〜東浦線(大磯号)、
一般路線バス「高雄京北線」

23.04.01 西日本ジェイアールバス・ジェイアール四国バスダイヤ改正
大阪、京都〜高松線、京阪神〜高知線、京阪神〜松山線

23.04.01 中国ジェイアールバス　ダイヤ改正
広島・岡山〜横浜・東京線(ドリーム岡山・広島号)高速
バス「新山口〜東萩線(スーパーはぎ号)」雲芸南線
(広島〜高陽団地、上深川)

23.04.01 中国ジェイアールバス　運行再開
ひろしま観光バス「ひろしま めいぷる〜る」、一部便

23.04.01 中国ジェイアールバス　運行休止
広島・岡山〜福井・金沢・富山線(百万石ドリーム広島号)、
松江出雲定期観光バス、広浜線(広島〜大朝)

23.04.01 中国ジェイアールバス　廃止
広島〜東京線(ニューブリーズ号)［運休中であった］

23.04.01 中国ジェイアールバス、ジェイアール四国バス　ダイヤ改正
高速バス「広島〜坂出・高松線(瀬戸内エクスプレス号)」

23.04.01 ジェイアール四国バス
高速バス「高知〜松山線(なんごくエクスプレス号)」

形式別・番号別分類表
電気機関車
直流用電気機関車

ＥＤ62
1974[昭和49]年～1977年にＥＤ61から軽軸重化改造した機関車。軸配置はＢ-1-Ｂ。
ＪＲ貨物に承継となったが2001[平成13]年度、廃車消滅

ＥＦ15
1947[昭和22]年～1958年に製造された貨物用機関車。軸配置は1Ｃ＋Ｃ1。
イベント用としてＪＲ西日本宮原客車区に配置

ＥＦ55
1936[昭和11]年誕生した流線形スタイルが自慢。1964[昭和39]年に一端廃止となったが1986年に復活。
イベント用としてＪＲ東日本高崎運転所に配置。2015[平成27]年度。廃車消滅

ＥＦ58
1946[昭和21]年～1958年に製造された旅客用機関車。軸配置は2Ｃ＋Ｃ2。
現在、ＪＲ東日本はＥＦ5861、ＪＲ西日本はＥＦ58150を保有。リニア・鉄道館にＥＦ58122が展示。
ＥＦ5861は、2022[令和04].10.30から鉄道博物館にて常設展示開始

ＥＦ59
1963[昭和38]年～1978年にＥＦ53・ＥＦ56から瀬野八越えの補機用に改造された機関車。
ＥＦ53 1から改造されたＥＦ5910が在籍していたが、2006[平成18]年度、廃車

ＥＦ60
1959[昭和34]年～1964年に製造された貨物用機関車。軸配置はＢ-Ｂ-Ｂ。1～14号機の駆動方式は、可とう式
リンク式）。ほかはツリカケ式。84号機以降は前照灯が左右 2灯となり、シールドビーム化された。
ＪＲ東日本高崎運転所に19号機のみが最後まで残ったが、2019年度廃車

　500代
ブルートレイン牽引機として登場。現在は貨物用機。512号機以降は前照灯が左右 2灯。
ＪＲ西日本は、宮原運転所にＥＦ60 503が最後まで残ったが、2008[平成20]年度に廃車

ＥＦ61
1961[昭和36]年～1962年に製造された旅客用機関車。軸配置はＢ-Ｂ-Ｂ。駆動方式は、可とう式
国鉄時代、1985[昭和60]年に全車廃車消滅

　200代
1977[昭和52]年からＥＦ60を山陽本線瀬野～八本松間補機用に改造した機関車。
ＥＦ67形 100代の投入により、1990[平成 2]年度中に全車廃車消滅

ＥＦ62
1962[昭和37]年～1969年に信越線用に製造された客貨両用機関車。軸配置はＣ-Ｃ。

　1
試作車。ヒサシの形状が違っている。すでに廃車

　25～
側面のヨロイ窓の形状が変更されている。
1998[平成10]年度、廃車消滅

ＥＦ63
1962[昭和37]年～1976年に、信越本線横川～軽井沢間の補機用に製造された機関車。電車も連結するために
双頭連結器を装備。軸配置はＢ-Ｂ-Ｂ。1997[平成 9]年 9月30日限り使命を終了。1998[平成10]年度、廃車消滅

　1
試作車。ヒサシの形状が違っている。すでに廃車

ＥＦ64
1964[昭和39]年～1975年に、中央線、上越線などの中勾配線区用に製造された客貨両用機関車。ただし13～28
・56～79号機は、電暖用のＭＧをもっていない。主電動機はＭＴ52（ＭＴ52Ａ）（425kW）× 6。軸配置はＢ-Ｂ-Ｂ。

　1000代
1980[昭和55]年～1982年に増備の機関車で、全長は 17.9m から 18.6m へと長くなるなど改良されている。
パンは製造時より下枠交差形を装備。ＪＲ東日本、ＪＲ貨物に配置

ＥＦ65
1964[昭和39]年～1970年に、ＥＦ60形を改良して製造された貨物用機関車。軸配置はＢ-Ｂ-Ｂ。
主電動機はＭＴ52（ＭＴ52Ａ・ＭＴ52Ｂ）（425kW）× 6
ＪＲ東海（イベント用）、ＪＲ西日本（イベント用）、ＪＲ貨物に配置

　500代
ブルートレインや高速貨物を牽引する機関車として1965[昭和40]年～1966年に製造された。ブルートレイン用の
パイプ、高速貨物用のＦタイプがあり、Ｆタイプは連結器付近に特徴がある。このうち、535～542号機は1968[昭
和43]年にＥＦ6577～84から改造された。
ＪＲ東日本（イベント用）は高崎運転所にＥＦ65 501が配置。ＪＲ貨物はＥＦ65535を保有
ＪＲ貨物に配置の機関車では、晩年は車両更新工事を受け、新塗色となった仲間も多かった

　1000代
ＰＦふたつの要素をかねそなえた万能機。ブルートレインやコンテナ特急用に活躍。前面は貫通形。パン
タグラフは1056号機から下枠交差形（ＰＳ22Ｂ）を装備。ＪＲ東日本、ＪＲ西日本、ＪＲ貨物に配置

ＥＦ66
高速貨物用に1968[昭和43]年～1974年に製造された機関車。主電動機はＭＴ56（650kW）× 6 のハイパワー
1985[昭和60]年 3月改正から、東京発九州行のブルートレイン牽引機となった。

　21～
運転室上部にヒサシが設けられている（5～7、13～17も改造によりヒサシがつけられている）。

　100代
1988[昭和63]年度、ＪＲ貨物に誕生の機関車。前照灯、尾灯が横形配置となったほか全面形状、車体塗色を一新。
また冷風装置も装備している

　109～
2次増備車以降。前照灯が角形に変更されたほか、パンタグラフもＰＳ22Ｄに変わるなど改良

　901
1966[昭和41]年に製造された試作車で、登場当時の形式はＥＦ90 1であった。軸配置はＢ-Ｂ-Ｂ。
ＪＲ貨物に配置となっていたが、2001[平成13]年度に廃車

ＥＦ67
1981[昭和56]年からＥＦ60をチョッパ制御（勾配線上での連続制御を行なうことが可能）に改造した機関車。
山陽本線瀬野～八本松間補機用。ＪＲ貨物に配置

　100代
1989[平成元]年度にＥＦ65から改造。1エンド側は非貫通のままであることが大きな外観上の変更点。このほか
パンタグラフはＰＳ22Ｂへ変更されずＰＳ17のままである。ＪＲ貨物に配置

ＥＦ200
1990[平成 2]年度、ＪＲ貨物が新製した最新式直流電気機関車。ＶＶＶＦインバータ制御を採用、
主電動機は 3相かご形誘導電動機 1000kW（ＦＭＴ 2）× 6とハイパワーを誇る。
パンタグラフはシングルアーム式（ＦＰＳ 2）

　1～
1992[平成 4]年度量産機。機器の小型化により屋根高さが低くなっている。主変換装置はＦＩＮＶ4

　901
量産先行機。主変換装置はＦＩＮＶ3

ＥＦ210
1996[平成 8]年度、ＥＦ65の後継をになう機関車としてＪＲ貨物が新製した直流電気機関車。
ＶＶＶＦインバータ制御（ＦＭＰＵ10）を採用。
主電動機は 3相かご形誘導電動機 565kW（ＦＭＴ 3）× 6＝3390kW。パンタグラフはＰＳ22

　1～
1998[平成10]年度登場の量産機。愛称名「ECO-POWER 桃太郎」

　101～
1999[平成11]年度。1インバータ制御へ変更（それまでは 1インバータ 2モーター制御）、ＰＳ22

　109～
2002[平成14]年度以降。パンタグラフをシングルアーム式（ＦＰＳ 4）へ変更

　901
量産先行機

ＥＨ200
2001[平成13]年度、ＥＦ64の後継をになう機関車としてＪＲ貨物が新製した直流電気機関車。
ＥＦ64の重連運転に対応するため 2車体型。主電動機は 3相かご形誘導電動機 565kW× 8＝4520kW。
愛称名「ECO-POWER ブルーサンダー」

　1～
2002[平成14]年度登場の量産機

　901
量産先行機

交流用電気機関車

ＥＤ75　　　　　　　交流機関車の代表機で1963[昭和38]年〜1968年に製造された。電暖を装備、客貨両用に東北本線で活躍。
　　　　　　　　　　主変圧器はＴＭ11Ａ（50ＨＺ用）、主整流器はＲＳ21。主電動機はＭＴ52（ＭＴ52Ａ）（475kW）× 4。軸配置はＢ-Ｂ。
　　　　　　　　　　重連制御装置付。ＪＲ東日本、ＪＲ貨物に配置
　　　1・2　　　　　試作機。主変圧器はＴＭ11、主整流器はＲＳ11。廃止消滅
　　　300代　　　　九州地区用。主変圧器はＴＭ11Ｂ（60ＨＺ用）、主整流器はＲＳ21Ａ。客貨両用。廃止消滅
　　　500代　　　　北海道用。　1両のみ製造された。主変圧器はＴＭ15（50ＨＺ用）、主整流器はＲＳ27。貨物用。
　　　　　　　　　　制御装置はサイリスタ連続位相制御を採用。廃止消滅
　　　700代　　　　耐寒耐雪構造に耐塩害の装備も備えた奥羽、羽越線用の機関車。現在は一部、福島運転所に配置、東北線で
　　　　　　　　　　も活躍。パンタグラフは下枠交差形。客貨両用。1971[昭和46]年〜1976年に製造。主変圧器はＴＭ16Ａ（50ＨＺ用）、
　　　　　　　　　　主整流器はＲＳ44。ＪＲ東日本に配置。
　　　1000代　　　ブルートレインや高速貨物用にブレーキ増圧装置を装備している。
　　　　　　　　　　主変圧器はＴＭ11Ａ（50ＨＺ用）、主整流器はＲＳ21。ＪＲ東日本、ＪＲ貨物に配置。
ＥＤ76　　　　　　　列車暖房用に蒸気発生装置を装備。軸配置はＢ-2-Ｂで、中間台車に空気バネを採用、空気圧を変えること
　　　　　　　　　　で、路盤の弱い線区も走れるようになっている。九州で活躍。客貨両用。変圧器はＴＭ11Ｂ（60ＨＺ用）、主整
　　　　　　　　　　流器はＲＳ21Ａ。1965[昭和40]年〜1976年に製造。ＪＲ九州、ＪＲ貨物に配置
　　　31〜　　　　　パンタグラフは下枠交差形に変更。
　　　500代　　　　北海道用。パンタグラフは下枠交差形。主変圧器はＴＭ16（50/60ＨＺ用）、主整流器はＲＳ33・ＲＳ34。重連制御装
　　　　　　　　　　置付。1968[昭和43]年〜1969年に製造。ＪＲ北海道に配置、小樽〜旭川間普通列車を牽引。
　　　　　　　　　　1994[平成 6]年度までに廃車消滅
　　　551　　　　　1989[平成元]年度、ＥＤ76 514を海峡線増強用に改造。蒸気発生装置を撤去したほか、ＡＴＣ-Ｌ 形を装備。
　　　　　　　　　　ＪＲ北海道に配置。2000[平成12]年度に廃車消滅
　　　1000代　　　ブルートレインや高速貨物用にブレーキ増圧装置を装備している。パンタグラフは下枠交差形。
　　　　　　　　　　主変圧器はＴＭ11Ｂ（60ＨＺ用）、主整流器はＲＳ21Ａ。1970[昭和45]年〜1979年に製造。ＪＲ貨物に配置
ＥＤ77　　　　　　　制御装置にサイリスタ連続位相制御を採用。主変圧器はＴＭ12Ａ（50ＨＺ用）、主整流器はＲＳ27Ａ。軸配置は
　　　　　　　　　　Ｂ-2-Ｂで、磐越西線郡山〜会津若松にて活躍。1967[昭和42]年〜1970年に製造。客貨両用。
　　　　　　　　　　1993[平成 5]年度にて廃車消滅
　　　901　　　　　製造時、ＥＤ93 1で登場した試作車。廃車消滅
ＥＤ78　　　　　　　ＥＤ77に電力回生ブレーキを付加した機関車。主変圧器はＴＭ12Ｂ（50ＨＺ用）、主整流器はＲＳ30Ａ・ＲＳ31
　　　　　　　　　　Ａとサイリスタブリッジ方式を採用。軸配置はＢ-2-Ｂで、奥羽本線福島〜山形などで活躍。客貨両用。
　　　　　　　　　　1968[昭和43]年〜1980年に製造。ＪＲ東日本に承継されたが、2000[平成12]年度、廃車消滅
　　　901　　　　　製造時、ＥＤ94 1で登場した試作車。廃車消滅
ＥＤ79　　　　　　　1986[昭和61]〜1987年、ＥＤ75形 700代を津軽海峡線用に改造。主整流器をＲＳ44形からサイリスタブリッジ式
　　　　　　　　　　のＲＳ50へ変更するなどの改良を図ったほか、運転最高速度を 110㎞/hにアップし、保安面ではＡＴＳ-Ｌ 形を
　　　　　　　　　　取付けている。ＪＲ北海道に配置。2015[平成27]年度、廃車消滅
　　　50代　　　　1989[平成元]年度、津軽海峡線増強に対応、ＪＲ貨物が新製。車体塗色が違っているほか、機器も細部で改良
　　　100代　　　　津軽海峡線でＥＤ79形0代、50代の補機として活躍。1986[昭和61]〜1987年、ＥＤ75形 700代から改造。ＡＴＳ-
　　　　　　　　　　Ｌ 形は受信器のみのため、単独で青函トンネルを通過できない。2008[平成20]年度、廃車消滅
ＥＦ71　　　　　　　奥羽線福島〜米沢に登場する33‰の急勾配区間の補機用に、1968[昭和43]〜1973年に製造された機関車。
　　　　　　　　　　電力回生ブレーキを装備。主変圧器はＴＭ15（50ＨＺ用）、主整流器はＲＳ32・ＲＳ31Ｂとサイリスタブリッジ方
　　　　　　　　　　式を採用。軸配置はＢ-Ｂ-Ｂ。1993[平成 5]年度にて廃車消滅
ＥＨ800　　　　　　青函トンネル用。交流2万Ｖ、2万5千Ｖ対応の複電圧が特徴。北海道新幹線との3線レール区間に対応するため、
　　　　　　　　　　ＪＲ貨物が2012[平成24]年度に製造開始。車体はＥＨ500形に準拠
　　　1〜　　　　　量産機
　　　901　　　　　量産先行機

交直流用電気機関車

ＥＦ30　　　　　　　関門トンネル用の機関車。海底トンネルを通過するため、腐食しにくいように、ステンレス製である。重連
　　　　　　　　　　総括制御ができ、直流区間では直並列、交流区間では直列方式で制御を行なう。軸配置はＢ-Ｂ-Ｂ。主変圧
　　　　　　　　　　器はＴＭ 4（60ＨＺ用）、主整流器はＲＳ24。
　　　　　　　　　　ＪＲ九州大分運転所に最後まで残った 3号機も1994[平成6]年度に廃車消滅
ＥＦ81　　　　　　　電化区間であればどこでも走ることのできる交直流機関車の標準機である。電暖はサイリスタインバータ方
　　　　　　　　　　式を採用しており、整流器はほかの交直流機とおなじくシリコン方式を採用している。軸配置はＢ-Ｂ-Ｂ。
　　　　　　　　　　主電動機はＭＴ52Ａ（ＭＴ52Ｂ）（425kW）× 6。主変圧器はＴＭ17（50/60ＨＺ用）、主整流器はＲＳ36Ａ。
　　　　　　　　　　交直流電気機関車の主力としてＪＲ東日本、ＪＲ貨物に配置、活躍中。ＪＲ西日本の機関車は2022[令和04]年度、廃車消滅
　　　300代　　　　ステンレス製で関門トンネル用。電暖の設備はなく、主整流器はＲＳ36Ｂである。ＪＲ貨物に配置
　　　400代　　　　1985[昭和60]〜1986年度、ＥＦ81を関門トンネル用に改造の機関車。重連総括制御装置を取付けたほか電気暖房
　　　　　　　　　　用回路を撤去。ＪＲ九州、ＪＲ貨物に配置、下関〜門司間だけでなく博多、大分などまで走った機関車もある
　　　450代　　　　1990[平成 2]年度、ＪＲ貨物が発注した関門トンネル用機関車。冷風装置装備。
　　　500代　　　　1988[昭和63]年度、ＪＲ貨物が新製した日本海縦貫線用機関車。冷風装置を装備しているほか、電気暖房装置は
　　　　　　　　　　搭載しないなどの変更点がある。車体塗色はＪＲ貨物カラー。
ＥＦ500　　　　　　1990[平成2]年度、ＪＲ貨物が新製した最新式交直流電気機関車。ＶＶＶＦインバータ制御を採用、主電動機は3
　　　　　　　　　　相かご形誘導電動機 1000kW（ＦＭＴ 1）× 6、パンタグラフはシングルアーム式（Ｚ形）（ＦＰＳ 1）を装備
　　　901　　　　　試作機。2001[平成13]年度、廃車となり形式消滅
ＥＦ510　　　　　　2001[平成13]年度、ＥＦ81の後継をになう機関車としてＪＲ貨物が新製した交直流電気機関車。
　　　　　　　　　　主電動機は3相かご形誘導電動機 565kW（ＦＭＴ 3）× 6=3390kW。平坦線にて1300 t牽引を目指す。
　　　　　　　　　　愛称名「ECO-POWER レッドサンダー」。シングルアーム式パンタグラフを装備
　　　1　　　　　　量産先行機として登場。量産機は2003[平成15]年度から投入開始
　　　300代　　　　2021[令和03]年度、ＪＲ貨物が発注。九州仕様の機関車
　　　500代　　　　2009[平成21]年度、ＪＲ東日本が発注した機関車（ＪＲ発足後、旅客会社が最初に発注の電気機関車）
　　　　　　　　　　2015[平成27]年度、廃車、ＪＲ貨物に全車譲渡
ＥＨ500　　　　　　1997[平成9]年度、ＥＤ75・79の後継をになう機関車としてＪＲ貨物が新製した交直流電気機関車。
　　　　　　　　　　2 車体型、定格出力は4000kW、主電動機は1個 565kW、ＩＧＢＴ採用のＶＶＶＦインバータ制御。
　　　　　　　　　　首都圏から北海道・五稜郭まで直通運転。2000[平成12]年 3月11日から定期運転開始
　　　　　　　　　　愛称名「ECO-POWER 金太郎」
　　　1〜　　　　　1999[平成11]年度登場の量産機
　　　901　　　　　試作機

ディーゼル機関車

DBR600		2000[平成12]年度。JR北海道に登場。「ハイモ」と呼ばれる除雪用モーターカーに保安装置を装備。エンジンは600PS。除雪装置はロータリーとラッセルの両方を装備。2014[平成26]年度、廃車消滅
DD14		DD13を母体として設計されたロータリー式除雪機関車。機関車の形は箱形スタイル。500PSエンジンを2基搭載、積雪量の少ない時は1基を除雪用、残る1基を走行用に使用、多い時は2基とも除雪用とし、走行用に別の機関車を連結する。このため重連総括の機器を搭載。JR東日本に配置。0代は廃車
	300代	台車の強度を高めたDT113Gへと変更されている。ロータリー部分を、側方から前方投雪に改造した仲間もいる。JR北海道、JR東日本、JR西日本に承継
DD15		DD13を母体として設計されたラッセル式除雪機関車(複線式)。スタイルもDD13を踏襲。JR東日本、JR西日本に承継
	16・17	単線形のラッセル式雪かき装置を装備。16号機のみがJR東日本に承継となったが、2000[平成12]年度に廃車
	300代	台車形式がDT113Fへと変更されている。最終機はJR東日本に配置されていたが、2002[平成14]年度廃車
DD16		蒸気機関車時代C56などの軸重の軽い機関車しか入線できなかった線区用に設計された機関車。軸配置はB-Bであるが、エンジンはDD51が搭載しているものと同じDML61Zを1基装備している。JR東日本、JR西日本、JR九州に承継となったが、JR九州のDD1611が2021[令和3]年度に廃車
	300代	DD16を単線形ラッセル式除雪機関車へ改造した車両。両端に除雪装置を装備するJR東日本(2010[平成22]年度に廃車)、JR西日本(2009[平成21]年度廃車)
DD17		DD51を1982[昭和57]年に鷹取工場において、ロータリー式除雪機関車へ改造した車両。投雪装置は左右だけでなく前方へも投雪が可能。除雪装置を前後につけると車長は30mを越える。1991[平成3]年度、DD19に改造
DD18		1991[平成3]年度、DD51から改造した複線形ラッセル式雪かき車。ラッセル部はDE15形からの転用。JR東日本に配置。2008[平成20]年度、廃車消滅
DD19		1991[平成3]年度、DD17から奥羽本線福島～山形間の標準軌区間用に改造のロータリー(前方投雪)式機関車。DD18形とともにJR東日本に配置。2008[平成20]年度、廃車消滅
DD51		ディーゼル機関車を代表する機関車で、旅客用に、貨物用に非電化区間にて活躍。エンジンは、1100PSのDML61Zを2基装備する。軸配置はB-2-Bである。旅客列車用に蒸気発生装置を搭載している。初期グループはすでに廃車消滅
	500代	重連総括制御ができるようになった。DD51587～592は蒸気発生装置搭載準備工事車。DD51501～547は半重連形と区別される。548以降は重連形。JR東日本、JR東海、JR貨物に承継
	800代	蒸気発生装置を搭載しない貨物用機。DD51897～899は蒸気発生装置搭載準備工事車。JR東日本、JR西日本、JR貨物に承継
	1000代	500代の増備車。現在主力として活躍中。JR北海道、JR東海、JR西日本、JR九州、JR貨物に承継
	1800代	800代の増備車。蒸気発生装置搭載準備工事車。JR貨物に承継
DD53		冬期はロータリー式雪かき装置をつけて除雪機関車として、その他のシーズンはDD51とおなじように本線用として活躍できる機関車である。軸配置もDD51と同様にB-2-Bであるが、機関車の形状は箱形スタイルである。重連総括制御可能。除雪装置は1エンド側に取付ける。また現在はこの除雪装置の乗務員室が改造された2・3号機のみがJR東日本に承継となった、2009[平成21]年度に廃車、消滅
DE10		軸重を13tにおさえ、DD51やDD13が入線できないような線へも入れるように造られた機関車。性能的には、2基のエンジンで1000馬力のDD13よりも出力が高い、1250PSを1基装備しており、軸配置はAAA-Bである。高速段、低速段の切り換えが可能で、本線を走るときと、構内で入換えを行なうときでそれぞれのスピードが効率よく発揮できる。蒸気発生装置を装備。DE1012～19は蒸気発生装置搭載準備工事車。初期グループは1988[昭和63]年度中に廃車消滅
	500代	蒸気発生装置なし。すでに廃車消滅
	901	DE11の試作機として製造された機関車。自動運転装置をもっており、蒸気発生装置はない。廃車消滅
	1000代	エンジンをDML61ZA(1250PS)からDML61ZB(1350PS)へ変更するとともに、出力も増大した機関車。蒸気発生装置を装備。JR東日本、JR東海、JR西日本、JR四国、JR九州、JR貨物に承継
	1500代	500代の出力増大車。エンジンをDML61ZB(1350PS)へ変更。JR北海道、JR東日本、JR東海、JR九州、JR貨物に承継
	3000代	2009[平成21]年度、JR貨物に登場。DE15形1000代が前歴
	3500代	2009[平成21]年度、JR貨物に登場。DE15形1500代・2500代が前歴
DE11		軸重が13tから14tへ1t重くなり、粘着力を高めた入換専用機。蒸気発生装置を装備せず、非重連。初期グループは1990[平成2]年度にすべて廃車消滅
	1000代	エンジンをDML61ZB(1350PS)へ増強。JR東日本に承継
	1900代	防音構造の試作車。機関車で最初の冷房車。JR東日本に承継となったが、2000[平成12]年度に廃車
	2000代	防音構造(ボディがおおわれた)の機関車で、横浜羽沢や相模貨物で活躍。JR貨物承継
DE15		DE10に雪かき装置(複線形ラッセル式)を取り付けた機関車。JR東日本、JR西日本に承継
	1000代	エンジンをDML61ZB(1350PS)へ増強。JR東日本、JR西日本に承継
	1500代	エンジンをDML61ZB(1350PS)へ増強。蒸気発生装置なし。JR北海道、JR東日本、JR東海、JR西日本に承継、除雪用機関車の主力機。
	1519～	両方に雪かき装置を取り付けている。1000代やほかの1500代にも両頭化改造された車両がいる。
	2052～	1000代を単線形ラッセル式(両頭化)改造した車両。JR西日本承継
	2501～	両頭式単線形ラッセル機関車。1500代がベース。JR北海道、JR東日本、JR西日本に承継
	2555～	1000代を単線形ラッセル式(両頭化)改造した車両。JR北海道、JR東日本、JR西日本に承継
DF50		箱形スタイルと独特な走行音で人気を集めた電気式ディーゼル機関車。JR四国多度津工場にて1号機がイベント用に復活、現在は伊予西条の四国鉄道文化館にて展示
DD200		2017[平成29]年度、JR貨物に登場した電気式ディーゼル機関車。国鉄時代に製造のDE10・DE11形の後継機
	1～	量産機
	701～	JR九州に2021[令和3]年度登場したグループ
	901	量産先行機
DF200		1992[平成4]年度、JR貨物にデビューした新型機。インバータ制御採用の電気式ディーゼル機関車。北海道地区に導入。愛称名「ECO-POWER レッドベア」
	1～	量産機。1994[平成6]年度に登場。インバータ制御はFINV101
	51～	1999[平成11]年度に登場。エンジン出力をパワーアップ
	101～	2005[平成17]年度に登場
	901	量産先行機。インバータ制御はFINV100
	7000	2013[平成25]年度、JR九州に登場。豪華クルージングトレイン「ななつ星in九州」専用機
HD300		2010[平成22]年度、JR貨物に登場したハイブリッド式ディーゼル機関車。貨物駅構内にて入換え専用に活躍している
	1～ 量産機　501～ 北海道用　901 量産先行機	

気動車
特急用

2700系 2018［平成30］年度、ＪＲ四国に登場した制御付き自然振り子式気動車。2000系の後継車両。機関331kW（ＳＡ6D-ＨＥ2）
2基搭載。液体変速機ＤＷ24Ａ。冷房装置ＡＵ722Ｓ-Ｇ2（2基）。座席は背面テーブル付回転式リクライニングシート。シート
ピッチは980㎜。ブレーキ方式は機関・排気ブレーキ併用電気指令式空気ブレーキ

- 2700 片運転台付き。定員46。車椅子対応大型トイレ設備有り
- 2750 片運転台付き。定員52。トイレ設備なし
- 2800 片運転台付き。定員36（グリーン室24＋普通室12）

2600系 2016［平成28］年度、ＪＲ四国に登場、特急用気動車。空気バネ式車体傾斜制御装置採用の軽量ステンレス車。
エンジンは 331kW（ＳＡ6D140-H）を搭載、台車はボルスタレスＳ-ＤＴ68。電動空気圧縮機はＳ-ＭＨ16-ＳＣ1100。
液体変速機はＤＷ24。冷房装置はＡＵ722Ｓ（20,000kcal/h）×2

- 2600 2601～ 貫通形の先頭車。定員46名の普通車
- 2650 2651～ 高知・宇和島向きの貫通形先頭車。定員52名

2000系 1988［昭和63］年度、ＪＲ四国に登場、特急用気動車。スピードアップを図るため気動車で最初に強制式振り子装置採用、
エンジンは 330ＰＳ（ＳＡ6D125-H）を装備した軽量ステンレス車。台車はボルスタレスＳ-ＤＴ56
形式称号から「キハ」が消滅した最初のグループ。自動密着連結器を装備

- 2000 2001 非貫通形の先頭車。量産改造を受け、定員48名の普通車。2018［平成30］年度、廃車消滅
-      2002～ 1990［平成 2］年度増備の量産車。運転室よりが半室グリーン（横3×6列）室と変更、定員34名。2021［令和3］年度、廃車消滅
- 2100 2101 貫通形の先頭車。量産改造を受け、ソファ部は廃止となり定員48名と変更。2018年度、廃車消滅
-      2102～ 1990［平成 2］年度増備の量産車。定員52名
- 2150 2151～ 高知・松山向きの貫通形先頭車。ＣＣ装置付き
- 2200 2201 中間車。量産改造を受け、定員56名。2018［平成30］年度、廃車消滅
-      2202～ 1990［平成 2］年度増備の量産車。定員68名。2021［令和3］年度、廃車消滅
- 2400 2424 2100形の 130km/h運転対応改良型。エンジンはＳＡ6D125-H1。定員47名
-      2425～ 1997［平成9］年度登場。「うずしお」を中心に活躍、顔が変わっている
- 2450 2458 2150形の 130km/h運転対応改良型。エンジンはＳＡ6D125-H1。定員52名
-      2459～ 1997［平成9］年度登場。「うずしお」を中心に活躍、顔が変わっている
- 2500 2520～ 2200形の 130km/h運転対応改良型。エンジンはＳＡ6D125-H1。定員68名。1997［平成9］年度登場

HC85系 2019［令和01］年度、ＪＲ東海に登場したハイブリッド方式の特急用気動車。2022［令和4］年7月1日から営業運転開始。
「ひだ」「南紀」の後継車両。電気式気動車にて性能が電車と変らないことから形式に「クモハ」等を冠する

- クモハ85 片運転台付き(名古屋、富山方先頭車)。定員56名
-      100代 片運転台付き(名古屋、富山方先頭車)。定員56名。D100代の編成にて運転
-      200代 片運転台付き(岐阜・大阪方先頭車)。座席数38名。D100代の編成にて運転。車イス対応トイレ設置
-      300代 片運転台付き(岐阜・大阪方先頭車)。定員44名。D300代の編成にて運転
- モハ84 1～ 中間車。座席数50名。車椅子対応大型トイレ設置
-      101～ 中間車。定員68名。トイレ設備なし
- クモロ85 片運転台付きグリーン車(岐阜方先頭車)。定員36名

キハ285系 2014［平成24］年度、ＪＲ北海道に登場した将来を担うために設計、開発された特急用気動車。
900代の試作車。2016［平成28］年度に廃車消滅

- キハ285 900代 先頭車
- キハ284 900代 中間車

キハ283系 1994［平成 6］年度、ＪＲ北海道に登場した特急用気動車。石勝線・根室本線を走る「おおぞら」のスピードアップを図る
ため、「スーパー北斗」用 キハ281系と同様に制御振り子式を採用。最高速度130km/h運転を実施している。曲線ガ
イド方式の操蛇台車を採用したことが、キハ281系との大きな相違点で、振り子角度も5度から6度へと大きく
している。エンジンは355ＰＳ（N-DMF11HZA）を装備、冷房装置は床置き式AU283
としている。ステンレス車。2023［令和05］.03.18改正から「オホーツク」「大雪」に充当開始

- キロ283 グリーン車。座席配置は2＆1。車掌室・業務用室・車販室装備。定員26名。2000［平成12］年度に改造、消滅
- キロ282 2000［平成12］年度、キロ283より形式変更となったグリーン車。2021［令和3］年度、廃車消滅
- キハ283 1～ 高運転台装備の貫通形先頭車(釧路方)。定員48名
-      100代 高運転台装備の貫通形先頭車(札幌方)。ホロ枠装備。定員48名
-           2000［平成12］年度、6～14へと改番。消滅
-      200代 中間車。車椅子対応設備車(多目的室・対応トイレ・対応座席)。定員51名
-           2000［平成12］年度、キハ282- 1～ 5へと形式変更。消滅
-      900代 量産先行車。現在は付属編成の札幌方先頭車(高運転台)。定員48名
- キハ282 1～ 中間車。トイレ設備なし。ミーラウンジ。定員64名（2号車）
-           2000［平成12］年度、103～105へと改番。消滅
-      1～ 中間車。旧キハ283 100代からの形式変更。 6からは2002［平成14］年増備車
-      100代 中間車。トイレ設備なし。ミニラウンジ。定員64名（5号車）
-      1000代 中間車。トイレ設備なし。ミニラウンジ。定員64名。付属編成
-           2000［平成12］年度、106～107へと改番。消滅
-      2000代 中間車用運転室装備。トイレ設備なし。ミニラウンジ。定員60名
-      3000代 2000代に準拠した車両。中間車用運転設備は準備工事のみ。2020［令和2］年度、廃車消滅

キハ281系 1991［平成 3］年度、ＪＲ北海道に登場した特急用気動車。スピードアップを図るため制御振り子式を採用。最高速度
130km/h運転を実施している。1994［平成 6］年 3月改正から「スーパー北斗」にてデビュー。エンジンは 355ＰＳ（N-D
MF11HZA）を装備。台車はベアリングガイド式ボルスタレス制御付きN-ＤＴ281A。ステンレス車。
量産車は1993［平成 5］年度。自動密着連結器を装備。2022［令和04］.09.30、定期運転終了

- キロ280 1～ グリーン車(Ms)。座席配置は2＆1。真空式トイレ(洋式、男子用)、洗面所もあり定員26名
-           旧喫煙コーナーにはレストバーがある
- キハ281 1～ 高運転台装備の貫通形先頭車(Mc)。真空式トイレ(洋式、男子用)、洗面所を装備。定員48名
-      900代 試作車。量産改造を実施。大きな相違点は先頭部「ＨＥＡＴ」ロゴマークなど

| キハ280 | 1～ | 中間車(M₁)。車椅子対応車、多目的室などサービス設備を集中配備の車両 |

キハ280 　　1～　　中間車(M₁)。車椅子対応車、多目的室などサービス設備を集中配備の車両
　　　　　101～　　中間車(M₂)。トイレ、洗面所設備がなく定員は60名。なおM1車 は51名
　　　　　900代　　1992[平成4]年度に加わった中間車の試作車。定員は60名

キハ261系　1998[平成10]年度、北海道に登場した特急用気動車。スピードアップを図るため車体傾斜制御システムを採用。
　　　　　　　最高速度130 km/h運転に対処している。軽量ステンレス車。自動密着連結器を装備。
　　　　　　　エンジンは 460PS(N-DMF13HZH)を装備。台車は車体傾斜付きN-DT261。量産車は1999年度登場
　キロハ261 101～　　高運転台装備の貫通形先頭車(Msc)。半室(9席)グリーン車。座席配置は2&1。普通席は7列28席。
　　　　　　　　　　　　エンジン2基装備
　キハ261　201～　　高運転台装備の貫通形先頭車(Mc)。定員56名。エンジン2基装備
　　　　　1201～　　1000代グループの高運転台装備の貫通形先頭車(Mc)。定員56名
　　　　　5100代　　観光用「はまなす」「ラベンダー」編成1号車
　　　　　5200代　　観光用「はまなす」「ラベンダー」編成5号車
　キハ260　101～　　中間車(M₁)。車椅子対応車、車掌室などサービス設備を集中配備。
　　　　　　　　　　定員51名。エンジン1基装備
　　　　　201～　　中間車(M₂)。トイレ、洗面所設備あり。定員は60名。エンジン2基装備
　　　　　1101～　　中間車(M₁)。車椅子用対応座席・トイレ設備・車掌室・業務用室あり。定員は50名
　　　　　1201～　　中間車(M₂)。洋式・男子用トイレ設備あり。定員は60名
　　　　　1301～　　中間車(M₃)。定員は60名。1309～定員56名へ変更
　　　　　5100代　　観光用「はまなす」「ラベンダー」編成2号車
　　　　　5200代　　観光用「はまなす」「ラベンダー」編成4号車
　　　　　5300代　　観光用「はまなす」「ラベンダー」編成3号車
　キロ261 1101～　　高運転台装備の貫通形先頭車でグリーン車(Mcs)。定員は24名

キハ189系　2009[平成21]年度、JR西日本に登場した特急用気動車。ステンレス製。最高速度 130km/h。自動密着連結器を装備。
　　　　　　　エンジンは 450PS(SA6D140HE-2)。台車はWDT66。変速機はDW21E。3両固定編成が基本
　キハ189　1～　　先頭車(Mc₁)。定員40名。洋式・男子用トイレ設備あり。車椅子用対応車
　　　　　1001～　　先頭車(Mc₂)。定員60名。トイレ設備なし
　キハ188　1～　　中間車(M₁)。定員56名。洋式・男子用トイレ設備あり。

キハ187系　2000[平成12]年度、JR西日本に登場した特急用気動車。スピードアップを図るため制御式振り子装置(5度)を搭載。
　　　　　　　軽量ステンレス車。最高速度120 km/h。自動密着連結器を装備。
　　　　　　　エンジンは 450PS(SA6D140H)を2基装備。変速機はDW21。台車は1軸駆動のWDT61。
　　　　　1～　　トイレ、洗面所設備あり。定員は58名。
　　　　　1001～　　トイレ設備なし。定員は60名。喫煙コーナーを設置
　　　　　11～　　1～の改良型(冷房能力アップなど)。平成15年度増備
　　　　　1011～　　1001～の改良型(冷房能力アップなど)。平成15年度増備
　　　　　501～　　トイレ、洗面所設備あり。定員は56名。智頭急行乗入れ対応(ATS-P装備)
　　　　　1501～　　トイレ設備なし。定員は60名。喫煙コーナーを設置。定員は56名。智頭急行乗入れ対応(ATS-P装備)

キハ185系　軽量ステンレス構造。冷房装置は駆動エンジンに直結タイプのAU26を装備するなど軽量化が図られている。エン
　　　　　　　ジンは直噴式 250PS(DMF13HS)を2基装備。台車はボルスタレスDT55。JR四国に配置。
　　　　　　　1992[平成4]年度からJR九州でも「ゆふ」などにて活躍開始
　キロハ186　　　　中間車。グリーン室24名、普通室32名、車掌室装備、トイレなし
　キロ185 1000代　　2016[平成28]年度、JR四国に登場。キハ185から改造。「四国まんなか千年ものがたり」用
　キロ186　　　　　1999[平成11]年度、JR四国に登場。キロハ186から改造
　　　　　1000代　　2016[平成28]年度、JR四国に登場。キロ186-4から改造。「四国まんなか千年ものがたり」用
　キハ185　　　　　貫通形先頭車。定員60名
　　　　　1000代　　貫通形先頭車。トイレなし。定員64名
　　　　　3000代　　2000[平成12]年度、JR四国に登場。0代を通勤用に改造。平成18年度、特急用に復帰
　　　　　3100代　　1999[平成11]年度、JR四国に登場。1000代を通勤用に改造。
　キハ186　　　　　キロハ186 から1992[平成4]年度改造。キロハ時代の仕切りは残る。JR九州に配属
　▽キロ185、キロ186 1400代は、2021[令和3]年度、観光列車「伊予灘ものがたり」への改造車

キハ183系　北海道用に耐寒耐雪構造が考慮されて設計された車両。 500代グループは 120km/h運転を実施
　キロ182　　　　　グリーン車。ディーゼルエンジンは、DML30HSI(440PS)を1基装備。定員32名。売店、車販準備
　　　　　　　　　　室がある。グレードアップ改造を受け、座席は2&1へ、座席背面に液晶モニター装備の仲間もある。
　　　　　　　　　　2018年度、廃車消滅
　　　　　500代　　1986[昭和61]年度に増備。ハイデッカー仕様、売店、車販準備室がある。定員32名。
　　　　　　　　　　エンジンは 550PS(DML30HSJ)へ変更。
　　　　　900代　　試作車。定員は40名(量産車は32名)。非常窓、非常扉が設けられている。車販準備室あり。量産車と客用
　　　　　　　　　　扉の位置(こちらは車端部)が異なる。2000[平成12]年度、廃車消滅
　　　　　2550代　　座席配置2&1。130km/h運転に対応、エンジンを 550PSから 660PS(DML30HZ)に強馬力化・
　　　　　　　　　　ブレーキ改造を実施。1993[平成5]年度500代から改造
　　　　　7550代　　JR北海道用。2015[平成27]～ 2016[平成28]年度、エンジン換装にて3550代から改造
　キロ184　900代　　キハ184の900代がグリーン車への改造車。機器配置もキハ184。客用扉は車端部にあるなど窓配置もキハ184
　　　　　　　　　　に準ずる。2&1シートへアコモ改善済み。2000[平成12]年度、廃車消滅
　キロハ182　　　　1996[平成8]年度、キロ182 より半室普通室改造。定員はグリーン室21名。普通室16名。旧売店を普通室と改造。
　　　　　　　　　　2018年度、廃車消滅
　キサロハ182　　　ダブルデッカー車
　　　　　550代　　1991[平成3]年度、JR北海道に登場。2階がグリーン室、1階が普通室のコンパートメントの2階建て車両
　　　　　　　　　　2013年度、廃車消滅
　　　　　5100代　　1990[平成2]年度にJR北海道に登場。クリスタルエクスプレスの増備車。気動車では我が国最初のダブルデッ
　　　　　　　　　　カー車(2階がボックス形普通室、1階がコンパートメント式グリーン車)。定員40名

キハ183		運転台付の普通車。ＤＭＬ15ＨＳＡ（220ＰＳ）を 1基装備。トイレはない。定員40名
	0代	量産車最初のグループ。非貫通型。定員は40名。2018年度、廃車消滅
	100代	キハ184からの改造車。貫通形のため前面の形状が異なっており、ユニークな顔が特徴。定員40名
		2016[平成28]年度、廃車消滅
	200代	「オホーツク」短編成化にともなう 0代からのパワーアップ（420ＰＳへ）改造車。2017年度、廃車消滅
	500代	1986[昭和61]年度に増備。貫通形先頭車。エンジンは 550ＰＳ（ＤＭＬ30ＨＳＪ）へ変更。定員60名
	900代	試作車。非常窓、非常扉がもうけられているほか、前面のスカートの形状が異なる。定員40名。
		2001[平成13]年度、廃車消滅
	1000代	1987[昭和62]年度、「オランダ村特急」用としてＪＲ九州に登場。パノラマ形先頭車。
		1992[平成4]年度、「ゆふいんの森Ⅱ」用に改造。定員は1001が36名、ラウンジのある1002は28名と変更
		2003[平成15]年度、「ゆふＤＸ」用に改造。2011[平成23]年度、「あそぼ〜い」に改造
	1500代	1986[昭和61]年度に増備。貫通形先頭車。エンジンは 250ＰＳ（ＤＭＬ13ＨＳ）へ変更。定員68名。トイレなし
	1550代	1500代の増備車としてＪＲ北海道になってからの1987[昭和62]年度以降に新製。定員68名。
		エンジンは 330ＰＳにアップしている
	3550代	1550代を1993[平成 5]年度改造。客室アコモ改造実施のほか 130km/h運転に対応、ブレーキ改造を実施
	4550代	1550代を1993[平成 5]年度改造。客室アコモ改造実施のほか 130km/h運転に対応、ブレーキ改造を実施。
		また従来の 120km/h運転車両との併結運転にも対応できることが特徴
	5000代	1988[昭和63]年度、ＪＲ北海道に登場。「ニセコエクスプレス」に使用。定員48名。2017年度、廃車消滅
	5100代	1989[平成元]年度、ＪＲ北海道に登場。「クリスタルエクスプレス」に使用。パノラマ形先頭車。2019年度廃車
	5200代	1992[平成4]年度、ＪＲ北海道に登場。愛称は「ノースレインボー」。スーパーハイデッカータイプ
	6000代	1998[平成10]年度、キハ183-507 改造によりＪＲ北海道に登場のお座敷車両。定員は36名。2022[令和04]年度、廃車消滅
	6100代	1998[平成10]年度、キハ183-1557 改造によりＪＲ北海道に登場のお座敷車両。定員36名。2022[令和04]年度、廃車消滅
	8550代	ＪＲ北海道用。2015[平成27]〜 2016[平成28]年度、エンジン換装にて3550代から改造
	9550代	ＪＲ北海道用。2015[平成27]〜 2016[平成28]年度、エンジン換装にて4550代から改造
キハ182		中間車。ＤＭＬ30ＨＳＩ（440ＰＳ）を 1基装備。定員68名。0代は2018年度、廃車消滅
	36〜38	1997[平成9]年度、急行「宗谷」系用に改造。給電機関を取付けたため定員は52名となっている
	100代	1996[平成8]年度、キハ282 に中間車用運転室を設置。定員は 8名減の60名。2007[平成19]年度、廃車消滅
	200代	「スーパーとかち」編成の強馬力化に対応、エンジンを 600ＰＳに変更。2007[平成19]年度、廃車消滅
	500代	1986[昭和61]年度に増備。エンジンは 550ＰＳ（ＤＭＬ30ＨＳＪ）へ変更。定員68名
	550代	500代の増備車としてＪＲ北海道になってからの1987[昭和62]年度以降に新製。定員68名
		エンジンは 660ＰＳ
	900代	試作車。非常窓、非常扉がもうけられている。定員68名。2000[平成12]年度、廃車消滅
	1000代	1987[昭和62]年度「オランダ村特急」用としてＪＲ九州に登場。1992[平成4]年度、「ゆふいんの森Ⅱ」用改造。
		定員は1001が48名、1002は68名と変更。2003[平成15]年度「ゆふＤＸ」用、2011[平成23]年度「あそぼ〜い」改造
	2550代	550代を平成 5年度改造。客室アコモ改造を実施したほか 130km/h運転に対応、ブレーキ改造を実施。
		2015年度までに改造、消滅
	5000代	1988[昭和63]年度、ＪＲ北海道に登場。「ニセコエクスプレス」に使用。定員は56名。2017年度、廃車消滅
	5100代	1989[平成元]年度、ＪＲ北海道に登場。「クリスタルエクスプレス」に使用。ハイデッカー仕様。2019年度廃車
	5200代	1992[平成4]年度、ＪＲ北海道に登場。愛称は「ノースレインボー」。スーパーハイデッカータイプ
	5250代	1992[平成4]年度、ＪＲ北海道に登場。愛称は「ノースレインボー」。駆動エンジンを 2基装備
	6000代	1998[平成10]年度、キハ182-514 改造によりＪＲ北海道に登場のお座敷車両。定員は42名
	7550代	ＪＲ北海道用。2015[平成27]〜 2016[平成28]年度、エンジン換装にて3550代から改造
キハ184		普通車。車販準備室と自動消火装置室がもうけられている。トイレはない。定員は52名。
		2007[平成19]年度、廃車消滅
	900代	試作車。キロ184へ改造されたため消滅
キサハ182		ダブルデッカー車。2 階は客室、1 階はラウンジ
	5200代	1992[平成4]年度、ＪＲ北海道に登場。愛称は「ノースレインボー」

キハ181系		キハ80系をモデルに設計された車両で、500ＰＳの大出力のエンジン（ＤＭＬ30ＨＳＥ）を装備し、屋根上にラジエ
		ターグリルを搭載。ＪＲ西日本、ＪＲ四国に承継。
		ＪＲ四国車は1993[平成 5]年度、ＪＲ西日本車は2011[平成23]年度に廃車消滅
キロ180		グリーン車。前位側には洋式便所、出入口、乗務員室、後位側に和式便所がある。定員は48名。
	100代	前位側の洋式便所を廃し、車販準備室と売店を設けた車両。1987[昭和62]年度、キロハ180へ改造、消滅
	150代	キロ180- 1・7 を 100代のように洋式便所を廃し、車販準備室と売店を設けた改造車。
		1987[昭和62]年度、キロハ180へ改造、消滅
	200代	キハ180-23・24を種車にグリーン車へ改造。1987[昭和62]年度、キロハ180へ改造、消滅。
キロハ180		キロ180形 100代、150代、200代を半室グリーン車へ改造。定員グリーン室24名、普通室18名
		ＪＲ四国に在籍したが1992[平成4]年度引退、廃車消滅
キハ181		貫通形先頭車。前面形状は、キハ80とくらべて前照灯のまわりやテールライト、タイフォン付近など、全
		体的に角型スタイル。便所、化粧室はない。定員52名。
	100代	キハ180- 7・69・70・68・73を種車に先頭車改造。定員52名。2002[平成14]年度までに廃車消滅
キハ180		中間車。定員76名。ＪＲ西日本米子運転所には車掌室を設置（定員68名へ変更）車も在籍した
キサシ180		食堂車。エンジンをもたない付随車。現在すでに廃車消滅

キイテ87系		2016[平成28]年度、ＪＲ西日本に登場した豪華クルージングトレイン「TWILIGHT EXPRESS 瑞風」用車両。
キイテ87		展望室付きの先頭車（1号車は 2、10号車が 1）
キサイネ86		
	1	9号車に連結のロイヤルツイン(客室 3室)
	101	2号車に連結のロイヤルツイン(客室 3室)
	201	8号車に連結のロイヤルツイン(客室 3室)
	301	3号車に連結のロイヤルツイン(客室 3室)
	401	4号車に連結のロイヤルツイン[ユニバーサル対応]（客室 1室）＋ロイヤルシングル(客室 2室)
	501	7号車に連結のザ・スイート(客室 2室)
キラ86		5号車に連結のラウンジカー
キシ87		6号車に連結の食堂車

キハ85系　1988[昭和63]年度、ＪＲ東海に誕生した新型特急用気動車。「ワイドビューひだ」「ワイドビュー南紀」にて活躍、スピードアップとともに、ハイデッカー構造の室内は、快適な旅が楽しめると評判。エンジンはアメリカ、カミンズ社製の350ＰＳ（ＤＭＦ14ＨＺ）を2基装備、2段直結式トルクコンバータの組合せにより、最高速度 120km/h、勾配線区に強い車両である。冷房装置はＣ-ＡＵ26。台車はボルスタレスＤＴ57。電気指令式空気ブレーキ装備。

キロ85		当初は「南紀」用。非貫通形グリーン車の先頭車。定員は30名。
キハ85		非貫通形の先頭車。定員は60名。
	100代	貫通形の先頭車。定員は60名。
	200代	当初は「南紀」用。貫通形の先頭車。定員は56名。
	1100代	100代を車椅子対応改造車。2002[平成14]年度に登場
キハ84		中間車。電話、車販準備室あり。定員68名。トイレ設備なし
	200代	当初は「南紀」用中間車。定員64名。車販準備室あり。トイレ設備なし
	300代	当初は「南紀」用中間車。定員72名。自動販売機あり。トイレ設備なし
キロハ84		中間車。車掌室あり。定員はグリーン室横 8列32名、普通室 6列24名。

キハ80系　1960[昭和35]年に登場したはじめての特急用気動車。ＪＲ東海在籍車のみが最後まで残っていた

キロ80		グリーン車。屋根上に水タンクがある。定員48名。
	701	1987[昭和62]年度、ＪＲ東海でキロ80 57 を種車に「リゾートライナー」に改造。定員44名の中間車
	801	1987[昭和62]年度、ＪＲ東海でキロ80 96 を種車に「リゾートライナー」に改造。定員44名の先頭車
キロ82	801	1987[昭和62]年度、ＪＲ東海でキハ82 99 を種車に「リゾートライナー」に改造。定員24名の先頭車
		キロ80 701・801およびキロ82 801は1994[平成 6]年度廃車、消滅
キハ80		普通車。エンジンはキロ80、キシ80とともにＤＭＨ17Ｈ（180ＰＳ）を 2基装備している。定員72名。
		2008[平成20]年度、廃車消滅
キハ81		ボンネット形の前面が特徴の運転台付の普通車。1960[昭和35]年登場の先頭車。
		すでに全車が廃車となり、大阪の交通科学博物館にキハ81 1が保存。
キハ82		1961[昭和36]年から製造された車両で、貫通形の運転台が特徴。エンジンは 1基。定員52名。
		2008[平成20]年度、廃車消滅(キハ8273はリニア・鉄道館にて保存)
キシ80		食堂車。1994[平成 6]年度、廃車消滅

キハ84系　北海道のスキートレインとして1986[昭和61]～1987年にキハ80系からスタイルを一新して改造したグループ。
　　　　　ＪＲ北海道に配属

キハ84		1986[昭和61]年、キハ80 165、164 を種車に「フラノエクスプレス」として誕生。
		先頭部はハイデッカー仕様のパノラマ展望室。定員44名。2004[平成16]年度、廃車消滅
	100代	1987[昭和62]年、キハ80 166、160 を種車に「トマム サホロ エクスプレス」として誕生。
		オールハイデッカー仕様。定員44名。2003[平成15]年度、廃車消滅
キハ83		1986[昭和61]年、キハ82 109を種車に「フラノエクスプレス」として誕生。ハイデッカー仕様中間車。定員52名
		2004[平成16]年度、廃車消滅
	100代	1987[昭和62]年、キハ80 86、80 を種車に「トマム サホロ エクスプレス」として誕生。
		ハイデッカー仕様の中間車。定員52名。2003[平成15]年度、廃車消滅
キハ80	501	1986[昭和61]年、キハ82 110を種車に「フラノエクスプレス」として誕生。
		ハイデッカー仕様の中間車。ビュフェ、サロンを設置。定員28名。2004[平成16]年度、廃車消滅
キシ80	501	1988[昭和63]年、キシ80 29 を種車に「トマム サホロ エクスプレス」用に誕生の食堂車。
		2007[平成19]年度、廃車消滅

キハ72系　1998[平成10]年度、新「ゆふいんの森」としてＪＲ九州に登場の新型車。客室はハイデッカー。連結面も貫通路の高さを客室とフラットにしたためドア部付近では、渡り廊下があるのが特徴。エンジンはキハ200と同じ 450ＰＳのＤＭＦ13ＨＺＡを装備、爪クラッチを採用している。最高速度は 120km/h

キハ72	1	大分方先頭車。定員は60名
	2	2号車。定員60名。この車両のみエンジンを 2基搭載。トイレ、化粧室、電話室の設備あり
	3	3号車。定員は34名。トイレ設備あり。車椅子対応車、車販準備室あり。
		2号車寄りにはビュフェ、4人用コンパートメント（ボックス席） 4室
	5	博多方先頭車。定員は60名。2015[平成27]年度、キサハ72 4が登場したため 5と改番
キサハ72	4	2015[平成27]年度増備の中間車。客用扉なし

キハ71系　「ゆふいんの森」用に1988[昭和63]年度、ＪＲ九州に誕生したリゾート列車。森の妖精を思わせる緑の車体、ハイデッカー仕様の客室が話題。2003[平成15]年度、改良工事により機関更新

キハ71		キハ65 51、19 を種車に誕生した先頭車。定員32名
キハ70	1	キハ58 490を種車に誕生した中間車。カフェテリアもある。定員48名。
	2	1990[平成2]年度に増備。キハ58 436が種車。ミニギャラリーがある。定員48名。

急行用

キハ400系　札幌～稚内間、急行「宗谷」などのグレードアップに対応、1988[昭和63]年度に登場。座席は キハ183系と同じＲ55系リクライニングシートへグレードアップし、エンジンも 330ＰＳ（ＤＭＦ13ＨＳ）にパワーアップしている。冷房装置はＮ-ＡＵ400を装備(2003[平成15]年度、ＡＵ26へ変更)。ＪＲ北海道配置

キハ400		キハ40141～149を種車に改造。定員48名。冷房用発電装置設置の機器室設置。
		2000[平成12]年度、キハ40形330代へ改造、消滅
	500代	1997[平成9]～1998年度、キハ400-141・142・149をお座敷車両へ改造。定員は32名
		2016[平成28]年度、廃車消滅
キハ480	300代	キハ48 304を種車に改造。定員68名。発電装置なし。2006[平成18]年度、廃車
	1300代	キハ481301～1303を種車に改造。定員68名。トイレ、洗面所なし
		2000[平成12]年度、キハ48形1330代へ改造、消滅

旧国鉄　急行用
キハ58・28系　　急行用気動車として、全国的に活躍。急行列車の縮小とともにローカル列車としても幅広く活躍した車両。
　　　　　　　　窓は1枚窓上昇式。国鉄時代を代表する急行用気動車。2020〔令和02〕年度、キハ58廃車により、同グループ車両消滅。
キロ26　　　　　北海道用のグリーン車。窓は小さくて二重窓が特徴。すでに廃車、消滅。
キロ28　　　　　グリーン車。窓は2つの窓が1ユニットとなった下降式を採用している。シートは回転式リ
　　　　　　　　クライニングシート。定員52名。冷房車。初期グループはすでに廃車、消滅。
　　　　100代　長大編成化用に対応して製造された車両。台車がDT22A、DT51AからDT22C、DT51
　　　　　　　　Bへ変更。139以降は冷房準備車で登場。廃車、消滅。
　　　　300代　暖地向けの車両。新製時より冷房を装備。JR西日本にのみ現存
　　　　500代　エンジンカバーを取り付けるなどの対策が行なわれた寒地向け車両。新製時より冷房を装備
　　　2000代　他車へも電源を供給できるように、25kVA（DM72A）から70kVA（DM83A）の電源装置へ取替えた車両。
　　　　　　　　2309〜2314、2508〜2518は新製時より2000代。在籍グループはすべて改造済み。2007〔平成19〕年度、廃車消滅
　　　6000代　1990〔平成2〕年度、急行「たかやま」（アコモ改善）用にキロ282162、2510からJR西日本にて改造。
　　　　　　　　1999〔平成11〕年度廃車
キロハ28　101〜　1988〔昭和63〕年度、急行「砂丘」用にキロ282508・2509・2517・2518を半室普通室に改造。
　　　　　　　　定員はグリーン室24名、普通室40名。JR西日本配置。2004〔平成16〕年度、廃車消滅
キロ59　　　　　キハ56134・135を和式気動車へ改造した車両。出入り口は1ヶ所。非冷房車。JR北海道配置
　　　　500代　キハ58 622・759・1517・1532・1123・1126・1134・626・650・1038・1039を和式or洋風気動車に改造した車両。
　　　　　　　　冷房車。JR東日本、JR西日本配置。定員は各車両により異なる。
　　　　550代　1987〔昭和62〕年度以降 500代と同様、JR西日本にて改造。キハ581129・295・135・1111・1119が種車
キロ29　　　　　キハ27122〜124を和式気動車へ改造した車両。出入り口を1ヶ所閉鎖。非冷房車。JR北海道配置
　　　　500代　キハ282389・2408・3006・2431・2010・2505を和式or洋風気動車に改造した車両。70kVAの電源を装備。冷房車
　　　　　　　　JR東日本、JR西日本配置。定員は各車両により異なる。
　　　　550代　1987〔昭和62〕年度以降 500代と同様にイベント用にJR西日本にて改造。キハ282453・2049・2056が種車。
　　　　　　　　552・553は中間車（多目的室設置）。1997〔平成9〕年度、キロ282511改造の554が加わる。
　　　　　　　　2004〔平成16〕年度、廃車消滅
キサロ59　501　1989〔平成元〕年度、JR西日本にてスハフ12 701を種車にイベント用「セイシェル」に改造。電源装備。中間車
　　　　　　　　2004〔平成16〕年度、廃車消滅
キハ59　　1〜　1985〔昭和60〕年度、スキートレインの第一弾「アルファコンチネンタル」用にキハ56 201・209を種車に改造。
　　　　　　　　シアター風のパノラマ展望車の第一陣でもある。定員52名。JR北海道配置。1995〔平成7〕年度、廃車消滅
　　　　101　1986〔昭和61〕年度、「アルファコンチネンタル」の増備車としてキハ56 212種車に改造。ビッフェ設備があり、
　　　　　　　　定員52名。JR北海道配置。1995〔平成7〕年度、廃車消滅
　　　　501　1989〔平成元〕年度、JR西日本、キハ58 176を「ビバウェスト」改造。定員52名。1998〔平成10〕年度、廃車消滅
　　　501〜　1999〔平成11〕・2000年度、JR東日本にてキロ59 501・502・510・511を普通車改造にて登場
キハ29　　1　1985〔昭和60〕年度、スキートレインの第一弾「アルファコンチネンタル」用にキロ26201を種車に改造。
　　　　　　　　ミニサロンがある中間車。定員52名。JR北海道配置。1995〔平成7〕年度、廃車消滅
　　　　501　平成元年度、JR西日本にてキハ282132を「ビバウェスト」に改造。定員52名。1998〔平成10〕年度、廃車消滅
　　　501〜　1999〔平成11〕・2000年度、JR東日本にてキロ29 501・506を普通車改造にて登場
キロ65　　1　1986〔昭和61〕年度、キハ65 510を種車に「ゆうトピア」に改造。シアター風の展望室がある。定員36名
　　　　551　1987〔昭和62〕年度、キハ65 78を種車に「アストル」に改造。シアター風の展望室がある。定員36名
　　　1001　1986〔昭和61〕年度、キハ65 71を種車に「ゆうトピア」に改造。シアター風の展望室がある。定員36名
　　　　　　　　キロ65 1とユニットを組む。トイレ設備なし。485系電車と併結運転できる。JR西日本配置。
　　　1551　1987〔昭和62〕年度、キハ65 514を種車に「アストル」に改造。シアター風の展望室がある。定員36名
　　　　　　　　キロ65 551とユニットを組む。トイレ設備なし。485系電車と併結運転できる。JR西日本配置。
　　　　　　　　「ゆうトピア」（キロ65 1＋キロ651001）は、1994〔平成6〕年度、廃車消滅
キハ56　　　　　北海道用車両。床は木製、窓は二重窓。DMH17Hを2基装備の片運転台車。水タンクは屋根上に装備。
　　　　　　　　定員84名。初期グループはすでに廃車消滅。
　　　　100代　長大編成化用に対応して製造された車両。台車がDT22AからDT22Cへ変更。1999〔平成11〕年度廃車
　　　　200代　前面に曲面ガラスが採用されたほか、スカートが取り付けられている。冷房準備車。2001年度廃車消滅
　　　　551〜　1990〔平成2〕年度、JR北海道にてキハ56 124・145を種車にお座敷車に改造。2001〔平成13〕年度廃車消滅
キハ27　　　　　北海道用の車両。床は木製で、窓は二重窓である。DMH17Hを1基装備の片運転台車。
　　　　　　　　定員84名。初期グループは1989〔平成元〕年度をもって廃車消滅。
　　　　100代　長大編成化に対応して製造された車両。台車がDT22A、DT51AからDT22C、DT51
　　　　　　　　Bへ変更。1992〔平成4〕年度にて廃車、消滅
　　　　200代　前面に曲面ガラスが採用されたほか、スカートが取付けられている。冷房準備車。2000〔平成12〕年度廃車消滅
　　　　501〜　1988〔昭和63〕年度、JR北海道にてキハ27 210・217を種車に快速「ミッドナイト」用座席車に改造。定員44名。
　　　　　　　　AU34A冷房装置（バス用クーラーサブエンジン方式）を装備。2000〔平成12〕年度、廃車消滅
　　　　551〜　1988〔昭和63〕年度、JR北海道にてキハ27 203・208を種車に快速「ミッドナイト」用カーペット車に改造。
　　　　　　　　定員30名。1989年度にキハ27 201・207を種車に増備。AU34A冷房装置を装備。2000〔平成12〕年度、廃車消滅
キハ57　　　　　DMH17Hを2基装備の片運転台車。水タンクを屋根上に装備。台車は空気バネ付のDT31。定員84名。
　　　　　　　　1991〔平成3〕年度廃車消滅。最終はJR四国に配置（当初は横軽通過の信越用として誕生）
キハ58　　　　　DMH17Hを2基装備の片運転台車。水タンクを屋根上に装備。冷房車が多い。定員84名
　　　　400代　長大編成化用に対応して製造された車両。台車がDT22AからDT22C変更。655以降は、
　　　　　　　　通風器が6個から8個へ改良された。8個用は客用窓横に取り付けられた
　　　　800代　修学旅行用車として登場した車両である。スピードメーターが車内にもある。すでに廃車消滅
　　　1000代　400代の続き車号（800代があったため、799の続き車号として登場）
　　　1100代　暖地向けの車両
　　　1500代　エンジンカバーを取り付けるなどの対策が行なわれた寒地向け車両
　　　3001　1990〔平成2〕年度、パワーアップのキハ585714を改番。急行「かすが」用。JR東海。2001年度廃車、消滅
　　　5000代　回転式クロスシート（グリーン車用）へアコモ改善車。2001〔平成13〕年度廃車、消滅
　　　5001〜　1990〔平成2〕〜1991年度、JR東海に登場。キハ58 680・1033を出力アップ、新幹線回転式シートにアコモ改善
　　　　　　　　2001〔平成13〕年度廃車、消滅
　　　5101　1990〔平成2〕年度、JR東海に登場。キハ58形1100代を出力アップ、新幹線回転式シートにアコモ改善
　　　　　　　　2001〔平成13〕年度廃車、消滅
　　　5500代　1991〔平成3〕年度、JR西日本に登場。通勤用にロングシート改造。1999年度廃車、消滅
　　　6000代　1990〔平成2〕年度、JR西日本に登場。R51系リクライニングシートにアコモ改善、塗色変更。11年度廃車

7000代		1987[昭和62]年度以降、ＪＲ九州に登場のイベント用(洋風)車両。キハ581141・298・702・723から改造。
		1993[平成5]～2000年にかけて廃車消滅
7200代		1991[平成3]年度、ＪＲ西日本に登場。グレードアップ改造、回転式リクライニングシート装備。定員64名
		2004[平成16]年度にて廃車消滅
7300代		1991[平成3]年度、ＪＲ西日本に登場。グレードアップ改造、回転式リクライニングシート装備。定員64名。
		「エーデル北近畿」との併結運転が可能。1999[平成11]年度廃車、消滅
8000代		1986[昭和61]年度以降、ＪＲ九州に登場のイベント用(お座敷など)車両。キハ58 689・57 から改造
		1994[平成 6]年度、廃車消滅

キハ28		DMH17Hを1基装備の片運転台車。水タンクを床下に装備。定員84名
300代		長大編成化に対応して製造された車両。台車がＤＴ22Ａ、ＤＴ51ＡからＤＴ22Ｃ、ＤＴ51
		Ｂへ変更。415以降は、通風器が6個から8個へ改良された【2300代もある】。
500代		エンジンカバーを取り付けるなどの対策が行なわれた寒地向け車両
800代		修学旅行用車として登場した車両である。スピードメーターが車内にもある。すでに廃車、消滅
1000代		暖地向けの車両(冷房、冷房電源を装備3000代を名乗る)
2000代		冷房装置を装備しているほか、冷房電源用に70kVAを搭載して、他車へ電源を供給する。
		2018年度、廃車消滅
5000代		キロ28を普通車へ改造した車両で、グリーン車時代のシートのままで座席指定に使用された。廃車、消滅
5200代		キロ28を普通車へ改造した車両。冷房電源用に70kVAを搭載。定員は52名。1999[平成11]年度廃車、消滅
5300代		キロハ28を普通車へ改造した車両。定員は64名。現在は廃車。
5500代		1991[平成3]年度、ＪＲ西日本に登場。通勤用にロングシート改造。1999年度廃車、消滅
6000代		1990[平成2]年度、ＪＲ西日本に登場。R51系リクライニングシートにアコモ改善、塗色変更。
		2002[平成14]年度廃車、消滅
7000代		1988[昭和63]年度、ＪＲ九州に登場の「アクアエクスプレス」に使用。キハ282445から改造。2001年度廃車消滅
8000代		1986[昭和61]年度、お座敷車両「ＢｕｎＢｕｎ」にキハ282489から改造。ＪＲ九州配置。1994年度、廃車消滅

キハ65		DML30HSD(500ＰＳ)を装備した片運転台車。冷房電源用に他車へも供給可能な70kVAの電源を搭載。
		台車はＤＴ39Ａ[2軸駆動]、ＴＲ218Ａ、変速機はＤＷ4Ｆ。
		上段下降式、下段上昇式のユニット窓と折戸のドアが特徴。トイレ設備なし。定員84名。
		ＪＲ東海、ＪＲ西日本、ＪＲ四国、ＪＲ九州に配置。2013[平成25]年度にて廃車消滅
500代		寒地向け車両。ＪＲ東海、ＪＲ九州に配置。2004[平成16]年度にて、同グループ廃車消滅
601		1988[昭和63]年度、キハ65 511を種車に「エーデル丹後」に改造。シアター風展望室設置。定員56名
611～		1989[平成元]年度、キハ65 81 を種車に「リゾート＆シュプール」用に改造。貫通形先頭車。定員56名。
		612は1990[平成2]年度、キハ65 712(キハ65 513)から台車枠を変更、改番。2010年度廃車
1601		1988[昭和63]年度、キハ65 512を種車に「エーデル丹後」に改造。シアター風展望室設置。定員64名。
		キハ65 601とユニットを組む。トイレ設備なし。485系電車と併結運転可能。ＪＲ西日本配置。
1611～		1989[平成元]年度、キハ65 81 を種車に「リゾート＆シュプール」用に改造。貫通形先頭車。定員68名。
		1612は1990[平成2]年度、キハ651712(キハ65 515)から台車枠を変更、改番。2010年度廃車
		キハ65 611～とユニットを組む。トイレ設備なし。485系電車と併結運転可能。ＪＲ西日本配置。
701		1988[昭和63]年度、キハ65 79 を種車に「エーデル鳥取」改造。シアター風展望室設置。定員56名
711		1988[昭和63]年度、キハ65 516を種車に「エーデル鳥取」改造。貫通形先頭車。定員56名。2010年度、廃車
721		1988[昭和63]年度、キハ65 501を種車に「エーデル鳥取」改造。貫通形先頭車。定員56名。2004年度、廃車消滅
1701		1988[昭和63]年度、キハ65 86 を種車に「エーデル鳥取」改造。シアター風展望室設置。定員64名。
		トイレ設備なし。「エーデル鳥取」編成はともにＪＲ西日本配置。2009[平成21]年度廃車
1711		1988[昭和63]年度、キハ65 501を種車に「エーデル鳥取」に改造。貫通形先頭車。定員64名。トイレ設備なし。
		2010[平成22]年度廃車
801		1989[平成元]年度、キハ65 1を種車に「エーデル北近畿」に改造。シアター風展望室設置。定員56名。
		2004[平成16]年度、廃車消滅
811～		1989[平成元]年度、キハ6582・5を種車に「エーデル北近畿」に改造。貫通形先頭車。定員56名。
		2004[平成16]年度、廃車消滅
1801		1989[平成元]年度、キハ65 6を種車に「エーデル北近畿」に改造。シアター風展望室設置。定員64名。
		トイレ設備なし。「エーデル北近畿」編成はともにＪＲ西日本配置。2004[平成16]年度、廃車消滅
1811～		1989[平成元]年度、キハ65 9・76を種車に「エーデル北近畿」に改造。貫通形先頭車。定員64名。トイレ設備なし
		2004[平成16]年度、廃車消滅
3001		1990[平成2]年度、パワーアップしたキハ655508より改番。急行「かすが」用。ＪＲ東海。2001年度廃車消滅
5001～		平成2～3年度、ＪＲ東海に登場。キハ65 504・505・507を出力アップ、新幹線回転式シートにアコモ改善
		2001[平成13]年度にて廃車、消滅
7001		1987[昭和62]年度、ＪＲ九州で、キハ65 502を「サルーンエクスプレス」に改造。定員50名。1993[平成5]年度廃車消滅
7002		1988[昭和63]年度、ＪＲ九州で、キハ65 12 を「ジョイフルトレイン長崎」に改造。定員40名。1993[平成5]年度廃車消滅
8001		1988[昭和63]年度、ＪＲ九州で、キハ65 55 を種車に「ふれあいＧＯ」に改造。定員46名。
		1994[平成 6]年度、廃車、消滅

新系列

HB-E300系　2010[平成22]年度、ＪＲ東日本に登場したハイブリッド方式の気動車。ＪＲ東日本の気動車で最初に「キハ」が形式から
　　　　　なくなった車両。ＤＭＦ15ＨＺＢ-Ｇ(450ＰＳ)エンジンを搭載、発電した電気にてＭＴ78(95kW)×2をＶＶＶＦイン
　　　　　バータにて制御、ブレーキ時に発生した電気を蓄電池に貯めて、この蓄電池の電気も動力源として使用する
　　ＨＢ-Ｅ301　　片運転台付きでトイレ設備あり。定員34名
　　ＨＢ-Ｅ302　　片運転台付きでトイレ設備なし。定員44名
　　ＨＢ-Ｅ300　　中間車。定員40名。イベントスペースあり。トイレ設備あり
　　　　　100代　中間車。座席は4人ボックスシートにて個室感覚に設計。定員36名。トイレ設備なし

HB-E210系　2014[平成26]年度、ＪＲ東日本に登場したハイブリッド方式の気動車。仙台〜石巻間の仙石東北ライン用。
　　　　　ＤＭＦ15ＨＺＢ-Ｇ(450ＰＳ)エンジンを搭載、発電した電気にてＭＴ78(95kW)×2をＶＶＶＦインバータにて制御(Ｃ
　　　　　124)、ブレーキ時に発生した電気を蓄電池に貯めて、この蓄電池の電気も動力源として使用する
　　ＨＢ-Ｅ211　　仙台方に運転台付きでトイレ設備(車椅子対応大型)あり。定員128(42)名
　　ＨＢ-Ｅ212　　石巻方に運転台付きでトイレ設備なし。定員134(48)名

GV-E400系　2017[平成29]年度、ＪＲ東日本に登場した電気式気動車。国鉄時代に製造のキハ40系の後継車両。機関450ＰＳ.
　　　　　主変換装置ＣＩ27、主電動機ＭＴ81、主発電機ＤＭ115、ＡＵ741エアコン搭載。ＬＥＤ式客室照明
　　ＧＶ-Ｅ400　　両運転台付き。定員99(36)。車椅子対応大型トイレ設備有り
　　ＧＶ-Ｅ401　　片運転台付き。定員111(40)。車椅子対応大型トイレ設備有り
　　ＧＶ-Ｅ402　　片運転台付き。定員121(51)。トイレ設備なし

DMV　2006[平成18]年度、ＪＲ北海道に登場した鉄軌道および路面走行が、簡単な操作により可能となった画期的な車両
　　　911〜　　車体はマイクロバス仕様。2009[平成21]年度、廃車消滅

YC1系　2018[平成30]年度、ＪＲ九州に登場したハイブリッド方式気動車。車体構造はステンレス製シングルスキン構造。
　　　　エンジンは450ＰＳ(SA6D140-HE-3)。主電動機ＭＴ407Ｋ(全閉外扇式かご形誘導電動機、95kW)、主発電機は開放型強制通風方式
　　　　かご形誘導電動機、主変換装置ＰＣ401Ｋ、屋根上集中式ＡＵ413Ｋ。台車はＤＴ411Ｋ、ＴＲ411Ｋ、車内収受方式ワンマンシステム
　　　0代　　　片運転台付き。定員110(32)。車椅子対応大型トイレ有り。量産先行車
　　1000代　　片運転台付き。定員122(44)。トイレ設備なし。0代とペアを組む
　　100代　　　片運転台付き。車椅子対応大型トイレ有り。2019(令和01)年度に登場の量産車。分割可能編成
　　1100代　　片運転台付き。トイレ設備なし。100代とペアを組む。もしくは単独にて併結
　　200代　　　片運転台付き。車椅子対応大型トイレ有り。2019(令和01)年度に登場の量産車。固定編成
　　1200代　　片運転台付き。トイレ設備なし。200代とペアを組む

DEC700形　2021[令和3年度]、ＪＲ西日本に登場したステンレス製電気式気動車。エンジンはSA6D140HE3、主電動機は三相140kW、
　　　　　台車はＷＤＴ70、ＷＴＲ252
　　　1　　　両運転台付き。定員90(25)。量産先行車

1500形　2006[平成18]年度、ＪＲ四国に登場した新型気動車。転換式クロスシート装備。片側3扉。
　　　　エンジンは環境対応型450ＰＳ(SA 6D 140HE2)。液体変速機(DW21D)は変速・直結4段自動切替。
　　　　冷房装置ＡＵ720(42,000kcal/h)〔代替フロン使用〕。台車はボルスタレスＳ-ＤＴ65(2軸駆動)、Ｓ-ＴＲ65。
　　　　車体の最大長は21.3m。密着式電気連結器装備。電気指令式空気ブレーキ。ワンマン仕様
　　1501〜　貫通形両運転台付き。定員121(座席38[折畳み式補助席 8])名
　　1551〜　2008[平成20]年度以降の増備車。発電装置をＳＩＶ方式に変更。1566から正面形状変更

1200形　2006[平成18]年度、1000形から改造にて加わる。1500形との併結改造を実施。ワンマン仕様。
　　1229〜　貫通形両運転台付き。トイレ設備あり。定員151(座席70)名

1000形　ＪＲ四国に登場した新型気動車。1989[平成元]年度、デビューから。2000系に準じて、形式称号から「キハ」を廃止。片側3
　　　　扉、中央は両開き。エンジンは400ＰＳ(SA 6D 125-HD)。変速機(DW14C)は変速1段、直結2段方式。
　　　　車体の最大長は20.8m。冷房装置は機関直結タイプ。台車はボルスタレスＳ-ＤＴ57(2軸駆動)、Ｓ-ＴＲ57。
　　　　ワンマン仕様。
　　1001〜　貫通形両運転台付き。定員151(座席70)名

H100形　2017[平成29]年度、ＪＲ北海道に登場した電気式気動車。国鉄時代に製造のキハ40系の後継車両。機関450ＰＳ.
　　　　主変換装置(ＰＷＭコンバータ、ＶＶＶＦインバータ)、主電動機305kW、主発電機105kW、エアコン搭載。ＬＥＤ式客室照明
　　Ｈ100　　　両運転台付き。定員99(36)。車椅子対応大型トイレ設備有り

キハ201系　1996[平成8]年度、ＪＲ北海道に登場した新型気動車。ロングシートとなったほか電車との協調運転を実施
　　　　　軽量ステンレス構造で、3両固定ユニット。換気除湿機能付き自動制御エアコン装備
　　　　　エンジンは450ＰＳ(N-DMF13HZE)。台車はN-ＤＴ201、N-ＴＲ201
　　キハ201　100代　定員141(座席50)名。札幌方貫通形運転台付き
　　　　　　200代　定員153(座席52)名。中間車。トイレ・車椅子対応スペースあり
　　　　　　300代　定員141(座席50)名。小樽方貫通形運転台付き

キハE200系　2007[平成19]年度、ＪＲ東日本に登場したハイブリット気動車。発電機や蓄電池からの電源をもとに、電車と同様に
　　　　　制御装置でモーターを駆動して走行する
　　　　　エンジンは450ＰＳ。モーターはＭＴ78(95kW)
　　　1〜　定員117(座席46)名

キハ200系　ＪＲ九州に登場した新型気動車。1990[平成2]年度から新製を開始。エンジンは 450ＰＳ（ＤＭＦ13ＨＺＡ- 4）。
　　　　　変速機（R-DW 4）は爪クラッチ式変速1段、直結2段方式。車体の最大長は21.3m。
　　　　　冷房装置は機関直結＋パワーユニット方式。台車はボルスタレスＤＴ600Ｋ（2軸駆動）、ＴＲ600Ｋ。
　　　　　窓は1枚窓下降式及び固定。片側両開き3扉。転換式クロスシート装備。自動密着連結器を装備
キハ200　　　1〜　貫通形先頭車。定員 122（座席52）名。
　　　　　100代　1996[平成8]年度増備車。ドア間ドア寄り1列を固定式と変更。定員 120（座席52）名
　　　　　500代　1997[平成9]年度増備車。座席配置がロングシートと変更。定員 143（座席56）名。トイレ設備なし
　　　　　550代　0代をロングシート化。 2013[平成25]年度登場
　　　　　1000代　貫通形先頭車。定員 126（座席56）名。トイレ設備なし
　　　　　1100代　1996[平成8]年度増備車。ドア間ドア寄り1列を固定式と変更。定員 123（座席56）名
　　　　　1500代　1997[平成9]年度増備車。座席配置がロングシートと変更。定員 143（座席52）名。車椅子スペースあり
　　　　　1550代　1000代をロングシート化。 2013[平成25]年度登場
　　　　　5007　1993[平成 5]年 8月 6日、記録の集中豪雨により竜ケ水駅構内にて被災のキハ200-1007代替車。1993年度新製
キハ220　　　　　両運転台付き
　　　　　200代　2006[平成18]年度増備車。行先字幕大型化。トイレ設備あり。ドア間ドア寄り1列は固定式。ほかは転換式
　　　　　1100代　1996[平成8]年度増備車。ドア間ドア寄り1列を固定式と変更。定員　　（座席48）名。トイレ設備なし
　　　　　1500代　1997[平成9]年度増備車。座席配置がロングシートと変更。定員 130（座席44）名。車椅子スペースあり

キハ160系　1996[平成8]年度、キハ130 の増備車としてＪＲ北海道に登場した新型気動車。車体長は16.3mから18.5mと拡大
　　　　　エンジンは 330ＰＳ（N-DMF13HＺF）。変速機ＴＨＣN-22-1600。台車はN-ＤＴ150、N-ＴＲ150
　　　　　貫通形両運転台付き。ワンマン運転対応車。座席配列は3列ボックス＋ロングシート
キハ160　　　1〜　定員 110（座席42）名。2013[平成25]年度、廃車、形式消滅

キハ150系　1992[平成4]年度、ＪＲ北海道に登場した新型気動車。エンジンは 450ＰＳ（N-KDMF15HＺ）。変速機N-DW14C。
　　　　　貫通形両運転台付き。ワンマン運転対応車。低コストと機能性を重視して設計。台車はN-ＤＴ150、N-ＴＲ150
キハ150　　　1〜　冷房装置搭載。定員 117（座席49）名
　　　　　100代　冷房装置搭載せず。側窓ガラスは複層ガラス＋上部折曲げガラスを採用。定員 115（座席49）名

キハ140・147系　1989[平成元]年度からＪＲ九州においてキハ40、キハ47のパワーアップにより登場。エンジンは 360ＰＳ（ＤＭＦ
　　　　　13ＨＺＡ、ＤＭＦ14ＨＺ）に変更
キハ140 2000代　キハ40形2000代から改造（車号は変更せず）。定員96（座席66）名。
キハ147　　　　　キハ47から改造（車号は変更せず）。定員 124（座席76）名。
　　　　　1000代　キハ47形1000代から改造（車号は変更せず）。トイレ設備なし、機器室あり。定員 128（座席80）名。

キハ141・142系　1989[平成元]年度からＪＲ北海道において50系51形客車を種車に気動車へ改造。
　　　　　エンジンは 250ＰＳ（ＤＭＦ13ＨＳ）を搭載、変速機はキハ56から転用のＤＦ115A。
　　　　　台車はＤＴ22D、ＴＲ51C。客室は中央部片側4ボックスのみ残しロングシート化。
　　　　　1994[平成6]年度増備のキハ143形は、エンジンを 450ＰＳ（N-DMF13HＺD）、
　　　　　台車をN-ＤＴ150A、N-ＴＲ150Aと変更
キハ141　　　　　貫通形先頭車。エンジンを1基装備。定員 103（座席55）名。2012[平成24]年度にて形式消滅
キハ142　　　　　貫通形先頭車。エンジンを2基装備。定員 102（座席55）名。トイレ設備なし
　　　　　100代　半自動回路設置。0代から改造。1994[平成 6]年度登場。2012[平成24]年度にて形式消滅
　　　　　200代　半自動回路設置。1994[平成 6]年度登場。2012[平成24]年度にて形式消滅
　　　　　700代　2013[平成25]年度、ＪＲ東日本にて「ＳＬ銀河」用車両として復籍
キハ143　100代　トイレ設備なし。定員 125（座席48）名。1996[平成8]年度、冷房装置を装備
　　　　　150代　トイレ設備あり。定員 122（座席48）名。1995[平成7]年度増備車より冷房装置装備。既存車も改造済み
　　　　　700代　2013[平成25]年度、ＪＲ東日本にて「ＳＬ銀河」用車両として復籍（155）
キサハ144 100代　中間車。床下に発電機関を装備、暖房（電気暖房）など必要電力をまかなう。定員 134（座席48）名。
　　　　　　　　　客室仕切戸なし。半自動回路設置。トイレ設備なし。1993[平成5]年度増備。2012[平成24]年度、形式消滅
　　　　　150代　中間車。トイレあり。定員 134（座席48）名。1995年度にトイレ設備を撤去、104へ改造、消滅
　　　　　700代　2013[平成25]年度、ＪＲ東日本にて「ＳＬ銀河」用車両として復籍（101・103）

キハ130系　ＪＲ北海道に登場した新型気動車。1988[昭和63]年度から新製を開始。日高本線に投入、ワンマン運転を実施。
　　　　　第三セクターに多い軽快形気動車に準拠、車体の最大長は15.8m。エンジンは 250ＰＳ（ＤＭＦ13ＨＳ）。
　　　　　変速機はN-DW130（逆転機内蔵）。台車はN-ＤＴ130（2軸駆動）。冷房装置はＡＵ732（33,000kcal/h）
キハ130　　　　　貫通形両運転台付き。定員 100（座席38）名。2次車は定員 105（座席46）名。2002[平成14]年度、廃車、消滅

キハE130系　2006[平成18]年度、ＪＲ東日本に登場した新型気動車。客用扉数は3。セミクロスシート。密着連結器装備。
　　　　　環境対応形ＤＭＦ15ＨＺ（450ＰＳ）エンジン装備。変速機はＤＷ22。変速1段、直結4段。
　　　　　ボルスタレス台車（ＤＴ74・ＴＲ251）。電気指令式空気ブレーキ。床面高さは1130㎜。車体幅2920㎜の広幅車
キハE130　　　　　両運転台装備車。車椅子対応大型トイレあり。定員 113（座席34）名
　　　　　100代　久留里線用。平成24年度デビュー
キハE131　　　　　片運転台装備車。車椅子対応大型トイレあり。定員 125（座席40）名
キハE132　　　　　片運転台装備車。トイレ設備なし。定員 131（座席48）名。キハE131とユニットを組む

キハE120系　2008[平成20]年度、ＪＲ東日本に登場したステンレス製気動車。客用扉数は2（両開き）。密着連結器装備。
　　　　　セミクロスシート（ボックスシートはキハ110系100代に準拠の2名と4名）。
　　　　　環境対応形ＤＭＦ15ＨＺ（450ＰＳ）エンジン装備。変速機はＤＷ22。変速1段、直結4段。
　　　　　ボルスタレス台車（ＤＴ74・ＴＲ251）。電気指令式空気ブレーキ。床面高さは1130㎜。車体幅2920㎜の広幅車
キハE120　　　　　両運転台装備車。車椅子対応洋式トイレ設備あり。定員 114（座席39）名

キハ127系　2008[平成20]年度、ＪＲ西日本に登場したステンレス製気動車。座席は２＆１配列の転換式シートとロングシート。
　　　　　エンジンは環境対応型 450ＰＳ(ＳＡ6Ｄ140ＨＥ-2) 1基装備。変速機ＤＷ21。
　　　　　台車はＷＤＴ65(２軸駆動)＋ＷＴＲ248。電気指令式空気ブレーキ採用。空調装置はＷＡＵ707Ａ
　　　　　　1～　車椅子対応大型トイレあり。定員 130(座席41)名
　　　　　1001～　トイレ設備なし。定員 138(座席51)名

キハ126系　2000[平成12]年度、ＪＲ西日本に登場した新型気動車。エンジンは 450ＰＳ(ＳＡ6Ｄ140Ｈ-1)を１基装備。
　　　　　変速機ＤＷ21。台車はＷＤＴ61(１軸駆動)＋ＷＴＲ244。電気指令式空気ブレーキを採用。空調装置はＷＡＵ707
　　　　　　1～　トイレ設備あり。定員 128(座席62)名
　　　　　1001～　トイレ設備なし。定員 134(座席70)名

キハ125系　1992[平成4]年度、ＪＲ九州に登場の新型気動車。エンジンは 330ＰＳ(ＤＭＦ13ＨＺ)。変速機ＴＡＣＮ-22-dw600Ｋ。
　　　　　イエローボディのワンマン運転対応車。車体長は18.5m
キハ125　　　1～　貫通形両運転台付き。定員 123(座席59)名
　　　　　101～　2014[平成26]年度、０代の客室改良工事により誕生
　　　　　401～　2009[平成21]年度、高千穂鉄道ＴＲ-400形を購入、「海幸山幸」に改造

キハ122系　2008[平成20]年度、ＪＲ西日本に登場したステンレス製気動車。座席は２＆１配列の転換式シートとロングシート。
　　　　　エンジンは環境対応型 450ＰＳ(ＳＡ6Ｄ140ＨＥ-2) 1基装備。変速機ＤＷ21。
　　　　　台車はＷＤＴ65(２軸駆動)＋ＷＴＲ248。電気指令式空気ブレーキ採用。空調装置はＷＡＵ707Ａ
キハ122　　　両運転台付き。車椅子対応洋式トイレ設備あり。定員 113(座席33)名

キハ121系　2003[平成15]年度、ＪＲ西日本に登場したステンレス製新型気動車。ボックスシート。
　　　　　エンジンは 450ＰＳ(ＳＡ6Ｄ140Ｈ-1)を１基装備。台車はＷＤＴ60Ａ、ＷＴＲ244Ａ
キハ121　　　両運転台付き。車椅子対応洋式トイレ設備あり。

キハ120系　1992[平成4]年度、ＪＲ西日本に登場した新型気動車。エンジンは250ＰＳ(ＳＡ6Ｄ125-Ｈ)。変速機ＴＡＣＮ-22-1605。
　　　　　車体長16.3mの小型軽快気動車タイプ。ワンマン運転対応
キハ120　　　1～　貫通形両運転台付きステンレス車。ロングシート。定員 112(座席49)名。トイレ設備なし。
　　　　　　　　エンジンは 330ＰＳと出力アップ。側窓は固定式。台車はＷＤＴ54、ＷＴＲ238
　　　　　200代　貫通形両運転台付き。セミクロスシート。定員 105(座席49)名。トイレ設備なし。
　　　　　　　　側窓は上窓固定下窓上昇式。台車はＷＤＴ53、ＷＴＲ237
　　　　　300代　貫通形両運転台付きステンレス車。セミクロスシート。定員 110(座席49)名。トイレ設備なし。
　　　　　　　　エンジンは 330ＰＳ。側窓は固定式。台車はＷＤＴ54、ＷＴＲ238

キハ110系　ＪＲ東日本に登場した新型気動車。1989[平成元]年度から新製を開始。エンジンは 420ＰＳ(ＤＭＦ13ＨＺＡ、ＤＭＦ
　　　　　14ＨＺＡ)を装備、変速機(Ｖ01ＴＨ)は変速1段、直結1段。冷房装置はＡＵ26Ｊ-Ａを2基。
　　　　　台車はボルスタレスＤＴ58(２軸駆動)、ＴＲ242。密着連結器を装備
　キハ110　　　両運転台付きの先頭車。回転式リクライニングシートを装備、当初は急行「陸中」などで活躍。定員52名。
　　　　　　5～　動車ＤＴ58Ａ(２軸駆動)、変速機ＤＷ14Ａ-Ｂ へ変更。
　　　　　100代　ワンマン仕様、セミクロスシート車。定員119(座席52)名。
　　　　　200代　ワンマン仕様、セミクロスシート車。客用扉がプラグドアから通常タイプへ変更。定員118(座席53)名。
　　　　235・236　眺望車「ふるさと」として飯山線にて活躍。1997[平成9]年度、300代の200代改造のなかで２両が誕生している
　　　　　300代　特急「秋田リレー号」用(リクライニングシート車にて登場)。1997[平成9]年度、200代へ改造、消滅
　　　　　700代　2013[平成25]年度、キハ110-105を種車に、「TOHOKU EMOTUON」に改造
　キハ111　　　平成２年度から登場。片運転台付きの先頭車。回転式リクライニングシートを装備。定員60名。
　　　　　　　　当初は急行「陸中」などで活躍。動台車ＤＴ58Ａ、変速機ＤＷ14Ａ-Ｂ。
　　　　　100代　ワンマン仕様、セミクロスシート車。定員131(座席58)名。動台車ＤＴ58Ａ、変速機ＤＷ14Ａ-Ｂ。
　　　　　150代　ワンマン仕様、セミクロスシート車。 100代改良型。ドア引戸を戸袋引戸式と変更
　　　　　200代　ワンマン仕様、セミクロスシート車。客用扉がプラグドアから通常タイプへ変更。定員135(座席56)名。
　　　　　300代　特急「秋田リレー号」用として登場したが、秋田新幹線開業により使命を終了。1997年度 200代へ改造、消滅
　　　　　700代　2013[平成25]年度、キハ111-2を種車に、「TOHOKU EMOTUON」に改造
　キハ112　　　1990[平成2]年度から登場。片運転台付きの先頭車。回転式リクライニングシートを装備。定員64名。
　　　　　　　　当初は急行「陸中」などで活躍。トイレ設備なし。動台車ＤＴ58Ａ、変速機ＤＷ14Ａ-Ｂ。トイレ設備なし
　　　　　100代　ワンマン仕様、セミクロスシート車。定員136(座席62)名。動台車ＤＴ58Λ、変速機ＤＷ14Λ-Ｂ。
　　　　　150代　ワンマン仕様、セミクロスシート車。 100代改良型。ドア引戸を戸袋引戸式と変更
　　　　　200代　ワンマン仕様、セミクロスシート車。客用扉がプラグドアから通常タイプへ変更。定員138(座席62)名。
　　　　　300代　特急「秋田リレー号」用(リクライニングシート車)。1997[平成9]年度、200代へ改造、消滅
　　　　　　711　キハ110-108を2017[平成29]年度、観光列車「HIGH RAIL 1375」に改造
キクシ112 700代　2013[平成25]年度、キハ112-2を種車に、「TOHOKU EMOTUON」に改造

キハ100系　ＪＲ東日本に登場した新型気動車。1989[平成元]年度から新製を開始。エンジンは 330ＰＳ(ＤＭＦ11ＨＺ、ＤＭＦ
　　　　　14ＨＺ)を装備、変速機は変速1段、直結2段方式(ＤＷ14Ｂ)。車体の最大長は16.5m。冷房装置はＡＵ26Ｊ-Ｂ。
　　　　　台車はボルスタレスＤＴ59(２軸駆動)、ＴＲ242。ワンマン仕様。窓は固定窓。自動密着連結器を装備
　キハ100　　　貫通形両運転台付き。固定クロスシート、ロングシート。定員 104(座席41)名
　　　　　200代　側扉は戸袋引戸式。運転室部分の鋼体を各 250mm延長。車椅子スペース確保。セミクロスシート車
　　　　　　　　定員 103(座席44)名。大湊線用
　キハ101　　　オールロングシートと変更。トイレ設備なし。定員 107(座席44)名。台車はＤＴ59、ＴＲ243。
　　　　　　　　側扉は戸袋引戸式。運転室部分の鋼体を各 250mm延長。車椅子スペース確保。左沢線用
　キハ103　711　キハ100-29を2017[平成29]年度、観光列車「HIGH RAIL 1375」に改造

キハ75系		JR東海に登場した新型気動車。1993[平成 5]年度から新製を開始。 350PS（C-DMF14HZB）を2基搭載。

キハ75系　JR東海に登場した新型気動車。1993[平成 5]年度から新製を開始。 350PS（C-DMF14HZB）を2基搭載。
　　　　　最高速度 120km/h。転換式クロスシートを装備。台車はボルスタレスC-DT60
　　　　　冷房装置（C-AU30）40000kcal/h。自動密着連結器を装備
　　キハ75　　　1～　貫通形運転台付き。洋式トイレ装備。定員 129（座席52）名。カード式電話装備
　　　　　　　100代　貫通形運転台付き。トイレ設備なし。定員 134（座席56）名
　　　　　　　200代　0代のドア付近スペース拡大車
　　　　　　　300代　100代のドア付近スペース拡大車
　　　　　　　400代　客室仕様は200代。ワンマン運転設備あり
　　　　　　　500代　客室仕様は300代。ワンマン運転設備あり
　　　　　　　1200代　200代の耐寒化。2015[平成27]年度登場
　　　　　　　1300代　300代の耐寒化。2015[平成27]年度登場
　　　　　　　3200代　200代のワンマン化。耐寒改造。2013[平成25]年度登場
　　　　　　　3300代　300代のワンマン化。耐寒改造。2013[平成25]年度登場
　　　　　　　3400代　400代の耐寒化。2015[平成27]年度登場
　　　　　　　3500代　500代の耐寒化。2015[平成27]年度登場

キハ25系　2010[平成22]年度、JR東海に登場した新型気動車。 350PSエンジン（C-DMF14HZB）を1基搭載。
　　　　　変速機はC-DW23。台車はボルスタレスC-DT67（2軸駆動）、C-TR255。最高速度110km/h。
　　　　　転換式クロスシートを装備。冷房装置（C-AU715）。自動密着連結器装備。ワンマン運転対応機器搭載
　　キハ25　　　0代　車椅子対応大型トイレ設備あり。定員 134（座席40）名
　　　　　　　100代　トイレ設備なし。車端部はロングシート。定員 140（座席48）名。0代とペアを組む
　　　　　　　1000代　2014[平成26]年度増備車。車椅子対応大型トイレ設備あり。ロングシート車。定員 129（座席20）名。
　　　　　　　　　　　振動検知システム搭載。動力伝達軸落下防止枠強化。寒地用
　　　　　　　1100代　2014[平成26]年度増備車。トイレ設備なし。ロングシート車。定員 136（座席26）名。振動検知システム搭載。
　　　　　　　　　　　動力伝達軸落下防止枠強化。1000代とペアを組む。寒地用
　　　　　　　1500代　2015[平成27]年度増備車。車椅子対応大型トイレ設備あり。ロングシート車。定員 129（座席20）名。
　　　　　　　　　　　振動検知システム搭載。動力伝達軸落下防止枠強化。暖地用
　　　　　　　1600代　2015[平成27]年度増備車。トイレ設備なし。ロングシート車。定員 136（座席26）名。振動検知システム搭載。
　　　　　　　　　　　動力伝達軸落下防止枠強化。1000代とペアを組む。暖地用

キハ11系　1988[昭和63]年度、JR東海に登場した新型気動車。エンジンは 330PS（C-DMF14HZA）。
　　　　　変速機は変速1段、直結2段方式。車体の最大長は18m。冷房装置はC-AU27
　　　　　台車はボルスタレスC-DT58（2軸駆動）、C-TR242。ワンマン仕様。窓は1枚窓下降式
　　キハ11　　　1～　貫通形両運転台付き。暖地用。定員 110（座席60）名。トイレ設備なし。2015[平成27]年度、廃車消滅
　　　　　　　100代　貫通形両運転台付き。寒地用。定員 110（座席60）名。トイレ設備なし。2015[平成27]年度、廃車消滅
　　　　　　　300代　車体はステンレス製へ。台車はボルスタレス台車へ変更。車イス対応トイレ設置

キハ37系　1982[昭和57]年度落成。省エネ、省力化の車両。JR東日本、JR西日本に配置。エンジンは 210PS（DMF13S）。
　　　　　変速機はキハ20などと同じTC 2A（DF115A）を装備。座席配置はロングシート。2013[平成25]年度、廃車、形式消滅
　　キハ37　　　　　貫通形先頭車。定員138名（座席64名）
　　　　　　　1000代　貫通形先頭車。定員146名（座席66名）。トイレ設備なし

キハ38系　1986[昭和61]年度、キハ35を車両更新して誕生。エンジンは 250PS（DMF13HS）。冷房装置はサブエンジン式AU
　　　　　34。1名ずつ区分されたロングシートもポイント。台車はDT22C、TR51B。2013[平成25]年度、廃車、形式消滅
　　キハ38　　　　　貫通形先頭車。定員 124（座席54）名。2012[平成24]年度形式消滅
　　　　　　　1000代　貫通形先頭車。定員 138名（座席58名）。トイレ設備なし。

キサハ34系　1991[平成3]年度、12系客車を改造してJR西日本に登場
　　キサハ34　　1～　オハ12形1000代からの改造。1995[平成7]年度、廃車消滅
　　　　　　　1001～　スハフ12形1000代からの改造。電源装置装備。1995[平成7]年度、廃車、形式消滅

キハ31系　1986[昭和61]年度にデビュー。車体の最大長は17.75m。新幹線0系用転換式シートを2＆1に配列のステンレス車。
　　　　　客扉は折戸。エンジンは 250PS（DMF13HS）。台車はDT22G、TR51E。冷房装置はAU34。JR九州配置。
　　　　　2019[令和01]年度、廃車消滅
　　キハ31　　　　　貫通形両運転台付き。定員98（座席38）名
　　　　　　　21～　1987[昭和62]年度、JR九州が増備。新製時からワンマン仕様。シートモケットの色も異なる

キハ32系　1986[昭和61]年度にデビュー。車体の最大長は16.3m。片側2扉のロングシート車。客用扉は折戸。
　　　　　エンジンは 250PS（DMF13HS）。台車はDT22G、TR51E。冷房装置はAU26A。JR四国に承継。
　　キハ32　　　　　貫通形両運転台付き。定員 106（座席47）名。トイレ設備なし。現在はすべてワンマン車に改造
　　キクハ32　　　　トロッコ号用車両として、1997[平成9]年度、JR四国に登場

キハ33系　1987[昭和62]年度、JR西日本において50系客車を種車に気動車へ改造。
　　　　　エンジンは 250PS（DMF13HS）。冷房装置はバスクーラーサブエンジン方式
　　キハ33　1000代　貫通形両運転台付き。定員 124（座席60）名。トイレ設備なし。2009[平成21]年度、廃車消滅

キハ54系　1986[昭和61]年度登場。ステンレス製片側2扉。車体最大長21.3m。エンジンは 250ＰＳ（ＤＭＦ13ＨＳ）を2基装備。
　　　キハ54　　　1～　四国に配置。ロングシート。ＡＵ26冷房装置を2基装備。定員 148(座席68)名。トイレ設備なし
　　　　　　　　　　　現在はすべてワンマン車に改造。客用扉は折戸。台車はＤＴ22Ａ、ＤＴ22Ｃ。ＪＲ四国に承継。
　　　　　　　500代　北海道仕様。座席配置はボックスシート、ロングシート。定員 100(座席70)名。ワンマン車に改造
　　　　　　　　　　　客用扉は引戸。二重窓。台車はＤＴ22Ｆ。ＪＲ北海道に承継。
　　　　　　　　　　　トイレの洋式化、座席改良、台車取替えなど実施
　　　　　　　527～　急行(現在は快速系)用に使用。転換式シートを装備。定員60名。2007[平成19]年度、混雑緩和対策実施

旧国鉄系
キハ40・47系　普通用の気動車を代表する系列。当初はＪＲ各社にて活躍した
キハ40　　100代　北海道用。両運転台付車。エンジンは 220ＰＳ（ＤＭＦ15ＨＳＡ）。デッキ付。便所あり。
　　　　　　　　　　1994[平成6]年度、700代に全車改造。消滅
　　　　　117～　定員は96名(座席66名)［116以前は96名(座席68名)］。台車はＤＴ44Ａ、ＴＲ227Ａ(空気バネ)
　　　　　300代　1995[平成7]年度、700代を非ワンマン化、強馬力改造(330ＰＳへ)。座席3列化、冷房取付。ＪＲ北海道所属
　　　　　330代　2000[平成12]年度、キハ400形より改造。冷房装置を搭載
　　　　　350代　1998[平成10]年度、700代を日高線用に改造。ＪＲ北海道所属
　　　　　400代　1995[平成7]年度、700代を強馬力改造(450ＰＳへ)、2軸駆動。ワンマン車。ＪＲ北海道所属。2022[令和04]年度、廃車消滅
　　　　　500代　寒地用。両運転台付車。エンジンは 220ＰＳ（ＤＭＦ15ＨＳＡ）。デッキ付。便所あり
　　　　　521～　定員は96名(座席66名)［520以前は96名(座席68名)］。台車はＤＴ44Ａ、ＴＲ227Ａ(空気バネ)
　　　　　700代　100代をワンマン改造。1990[平成2]年度、ＪＲ北海道にて実施
　　　　1000代　キハ40形2000代の便所を撤去。定員98名。ＪＲ東日本配置。
　　　　1700代　ＪＲ北海道。700代の更新車。エンジン、変速機などを取替え
　　　　2000代　暖地用。両運転台付車。エンジンはＤＭＦ15ＨＳＡ。定員は96名(座席66名)。便所あり
　　　　　　　　　　台車はＤＴ22Ｄ、ＴＲ51Ｃ
　　　　2500代　2003[平成15]年度、キロ40 から改造。ＪＲ東日本配置。2016[平成28]年度、廃車消滅
　　　　3000代　キハ40形2000代から改造のロングシート車。1992[平成4]年度、ＪＲ西日本に登場
　　　　3000代　1999[平成11]年度、5000代の改番により登場。ＪＲ東海所属。2015[平成27]年度、廃車消滅
　　　　3300代　1999[平成11]年度、5000代の改番により登場。ＪＲ東海所属。2015[平成27]年度、廃車消滅
　　　　5000代　ＪＲ東海において冷房改造により誕生。冷房電源(C-ＳＣ32)を装備。冷房装置はC-ＡＵ711Ｄ。
　　　　　　　　　　下2ケタの号車から旧番の2000代当時の車号が推察できる。2015[平成27]年度、廃車消滅
　　　　5300代　5000代の改番により登場。ＪＲ東海所属。2015[平成27]年度、廃車消滅
　　　　5500代　500代のエンジン取替(C-ＤＭＦ14ＨＺ系)改造車。ＪＲ東海所属。2015[平成27]年度、廃車消滅
　　　　5800代　1999[平成11]年度、5500代の改番により登場。ＪＲ東海所属。2015[平成27]年度、廃車消滅
　　　　6000代　2000代のエンジン取替(C-ＤＭＦ14ＨＺ系)改造車。ＪＲ東海所属。2015[平成27]年度、廃車消滅
　　　　6300代　1999[平成11]年度、6000代の改番により登場。ＪＲ東海所属。2015[平成27]年度、廃車消滅
　　　　7000代　ＪＲ九州にて、キハ40形2000代を 300PSにパワーアップ改造（ＤＭＦ15ＨＳＡ-Ｐ）。
　　　　　　　　　　1997[平成9]年度、キハ47に準拠して、車号を旧番号プラス5000番に改番
　　　　8000代　1998[平成10]年度、ＪＲ九州にて、キハ40形2000代のエンジンを 300PSへ取替(ＳＡ6Ｄ125-Ｈ-1Ａ)
　　　　　　　　　　車号を旧番号プラス6000番に改番
キハ41　　　　　　1998[平成10]年度、ＪＲ西日本にて、キハ47形1000代を両運転台化。トイレ設備設置。ワンマン運転設備あり
キロ40　　　　　　1994[平成6]年度、ＪＲ東日本に登場。キハ40形2000代改造の団体用車「漫遊」。2000[平成12]年度「ふるさと」へ
　　　　　　　　　　2003[平成15]年度、普通車化改造。改番により形式消滅
キハ47　　　　　　暖地用。片運転台付車。エンジンはＤＭＦ15ＨＳＡ。定員は124名(座席76名)。便所あり
　　　　　　　　　　台車はＤＴ22Ｄ、ＴＲ51Ｃ
　　　　　500代　寒地用。定員は124名(座席76名)。台車はＤＴ44、ＴＲ227(空気バネ)
　　　　　506～　台車をＤＴ44Ａ、ＴＲ227Ａ(空気バネ)へ変更
　　　　1000代　暖地用。便所なし。定員は128名(座席80名)。台車はＤＴ22Ｄ、ＴＲ51Ｃ
　　　　1500代　寒地用。便所なし。定員は128名(座席80名)。台車はＤＴ44、ＴＲ227(空気バネ)
　　　　1506～　台車をＤＴ44Ａ、ＴＲ227Ａ(空気バネ)へ変更
　　　　2000代　キハ47から改造のロングシート車。1992[平成4]年度、ＪＲ西日本に登場
　　　　2500代　キハ47形 500代から改造のロングシート車。1994[平成6]年度、ＪＲ西日本に登場
　　　　3000代　キハ47形1000代から改造のロングシート車。1992[平成4]年度、ＪＲ西日本に登場
　　　　3500代　キハ47形1500代から改造のロングシート車。1992[平成4]年度、ＪＲ西日本に登場
　　　　3500代　キハ47形 500代のエンジン駆動を2軸化した車両。2005[平成17]年度、ＪＲ九州に登場
　　　　4500代　キハ47形1500代のエンジン駆動を2軸化した車両。2005[平成17]年度、ＪＲ九州に登場
　　　　5000代　0代のエンジン取替(C-ＤＭＦ14ＨＺ系)改造車。ＪＲ東海所属
　　　　5000代　キハ47を 300PSにパワーアップ改造車(エンジンはＤＭＦ15ＨＳＡ-Ｂと改造)。
　　　　　　　　　　ＪＲ九州に1997[平成9]年度から登場。車号は旧番号プラス5000番
　　　　6000代　1000代のエンジン取替(C-ＤＭＦ14ＨＺ系)改造車。ＪＲ東海所属
　　　　6000代　キハ47形1000代を 300PSにパワーアップ改造(ＤＭＦ15ＨＳＡ-Ｐ)車。ＪＲ九州に1997[平成9]年度登場。
　　　　　　　　　　車号は旧番号プラス5000番
　　　　7001　キハ473002を観光列車「瀬戸内マリンビュー」へ、2005[平成17]年度改造。ＪＲ西日本に登場
　　　　7002　キハ472011を観光列車「瀬戸内マリンビュー」へ、2005[平成17]年度改造。ＪＲ西日本に登場
　　　　7003　キハ471107を観光列車「みすゞ潮騒号」へ、2007[平成19]年度改造。2017(平成29)年度。「○○のはなし」に
　　　　7004　キハ47 462を観光列車「みすゞ潮騒号」へ、2007[平成19]年度改造。ＪＲ西日本に登場。2017(平成29)年度。「○○のはなし」に
　　　　8000代　キハ47のエンジンを 300PSへ取替(ＳＡ6Ｄ125-Ｈ-1Ａ)車。ＪＲ九州に1999[平成11]年度登場
　　　　　　　　　　車号は旧番号プラス8000番
　　　　9000代　キハ47形1000代のエンジンを 300PSへ取替(ＳＡ6Ｄ125-Ｈ-1Ａ)車。ＪＲ九州に1999[平成11]年度登場。
　　　　　　　　　　車号は旧番号プラス8000番
キハ48　　　　　　寒地用。片運転台付車。定員は108名(座席74名)。デッキ付。便所あり。台車はＤＴ44Ａ、
　　　　　　　　　　ＴＲ227Ａ。自重は35.9ｔ
　　　　　　4～　台車をＤＴ22Ｄ、ＴＲ51Ｃへ変更
　　　　　300代　北海道用。台車はＤＴ44Ａ、ＴＲ227Ａ(空気バネ)
　　　　　500代　寒地用。台車はＤＴ44Ａ、ＴＲ227Ａ(空気バネ)。自重は36.2ｔ
　　　533・540　1996[平成 8]年度、ＪＲ東日本において、「リゾートしらかみ」(現在は「クルージングトレイン」)に改造

547	2000[平成12]年度、ＪＲ東日本において、びゅうコースター「風っ子」に改造

547　　　　2000[平成12]年度、ＪＲ東日本において、びゅうコースター「風っ子」に改造
546・549・550　　2008[平成20]年度、ＪＲ東日本において、「みのり」に改造
700　　　2002[平成14]年度、ＪＲ東日本においてキハ40を種車に「リゾートしらかみ」増発用に改造
　　　　　　　客室は回転式リクライニングシートを装備。2005[平成17]年度、703・704を増備
1000代　寒地用。便所なし。定員は116名(座席82名)。台車はＤＴ44Ａ、ＴＲ227Ａ
1003〜　台車をＤＴ22Ｄ、ＴＲ51Ｃへ変更
1300代　北海道用。便所なし。定員は116名(座席82名)。台車はＤＴ44Ａ、ＴＲ227Ａ
1330代　2000[平成12]年度、キハ480形1300代より改造。冷房装置を搭載
1500代　寒地用。便所なし。定員は116名(座席82名)。台車はＤＴ44Ａ、ＴＲ227Ａ
1521・1543　1996[平成 8]年度、ＪＲ東日本において、「リゾートしらかみ」(現在は1521は「くまげら」、1543は「橅」)に改造
1505・1506　2002[平成14]年度、ＪＲ東日本において、「きらきらみちのく」に改造。冷房装置搭載。便所設備取付
1534　　　2002[平成14]年度、ＪＲ東日本において、「きらきらみちのく」に改造。冷房装置搭載。
1541　　　2000[平成12]年度、ＪＲ東日本において、びゅうコースター「風っ子」に改造
1700代　2002[平成14]年度、ＪＲ東日本においてキハ40を種車に「リゾートしらかみ」増発用に改造
　　　　　　　客室はボックスシートの個室がベース
2500代　2003[平成15]年度、キロ48 から改造。ＪＲ東日本配置。2016[平成28]年度、廃車消滅
3500代　1991[平成 3]年度、ＪＲ東海に登場。性能向上改造車。1999[平成11]年度、改造にて消滅
3800代　1999[平成11]年度、5500代の改番により登場。ＪＲ東海所属。2015[平成27]年度、廃車消滅
5000代　0代をＪＲ東海において冷房改造により誕生。2014(平成26)年度、廃車消滅。2015[平成27]年度、廃車消滅
5300代　1999[平成11]年度、5000代の改番により登場。ＪＲ東海所属。2015[平成27]年度、廃車消滅
5500代　500代のエンジン取替(C-DMF14HＺ系)改造車。ＪＲ東海所属。2015[平成27]年度、廃車消滅
5800代　1999[平成11]年度、5500代の改番により登場。ＪＲ東海所属。2015[平成27]年度、廃車消滅
6000代　1000代のエンジン取替(C-DMF14HＺ系)改造車。ＪＲ東海所属。2015[平成27]年度、廃車消滅
6300代　1999[平成11]年度、6000代の改番により登場。ＪＲ東海所属。2015[平成27]年度、廃車消滅
6500代　1500代のエンジン取替(C-DMF14HＺ系)改造車。ＪＲ東海所属。2015[平成27]年度、廃車消滅
6800代　1999[平成11]年度、5500代の改番により登場。ＪＲ東海所属。2015[平成27]年度、廃車消滅
キロ48　　　　1994[平成6]年度、ＪＲ東日本に登場。キハ48形 500代改造の団体用車「漫遊」。平成12年度「ふるさと」へ
　　　　　　　2003[平成15]年度、普通車化改造。改造により形式消滅
キロシ47　　　2015[平成27]年度、ＪＲ九州に登場。「或る列車」用
キロ47　　　　観光用にキハ47から改造。キロ471401・1402はＪＲ四国「伊予灘ものがたり」、キロ477001・7002はＪＲ西日本
　　　　　　　「et SET0 ra」、キロ477005・7006はＪＲ西日本「あめつち」。「伊予灘ものがたり」は2022[令和04]年度、廃車

キハ66・67系　北九州(現在は長崎)地区で活躍。エンジンは440ＰＳ(DML30HＳH)。冷房装置はＡＵ75Ｃ。転換クロスシート。
　　　　　　　台車は空気バネＤＴ43(2軸駆動)、ＴＲ226。客用扉は片側両開き2つドア。1993[平成5]年度から機関更新開始
キハ66　　　　貫通形先頭車。便所あり。定員は98名(座席62名)。
　　　　　　　2000[平成12]年度ワンマン改造により座席の一部を撤去。定員は 120名と変更
　　　100代　2010[平成22]年度、台車取替え
キハ67　　　　貫通形先頭車。キハ66とペアで走る。便所なし。定員は100名(座席64名)
　　　　　　　2000[平成12]年度ワンマン改造により座席の一部を撤去。定員は 122名と変更
　　　100代　2012[平成24]年度、台車取替え

一般形
キハ20・22・52系　1957[昭和32]年以降登場したグループで、車体の最大長は20m、客室はセミクロスシート。
キハ20　　　　両運転台付車。運転台後ろに「かぶりつき」のクロスシートがあるのが特徴。窓は上段固定式の二段窓。
　　　　　　　エンジンは 180ＰＳ(DMH17Ｃ)を 1基装備。便所あり。初期タイプはすでに廃車消滅
　　　200代　窓が上段も上昇式と改良。1990[平成2]年度で廃車、消滅。
　　　500代　新製時より室内灯が蛍光灯となった。台車はＤＴ19Ｃ、ＴＲ49ＡからＤＴ22Ｃ、ＴＲ51Ｂへ変更。
　　　　　　　1993[平成5]年度廃車、消滅。これにより形式消滅
　　　600代　アコーディオンカーテンがつけられ、半室を新聞輸送に使用できる構造とした。廃車消滅。
キハ22　　　　キハ20(200代)を北海道用の設計とした。客室の保温を高めるため窓は二重窓となっている
　　　　　　　ほか、デッキ付となっている。台車ＤＴ22Ｃ、ＴＲ51Ａ。
　　　200代　新製時より室内灯が蛍光灯となった。ＪＲ北海道、ＪＲ東日本に在籍したが1995[平成7]年度までに廃車消滅
　　　600代　半室を新聞輸送に使用できる構造とした。廃車消滅。
　　　700代　キハ22形 200代種車にワンマン改造。1989[平成元]年度以降、ＪＲ北海道で実施。1995[平成7]年度、廃車消滅
キハ25　　　　キハ20を片運転台付としたタイプ。すでに廃車消滅
　　　200代　窓が上段も上昇式と改良された。廃車消滅。
　　　300代　新製時より室内灯が蛍光灯となった。廃車消滅。
　　　600代　半室を新聞輸送に使用できる構造とした。廃車消滅。
キハ52　　　　エンジンは 180ＰＳ(DMH17Ｃ)を 2基装備している。外観はキハ20(200代)とほぼ同じであるが、車体
　　　　　　　長は21,300㎜と1,300㎜長くなった。平成5年度にて0代は廃車、消滅
　　　100代　エンジンは横形エンジン(DMH17Ｈ)へかわり、新製時より室内灯が蛍光灯となった。
　　　　　　　ＪＲ東日本、ＪＲ西日本、ＪＲ九州に配置。ＪＲ西日本、ＪＲ九州には冷房車も活躍
　　　　　　　ＪＲ九州の車両は、2000[平成12]年度、廃車消滅。 ＪＲ西日本の車両は、2010[平成22]年度、廃車消滅。
　　　　　　　ＪＲ東日本の車両は、2001[平成23]年度、廃車消滅。これにて全車消滅
　　　600代　アコーディオンカーテンが取付けられた車両。 0代からの改造車。1989[平成元]年度、廃車消滅。
　　　650代　アコーディオンカーテンが取付けられた車両。100代からの改造車。ＪＲ西日本配置。
　　　　　　　1994[平成6]年度、廃車消滅

キハ35系　両開き 3つドア、ロングシートが特徴の通勤形タイプ。エンジンは 180ＰＳ(DMH17Ｈ)を 1基装備。
　　　　　　　ＪＲ東日本、ＪＲ東海、ＪＲ西日本、ＪＲ九州に承継
キハ30　　　　貫通形両運転台付き車。通風器はグローブ形。定員は 128名(座席56名)。便所なし。
　　　　　　　3両が最後までＪＲ東日本、久留里線にて活躍を続けたが、2013[平成25]年度、廃車、形式消滅

	500代	寒地用。通風器は押込み形。ＪＲ東日本配置されたがすでに廃車
キハ35		貫通形片運転台付き車。通風器はグローブ形。定員は 132名(座席58名)。便所あり。
		1997[平成9]年度、ＪＲ東日本の廃車により消滅
	500代	寒地用。通風器は押込み形。ＪＲ東日本配置されたがすでに廃車消滅
	300代	1990[平成2]年度、ＪＲ西日本にて和田岬線用改造。キクハ35とともに客用扉は中央1つドア化
		2004[平成16]年度、廃車消滅
	900代	ステンレス車。現在は朱色にぬられているが、コルゲートで他の仲間と区別できる。
		ＪＲ東日本配置にて承継となったが、廃車消滅。
キハ36		便所をなくしたキハ35という形式。定員は 136名(座席62名)。すでに廃車消滅
キクハ35	300代	キハ35から駆動エンジン撤去改造車。
		1990[平成2]年度、ＪＲ西日本にて改造、和田岬線にて活躍したが、2001.6.30限りで営業終了。14年度廃車

キハ23・45系 1966[昭和41]年から製造を開始した「新近郊形」に属すグループセミクロスシート車。
エンジンは 180ＰＳ(ＤＭＨ17Ｈ)を 1基装備。台車はＤＴ22Ｃ、ＴＲ51Ａ(Ｂ)。

キハ23		両運転台付車。両開き 2つドア。定員は 116名(座席76名)。便所あり。2009[平成21]年度、廃車消滅
	500代	寒地用。2003[平成15]年度、廃車により消滅
キハ24		北海道用。デッキ付、客室両端のみロングシート、片開き 2つドア、窓は二重窓。片運転台付車。
		定員は102名(座席77名)。ＪＲ北海道配置。1995[平成7]年度、廃車消滅
キハ45		キハ23の片運転台付き車。両開き 2つドア、出入り口付近ロングシート。定員は 124名(座席84名)。
		1995[平成7]年度、廃車消滅
	500代	寒地用。1994[平成6]年度、廃車消滅
	600代	アコーディオンドア付の簡易荷物室付への改造車。シートも片方がロングシート化された。
		定員は 124名(座席76名)。ＪＲ九州配置。1992[平成4]年度、廃車消滅
キハ46		北海道用。キハ24の片運転台付車。ＪＲ北海道配置。1992[平成4]年度、廃車消滅
キハ53		キハ23の 2基エンジンタイプ。両運転台付き。定員は 84名(座席73名)。
	100代	長大編成用。ＪＲ九州配置。1992[平成4]年度、廃車消滅
	200代	キハ58を両運転台付きに改造。ＪＲ東日本配置。定員114名(座席74名)。2000[平成12]年度、廃車消滅
	500代	キハ56を両運転台付きに改造。ＪＲ北海道配置。定員102名(座席74名)。1995[平成7]年度、廃車消滅
	1000代	キハ58を両運転台付きに改造。ＪＲ西日本配置。定員101名(座席77名)。2005[平成17]年度、廃車消滅

事業用車

ＤＥＣ741形 2021[令和３年度]、ＪＲ西日本に登場した、これまで活躍してきたクモヤ443系に変わる電気(架線)測定を行う電気式気動車。
エンジンはSA6D140HE3、主電動機は三相140kW搭載と性能的にはＤＥＣ700形に準拠

	1	片運転台付き。機器室(検測機器給電用発電機)・測定室・電気設備撮像装置等を搭載
	101	片運転台付き。測定用パンタグラフ、架線検測装置・電気設備測定装置を搭載。走行用動力の搭載なしの車両

ＧＶ-Ｅ197系 2020(R02)年度、ＪＲ東日本に登場した砕石輸送事業車

ＧＶ-Ｅ197		運転台のある先頭車
ＧＶ-Ｅ196		砕石輸送運搬の中間車。先頭車 2両と中間車 4両にて基本編成を形成

キヤＥ195系 2017[平成29]年度、ＪＲ東日本に登場したレール運搬車

キヤＥ195	0代	ロングレール輸送用運搬車の先頭車
	100代	ロングレール輸送用の 1と反対側の先頭車
	1000代	定尺(25m)レール輸送用運搬車の先頭車
	1100代	1000代とユニットを組む定尺(25m)レール輸送用運搬車
キヤＥ194	0代	ロングレール輸送用。駆動用エンジンを持つ中間車
	100代	0代と同じ中間車
	200代	0代と同じ中間車
	300代	0代と同じ中間車
キサヤＥ194	0代	ロングレール輸送用。発電用エンジンを持つ中間車
	100代	0代と同じ中間車
	200代	0代と同じ中間車

キヤＥ193系 2002[平成14]年度、ＪＲ東日本に登場した新型軌道・信号総合試験車。エンジンはＤＭＦ14ＨＺＢ(450ＰＳ)

キヤＥ193		信号通信系測定機器装備の電気試験車。エンジンを 2基装備
キヤＥ192		中間車。電力系測定機器装備の電気試験車。トイレ設備あり
キクヤＥ193		軌道系機器装備の軌道試験車
キヤ190・キヤ191		パンタグラフを装備した電気検測車。エンジンはＤＭＬ30ＨＳＥ(440ＰＳ)を 1基ずつ装備。
		2008[平成20]年度、廃車消滅

キヤ143系 2013[平成25]年度、ＪＲ西日本に登場した除雪用(単線、複線可変式)。
除雪用の前頭部着脱でき、バラスト輸送用にも使用。エンジンはＳＡ6Ｄ140ＨＥ-2(450ＰＳ)。

	1～	除雪用ディーゼル機関車の代替用に新開発

キヤ141系 2005[平成17]年度、ＪＲ西日本に登場した新型軌道・信号総合試験車。エンジンはＳＡ6Ｄ140Ｈ(450ＰＳ)

キヤ141		信号通信系測定機器装備の電気試験車。エンジンを 2基装備。トイレ設備あり
キクヤ141		軌道系機器装備の軌道試験車
キヤ28		1990[平成2]年度、ＪＲ東日本に誕生した訓練車(キハ282102から改造)。2008[平成20]年度、廃車消滅

キヤ95系

キヤ95		1996[平成8]年度、ＪＲ東海に登場した電気検測車。エンジンはＣ-ＤＭＦ14ＨＺＢ(350ＰＳ)
	1	電力関係を検測する車。検測用のパンタグラフを装備
	101	信号通信関係を検測する車。検測機器などに供給する電源装置を装備
キサヤ94		1996[平成8]年度、ＪＲ東海に登場した軌道検測車。3台車、中間台車は軌道検測用(Ｃ-ＴＲ250)

キヤ97系 2007[平成19]年度、ＪＲ東海に登場したレール運搬車

キヤ97	1～	キヤ97 100代とユニットを組む定尺レール(25m)運搬車。荷台にレールを46本搭載することができる
	101～	キヤ97 0代とユニットを組む定尺レール(25m)運搬車
	201～	ロングレール(200m)運搬車。キヤ96・キサヤ96と編成を組む
キヤ96	1～	ロングレール(200m)運搬の中間車。
キサヤ96	1～	ロングレール(200m)運搬の中間車。13両編成を組み荷台にレールを16本搭載することができる

キヤ291 2020(R02)年度、ＪＲ北海道に登場した除雪用事業車

キヤ291		大型除雪用ラッセル車

客車

77系　2013[平成25]年、ＪＲ九州が製造したもっとも豪華な設備をもった客車。「ななつ星in九州」
マイ77　　　　　　　　　ラウンジカー。１号車に連結
マシフ77　　　　　　　　ダイニングカー。２号車に連結
マイネ77　　　　　　　　スイート。ツインの個室３部屋。定員６名
マイネフ77　　　　　　　ＤＸイート。７号車に連結。ツインの個室２部屋（１室は展望室タイプ）。定員４名

E26系　1999[平成11]年、ＪＲ東日本が製造した日本を代表する豪華列車。Ａ寝台車と食堂車、ラウンジカーの構成。
　　　　　Ａ寝台は、スイート、ツイン、デラックス。１編成12両のみが在籍
スロネE26　　　　　　　Ａ寝台メゾネットタイプのスイート３室とデラックス１室、定員は12名。２号車に連結
スロネE27　　１　　　　Ａ寝台ツイン。車端室２室、２階室４室、１階室４室の構成。定員は21名。８号車に連結
　　　　　　101　　　　３号車（上野）寄りの車端室が車椅子対応室（定員２名）となっている。定員は20名。４号車に連結
　　　　　　201〜　　　札幌寄り車端室にトイレ設備（洋式）がある。定員は21名。７・11号車に連結
　　　　　　301〜　　　札幌寄り車端室にシャワー室がある。定員は21名。６・10号車に連結
　　　　　　401〜　　　札幌寄り車端室にミニロビーがある。定員は21名。５・９号車に連結
スロネフE26　　　　　　展望室タイプのスイート１室とメゾネットタイプのスイート３室の構成。定員11。１号車に連結
カハフE26　　　　　　　札幌寄りに連結。電源設備を備えたラウンジカー。12号車
マシE26　　　　　　　　食堂車。３号車

24系　ブルートレインを代表する客車。冷房、暖房などに使用する電気を発電する電源車を連結する、電源集中方式。
オロネ25　　　　　　　　Ａ個室寝台車（シングルデラックス）。定員14名。ＪＲ東日本、ＪＲ九州に承継。2020(R02)年度、廃車、消滅
　　　　　　300代　　　「日本海」「あさかぜ２・３」用Ａ個室寝台車（シングルデラックス）。定員は10名。ＡＶ完備。
　　　　　　　　　　　　ＪＲ西日本配置。オハネ25 153・154・155・157・172を平成元年度改造。2008[平成20]年度、廃車消滅
　　　　　　500代　　　「北斗星」用Ａ個室寝台車（ツインデラックス）。定員16名。ＡＶ完備。ＪＲ北海道、ＪＲ東日本配置
　　　　　　　　　　　　オハネ25237・14・19・233・236・235を1986[昭和61]〜1987年度改造。2016[平成28]年度、廃車消滅
　　　　　　550代　　　「北斗星」用Ａ個室寝台車（ツインデラックス）。定員16名。ＡＶ完備。ＪＲ北海道配置
　　　　　　　　　　　　オハネ14514を1989[平成元]年度改造。2008[平成20]年度、廃車消滅
　　　　　　700代　　　「あさかぜ１・４」用Ａ個室寝台車（シングルデラックス）。定員14名。ＪＲ東日本配置
　　　　　　　　　　　　オハネ25 8・12を1986[昭和61]年度、グレードアップ改造。2003[平成15]年度、廃車消滅
　　　　　　900代　　　「夢空間」Ａ寝台（デラックススリーパー）。
　　　　　　　　　　　　次世代豪華車両の試作車、1988[昭和63]年度、ＪＲ東日本新製。定員６名。ＡＶ完備。
　　　　　　　　　　　　2011[平成23]年度、廃車消滅
オロネ24　　　　　　　　Ａ寝台車。定員28名。ＪＲ東日本、ＪＲ西日本に承継。2013[平成25]年度までに廃車消滅
　　　　　　100代　　　14系オロネ1411・9・10を1983[昭和57]〜1986年度改造。定員28名。2008[平成20]年度、廃車消滅
　　　　　　500代　　　「北斗星」用Ａ個室寝台車（ツインデラックス）。定員16名。ＡＶ完備。ＪＲ東日本配置。
　　　　　　　　　　　　オハネ2424を1989[平成元]年度改造。2015[平成27]年度、廃車消滅
スロネ25　　500代　　　「トワイライトエクスプレス」用Ａ個室寝台車（スイート、ロイヤル）。定員10名。ＡＶ完備。
　　　　　　　　　　　　オハネ25 52・53・62を1990[平成2]〜1991年度改造。ＪＲ西日本配置。2017[平成29]年度、廃車消滅
スロネ24　　550代　　　「あけぼの」用Ａ個室寝台車（シングルデラックス）。定員11名。ＡＶ完備。ＪＲ東日本配置。
　　　　　　　　　　　　オロネ24 1・101、オハネ24 31を1990[平成2]〜1991年度改造。2015[平成27]年度、廃車消滅
スロネフ25 500代　　　「トワイライトエクスプレス」用Ａ個室寝台車（スイート、ロイヤル）。定員10名。ＡＶ完備。
　　　　　　　　　　　　オハネ25 87・89、オハネフ25 44を1989[平成元]〜1991年度改造。ＪＲ西日本配置。2016[平成28]年度、廃車消滅
オロハネ25 500代　　　「北斗星」用Ａ個室寝台（ロイヤル〔ＡＶ完備〕）、Ｂ個室寝台（ソロ）。定員14名。ＪＲ東日本配置。
　　　　　　　　　　　　オハネ25 22・27・30を1987[昭和62]年度改造。2020(R02)年度、廃車、消滅
　　　　　　550代　　　「北斗星」用Ａ個室寝台（ロイヤル〔ＡＶ完備〕）、Ｂ個室寝台（デュエット）車。定員18名。
　　　　　　　　　　　　オハネ25 1・2・9、オハネ14513を1987[昭和62]〜1988年度改造。ＪＲ北海道配置。2008年度、廃車消滅
　　　　　　555〜　　　「北斗星」用Ａ個室寝台（ロイヤル〔ＡＶ完備〕）、Ｂ個室寝台（ソロ）車。定員14名。ＪＲ北海道配置。
　　　　　　　　　　　　オハネ14512・503・506・510を1988[昭和63]〜1990[平成2]年度改造。2008年度、廃車消滅
オロハネ24 500代　　　「北斗星」用Ａ個室寝台（ロイヤル〔ＡＶ完備〕）、Ｂ個室寝台（ソロ）車。定員14名。ＪＲ東日本配置。
　　　　　　　　　　　　オハ14 186を1989[平成元]年度改造。2015[平成27]年度、廃車消滅
　　　　　　550代　　　「北斗星」用Ａ個室寝台（ロイヤル〔ＡＶ完備〕）、Ｂ個室寝台（デュエット）車。定員18名。
　　　　　　　　　　　　オハネ24 28・8・11・12を1988[昭和63]年度改造。ＪＲ東日本配置。2015[平成27]年度、廃車消滅
オハネ25　　　　　　　　二段式寝台車。定員34名。自動昇降装置付
　　　　　　100代　　　寝台固定式。定員34名。2016[平成28]年度、廃車消滅
　　　　　　250代　　　オハネ15 15・20 を平成２年度改造。定員34名。ＪＲ西日本配置。2008[平成20]年度、廃車消滅
　　　　　　510代　　　「トワイライトエクスプレス」用Ｂ寝台車（ツイン）。定員18名。ミニサロンあり。ＪＲ西日本配置。
　　　　　　　　　　　　オハネ25 40・51・67 を1989[平成元]〜1991年度改造。2016[平成28]年度、廃車消滅
　　　　　　520代　　　「トワイライトエクスプレス」用Ｂ寝台車（シングルツイン、ツイン）。定員26名。ＪＲ西日本配置。
　　　　　　　　　　　　オハネ25 39・50・43・55・59・47 を1989[平成元]〜1991年度改造。2016[平成28]年度、廃車消滅
　　　　　　550代　　　「北斗星」用。１人用Ｂ個室17室のオール「ソロ」仕様。
　　　　　　　　　　　　オハ14 502・538を1991[平成3]年度改造。ＪＲ北海道に登場。2015[平成27]年度、廃車消滅
　　　　　　560代　　　「北斗星」用。２人用Ｂ個室13室のオール「デュエット」仕様
　　　　　　　　　　　　オハ14 527・537を1991[平成3]年度改造。ＪＲ北海道に登場（車号はＪＲ西日本と同一）
　　　　　　　　　　　　平成９年度、オハネ2533・227・240・241からの改造車がＪＲ北海道に増備。2015[平成27]年度、廃車消滅
　　　　　　560代　　　「トワイライトエクスプレス」用Ｂ寝台車（Ｂコンパートメント）。定員32名。ＪＲ西日本配置。
　　　　　　　　　　　　オハネ25 69・86・80 を1989[平成元]〜1991年度改造。2016[平成28]年度、廃車消滅
　　　　　　1000代　　「はやぶさ」「富士」用Ｂ寝台車（ソロ）。定員20名。ＪＲ九州配置。
　　　　　　　　　　　　オハネ25101・105・107・110・245を1988[昭和63]年度改造。1999[平成11]年度、オハネ15形2000代に改造、消滅

スハネ25	500代	「北斗星」用B個室寝台車(ソロ)。シャワー室、ミニロビー完備。定員 8名。ＪＲ北海道配置。
		オハネ25 18・31、オハネ14515を1987[昭和62]〜1988年度改造。2015[平成27]年度、廃車消滅
	700代	「あさかぜ1・4号」用B個室寝台車(デュエット)。シャワー室、ミニロビー完備。定員16名。
		オハネ25223・219・222を1986[昭和61]年度改造。ＪＲ東日本配置。2000[平成12]年度、廃車消滅
	2000代	「なは」用B個室寝台車(ソロ)。個室は28室。オハネ25124・126・131から1992[平成4]年度改造。
		ＪＲ九州配置。2008[平成20]年度、廃車消滅
オハネ24		新製時三段式寝台車で登場。現在は二段化されたため、定員32名へ変更
	500代	オハネ14505・509・511・516を1989[平成元]年度改造。定員32名。ＪＲ北海道配置。2015[平成27]年度、廃車消滅
	550代	オハネ2410・53・40・17・42を1990[平成2]〜1991年度、B個室寝台(ソロ)改造。定員28名。ＪＲ東日本配置。
	700代	「あさかぜ1・4号」用B個室寝台車(カルテット)。定員32名。ＪＲ東日本配置。
		オハネ2414・62・34を1985[昭和60]年度改造。2000[平成12]年度、廃車消滅
オハネフ25		乗務員室のついた二段式寝台車(緩急車)。定員は32名。自動昇降装置付。方転可能
	100代	寝台固定式。定員32名。方向転換不能車。
	200代	寝台固定式。定員32名。方向転換可能車。
	300代	「瀬戸」「あさかぜ2・3号」用、荷物用業務室設置。定員26名。ＪＲ西日本配置。
		オハネフ25134・135・141を1989[平成元]年度改造。2007[平成19]年度、廃車消滅
	500代	「トワイライトエクスプレス」用B寝台車(Bコンパートメント)。定員32名。ＪＲ西日本配置。
		オハネフ25 34・41・45 を1990[平成2]年度改造。
	2000代	「なは」用B個室寝台車(デュエット)。定員22名。ＪＲ九州配置。
		オハネフ25106・209を1990[平成2]年度改造。旧番＋2000が新番号。2008[平成20]年度、廃車消滅
オハネフ24		新製時三段式寝台車で登場した緩急車。現在は二段化されたため、定員30名へ変更
	500代	オハネ14507・508を1989[平成元]年度、車掌室取付、24系改造。車掌室側妻面は改造せず。
		定員30名。ＪＲ北海道配置。2015[平成27]年度、廃車消滅
オハ25	300代	「瀬戸」「あさかぜ2・3号」用ロビーカー。ＪＲ西日本配置。オハ12 18・31・41 を1989[平成元]年度改造。
	500代	「北斗星」用ロビーカー。ＪＲ東日本。オハネ25 7・16・25を1987[昭和62]年度改造。
		2015[平成27]年度、廃車消滅
	550代	「北斗星」用ロビーカー。ＪＲ北海道配置。オハネ14517を1988[昭和63]年度改造。2008[平成20]年度、廃車消滅
オハ25	550代	「トワイライトエクスプレス」用ラウンジカー。ＪＲ西日本配置。
		オハネ1538・39、オロネ14 8を1988[昭和63]〜1991[平成3]年度改造。2016[平成28]年度、廃車消滅
オハ24	300代	「なは」用座席車(レガート)。定員31名。ミニロビー設置。ＪＲ九州。
		サロ481- 52・101・102を1989[平成元]年度改造。2005[平成17]年度、廃車消滅
	701代	「はやぶさ」「富士」用ロビーカー。オシ14 9・ 4を1984[昭和59]年度改造。2005[平成17]年度、廃車消滅
	703〜	「はやぶさ」「富士」用ロビーカー。オシ1467・ 2・ 4を1984[昭和59]〜1986[昭和61]年度改造。2005年度、廃車消滅
スハ25	300代	「瀬戸」「あさかぜ2・3号」用ラウンジカー。ＳＩＶ(230kVA×2)発電装置搭載。ＪＲ西日本配置。
		オハ12350・351、オハ25303を1989[平成元]〜1991年度改造。2005[平成19]年度、廃車消滅
オハフ25	900代	「夢空間」ラウンジカー。次世代の豪華車両の試作車として、1989[昭和63]年度、ＪＲ東日本が新製。
		2009[平成21]年度、廃車。ららぽーと新三郷に保存、展示
オシ25	900代	「夢空間」食堂車。次世代の豪華車両の試作車として、1988[昭和63]年度、ＪＲ東日本が新製。片側非貫通。
		2009[平成21]年度、廃車。ららぽーと新三郷に保存、展示
オシ24		食堂車。初期タイプは改造されて消滅。
	100代	オシ14(4・ 5・ 6・11・12)を1974[昭和49]年度改造。ＪＲ九州配置。2008[平成20]年度、廃車消滅
	700代	「あさかぜ1・4」「出雲1・4」用食堂車。グレードアップ車で701〜703は星空風、704〜705はオリエント風
		の室内。オシ24 1・ 2・ 5・ 3を1986[昭和61]年度改造。ＪＲ東日本配置。
スシ24		「トワイライトエクスプレス」用食堂車。サシ489- 3・ 4、サシ481-52を1987[昭和62]年度改造。ＪＲ西日本配置
		2016[平成28]年度、廃車消滅
	500代	「北斗星」用食堂車。サシ481-67・75・76・64・65、サシ489-83・ 7、サシ481-50を1987[昭和62]〜1989年度改造。
		ＪＲ北海道、ＪＲ東日本配置。2016[平成28]年度、廃車消滅
カニ24		24系の電源車をかねた荷物車。電源機関としてＤＭＦ31Z-G(430ＰＳ)×2、ＤＭ95(300kVA)×2を装備。
		ＪＲ東日本の車両更新車は 350kVAへ変更。2016[平成28]年度、廃車消滅
	100代	荷物室の荷重を3tから5tへ増強
	500代	青函、寒地対応車。1986[昭和61]〜1987年度にカニ24 2・19・21・ 1・ 5・ 8・20・22・24から改造。
		ＪＲ北海道、ＪＲ東日本配置。2016[平成28]年度、廃車消滅
	510〜	青函、寒地対応車。1990[平成2]年度、カニ24113・115から改造。ＪＲ東日本配置。
カヤ24		24系の電源車。電源機関としてＤＭＦ31Z-G(430ＰＳ)×2、ＤＭ95(300kVA)×2を装備。
		2002[平成14]年度、廃車消滅。
マニ24		マニ50を種車に1989[平成元]年度登場の電源車。電源装置はＤＭＦ13Z-G(410ＰＳ)×2,350kVA×2を装備。
		ＪＲ北海道、ＪＲ東日本配置。2009[平成21]年度、廃車消滅
カニ25		カニ22からの改造。電源機関としてＤＭＦ31S-G(340ＰＳ)×2、ＤＭ96(250kVA)×2を装備。廃車消滅

14系 ブルートレインのもうひとつのグループ。発電用電源を装備した客車を一緒に連結、電源分散方式。

オロネ15　3000代　2005(H17)年度、ＪＲ九州にてオロネ25(1・2・4・5・6)を種車に改造にて誕生。2013(H25)年度、廃車、消滅
オロネ14　　　　　Ａ寝台車。定員は28名。0代は1999[平成11]年度、廃車消滅
　　　　　300代　「あかつき」用Ａ個室寝台車(シングルデラックス)。定員は10名。ＡＶ完備。ＪＲ西日本配置。
　　　　　　　　　1990[平成2]～1991年度、オハネ1416・35、オロネ14 6から改造。2008[平成20]年度、廃車消滅
　　　　　700代　「北陸」用Ａ個室寝台車(シングルデラックス)。定員は11名。ＡＶ完備。ＪＲ東日本配置。
　　　　　　　　　1988[昭和63]年度、オロネ1412・13・14から改造
オハネ15　　　　　二段式寝台車。定員は34名。ＪＲ西日本、ＪＲ九州に承継。2013(H25)年度、廃車、消滅
　　　　　350代　「あかつき」用Ｂ個室寝台車(ソロ)。個室は28室。
　　　　　　　　　オハネ15 8・24・29から1991[平成3]年度改造。ＪＲ西日本配置。2008[平成20]年度、廃車消滅
　　　　　1000代　1997[平成9]～1999年度、オハネ25 102・112・185・201・202・204・246をＪＲ九州にて改造
　　　　　　　　　車号はプラス1000番を加えて14系15形へ編入
　　　　　2000代　1999[平成11]年度、オハネ25形1000代をＪＲ九州にて改造
オハネ14　　　　　三段式寝台車。定員は48名(ただし二段化されたものは32名)。2010[平成22]年度、廃車消滅
　　　　　300代　「あかつき」用Ｂ個室寝台車(シングルツイン、ツイン)。定員は26名。ＪＲ西日本配置。
　　　　　　　　　1990[平成2]～1991年度、オハネ1415・17、オロネ14 8から改造。2008[平成20]年度、廃車消滅
　　　　　500代　北海道用に改造された車両。2007[平成19]年度、廃車消滅。
　　　　　　　　　オハネ1466・84・85・68・69・73・74・79・65・78・55・70・71を1982[昭和57]年度改造
　　　　　700代　「さくら」「みずほ」用Ｂ個室寝台車(カルテット)。定員32名。ＪＲ九州
　　　　　　　　　オハネ1432・22・29・51・36・88を1984[昭和59]～1985年度改造。1997[平成9]年度、廃車消滅
スハネ14　700代　「北陸」用Ｂ個室寝台車(ソロ)。シャワー室、ミニロビー設置。定員14名。ＪＲ東日本配置。
　　　　　　　　　オハネ14 93・97・106を1988[昭和63]年度改造。2013[平成25]年度までに廃車消滅
　　　　　750代　「北陸」用Ｂ個室寝台車(ソロ)。定員20名。ＪＲ東日本配置。
　　　　　　　　　オハネ14 1・96・98・6・92・94・95・99・100を1988[昭和63]～1990年度改造
スハネフ15　　　　電源装備の二段式寝台の緩急車。定員は32名。電源装置はＤＭＦ15ＨＳ-Ｇ(230ＰＳ)、ＤＭ82(180kVA)。
　　　　　　　　　2013(H25)年度、廃車、消滅
スハネフ14　　　　三段式寝台、電源装備の緩急車。定員は45名(二段化改造車は30名)
　　　　　　　　　電源装置はＤＭＦ15ＨＳ-Ｇ(230ＰＳ)、ＤＭ82(180kVA)。2013(H25)年度、廃車、消滅
　　　　　100代　オハネフ24(16・17・18)からの改造。1976[昭和51]年度施工。2013[平成25]年度、廃車消滅
　　　　　500代　北海道用に改造された車両。スハネフ1442・43・53・41・46・51・52・54を1982[昭和57]年度改造
　　　　　　　　　2008[平成20]年度、廃車消滅
　　　　　550代　オハネフ25形 200代に電源を取付けた緩急車。
　　　　　　　　　1991[平成3]年度、オハネフ25 218・220から改造。ＪＲ北海道。2015[平成27]年度、廃車消滅
オロ14　　　　　　「サロンエクスプレス東京」用。オハ14からの改造。ＪＲ東日本配置。1996[平成8]年度、「ゆとり」改造(702のぞく)
　　　　　　　　　702は2000[平成12]年度、オハ141702へ改番。2008[平成20]年度、廃車消滅
　　　　　706～　「サロンエクスプレスなにわ」用。定員は39名。ＪＲ西日本配置。
　　　　　711～　「スーパーエクスプレスレインボー」。定員は 711・714が28名、712・713が27名。ＪＲ東日本配置。
　　　　　　　　　2000[平成12]年度、廃車消滅
　　　　　801～　1995[平成7]年度、ＪＲ東日本長野支社に登場したお座敷客車。愛称は「浪漫」。2006[平成18]年度、廃車消滅
　　　　　851　　「あすか」のイベントカー。スナックあり。ＪＲ西日本配置。2017[平成29]年度、廃車消滅
スロフ14　　　　　「サロンエクスプレス東京」用の電源を装備した車両。定員は、701が30名、702が23名。スハフ14から改造。
　　　　　　　　　ＪＲ東日本配置。1996[平成8]年度、「ゆとり」改造(定員変更)。2015[平成27]年度、廃車消滅
　　　　　703～　「サロンエクスプレスなにわ」用の電源を装備した車両。定員は19名(704が24名)。ＪＲ西日本配置。
　　　　　705～　「スーパーエクスプレスレインボー」。定員は27名。ＪＲ東日本配置。
　　　　　　　　　2000[平成12]年度、廃車消滅
　　　　　801～　1995[平成7]年度、ＪＲ東日本長野支社に登場したお座敷客車。愛称は「浪漫」。2006[平成18]年度、廃車消滅
オハ14　　　　　　回転式簡易リクライニングシートを装備した普通車。定員は72名。2015[平成27]年度、廃車消滅
　　　　　200代　ＪＲ西日本に配置。「リゾート＆シュプール」用。定員64名。自動販売機設置。
　　　　　　　　　オハ1427・30・181・182・183・184・82・87を1988[昭和63]～1989[平成元]年度に改造。2009[平成21]年度、廃車消滅
　　　　　250代　ＪＲ西日本に配置。「リゾート＆シュプール」用。定員64名。更衣室設置。
　　　　　　　　　オハ1431・33・34・83・84・174・85・86を1988[昭和63]～1989[平成元]年度に改造。2010[平成22]年度、廃車消滅
　　　　　300代　「あかつき」用座席車(レガート)。定員31名。女性専用席、ミニロビー設置。ＪＲ九州。
　　　　　　　　　オハ1419・29・32を1989[平成元]年度改造。2008[平成20]年度、廃車消滅
　　　　　500代　北海道用に改造された車両
　　　　　700代　ＪＲ西日本　「ホリデーパル号」のサロンカー。1996[平成8]年度、廃車消滅
　　　　　700代　ＪＲ東海にて1990[平成2]年度、アコモ改善を実施、改番。旧番はオハ14 3・4・116。定員は64名
　　　　　　　　　2004[平成16]年度、廃車消滅
　　　　　1702　ＪＲ東日本配置。2000[平成12]年度、オロ12702の普通車改造。2002[平成14]年度、廃車消滅
スハフ14　　　　　緩急車。14系の電源車。定員は64名。電源装置はＤＭＦ15ＨＺ-Ｇ(270ＰＳ)、ＤＭ93(210kVA)。2015[平成27]年度、廃車消滅
　　　　　200代　ＪＲ西日本に配置。「リゾート＆シュプール」用。定員56名。
　　　　　　　　　スハフ14 8・21・24・25を1988[昭和63]～1989[平成元]年度に改造。2010[平成22]年度、廃車消滅
　　　　　400代　オハフ15からの改造。2003[平成15]年度、廃車消滅
　　　　　500代　スハフ14を種車に北海道用に改造された車両
　　　　　550代　オハフ15を種車に北海道用に改造された車両。2015[平成27]年度、廃車消滅
　　　　　700代　ＪＲ東海にて1990[平成2]年度、アコモ改善を実施、改番(スハフ1442)。定員は56名。
　　　　　　　　　2000[平成12年]度、廃車消滅
オハフ15　　　　　緩急車。定員は64名。2015[平成27]年度、廃車消滅
　　　　　200代　ＪＲ西日本に配置。「リゾート＆シュプール」用。定員52名。オハフ15 8・12・13を1988[昭和63]年度に改造。
　　　　　　　　　平成元年度、展望室を設置。2007[平成19]年度、廃車消滅
　　　　　250代　ＪＲ西日本に配置。「リゾート＆シュプール」用。定員52名。談話室を設置。
　　　　　　　　　オハフ1522を1989[平成元]年度に改造。2007[平成19]年度、廃車消滅
　　　　　700代　ＪＲ東海にて平成3年度、アコモ改善実施、改番(オハフ1530)。定員は56名。2004[平成16]年度、廃車消滅
オシ14　　　　　　食堂車。1999[平成11]年度までに廃車消滅

12系　1969[昭和44]年、波動輸送用の車両として誕生。電源を一部客車の床下に装備する電源分散タイプ、冷房装備の車両。

オロ12　　0代　　1988[昭和63]年度、ＪＲ四国に誕生。車号変更せず2＆1座席が5・10、カーペット車が6・9。
2010[平成22]年度廃車
　　　　701～　　ＪＲ東海「ユーロライナー」。オハ12からの改造。2005[平成17]年度、廃車消滅
　　　　706　　ＪＲ東日本新潟支社配置のサロンカー「佐渡」。オハ12からの改造。2001[平成13]年度、廃車消滅
　　　　707～　　1985[昭和60]年度、「ユウユウサロン岡山」としてデビュー。 2011[平成23]年度、廃車消滅
　　　　711～　　1987[昭和62]年度、「スーパーエクスプレスレインボー」としてデビュー。 2001[平成13]年度までに廃車消滅
　　　　800代　　和式客車。ＪＲ各社、各支社で車内の仕様が異なる。オハ12からの改造。2007[平成19]年度、廃車消滅
　　　　850代　　ＪＲ西日本「あすか」。1987[昭和62]年度、オハ12348・337・339・340から改造。2017[平成29]年度、廃車消滅
スロフ12　0代　　1988[昭和63]年度、ＪＲ四国に誕生。車号は変更せず2＆1座席が3・6。2010[平成22]年度廃車
　　　　102　　2013[平成25]年度、スハフ12102をＳＬばんえつ物語号グリーン車に改造
　　　　701～　　ＪＲ東海「ユーロライナー」。スハフ12からの改造。2005[平成17]年度、廃車消滅
　　　　703～　　1985[昭和60]年度、「ユウユウサロン岡山」としてデビュー。 2011[平成23]年度、廃車消滅
　　　　705～　　1987[昭和62]年度、「スーパーエクスプレスレインボー」としてデビュー。 1994[平成6]年度、廃車消滅
　　　　800代　　和式客車。ＪＲ各社、各支社で車内の仕様が異なる。スハフ12からの改造。2007[平成19]年度、廃車消滅
　　　　900代　　ＪＲ東海のお座敷客車、展望車風の緩急車。1999[平成11]年度、廃車消滅
マロフ12　850代　　ＪＲ西日本「あすか」。1987[昭和62]年度、スハフ12132・127から改造。2016[平成28]年度、廃車消滅
オハ12　　　　　　普通車。定員は88名
　　　　700代　　ＪＲ西日本 レトロ客車「やまぐち」。1988[昭和63]年度、オハ12227・230・229から改造。2017[平成29]年度、廃車消滅
　　　　800代　　ＪＲ東日本盛岡支社に1989[平成元]年度登場のカーペット車(オハ12329・330から改造)。
2002[平成14]年度、廃車消滅
　　　　1000代　　近郊化改造車(デッキよりを50系のようにロングシート化)。1997[平成9]年度までに廃車消滅
　　　　1000代　　ＪＲ九州。平成5年度登場、車掌室を取付。旧車号にプラス1000番。1999[平成11]年度、廃車消滅
　　　　1701　　ＪＲ東日本に配置。2000[平成12]年度、「ＳＬばんえつ物語号」サロンカーとしてスハフ12160から改造
　　　　1809～　　ＪＲ東日本に配置。2000[平成12]年度、オロ12809～812の普通車改造。2002[平成14]年度、廃車消滅
　　　　2000代　　電気機関車から電源の供給をうける。近郊化改造車。1997[平成9]年度までに廃車消滅
　　　　3000代　　リクライニングシート改造車。1991[平成3]年度ＪＲ西日本に登場。定員72名。
2003[平成15]年度までに廃車消滅
スハフ12　　　　　緩急車。12系の電源車。定員は80名。2017[平成29]年度、廃車消滅=0代
　　　　　　　　　電源装置はＤＭＦ15ＨＳ-Ｇ(230ＰＳ)、ＤＭ82(180kVA)
　　　　100代　　電源装置はＤＭＦ15ＨＺ-Ｇ(270ＰＳ)、ＤＭ93(210kVA)へ強化
　　　　701　　ＪＲ西日本福知山支社配置の和洋折衷タイプ(半室が和式、半室が洋式)の客車。
1989[平成元]年度「セイシェル」(気動車)改造、消滅。
　　　　702　　ＪＲ西日本 レトロ客車「やまぐち」。1988[昭和63]年度、スハフ1268から改造。2017[平成29]年度、廃車消滅
　　　　801　　1997[平成9]年度、ＪＲ西日本にてスハフ123001を改造。トロッコ列車「奥出雲おろち号」の控え車
　　　　1000代　　近郊化改造車(デッキよりを50系のようにロングシート化)。1997[平成9]年度までに廃車消滅
　　　　1805～　　ＪＲ東日本に配置。2000[平成12]年度、スロフ12805～806の普通車改造。2002[平成14]年度、廃車消滅
　　　　3000代　　リクライニングシート改造車。1991[平成3]年度ＪＲ西日本に登場。定員64名。
2003[平成15]年度までに廃車消滅
オハフ13　　　　　緩急車。定員は80名。原型グループは2007[平成19]年度までに廃車
　　　　700代　　ＪＲ西日本 レトロ客車「やまぐち」。1988[昭和63]年度、オハフ1359から改造。2017[平成29]年度、廃車消滅
　　　　1000代　　近郊化改造車(デッキよりを50系のようにロングシート化)。1997[平成9]年度までに廃車消滅
　　　　2000代　　電気機関車から電源の供給をうける。近郊化改造車。1997[平成9]年度までに廃車消滅
スハフ13　801　　1997[平成9]年度、ＪＲ西日本にてスハフ12 148をトロッコ列車「奥出雲おろち号」用に改造(トロッコ客車)

35系　2017[平成29]年度、ＪＲ西日本に登場した「ＳＬやまぐち号」用新型客車。車体は国鉄時代の35系客車をイメージした旧型客車をモチーフとしている。冷房装置搭載。モバイル電源用コンセントをグリーン車の各席と普通車はボックス席に設置

オロテ35　　　　　新山口寄り1号車。かつての客車特急「つばめ」「はと」を彷彿させる展望デッキ、展望室のあるグリーン車。定員23名
スハ35　　　　　　定員64名の普通車
ナハ35　　　　　　販売カウンター、展示スペース、運転シュミレータ、投炭ゲーム設置。トイレ設備なし。定員40名の普通車
オハ35　　　　　　定員72名の普通車
スハテ35　　　　　展望室のある津和野方5号車。定員46名

81系 かつてのお座敷客車を代表。1991[平成 3]年度、廃車消滅

| スロ81 | 和式客車。スロ62からの改造。 |
| スロフ81 | 和式客車。スロフ62からの改造。緩急車 |

20系 元祖、ブルートレイン。1997[平成9]年度、ＪＲ西日本所属車も廃車となり、全車が消滅。在籍したおもな形式は、

ナロネ21	Ａ寝台車。定員28名。乗務員室付き
ナハネ20	三段式寝台車。定員は54名
ナハネフ22	非貫通二枚窓の緩急車。定員は48名
ナハネフ23	貫通形の緩急車。定員48名
ナハ21	ナロネ21から改造の普通車。定員56名。すでに廃車、消滅。
ナシ20	食堂車。すでに廃車、消滅。
カニ21	電源車をかねた荷物車。電源機関としてＤＭＦ31Ｓ-Ｇ(340ＰＳ)×2、ＰＡＧ１Ａ(250kVA)×2を装備
カヤ21	コンプレッサー（Ｃ3000)を搭載。カニ21からの改造

50系イベント

オロ50	「アイランドエクスプレス四国」用。1986[昭和61]年度、オハ502249・2250を改造、ＪＲ四国にて活躍したが廃車
オロフ50	「アイランドエクスプレス四国」用。1986[昭和61]年度、オハフ502376・2377・2378を改造、
	ＪＲ四国にて活躍したが1999[平成11]年度、オロ50形とともに廃車消滅
オハ510	1998[平成10]年度、オハフ5157を改造して誕生のＪＲ北海道「ノロッコ」用客車。定員67名。
	天候が悪い場合などはトロッコ車の控え車ともなる
オハテフ500	2004[平成16]年度、オハフ505008を改造して増備のＪＲ北海道「ノロッコ」用客車
オハテフ510	1は、1998[平成10]年度、オハフ5156を改造して誕生のＪＲ北海道「ノロッコ」用客車。定員66名
	2は、1999[平成11]年度、オハフ5128を改造。定員は70名
	51は、1999[平成11]年度、オハフ5129を改造。定員は50名
オクハテ510	1は、1998[平成10]年度、オハフ51 4を改造して誕生のＪＲ北海道「ノロッコ」用客車
	「くしろ湿原ノロッコ」号では釧路方に連結。運転設備あり、定員74名
	2は、オハフ5158から1999[平成11]年度改造
	「富良野・美瑛ノロッコ」号では富良野方に連結。運転設備あり、定員74名。

50系 1977[昭和52]年に登場のローカル用客車。ラッシュ時対策としてデッキ部がロングシートとなったほかローカル輸送の近代
化に貢献した。「赤い客車」の愛称で親しまれたが、最後までこのカラーにて活躍したのはＪＲ九州

オハ50		普通車。定員は112名(座席80名)。ＪＲ東日本、ＪＲ西日本、ＪＲ四国、ＪＲ九州が承継したが、原型は消滅
	700代	ＪＲ九州「あそＢＯＹ」。1988[昭和63]年度、オハ5075から改造。冷房装備。現在は「ＳＬ人吉」用
	1000代	1992[平成4]年度、ＪＲ九州に登場した冷房改造車。旧車号にプラス1000が加えられている
		2001[平成13]年度、廃車消滅
	2000代	機関車から暖房用に電気の供給が可能な客車。以下の客車にすべて同じ。すでに消滅
	3000代	ＪＲ東日本「ノスタルジックビュートレイン」(眺望車)。1991[平成3]年度、オニ502314・2306改造。
		1997[平成9]年度、廃車消滅
	5000代	快速「海峡」用。冷房を装備、座席は転換式シートへ変更。定員68名。1986[昭和61]年度改造。
		(旧車号はオハ502264・2265・2266・2267・2105・2106・2107・2270・2031・2032・2108・2109・2263・2268・2269]
		2015[平成27]年度、廃車消滅
オハフ50		緩急車付の普通車。定員は 92名(座席67名)。オハ50の原型車とともに1997[平成9]年度にて廃車消滅
	700代	ＪＲ九州「あそＢＯＹ」。1988[昭和63]年度、オハフ5039・40から改造。冷房装備。現在は「ＳＬ人吉」用
	1000代	1991[平成3]～1992[平成4]年度、ＪＲ九州に登場した冷房改造車。車号は旧車号にプラス1000。
		2001[平成13]年度、廃車消滅
	2500代	ＪＲ東日本「ノスタルジックビュートレイン」(眺望車)。1989[平成元]年度、オハフ502162・2163から改造。
		1996[平成8]年度、「ノスタルジックビュートレイン」の運用を終了、高崎へ転配。
		2000[平成12]年度、廃車消滅
	5000代	快速「海峡」用。冷房を装備、座席は転換式シートへ変更。定員52名。1986[昭和61]年度改造。
		(旧番はオハフ502380・2381・2390・2391・2332・2042・2043・2044・2398・2041・2392・2393・2394・2395・2396・2397]
		2015[平成27]年度、廃車消滅
	5010	1997[平成9]年度、「カラオケボックス」車へ改造(車号はそのまま)。2002[平成14]年度、廃車消滅
オハ51		北海道用の二重窓(一枚窓)の車両。定員は112名(座席80名)。1994[平成6]年度、廃車消滅。
	5000代	快速「海峡」増備用として1988[昭和63]年度に登場。オハ5135・36・37・38から改造。冷房装備。
		1996[平成8]年度、110km/h対応改造実施、台車をＴＲ217Ｆへ変更。
		1997[平成9]年度、「のびのびカーペット車」へ改造。2003[平成15]年度にて廃車消滅
オハフ51		北海道用の緩急車付の普通車。定員は 92名(座席67名)。2006[平成18]年度にて廃車消滅
	5000代	快速「海峡」増備用として1989[平成元]年度に登場。オハフ5161・62・63・64から改造。冷房装備。
		1996[平成8]年度、110km/h対応改造実施、台車をＴＲ217Ｆへ変更。2015[平成27]年度、廃車消滅

一般形客車
10系
ナハフ11　　　ナハ10とともに1957[昭和32]〜1958年にかけて製造された緩急車。定員は80名。新製時より室内灯
　　　　　　　ＪＲ東日本に配置。1995[平成7]年度、廃車消滅

32系
スハフ32　　　丸屋根、窓は1ボックスに2個の小窓が特徴。ＪＲ東日本にスハフ322357が承継。
マイテ49　　　全盛期は特急「つばめ」「はと」の展望車としても活躍したが、電車化にて1961年度に一旦廃車となったが、
　　　　　　　1987年度に復籍、ＪＲ西日本のイベント客車として運転したが、2022年10月14日に廃車、京都鉄道博物館にて保存

35・42系
オハフ33　　　オハ33とともに製造された緩急車。デッキ内側に乗務員室がある。ＪＲ北海道、ＪＲ西日本に承継となったが、
　　　　　　　現在はオハフ332555がＪＲ北海道に残っていたが、2022[令和04]年度、廃車消滅

43系
オハ46　　　　1954[昭和29]〜1955年にかけて、スハ43の軽量化をはかって新製されたグループ。オハ4613がＪＲ西日本配置。
オハ47　　　　1961[昭和36]〜1966にかけて、スハ43の台車をＴＲ47からＴＲ23へはきかえて自重が軽くなったため生まれ
　　　　　　　た形式。ＪＲ東日本にオハ472246・2261・2266が配置
スハフ42　　　スハ43とともに製造された緩急車。ＪＲ北海道にスハフ422071・2261、ＪＲ東日本にスハフ422173・2234が配置。
　　　　　　　ＪＲ北海道の客車は、2022[令和04]年度、廃車
スハフ44　　　スハ45とともに製造の緩急車(北海道用)。ＪＲ北海道に配置。1996[平成8]年度、スハシ44とともに廃車消滅
オハフ46　　　オハ47を緩急車に改造。ＪＲ東海に承継となったが、2008[平成20]年度、廃車消滅
スハシ44　　　「C62ニセコ号」復活に際し、1987[昭和62]年度、ＪＲ北海道にてスハフ44 2を一部カフェカー改造。定員48名。
　　　　　　　1996[平成8]年度、C62とともに一旦廃車となったが復活。在籍はスハシ44 1
オハシ47　　　2000[平成12]年度、「ＳＬニセコ」用にオハ47から復活。在籍はオハシ472001。2022[令和04]年度、廃車消滅

60系
オハ64　　　　鋼体化改造車。和田岬線で活躍した車両。山側の中央部に両開きのドアがあり、その向い側にシートがポ
　　　　　　　ツンと1つだけというユニークな車両。1990[平成2]年度、廃車消滅。
オハフ64　　　オハ64とともに和田岬線で活躍した緩急車。客室設備はオハ64と同じ。1990[平成2]年度、廃車消滅。

トロッコ
オハフ17　　　1991[平成3]年度、マニ44を改造してＪＲ東海に登場したトロッコ客車。2007[平成19]年度、廃車消滅
　　　　11　　1995[平成7]年度、マニ44改造にて加わった増備車。貫通形。2007[平成19]年度、廃車消滅
ナハ29　　　　ＪＲ北海道配置。2000[平成12]年度、ワキ10000をバーベキューカーに改造。形式の29は「にく」が由縁とか
　　　　　　　2016[平成28]年度、廃車消滅
ハテ8000　　　ＪＲ北海道配置。2001[平成13]年度、ワム80000をスタンディングトレインに改造。
　　　　　　　2013[平成25]年度、廃車、形式消滅

客荷合造車
オハニ36　　　客室設備はスハ43と同じ。1956[昭和31]年に鋼体化改造車であるオハニ63から台車をＴＲ52へ変更
　　　　　　　オハニ3611がＪＲ東日本配置。

郵荷合造車
スユニ50　　　スハフ42、スハ43、スハネ16からの改造(1977年〜1982年)。台車(ＴＲ47)と台枠のみ使用。ＪＲ東日本に承継
　　　500代　北海道用。ＪＲ北海道に承継　スユニ50　2018廃車により2019(令和01)年度形式消滅

荷物車
オニ50　　　　イベント用に1988[昭和63]年度、ＪＲ東日本にてオハ50から改造。冷房装備。車号は変更せず。
オニフ50　　　イベント用に1988[昭和63]年度、ＪＲ東日本にてオハフ50から改造。冷房装備。車号は変更せず。
　　　　　　　オニ50、オニフ50とも、1996[平成8]年度、廃車消滅
マニ36　　　　オハ35、オロ35などから1966[昭和41]年〜1977年にかけて改造。ＪＲ東日本に配置。
　　　　　　　1995[平成7]年度、廃車消滅
マニ44　　　　パレット搭載用に1978[昭和53]年〜1982年にかけて製造。ＪＲ東海に配置(カートレインに使用)
　　　　　　　1995[平成7]年度、廃車および改造により形式消滅
マニ50　　　　1977[昭和52]年〜1982年にかけて製造された荷物車を代表する形式。現存車はＪＲ西日本広島支所配属のマニ502257のみ

事業用車
オヤ31　　　　車両限界測定車。在籍していたＪＲ西日本宮原支所配属のオヤ3131が2022[令和04]年度、廃車となった。
　　　　　　　現在はえちごトキめき鉄道にて保存
スヤ50　　　　1995[平成7]年度、ＪＲ東日本にてオハフ50を改造して誕生した新型の車両限界測定車
　　　　　　　2003[平成15]年度、マヤ50へ改造
マヤ50　　　　2003[平成15]年度、スヤ50から改造にて誕生の車両限界測定車
マヤ34　　　　高速軌道試験車。冷房装置の数など製造年度によって外観等に差異があり
マヤ35　　　　2017[平成29]年度、ＪＲ北海道に登場した軌道試験車。車体はアルミ製。車体長20.8m
オエ61　　　　オハユニ61、オハニ61、マニ60から改造された救援車。1990[平成2]年度、廃車消滅。
スエ78　　　　マユニ78、マニ78(戦災復旧客車)から改造された救援車。ＪＲ東日本に承継。
　　　　　　　2006[平成18]年度廃車消滅
オヤ12　　　　2002[平成14]年度、スハフ12を種車にＪＲ東日本にて改造。ＳＬ回送時の控え車

会　社　名	線区名	運　転　区　間	運転開始日	ワンマン方式	使　用　車　両　お　よ　び　備　考
JR北海道	函館本線	函館～長万部間 (112.3km)	1995.03.16	前乗り前降り	キハ40形 700代 普通気動車列車（江差線普通列車は 1993.10.01から）
		長万部～小樽間 (137.2km)	1995.03.16	前乗り前降り	キハ150形・キハ40形 700代→H100形（2020.03.14から） 普通気動車列車（キハ201 使用列車のぞく）
		滝川～旭川間 (53.3km)	1995.03.16	前乗り前降り	キハ40形 700代 普通気動車列車
	函館本線	砂川～上砂川間 (7.3km)	1990.03.10	前乗り前降り	キハ22 701・702（塗色変更。「鶉」の愛称）→現在はキハ40 700代 全列車。1994.05.15限りで路線廃止
	札沼線 (学園都市線)	石狩当別～新十津川間 (50.6km)	1996.03.16	前乗り前降り	キハ40形 400代 1両。北海道医療大学前までの列車はのぞく 2020.05.07 北海道医療大学～新十津川間廃止
	留萌本線	深川～増毛間 (66.8km)	1991.03.16	前乗り前降り	キハ40形 700代・キハ54形。全列車 2016.12.04限りにて留萌～増毛間(16.7km)廃止
	富良野線	旭川～富良野間 (54.8km)	1992.10.01	前乗り前降り	キハ150形・キハ40形 700代・キハ54形 全普通列車
	根室本線	滝川～釧路間 (308.4km)	1993.03.18	前乗り前降り	キハ40形 700代（2022.03.12から新得～釧路間はH100形） 全快速・普通列車
		釧路～根室間 (135.4km)	1990.09.01	前乗り前降り	キハ54形 1991.07.01から花咲線運輸営業所発足、全列車と変更
	石勝線	千歳～楓間 (51.7km)	1991.03.16	前乗り前降り	キハ40形 700代 全普通列車。2004.03.13に楓駅旅客営業中止にて千歳～新夕張間に
		新夕張～夕張間 (16.1km)	1991.03.16	前乗り前降り	キハ40形 700代 全普通列車。2019.03.31限り路線廃止
	宗谷本線	旭川～名寄間 (76.2km)	1992.10.01	前乗り前降り	キハ150形、キハ54形、キハ40形 700代 全普通列車。2020.03.14～ キハ150形、2021.03.13～H100形加わる
		名寄～稚内間 (183.2km)	1993.03.18	前乗り前降り	キハ54形、キハ40形 700代 全普通列車。1991.11.13から宗谷北線営業所発足
	石北本線	旭川～網走間 (237.7km)	1992.03.14	前乗り前降り	キハ40形 700代・キハ54形。2020.03.14～ キハ150形加わる 快速・普通列車。2021.03.13～H100形加わる
	釧網本線	釧路～網走間 (169.1km)	1991.03.16	前乗り前降り	キハ54形、キハ40形 700代 1991.11.01から全列車
	日高本線	苫小牧～様似間 (146.5km)	1989.07.01	前乗り前降り	キハ130形。1990.07.01から全列車（2両編成は後車両締切） 日高本線は、1990.07.01から日高線運輸営業所の管轄 1997.06.01からキハ160 が加わる 1998.夏 からキハ40350 が加わる 2021.04.01 鵡川～様似間(116.0km)廃止
	室蘭本線	長万部～苫小牧間 (135.2km)	1994.03.01	前乗り前降り	キハ150形、キハ40形 700代 気動車の全普通列車。2021.03.13～H100形加わる
		室蘭～東室蘭間 (8.1km)	1994.03.01	前乗り前降り	キハ150形、キハ40形 700代 気動車の全普通列車。2021.03.13～H100形加わる
		苫小牧～岩見沢間 (74.1km)	1994.03.01	前乗り前降り	キハ150、キハ40形 700代 全普通列車
	江差線	五稜郭～木古内間 (41.2km)	1993.10.01	前乗り前降り	キハ40形 700代 全普通列車のみ。2016.03.26から道南いさりび鉄道に移管
		木古内～江差間 (42.1km)	1990.09.01	前乗り前降り	キハ22 703・704・705・706（塗色変更）→現在はキハ40 700代 全列車（2両編成は後車両締切）。2014.05.11限り廃止

▽ ワンマン運転区間（車内収受式の場合）であっても、駅員配置駅は全扉開閉

会　社　名	線区名	運　転　区　間	運転開始日	ワンマン方式	使　用　車　両　お　よ　び　備　考
JR東日本	大湊線	野辺地～大湊間 (58.4km)	1988.03.13	後乗り前降り	キハ40 538・539・552・591・592（塗色変更）→現在はキハ100形
	八戸線	八戸～久慈間 (64.9km)	2018.10.20	後乗り前降り	キハE130形 普通列車の一部
	津軽線	青森～三厩間 (61.4km)	2022.03.12	先頭車両のみ 後乗り前降り	GV-E400系、701系
	五能線	東能代～能代間 (3.9km)	1989.03.11	後乗り前降り	キハ40形。五能線は、1989.12.01から五能線運輸営業所の管轄 1992.03.14から全線に拡大。2020.12.12からGV-E400系投入
		能代～弘前間 (149.6km)	1992.03.14	後乗り前降り	キハ40形 普通列車の一部。2020.12.12からGV-E400系投入
	奥羽本線	米沢～山形間 (47.0km)	1995.12.01	先頭車両のみ 後乗り前降り	719系5000代、701系5500代 普通列車
		山形～新庄間 (61.5km)	1999.12.04	先頭車両のみ 後乗り前降り	719系5000代、701系5500代 普通列車の一部
		院内～秋田間 (104.3km)	1993.08.23	先頭車両のみ 後乗り前降り	701系 普通列車の一部

会社名	線区名	運転区間	運転開始日	ワンマン方式	使　用　車　両　お　よ　び　備　考
JR東日本	奥羽本線	秋田～追分間 （13.0km）	1992.03.14	先頭車両のみ 後乗り前降り	キハ40形 1両or 2両＋ 701系。現在はEV-E801系も加わる 1993.08.23から男鹿線ワンマン列車および本線普通列車の一部
		追分～八郎潟間 （15.8km）	1993.08.23	先頭車両のみ 後乗り前降り	701系 普通列車の一部
		八郎潟～大館間 （75.4km）	1993.12.01	先頭車両のみ 後乗り前降り	701系 普通列車の一部
		大館～青森間 （81.6km）	1994.02.01	先頭車両のみ 後乗り前降り	701系 普通列車の一部
	羽越本線	新津～新発田間 （26.0km）	1991.10.01	先頭車両のみ 後乗り前降り	キハ110形100代など ＤＣ列車
		新発田～村上間 （33.4km）	1995.05.08	先頭車両のみ 後乗り前降り	E127系→E129系 普通列車の一部
		村上～鶴岡間 （80.0km）	2022.03.12	先頭車両のみ 後乗り前降り	GV-E400系 普通列車の一部
		鶴岡～酒田間 （27.5km）	1993.12.01	先頭車両のみ 後乗り前降り	キハ40形→GV-E400系 普通列車の一部（陸羽西線直通列車を含む）
		酒田～羽後本荘間 （62.0km）	1993.12.01	先頭車両のみ 後乗り前降り	701系 普通列車の一部
		羽後本荘～秋田間 （42.8km）	1993.08.23	先頭車両のみ 後乗り前降り	701系 普通列車の一部
	男鹿線	追分～男鹿間 （26.6km）	1992.03.14	後乗り前降り	キハ40形 1両or 2両。2021.03.13からEV-E801系2両編成に 普通列車の一部
	田沢湖線	盛岡～大曲間 （75.6km）	1997.03.22	先頭車両のみ 後乗り前降り	701系5000代 普通列車の一部
	北上線	北上～横手間 （61.1km）	1991.03.16	先頭車両のみ 後乗り前降り	キハ100形 普通列車の一部
	釜石線	花巻～釜石間 （90.2km）	1994.03.30	先頭車両のみ 後乗り前降り	キハ100形 普通列車の一部。2020.03.14現在、ツーマン運行
	山田線	宮古～釜石間 （55.4km）	1994.03.30	先頭車両のみ 後乗り前降り	キハ100形 普通列車の一部 宮古～釜石間は2011.03.11 東日本大震災により被災 2019.03.23 三陸鉄道に移管
	大船渡線	一ノ関～盛間 （105.7km）	1992.03.14	先頭車両のみ 後乗り前降り	キハ100形 気仙沼～盛間は2011.03.11 東日本大震災により被災。 2020.04.01、同区間は鉄道事業廃止
	気仙沼線	前谷地～気仙沼 （72.8km）	1992.03.14	先頭車両のみ 後乗り前降り	キハ40形、キハ48形→現在は、キハ110形 柳津～気仙沼間は2011.03.11 東日本大震災により被災。 2020.04.01、同区間は鉄道事業廃止
	石巻線	小牛田～女川間 （44.9km）	1991.03.16	先頭車両のみ 後乗り前降り	キハ40形・キハ48形ワンマン車（塗色変更） 普通列車の一部。車両は現在はキハ110形
	東北本線	黒磯～郡山間 （63.4km） （黒磯～新白河間）	1995.12.01 2020.03.14～ 運転のみに	先頭車両のみ 後乗り前降り	701系1000代（1998.03.14から1500代も）2両編成 普通列車（一部）、水郡線直通列車の運転開始日は1992.03.14 黒磯～新白河間は2017.10.14からキハ110系2両編成が対象に、 2020.03.14からはキハ110系消滅、E531系5両編成に変更
		郡山～藤田間 （62.6km）	1998.03.14	先頭車両のみ 後乗り前降り	701系1000代・1500代2両編成 普通列車（一部）
		藤田～白石間 （17.5km）	2001.04.01	先頭車両のみ 後乗り前降り	701系1000代・1500代2両編成 普通列車（一部）
		小牛田～一ノ関間 （50.1km）	1995.03.24	先頭車両のみ 後乗り前降り	701系1000代（1998.03.14から1500代も）2両編成 普通列車（一部）
		一ノ関～盛岡間 （90.2km）	1995.03.24	先頭車両のみ 後乗り前降り	701系1000代2両編成 普通列車（一部）
		八戸～青森間 （96.0km）	2009.03.14	先頭車両のみ 後乗り前降り	701系1000代2両編成 普通列車（一部）。同区間は、2010.12.4から青い森鉄道
	東北本線	岩切～利府間 （ 4.2km）	1989.03.11	後乗り前降り	キハ40 548・549・550（塗色変更）→1995.03.24から 701系1000代ほか 昼間運転の気動車列車のみ→1995.03.24から電車化
	左沢線	山形～左沢間 （26.2km）	1990.03.10	後乗り前降り	キハ40 540・541・542・578・579（塗色変更） →現在キハ101へ変更（1994年度から）
	陸羽西線	小牛田～新庄間 （94.1km）	1998.12.08	先頭車両のみ 後乗り前降り	キハ110系2両編成 普通列車（一部）
	陸羽西線	新庄～余目間 （43.0km）	1993.12.01	先頭車両のみ 後乗り前降り	キハ110系2両編成まで（1999.12.04から） 普通列車（一部）
	常磐線	いわき～原ノ町間 （77.5km）	2002.02.01	先頭車両のみ 後乗り前降り	701系 100代2両編成（東日本大震災にて被災、運転再開後見合せ） 2023.03.18からE531系5両編成再開。運転のみに変更
		友部～水戸～勝田間 （22.3km）	2021.03.13	運転のみ	E531系5両編成 水戸線からの直通列車
		水戸～いわき間 （94.1km）	2023.03.18	運転のみ	E531系5両編成
	水戸線	小山～友部間 （50.2km）	2021.03.13	運転のみ	E531系5両編成
	水郡線	水戸～安積永盛間 （137.5km）	1992.03.14	先頭車両のみ 後乗り前降り	キハ110形100代、キハ111形100代、キハ112形100代 現在はキハE130系
		上菅谷～常陸太田間 （ 9.5km）	1992.03.14	先頭車両のみ 後乗り前降り	キハ110形100代、キハ111形100代、キハ112形100代 現在はキハE130系
	東北本線	安積永盛～郡山間 （ 4.9km）	1992.03.14	先頭車両のみ 後乗り前降り	キハ110形100代、キハ111形100代、キハ112形100代 水郡線直通列車のみ。現在はキハE130系

会社名	線区名	運転区間	運転開始日	ワンマン方式	使用車両および備考
JR東日本	磐越東線	いわき～郡山間 (85.6km)	1991.03.16	先頭車両のみ 後乗り前降り	キハ110形100代、キハ111形100代、キハ112形100代
	磐越西線	郡山～会津若松～ 喜多方間 (17.2km)	2017.03.04	先頭車両のみ 後乗り前降り	E721系2両編成 普通列車の一部
	磐越西線	喜多方～野沢間 (25.0km)	2023.04.01	先頭車両のみ 後乗り前降り	GV-E400系
	磐越西線	新津～馬下間 (81.2km)	1991.10.01	先頭車両のみ 後乗り前降り	GV-E400系、キハ110形100代 2020.03.14～ GV-E400系が加わり、キハE120形転出
	只見線	会津若松～只見間 (88.4km)	2022.10.01	先頭車両のみ 後乗り前降り	キハ120形、キハ110形100代 会津川口～只見間運転再開に合わせて実施
	米坂線	米沢～坂町間 (90.7km)	2009.03.14	先頭車両のみ 後乗り前降り	GV-E400系、キハ110形100代 2020.03.14～ GV-E400系が加わり、キハE120形転出
	信越本線	新津～新潟間 (15.2km)	1991.10.01	先頭車両のみ 後乗り前降り	キハ110形100代→GV-E400系 磐越西線直通列車
	信越本線	直江津～長岡間 (73.0km)	2016.03.26	先頭車両のみ 後乗り前降り	E129系2両編成 普通列車の一部
	白新線	新潟～新発田間 (27.3km)	1995.05.08	先頭車両のみ 後乗り前降り	E127系2両編成[2014.12.06からE129系が加わる] 普通列車の一部
	越後線	新潟～吉田間 (34.0km)	1995.05.08	先頭車両のみ 後乗り前降り	E127系2両編成[2014.12.06からE129系が加わる] 普通列車の一部
	弥彦線	弥彦～東三条間 (17.4km)	1988.10.17	先頭車両のみ 後乗り前降り	115系[クモハ115-501・503・504＋クモハ114-501・503・504] 2両編成(塗色変更)。全列車。2022.03.12からE129系
	上越線	越後川口～長岡間 (22.8km)	2014.03.15	先頭車両のみ 後乗り前降り	キハ110系 普通列車の一部。2016.03.26から越後中里～長岡間に拡大
	上越線	越後中里～長岡間 (78.2km)	2016.03.26	先頭車両のみ 後乗り前降り	E129系2両編成 普通列車の一部
	東北本線	宇都宮～宝積寺間 (11.7km)	1995.12.01	後乗り前降り	EV-E301系2両編成[当初=キハ40形1000代(塗色変更)] 2014.03.15からEV-E301系が加わり、2017.03.04から EV-E301系化
	烏山線	宝積寺～烏山間 (20.4km)	1990.03.10	後乗り前降り	EV-E301系2両編成[当初=キハ40形1000代(塗色変更)] 2014.03.15からEV-E301系が加わり、2017.03.04から EV-E301系化
	東北本線	宝積寺～黒磯間 (42.1km)	2022.03.12	運転のみ	E131系600代3両または6両編成 宇都宮～黒磯間の列車
	日光線	宇都宮～日光間 (44.6km)	2022.03.12	運転のみ	E131系600代3両編成
	南武支線	尻手～浜川崎間 (4.1km)	1988.03.13	運転のみ	205系2両編成。全列車 [当初=クモハ101[188・180・130]＋クモハ100[186・145・172]]
	相模線	茅ケ崎～橋本間 (33.3km)	2022.03.12	運転のみ	E131系500代4両編成
	川越線	南古谷～川越～高麗川間 (18.2km)	2022.03.12	運転のみ	209系3500代、E231系3000代4両編成 南古谷～川越間は一部列車のみ
	八高線	八王子～高麗川間 (31.1km)	2022.03.12	運転のみ	209系3500代、E231系3000代4両編成
	八高線	高麗川～高崎間 (65.3km)	1996.03.16	先頭車両のみ 後乗り前降り	キハ110形200代、キハ111形200代、キハ112形200代 2022.03.12改正から、ワンマン運転列車、各駅全ドア開閉に
	青梅線	青梅～奥多摩間 (18.7km)	2023.03.18	運転のみ	E233系4両編成
	内房線	木更津～安房鴨川間 (88.1km)	2021.03.13	運転のみ	E131系2両編成
	外房線	上総一ノ宮～安房鴨川間 (50.3km)	2021.03.13	運転のみ	E131系2両編成
	成田線	成田～佐原間 (26.9km)	2022.03.12	運転のみ	E131系2両編成 佐原～鹿島神宮間列車と成田～鹿島線直通列車
	成田線	佐原～香取間 (3.6km)	2021.03.13	運転のみ	E131系2両編成 佐原～鹿島神宮間列車と成田～鹿島線直通列車
	鹿島線	香取～鹿島神宮間 (14.2km)	2021.03.13	運転のみ	E131系2両編成
	久留里線	木更津～上総亀山間 (32.2km)	2013.03.16	先頭車両のみ 後乗り前降り	キハE130形1両 or 2両編成(1両は後乗り前降り) 木更津、横田、久留里駅は全ドア開閉
	小海線	小淵沢～小諸間 (78.9km)	1992.03.14	先頭車両のみ 後乗り前降り	キハ110形100代、キハ111形100代、キハ112形100代
	中央本線	岡谷～辰野間 (9.5km)	2013.03.16	先頭車両のみ 後乗り前降り	JR東海 313系2両編成 普通列車の一部。岡谷、辰野駅は全扉開閉
	中央本線	辰野～塩尻間 (18.2km)	1990.03.10	後乗り前降り	クモハ123-1。辰野、塩尻駅は全扉開閉 2013.03.16からはE127系(先頭車両のみ後乗り前降りと変更)
	篠ノ井線	塩尻～篠ノ井間 (66.7km)	2013.03.16	先頭車両のみ 後乗り前降り	E127系2両編成 普通列車の一部(対象駅は田沢、西条、坂北、冠着、姨捨、稲荷山)
	信越本線	篠ノ井～長野間 (9.3km)	2013.03.16	先頭車両のみ 後乗り前降り	E127系2両編成 普通列車の一部(この区間にて対象駅はなし)
	飯山線	長野～越後川口間 (107.5km)	1997.10.01	先頭車両のみ 後乗り前降り	キハ110形200代、キハ111形200代、キハ112形200代
	大糸線	松本～南小谷間 (70.1km)	1999.03.29	先頭車両のみ 後乗り前降り	E127系 普通列車の一部

会 社 名	線 区 名	運 転 区 間	運転開始日	ワンマン方式	使 用 車 両 お よ び 備 考
JR東海	御殿場線	国府津～沼津間 (60.2km)	1999.12.04	先頭車両のみ 後乗り前降り	313系2両編成 列車番号に「G」の付く列車
	身延線	富士～西富士宮間 (11.9km)	1990.03.10	先頭車両のみ 後乗り前降り	クモハ123形5040代・600代→313系2両編成 列車番号に「G」の付く列車
		西富士宮～甲府間 (76.5km)	1999.12.04	先頭車両のみ 後乗り前降り	313系2両編成(当初はクモハ123形5040代、600代) 列車番号に「G」の付く列車
	飯田線	豊橋～中部天竜間 (62.4km)	2012.03.17	先頭車両のみ 後乗り前降り	313系2両編成 列車番号に「G」の付く列車
		天竜峡～辰野間 (79.5km)	2001.03.03	先頭車両のみ 後乗り前降り	119系2両編成→2012.03.17→313系2両編成 列車番号に「G」の付く列車
	中央本線	中津川～塩尻間 (94.9km)	2000.03.11	先頭車両のみ 後乗り前降り	313系2両編成
	高山本線	岐阜～美濃太田間 (27.3km)	1990.03.10	先頭車両のみ 後乗り前降り	キハ11形→2015.03.14からはキハ25形、キハ75形 列車番号に「C」の付く列車
		美濃太田～高山間 (109.1km)	1999.12.04	先頭車両のみ 後乗り前降り	キハ11形、キハ40形→2015.03.14からはキハ25形・キハ75形 列車番号に「C」の付く列車
	太多線	多治見～美濃太田間 (17.8km)	1989.03.11	後乗り前降り	キハ11形→2015.03.14からはキハ25形、キハ75形 列車番号に「C」の付く列車
	武豊線	大府～武豊間 (19.3km)	1992.10.12	後乗り前降り	キハ75系へ変更。2015.03.14から313系2両編成 列車番号に「C」の付く列車
	東海道 本線	大垣～美濃赤坂間 (5.0km)	2012.03.17	先頭車両のみ 後乗り前降り	313系2両編成 列車番号に「G」の付く列車
	関西本線	名古屋～亀山間 (59.9km)	2001.03.03	先頭車両のみ 後乗り前降り	313系2両編成 列車番号に「G」の付く列車
	紀勢本線	亀山～松坂間 (34.6km)	1990.03.10	後乗り前降り	キハ11形→2016.03.26からはキハ25形、キハ75形が加わる 列車番号に「C」の付く列車
		松阪～多気間 (7.9km)	1989.03.11	後乗り前降り	キハ11形→2016.03.26からはキハ25形、キハ75形が加わる 列車番号に「C」の付く列車
		多気～新宮間 (137.7km)	2001.03.03	後乗り前降り	キハ11形→2016.03.26からはキハ25形、キハ75形が加わる 列車番号に「C」の付く列車
	参宮線	多気～鳥羽間 (29.1km)	1989.03.11	後乗り前降り	キハ11形→2016.03.26からはキハ25形、キハ75形が加わる 列車番号に「C」の付く列車
	名松線	松阪～伊勢奥津間 (43.5km)	1989.03.11	後乗り前降り	キハ11形→2016.03.26からはキハ25形、キハ75形が加わる 列車番号に「C」の付く列車(全列車)

▽ ワンマン運転区間(車内収受式の場合)であっても、駅員配置駅は全扉開閉

会社名	線区名	運転区間	運転開始日	ワンマン方式	使用車両および備考
JR西日本	阪和線	鳳～東羽衣間 (1.7km)	1989.10.20	運転のみ	クモハ123形、103系→現在(1995.06から)は103系のみ 全列車。2018.03.17から225系5000代に変更
	紀勢本線	和歌山～和歌山市間 (3.3km)	1989.10.20	運転のみ	105系 2両編成〔クモハ105-503＋クハ104-503など〕 現在は227系1000代
		御坊～紀伊田辺間 (40.9km)	2002.11.02	前車両のみ 後乗り前降り	113系 2両編成 2020.03.14～ 227系1000代に
		紀伊田辺～新宮間 (105.2km)	2000.03.11	前車両のみ 後乗り前降り	105系 2両編成 普通列車の一部 2021.03.13、227系2両編成に(車内ICOCA搭載)
	和歌山線	王寺～和歌山間 (87.9km)	1991.12.03	前車両のみ 後乗り前降り	105系 2両編成 2019.03.16から227系1000代登場、車内ICOCA搭載
		高田～和歌山間 (76.4km)	2002.03.23	運転のみ	117系 4両編成 2020.03.14～ 227系1000代にて前車両のみ後乗り前降り方式に
	桜井線	奈良～高田間 (29.4km)	1991.12.03	前車両のみ 後乗り前降り	105系 2両編成 2019.03.16から227系1000代登場、車内ICOCA搭載
	関西本線	亀山～加茂間 (61.0km)	1990.06.01	前車両のみ 後乗り前降り	1993.12.01改正からキハ120形を投入 1990.06.01から亀山鉄道部の管轄。2021.03.13 車内ICOCA搭載
	加古川線	西脇市～谷川間 (17.3km)	1989.08.01	前車両のみ 後乗り前降り	キハ40・47→電化後は125系、103系2両編成 1990.06.01から加古川鉄道部の管轄
		加古川～西脇市間 (31.2km)	1990.06.01	前車両のみ 後乗り前降り	キハ40・47→電化後は125系、103系2両編成 1990.06.01から加古川鉄道部の管轄
	大糸線	南小谷～糸魚川間 (35.3km)	1993.03.18	後乗り前降り	キハ52形→2011.03.11からキハ120形 1995.10.01から糸魚川地域鉄道部の管轄
	高山本線	富山～猪谷間 (36.6km)	1992.03.14	前車両のみ 後乗り前降り	キハ58・28形、キハ53形→現在はキハ120形
	北陸本線	敦賀～金沢間 (130.7km)	2017.03.04	前車両のみ 後乗り前降り	521系 2両編成 列車番号 1000代の列車
	北陸本線	金沢～富山～泊間 (108.5km)	2014.10.18	運転のみ	521系 2両編成 2015.03.14から、IRいしかわ鉄道、あいの風とやま鉄道に移行
	北陸本線	泊～糸魚川間 (29.9km)	2014.12.20	運転のみ	521系 2両編成 2015.03.14から、あいの風とやま鉄道・えちごトキめき鉄道に移行
	富山港線	富山～富山港間 (8.0km)	2001.03.03	後乗り前降り	キハ120形 2006.02.28限りにて路線廃止
	七尾線	津端～七尾間 (54.4km)	2021.03.13	運転のみ	521系2・4両編成 車内ICOCA搭載　北陸本線金沢～七尾間
	城端線	高岡～城端間 (29.9km)	1992.03.14	前車両のみ 後乗り前降り	キハ58・28形、キハ40形、キハ53形 →現在はキハ40・47形のみ
	氷見線	高岡～氷見間 (16.5km)	1992.03.14	前車両のみ 後乗り前降り	キハ58・28形、キハ40形、キハ53形 →現在はキハ40・47形のみ
	越美北線	福井～九頭竜湖間 (55.1km)	1990.06.01	後乗り前降り	1992.09.01からキハ120形のみの運転となる 1990.06.01から越前大野鉄道部の管轄
	小浜線	敦賀～東舞鶴間 (84.3km)	1992.03.14	前車両のみ 後乗り前降り	キハ58・28形 2003.03.15。電化完成により電車化(クモハ125)
	舞鶴線	綾部～東舞鶴間 (26.4km)	1991.04.01	前車両のみ 後乗り前降り	1999.10.02から113系、115系2両編成へ変更 1991.04.01から舞鶴鉄道部の管轄
	山陰本線	園部～福知山間 (54.3km)	1991.04.01	前車両のみ 後乗り前降り	キハ40形、キハ28形 1・2両編成 1996.03.16から113系2両編成。現在は223系2両編成
		福知山～城崎間 (69.5km)	2001.03.03	前車両のみ 後乗り前降り	113系2両編成。現在は223系2両編成も 豊岡～城崎間は電車のみがこの時点から
		豊岡～鳥取間 (81.9km)	1990.06.01	前車両のみ 後乗り前降り	キハ47 36・37・38・39・40・1015・1016・1017(塗色変更) 1990.06.01から豊岡鉄道部の管轄
		鳥取～米子間 (92.7km)	1991.12.01	前車両のみ 後乗り前降り	キハ40形、キハ47形 1・2両編成
		米子～出雲市間 (61.6km)	2001.07.07	前車両のみ 後乗り前降り	115系2両編成。快速はキハ126系2両編成
		出雲市～益田間 (129.9km)	1990.06.01	前車両のみ 後乗り前降り	キハ47 67・68・86・97・147・148・149・181・1040・1111(塗色変更) 1990.06.01から浜田鉄道部の管轄。現在はキハ120形300代 2001.07.07から、快速にても実施(キハ126系2両編成)
		益田～長門市間 (85.1km)	1991.04.01	後乗り前降り	キハ40形、キハ47形など。 1991.04.01から長門鉄道部の管轄
		長門市～仙崎間 (2.2km)	1988.03.13	後乗り前降り	1993.12.01改正からキハ120形 1991.04.01から長門鉄道部の管轄
		長門市～幡生間 (74.2km)	1991.11.01	前車両のみ 後乗り前降り	キハ47形、キハ23形 1・2両編成 1991.04.01から長門鉄道部の管轄
	福知山線	篠山口～福知山間 (48.1km)	2000.12.02	前車両のみ 後乗り前降り	113系2両編成。現在は223系2両編成が中心
	山陽本線	幡生～下関間 (3.5km)	1991.11.01	前車両のみ 後乗り前降り	キハ47形。キハ23形 1・2両編成 山陰本線直通上下普通列車

▽ ワンマン運転区間(車内収受式の場合)であっても、駅員配置駅は全扉開閉

会社名	線区名	運転区間	運転開始日	ワンマン方式	使用車両および備考
JR西日本	姫新線	姫路～上月間 （50.9km）	1991.04.01	後乗り前降り 2両編成は後車両締切	キハ40形、キハ47形1・2両編成→現在はキハ122・127形が中心 1991.04.01から姫路鉄道部の管轄
		佐用～新見間 （112.2km）	1989.11.01	後乗り前降り	キハ402006・2007・2009・2010・2028・2084・2116・2117（塗色変更） 現在はキハ120形 1990.06.01から津山鉄道部の管轄
	津山線	岡山～津山間 （58.7km）	1990.06.01	後乗り前降り	キハ402006・2007・2009・2010・2028・2084・2116・2117（塗色変更） 単行列車のみ（28本中16本）。1990.06.01から津山鉄道部の管轄 1996.03.16改正からキハ120形300代
	因美線	鳥取～智頭間 （31.9km）	1991.04.01	後乗り前降り	27本中13本（当初） 1991.04.01から鳥取鉄道部の管轄
		智頭～津山間 （41.5km）	1991.04.01	後乗り前降り	キハ120形 1991.04.01から智頭～美作河井間は鳥取鉄道部、 美作河井～津山間は津山鉄道部の管轄
	吉備線	岡山～総社間 （20.4km）	1991.04.01	後乗り前降り	63本中16本（当初） 1991.04.01から備中鉄道部の管轄
	伯備線	備中高梁～新見間 （30.6km）	1998.10.03	前車両のみ 後乗り前降り	キハ120。普通列車の一部 1999.03.13から105系、現在は115系2両編成
		新見～米子 （78.8km）	2001.07.07	前車両のみ	115系2両編成
	福塩線	福山～府中 （23.6km）	1992.03.14	前車両のみ 後乗り前降り	105系2両編成 早朝、夜間の列車
		府中～三次間 （61.5km）	1991.04.01	後乗り前降り	1995.04.20改正からキハ120形300代 1991.04.01から府中～塩町間は府中鉄道部 塩町～三次間は三次鉄道部の管轄
	芸備線	新見～備後落合間 （51.0km）	1991.04.01	前車両のみ 後乗り前降り	キハ40形、キハ47形1・2両編成→現在はキハ120形 1991.04.01から備中鉄道部の管轄
		備後落合～三次間 （45.7km）	1991.04.01	前車両のみ 後乗り前降り	キハ40形、キハ47形1・2両編成 1991.04.01から三次鉄道部の管轄 1996.03改正からキハ120形300代も登場
		三次～広島間 （68.8km）	1991.11.01	前車両のみ 後乗り前降り	キハ40形、キハ47形1・2両編成。現在はキハ120形も加わる 1991.04.01から三次鉄道部の管轄
	呉線	糸崎・三原～広間 （62.6km）	2003.10.01	運転のみ	105系2両編成にて運転の列車 2019.03.16から227系の運行に変更。駅収受方式に
		呉～広島間 （26.4km）	2002.03.23	運転のみ	103系3両編成にて運転の列車の一部にて実施 2015.03.14から227系の運行に
	可部線	可部～三段峡間 （46.2km）	1991.04.01	後乗り前降り	19本中17本→1995.04.20改正からキハ120形300代 1991.04.01から可部鉄道部の管轄 2003.11.30限りにて路線廃止
	境線	米子～境港間 （17.9km）	1993.11.01	後乗り前降り	キハ40形など （朝夕ラッシュ時のぞく）
	木次線	宍道～備後落合間 （81.9km）	1990.06.01	後乗り前降り	キハ120形（1993.04.24車両統一） 1990.06.01から木次鉄道部の管轄
	三江線	江津～三次間 （108.1km）	1989.12.16	後乗り前降り	キハ402001・2002・2004・2005・2034・2035・2036・2094・2095・2114・ 2115・2132。午前中の上下各1本をのぞく全列車 1990.06.01から浜田鉄道部の管轄→現在はキハ120形300代
	山口線	小郡～益田間 （93.9km）	1990.06.01	後乗り前降り	単行列車のみ 1990.06.01から山口鉄道部の管轄
	美祢線	厚狭～長門市間 （46.0km）	1989.10.02	後乗り前降り	1993.12.01改正からキハ120形を投入 1991.04.01から長門鉄道部の管轄
		南大嶺～大嶺間 （2.8km）	1988.03.13	後乗り前降り	キハ30 76（塗色変更）。全列車→キハ23形 1991.04.01から長門鉄道部の管轄。1997.03.31限りにて廃止
	岩徳線	岩国～徳山間 （47.1km）	1992.03.14	前車両のみ 後乗り前降り	キハ23形（当初）、キハ47形1・2両編成 1995.10.01から徳山地域鉄道部の管轄
	宇部線	小郡～宇部間 （27.1km）	1992.03.14	前車両のみ 後乗り前降り	105系2両編成、123系1両編成 1990.06.01から宇部新川鉄道部の管轄
		宇部新川－居能 （1.8km）	1990.06.01	前車両のみ 後乗り前降り	105系2両編成、123系1両編成。1992.03.14から宇部線列車も 1990.06.01から宇部新川鉄道部の管轄
		居能～宇部間 （4.3km）	1992.03.14	前車両のみ 後乗り前降り	105系2両編成・123系1両編成 1990.06.01から宇部新川鉄道部の管轄
	小野田線	居能～小野田間 （11.6km）	1990.06.01	前車両のみ 後乗り前降り	105系2両編成・123系1両編成 全列車。1990.06.01から宇部新川鉄道部の管轄
		雀田～長門本山間 （2.3km）	1989.03.11	後乗り前降り	クモハ42形（001）。全列車→現在はクモハ123形1両 1990.06.01から宇部線とともに宇部新川鉄道部の管轄

会社名	線区名	運　　転　　区　　間	運転開始日	ワンマン方式	使　用　車　両　お　よ　び　備　考
JR四国	予讃線	高松～観音寺間 (56.5km)	2012.03.17	後乗り前降り	121系、7200系(2017.03.04 ～)。駅収受も含む) 列車番号4000代の列車。121系は2018年度消滅
		観音寺～新居浜間 (46.6km)	1992.07.23	後乗り前降り	7000系 観音寺～新居浜間の電化開業とともに。列車番号4000代の列車
		新居浜～今治間 (41.8km)	1993.03.18	後乗り前降り	7000系 新居浜～今治間の電化開業とともに。列車番号4000代の列車
		今治～伊予北条間 (32.0km)	1992.07.23	後乗り前降り	7000系 今治～伊予北条間の電化開業とともに。列車番号4000代の列車
		伊予北条～宇和島間 (114.4km)	1988.04.10	後乗り前降り	キハ32形ほか。列車番号4000代の電車、気動車 1990.11.21から伊予北条～伊予市間は7000系電車登場
	土讃線	多度津～琴平間 (11.3km)	2012.03.17	後乗り前降り	121系、7200系(2017.03.04 ～)。駅収受も含む) 列車番号4000代の列車
		琴平～阿波池田間 (32.6km)	1992.03.14	後乗り前降り	キハ54形、1000形 列車番号4000代の列車
		阿波池田～土佐山田間 (67.4km)	1990.03.10	後乗り前降り	キハ54形、キハ32形、1000形 列車番号4000代の列車
		土佐山田～窪川間 (87.4km)	1988.04.10	後乗り前降り	キハ54形、キハ32形、1000形 列車番号4000代の列車
	予土線	窪川～宇和島間 (82.2km)	1988.04.10	後乗り前降り	キハ54形、キハ32形 全列車(列車番号4000代の列車)
	高徳線	高松～徳島間 (74.8km)	1988.04.10	後乗り前降り	1000形(1200形・1500形も含む) 列車番号4000代の列車
	徳島線	徳島～阿波池田間 (74.0km)	1988.04.10	後乗り前降り	1000形、キハ40形。列車番号4000代の列車 1990.03.10から 2両編成 5本でもワンマン運転開始
	牟岐線	徳島～海部間 (79.3km)	1988.04.10	後乗り前降り	1000形、キハ40形 列車番号4000代の列車
	鳴門線	徳島～鳴門間 (18.8km)	1988.04.10	後乗り前降り	キハ40形。現在は1000形ほか 列車番号4000代の列車

▽　ワンマン運転区間(車内収受式の場合)であっても、駅員配置駅は全扉開閉

会社名	線区名	運　　転　　区　　間	運転開始日	ワンマン方式	使　用　車　両　お　よ　び　備　考
JR九州	香椎線	西戸崎～宇美間 (25.4km)	1988.03.13	運転のみ	キハ47形、キハ31形→現在は キハ200系およびキハ47形 1992.07.15から 3両編成もワンマン運転開始。運転のみと変更 2019.03.16からBEC819系に変更
	鹿児島本線	黒崎～折尾間 (5.2km)	1997.03.22	運転のみ	キハ40形、キハ47形、キハ200系など 現在、817系、BEC819系に変更
		黒崎～折尾間	2001.10.06	運転のみ	817系 2両編成　へ変更 2006.03.18から駅収受方式化
	筑豊本線	若松～直方間 (24.8km)	1996.03.16	運転のみ	キハ47形(キハ200系、キハ66・67等も)→2016.10.19からBEC819系 (黒崎方面発着列車は1997.03.22から)。2001.10.06電化により変更
		直方～飯塚間 (14.6km)	1998.03.01	運転のみ	キハ200系、キハ66・67、キハ40・47 2両編成以下の列車が対象。電化により817系等に変更
		飯塚～桂川間 (5.9km)	1997.03.22	運転のみ	キハ200系、キハ66・67、キハ40・47 2両編成以下の列車が対象。電化により817系等に変更
		折尾～桂川間 (34.5km)	2001.10.06	運転のみ	817系 2両編成　へ変更 2006.03.18から駅収受方式化。2007.03.18から3両編成に拡大
		桂川～原田間 (20.8km)	1997.03.22	前車両のみ 後乗り前降り	キハ40形、キハ140形など(現在はキハ125形) 単行列車は後乗り前降り、全列車
	篠栗線	博多～桂川間 (26.9km)	1998.03.01	前車両のみ 後乗り前降り	当初 キハ200系、キハ66・67など。2両編成以下の列車が対象 2001.10.06 電車化
		博多～桂川間 (26.9km)	2001.10.06	運転のみ	817系 2両編成　へ変更 2006.03.18から駅収受方式化。2007.03.18から3両編成に拡大
	日豊本線	小倉～城野間 (6.1km)	2003.03.15	前車両のみ 後乗り前降り	キハ147形、キハ140形 2両編成の日田彦山線経由の列車
		小倉～中津間 (51.8km)	2009.10.01	運転のみ	813系1000代・1100代 3両編成の列車
		中津～柳ヶ浦間 (17.3km)	2008.03.14	前車両のみ 後乗り前降り	815系。2両編成にて運転の列車が対象。 2022.09.23から813系 3両編成が加わる
		柳ヶ浦～大分～佐伯間 (6.1km)	1999.10.01	前車両のみ 後乗り前降り	815系。2両編成にて運転の列車が対象。 2022.09.23から813系 3両編成が加わる
		大分～南延岡間 (126.7km)	2009.10.01	後乗り前降り	キハ220形。1両にて運転の列車 2018.03.17改正から佐伯～重岡間815系 2両編成。ＤＣなしに

JRワンマン運転線区一覧表 −8

会社名	線区名	運転区間	運転開始日	ワンマン方式	使用車両および備考
JR九州	日田彦山線	城野〜田川後藤寺間 （30.0km）	1999.11.25	前車両のみ 後乗り前降り	キハ147・40・58・28形→現在はキハ147形、キハ140形 2両編成の列車
		田川後藤寺〜夜明間 （38.7km）	1999.03.13	前車両のみ 後乗り前降り	キハ147・40・58・28形→現在はキハ147形、キハ140形 2両編成の列車の一部
	後藤寺線	新飯塚〜田川後藤寺間 （13.3km）	1999.03.13	後乗り前降り	キハ40。1両編成の列車の一部→現在はキハ140形 2007.03.18から2両編成にも拡大
	長崎本線	鳥栖〜肥前山口間 （　　）	2002.03.23	運転のみ	817系。 2両編成にて運転の列車が対象。2006.03.18から駅収受方式化
	唐津線	西唐津〜佐賀間 （48.9km）	1991.03.16	前車両のみ 後乗り前降り	キハ40形、キハ47形。1993.3からキハ125も加わる 単行列車は後乗り前降り、上下30本中21本（最初）
	長崎本線	佐賀〜久保田間 （ 6.4km）	1991.03.16	前車両のみ 後乗り前降り	キハ40形、キハ47形。1993.3からキハ125も加わる 単行列車は後乗り前降り。唐津線直通列車のみ
	唐津線	山本〜西唐津間 （ 9.6km）	1990.10.06	前車両のみ 後乗り前降り	キハ40形、キハ47形。1993.3からキハ125も加わる 単行列車は後乗り前降り
	長崎本線	江北〜長崎間 （85.7km） ※江北は2022.09.23 肥前山口から改称	2002.03.23	運転のみ	817系。諫早〜長崎間はキハ200系＋キハ66・67も 2両編成にて運転の列車が対象。2006.03.18から駅収受方式化 諫早〜長崎間、2020.03.14〜 YC1系加わる。 2022.10.01〜 3・4両編成も
	佐世保線	江北〜佐世保間 （48.8km）	2002.03.23	運転のみ	817系。早岐〜佐世保間はキハ200系＋キハ66・67も 2両編成にて運転の列車が対象。2006.03.18から駅収受方式化 2020.03.14〜 YC1系加わる。2022.10.01〜 3・4両編成も
	大村線	早岐〜諫早間 （47.6km）	2002.03.23	運転のみ	キハ200系＆キハ66・67。2020.03.14〜 YC1系加わる 2両編成にて運転の列車が対象。2022.10.01〜 3・4両編成も
	筑肥線	姪浜〜筑前前原間 （12.7km）	2021.03.13	運転のみ	303系、305系6両編成 昼間運転の普通列車が中心
		筑前前原〜唐津間 （29.9km）	2000.03.11	運転のみ	103系3両編成 昼間運転の普通列車が中心
		山本〜伊万里間 （35.3km）	1990.10.06	前車両のみ 後乗り前降り	キハ40形、キハ47形。1993.3からキハ125も加わる 単行列車は後乗り前降り
	久大本線	大分〜久留米間 （141.5km）	1992.04.01	前車両のみ 後乗り前降り	キハ40形、キハ58形、キハ28形→現在はキハ125形（1993.03から） 単行列車は後乗り前降り
	鹿児島本線	鳥栖〜久留米間 （ 7.1km）	1992.04.01	前車両のみ 後乗り前降り	キハ40形、キハ58形、キハ28形→現在はキハ125形（1993.03から） 単行列車は後乗り前降り。久大本線直通列車のみ
		久留米〜銀水間 （30.0km）	2005.03.01	運転のみ	815系、817系（鳥栖〜大牟田間） 2両編成にて運転の列車が対象。2006.03.18から駅収受方式化
		銀水〜熊本〜八代間 （88.0km）	1999.10.01	運転のみ	815系、817系（2005.03.01から加わる） 2両編成にて運転の列車が対象。2006.03.18から駅収受方式化
	豊肥本線	大分〜豊後竹田間 （60.0km）	1996.03.16	前車両のみ 後乗り前降り	キハ31形、キハ140形 単行列車は後乗り前降り
		豊後竹田〜熊本間 （88.0km）	1997.03.22	前車両のみ 後乗り前降り	キハ200系、キハ147形、（当初はキハ58形、キハ28形も） 2両編成以下。ただし一部列車はのぞく
		肥後大津〜熊本間 （22.6km）	1999.10.01	運転のみ	815系。2両編成にて運転の列車が対象。 2006.03.18から駅収受方式化。2022.09.23から821系3両編成も
	三角線	宇土〜三角間 （25.6km）	1988.03.13	前車両のみ 後乗り前降り	キハ31形、キハ47形（現在はキハ31のみ） 1993.03.18から2両編成もワンマン運転
	鹿児島本線	熊本〜宇土間 （10.9km）	1992.07.15	前車両のみ 後乗り前降り	キハ31形、キハ47形→現在はキハ31のみ 三角線直通列車のみ。2006.03.18から駅収受方式化
		川内〜鹿児島中央間 （46.1km）	2003.10.01	前車両のみ 後乗り前降り	717系（当初）、817系2両編成 現在は817系2両編成のみ
	肥薩線	八代〜吉松間 （86.8km）	1993.10.01	前車両のみ 後乗り前降り	キハ40形、キハ31形〔当初はキハ58形、キハ28形も〕 単行列車は後乗り前降り。人吉鉄道事業部の管轄
		吉松〜隼人間 （37.4km）	1993.10.01	前車両のみ 後乗り前降り	キハ40形、キハ58形、キハ28形→現在はキハ40・47形 単行列車は後乗り前降り。霧島鉄道事業部の管轄
	指宿枕崎線	西鹿児島〜指宿間 （45.7km）	1997.11.29	前車両のみ 後乗り前降り	キハ200系、キハ40・47、キハ140・147形
		指宿〜枕崎間 （42.2km）	1992.07.15	前車両のみ 後乗り前降り	キハ58形、キハ28形→現在はキハ40・47、キハ140・147形
	吉都線	都城〜吉松間 （61.6km）	1993.10.01	前車両のみ 後乗り前降り	キハ40形、キハ58形、キハ28形→現在はキハ40・47形 単行列車は後乗り前降り
	日豊本線	高鍋〜宮崎〜田野間 （44.4km）	1994.03.01	前車両のみ 後乗り前降り	キハ40形、キハ58形、キハ28形→現在はキハ40・47形 DC列車
		延岡〜国分間 （175.9km）	2003.10.01	前車両のみ 後乗り前降り	717系（当初）、817系2両編成 〔ただし、高鍋〜宮崎〜田野間は1994.03.01から実施〕
		国分〜鹿児島中央間 （33.7km）	2003.03.15	前車両のみ 後乗り前降り	717系（当初）、817系2両編成
	日南線	南宮崎〜志布志間 （88.9km）	1994.03.01	前車両のみ 後乗り前降り	キハ40形、キハ58形、キハ28形→現在はキハ40・47形 単行列車は後乗り前降り。日南鉄道事業部の管轄

▽ 九州管内 キハ58・28は2006（平成18）年秋に引退
▽ ワンマン運転区間（車内収受式の場合）であっても、駅員配置駅は全扉開閉

JR旅客各社別営業キロ数一覧

事業者名 路線名	区間	営業キロ数	駅数	電化・非電化別路線別 駅数	電化・非電化別路線区間	動力／軌間	電化キロ数 非電化キロ数	備考［交通系ICカードによるタッチ決済、支社境界 など］
北海道旅客鉄道		2,372.3	336				560.3 / 1776.3	有人駅97＋無人駅239（臨時駅2駅含む）。電化比率23.6%
北海道新幹線	新青森〜新函館北斗	148.8	2	2		交流25,000V 1435mm	148.8	新青森＝JR東日本。新函館北斗＝函館本線。2016.03.26開業
函館本線	函館〜大沼公園・小樽〜旭川	423.1	39	40	小樽〜旭川	非電化 交流20,000V 1067mm	170.6 / 252.5	江部乙＝本社直轄。本社直轄・函館支社
	大沼公園〜渡島砂原	35.3	6			非電化 1067mm	35.3	青函トンネル付近の北海道新幹線共用区間は三線レール（約82km）付近は交流25,000V。函館支社
海峡線	中小国〜木古内	87.8	0		中小国〜木古内	交流20,000V 1067mm	87.8	青函トンネル内の北海道新幹線共用区間は三線。駅数は16駅
札沼線	桑園〜北海道医療大学	28.9	13		桑園〜北海道医療大学	交流20,000V 1067mm	28.9	本社直轄。2020.05.07 廃止。運転最終日は2020.04.17
千歳線	白石〜南千歳・沼ノ端	56.6	12			交流20,000V 1067mm	56.6	本社直轄
	南千歳〜新千歳空港	2.6	1			交流20,000V 1067mm	2.6	本社直轄
石勝線	南千歳〜新夕張・新夕張〜夕張	132.4	5			非電化 1067mm	132.4	本社直轄〜新得
室蘭本線	長万部〜東室蘭〜岩見沢	211.0	15		東室蘭〜苫小牧	非電化 交流20,000V 1067mm	77.2 / 75.8	本社直轄〜大岸
日高本線	苫小牧〜鵡川	7.0	14			非電化 1067mm	7.0	本社直轄
	東室蘭〜室蘭	30.5	12			非電化 1067mm	30.5	本社直轄。2021.04.01廃止（鵡川〜様似間 2015.01被災）
留萌本線	深川〜留萌	50.1	4			非電化 1067mm	50.1	本社直轄。営業キロ数35.7km。駅数は7駅
	滝川〜留萌		3			非電化 1067mm	14.4	本社直轄。運転最終は2023.03.31限り廃止。月日2023.04.01
根室本線	滝川〜根室	443.8	57			非電化 1067mm	443.8	トマム〜本社直轄。釧路支社
富良野線	富良野〜旭川	54.8	16			非電化 1067mm	54.8	旭川支社。臨時駅＝ラベンダー畑（西中〜中富良野）
宗谷本線	旭川〜稚内	259.4	39			非電化 1067mm	259.4	旭川支社
石北本線	新旭川〜網走	234.0	31			非電化 1067mm	234.0	旭川支社
釧網本線	東釧路〜網走	166.2	23			非電化 1067mm	166.2	釧路・網走支社。旭川支社。臨時駅＝原生花園（浜小清水〜北浜）。細岡駅、2023.03.18、営業期間限定の臨時駅
東日本旅客鉄道		7,402.2	1,676				5469.4 / 1932.8	電化比率73.3%
東北新幹線	東京〜新青森	713.7	6			交流25,000V 1435mm	713.7	上野〜首都圏本部・大宮支社・東北本部・東北本部〜新白河。くりこま高原〜盛岡支社。新白河〜一ノ関。くりこま高原、いわて沼宮内、二戸、七戸十和田駅を計上
上越新幹線	大宮〜新潟	303.6	2			交流25,000V 1435mm	303.6	上野、大宮、小山、宇都宮、那須塩原、新白河、郡山、福島、仙台、古川、一ノ関、北上、新花巻、盛岡。八戸、新青森は在来線に計上
北陸新幹線	高崎〜上越妙高	176.9	4			交流25,000V 1435mm	176.9	熊谷〜大宮支社。高崎支社〜越後湯沢。浦佐、長岡、燕三条。新潟は在来線に計上
東海道本線	東京〜熱海	104.6	14		大船〜熱海	直流1500V 1067mm	104.6	安中榛名〜高崎支社。軽井沢〜長野支社。上越妙高は在来線に計上。佐久平、上田、長野、飯山は在来線に計上
	品川〜川崎・新川崎〜鶴見	17.8	14			直流1500V 1067mm	17.8	浦田〜首都圏本部。横浜支社・横浜支社〜川崎
	浜松町〜浜川崎	20.0	4			直流1500V 1067mm	20.0	首都圏本部。駅数＝代々木〜中央線に計上。2020.03.14 高輪ゲートウェイ駅開業
	鶴見〜横浜羽沢〜東戸塚	16.0	2			直流1500V 1067mm	16.0	西大井〜首都圏本部・横浜支社・武蔵小杉
	鶴見〜八丁畷	2.3	1			直流1500V 1067mm	2.3	運転町〜首都圏本部・横浜支社〜浜川崎
	東京〜川崎貨物	8.5	0			直流1500V 1067mm	8.5	横浜支社
山手線	品川〜新宿〜田端	20.6	15			直流1500V 1067mm	20.6	首都圏本部。駅数＝代々木は中央線に計上
南武線	川崎〜立川	35.5	24			直流1500V 1067mm	35.5	稲田堤〜横浜支社・横浜支社〜矢野口
	尻手〜浜川崎	4.1	3			直流1500V 1067mm	4.1	横浜支社
鶴見線	鶴見〜扇町	5.4	0			直流1500V 1067mm	5.4	横浜支社
	浅野〜海芝浦	7.0	8			直流1500V 1067mm	7.0	駅数＝浜川崎は東海道線に計上
	武蔵白石〜大川	1.7	2			直流1500V 1067mm	1.7	横浜支社
		1.0	1			直流1500V 1067mm	1.0	横浜支社
横浜線	東神奈川〜八王子	42.6	18			直流1500V 1067mm	42.6	横浜支社〜八王子支社・八王子支社〜相原
武蔵野線	鶴見〜府中本町〜西船橋・新小平〜国立・府中本町〜北小金・南流山〜北小金	100.6	20			直流1500V 1067mm	100.6	鶴見〜横浜支社・新府中本部・新松戸〜首都圏本部・大宮支社・首都圏本部〜首都圏本部・千葉支社〜新八柱
根岸線	西国分寺〜与野	4.9	0			直流1500V 1067mm	4.9	大宮支社
	横浜〜磯子〜大船	22.1	10			直流1500V 1067mm	22.1	横浜支社
横須賀線	大船〜久里浜	23.9	8			直流1500V 1067mm	23.9	横浜支社
相模線	茅ヶ崎〜橋本	33.3	16			直流1500V 1067mm	33.3	横浜支社
伊東線	熱海〜伊東	16.9	5			直流1500V 1067mm	16.9	横浜支社

事業者名：東日本旅客鉄道

路線名	区間	営業キロ数	駅数	電化・非電化(交流別区間)	動力／軌間	電化キロ数	非電化キロ数	備考 [交直デッドセクション、支社境界 など]
総武線	東京～銚子	120.5	41		直流1500V／1067mm	120.5		馬喰町～首都圏本部／千葉支社～錦糸町
	錦糸町～御茶ノ水	4.3	2		直流1500V／1067mm	4.3		浅草橋～千葉支社／首都圏本部～秋葉原
	小岩～中島貨物	11.7	1		非電化／1067mm		11.7	首都圏本部
	小岩～金町	8.9	0		非電化／1067mm		8.9	首都圏本部
外房線	千葉～大網～安房鴨川	93.3	25		直流1500V／1067mm	93.3		千葉支社。駅数＝安房鴨川は内房線に計上
内房線	蘇我～木更津～安房鴨川	119.4	29		直流1500V／1067mm	119.4		駅数＝安房鴨川は内房線に計上
京葉線	東京～蘇我	43.0	16		直流1500V／1067mm	43.0		越中島～首都圏本部 千葉支社～潮見。蘇我豊砂駅開業 2023.03.18.
	市川塩浜～西船橋	5.9	0		直流1500V／1067mm	5.9		千葉支社
	西船橋～南船橋	5.4	0		直流1500V／1067mm	5.4		千葉支社
成田線	佐倉～成田～松岸	75.4	14		直流1500V／1067mm	75.4		我孫子～千葉支社／我孫子
	成田～我孫子	32.9	8		直流1500V／1067mm	32.9		千葉支社
	成田～成田空港分岐点	2.1	0		直流1500V／1067mm	2.1		千葉支社
	成田線分岐点～成田空港＜第2種＞	8.7	2		直流1500V／1067mm	8.7		千葉支社
鹿島線	香取～鹿島神宮	14.2	4	香取～鹿島神宮	直流1500V／1067mm	14.2		千葉支社
	香取～鹿島臨海鉄道＜サッカースタジアム＞	17.4	1	鹿島神宮～鹿島サッカースタジアム	非電化／1067mm		3.2	千葉支社
久留里線	木更津～上総亀山	32.2	13		非電化／1067mm		32.2	千葉支社
東金線	大網～成東	13.8	3		直流1500V／1067mm	13.8		千葉支社
中央本線	神田～代々木	8.3	9		直流1500V／1067mm	8.3		首都圏本部。駅数＝神田は中央線に計上
	新宿～高尾	211.8	37	新宿～高尾	直流1500V／1067mm	211.8		西八王子～首都圏本部／八王子支社～吉祥寺
	高尾～みどり湖～塩尻	27.7	4	高尾～みどり湖～塩尻	直流1500V／1067mm	27.7		長野支社／八王子支社～信濃境
青梅線	立川～奥多摩	37.2	24		直流1500V／1067mm	37.2		八王子支社
五日市線	拝島～武蔵五日市	11.1	6		直流1500V／1067mm	11.1		八王子支社
八高線	八王子～倉賀野	92.0	13	八王子～高麗川／高麗川～倉賀野	直流1500V・非電化／1067mm	31.1	60.9	八王子支社。駅数＝拝島駅は青梅線にて計上
小海線	小淵沢～小諸	78.9	30		非電化／1067mm		78.9	小淵沢～長野支社／高崎支社～甲斐小泉
篠ノ井線	塩尻～篠ノ井	66.7	13		直流1500V／1067mm	66.7		長野支社
大糸線	松本～南小谷	70.1	33		直流1500V／1067mm	70.1		長野支社
信越本線	高崎～横川	29.7	7		直流1500V／1067mm	29.7		高崎支社
	篠ノ井～長野	9.3	5		直流1500V／1067mm	9.3		長野支社
	直江津～長岡～新潟	136.3	42		直流1500V／1067mm	136.3		新潟支社。越後石山～東新潟を含む
飯山線	豊野～越後川口	96.7	30		非電化／1067mm		96.7	森宮野原～長野支社／新潟支社～足滝。駅数＝豊野を計上
越後線	柏崎～新潟	83.8	30		直流1500V／1067mm	83.8		新潟支社
弥彦線	弥彦～吉田、東三条	17.4	6		直流1500V／1067mm	17.4		新潟支社
東北本線	東京～田端～仙台～盛岡	535.3	82	東京～田端～大宮(京浜東北線)／大宮～黒磯(宇都宮線)／黒磯～盛岡	直流1500V・交流20,000V／1067mm	535.3		赤羽～首都圏本部 大宮支社～川口。駅数＝神田は中央線に計上。交直デッドセクション＝黒磯～高久
	日暮里～尾久～赤羽	7.6	1		直流1500V／1067mm	7.6		首都圏本部
	赤羽～武蔵浦和～大宮	18.0	10		直流1500V／1067mm	18.0		浮間舟渡～首都圏本部 大宮支社～戸田公園
	長町～宮城野～東仙台	6.6	1		直流1500V／1067mm	6.6		東北本部
	岩切～利府	4.2	0		直流1500V／1067mm	4.2		東北本部
	松島～高城町	0.3	0		非電化／1067mm		0.3	東北本部
常磐線	日暮里～取手～岩沼	343.7	60	日暮里～取手／取手～岩沼	直流1500V・交流20,000V／1067mm	343.7		取手～首都圏本部 水戸支社／水戸支社～藤代。新地～水戸支社 東北本部～坂元。臨時駅＝偕楽園[赤塚～水戸]。交直デッドセクション＝取手～藤代
	三河島～隅田川～南千住	5.7	2		直流1500V／1067mm	5.7		首都圏本部
	三河島～田端	1.6	0		直流1500V／1067mm	1.6		首都圏本部
水郡線	水戸～安積永盛	137.5	38		非電化／1067mm		137.5	水戸支社
	上菅谷～常陸太田	9.5	5		非電化／1067mm		9.5	水戸支社
埼京線(赤羽線)	池袋～赤羽	5.5	2		直流1500V／1067mm	5.5		首都圏本部
川越線	大宮～高麗川～武蔵浦和～大宮	30.6	9		直流1500V／1067mm	30.6		武蔵高萩～大宮支社／八王子支社～高麗川。駅数＝大宮は東北本線
高崎線	大宮～高崎	74.7	18		直流1500V／1067mm	74.7		大宮支社／高崎支社～宮原
上越線	高崎～宮内	162.6	33		直流1500V／1067mm	162.6		土合～高崎支社／新潟支社～土樽
	越後湯沢～ガーラ湯沢	1.8	1	越後湯沢～ガーラ湯沢	交流25,000V／1435mm	1.8		新潟支社。臨時駅＝ガーラ湯沢
吾妻線	渋川～大前	55.3	17		直流1500V／1067mm	55.3		高崎支社
両毛線	小山～新前橋	84.4	17		直流1500V／1067mm	84.4		思川～高崎支社／大宮支社～小山
水戸線	小山～友部	50.2	14		交流20,000V／1067mm	50.2		小山～大宮支社／水戸支社～小田林。小田林～小山間
日光線	宇都宮～日光	40.5	6		直流1500V／1067mm	40.5		大宮支社
烏山線	宝積寺～烏山	20.4	7		非電化／1067mm		20.4	

213

事業者名	路線名	区間	営業キロ数	駅数	電化・半電化(別)路線区間	動力・軌間	電化キロ数	半電化キロ数	備考〔交直アンドセクション、支社境界 など〕
東日本旅客鉄道	仙山線	仙台～羽前千歳	58.0	16		交流20,000V／1067mm	58.0		東北本部
	仙石線	あおば通～石巻	49.0	30		直流1500V／1067mm	49.0		東北本部
	石巻線	小牛田～女川	44.7	13		非電化／1067mm		44.7	東北本部
	気仙沼線	前谷地～柳津	17.5	5		非電化／1067mm		17.5	東北本部
		柳津～気仙沼	55.3	21		BRT		BRT 55.3	東北本部。柳津～気仙沼間＝BRT 気仙沼線（鉄道事業2020.04.01廃止）。盛岡支社＝陸前小泉。駅数＝柳津～気仙沼は含まず
	大船渡線	一ノ関～気仙沼	62.0	13		非電化／1067mm		62.0	盛岡支社
		気仙沼～盛	43.7	25		BRT		BRT 43.7	盛岡支社。気仙沼～盛間＝BRT 大船渡線（鉄道事業2020.04.01廃止）
	北上線	北上～横手	61.1	16		非電化／1067mm		61.1	盛岡支社
	田沢湖線	盛岡～大曲	75.6	13		交流20,000V／1435mm	75.6		秋田新幹線。盛岡支社～秋田支社にて計上。2023.03.18 前潟駅開業
	釜石線	花巻～釜石	90.2	23		非電化／1067mm		90.2	盛岡支社。秋田支社＝黒沢
	山田線	盛岡～宮古	102.4	14		非電化／1067mm		102.4	盛岡支社。2019.03.23 宮古～釜石は三陸鉄道に移管。55.1km、8駅
	花輪線	好摩～大館	106.9	26		非電化／1067mm		106.9	盛岡支社・秋田支社
	八戸線	八戸～久慈	64.9	24		非電化／1067mm		64.9	盛岡支社。駅数＝八戸は八戸線に計上
	大湊線	野辺地～大湊	58.4	11		非電化／1067mm		58.4	盛岡支社。駅数＝野辺地を計上
	磐越東線	いわき～郡山	85.6	14		非電化／1067mm		85.6	東北本部＝水戸支社
	磐越西線	郡山～会津若松～新津	175.6	21	郡山～喜多方	交流20,000V／1067mm	81.2		東北本部。臨時駅猪苗代湖畔駅〔上戸～関部〕
					喜多方～新津	非電化／1067mm			喜多方→東北本部／新潟支社
	只見線	会津若松～小出	135.2	20		非電化／1067mm		135.2	新潟支社・東北本部
	奥羽線	福島～秋田～青森	484.5	35	福島～新庄	交流20,000V／1435mm	484.5		山形支社・秋田支社。東北本部＝新潟支社
				19	山形～新庄	交流20,000V／1435mm			福島→東北本部、秋田支社＝院内
				8	大曲～秋田	単線1435mm・1067mm			一部3線区間にて計上
				39	秋田～青森	交流20,000V／1067mm			津軽海峡線＝秋田支社～新青森。青森は奥羽線に計上。盛岡支社＝津軽
	米坂線	米沢～坂町	90.7	18		非電化／1067mm		90.7	山形支社。米沢→米沢支社～院内
	左沢線	北山形～左沢	24.3	10		非電化／1067mm		24.3	山形支社
	男鹿線	追分～男鹿	26.6	8		非電化／1067mm		26.6	秋田支社
	五能線	東能代～川部	147.2	41		非電化／1067mm		147.2	秋田支社。秋田支社～川部
	津軽線	青森～中小国～三厩	55.8	11	青森～中小国	交流20,000V／1067mm	31.4		青森方＝蟹田～中小国。交直アンドセクション＝村上～間。盛岡支社＝村上
				6	中小国～三厩	非電化／1067mm		24.4	中小国～村上間
	羽越線	新津～秋田	271.7	44		直流1500V・交流20,000V／1067mm	271.7		新潟支社・秋田支社。酒田→新潟支社～余目
	白新線	新発田～新潟	27.3	8		直流1500V／1067mm	27.3		新潟支社
	陸羽西線	新庄～余目	43.0	8		非電化／1067mm		43.0	南新庄→東北本部／新潟支社＝余目
	陸羽東線	小牛田～新庄	94.1	25		非電化／1067mm		94.1	東北本部
	計		**4910.0**	**1,174**			**3451.4**	**1458.6**	電化比率70.2%
東海旅客鉄道	東海道新幹線	東京～新大阪	552.6	10		交流25,000V／1435mm	552.6		新幹線鉄道事業本部。東京、品川、新横浜、小田原、熱海、三島、静岡、掛川、浜松、豊橋、名古屋、岐阜羽島、米原、京都、新大阪に計上
	東海道本線	熱海～米原	341.3	82		直流1500V／1067mm	341.3		新所原→静岡支社、掛川。熱海→東京、浜松。名古屋支社（東海鉄道事業本部）に計上
		大垣～美濃赤坂	5.0	1		直流1500V／1067mm	5.0		東海鉄道事業本部
		大垣～関ヶ原	13.8	0		直流1500V／1067mm	13.8		東海鉄道事業本部
	御殿場線	国府津～沼津	60.2	17		直流1500V／1067mm	60.2		静岡支社
	身延線	富士～甲府	88.4	37		直流1500V／1067mm	88.4		静岡支社
	飯田線	豊橋～辰野	195.7	92		直流1500V／1067mm	195.7		東海鉄道事業本部
	武豊線	大府～武豊	19.3	9		直流1500V／1067mm	19.3		東海鉄道事業本部
	高山本線	岐阜～富山	189.2	34		非電化／1067mm		189.2	東海鉄道事業本部
	中央本線	塩尻～名古屋	174.8	37		直流1500V／1067mm	174.8		東海鉄道事業本部
	太多線	多治見～美濃太田	17.8	6		非電化／1067mm		17.8	東海鉄道事業本部
	関西本線	名古屋～亀山	59.9	17		直流1500V／1067mm	59.9		東海鉄道事業本部
	紀勢本線	亀山～新宮	180.2	40		非電化／1067mm		180.2	東海鉄道事業本部
	名松線	松阪～伊勢奥津	43.5	14		非電化／1067mm		43.5	東海鉄道事業本部
	参宮線	多気～鳥羽	29.1	9		非電化／1067mm		29.1	東海鉄道事業本部
	計		**1970.8**	**405**			**1511.0**	**459.8**	電化比率76.7%
西日本旅客鉄道	北陸新幹線	上越妙高～金沢	168.6	2		交流25,000V／1435mm	168.6		2駅は黒部宇奈月温泉、新高岡。富山、金沢→金沢支社。交直アンドセクション＝南今庄～敦賀間。近畿統括本部～近江塩津。2015.03.14開業
	北陸本線	金沢～米原	176.6	41		交流20,000V・直流1500V／1067mm	176.6		敦賀→米原間。交直アンドセクション＝南今庄～敦賀。新疋田→金沢支社～米原間。近畿統括本部～近江塩津

事業者名：西日本旅客鉄道

路線名	区間	営業キロ数	駅数	電化・非電化別路線区間	動力／軌間	電化キロ数	非電化キロ数	備考 [交直デッドセクション、支社境界 など]
小浜線	敦賀～東舞鶴	84.3	22		直流1500V／1067mm	84.3		金沢支社
越美北線	越前花堂～九頭竜湖	52.5	22		非電化／1067mm		52.5	
七尾線	津幡～和倉温泉	59.5	20		直流1500V／1067mm	59.5		交直デッドセクション＝津幡～中津幡間　金沢支社
	和倉温泉～穴水＜第3種＞ 28.0km							金沢支社
城端線	高岡～城端	29.9	13		非電化／1067mm		29.9	新高岡は北陸新幹線の駅に計上　金沢支社
氷見線	高岡～氷見	16.5	7		非電化／1067mm		16.5	金沢支社
高山本線	猪谷～富山	36.6	10		非電化／1067mm		36.6	金沢支社
大糸線	南小谷～糸魚川	35.3	8		非電化／1067mm		35.3	金沢支社
湖西線	近江塩津～山科	74.1	19		直流1500V／1067mm	74.1		近畿統括本部
東海道本線	米原～神戸	143.6	52		直流1500V／1067mm	143.6		近畿統括本部
	吹田貨物ターミナル～安治川東～尼崎	12.2	0		直流1500V／1067mm	12.2		近畿統括本部
大阪環状線	天王寺～大阪～天王寺	20.7	19		直流1500V／1067mm	20.7		近畿統括本部
桜島線	西九条～桜島	4.1	3		直流1500V／1067mm	4.1		近畿統括本部
福知山線	尼崎～福知山	106.5	28		直流1500V／1067mm	106.5		新三田～近畿統括本部　福知山支社＝広野　福知山支社＝2022.10.01から近畿統括本部
JR東西線	京橋～尼崎＜第2種＞	12.5	7		直流1500V／1067mm	12.5		近畿統括本部
おおさか東線	放出～久宝寺	9.2	6		直流1500V／1067mm	9.2		近畿統括本部
	新大阪～鴫野	9.4	4		直流1500V／1067mm	9.4		近畿統括本部　2019.03.16開業　2023.03.18開業
			0					放出駅は含めず。放出～鴫野間は片町線と重複のため片町線に計上。両駅とも駅数には含めず
片町線	木津～京橋	44.8	22		直流1500V／1067mm	44.8		近畿統括本部
	正覚寺信号場～平野	1.5	0		直流1500V／1067mm	1.5		近畿統括本部
	鴫野～吹田貨物ターミナル	10.6	0		直流1500V／1067mm	10.6		近畿統括本部
関西本線	亀山～JR難波	115.0	31		直流1500V／1067mm	115.0		近畿統括本部
草津線	柘植～草津	36.7	9		直流1500V／1067mm	36.7		近畿統括本部
奈良線	木津～京都	34.7	17		直流1500V／1067mm	34.7		近畿統括本部
桜井線	奈良～高田	29.4	12		直流1500V／1067mm	29.4		近畿統括本部
和歌山線	王寺～和歌山	87.5	34		直流1500V／1067mm	87.5		和歌山支社＝大和二見　和歌山支社＝2022.10.01から近畿統括本部
阪和線	天王寺～和歌山	61.3	33		直流1500V／1067mm	61.3		日根野～近畿統括本部　和歌山支社＝長滝　和歌山支社＝2022.10.01から近畿統括本部
	鳳～東羽衣	1.7	0		直流1500V／1067mm	1.7		近畿統括本部
関西空港線	日根野～りんくうタウン	4.2	0		直流1500V／1067mm	4.2		近畿統括本部
	りんくうタウン～関西空港＜第2種＞	6.9	2		直流1500V／1067mm	6.9		和歌山支社
紀勢本線	新宮～和歌山市	204.0	56		直流1500V／1067mm	204.0		和歌山支社
山陽本線	神戸～下関	528.1	124		直流1500V／1067mm	528.1		上郡～近畿統括本部／岡山支社＝三石・糸崎～岡山支社＝三原　2022.10.01＝岡山、広島支社
	兵庫～和田岬	2.7	1		直流1500V／1067mm	2.7		近畿統括本部
山陽新幹線	新大阪～博多	644.0	6		交流25000V／1435mm	644.0		6駅は神戸貨物…／新山口支社　2022.10.01から近畿統括本部
								西明石、姫路、岡山、相生、新尾道、福山、三原、広島、徳山、新岩国、新下関は在来線に計上。小倉、博多（福岡支社）
加古川線	加古川～谷川	48.5	19		直流1500V／1067mm	48.5		久下村～近畿統括本部　福知山支社＝谷川　2022.10.01から福知山支社は近畿統括本部
播但線	和田山～姫路	65.7	16	和田山～寺前間	非電化／1067mm		36.1	上月～近畿統括本部　福知山支社＝姫新　福知山支社＝2022.10.01から近畿統括本部／岡山支社
				寺前～姫路間 29.6km	直流1500V／1067mm	29.6		
姫新線	姫路～新見	158.1	34		非電化／1067mm		158.1	備前福河～岡山支社　2022.10.01から岡山支社は中国統括本部
赤穂線	相生～東岡山	57.4	17		直流1500V／1067mm	57.4		岡山支社　2022.10.01から岡山支社は中国統括本部
津山線	津山～岡山	58.7	15		非電化／1067mm		58.7	岡山支社　2022.10.01から岡山支社は中国統括本部
吉備線	岡山～総社	20.4	8		非電化／1067mm		20.4	岡山支社　2022.10.01から岡山支社は中国統括本部
宇野線	岡山～宇野	32.8	14		直流1500V／1067mm	32.8		岡山支社　2022.10.01から岡山支社は中国統括本部
本四備讃線	茶屋町～児島	12.9	4		直流1500V／1067mm	12.9		岡山支社＝児島　2022.10.01から岡山支社は中国統括本部
伯備線	倉敷～伯耆大山	138.4	26		直流1500V／1067mm	138.4		岡山支社＝上石見　米子支社＝2022.10.01から岡山、米子支社は中国統括本部
芸備線	備中神代～広島	159.1	42		非電化／1067mm		159.1	備後落合～岡山支社＝比婆山　広島支社＝2022.10.01から広島、岡山支社は中国統括本部
福塩線	福山～塩町	78.0	25	福山～府中間	直流1500V／1067mm	23.6		府中～岡山支社＝下川辺　2022.10.01から岡山支社は中国統括本部
				府中～塩町間	非電化／1067mm		54.4	
呉線	三原～呉～海田市	87.0	26		直流1500V／1067mm	87.0		広島支社　2022.10.01から広島支社は中国統括本部
可部線	横川～あき亀山	15.6	13		直流1500V／1067mm	15.6		広島支社　2022.10.01から広島支社は中国統括本部
岩徳線	岩国～櫛ケ浜	43.7	13		非電化／1067mm		43.7	広島支社　2022.10.01から広島支社は中国統括本部
山口線	新山口～益田	93.9	26		非電化／1067mm		93.9	広島支社　2022.10.01から広島支社は中国統括本部
宇部線	新山口～宇部	33.2	16		直流1500V／1067mm	33.2		広島支社　2022.10.01から広島支社は中国統括本部
小野田線	小野田～居能	11.6	7		直流1500V／1067mm	11.6		広島支社　2022.10.01から広島支社は中国統括本部
	雀田～長門本山	2.3	2		直流1500V／1067mm	2.3		広島支社　2022.10.01から広島支社は中国統括本部
美祢線	厚狭～長門市	46.0	10		非電化／1067mm		46.0	広島支社　2022.10.01から広島支社は中国統括本部
山陰本線	京都～幡生	673.8	157	京都～城崎温泉間	直流1500V／1067mm	158.0		園部～近畿統括本部　福知山支社＝福知山、豊岡　米子支社＝2022.10.01から広島、米子支社は中国統括本部、米子支社は中国統括本部
				城崎温泉～伯耆大山間	非電化／1067mm		160.2	
				伯耆大山～西出雲間	直流1500V／1067mm	71.2		
				西出雲～幡生間	非電化／1067mm		284.4	
	長門市～仙崎	2.2	1		非電化／1067mm		2.2	広島支社　2022.10.01から広島支社は中国統括本部

事業者名	路線名	区間	営業キロ数	駅数	電化着工(電化)開通区間	動力／軌間	電化キロ口数	非電化キロ口数	備考 [交直アップセクション、支社境界 など]
西日本旅客鉄道	舞鶴線	東舞鶴～綾部	26.4	5		直流1500V／1067mm	26.4		東舞鶴＝福知山支社～松尾寺 2022.10.01から福知山支社は近畿統括本部
	因美線	東津山～鳥取	70.8	17		非電化／1067mm		70.8	土師＝岡山支社／米子支社～智頭 2022.10.01から岡山、米子支社は中国統括本部
	境線	米子～境港	17.9	16		非電化／1067mm		17.9	米子支社 2022.10.01から中国統括本部
	木次線	備後落合～宍道	81.9	16		非電化／1067mm		81.9	備後落合＝岡山支社／米子支社～宍道 2022.10.01から中国統括本部
	三江線								三次～江津 108.1km 33駅 2018.03.31限り廃止
	博多南線	博多～博多南	8.5	1		交流25,000V／1435mm	8.5		博多南駅は中国統括本部
四国旅客鉄道			853.7	259			235.4	618.3	駅数は2駅を含む。電化比率27.5%
	本四備讃線	児島～宇多津	18.1	0		直流1500V／1067mm	18.1		児島＝JR西日本の駅、坂出、宇多津を2駅に計上
	予讃線	高松～宇和島	297.6	63	高松～伊予市間 27	直流1500V／1067mm	206.0	91.6	臨時駅＝津島ノ宮（予讃線海岸寺～詫間間）
		向井原～内子	23.5			非電化／1067mm		23.5	
		伊予大洲～新谷	5.9			非電化／1067mm		5.9	
	内子線	新谷～内子	5.3	2		非電化／1067mm		5.3	
	予土線	若井～北宇和島	76.3	18		非電化／1067mm		76.3	若井は土佐くろしお鉄道、北宇和島は予土線に計上
	高徳線	高松～徳島	74.5	28		非電化／1067mm		74.5	
	鳴門線	池谷～鳴門	8.5	6		非電化／1067mm		8.5	
	土讃線	多度津～窪川	198.7	57	多度津～琴平間 3	直流1500V／1067mm	11.3	187.4	
	徳島線	佐古～佐	67.5	22		非電化／1067mm		67.5	
	牟岐線	徳島～阿波海南	77.8	28		非電化／1067mm		77.8	2020.11.01 阿波海南～海部間 1.5kmは阿佐海岸鉄道に経営譲渡。臨時駅＝田井ノ浜（由岐～木岐間）
九州旅客鉄道			2342.6	571			1350.5	992.1	電化比率57.6%
	九州新幹線	博多～鹿児島中央	288.9	4		交流25,000V／1435mm	288.9		4駅は新大牟田、新玉名、新鳥栖、久留米、熊本、新八代、川内、鹿児島中央は在来線駅に計上
	西九州新幹線	武雄温泉～長崎	69.6		2022.09.23開業	交流25,000V／1435mm	69.6		2駅は嬉野温泉、武雄温泉、新大村、諫早、長崎は在来線駅に計上
	山陽本線	門司～門司港	6.3	1		直流1500V／1067mm	6.3		交直アップセクション＝下関～門司間 門司＝JR西日本の駅（見え方）、門司＝鹿児島本線 本社直轄
	鹿児島本線	門司港～八代／川内～鹿児島	232.3	82		交流20,000V／1067mm	232.3		大牟田＝交直アップセクション（鹿児島鉄道管理センター）
	香椎線	西戸崎～香椎～宇美	25.4	14		非電化／1067mm		25.4	本社直轄
	篠栗線	桂川～吉塚	25.1	9		交流20,000V／1067mm	25.1		本社直轄（吉塚を除いて筑豊篠栗鉄道事業部）
	三角線	宇土～三角	25.6	8		非電化／1067mm		25.6	熊本支社・熊本鉄道事業部
	肥薩線	八代～隼人	124.2	26		非電化／1067mm		124.2	真幸＝熊本支社／鹿児島鉄道事業部
	指宿枕崎線	鹿児島中央～枕崎	87.8	35		非電化／1067mm		87.8	吉松 2022.09.23から非電化
	長崎本線	鳥栖～江北	39.6	11		交流20,000V／1067mm	39.6		本社直轄（佐賀鉄道事業部）第2種鉄道事業：出佐＝第3種鉄道事業
		江北～肥前浜	18.0	4		交流20,000V／1067mm	18.0		第2種鉄道事業 長崎支社（長崎鉄道管理センター） 2022.09.23から非電化
		肥前浜～諫早	42.8	10		非電化／1067mm		42.8	長崎支社（長崎鉄道管理センター）
		諫早～長崎	24.9	8		交流20,000V／1067mm	24.9		長崎支社（長崎鉄道事業部）
		喜々津～浦上	23.5	7		非電化／1067mm		23.5	長崎支社（長崎鉄道事業部）
	唐津線	久保田～西唐津	42.5	12	久保田～唐津間	直流1500V／1067mm	2.2	40.3	本社直轄（唐津鉄道事業部）
	筑肥線	姪浜～唐津	42.6	18	唐津～西唐津間	直流1500V／1067mm	42.6		本社直轄
		山本～伊万里	25.7	10		非電化／1067mm		25.7	本社直轄（唐津鉄道事業部）
	佐世保線	肥前山口～佐世保	48.8	13		交流20,000V／1067mm	48.8		肥前山口～本社直轄（佐賀鉄道事業部）／長崎支社（長崎鉄道事業部）～大町
	大村線	早岐～諫早	47.6	13	早岐～ハウステンボス間	非電化／1067mm	4.7	42.9	長崎支社（長崎鉄道事業部）
	久大本線	久留米～大分	141.5	35		非電化／1067mm		141.5	豊後三芳～肥後大津（大分支社／大分鉄道事業部）／熊本本社直轄
	豊肥本線	大分～熊本	148.0	35	大分～肥後大津間 125.4km	交流20,000V／1067mm	22.6	125.4	豊後竹田＝大分支社（大分鉄道事業部）～豊後中川
	日豊本線	小倉～鹿児島	462.6	109		交流20,000V／1067mm	462.6		宗太郎＝大分支社／鹿児島本社直轄（都城～五十市（宮崎鉄道事業部）～市棚（宮崎鉄道事業部）／それ以外は鹿児島鉄道事業部）
	日田彦山線	城野～夜明	68.7	22		非電化／1067mm		68.7	本社直轄（城野は本社直轄、夜明以外は久留米鉄道事業部）
	日南線	南宮崎～志布志	88.9	27	南宮崎～田吉間 2.0	交流20,000V／1067mm	2.0	86.9	鹿児島支社（都城を除いて筑豊篠栗鉄道事業部）
	宮崎空港線	田吉～宮崎空港	1.4	1		交流20,000V／1067mm	1.4		鹿児島支社（宮崎鉄道事業部）
	吉都線	吉松～都城	61.6	15		非電化／1067mm		61.6	鹿児島支社（福島高松～宮崎鉄道事業部／鹿児島鉄道事業部）
	筑豊本線	若松～原田	66.1	23	折尾～桂川間	交流20,000V／1067mm	34.5	10.8／20.8	鹿児島支社（折尾～（筑豊篠栗鉄道事業部）／原田（鹿児島鉄道事業部）～大隈夏井）
	後藤寺線	新飯塚～田川後藤寺	13.3	4		非電化／1067mm		13.3	本社直轄（筑豊篠栗鉄道事業部）
JR旅客各社営業キロ合計			19,851.6	4,421			12,578.0	7,237.9	電化比率63.3%

※ 駅数等は、JR各社が路線ごとに駅数を発表している資料があれば、それに基づいて掲載。それ以外の各社は路線の起点ごとに駅数をカウント。分岐する路線の駅は重複をさけ計上している

鉄道橋梁の長さベスト32

順位	橋梁名	長さ(m)	会社名	路線名	駅　間	単複	通過都道府県名	開業年月
1	第1北上川	3,868	ＪＲ東日本	東北新幹線	一ノ関～水沢江刺	複線	岩手県	1982.06
2	空港連絡橋	3,750	関西国際空港	関西空港線	りんくうタウン～関西空港	複線	大阪府	1994.09
3	南備讃瀬戸大橋	1,723	ＪＲ四国	本四備讃線	児島～宇多津	複線	香川県	1988.04
4	北備讃瀬戸大橋	1,611	ＪＲ四国	本四備讃線	児島～宇多津	複線	香川県	1988.04
5	下津井瀬戸大橋	1,447	ＪＲ四国	本四備讃線	児島～宇多津	複線	岡山県～香川県	1988.04
6	烏川	1,374	ＪＲ東日本	上越新幹線	本庄早稲田～高崎	複線	群馬県	1982.11
7	富士川	1,373	ＪＲ東海	東海道新幹線	新富士～静岡	複線	静岡県	1964.10
8	荒川	1,290	ＪＲ東日本	武蔵野線	北朝霞～西浦和	複線	埼玉県	1973.04
9	北浦	1,236	ＪＲ東日本	鹿島線	延方～鹿島神宮	単線	茨城県	1970.08
10	阿賀野川	1,229	ＪＲ東日本	羽越本線	新津～京ヶ瀬	単線	新潟県	1912.09
11	天竜川	1,209	ＪＲ東海	東海道本線	磐田～天竜川	複線	静岡県	1889.04
12	中部国際空港連絡鉄道橋	1,076	中部国際連絡	空港線(名鉄空港線)	りんくう常滑～中部国際空港	複線	愛知県	2004.10
13	石狩川	1,074	ＪＲ北海道	札沼線	あいの里公園～石狩太美	単線	北海道	1934.11
14	第2北上川	1,029	ＪＲ東日本	東北新幹線	一ノ関～水沢江刺	複線	岩手県	1982.06
15	大井川	1,018	ＪＲ東海	東海道本線	島田～金谷　下り線	単線	静岡県	1889.04
		1,062			島田～金谷　上り線	単線	静岡県	1959
16	木曽川	1,001	ＪＲ東海	東海道新幹線	名古屋～岐阜羽島	複線	愛知県～岐阜県	1964.10
17	揖斐川	991.7	近鉄	名古屋線	桑名～近鉄長島	複線	三重県	1959.11
18	大井川	987	ＪＲ東海	東海道新幹線	静岡～掛川	複線	静岡県	1964.10
19	揖斐川	982	ＪＲ東海	関西本線	長島～桑名	単線	三重県	1895.11
20	利根川	964	ＪＲ東日本	常磐線	天王台～取手	複線	千葉県～茨城県	1896.12
21	吉野川	949	ＪＲ四国	徳島線	吉成～佐古	単線	徳島県	1935.10
22	阿賀野川	940	ＪＲ東日本	白新線	新崎～大形	単線	新潟県	1956.04
23	有田川	912	ＪＲ西日本	紀勢本線	藤並～紀伊宮原　下り線	単線	和歌山県	1926.08
		912			藤並～紀伊宮原　上り線	単線	和歌山県	1967.09
24	天竜川	901	ＪＲ東海	東海道新幹線	掛川～浜松	複線	静岡県	1964.10
25	木曽川	860.7	近鉄	名古屋線	近鉄長島～近鉄弥富	複線	愛知県～三重県	1959.11
26	木曽川	852	ＪＲ東海	関西本線	弥富～長島	複線	愛知県～三重県	1895.11
27	利根川	821	ＪＲ東日本	東北新幹線	大宮～小山	複線	茨城県	1982.06
28	小丸川	805	ＪＲ九州	日豊本線	川南～高鍋	単線	宮崎県	1921.06
29	櫃石島橋	792	ＪＲ四国	本四備讃線	児島～宇多津	複線	香川県	1988.04
30	岩黒島橋	792	ＪＲ四国	本四備讃線	児島～宇多津	複線	香川県	1988.04
31	荒川	791	ＪＲ東日本	川越線	指扇～南古谷	単線	埼玉県	1940.07
32	下淀川	790	ＪＲ西日本	東海道本線	大阪～塚本	複線	大阪府	1894.05

鉄道トンネルの長さベスト61

順位	トンネル名	長さ(m)	会社名	路線名	駅　間	単複	通過都道府県名	開業年月
1	青函	53,850	ＪＲ北海道	北海道新幹線	奥津軽いまべつ〜木古内	複線	青森県〜北海道	1988.03
2	八甲田	26,455	ＪＲ東日本	東北新幹線	八戸〜新青森	複線	青森県	2010.12
3	岩手一戸	25,808	ＪＲ東日本	東北新幹線	いわて沼宮内〜二戸	複線	岩手県	2002.12
4	飯山	22,251	ＪＲ東日本	北陸新幹線	飯山〜上越妙高	複線	長野県	2015.03
5	大清水	22,221	ＪＲ東日本	上越新幹線	上毛高原〜越後湯沢	複線	群馬県〜新潟県	1982.11
6	新関門	18,713	ＪＲ西日本	山陽新幹線	新下関〜小倉	複線	山口県〜福岡県	1975.03
7	六甲	16,250	ＪＲ西日本	山陽新幹線	新大阪〜新神戸	複線	兵庫県	1972.03
8	榛名	15,350	ＪＲ東日本	上越新幹線	高崎〜上毛高原	複線	群馬県	1982.11
9	五里ケ峰	15,175	ＪＲ東日本	北陸新幹線	上田〜長野	複線	長野県	1997.10
10	中山	14,857	ＪＲ東日本	上越新幹線	高崎〜上毛高原	複線	群馬県	1982.11
11	北陸	13,872	ＪＲ西日本	北陸本線	敦賀〜南今庄	複線	福井県	1962.06
12	新清水	13,500	ＪＲ東日本	上越線	湯檜曽〜土樽	単線(下り)	群馬県〜新潟県	1967.09
13	安芸	13,030	ＪＲ西日本	山陽新幹線	東広島〜広島	複線	広島県	1975.03
14	筑紫	11,865	ＪＲ九州	九州新幹線	博多〜新鳥栖	複線	福岡県	2011.03
15	北九州	11,747	ＪＲ西日本	山陽新幹線	小倉〜博多	複線	福岡県	1975.03
16	福島	11,705	ＪＲ東日本	東北新幹線	郡山〜福島	複線	福島県	1982.06
17	頚城	11,353	えちごトキめき鉄道	日本海ひすい線	能生〜名立	複線	新潟県	1969.09
18	塩沢	11,217	ＪＲ東日本	上越新幹線	越後湯沢〜浦佐	複線	新潟県	1982.11
19	蔵王	11,215	ＪＲ東日本	東北新幹線	福島〜白石蔵王	複線	福島県〜新潟県	1982.06
20	赤倉	10,472	北越急行	ほくほく線	魚沼丘陵〜しんざ トンネル内に美佐島駅	単線	新潟県	1997.03
21	生田	10,314	ＪＲ東日本	武蔵野線	梶ヶ谷貨物ターミナル〜府中本町	複線	神奈川県〜東京都	1976.03
22	第3紫尾山	9,987	ＪＲ九州	九州新幹線	出水〜川内	複線	鹿児島県	2004.03
23	一ノ関	9,730	ＪＲ東日本	東北新幹線	一ノ関〜北上	複線	岩手県	1982.06
24	清水	9,702	ＪＲ東日本	上越線	湯檜曽〜土樽	単線(上り)	群馬県〜新潟県	1931.09
25	鍋立山	9,130	北越急行	ほくほく線	まつだい〜ほくほく大島	単線	新潟県	1997.03
26	備後	8,900	ＪＲ西日本	山陽新幹線	新尾道〜三原	複線	広島県	1975.03
27	魚沼	8,624	ＪＲ東日本	上越新幹線	浦佐〜長岡	複線	新潟県	1982.11
28	福岡	8,488	ＪＲ西日本	山陽新幹線	小倉〜博多	複線	福岡県	1975.03
29	秋間	8,295	ＪＲ東日本	北陸新幹線	安中榛名〜軽井沢	複線	群馬県	1997.10
30	神戸	7,970	ＪＲ西日本	山陽新幹線	新神戸〜西明石	複線	兵庫県	1975.03
31	新丹那	7,959	ＪＲ東海	東海道新幹線	熱海〜三島	複線	静岡県	1964.10
32	丹那	7,804	ＪＲ東海	東海道本線	熱海〜函南	複線	静岡県	1934.12
33	帆坂	7,588	ＪＲ西日本	山陽新幹線	相生〜岡山	複線	岡山県	1972.03
34	朝日	7,570	ＪＲ西日本	北陸新幹線	糸魚川〜黒部宇奈月温泉	複線	新潟県	2015.03
35	新長崎	7,460	ＪＲ九州	西九州新幹線	諫早〜長崎	複線	長崎県	2022.09
36	新親不知	7,336	ＪＲ西日本	北陸新幹線	糸魚川〜黒部宇奈月温泉	複線	新潟県	2015.03
37	月夜野	7,295	ＪＲ東日本	上越新幹線	高崎〜上毛高原	複線	群馬県	1982.11
38	北神	7,179	神戸市交通局	北神線	新神戸〜谷上間	複線	兵庫県	1988.04
39	峰山	7,035	ＪＲ西日本	北陸新幹線	上越妙高〜糸魚川	複線	新潟県	2015.03
40	那須	7,030	ＪＲ東日本	東北新幹線	那須塩原〜新白河	複線	栃木県	1982.06
41	田上	6,988	ＪＲ九州	九州新幹線	新八代〜新水俣	複線	熊本県	2004.03
42	高丘	6,944	ＪＲ東日本	北陸新幹線	長野〜飯山	複線	長野県	2015.03
43	御牧原	6,984	ＪＲ東日本	北陸新幹線	佐久平〜上田	複線	長野県	1997.10
44	新欽明路	6,822	ＪＲ西日本	山陽新幹線	新岩国〜徳山	複線	山口県	1975.03
45	玉名	6,800	ＪＲ九州	九州新幹線	新大牟田〜新玉名	複線	福岡県	2011.03
46	松ノ木	6,777	ＪＲ西日本	北陸新幹線	上越妙高〜糸魚川	複線	新潟県	2015.03
47	東京	6,810	ＪＲ東日本	東海道本線	東京〜品川	単線(上り)	東京都	1976.10
48	東京	6,805	ＪＲ東日本	東海道本線	東京〜品川	単線(下り)	東京都	1976.10
49	新倶利伽羅	6,978	ＪＲ西日本	北陸新幹線	新高岡〜金沢	複線	富山県〜石川県	2015.03
50	大平山	6,640	ＪＲ西日本	山陽新幹線	徳山〜新山口	複線	山口県	1975.03
51	五日市	6,585	ＪＲ西日本	山陽新幹線	広島〜新岩国	複線	広島県	1975.03
52	真崎	6,532	三陸鉄道	北リアス線	田老〜摂待	単線	岩手県	1984.04
53	羽田	6,472	ＪＲ東日本	東海道本線	東京貨物ターミナル〜塩浜操	複線	東京都〜神奈川県	1973.10
54	六十里	6,359	ＪＲ東日本	只見線	田子倉〜大白川	単線	福島県〜新潟県	1971.08
55	薬師峠	6,199	北越急行	ほくほく線	十日町〜まつだい	単線	新潟県	1997.03
56	一ノ瀬	6,155	ＪＲ東日本	北陸新幹線	安中榛名〜軽井沢	複線	群馬県	1997.10
57	浦佐	6,087	ＪＲ東日本	上越新幹線	越後湯沢〜浦佐	複線	新潟県	1982.11
58	己斐	5,960	ＪＲ西日本	山陽新幹線	広島〜新岩国	複線	広島県	1975.03
59	津軽	5,880	ＪＲ北海道	北海道新幹線	新青森〜奥津軽いまべつ	複線	青森県	2016.03
60	新狩勝	5,790	ＪＲ北海道	根室本線	落合〜新得	単線	北海道	1966.09
61	十二段	5,697	秋田内陸縦貫鉄道	秋田内陸線	阿仁マタギ〜戸沢	単線	秋田県	1989.04

現在、建設工事中の長大鉄道トンネル　　※表示の長さは現在公表の数値

北陸新幹線金沢～敦賀間　2023年度　開業予定

	トンネル名	長さ(m)	会社名	路線名	駅　間	単複	通過都道府県名	
⑧	新北陸	19,760	ＪＲ西日本	北陸新幹線	越前たけふ～敦賀	複線	福井県	

北海道新幹線新函館北斗～札幌　2030年度　開業予定

	トンネル名	長さ(m)	会社名	路線名	駅　間	単複	通過都道府県名	
②	渡島	32,675	ＪＲ北海道	北海道新幹線	新函館北斗～新八雲(仮称)	複線	北海道	
④	札樽	26,230	ＪＲ北海道	北海道新幹線	新小樽(仮称)～札幌	複線	北海道	
	後志	17,975	ＪＲ北海道	北海道新幹線	倶知安～新小樽(仮称)	複線	北海道	
	立岩	16,980	ＪＲ北海道	北海道新幹線	新八雲(仮称)～長万部	複線	北海道	
	内浦	15,560	ＪＲ北海道	北海道新幹線	長万部～倶知安	複線	北海道	
	二ッ森	12,630	ＪＲ北海道	北海道新幹線	倶知安～新小樽(仮称)	複線	北海道	
	昆布	10,410	ＪＲ北海道	北海道新幹線	長万部～倶知安	複線	北海道	
	羊蹄	9,750	ＪＲ北海道	北海道新幹線	長万部～倶知安	複線	北海道	
	野田追	8,170	ＪＲ北海道	北海道新幹線	新函館北斗～新八雲(仮称)	複線	北海道	

新幹線開業前の長大鉄道トンネル　　　　　　　　　　　　　　　1964.04.01現在

順位	トンネル名	長さ(m)	会社名	路線名	駅　間	単複	通過都道府県名	開業年月
1	北陸	13,872	国鉄(ＪＲ西日本)	北陸本線	敦賀～南今庄	複線	福井県	1962.06
2	清水	9,702	国鉄(ＪＲ東日本)	上越線	湯檜曽～土樽	単線(上り)	群馬県～新潟県	1931.09
3	丹那	7,804	国鉄(ＪＲ東海)	東海道本線	熱海～函南	複線	静岡県	1934.12
4	仙山	5,361	国鉄(ＪＲ東日本)	仙山線	新奥川～面白山高原	単線(上り)	宮城県～山形県	1937.11
5	深坂	5,170	国鉄(ＪＲ西日本)	北陸本線	近江塩津～新疋田　1965.08 新深坂トンネル(現上り線)[5,173m]が開業	単線(上り)	滋賀県～福井県	1957.10
6	大原	5,063	国鉄(ＪＲ東海)	飯田線	水窪～大嵐	単線	静岡県	1955.11
7	笹子	4,656	国鉄(ＪＲ東日本)	中央本線	笹子～甲斐大和　1966.12 新笹子トンネル(現上り線)[4,670m]が開業	単線(下り)	山梨県	1903.02
8	釈迦岳	4,378	国鉄(ＪＲ九州)	日田彦山線	彦山～筑前岩屋	単線	福岡県	1956.03
9	石北	4,329	国鉄(ＪＲ北海道)	石北本線	上川～白滝	単線	北海道	1932.10
10	猪ノ鼻	3,845	国鉄(ＪＲ四国)	土讃線	讃岐財田～坪尻	単線	香川県～徳島県	1929.04
11	峯	3,619	国鉄(ＪＲ東海)	飯田線	佐久間～相月	単線	静岡県	1955.11
12	関門	3,614	国鉄(ＪＲ九州)	山陽本線	下関～門司	単線(下り)	山口県～福岡県	1942.07
		3,605	国鉄(ＪＲ九州)	山陽本線	下関～門司	単線(上り)	山口県～福岡県	1944.08
13	青山	3,432	近鉄	大阪線	西青山～東青山　新青山トンネル[5,652m]が1975.11開通、廃線に	単線	三重県	1930.12
14	生駒	3,388	近鉄	奈良線	石切～生駒　新生駒トンネル[3,494m]が1964.07開通、廃線に	複線	大阪府～奈良県	1914.04
15	冷水	3,286	国鉄(ＪＲ九州)	筑豊本線	筑前内野～筑前山家	単線	福岡県	1929.12
16	欽明路	3,149	国鉄(ＪＲ西日本)	岩徳線	桂野～欽明路	単線	山口県	1934.12
17	真那板山	3,125	国鉄(ＪＲ西日本)	大糸線	北小谷～平岩	単線	長野県～新潟県	1957.08
18	物見	3,077	国鉄(ＪＲ西日本)	因美線	那岐～美作河井	単線	鳥取県～岡山県	1932.07
19	押角	2,987	国鉄(ＪＲ東日本)	岩泉線	押角～岩手大川　2014.04.01廃止	単線	岩手県	1947.11
20	白神	2,980	国鉄	松前線	渡島吉岡～渡島大沢　1987.01.31限りにて松前線廃止	単線	北海道	1946.12

鉄道トンネル　最短トンネル　　　　　　　　　　　　　　　　　2023.04.01現在

順位	トンネル名	長さ(m)	会社名	路線名	駅　間	単複	通過都道府県名	
1	川尻	8.7	ＪＲ西日本	呉線	安登～安芸川尻　安芸川尻駅近く	単線	広島	
2	仙北岩	9.5	ＪＲ東日本	五能線	十二湖～陸奥岩崎	単線	青森県	

参考　路線変更のため、2014.09.24限り廃止

	トンネル名	長さ(m)	会社名	路線名	駅　間	単複	通過都道府県名	
	樽沢	7.2	ＪＲ東日本	吾妻線	岩島～川原湯温泉	単線	群馬県	

ＪＲ現業機関一覧表　　　　　2023（令和05）年04月01日現在

北海道旅客鉄道

支社	区所名　2023.04.01現在	略号	EL	DL	DC	EC	PC	FC	乗	備考
本社直轄	札幌運転所	札サウ			●	●	●		●	
	苗穂運転所	札ナホ			●				●	
	岩見沢運転所	札イワ							●	
	苫小牧運転所	札トマ			●				●	1990.04.01←苫小牧運転区
	小樽運転所								●	1990.04.01←小樽運転区
	室蘭運輸所								●	1990.04.01←室蘭運転区 1994.03.01←室蘭運転所＋室蘭車掌所
	空知運転所									1994.11.01→廃止
	日高線運輸営業所									1990.07.01 新設(苫小牧運転所に統合、消滅[2010頃までに])
	函館新幹線総合車両所	幹ハコ				★				2016.07.31←新幹線準備運転車両所(2014.10.01開所)
	函館新幹線運輸所								★	2016.07.01 開所
釧路支社	釧路運輸車両所	釧クシ		●	●		●		●	機関車＝釧 1994.03.01←釧路運転所＋釧路車掌所 1996.05.01←釧路運輸所＋釧路車両所
	帯広運転所								●	1990.04.01←帯広運転区
	花咲線運輸営業所									1991.07.01新設(2004.03.13 運転士は釧路運輸車両所に)
旭川支社	旭川運転所	旭アサ		●	●		●		●	機関車＝旭
	北見運転所								●	1990.04.01←北見運転区
	宗谷北線運輸営業所									2017.04.01廃止←1991.11.13新設(稚内運転所など吸収)
函館支社	函館運輸所	函ハコ	●	●	●				●	機関車＝函 2002.03.18←函館運転所＋函館車掌所 - - - - - - 1988.03.13←五稜郭準備運転区 1990.04.01←青函運転区 2003.03.15←青函運転所 2016.03.16廃止←函館運輸所青函派出所

組織　1988(S63).04.01　函館、釧路、旭川　各支店　→　支社

凡例
● ＝ 車両の配置区、乗務員の配置区
○ ＝ 車両の検査のみを実施する区所(留置区を含む)
★ ＝ 新幹線関係の車両の配置区、乗務員の配置区
☆ ＝ 新幹線関係の車両の検査のみを実施する区所(留置区を含む)

本　　社	区所名　　2023.04.01現在	略　号	EL	DL	DC	EC	PC	FC	乗	備　　考
新幹線統括本部	新幹線総合車両センター	幹セシ				★				1990.03.10←仙台新幹線第一運転所＋仙台工場
										2019.04.01←2004.04.01←仙台総合車両所
	秋田新幹線車両センター	幹アキ				★				2019.04.01←新幹線部門　幹アキ　に
										2022.04.01←新幹線部門　秋田車両センター　から分離独立
	山形新幹線車両センター	幹カタ				●				2019.04.01←山形車両センター
										1992.07.01←山形運転所検修部門独立
										2004.04.01←山形電車区
	新潟新幹線車両センター	幹ニシ				★				2019.04.01←2004.04.01←新潟新幹線第一運転所
	長野新幹線車両センター	幹ナシ				★				1996.12.01 発足
										2019.04.01←2004.04.01←長野新幹線運転所
	東京新幹線車両センター					☆				2019.04.01←2004.06.01←上野新幹線第一運転所
	上野新幹線第二運転所								★	
	小山新幹線車両センター					☆				2019.04.01←2004.06.01←小山新幹線運転所
	小山新幹線車両センター那須塩原派出所					☆				2019.04.01←2004.06.01←小山新幹線運転所那須塩原派出所
	仙台新幹線運転区								★	2019.04.01←1990.03.10←仙台新幹線第二運転所
	盛岡新幹線車両センター					☆				1991.03.16←盛岡新幹線第一運転所
										2019.04.01←2004.04.01←盛岡新幹線運転所
	盛岡新幹線車両センター 青森派出所									2004.04.01←盛岡新幹線運転所八戸派出所
										2019.04.01←2010.12.04←盛岡新幹線車両センター八戸派出所
	盛岡新幹線運輸区								★	2019.04.01←1991.03.16←盛岡新幹線第二運転所など
	新潟新幹線運輸区								★	2019.04.01←1997.09.05←新潟新幹線第二運転所

新幹線統括本部　2019(H31).04.01 発足(本社・支社の新幹線にかかわる業務、新幹線運行本部の業務を集約・統合)

支　　社	区所名　　2023.04.01現在	略　号	EL	DL	DC	EC	PC	FC	乗	備　　考
首都圏本部 ↑ 2022.10.01 東京支社	田端運転所								●	2022.04.01←運転部門のみに
	松戸車両センター	都マト				●				2004.06.01←松戸電車区
	松戸車両センター我孫子派出所					○				
	尾久車両センター	都オク 尾	●		●		●	●		2004.06.01←尾久客車区
	上野運転区								●	2022.04.01←田端運転所　検修部門
	田町運転区								●	1999.03.01←田町電車区(運転)
	東京総合車両センター	都トウ				●				2004.06.01←山手電車区(検修)＋大井工場
	東京総合車両センター									1999.03.01←田町電車区(検修)＋品川運転所
	田町センター					○				2004.06.01←田町電車区
										2013.03.16←田町車両センター
	小山車両センター	都ヤマ				●				首都圏本部 2022.10.01←2004.06.01←小山電車区
	川越車両センター	都ハエ				●				首都圏本部 2022.10.01←2004.06.01←川越電車区
	大宮総合車両センター 東大宮センター	都オオ				●				首都圏本部 2022.10.01←2004.06.01←小山電車区東大宮派出所
										2006.03.18←小山車両センター東大宮派出所
										首都圏本部 2022.10.01←
	さいたま車両センター	都サイ				●				首都圏本部 2022.10.01←2015.03.14←浦和電車区(検修)
	松本車両センター	都モト				●				2002.03.23←松本運転所(検修)
										首都圏本部 2022.10.01←2004.04.01←松本電車区
	長野総合車両センター	都ナノ		●	●	●				機関車＝長野
										1991.07.01←北長野運転所
										首都圏本部 2022.10.01←2004.04.01←長野総合車両所
	小海線統括センター	都コミ			●					首都圏本部 2022.10.01←車両のみ
	大田運輸区					○			●	2016.03.26←蒲田電車区＋蒲田車掌区
										2016.03.26←下十条運転区
	東京電車区								●	
	中野電車区					○			●	
	大崎運輸区								●	2008.12.14←品川運転区＋品川車掌区
	新宿運輸区								●	2004.10.01発足
	池袋運転区					○			●	2008.12.14←池袋運転区＋池袋車掌区
	我孫子運輸区								●	2012.03.17←松戸運転区＋松戸車掌区
	綾瀬運輸区								●	2012.03.17←松戸運転区＋松戸車掌区
大宮支社	小金井運転区								●	
	宇都宮運輸区					○			●	2022.03.12←宇都宮運転所＋宇都宮車掌区
										2017.03.04 車両配置なくなる
	大宮運転区								●	
	さいたま運転区								●	2015.03.14←浦和電車区(運転)
横浜支社	鎌倉車両センター	横クラ				●				2000.07.01←大船工場＋大船電車区(検修)
										2004.06.01←鎌倉総合車両所
										2006.04.01←鎌倉総合車両センター
										工場部門廃止に対応（3/31限り）
	鎌倉車両センター中原支所	横ナハ				●				2020.03.14←中原電車区(検修)
	川崎運輸区								●	2020.03.14←中原電車区(運転)など
	大船運輸区								●	2000.04.01←大船電車区(運転)＋大船車掌区
	湘南・相模統括センター								●	2022.04.01←茅ヶ崎運輸区
										1991.03.01←茅ヶ崎運転区など
	国府津車両センター	横コツ				●				2004.06.01←国府津電車区
	国府津運輸区								●	2006.04.01←国府津運転区＋国府津車掌区
	相模原運輸区								●	2016.03.26←東神奈川電車区＋東神奈川車掌区（横浜線）
	横浜運輸区								●	2016.03.26←東神奈川電車区＋東神奈川車掌区（根岸線など）
	鶴見営業所					○			●	1989.04.01←弁天橋電車区など
										1990.06.01←弁天橋運輸区
	小田原伊豆統括センター								●	2022.07.01←熱海運輸区ほか
										1995.03.25←伊東運転区＋国府津車掌区伊東派出

東日本旅客鉄道 −2

支社	区所名　2023.04.01現在	略号	EL	DL	DC	EC	PC	FC	乗	備　考
八王子支社	三鷹車両センター	ハミツ				●				2007.11.25←三鷹電車区
	豊田車両センター	ハトタ				●				2007.11.25←豊田電車区
	豊田車両センター　　武蔵小金井派出所				○					2007.11.25←武蔵小金井電車区
	豊田運輸区								●	2007.10.13開設(豊田電車区 運転部門)
	東所沢電車区				○					
	立川運輸区								●	2007.11.25←三鷹電車区 運転+武蔵小金井電車区 運転+拝島運転区
	立川運輸区青梅派出所									2007.11.25←拝島運転区青梅派出所
	甲府統括センター								●	2023.03.18←甲府運転区←2008.03.15←甲府運転区+甲府車掌区
	八王子運輸区								●	2007.03.18開設←三鷹電車区 運転+拝島運転区
高崎支社	高崎車両センター	高タカ				●				2005.12.10←新前橋電車区(検修)
	ぐんま車両センター	高クン	●	●	●					2022.03.12←高崎車両センター高崎支所 機関車=群
										2004.04.01←高崎運転所 機関車=高運
										2005.12.10←高崎車両センター
		高タカ					●	●		
	高崎車両センター籠原派出所									2005.12.10←籠原運輸区(検修のみ)
	高崎運輸区								●	2005.12.10←高崎電車区+高崎車掌区
	新前橋運輸区								●	2005.12.10←新前橋電車区(運転)+車掌
	籠原運輸区					○			●	1988.12.01←籠原運転区など
水戸支社	勝田車両センター	水カツ				●	●			2004.04.01←勝田電車区
	水戸運輸区					．　．			●	←水戸運転所など
	土浦運輸区				○				●	1988.03.13←勝田電車区土浦支区など
										1991.03.01←水戸運輸所土浦支所
	勝田運輸区								●	1992.03.01←勝田電車区など
	いわき運輸区								●	1994.12.01←平運輸区←1991.03.01平運転区など
	原ノ町運輸区								●	1988.12.01←原ノ町運転区など
										1987.11.01←平運転区原ノ町派出所
	水郡線統括センター	水スイ		○	●				●	2022.03.12←水郡線営業所
										1992.03.01←常陸大子運転区など
千葉支社	幕張車両センター	千マリ				●	●			2004.10.16←幕張電車区
	幕張車両センター　　　木更津派出	千マリ			●					2004.10.16←幕張電車区木更津支区
										2007.03.18←千葉運転区木更津支区
	京葉車両センター	千ケヨ				●				1990.03.10←京葉準備電車区(1989.10.01)
										2004.04.01←京葉電車区
	千葉運転区								●	
	習志野運輸区								●	1991.03.16←津田沼運輸区など
	蘇我運輸区								●	1988.12.01←津田沼運転区新習志野派出所など
										2006.03.18←京葉運輸区
	佐倉運輸区								●	2012.05.19←成田車掌区など
	銚子運輸区								●	2012.05.19←銚子運輸区
	木更津統括センター								●	2022.03.12←木更津運輸区など
										2007.03.18←館山運転区と 千葉運転区木更津支区統合
	鴨川運輸区								●	1996.03.16←勝浦運転区など
東北本部 ↑ 2022.10.01 仙台支社	仙台車両センター	北セン	●			●	●			機関車=仙(1993.09.07から配置)
										2004.04.01←仙台電車区
	仙台車両センター　　　　宮城野派出所	北セン				●				1991.03.16←陸前原ノ町電車区
										2003.10.01←宮城野電車区(検修部門)
										2004.04.01←仙台電車区宮城野派出所
	宮城野運輸区								●	2003.10.01←宮城野電車区(運転部門など)
	郡山総合車両センター									
	郡山総合車両センター郡山派出所	北コリ		●	●				●	1993.09.01 磐越東線営業所開業準備室
										1994.12.01新設 機関車=郡
										郡山運輸区←1989.12.01←郡山運転所など
										2005.12.10←磐越東線営業所
	郡山総合車両センター郡山派出所	北コリ			●					1989.03.11←会津若松運転区など(車両配置は1993.12.01から)
										2005.12.10←会津若松運輸区(検修部門のみ)
										2019.07.01←郡山総合車両センター会津若松派出所
	郡山統括センター								●	2023.03.18←2005.12.10　郡山運輸区(磐越東線営業所廃止)
	福島統括センター								●	2005.12.10←福島運転所
									●	2005.12.10←福島運輸区　1992.07.01(6/1=準備支所として発足)
										2005.12.10←仙台新幹線運転所福島支所
									★	2005.12.10←仙台新幹線運輸区福島支区
										2022.10.01←福島総合運輸区
	仙台運輸区								●	2003.10.01←仙台運輸区+仙台車掌区
	小牛田運輸区	北ココ			●				●	1989.03.11←小牛田運転所など
	会津若松運輸区								●	1989.03.11←会津若松運転区など
										2005.12.10←検修部門を分離
	山形統括センター								●	2022.03.12←山形運輸区
										1988.04.01←秋田支店〔組織〕
										1996.03.16←山形運転所
	新庄統括センター								●	1988.04.01←秋田支店〔組織〕
										2022.10.01←新庄運輸区
	左沢線営業所								●	1990.03.10新設

支社	区所名 2023.04.01現在	略号	EL	DL	DC	EC	PC	FC	乗	備考
盛岡支社	盛岡車両センター	盛モリ			●	●		●	●	2000.04.01←盛岡客車区 2004.04.01←盛岡運転所
	盛岡車両センター青森派出所	盛モリ 盛		●						2004.04.01←青森運転所 2016.03.26←青森車両センター［盛アオ］ 2004.04.01←青森運転所東派出所←1996.03.16←青森東運転区 2008.03.15←青森車両センターに統合
	盛岡車両センター八戸派出所	盛モリ			●					2023.03.18←八戸運輸区(検修)←1989.03.11←八戸運転所など 2014.03.15←大湊線営業所(運転士)［1993.12.01新設］
	盛岡車両センター一ノ関派出所	盛モリ		○	●					2023.03.18←一ノ関運輸区(検修)←1989.03.11←一ノ関運転区等
	盛岡運輸区								●	1991.03.16←盛岡運転区
	盛岡運輸区北上派出所								●	1991.03.16←盛岡運輸区北上派出所
	盛岡運輸区釜石派出所								●	2016.03.26←釜石線営業所［運転士］(1995.03.01釜石運転区等) 2016.03.26 釜石線営業所、盛岡運輸区宮古派出所 廃止
	一ノ関統括センター								●	2023.03.18←一ノ関運輸区(運転等)←1989.03.11←一ノ関運転区等
	気仙沼統括センター									2022.03.12←大船渡線営業所 1992.12.01←(一ノ関運輸区気仙沼派出所)
	八戸統括センター								●	2023.03.18←八戸運輸区(運転)←1989.03.11←八戸運転所など
東北本部 2022.10.01 ↑ 秋田支社	秋田総合車両センター 南秋田センター	北アキ	●	●	●	●		●		機関車＝秋 1991.05.01←秋田運転所秋田支所 1993.12.01＝機関車配置は本区に統合 2004.04.01←南秋田運転所 2022.04.01←秋田車両センター 在来線部門 新幹線部門は、秋田新幹線車両センター
秋田支社	秋田運輸区								●	1993.03.31←秋田車掌所＋秋田運転所(運転)
	横手・大曲統括センター								●	2023.03.18←横手統括センター←1989.09.01←横手運転区など 2022.03.12←横手運輸区
	東能代統括センター								●	2023.03.18←東能代運輸区←1991.03.16←秋田運転所東能代派出所等
	弘前統括センター				○				●	2023.03.18←つがる運輸区 2020.03.14←弘前運輸区、青森運輸区、大館運輸区統合 弘前運輸区←1989.09.01←弘前運転区など 大館運輸区←1989.09.01←大館運転区など
	五能線運輸営業所								●	青森運輸区(盛岡支社)←1991.03.16←青森運転所(乗務員)など 1989.12.01新設
新潟支社	新潟車両センター	新ニイ	●	●	●	●	●	●		2004.04.01←上沼垂運転区 機関車＝長岡 1997.09.05←長岡運転所(検修) 2023.03.18←長岡車両センター←2004.04.01←長岡運転区
	新潟車両センター新津派出所				○					2023.03.18←新津運転区 車両 1991.11.01←新津運転区 2023.03.18←新津運輸区(検修)←1997.09.05←新津運転所など
	新潟運輸区								●	1997.09.05←新潟運転所＋新潟車掌区
	長岡運輸区								●	1997.09.05←長岡運転所(運転)など 2015.03.14←直江津運輸区 統合
	新津運輸区								●	1991.11.01←新津運転区 2023.03.18←新津運輸区(運転)←1997.09.05←新津運転所など
	新津運輸区坂町派出所									1999.12 新津運輸区統合←1997.09.05←新潟運転所坂町派出所
	庄内統括センター								●	2022.03.12←酒田運輸区など← 1989.10.16←酒田運転区など←1989.10.16←酒田運転区など
	阿賀野ライン営業所									1991.07.01新設
長野支社	松本運輸区								●	2002.03.23←松本運転所(運転)＋松本車掌区
	松本運輸区上諏訪支区									2002.03.23←上諏訪運転区
	松本運輸区塩尻運転派出									2013.03.16統合←2002.03.23←松本運転所上諏訪運転所支所 2013.03.16統合←2002.03.23←松本運転所塩尻運転派出
	長野総合運輸区								★	2014.06.01←長野新幹線運輸区(1996.12.01発足)←長野運輸区 長野運輸区←1994.03.25←長野車掌区＋長野運転区
	小海線統括センター								●	2022.10.01←車両のみ首都圏本部管轄 2022.03.12←小海線営業所← 1991.04.01←中込運輸区←1988.12.01←中込運転区など

組織　
1988(S63).04.01　高崎運行部 → 高崎支社、水戸運行部 → 水戸支社、千葉運行部 → 千葉支社
1990(H02).04.01　盛岡支店 → 盛岡支社、秋田支店 → 秋田支社
1990(H02).09.01　東京圏運行本部 → 東京地域本社
1996(H08).10.01　東京地域本社(神奈川エリア) → 横浜支社
1998(H10).04.01　東京地域本社 → 東京支社、東京地域本社(東京西エリア) → 八王子支社
　　　　　　　　　東北地域本社 → 仙台支社
2001(H13).04.01　東京支社(埼玉・栃木エリア) → 大宮支社
2019(H31).04.01　各支社の新幹線部門 → 新幹線統括本部
2022(R04).10.01　東京支社 → 首都圏本部、仙台支社 → 東北本部

凡例
● ＝ 車両の配置区、乗務員の配置区
○ ＝ 車両の検査のみを実施する区所(留置区を含む)
★ ＝ 新幹線関係の車両の配置区、乗務員の配置区
☆ ＝ 新幹線関係の車両の検査のみを実施する区所(留置区を含む)

東海旅客鉄道

支　　社	区所名　　2023.04.01現在	略　号	EL	DL	DC	EC	PC	FC	乗	備　　考
東海 鉄道事業 本部	大垣車両区	海カキ				●				2001.04.01←大垣電車区(検修部門)
	大垣車両区米原派出所									
	大垣運輸区								●	2001.04.01←大垣電車区(運転部門)
										2002.03.23←大垣運転区＋(車掌)
	神領車両区	海シン				●				2001.04.01←神領電車区(検修部門)
	神領運輸区								●	2001.04.01←神領電車区(運転部門)
										2002.03.23←神領運転区＋(車掌)
	名古屋運輸区								●	2002.03.23←名古屋運転区＋名古屋車掌区
	名古屋車両区	海ナコ			●					1988.03.13←名古屋南運転区＋
										名古屋客車区
	美濃太田車両区	海ミオ			●					2001.04.01←美濃太田運輸区(検修部門)
	美濃太田運輸区								●	2001.04.01←美濃太田運輸区(運転・車掌部門)
	高山運輸区								●	1988.03.13←高山運転区など
	中津川運輸区								●	1989.03.11←中津川運転区など
	中津川運輸区塩尻派出所								■	1989.03.11←中津川運転区塩尻派出所
三重支店	伊勢運輸区								●	1989.03.11←伊勢運転所など
	伊勢車両区									2001.04.01←伊勢運転区伊勢派出所
										2016.03.31　名古屋車両区に統合　廃止
	亀山運輸区								●	1989.03.11←亀山車掌区など
飯田支店	豊橋運輸区								●	1989.03.11←豊橋運転区など
										1988.03.13←豊橋電車区
	伊那松島運輸区		○			○			●	1989.03.11←伊那松島運転区など
静岡支社	静岡車両区	静シス				●				2000.12.02←静岡運転所(検修部門)
	静岡運輸区								●	2000.12.02←静岡運転所(運転部門)など
	浜松運輸区								●	‥．‥←浜松運転区
	沼津運輸区					○			●	1989.03.11←沼津運転区など
	富士運輸区					○			●	1989.03.11←富士運転区など
新幹線 鉄道事業 本部	東京仕業検査車両所					☆				1988.04.01←東京第一運転所
										2008.12.01　車両配置なしへ
										2009.07.01←東京第一車両所
	東京交番検査車両所	幹トウ				★				1988.04.01←東京第一運転所大井支所
										2009.07.01←東京第二車両所
	三島車両所					☆				1988.04.01←東京第一運転所三島支所
	東京第一運輸所								★	1988.04.01←東京第二運転所
										2001.10.01←東京運転所
	東京第二運輸所								★	2001.10.01　〃
	大阪仕業検査車両所									1988.04.01←大阪第一運転所
										2009.07.01←大阪第一車両所
	大阪仕業検査車両所 　　　　　新大阪支所									1988.04.01←大阪第一運転所新大阪派出所
										2009.07.01←大阪第一車両所新大阪支所
	大阪交番検査車両所	幹オサ				★				1988.04.01←大阪第一運転所(交検)
										2009.07.01←大阪第二車両所
	大阪台車検査車両所									1988.04.01←大阪第一運転所(台検)
										2009.07.01←大阪第三車両所
	名古屋車両所					☆				1988.04.01←大阪第一運転所名古屋支所
	名古屋運輸所								★	2008.03.14　新設
	大阪第一運輸所								★	1988.04.01←大阪第二運転所
										2001.10.01←大阪運転所
	大阪第二運輸所								★	2001.10.01　〃

組織　1988(S63).02.01　本社 → 東海鉄道事業本部
　　　　　　　　　　　　　　　　→ 三重支店(東海鉄道事業本部)
　　　　　　新幹線運行本部 → 新幹線鉄道事業本部
　　　　1990(H02).03.01　飯田線営業所(静岡支社) → 飯田支店(東海鉄道事業本部)

車両基地の移転
　　　　1992(H04).08.01　東京第一車両所　品川駅横から大井(品川区八潮、東京第二車両所に隣接)へ

　　　凡例
　　　　● ＝ 車両の配置区、乗務員の配置区
　　　　○ ＝ 車両の検査のみを実施する区所(留置区を含む)
　　　　★ ＝ 新幹線関係の車両の配置区、乗務員の配置区
　　　　☆ ＝ 新幹線関係の車両の検査のみを実施する区所(留置区を含む)

西日本旅客鉄道 －1

支　　　社	区所名　　2023.04.01現在	略号	EL	DL	DC	EC	PC	FC	乗	備　　考
近畿統括	吹田総合車両所	近スイ				●				1991.03.16からＥＣ配置　　　2012.06.01←吹田工場
本部	吹田総合車両所									
	京都支所	近キト			●	●		●		1996.03.16←向日町運転所＋向日町操車場
										2012.06.01←京都総合運転所
	京都支所亀山派出所	近カメ			●					2021.07.01←亀山鉄道部　検修部門
	森ノ宮支所	近モリ				●				2012.06.01←森ノ宮電車区(検修)
	日根野支所	近ヒネ				●				2012.06.01←日根野電車区(検修)
	日根野支所新在家派出所	近ヒネ				●				2008.08.01←新和歌山車両センター
										2012.06.01←日根野電車区新在家派出
	日根野支所紀伊田辺派出所								●	2022.10.01←紀伊田辺運転区
	奈良支所	近ナラ				●				2012.06.01←奈良電車区(検修)
	福知山支所	近フチ				●				2007.07.01←福知山運転所電車グループ
										2022.10.01←福知山電車区
	福知山支所豊岡派出所	近トヨ			●			●		2010.06.01←豊岡鉄道部(検修)　機関車=豊
										2022.10.01←福知山電車区豊岡支所
	網干総合車両所	近ホシ				●				2000.04.01　発足
	網干総合車両所									
	宮原支所	近ミハ	○	●	●	●	●			1998.06.01←宮原運転所＋宮原操車場
										2012.06.01←宮原総合運転所　機関車=宮
	宮原支所野洲派出所				○					1990.03.10←野洲電車区
										1996.03.16←米原列車区野洲派出所
										2012.06.01←京都総合運転所野洲派出所
	宮原支所高槻派出所				○					1989.03.11←京都電車区高槻派出所
										1993.06.01←宮原電車区高槻派出所
										2012.06.01←吹田工場高槻派出所
	明石支所	近アカ				●				2000.04.01←明石電車区(検修)
										2004.06.01←網干総合車両所明石支所
										2007.07.01←網干総合車両所明石品質管理センター
	明石支所加古川派出所	近アカ				●				1990.06.01新設(加古川気動車区吸収)
										2009.07.01←加古川鉄道部
	明石支所放出派出				○					1997.03.08←淀川電車区
										2012.06.01←森ノ宮電車区放出派出
	余部派出所	近ヨヘ			●					2021.07.01←姫路鉄道部　検修部門
運転関係	大阪電車区								●	1988.03.13←大阪運転所＋宮原電車区大阪派出所
近畿統括	森ノ宮電車区								●	2012.06.01←森ノ宮電車区(運転)
本部	鳳電車区								●	1997.03.08←鳳電車区
↑										2012.06.01←日根野電車区鳳派出所
2022.10.01	天王寺電車区								●	1994.09.04　新設
大阪支社	京橋電車区								●	1997.03.08←淀川電車区京橋派出所
	尼崎電車区								●	1997.03.08　新設
	奈良電車区								●	2012.06.01←奈良電車区(運転)
	王寺鉄道部								●	1991.04.01新設(奈良電車区王寺支区吸収)
	かめやま運転区								●	2021.07.01←亀山鉄道部　運転部門
										1990.06.01新設(亀山運転区吸収)
近畿統括	京都電車区								●	
本部	みやこ列車区								●	2002.03.23新設(＋車掌)
↑	高槻電車区									2002.03.23廃止←1994.09.04新設
2022.10.01	梅小路運転区			SL					●	機関車=梅
京都支社	草津列車区								●	2018.03.04新設
	米原列車区								●	
近畿統括	明石電車区								●	2000.04.01←明石電車区(運転)
本部	姫路列車区								●	1990.03.10←姫路運転区
↑	ひめじ運転区								●	2021.07.01←姫路鉄道部　運転部門
2022.10.01										1989.03.11←姫路運転区姫路派出所統合
神戸支社										1991.04.01新設(姫路客車区吸収)
										1994.03.21区所移転(姫新線余部－太市間)
近畿統括	和歌山電車区								●	1989.03.11←和歌山電車区
本部										2012.07.01←和歌山列車区
↑										(車掌部門は、和歌山車掌区)
2022.10.01	紀伊田辺運転区								●	
和歌山支社	橋本鉄道部								●	1991.04.01新設
	新宮鉄道部								●	1989.03.11←新宮運転区
										1990.06.01新設(新宮列車区吸収)
近畿統括	福知山運転所								●	2007.07.01←運転士部門のみに
本部	篠山口鉄道部								●	1992.04.01新設
↑	豊岡列車区								●	1990.06.01新設(豊岡運転所)
2022.10.01										2010.06.01←豊岡鉄道部(運転)
福知山支社	豊岡列車区福崎派出									1990.06.01←豊岡運転所和田山派出所
										1991.04.01新設(福知山運転所和田山派出所吸収)
										2010.06.01廃止←福崎鉄道部
	舞鶴鉄道部								●	1991.04.01新設(福知山運転所西舞鶴支所吸収)

225

西日本旅客鉄道 －2

支　社	区所名　　2023.04.01現在	略　号	EL	DL	DC	EC	PC	FC	乗	備　　　考
山陽新幹線 統括本部 2022.10.01	博多総合車両所	幹ハカ				★				
	博多総合車両所岡山支所					☆				2018.06.01←2006.06.23←岡山支社　岡山新幹線運転所
	博多総合車両所広島支所					☆				2018.06.01←2006.06.23←広島支所　広島新幹線運転所
	博多新幹線列車区								★	2018.06.01←　　．．　←博多新幹線運転区 など
	大阪新幹線運転所								★	2018.06.01←
	広島新幹線運転所								★	2018.06.01←2006.06.23←広島新幹線運転所乗務員派出所
金沢支社	金沢総合車両所	金サワ			●	●		●		1997.03.22←松任工場＋金沢運転所車両科 など
	運用検修センター									機関車＝金
	金沢総合車両所富山支所	金トヤ		●	●	●				2015.03.14←富山運転センター＋糸魚川運転センター
	金沢総合車両所敦賀支所	金ツル	●		●	●		●	●	2021.04.01←敦賀地域鉄道部敦賀運転センター
										2010.06.01←敦賀地域鉄道部敦賀運転派出
										1995.10.01←敦賀運転所　　　　　　　機関車＝敦
										1995.10.01　敦賀地域鉄道部　新設(福井運転区など)
	金沢総合車両所敦賀支所福井派出所	金フイ			●				●	2021.04.01←敦賀地域鉄道部福井運転センター
										2010.06.01←福井地域鉄道部福井運転センター
										2008.06.01←越前大野鉄道部を統合
										1995.10.01←福井運転区　　　　　　　機関車＝敦
	金沢列車区								●	1997.03.22←金沢運転所運転科 など
	北陸広域鉄道部								●	2015.03.14←富山地域鉄道部＋糸魚川地域鉄道部
										2008.06.01←富山鉄道部を統合
										富山地域鉄道部　2009.06.01←北陸地域鉄道部＋高岡鉄道部
										【高岡鉄道部←1991.04.01新設(高岡列車区など)】
										2009.06.01←北陸地域鉄道部糸魚川運転センター
										1995.10.01←富山運転所 など
										1995.10.01←糸魚川列車区
										1989.03.11←糸魚川運転区 など
	七尾鉄道部								●	1991.09.01←七尾運転区
	小浜鉄道部								●	1991.04.01新設
	白山総合車両所	金ハク				★				2014.04.01開所
	金沢新幹線列車区								★	2014.06.01開所

支　社	区所名　　2023.04.01現在	略　号	EL	DL	DC	EC	PC	FC	乗	備　　考
中国統括 本部 2022.10.01	下関総合車両所								●	1995.10.01←徳山運転区など
	下関運用検修センター	中セキ	●	●	●	●			●	1995.10.01←下関運転所　機関車＝関 2009.06.01←下関地域鉄道部下関車両管理室
	広島支所	中ヒロ			●	●	●			2012.04.01←広島運転所検修部門
	新山口支所	中クチ			●		●	●		1995.10.01←小郡運転区 2009.06.01←山口鉄道部車両管理室
	岡山電車支所	中オカ				●	●			1989.03.11←岡山運転所 22.10.01←岡山電車区 機関車＝岡
	後藤総合車両所	中トウ		●	●		●	●	●	1997.03.08←後藤車両所＋米子運転所(検修) 機関車＝後
	出雲支所				●	●				1992.04.01 出雲鉄道部新設 2008.06.01←出雲鉄道部出雲車両支部 2022.03.13～ 気動車配置
	出雲支所浜田派出所	中ハタ			●				●	1989.03.11←浜田運転区など 1990.06.01 浜田鉄道部新設(浜田列車区など吸収) 2022.04.01←浜田鉄道部
	鳥取支所	中トリ			●					1991.04.01←西鳥取運転区 2022.04.01←鳥取鉄道部西鳥取車両支部
	岡山気動車支所	中オカ			●					2008.06.01←津山鉄道部(1990.06.01発足)を統合 2009.06.01←岡山電車区気動車センター 2022.10.01←岡山気動車区
運転関係 中国統括 本部 ↑ 2022.10.01 広島支社	広島運転所								●	2004.03.13←広島運転所矢賀検修分所を統合 2012.04.01←検修部門を分離
	岩国運転区								●	
	三原地域鉄道部									1995.10.01新設
	徳山地域鉄道部									1995.10.01新設
	徳山乗務員センター								●	岩国運転区←1994.08.20新設(国鉄時代＝岩国機関区)
	山口鉄道部								●	山口鉄道部←1990.06.01新設
	下関地域鉄道部									
	下関乗務員センター								●	1995.10.01←下関運転所
	三次鉄道部					○				1989.03.11←三次運転区
	三次乗務員支所								●	1991.04.01新設(三次列車区など吸収)
	可部鉄道部								●	1991.04.01新設
	長門鉄道部									1991.04.01新設(長門運転区など吸収)
	長門運転支所								●	
	宇部新川鉄道部									1990.06.01新設(宇部電車区など吸収)
	乗務員支所								●	
	車両支所									
中国統括 本部 ↑ 2022.10.01 岡山支社	岡山運転区								●	1989.03.11←岡山運転所岡山派出所
	せとうち地域鉄道部				○	○			●	1995.10.01←糸崎運転区など
	糸崎乗務員センター								●	
	府中鉄道部									1991.04.01新設(府中電車など吸収)
	府中運輸センター								●	
	備中鉄道部									1991.04.01(新見運転区など吸収)
	新見運輸センター								●	
中国統括 本部 ↑ 2022.10.01 米子支社	米子運転所								●	1997.03.08←米子運転所(運転)
	とっとり運転区								●	1989.03.11←鳥取運転区 1991.04.01←鳥取列車区 2022.04.01←鳥取鉄道部鳥取列車支部
	木次鉄道部								●	1990.06.01新設(木次運転区など吸収)

組織

1987(S62).10.01　近畿圏運行本部 → 本社(直轄) へ
　　　　　　　　　　　　　　　　→ 和歌山支店
　　　　　　　　　　　　　　　　→ 福知山支店

1988(S63).10.01　新幹線運行本部 → 本社(直轄) へ
　　　　　和歌山、福知山、米子 各支店 → 支社 へ
　　　　　福岡支社 誕生

1993(H05).06.01　本社(直轄)→大阪支社、京都支社、神戸支社　発足

2007(H19).07.01　新幹線管理本部　発足(福岡支社はこの地方機関との位置付けとなる)

2010(H22).12.01　近畿統括本部　発足(大阪支社、京都支社、神戸支社を統括。駅・運転系は各支社の管轄)

2018(H30).06.01　新幹線鉄道事業本部　発足(新幹線管理本部等を合体)

2022(R04).10.01　新幹線鉄道事業本部を、本社組織の新幹線本部と山陽新幹線統括本部に組織変更

2022(R04).10.01　中国統括本部　発足(広島支社、岡山支社、米子支社を統括。米子支社は山陰支社に変更)

2022(R04).10.01　福知山支社、和歌山支社、近畿統括本部に統括(福知山支社は福知山管理部に、和歌山支社は継続)

2022(R04).10.01　大阪支社→阪奈支社、京都支社→京滋支社、神戸支社→兵庫支社に変更(駅、運転系は近畿統括本部に)

　凡例
　● ＝ 車両の配置区、乗務員の配置区
　○ ＝ 車両の検査のみを実施する区所(留置区を含む)
　★ ＝ 新幹線関係の車両の配置区、乗務員の配置区
　☆ ＝ 新幹線関係の車両の検査のみを実施する区所(留置区を含む)

四国旅客鉄道

支　社	区所名　　2023.04.01現在	略　　号	EL	DL	DC	EC	PC	FC	乗	備　　　　　考
本社直轄	高松運転所	四カマ	●	●	●	●		●	●	機関車・気動車＝高
	松山運転所	四マツ		●	●	●		●		1989.04.01←松山気動車区
										機関車・気動車＝松
	徳島運転所	四トク			●				●	1989.04.01←徳島気動車区
										機関車・気動車＝徳
	高知運転所	四コチ			●				●	1989.04.01←高知気動車区
										機関車・気動車＝知
	多度津運転区								●	
	宇和島運転区				○				●	

九州旅客鉄道

支　社	区所名　　2023.04.01現在	略　号	EL	DL	DC	EC	PC	FC	乗	備　　考
本社直轄	南福岡車両所	本ミフ				●				2009.04.01←南福岡電車区　検修部門
	南福岡車両区竹下車両派出				○	○				
	南福岡運転区								●	2009.04.01←南福岡電車区　運転部門
	門司港運転区									1997.11.29から2011.03.31まで電車を配置（当時、交検は小倉工場にて実施）
	小倉総合車両センター							●		
	門司港派出					○				2011.04.01←門司港運転区(検修)
	博多運転区								●	1991.03.16←竹下気動車区
	小倉運転区								●	
	筑豊篠栗鉄道事業部									
	直方運輸センター								●	1996.06.01←直方気動車区　2009.04.01←日田彦山鉄道事業部　統合　1999.06.01←日田彦山鉄道事業部　新設
	直方車両センター	本チク			●	●				2011.04.01←直方運輸センター（検修）
	久留米鉄道事業部									
	久留米運輸センター								●	1999.06.01新設
	唐津鉄道事業部								●	1991.06.01新設
	唐津運輸センター								●	1997.06.01←唐津運輸センター　1991.03.16←唐津運転区
	唐津車両センター	本カラ			●	●				2011.04.01←唐津運輸センター（検修）
新幹線鉄道事業部	熊本総合車両所	幹クマ				★				2010.11.22新設
	熊本総合車両所大村車両管理室	幹クマ				★				2022.06.20新設
	博多新幹線乗務所								★	2010.11.22発足　2011.03.12←鹿児島新幹線運輸センターを統合
長崎支社	長崎鉄道事業部									
	長崎総合乗務センター								●	1999.06.01←長崎運転所　★2022.06.20←長崎運輸センター
	佐世保車両センター	崎サキ			●	●				2014.03.15←長崎車両センター　2011.04.01←長崎運輸センター（検修）
	佐世保運輸センター								●	1999.06.01←早岐運転区
大分支社	大分鉄道事業部									
	大分車両センター	分オイ				●				1999.12.01←大分電車区　2006.03.18←大分運輸センター（検修）
		分オイ	●	●			●			1999.06.01←大分鉄道事業部　2006.03.18←豊肥九大鉄道事業部豊肥九大運輸センター　機関車＝分
	大分運輸センター								●	2008.04.01←豊肥九大鉄道事業部　統合　1999.12.01←大分電車区　2008.04.01←豊肥九大鉄道事業部　統合
熊本支社	熊本鉄道事業部									
	熊本車両センター	熊クマ		●	●	●	●			1999.12.01←熊本運転所　2006.03.18←熊本運輸センター（検修）　機関車＝熊　2008.04.01←阿蘇鉄道事業部　統合
	熊本運輸センター								●	1999.12.01←熊本運転所
	人吉鉄道事業部									
	人吉運輸センター								●	1992.06.01新設(人吉運転区など統合)
鹿児島支社	鹿児島鉄道事業部									
	鹿児島乗務センター								●	1999.06.01←鹿児島運転区　2008.04.01←霧島高原鉄道事業部　統合　霧島高原鉄道事業部←1992.06.01新設（吉松運転区など統合）　2008.04.01←指宿鉄道事業部　統合　指宿鉄道事業部←1999.06.01新設　2010.04.01←鹿児島運輸センター＋鹿児島車掌センター
	鹿児島車両センター	鹿カコ		●	●	●	●			1997.11.29←鹿児島車両所＋鹿児島運転所(検修)　2004.06.01←鹿児島支社から本社直轄へ変更　2011.04.01←鹿児島総合車両所(本社直轄)
宮崎支社										
	宮崎乗務センター								●	2022.04.01←宮崎総合鉄道事業部　1996.06.01←宮崎運転区　2011.04.01←宮崎運輸センター（運転）
	宮崎車両センター	宮ミサ			●					2011.04.01←宮崎運輸センター（検修）
	南延岡運輸センター								●	1996.06.01←南延岡運転区　統合 2004.06.01←日南鉄道事業部　1993.06.01 南宮崎運輸センター 新設

組織　1990(H02).09.01　長崎支店　→長崎支社
　　　　　　　　　　　　熊本支店　→熊本支社
　　　　　　　　　　　　大分支店　→大分支社
　　　　　　　　　　　　鹿児島支店→鹿児島支社
　　　　2001(H13).04.01　本社(直轄)→北部九州地域本社
　　　　2010(H22).04.01　北部九州地域本社(現業機関)→本社(直轄)
　　　　2022(R04).04.01　鹿児島支社宮崎総合鉄道事業部→宮崎支社

支社	区所名　2023.04.01現在	略号	EL	DL	DC	EC	PC	FC	乗	備　　考
北海道支社	五稜郭機関区	五	●	●					●	
	鷲別機関区									←2014.08.30廃止
	鷲別機関区輪西派出									←2014.08.30廃止
	札幌機関区							■	●	1988.02.01←白石運転区
	札幌機関区旭川派出								●	
	帯広総合鉄道部									1997.03.16 新設
	室蘭総合鉄道部									
	室蘭総合鉄道部運転課								●	2014.08.30←鷲別機関区廃止にともない運転士配属
東北支社	仙台総合鉄道部	仙貨	●	●				■	●	2000.04.01←長町機関区
	東北保全技術センター							■		
	郡山総合鉄道部							■	●	1993.12.01←郡山貨車区 など
	盛岡総合鉄道部	盛	○	○					●	←盛岡機関区 など
	盛岡保全区							■		
	青森総合鉄道部								●	←青森機関区 など
	青森総合鉄道部八戸貨物			○						2008.03.15←JR東日本青森車両センター東派出所 エリア移管
	秋田総合鉄道部								●	1994.12.03←秋田機関区 など
	秋田保全区							■		
関東支社	隅田川機関区								●	田端機関区　貨物部門
	隅田川機関区水戸派出							■	●	2006.04.01←水戸機関区
	千葉機関区								●	1997.03.22 新設
	千葉機関区新小岩派出		○	○					●	1997.03.22←新小岩機関区
	黒磯機関区		○						●	
	小山総合鉄道部							■	●	1996.04.01←小山機関区
	新鶴見機関区	新	●						●	
	新鶴見機関区川崎派出	川		●					●	1998.03.20←品川機関区移転により発足 2001.04.01←川崎機関区
	大井機関区		○						●	
	東京保全区							■		
	隅田川貨車区							■		
	関東保全技術センター							■		
	新鶴見保全区							■		
	八王子総合鉄道部		○					■	●	
	川崎車両所							■		1990.02.09←横浜貨車区塩浜操派出所
	川崎車両所塩浜派出							■		1990.02.09←横浜貨車区浜川崎派出所
	川崎貨車区横浜羽沢派出所							■		1990.02.09←横浜貨車区横浜羽沢派出所
	高崎機関区	高	●						●	
	高崎保全区							■		
	塩尻機関区								●	
	塩尻機関区篠ノ井派出	塩	○	●					●	1995.04.01←篠ノ井機関区 2004.04.01←篠ノ井総合鉄道部
	南松本保全区							■		
新潟支店	東新潟機関区	東新		●					●	
	新潟保全区							■		
東海支社	愛知機関区	稲	●	●				■	●	1994.05.02←稲沢機関区＋稲沢貨車区
	稲沢機関区									1994.05.02←稲沢機関区(運転士)
	東海保全技術センター							■		
静岡支店	静岡総合鉄道部			○					●	1993.12.01←東静岡機関区 1993.12.01←東静岡機関区機関車派出所 1993.12.01←東静岡機関区貨車派出所 など
	静岡総合鉄道部浜松派出									
	静岡保全区							■		

日本貨物鉄道 −2

支　　社	区所名　2023.04.01現在	略号	EL	DL	DC	EC	PC	FC	乗	備　考
関西支社	吹田機関区	吹	●	●					●	1989.03.11←百済機関区統合
	関西保全技術センター							■		
	姫路総合鉄道部								●	1995.07.01←姫路機関区など
金沢支店	金沢総合鉄道部								●	1994.12.03←金沢機関区など
	金沢保全区							■		
	敦賀機関区								●	
	富山機関区	富機	●						●	
	富山機関区糸魚川派出								●	1998.04.01←糸魚川機関区
岡山支店	岡山機関区	岡	●	●				■	●	
	岡山機関区高松派出									
	岡山保全区							■		
	米子総合鉄道部							■		1993.12.01←岡山機関区米子派出所
広島支店	広島車両所	広	●	●						1996.03.16←広島機関区から車両移管
	広島機関区								●	
	広島保全区							■		
	幡生総合鉄道部								●	2022.04.01←幡生機関区
	新南陽総合鉄道部							■		1997.03.22←徳山貨車区など
九州支社	門司機関区	門	●	●					●	
	門司機関区鹿児島派出								●	
	九州保全技術センター							■		
	福岡総合鉄道部							■	●	1995.03.17←福岡機関区など　福岡機関区　1989.08.01←香椎機関区　1989.08.01←香椎機関区福岡(タ)派出所
	鳥栖総合鉄道部							■		1997.11.29
	大分総合鉄道部							■	●	1996.03.16

凡例
● ＝ 車両の配置区、乗務員の配置区
○ ＝ 車両の検査のみを実施する区所(留置区を含む)
■ ＝ 交検等の検査を行う区所(貨車)

北海道旅客鉄道

支社	工場名　2023.04.01現在	EL	DL	SL	DC	EC	PC	FC	備考	略号
本社直轄	苗穂工場		●	●	●	●	●			NH
釧路支社	釧路運輸車両所				●				1996.05.01←釧路車両所＋釧路運輸所	KS
函館支社	五稜郭車両所								2023.03.31限り 廃止	GK
本社直轄	函館新幹線総合車両所					★			新幹線開業とともに業務開始	HD

東日本旅客鉄道

支社	工場名　2023.04.01現在	EL	DL	SL	DC	EC	PC	FC	備考	略号
新幹線統括本部 2019.04.01発足	新幹線総合車両センター					★			1990.04.01←仙台工場＋仙台新幹線第一運転所 2004.04.01←仙台総合車両所 新幹線のみ	SK
首都圏本部	東京総合車両センター					●			2004.06.01←大井工場＋山手電車区	TK
	長野総合車両センター				●	●			1991.07.01←長野工場 2004.04.01←長野総合車両所	NN
	大宮総合車両センター			●		●	●		2004.06.01←大宮工場	OM
東北本部	郡山総合車両センター					●	●		2004.04.01←郡山工場	KY
	秋田総合車両センター	●	●			●			2004.04.01←土崎工場	AT
	新津車両所 新津車両製作準備所 新津車両製作所								新車製造工場へ変更 1993.08.01設置　←┘ 1994.06.　←新津車両製作準備所 2014.04.01←総合車両製作所新津車両製作所	
横浜支社	鎌倉総合車両センター								2000.07.01←大船工場 2004.06.01←鎌倉総合車両所　2006.03.31限り廃止	

▽ 首都圏本部←2022（令和04）.10.01←東京支社、大宮支社、長野支社
▽ 東北本部←2022（令和04）.10.01←仙台支社、秋田支社

東海旅客鉄道

支社	工場名　2023.04.01現在	EL	DL	SL	DC	EC	PC	FC	備考	略号
東海鉄道事業本部	名古屋工場				●	●				NG
新幹線鉄道事業本部	浜松工場					★			新幹線	HM

西日本旅客鉄道

支社	工場名　2023.04.01現在	EL	DL	SL	DC	EC	PC	FC	備考	略号
近畿統括本部	吹田総合車両所					●			2012.06.01←吹田工場	ST
	梅小路運転区				●				2010.12.01　近畿統括本部発足(旧京都支社)	
	網干総合車両所				●	●	●		鷹取工場 は 2000.03.31限り 廃止 2010.12.01　近畿統括本部発足(旧神戸支社)	AB
金沢支社	金沢総合車両所	●	●			●			1997.03.22←松任工場＋金沢運転所	KZ
	白山総合車両所					★			新幹線	HS
中国統括本部	下関総合車両所	●	●			●			1995.10.01←幡生車両所 2009.06.01←下関地域鉄道部下関車両センター	SS
	後藤総合車両所				●	●	●		1997.03.22←後藤車両所＋米子運転所	GT
山陽新幹線統括本部	博多総合車両所					★			新幹線	HT

▽ 中国統括本部←2022（令和04）.10.01←広島支社、米子支社
▽ 山陽新幹線統括本部←2022（令和04）.10.01←新幹線鉄道事業本部←2018.06.01←新幹線管理本部←2007.07.01

四国旅客鉄道

支社	工場名　2023.04.01現在	EL	DL	SL	DC	EC	PC	FC	備考	略号
本社直轄	多度津工場		●		●	●		●	1988.04.01←多度津車両所	TD

九州旅客鉄道

支店	工場名　2023.04.01現在	EL	DL	SL	DC	EC	PC	FC	備考	略号
本社直轄	小倉総合車両センター		●	●	●	●	●		2011.04.01←小倉工場	KK
	熊本総合車両所					★			2010.11.22発足(新幹線)	KM

▽ 2011（平成23）.04.01　鹿児島総合車両所は工場機能廃止、鹿児島鉄道事業部鹿児島車両センターと変更

日本貨物鉄道

支社	工場名　2023.04.01現在	EL	DL	SL	DC	EC	PC	FC	備考	略号
北海道支社	苗穂車両所		●					●	ＪＲ北海道　苗穂工場構内と同じ	NH
	輪西車両所							●	鷲別機関区廃止（2014.08.30）にともない （苗穂車両所輪西派出 2014.08.30←）	WN
東北支社	郡山車両所	●	●					●	ＪＲ東日本　郡山工場構内と同じ	KY
関東支社	大宮車両所	●	●					●	ＪＲ東日本　大宮工場構内と同じ	OM
	川崎車両所							●	1997.08.25開所(新小岩車両所の移転)	KS
関西支社	広島車両所	●	●					●	（広島支店）	HS
九州支社	小倉車両所	●	●					●	ＪＲ九州　小倉工場構内と同じ	KK

▽ 略号は、国鉄時代の記載をそのまま表現している
　　その後改称による変更についてはその表現に準拠してジェー・アール・アールにて記載、
　　したがって実際の表現とは異なっている場合もある
　　この表現は、ＪＲ電車編成表、ＪＲ気動車客車編成表の「編成表」「その他改造」等にて表示している

機関車形式別両数表　のぞくJR貨物

蒸気機関車

形式	軸配置	21末両数	復籍	改造	廃車	増減	22末両数	北海道	東日本	東海	西日本	四国	九州	
8620	1 C	1					1						1	
C 11	1 C	2					2	2						
C 56	1 C	1					1				1			
C 57	2 C 1	2					2		1		1			
C 58	2 C 1	1					1		1					
C 61	2 C 2	2					2		1		1			
C 62	2 C 2	1					1				1			
D 51	1 D 1	2					2		1		1			
蒸気機関車計		12					12	2	4	0	5	0	1	0

電気機関車

形式	軸配置	21末両数	復籍	改造	廃車	増減	22末両数	北海道	東日本	東海	西日本	四国	九州	
直流														
E D 18	B – B	0					0							
E D 62	B – 1 – B	0					0							
E F 15	1 C + C 1	0					0				0			
E F 55	2 C + C 1	0					0		0					
E F 58	2 C + C 2	1					1		1		0			
E F 59	2 C + C 2	0					0							
E F 60	B – B – B	0					0		0					
E F 64	B – B – B	6					6		6					
E F 65	B – B – B	16					16		6		10			
E F 66	B – B – B	0					0				0			
E F 67	B – B – B													
E F 200	B – B – B													
E F 210	B – B – B													
E H 200	B-B + B-B													
		23			0	0	23	0	13	0	10	0	0	0
交流														
E D 75	B – B	5					5		5					
E D 76	B – 2 – B	0					0						0	
E D 79	B – B	0					0	0						
		5			0	0	5	0	5	0	0	0	0	0
交直流														
E F 81	B – B – B	13			3	– 3	10		10		0		0	
E F 500	B – B – B	0					0							
E F 510	B – B – B	0					0							
E H 500	B-B + B-B													
		13			0	0	10	0	10	0	0	0	0	0
電気機関車計		41			3	– 3	38	0	28	0	10	0	0	0

ディーゼル機関車

形式	軸配置	21末両数	復籍	改造	廃車	増減	22末両数	北海道	東日本	東海	西日本	四国	九州	
D B R 600	B – B	0					0	0						
D D 14	B – B	1					1		1					
D D 15	B – B	0					0		0		0			
D D 16	B – B	0					0		0		0			
D D 18	B – 2 – B	0					0							
D D 19	B – 2 – B	0					0							
D D 51	B – 2 – B	10					10	0	2		8			
D D 53	B – 2 – B	0					0							
D D 200	B – B	1					1						1	
D E 10	A A A – B	60					60	10	23	0	18	1	8	
D E 11	A A A – B	1					1		1					
D E 15	A A A – B	15					15	12	0	0	3			
D F 50	B – B – B	1					1					1		
D F 200	B – B – B	1					1						1	
		90	1		0	0	90	22	27	0	29	2	10	0
新幹線														
912	B – B	0					0							
		0					0							
ディーゼル機関車計		90			0	0	90	22	27	0	29	2	10	0

気動車形式別両数表

形式		21末両数	新製	改造	廃車	増減	22末両数	北海道	東日本	東海	西日本	四国	九州
2700系	2700	16					16					16	
	2750	16					16					16	
	2800	2					7					7	
		39					39					39	
2600系	2600	2					2					2	
	2650	2					2					2	
		4					4					4	
2000系	2000	0					0					0	
	2100	6					6					6	
	2150	5					5					5	
	2200	0					0					0	
	2400	6					6					6	
	2450	6					6					6	
	2500	4					4					4	
		27					27					27	
HC85系	クモハ85	1	23			23	24			24			
	モハ84	2	20			20	22			22			
	クモロ85	1	7			7	8			8			
		4	50			50	54			54			
283系	キロ282	0					0	0					
	キハ283	11					11	11					
	キハ282	14					14	14					
		25					25	25					
281系	キロ280	4			1	−1	3	3					
	キハ281	8			2	−2	6	6					
	キハ280	15			9	−9	6	6					
		27			12	−12	15	15					
261系	キロ261	23	2			2	25	25					
	キロハ261	3					3	3					
	キハ261	31	2			2	33	33					
	キハ260	113	4			4	117	117					
		170	8			8	178	178					
189系	キハ189	14					14				14		
	キハ188	7					7				7		
		21					21				21		
187系	キハ187	26					26				26		
		26					26				26		
185系	キロハ186	1					1					1	
	キロ186	2					2					2	
	キロ185	5					5					5	
	キハ185	39					39					23	16
	キハ186	4					4						4
		51					51					31	20
183系	キロ182	5					5	5					
	キサロハ182	0					0	0					
	キハ183	21			8	−8	13	11					2
	キハ182	13			3	−3	10	8					2
	キサハ182	1					1	1					
		40			11	−11	29	25					4
87系	キイテ87	2					2				2		
	キサイネ86	6					6				6		
	キラ86	1					1				1		
	キシ86	1					1				1		
		10					10				10		
85系	キロ85	5			2	−2	3			3			
	キロハ84	10			10	−10	0			0			
	キハ85	41			23	−23	18			18			
	キハ84	24			16	−16	8			8			
		80			51	−51	29			29			
72系	キハ72	4					4						4
	キサハ72	1					1						1
		5					5						5
71系	キハ71	2					2						2
	キハ70	2					2						2
		4					4						4
58・28系	キハ58	0					0			0			
		0					0			0			
110系	キハ110	87					87		87				
	キハ111	47					47		47				
	キハ112	47					47		47				
	キクシ112	1					1		1				
		182					182		182				

形式		21末両数	新製	改造	廃車	増減	22末両数	北海道	東日本	東海	西日本	四国	九州	
新系列	GV－E400	19					19		19					
	GV－E401	22					22		22					
	GV－E402	22					22		22					
	H100	75	8			8	83	83						
	YC1	48	4			4	52						52	
	HB－E301	6					6		6					
	HB－E302	6					6		6					
	HB－E300	6					6		6					
	HB－E211	8					8		8					
	HB－E210	8					8		8					
	DEC700	1					1				1			
	1500	34					34					34		
	1200	18					18					18		
	1000	38					38					38		
	キハ201	12					12	12						
	キハE200	3					3		3					
	キハ200	46					46						46	
	キハ220	18					18						18	
	キハ150	27					27	27						
	キハ140	8					8						8	
	キハ147	30					30						30	
	キハ142	1					1	0	1					
	キハ143	11					11	10	1					
	キサハ144	2					2	0	2					
	キハE130	29					29		29					
	キハE131	19					19		19					
	キハE132	19					19		19					
	キハE120	8					8		8					
	キハ127	12					12				12			
	キハ122	7					7				7			
	キハ126	20					20				20			
	キハ121	9					9				9			
	キハ125	27					27						27	
	キハ120	88					88				88			
	キハ100	46					46		46					
	キハ101	13					13		13					
	キハ103	1					1		1					
	キハ75	40					40			40				
	キハ25	62					62			62				
	キハ11	4					4			4				
	キハ32	21					21					21		
	キクハ32	2					2					2		
	キハ54	40					40	28				12		
		936	12	ア0	0	12	948	160	239	106	137	125	181	
40・47系	キロ47	6			2	－2	4				4	0		
	キロシ47	2					2						2	
	キハ40	198			29	－29	169	63	11	0	63	9	23	
	キハ41	5					5				5			
	キハ47	251			5	－5	246			0	178	11	57	
	キハ48	29			5	－5	24	0	22	0	2			
		491			41	－41	450	63	33	0	252	20	82	
66・67系	キハ66	8			4	－4	4						4	
	キハ67	8			4	－4	4						4	
		16			8	－8	8						8	
事業用	DEC741	2					2				2			
	キヤ91	1					1	1						
	キヤE197	2					2		2					
	キヤE196	4					4		4					
	キヤE195	54					54		54					
	キヤE194	24					24		24					
	キサヤE194	12					12		12					
	キヤE193	1					1		1					
	キヤE192	1					1		1					
	キクヤE193	1					1		1					
	キヤ143	9					9				9			
	キヤ141	2					2				2			
	キクヤ141	2					2				2			
	キヤ95	4					4			4				
	キサヤ94	2					2			2				
	キヤ97	10					10			10				
	キヤ96	6					6			6				
	キサヤ96	5					5			5				
		142	0		0	0	142	1	99	27	15			
気動車合計		2300	70	ア0	123	－53	**2247**	467	553	216	461	246	304	

客車形式別両数

形式	21末両数	新製	改造	廃車	増減	22末両数	北海道	東日本	東海	西日本	四国	九州	
77系													
マイ77	1					1						1	
マシフ77	1					1						1	
マイネ77	4					4						4	
マイネフ77	1					1						1	
	7					7	0	0	0	0	0	7	
E26系													
スロネE26	1					1		1					
スロネE27	8					8		8					
スロネフE26	1					1		1					
カハフE26	1					1		1					
マシE26	1					1		1					
	12					12	0	12	0	0	0	0	
26系													
カヤ27	1					1		1					
	1					1	0	1	0	0	0	0	
24系寝台													
オロネ25	0					0		0					
オロネ24	0					0							
スロネ25	0					0							
スロネ24	0					0							
スロネフ25	0					0							
オロハネ25	0					0		0					
オロハネ24	0					0							
オハネ25	0					0							
スハネ25	0					0							
オハネフ25	1					1		1					
オハネ24	0					0							
オハネフ24	0					0							
オハ24	0					0							
オハ25	0					0							
スハ25	0					0							
オハフ25	0					0							
オシ25	0					0							
オシ24	1					1		1					
スシ24	1					1		1		0			
カニ24	0					0	0	0		0			
マニ24	0					0							
カヤ24	0					0							
	3					3	0	3	0	0	0	0	
14系寝台													
オロネ15	0					0						0	
オロネ14	0					0							
オハネ15	0					0						0	
スハネフ15	0					0						0	
オハネ14	0					0							
スハネ14	0					0							
スハネフ14	0					0						0	
オシ14	0					0							
	0					0	0	0	0	0	0	0	
14系イベント													
オロ14	5					5				5			
スロフ14	2					2				2			
	7					7	0	0	0	7	0	0	
14系座席													
オハ14	2					2	2						
スハフ14	2					2	2						
オハフ15	0					0							
	4					4	4	0	0	0	0	0	
12系グリーン													
オロ12	0					0							
オロフ12	0					0							
スロフ12	0					0							
マロフ12	0					0							
	0					0	0	0	0	0	0	0	
12系座席													
オハ12	13			2	−2	11		8		3			
スハフ12	6					6		3		3			
スロフ12	1					1		1					
オハフ13	0					0							
スハフ13	1					1				1			
	21			2	−2	19	0	12	0	7	0	0	

形式	21末両数	新製	改造	廃車	増減	22末両数	北海道	東日本	東海	西日本	四国	九州	
35系													
オロテ35	1					1				1			
スハ35	1					1				1			
ナハ35	1					1				1			
オハ35	1					1				1			
スハテ35	1					1				1			
	5					5	0	0	0	5	0	0	
50系イベント													
オハ510	1					1	1						
オハテフ500	1					1	1						
オハテフ510	3					3	3						
オクハテ510	2					2	2						
	7					7	7	0	0	0	0	0	
50系													
オハ50	1					1						1	
オハフ50	2					2						2	
	3					3	0	0	0	0	0	3	
トロッコなど													
オハフ17	0					0							
ナハ29	0					0							
ハテ8000	0					0							
	0					0	0	0	0	0	0	0	
展望車													
マイテ49	1			1	−1	0				0			
	1			1	−1	0	0	0	0	0	0	0	
32系													
スハフ32	1					1		1					
	1					1	0	1	0	0	0	0	
35・42系													
オハフ33	1			1	−1	0	0						
	1			1	−1	0	0	0	0	0	0	0	
43・44系													
オハ47	3					3		3					
スハフ42	4			2	−2	2	0	2					
オハシ47	1			1	−1	0	0						
スハシ44	1					1	1						
	9			3	−3	6	1	5	0	0	0	0	
客荷合造車													
オハニ36	1					1		1					
	1					1	0	1	0	0	0	0	
郵荷合造車													
スユニ50	0					0							
	0					0	0	0	0	0	0	0	
荷物車													
マニ50	1					1		0		1			
	1					1	0	0	0	1	0	0	
営業用車	**84**			7	−7	**77**	12	35	0	20	0	10	
試験車													
オヤ31	1			1	−1	0	0	0		0			
マヤ34	1					1	0	0				1	
マヤ35	1					1	1						
スヤ50	0					0							
マヤ50	1					1		1					
	4			1	−1	3	1	1		0		1	
救援車													
スエ78	0					0							
	0					0							
控え車													
オヤ12	1					1				1			
	1					1				1			
事業用車	5			1	−1	4	1	2		0		1	
皇室用車	8					8		8					
客車合計	**97**			8	−8	**89**	13	45	0	20	0	11	

貨車形式別両数表

形式		軸数	荷重	両数	北海道	東日本	東海	西日本	四国	九州	貨物
有ガイ車											
ワム	80000	2A	15	403	1	1		0			401
ワキ	5000	2AB	23	1	1			0			
				404	2	1		0			401
有ガイ貨車合計				404	2	1		0			401
無ガイ車											
トラ	45000	2A	17.15	28				0	1		27
トラ	70000	2A	17.15	5	1					4	
トキ	25000	2AB	36	12							12
				45	1			0	1	4	39
長物車											
チ	1000	2A	10	17	1	11		0			5
チ	50000	2AB	**	2	2						
チラ	50000	2AB	**	10	10						
チキ	5200	2AB	35	127	28	48		39		10	2
チキ	5500	2AB	35	122		57		36		14	15
チキ	6000	2AB	35	205	11	72		57	4	30	31
チキ	7000	2AB	35	24		2		12			10
チサ	9000	AAA－AAA	20	1							1
				508	52	190		144	4	54	64
コンテナ車											
コキ	71	2AB	39.2	8							8
コキ	72	2AB	48	1							1
コキ	100	2AB	40.5	132							132
コキ	101	2AB	40.5	132							132
コキ	102	2AB	40.5	230							230
コキ	103	2AB	40.5	230							230
コキ	104	2AB	40.5	2,931							2931
コキ	105	2AB	40.5	80							80
コキ	106	2AB	40.7	1,159							1159
コキ	107	2AB	40.7	245							245
コキ	110	2AB	40.7	5							5
コキ	200	2AB	48	153							153
コキ	5500	2AB	34	33							1
コキ	50000	2AB	34	2,726							2726
コキ	60000	2AB	34								
				8,033							8033
大物車											
シキ	180	2－3AB	80	1							1
シキ	550	3AB	50	3							3
シキ	1000			3							3
				7							7
無ガイ貨車合計				8,593	53	190		144	5	58	8143
タンク車											
タキ	9900	2AB	35	1	1						
タキ	42750	2AB	32	1	1						
タンク貨車合計				2	2						
ホッパ車											
ホキ	800	2AB	30	369	70	215		84			
				369	70	215		84			
ホッパ貨車合計				369	70	215		84			
車掌車											
ヨ	3500	2A	－	2	2	0					
ヨ	8000	2A	－	26		2		1		1	22
				28	2	2		1		1	22
降灰対策車											
ヤ	550	2AB	－	1						1	
				1						1	
事業用貨車合計				29	2	2		1		2	22
JR貨車総計				9,397	129	408		229	5	60	8,566

238

貨車形式別両数表 （JR旅客会社各社）　　2023（令和05）年04月01日現在

形式	軸数	荷重		北海道	東日本	東海	西日本	四国	九州	両数
有ガイ車										
ワム　80000	2A	15			0					0
ワキ　5000	2AB	23		0						0
有ガイ貨車合計				0	0	0	0	0	0	0
無ガイ車										
トラ　70000	2A	17.15						1	0	1
				0	0	0	0	1	0	1
長物車										
チ　　1000	2A	10		0	0		0			0
チ　50000	2AB	**								0
チラ　50000	2AB	**								0
チキ　5200	2AB	35			0		37		10	47
チキ　5500	2AB	35			0		35		12	47
チキ　6000	2AB	35		0	0		38	4	16	58
チキ　7000	2AB	35			0		12			12
				0	0	0	122	4	38	164
無ガイ貨車合計				0	0	0	122	5	38	165
タンク車										
タキ　9900	2AB	35		0						
タキ　42750	2AB	32		0						
タンク貨車合計				0	0	0	0	0	0	0
ホッパ車										
ホキ　　800	2AB	30		0	64		29			93
				0	64	0	29	0	0	93
ホッパ貨車合計				0	64	0	29	0	0	93
車掌車										
ヨ　　3500	2A	−		0	0					0
ヨ　　8000	2A	−			0		0		0	0
				0	0	0	0	0	0	0
降灰対策車										
ヤ　　550	2AB	−		0	0	0	0	0	0	0
									0	0
事業用貨車合計				0	0	0	0	0	0	0
ＪＲ貨車　旅客会社総計				0	64	0	151	5	38	258

私有貨車両数表　　　　2010（平成22）年04月01日現在

種別	両数
タ　ン　ク　車	2,215
ホ　ッ　パ　車	347
大　　物　　車	8
車　　運　　車	
無　が　い　車	12
長　　物　　車	6
私有貨車合計	2,588

▽　貨車形式別両数表は、ＪＲ貨物から2010年度～2021年度分の資料の提供が得られなかったため、
　　2010年 4月 1日現在の資料を掲載していること、お詫び申し上げます。
　　なお、2013年度から、ＪＲグループ旅客会社につきましては、別表にまとめて、掲示しています

取材協力 　北海道旅客鉄道㈱
　　　　　 　東日本旅客鉄道㈱
　　　　　 　東海旅客鉄道㈱
　　　　　 　西日本旅客鉄道㈱
　　　　　 　四国旅客鉄道㈱
　　　　　 　九州旅客鉄道㈱
　　　　　 　日本貨物鉄道㈱
　　　　　 　ジェイ・アール北海道バス㈱
　　　　　 　ジェイアールバス東北㈱
　　　　　 　ジェイアールバス関東㈱
　　　　　 　ジェイアール東海バス㈱
　　　　　 　西日本ジェイアールバス㈱
　　　　　 　中国ジェイアールバス㈱
　　　　　 　ジェイアール四国バス㈱
　　　　　 　ＪＲ九州バス㈱

参考資料 　『2023 貨物時刻表』（2023 年 3 月ダイヤ改正）
　　　　　 　［公益社団法人 鉄道貨物協会 発行］

編集担当 　坂　正博（ジェー・アール・アール）

写真協力 　交通新聞クリエイト（株）

表紙デザイン　早川さよ子（栗八商店）

本書の内容に関するお問合せは、
（有）ジェー・アール・アール までお寄せください。
☎ 03-6379-0181 ／ mail：jrr @ home.nifty.jp

本書の販売に関するお問合せは、
（株）交通新聞社 出版事業部 までお寄せください。
☎ 03-6831-6622 ／ FAX：03-6831-6624

ＪＲ気動車客車編成表　2023

2023 年 6 月 15 日発行

発 行 人　伊藤　嘉道
編 集 人　太田　浩道
発 行 所　株式会社　交通新聞社
　　　　　〒 101-0062　東京都千代田区神田駿河台 2 － 3 － 11
　　　　　☎ 03-6831-6560（編集）
　　　　　☎ 03-6831-6622（販売）
印 刷 所　大日本印刷株式会社